中國社會科學引文索引（CSSCI）來源集刊

《諸子學刊》編委會 編

方勇 主編

華東師範大學先秦諸子研究中心 主辦

諸子學刊

第十六輯

上海古籍出版社

諸子學刊（第十六輯）

名譽主編：
李學勤

主　編：
方　勇

副主編：
陳　致（香港）

學術委員會：

王鍾陵	王葆玹	尹振環	池田知久［日本］
江建俊（臺灣）	余英時［美國］	李澤厚	李　零
李炳海	周勳初	林其錟	金白鉉［韓國］
涂光社	孫以昭	徐儒宗	莊錦章（香港）
陸永品	陳鼓應（臺灣）	陳麗桂（臺灣）	陳廣忠
張雙棣	張　覺	許抗生	曹礎基
畢來德（J. F. Billeter）［瑞士］		森秀樹［日本］	勞悅強［新加坡］
裘錫圭	蜂屋邦夫［日本］	廖名春	鄧國光（澳門）
熊鐵基	劉笑敢（香港）	劉楚華（香港）	賴賢宗（臺灣）
賴錫三（臺灣）	譚家健	嚴壽澂［新加坡］	羅檢秋

編輯委員會：

丁一川	尤　銳（Yuri Pines）［以色列］		白　奚
史嘉柏（David Schaberg）［美國］		朱淵清	何志華（香港）
李美燕（臺灣）	尚永亮	胡曉明	姜聲調［韓國］
高華平	徐興無	耿振東	陳少峰
陳引馳	陳繼東［日本］	陳志平	張洪興
傅　剛	湯漳平	楊國榮	趙平安
劉思禾	橋本秀美［日本］	簡光明（臺灣）	
魏　寧（Williams Nicholas Morrow）［美國］		顧史考（Scott Cook）［美國］	

（以上皆按姓氏首字筆畫排列）

執行編輯：葉蓓卿

封面題簽：集蔡元培字

扉頁題字：饒宗頤

目　　録

孔子正名思想釋義 ··· 苟東鋒（1）
從"遊於藝"到"逍遥遊"的美學思想嬗遞 ··················· 張永祥（15）
莊子知論及其當代意義 ····································· 張洪興（26）
宋本《文子》考論 ··· 劉佩德（37）
吴起守西河事迹考 ··· 高華平（45）
宋鈃"情欲寡淺"説辨析
　　——兼論荀子的評價問題 ······························· 商曉輝（61）
荀子行狀新考 ··· 樊波成（68）
從述古堂影宋抄本《韓非子》之影印看《子藏》《四部叢刊》之得失 ······ 龔　敏　張　覺（88）
也談楚簡《恆先》與八股文 ································· 張固也（97）
海昏侯墓"孔子衣鏡"與西漢西王母信仰 ······················· 何　丹（108）
《漢書·藝文志》小説家與古典"小説"觀念續考
　　——以古典目録中小説家的發展與演變爲中心 ············· 孫振田（122）
論王充的經子觀
　　——從"書亦爲本，經亦爲末"、"知經誤者在諸子"談起 ····· 唐笑琳（148）
宋學形成路徑的思想史考察
　　——儒學的自我革新與儒釋道三教論衡 ··················· 馮　兵（157）
晚明儒者融會佛道二家的學術範例
　　——論焦竑兼攝耿定向與李贄之學的思想特色 ············· （臺灣）袁光儀（171）
由樸學轉向義理
　　——章太炎諸子學思想演變的考察 ······················· 黄燕强（200）
謝無量：民國時期朱子學研究的先驅 ························· 樂愛國（219）
試論韓國"儒學"與"諸子學" ······························· ［韓國］姜聲調（242）

《子藏》前言選刊

《管子》前言 …………………………………………… 耿振東 (268)

《公孫龍子》前言 ……………………………………… 葉蓓卿 (278)

《鄧析子》前言 ………………………………………… 許抗生 (286)

《論衡》前言 …………………………………………… 王葆玹 (290)

《呂氏春秋》前言 ……………………………………… 張雙棣 (306)

《抱朴子》前言 ………………………………………… 卿希泰 (315)

"新子學"論壇

"新子學"視閾下戰國諸子的共同政治命題研究 ………… 王　丁 (322)

"新子學"視域下的"即生言性"與"即心言性"關係再探討 … 王小虎 (332)

從孔老對"道"的同質性理解談"新子學"的精神 ………… 李星瑤 (342)

論"新子學"的整合研究及其拓新意義

　　——以《莊子》研究爲例 ………………………… 劉韶軍　張　婷 (350)

"新子學"的思想理路 …………………………………… 孫　廣 (366)

"新子學"摭論 …………………………………………… 陳志平 (375)

"新子學"與傳統文化創新性發展的理論思考 …………… 郝　雨 (383)

時代召喚與"新子學"的歷史擔當 ……………………… 林其錟 (394)

《諸子學刊》第十一至十五輯總目 …………………… 《諸子學刊》編委會 (401)

Contents

Explaining Confucius' Theory of "Rectification of Names" ·········· Gou Dongfeng (1)
On the Philosophical Evolution from "Roaming among the Arts" to "Free and Easy
  Roaming" ·· Zhang Yongxiang (15)
The Epistemology of *Zhuangzi* and Its Contemporary Significance
  ·· Zhang Hongxing (26)
An Evaluation of the Song Edition of *Wenzi* ··················· Liu Peide (37)
An Investigation of Wu Qi's Office as the Ruler of Xihe County ········ Gao Huaping (45)
Reconsidering Song Xing's View on the "Scarcity and Shallowness of Human
  Desires", As Well as the Problem of Evaluation in *Xunzi* ········ Shang Xiaohui (61)
A New Investigation of Xunzi's Biography ·················· Fan Bocheng (68)
Evaluating the *Zizang* and *Sibu congkan* Collectanea in Light of the Shugutang
  Facsimile of the Song Manuscript of *Hanfeizi* ············ Gong Min and Zhang Jue (88)
Regarding the Chu Bamboo Slips *Hengxian* and the Examination Essay
  ·· Zhang Guye (97)
Western Han Belief in the Spirit-Mother of the West as Reflected in the "Confucius
  Mirror" ·· He Dan (108)
A Further Study of the Difference Between the "Xiaoshuo School" (Minor Saying
  in the "Treatise on Arts and Letters" in the *History of the Former Han*) with the
  Ancient Conception of *Xiaoshuo*: Based on the Development of the "Xiaoshuo
  School" Category in Premodern Catalogues ············· Sun Zhentian (122)
On Wang Chong's Conception of "Classic" and "Thinker": Based on "Documents
  Are the Basis, Classics Are Also the Basis" and "Those Who Know about the
  Mistakes in the Classics Are the Various Thinkers" ············· Tang Xiaolin (148)
The Formation of Song Learning from the Perspective of Intellectual History: The

Self-Renewal of Confucianism and the Comparison of the Three Religions
.... Feng Bing (157)
The Scholarly Model of How Late-Ming Confucian Scholars Assimilated Daoist and Buddhist Learning: On the Intellectual Characteristics of Jiao Hong as the integration of Geng Dingxiang and Lizhi's thought ...... Yuan Guangyi (Taiwan) (171)
From Philology to Doctrine: On the Intellectual Evolution of Zhang Taiyan's Study on Zhuzi .... Huang Yanqiang (200)
Xie Wuliang: Forerunner of Zhuzi Scholarship in the Republican Era .... Le Aiguo (219)
On Confucian Learning and Zhuzi Scholarship in Korea ...... Kang Seong-jo (Korea) (242)

Selected Prefaces to *Zizang*

Preface to *Guanzi* .... Geng Zhendong (268)
Preface to *Gongsun Longzi* .... Ye Beiqing (278)
Preface to *Deng Xizi* .... Xu Kangsheng (286)
Preface to *Lunheng* .... Wang Baoxuan (290)
Preface to *Lüshi chunqiu* .... Zhang Shuangdi (306)
Preface to *Baopuzi* .... Qing Xitai (315)

Forum on "New Zixue"

The Political Themes Shared by Warrings States Thinkers from the Perspective of "New Zixue" .... Wang Ding (322)
A Re-examination of the Relation Between "Speaking of Nature Based on Life" Versus "Speaking of Nature Based on Mind" from the Perspective of "New Zixue" .... Wang Xiaohu (332)
The Spirit of "New Zixue" in Light of Confucius and Laozi's Understanding on the Homogeneous Nature of the Dao .... Li Xingyao (342)
The Comprehensive Approach of "New Zixue" and Its Pathbreaking Significance: Based on the Example of *Zhuangzi* Studies .... Liu Shaojun　Zhang Ting (350)
On the Theoretical Approach of "New Zixue" .... Sun Guang (366)
Selected Remarks on "New Zixue" .... Chen Zhiping (375)
Reflections on "New Zixue" and Several Theoretical Issues in the Creative Development of Traditional Culture .... Hao Yü (383)
The Summons of the Age and the Historical Responsibility of "New Zixue" ...... Lin Qitan (394)

Contents of *Zhuzi xuekan* Volumes 10 – 15 ...... *Zhuzi xuekan* Editorial Committee (401)

孔子正名思想釋義*

苟東鋒

內容提要 對於孔子的正名學說,如果一方面將其置於春秋時代"名"的問題的背景下,另一方面將其放在孔子思想的整體架構中,就會發現正名實有廣狹二義:一種是以"正名"章爲經典表達的作爲政治思想的正名,一種是體現於整個孔子思想的作爲思想方法的正名。前者是就名分的確立在獲得政權合法性過程中的重要作用而言的,後者則是就儒家對"名"的整體態度而言的,是儒家之所以能夠自立於諸子百家的根本。

關鍵詞 孔子　正名　早期名學　名分　名聲

中圖分類號 B2

公元前488年,孔子最後一次來到衛國,這時,衛國當局似乎有意邀請孔子主政,孔子也對衛國寄予希望①。在此背景之下,子路拋出了一個重磅問題:"衛君待子而爲政,子將奚先?"對此,孔子早就胸有成竹,闡發了一套有關"正名"的政治理論②。正名説立論嚴謹而深刻,向來被學者視爲孔子的重要思想之一。但是,所謂"正名"究系爲何?千百年來,言人人殊。有三個代表性觀點:(一) 將"名"釋爲名言,從而將孔子正名理解爲一項語言文字的工作③;(二) 將"名"釋爲名分,進而將孔子正名理解爲衛國具體歷史情境中的匡正君臣父子之名的意思④;

---

* 本文爲上海市哲學社會科學規劃青年課題《名教思想研究》(2015EZX001)的階段性成果。
① 根據《史記·孔子世家》:"於是孔子自楚反乎衛。是歲也,孔子年六十三,而魯哀公六年也。其明年,吴與魯會繒,徵百牢。……子路曰:'衛君待子而爲政,子將奚先?'"可以斷定這段話具體發生於公元前488年,即魯哀公七年,孔子是年六十四歲。
② 此段對話同時見載於《論語·子路》與《史記·孔子世家》,兩個文本大同小異。比較重要的一個差異是《論語》中"君子名之必可言也",《史記》作"君子爲之必可名"。
③ 此爲經學家的主流觀點,以鄭玄爲代表:"正名,謂正書字也。古者曰名,今世曰字。《禮記》曰:'百名以上,則書於策。'孔子見時教不行,故欲正文字之誤。"(《論語集解義疏·卷七》)
④ 此爲理學家的主流觀點,以朱熹爲代表:"是時出公不父其父而禰其祖,名實紊亂,故孔子以正名爲先。"(《四書章句集注》)

(三)將"名"釋爲西方哲學中的理念、概念或定義,於是孔子正名思想就成爲溝通中西哲學之間的一個特殊孔道了。① 三種觀點彼此不同,都自謂得孔子真意。然而,在筆者看來,這三種觀點儘管各有道理,卻都是就正名而言正名,難免於片面性。爲此,我們應當一方面將其置於春秋時代"名"的問題的背景下加以衡定,另一方面將其放在孔子思想的整體架構中加以考察。由此,孔子正名思想的意義才能獲得一種全面和豐富的理解。

一、禮樂文化與早期名學

"名"這個字在甲骨文中就出現了。許慎《説文》曰:"名,自命也。從口夕。夕者,冥不相見,故以口自名。"徐中舒《甲骨文字典》引用並肯定了這個説法:"甲骨文從口從夕同。"② 許慎的解説雖屬字源學的考證,卻可以看作一個隱喻,由此可見"名"的本義有兩個要素:一是符號之意,用來"別同異",進而"明貴賤"。所謂"以口自名"就是以口語的方式發出語音符號,意在呈現自己的獨特身份。二是約定之意,用以達成共識,實現溝通。"以口自名"自報家門的前提也是所報的名號能否被人理解和識別。總之,"名"就是一種約定的符號,無符號之義,則約定無以達成,無約定之義,則符號沒有意義。"名"的本義,荀子概括得最爲準確,即"名約"(《荀子·正名》)。進一步分析,可以發現"名"還有兩個特點:一是關乎自我,因爲這種符號首先是一種自我標識。二是關於語言,也就是説,這種符號還是一種超越於視聽等感性符號的語言符號。

"名"雖然很早就出現了,但是根據目前的材料來看,至少在春秋之前,還較少使用。檢視古籍,會發現它僅表現爲兩項基本義,一是人名,進而擴展至物名。如《禮記·檀弓》:"幼名,冠字,五十以伯仲,死謚,周道也。"《尚書·吕刑》:"禹平水土,主名山川。"二是指稱語言,比如根據《左傳》記載:"《夏書》曰:'念兹在兹,釋兹在兹,名言兹在兹,允出兹在兹,唯帝念功。'"(《左傳》襄公二十一年)可以説,"名"在春秋之前並沒有多少思想文化的意義。然而,到了春秋時代,情況就發生了變化,"名"的使用多了起來,含義也豐富了,尤其值得注意的是"名"的兩項新内涵受到了高度重視:一項可以概括爲名分義,一項可以概括爲名聲義。這兩項名的

---

① 此爲現代學者的主流觀點,以馮友蘭爲代表:"蓋一名必有一名之定義,此定義所指,即此名所指之物之所以爲此物者,亦即此物之要素或概念也。"(馮友蘭《中國哲學史》,華東師範大學出版社2000年版,第53頁)現代學者也有從馬克思主義視角將正名理解爲觀念論或唯心主義的,也有從邏輯學視角將正名理解爲概念和判斷的關係的,當然也有反對將名理解爲理念或概念的,所有這些解釋都圍繞名能否理解爲西方哲學尤其是柏拉圖哲學的理念或概念而展開。參見拙文《近代中國哲學中的柏拉圖主義——以孔子正名思想研究爲中心》,《武陵學刊》,2012年第3期。

② 徐中舒《甲骨文字典》,四川辭書出版社1990年版,第88頁。

新内涵是怎樣産生的呢？

就名分義而言，從春秋早期的相關材料來看，有一個現象值得注意，人的命名被賦予了異乎尋常的意義。一方面，人名具有了宗教文化的色彩。《左傳》記載了魯國大夫申繻對命名原則的介紹："（命名）不以國，不以官，不以山川，不以隱疾，不以畜牲，不以器幣。周人以諱事神，名，終將諱之。"（《左傳》桓公六年）在周人看來，人終有一死，死後升格爲神，爲了表示對神的敬意，就需要避諱。另一方面，人名還具有强烈的政治色彩。《左傳》記載了兩個案例，一是晉穆侯爲其子命名的事，大夫師服由此闡發了一套政治理論："異哉，君之名子也！夫名以制義，義以出禮，禮以體政，政以正民。"（《左傳》桓公二年）二是魯國季氏之祖成季友命名的事，晉國大夫史墨在解釋這段歷史時説："爲君，慎器與名，不可以假人。"（《左傳》昭公三十二年）這裏都將人名與政權的命運聯繫了起來。人名，就其作爲個人的代號而言，似乎並没有這麽重要的意義，因而這裏所表達的意思必然逸出了人名的範圍。進一步來看，這裏的人名主要針對統治者而言，統治者乃政權之主宰，在禮樂文化中，其名號具有極强的象徵意味，很容易被加上超乎其本身的含義。於是，就需要一種新的觀念來承載這個角色的意義，這個新觀念就是名分義的最初所指。

就名聲義而言，仔細辨析，也有一個由人名轉化而來的過程。我們知道，人名本是中性的符號，名聲則涉及評價環節，具有價值色彩。這兩者之間的轉化同樣與禮樂文化的背景相關。禮樂，除了形式上的象徵性之外，内容上還表現爲一種衡量個人與家國的尺度性。有了衡量標準，評價的問題自然就産生了。在禮樂文化中，人們常以是否符合禮爲名號賦予價值意味，比如夾谷會盟時，孔子對齊國大夫梁丘據説"用秕稗，君辱，棄禮，名惡，子盍圖之"（《左傳》定公十年），從而成功説服齊國放棄"享禮"的打算。其原因就在於如果齊國不按照禮的標準執行享禮，那麽齊君乃至齊國就會招致惡名。通過是否符合禮義而對人名賦予褒貶的意味，在外交場合尤其常見。因而《左傳》作者在叙述了襄公三十年的"澶淵之會"後論道："諸侯之上卿，會而不信，寵名皆棄，不信之不可也如是！"（《左傳》襄公三十年）由此可見，名聲義的出現並受到人們的重視，是由於禮樂文化提供了一套評價的標準，將其評價的結果加附於人名或國名之上，便形成了名聲義。

歸納一下，"名"的這兩項内涵之所以受到重視，主要是人們面臨"周文疲敝"的現狀，生出一種文化憂患，進而回味和省察固有文化的一種表現，兩種"名"的觀念正是人們反省禮樂文化的重要方法。之所以以"名"爲方法，大概有兩方面的原因：其一，"名"的觀念與禮樂文化在本質上具有同構性。我們知道，"名"一方面是一種符號，而禮樂具有象徵意義，亦可以理解爲一套符號系統；"名"另一方面還是一種約定，約定即意味着後天的認同，而禮樂文化又以"文"爲其特質，這就意味着它是一種後天的共識。其二，"名"的觀念有利於把握禮樂文化的根本。也就是説，既然禮樂與"名"具有本質同構性，那麽人們在反思禮樂文化時就可以突破禮樂的感性符號的限制，走進"名"的超越符號中去，從而更加全面理性地思考禮樂的問題。正基於此，禮樂文化就與"名"的問題結合在了一起，一方面，禮樂中增加了"名"的要素，禮樂的問題能夠通過"名"的方式得以思考;另一方面,"名"中也增加了禮樂的色彩,於是就出現了"名"的兩種新内涵。

那麽,通過"名"的這兩項内涵,人們對於禮樂文化究竟獲得了哪些新的或更加深刻的認識?

從名分義來看,主要是對政治有了更爲自覺的認識。關於名分的諸多材料一般都涉及政治領域,其核心是要建立政治的公信,從而確立政權之合法性。何以見得?我們知道,名分涉及統治者的角色,它是一個具有象徵意味的符號,而這個符號要成立,就必須得到某種公認。順是可見,名分在早期主要是從公信的角度被理解的,最明顯的例證就是人們將"器"與"名"聯繫起來。"器"在禮樂文化是權力和名位的象徵,與"名"的本質内涵相通,於是"名器"的根本特徵就是公信力,這種公信力甚至可以作爲一種資質而用於借貸。《國語》記有臧文仲以"名器"請糴於齊之事:"今國病矣,君盍以名器請糴於齊?"(《國語·魯語上》)如果說這裏關於"名"的闡發只是附帶性的,那麽單穆公則不僅專門討論了名,而且還將其與"信"的關係發展爲一套精緻的理論:

> 口内味而耳内聲,聲味生氣。氣在口爲言,在目爲明。言以信名,明以時動。名以成政,動以殖生。政成生殖,樂之至也。(《國語·周語下》)

這是單穆公諫周景王鑄大鐘時講的話,闡發什麽是"樂",實際上探討的就是禮樂之制的根本原理。大致說來,這個原理由"口"與"耳"的感觀出發,提出"氣"的概念。又將"氣"的發展分爲兩條路向:一條是"口"、"言"、"信"、"名"、"政";另一條是"目"、"明"、"時"、"動"、"生"。其中,我們重點關注的是第一條路向,這裏不僅探討了"名"的來源,還討論到"名"的用途。就前者而言,"名"的確立與"言"有着非常密切的關係,就後者而言,"名"對於爲"政"有決定性的作用,而這兩個過程都與"名"之"信"有關。可以說,"信"是前孔子時代人們所領會的名分之"名"的關鍵。

從名聲義來看,主要是對道德有了更爲自覺的認識。關於名聲的諸多材料一般涉及個人追求方面,其要點是以功名和名節立身,但從根本的追求來看,卻指向無名。何以見得?我們知道,名聲涉及以某種外在標準來衡量個體,進而引發個體的自我認知,最終促成道德自我之建立。順是可見,人們對名聲的早期思考就分爲兩個階段或境界。首先是惡惡名、好美名的心理,由此形成了一種注重名節的風尚。如:"事未可知,只成惡名,止也。"(《左傳》襄公二十七年)"我戰死,尤有令名焉。"(《國語·晉語一》)"吾先人以善事君,成名於諸侯。"(《國語·楚語下》)在禮樂文化中,成名終極標準是德,因而"名"也就理所當然地成爲敦化成德的手段了。子産説:"僑聞君子非無賄之難,立而無令名之患。"(《左傳》昭公十六年)令名的喪失使人憂患,而這種憂患可以激發人完善德行。由此可見,名聲是自我理解乃至安頓的方式。然而這種方式是有缺陷的,因爲"名"不僅可能是虛的,還會受制於人。《逸周書·諡法解》對名聲的本質做了經典總結：

> 是以大行受大名，細行受細名，行出於己，名生於人。

對於名聲的本質有了這種省察之後，自然對自我的方向也就有了更爲明確的把握，那就是掙脫名的束縛。也就是說，美名雖然誘人，而人仍然可以選擇默默無名。晉國太子申生說："爲人子者，患不從，不患無名。"(《國語·晉語一》)晉獻公有廢長立幼之意，有人建議太子仿效吳太伯遠走而明哲保身，還可獲得令名。申生拒絕了，認爲人可以"無名"，但不能"不從"。做到了"從"和"勤"，又何求焉？即使面臨生命危險，也義無反顧。而在義士鉏麑的抉擇中，他竟然也可以爲了躲避自己不願承擔的名聲，而選擇死："賊國之鎮不忠，受命而廢之不信，享一名於此，不如死。"(《國語·晉語五》)

綜上所述，早在前孔子時代就出現了一場"名"的省察思潮，一定程度而言，正因爲有早期名學這個小思潮在前，才有了先秦諸子的名辯大思潮在後。就人們早期的這種對於"名"的思考而言，實際上奠定了儒家思想的基本格局。概括而言，對於"名"的這些討論有兩方面的意義：一方面，它將人們對於禮樂文化的思考推向了更加深入的層面；另一方面，它不僅爲孔子正名思想的建構埋下了伏筆，甚至可以斷言，名分與名聲兩條進路的開拓對於儒家内聖外王雙彰的思路也有某種"形塑"的作用。

二、正名説的提出及内涵

在早期名學的背景下，我們很容易能夠辨清，《論語》中的正名説是在名分義的進路中出現的。爲了進一步説明這個問題，我們有必要對"正名"章的結構加以重新確定。要之，孔子對正名的闡述可分三層意思：第一，開門見山地提出了"正名"的命題；第二，針對子路"奚其正"的懷疑，指出"正名"的重要作用，即由"名不正則言不順"直至"刑罰不中則民無所措手足"；最後，對"正名"的含義進行了扼要的解釋，即"君子名之必也言也，言之必可行也。君子於其言，無所苟而已矣。"(《論語·子路》)

由此就會發現，孔子正名説的含義不難理解。他不過是説"名"、"言"、"行"三者之間需要建立一種必然的聯繫，這就是"正名"或"名正"。因此，孔子的"正名"説與早期名學在根本上也没什麽不同，都是强調"名"之"信"的重要性。只不過這裏所側重的"信於名"的方式，主要不是對名分的界綫進行嚴格的限定，而是對名分的要求進行相應的貫徹，因此不屬於史墨所説的"是以爲君，慎器與名，不可以假人"的路數，而是單穆公所謂的"言以信名，名以成政"的模式。也就是説，它是通過名分承擔者的言行一致來立信的。因此，孔子後來又不厭其煩地總結，"正名"不過就是言而不苟。

至於"名不正則言不順"一段,則是以連環否定的形式説明"正名"對於爲政的作用,亦即做到了"正名",就可以"言順"。需要特别注意的是,"名不正則言不順"之"言",與"名之必可言也,言之必也行也"之"言",有質的不同。"言順"應當從語言的形式理解,就是説起來順理成章;"言也"、"言之"則需從語言的内容理解,就是説話要言之有物。這兩種"言"幾乎根本不同,所以不應混淆。所謂"言順"實際上是就言語所表達的道理是否通順而言的①,從這個意義來講,"名正言順"就是早期名學思想中,如師服所説的"名以制義","言順"就相當於"制義"。兩者都是説,如果在名分上能够做到"信",就是符合道義的、正當的,這樣爲政過程中的其他事情就好開展了。因此,孔子接下來就説:"言不順則事不成,事不成則禮樂不興,禮樂不興則刑罰不中,刑罰不中則民無所錯手足。"而《左傳》中的那段"名"論,孔子在類似的邏輯上也説:"信以守器,器以藏禮,禮以行義,義以生利,利以平民。"(《左傳》成公二年)

從文本和義理兩個角度來看,以上的解釋都言之成理。但是,若要進一步確定這個解讀,還必須結合"正名"章發生的歷史背景進行合理的解説。司馬遷説:

> 是時,衛君輒父不得立,在外,諸侯數以爲讓。而孔子弟子多仕於衛,衛君欲得孔子爲政。(《史記·孔子世家》)

史遷的這個記載在《左傳》中有更詳細的介紹。簡而言之,這段對話發生於一個特殊的歷史節點上,衛君輒的父親蒯聵流亡國外多年,這種情況受到當時國際輿論的譴責,而此時衛君一系向孔子投出了橄欖枝。值得注意的是,這個問題爲什麽由子路提出來,也是值得推敲的。子路此時正在衛國當政大臣孔悝家做邑宰,孔悝是支持衛君輒的,因此衛國之所以向孔子發出了聘用的信號,或許就與子路等在衛國從政的弟子的運作有關,而子路的立場也當然與孔悝一樣,是支持衛出公輒的。於是,我們就可以理解當孔子提出"正名"的主張時,子路的那副詫異的樣子,他認爲孔子很迂腐。這是因爲關於"正名",其實有兩種理解:一種是子路式的,他認爲孔子是想正衛國君位不正之失,覺得孔子有廢輒之意,這是子路所不能認可的,所以他才表現得那麽激動。第二種是孔子式的,他批評子路説:"君子於其所不知,蓋闕如也。"這説明他並不贊同子路對"正名"的理解,他的解釋分爲兩個方面,回答了兩個問題:一個是説明了"正名"對於爲政的首要作用,回答了爲什麽爲政須以"正名"爲"先"的問題。另一個是解釋了"正名"的含義,回答了"正名"是什麽的問題,並將自己的理解與子路區别了開來。孔子顯然知道子路所理解的那種"正名"的意思,這也是早期名學的一個基本内涵,孔子講"名失則愆"、"唯器與名,不可以假人"、"虚名不以借人"都屬此類,指對名分的界綫進行嚴格的限定,從而保障

---

① 以此來看,"名正言順"就相當於宋明理學意義下的"理直氣壯","名正"相當於"理直",都表達一種道義上的正當性、正義性與合理性,"言順"則相當於"氣壯",都是説道義上的正當性有利於實踐行動的展開。此外,"義正辭嚴"或"順理成章"等成語也都與此相通。

名分的公信力。子路對此或許有所耳聞,因此產生想當然的理解。但是孔子顯然不像子路所誤解的那麼"迂",他知道保障名分的公信力,還有另外一種更加重要的方式,就是對名分的内容進行貫徹執行。從一定程度說,第二種方式才是最爲根本的。

然而,問題至此還没有完滿解決。因爲古往今來,很多學人都是從對名分的界綫進行嚴格限定的角度理解孔子正名説的,也就是認爲"正名"主要是指國君繼位的合不合法(禰祖),或者父子關係的正不正常(拒父),這實際上就與子路的理解落到一個層面上了。但是,這種解釋似乎能在《論語》中找到一條佐證:

冉有曰:"夫子爲衛君乎?"子貢曰:"諾,吾將問之。"入,曰:"伯夷、叔齊何人也?"曰:"古之賢人也。"曰:"怨乎?"曰:"求仁而得仁,又何怨?"出,曰:"夫子不爲也。"(《論語·述而》)

這件事情大概發生於"正名"章那段對話的前後,面對衛國的複雜政局,冉有等弟子都想知道,孔子是否願意接受衛國當局抛來的橄欖枝。於是,子貢就精心設計了一場對話,他想知道,在國君之位的問題上,夷、齊兄弟之讓與蒯、輒父子之争,孔子將作何選擇。於是,當孔子對前者表示讚賞時,子貢就不無把握地對冉有説"夫子不爲也"。這就説明,雖然孔子没有明説,但是可以推測,他對衛國蒯、輒父子在君位上的不當關係很不滿意。因此,當孔子一旦主政衛國,就不可能對君位的問題不作考慮,這就構成人們理解"正名"的一個背景。

但是從這個背景理解"正名",也存在兩種可能:一種是以程朱理學爲代表的"廢輒立郢"説,他們認爲蒯、輒二人的行爲都難以達到爲君的資格,因此應該請衛靈公的另一位公子郢來做國君。還有一種是王陽明的"化輒感蒯"説,《傳習録》中有一段相關的對話:

問:"孔子正名,先儒説'上告天子,下告方伯,廢輒立郢'。此意如何"?

先生曰:"恐難如此。豈有一人致敬盡禮,待我而爲政,我就先去廢他,豈人情天理?孔子既肯與輒爲政,必已是他能傾心委國而聽。聖人盛德至誠,必已感化衛輒,使知無父之不可以爲人,必將痛哭奔走,往迎其父。父子之愛,本於天性,輒能悔痛真切如此,蒯聵豈不感動底豫?蒯聵既還,輒乃致國請戮。蒯已見化於子,又有夫子至誠調和其間,當亦決不肯受,仍以命輒。群臣百姓又必欲得輒爲君,輒乃自暴其罪惡,請於天子,告於方伯諸侯,而必欲致國於父。蒯與群臣百姓,亦皆表輒悔悟仁孝之美,請於天子,告於方伯諸侯,必欲得輒而爲之君。於是集命於輒,使之復君衛國。輒不得已,乃如後世上皇故事,率群臣百姓尊蒯爲太公,備物致養,而始退復其位焉。則君君、臣臣、父父、子子,名正言順,一舉而可爲政於天下矣!孔子正名,或是如此。"

仔細分析上述兩種理解可以發現,它們之間有根本的不同。程朱一派認爲衛君輒在繼承君位的合法性方面值得懷疑,因此主張廢其君位,另請高明,這其實是名分思想的第一義,即對名分的界綫進行嚴格的限定。陽明則以爲衛君輒的君位有理由保存下來,並且可以在孔子的調停之下通過相互推讓的方式重新確立君臣父子的合法性,這其實屬於名分思想的第二義,即對名分的要求進行相應的貫徹。由此可見,陽明的理解更加符合孔子在正名章中的解説。孔子認爲"正名"就是"名之必可言也,言之必可行也"。如果代入衛國的具體情境,就是説,既然衛君輒已經被賦予了國君之名、爲子之名,就應該因此二名而言説二名之理,並且將這些道理付諸實施。陽明所説的"往迎其父"、"集命於輒"顯然屬於此類。

不過,嚴格説來,陽明對"正名"的理解還是限定在名分的重新確立問題上,而孔子對"正名"的解説,含義無疑更加廣泛。

根據筆者的理解,孔子通過正名而立信的方法至少有三重内涵:其一,指創造合情合理的局面,從而重新賦予名分以合法性;其二,指通過身體力行的行爲爲名分積澱更强的公信力,從而在政治上開創出一種上行下效的有利局面;其三,指通過政治實踐將名分所包括的全部内涵呈現出來,從而達到"事成"直至"民有所錯手足"的結果。其中,第一種内涵就是陽明所提及的,無須贅述,後兩種内涵則需稍作分解。"名之必可言也,言之必可行也"首先涉及統治者對言説内容的身體力行,而這種做法,按照孔子的理解,在爲政過程中具有異常重要的作用,這方面的論述很多,僅舉幾個典型:

> 政者,正也。子帥以正,孰敢不正?(《論語·顔淵》)
> 君子之德風,小人之德草,草上之風,必偃。(《論語·顔淵》)
> 苟正其身矣,於從政乎何有?不能正其身,如正人何?(《論語·子路》)

這些表述不僅從内容而言都表達了爲政過程中"正其身"這種做法的作用,還從形式上標示出這種作用對於爲政來説,具有首要的、根本的性質。此外,"名之必可言也,言之必可行也"還涉及對名分之内涵通過言説的方式進行窮盡,並貫徹執行的問題,亦即"君君、臣臣、父父、子子"。實際上,廣義而言,《論語》中對君臣父子等名分之含義的廣泛討論,都涉及這個問題。比如:

> 子貢曰:"如有博施於民而能濟衆,何如?可謂仁乎?"子曰:"何事於仁?必也聖乎!堯舜其猶病諸。夫仁者,己欲立而立人,己欲達而達人。能近取譬,可謂仁之方也已。"(《論語·雍也》)

這是關於"仁"與"聖"的一個討論。對於爲政者來説,"博施於民而能濟衆"就超越了"正其身"的範疇,而涉及"君"之名的根本内涵,正因其根本,所以孔子不僅不吝惜於用"仁"來表述,甚至將其提至"聖"的層面,以堯舜這種古代聖王比之。這就說明,如果孔子是出於深思熟慮而從其學説的整體出發提出了正名説的話,那麽"正名"最終的含義就是通過學與思的方式充分言説展現名分的内涵,並將這種内涵落爲現實。

明白了"正名"的上述三重尤其是後兩重内涵,就可以理解,儘管孔子對衛國的君位問題有意見,但是他爲什麽還滿懷信心地來到衛國,並提出了"正名"的爲政方略。我們知道,孔子主張"危邦不入,亂邦不居"(《論語·泰伯》),但是他這次入衛,從魯哀公六年直到十一年,總共五年,加之孔子這時又"爲輒所賓禮",所以正如王陽明所說"豈有一人致敬盡禮,待我而爲政,我就先去廢他,豈人情天理"。他的"正名"主張肯定不是著眼於通過名分的界綫進行嚴格限定的方式,而是采取對名分之内涵進行相應的貫徹的方式。孔子相信,只有通過後一種方式才不僅能够穩定一時之政局,還能從長遠的角度發展政局。

從這個角度也才能理解《論語》中記載的另外兩次從政的機會,孔子的反常態度。一次是"公山弗擾以費畔,召",另一次是"佛肸召",面對這兩次招聘,孔子最初的態度都是"欲往"(《論語·陽貨》)。湊巧的是,這兩次的話題也是子路挑起的,這或許説明針對子路的這類問題,孔子早就深入考慮過。只不過,這兩次從政的機會,主政者不僅沒有正當的名分,還有謀逆的罪名。這就使得面對子路的責難,孔子只是從自我辯解的角度一面保證自己不會同流合污,一面宣稱自己有能力助其發展。至於更詳細的内容,則未言及。所以筆者相信,面對這兩次機遇,孔子心中設想的施政綱領仍是"正名"。通過這種"正名"甚至可以賦予非法的統治者以執政的公信力,這種公信力甚至比通過合法手段獲得的統治者的公信力還要更加根本。如果不這樣理解,我們就沒有辦法理解孔子的自信從哪裏來。

三、孔子名學的兩條進路

倘若跳出《論語》"正名"章的範圍,就會發現早期名學對孔子有更爲深遠的影響。早期名學中的兩條進路被孔子完整地繼承了下來。

首先,從名分義通向的政治哲學的進路來看。有三則材料可資參考:

(1) 新築人仲叔于奚救孫桓子,桓子是以免。既,衛人賞之以邑,辭。請曲縣、繁纓以朝,許之。仲尼聞之曰:"惜也,不如多與之邑。唯器與名,不可以假人,君之所司也。名以出信,信以守器,器以藏禮,禮以行義,義以生利,利以平民,政之大節也。若以假人,與人政也。政亡,則國家從之,弗可止也已。"(《左傳》成公二年)

新築大夫于奚由於救孫桓子有功,於是要求使用衛國象徵諸侯之禮的名器,衛人竟然應允了,於是孔子針對此事發表了上述評論。讀過前文,就會發現孔子的這段表述有些熟悉。因爲

"唯器與名,不可以假人,君之所司也"與史墨所説的"是以爲君,慎器與名,不可以假人"幾乎一樣。而"名以出信,信以守器,器以藏禮,禮以行義,義以生利,利以平民,政之大節也",則與師服所説的"夫名以制義,義以出禮,禮以體政,政以正民"大致相同。與單穆公所説的"言以信名,明以時動。名以成政,動以殖生。政成生殖,樂之至也"也有一定關係,應當是對師服與單穆公二人名學思想的一種雜糅。

(2) 夏四月己丑,孔丘卒。公誄之曰:"旻天不弔,不憖遺一老。俾屏余一人以在位,煢煢余在疚。嗚呼哀哉!尼父。無自律。"子贛曰:"君其不没於魯乎!夫子之言曰:'禮失則昏,名失則愆。'失志爲昏,失所爲愆。生不能用,死而誄之,非禮也。稱一人,非名也。君兩失之。"(《左傳》哀公十六年)

孔子去世後,魯哀公悼念孔子,悼文中説"俾屏余一人以在位,煢煢余在疚",子貢引用了孔子的"禮失則昏,名失則愆",對其提出了兩點批評。其中的一個批評是"稱一人,非名也",根據子貢的解釋"失所爲愆",那麽所謂"非名"就是没有擺正自己的位置。稱"一人"本是天子專用的稱呼,如《論語》記載周武王説"百姓有過,在予一人",魯君作爲諸侯,並没有如此自稱的資格。孔子的這個看法與箕鄭所道"信於名,則上下不干"是相通的。《説文》言"愆,過也","干,犯也"。也就是説如果信於名,使名不失,就可以避免過失和侵犯,使人各安其所。只不過孔子從反面講,箕鄭則是從正面説。

(3) 衛君入朝於周,周行人問其號,對曰:"諸侯辟疆。"周行人卻之曰:"諸侯不得與天子同號。"衛君乃自更曰:"諸侯燬。"而後内之。仲尼聞之曰:"遠哉禁偪,虛名不以借人,況實事乎?"(按此事又見《賈子·審微》)

這裏記述了衛君辟疆去朝拜周王的典故,因爲"辟疆"之名屬於天子之號,所以衛君當場就改名叫"燬"。孔子聽説之後,對於"諸侯不得與天子同號"的這個規定大加讚賞,稱其有遠見,並評價説"虛名不以借人,況實事乎"。所謂"虛名",根據上下文義,指人的名號,但是談到天子和諸侯的名號,實際上就已經包含了名分義。那麽顯而易見,這裏的"虛名不以借人"與《左傳》中所記載的"唯器與名,不可以假人"是一個意思。

以上三例的"名"都是名分義,屬於政治哲學的進路,孔子在這方面繼承大於創新,主要是強調統治者的政治名分應該樹立一種公信。因此,孔子一方面直白地説"唯器與名,不可以假人"、"虛名不以借人"、"名失則愆",另一方面又用高度概括性的語言説"名以出信"。這都表明政治名分只有獲得認可,才能成其爲正名,而這一點對禮樂文化中的政治治理來説是一個基本道理。如果説,孔子在這裏與前人有什麽不同,就在於他講得更有針對性。我們知道,史墨、師服二人關於"名"的討論都是由統治者名號問題上引出來的,而單穆公那套精緻的名學也是在論述"樂"的問題時連帶出來的。而孔子這裏,尤其是針對兩個事件所發的議論,都直接指向政治問題而談名分觀念。

其次,從名聲義通向的道德哲學的進路來看,也有三條文獻比較重要。

(1) 子曰:"弗乎!弗乎!君子病没世而名不稱焉。吾道不行矣,吾何以自見於後世哉?"乃因史記作《春秋》。(《史記·孔子世家》)

王陽明指出,此處"稱字當去聲讀,亦聲聞過情,君子恥之之意"①。孔子自覺忝列君子之中,就應當有君子之行,然而他反省後卻發現,實在找不到可與君子之名相匹配的實事,於是就作了《春秋》。以"君子病没世而名不稱焉"作爲行動依據,就其形式而言,説明這句話是有淵源的,就其内容而言,則與禮樂文化中追求美名的傳統有關。

(2) 達巷黨人曰:"大哉孔子,博學而無所成名。"子聞之,謂門弟子曰:"吾何執?執御乎,執射乎?吾執御矣。"(《論語·子罕》)

這段話的解釋有爭議,焦點在於黨人説"無所成名"是讚歎孔子,還是爲孔子覺得惋惜?朱熹以爲:"博學而無所成名,蓋美其學之博,而惜其不成一藝之名也。"這是持後一種看法。但是鄭玄很早就説:"此黨人之美孔子博學道藝,不成一名也。"學者多贊同之,除了黨人這句話的基調是"大哉孔子"之外,還因爲其與孔子下面一段話相通:

(3) 子曰:"大哉,堯之爲君也!巍巍乎,唯天爲大,唯堯則之。蕩蕩乎,民無能名焉。巍巍乎,其有成功也;焕乎,其有文章。"(《論語·泰伯》)

焦循將兩段名論綜貫在一起,做了如下説明:

無所成名,即民無能名,所謂"焉不學,無常師"、"無可無不可"也。孔子以民無能名贊堯之則天,故門人援達巷黨人之言以明孔子與堯舜同。大哉孔子,即大哉堯之爲君。博學無所成名,即蕩蕩乎民無能名。孔子之學即堯舜之學也。②

由此可見,鄭玄一系的解釋較爲合理。"無所成名"與"民無能名"相通,都指向一種名聲(名聲,在更基礎的意義下爲名言)無法逾越的超越境界。而這種看法與早期名學中名聲的路向

---

① 程樹德《論語集釋》,中華書局1990年版,第1102頁。
② 程樹德《論語集釋》,第569—570頁。

所涉及的"無名"境界大概是一脈相承的。

四、正名思想的内在結構

嚴格來説,以上孔子關於"名"的思想,還屬於其對早期名學的繼承,仍不是他的發揮創造。那麽,孔子名學是否有其創新之處呢?

或許,我們可以從孔子的表述中覓得新意。請注意!孔子論"名"與早期名學的重要不同在於加入了一個特定的主語——君子。也就是説,之前涉及的"名"主要是各種具體的身份或角色,孔子則通過"君子"將這些具體名分統一起來。這樣,"名"就不僅是一個身負具體名分的人應當如何的問題,更是一個君子應當如何的問題。我們知道,"君子"在孔子學説中是理想人格的一般表達,因此,孔子的這種轉變就意味着將人"應該做什麽"擴展爲人"應該成爲什麽人",亦即將倫理問題引入道德問題。

首先,就名分義通向的政治哲學進路而言,孔子通過"君子"引入了道德的視角,從而試圖通過一種道德的方式解决政治問題。請看,孔子正名説的表達是:"君子——名之必也言也,言之必可行也。君子——於其言,無所苟而已矣。"(《論語·子路》)這種表達爲名學帶來了一種全新的思維:如果説早期名學關注的主要是具體角色的問題,那麽這種新思維則認爲首先你是個君子,其次才是某個具體角色。

《論語》中,"君子"有時指有位者,有時指有德者,似乎無法定論①。然而"君子"一詞出現很早,初指有位者。例如《詩經·大東》中説:"君子所履,小人所視。"孔穎達《正義》云:"此言君子、小人,在位與民庶相對。君子則引其道,小人則供其役。"又如《左傳》記知武子之言:"君子勞心,小人勞力,先王之制也。"(《左傳》襄公九年)這裏的"君子"顯然指有位者。《論語》中特指有位者的"君子",大都是其不自覺地延續了這種習俗用法。比如,"君子之德風,小人之德草,草上之風,必偃。"(《論語·顔淵》)《論語》的大多數"君子"都指有德者,或兼德位而言。例如開篇:"人不知而不愠,不亦君子乎?"(《學而》)朱熹注:"君子,成德之名。"因此余英時就此而言:"《論語》以下儒家經典中的'君子'雖然不免'德'、'位'兼用(其中有分指一義,也有兼具兩義者),但是就整個方向説,孔子以來的儒家是把'君子'盡量從古代專指'位'的舊義中解放了出來,而强調其'德'的新義。""君子到了孔子的手上才正式成爲一種道德理想。"②

由此可見,孔子名學加入了"君子"的要素,其實是强調政治名分首先是一個道德名分。也就是説,如果此前的名學僅僅從倫理角度來談政治,那麽孔子的新名學則試圖通過道德問題來談政治,這種思想,用孔子的術語來説就是"爲政以德"。

---

① 楊伯峻《論語譯注》,中華書局1980年版,第2頁。
② 余英時《現代儒學的回顧與展望》,生活·讀書·新知三聯書店2004年版,第275—276頁。

其次,就名聲通向的道德哲學進路而言,孔子不僅通過"君子"確立了道德的形態,還通過"名"的政治倫理屬性,從而試圖以一種政治的方式解決道德問題。請看,在正名説之外,孔子的另一種名學也以"君子"爲主語:"君子——疾没世而名不稱焉。"(《論語·衛靈公》)"君子——去仁,惡乎成名?"(《論語·里仁》)這兩個"名"都側重於名聲義,前者講名聲能夠促進人的德行,後者則談到了名聲與"仁"的關係,認爲没有"仁"作爲基礎的名聲是不成立的。在筆者看來,孔子在此處談到道德問題時,介入了"名"的因素,實際上是説,道德問題也是一種倫理問題,進而亦是一種政治問題。這種思想,如果用孔子思想中已經包涵,而被漢末思想家概括出來的術語來説就是"以名爲教"①。

"爲政以德"與"以名爲教"是孔子處理政治和道德問題的兩條基本策略,前者是指在處理政治問題時采取道德的方式,可以稱爲道德化的政治,後者是指在處理道德問題時采取政治的方式,可以稱爲政治化的道德。這兩條原則奠定了孔子哲學乃至儒家内聖外王之開展的基本架構。而在這一架構的形成中,"名"的觀念發揮了至關重要的促進作用,表現在兩個層面:(一)對於政治與道德兩條進路的分離和確立提供了一條途徑;(二)對於道德化的政治與政治化的道德兩條策略的發現和提出提供了一種依憑。

就第一個層面而言,政治與道德在儒家思想中雖然相互糾葛,但是在孔子及前孔子的時代,這兩種觀念還是能夠區分清楚的。而人們之所以能夠比較順利地區分這兩種觀念,"名"是一種重要的尺規。如前所述,在前孔子時代的禮樂文化中,一則人們通過對名分問題的探討已經觸及到了作爲政治活動的重要原則的公信。就是説,在禮樂文化的政治結構中,統治者個人的公信力對於政權的穩固建立和健康發展具有根本作用,因此,人們借助統治者的名分問題對這一原則進行種種深刻的討論。二則,人們對名聲問題的探討也已經觸及到了作爲道德活動的重要原則自由。就是説,在禮樂文化的社會氛圍中,人們一方面形成了追求美名、注重名節的心理,另一方面則會發現追求美名終究是一種"求在外者"的行爲,這一思想上的轉折對於"求在我者"的道德自覺,提供了可能。

由此可見,兩種"名"的觀念對於政治觀念與道德觀念的區分和自立具有橋樑的作用,而這種作用在孔子思想中依然活躍着。就政治與名分而言,孔子在正名説中總結道:"君子名之必可言也,言之必可行也。"實際上就是通過名分問題來談政治,認爲政治問題的首要因素是公信的問題。如前所述,"名"、"言"、"行"的交互關係,説到底是要通過言行一致來建立統治者的公信力。就道德與名聲而言,孔子一方面説"君子疾没世而名不稱焉",其中包涵了對於美名的追求以及美名所具有的積極意義;另一方面又言"君子去仁,惡乎成名",對名聲采取了反省的態度,認爲在名聲的背後,應該確立一種"仁"的境界,這種境界其實就通向一種"爲仁

---

① "以名爲教"這種名教的説法是漢末魏晉之後出現的。例如《顔氏家訓·名實》中説:"或問曰:'夫神滅形消,遺聲餘價,亦猶蟬殼蛇皮,獸迒鳥迹耳,何預於死者,而聖人以爲名教乎?'對曰:'勸也,勸其立名,則獲其實。'"一定程度而言,這是人們對漢儒教化方式的反思。

由己"的道德自由之境。

就第二個層面而言,從孔子思想開始,出現了道德化的政治和政治化的道德,在筆者看來,這兩種看法並不是將道德與政治相互混淆,而是在區分政治與道德基礎上,一方面采取道德的方式解決政治的問題,另一方面采取政治的方式解決道德的問題。而在這兩個解決方案中,"名"的觀念都發揮了極爲重要的作用。就前者而言,政治問題的首要環節是公信力的建立,在孔子及儒家看來,建立公信力的一種有效手段就是采取道德的方式,這種道德的方式就是"正名"。具體而言,是指前述"正名"的第二層内涵,亦即通過統治者身體力行的道德行爲爲名分積澱更強的公信力,從而在政治上開創出一種上行下效的有利局面。就後者而言,道德指向是自由之境,在孔子及儒家看來,通向這種自由世界的主要手段是教化。教化的目的就是正名,其過程一方面固然指儒家知識(名言)的傳播,另一方面則指儒家價值(名分)的確立,其中,承載和確認這種價值的主要方式就是名聲。進而言之,在由名聲所呈現的儒家教化中,最先營造出的是一種"求在外者"的他律道德,而這種他律道德又可以在理性反思中通向一種"求在我者"的自律道德①。換言之,這一"自明誠"的教化過程,是一個他律到自律的過程,亦即由"有名"到"無名"的過程。

總之,"名"在孔子思想中有重要而特殊的意義。這表現在:其一,它已經超出了正名説的範圍,正名説僅僅屬於孔子"名"學中之名分義。其二,它甚至超出了"名"這個概念和術語的範圍,而作爲一種觀念的結構拓展了孔子思想中政治與道德的兩面,在某種程度上撑起了儒家内聖外王的基本架構。由此可見,孔子正名有廣狹二義:一種是以"正名"章爲經典表達的作爲政治思想的正名,一種是體現在整個孔子學説中的作爲思想方法的正名。前者是就名分的確立在獲得政權合法性過程中的重要作用而言的,後者則是就儒家對"名"的整體態度而言的,是儒家之所以能夠自顯和自立於諸子百家的根本②。

[作者簡介] 苟東鋒(1982—),男,陝西禮泉人。復旦大學哲學博士,現爲華東師範大學哲學系副教授。主要從事"新名學"研究,尤其關注儒道二家的名學問題。著有《孔子正名思想研究》《國學素養一百篇》等,發表學術論文三十餘篇。

---

① 名聲與教化有關主要在於名聲會造成恥感,而儒家的恥感實際上是一種他律與自律相統一的道德品行。參見高春花《論孔子恥感的道德品性》,《道德與文明》,2008 年第 1 期。
② 這種作爲方法的正名可依儒家之"名"的三重内涵分爲三個層面,一爲正名言,二爲正名分,三爲正名聲。孔子名學的這兩條進路,亦即名分思想以及爲政以德的主張、名聲亦即以名爲教的主張主要涉及後兩個層面,至於正名言的層面,在孔子思想中隱而未發,直到荀子《正名》以及董仲舒《深察名號》中才被闡發出來。詳情可參見拙作《孔子正名思想研究》,上海人民出版社 2016 年版。

從"遊於藝"到"逍遙遊"的美學思想嬗遞

張永祥

内容提要 從"遊於藝"到"逍遙遊"的思想嬗遞過程是一段充滿爭議的古典美學思想發展過程。本文通過細緻的學術史梳理後認爲,孔子與莊子之間的思想賡續存在着巨大的歷史可能性。我們從精神氣質、思考問題的方式和處理問題的方法等方面入手,通過對二者在美學精神和創作理念方面的全面對比分析,以求取二者之間的思想重疊部分,並以此爲基礎,嘗試簡要勾勒孔子與莊子之間的思想嬗遞關係,以完整呈現中國古典美學思想發展史上一段歷史與邏輯相統一的思想嬗遞過程。

關鍵詞 遊於藝 逍遙遊 美學 述而不作 "三言"
中圖分類號 B2

子曰:"志于道,據於德,依于仁,遊於藝。"(《論語·述而》)錢穆指出:"《論語》此章,實已包括孔學之全體而無遺。"①然而,在道、德、仁、藝四大綱領中,"遊於藝"最容易受到誤解。"遊於藝"究竟是倫理學命題還是美學命題? 它與莊子"逍遙遊"思想之間有没有親緣關係? 如果有,那是一種怎樣的嬗遞關係? 回顧圍繞這一系列問題的長期爭論,我們不得不承認,從"遊於藝"美學命題的提出,到它真正得到美學的認可,再到它與"逍遙遊"之間的思想關係被正式承認,這不但是一個漫長的歷史發展過程,也是一個艱苦的認識發展過程。李澤厚認爲:"從宇宙觀、認識論去理解莊子,不如從美學上才能真正把握莊子。"②也就是説,如果可能,美學將是考察孔子和莊子之間思想嬗遞關係的最佳視角。因此,本文選取"遊於藝"與"逍遙遊"這組

---

* 本文係作者主持的河南省哲學社會科學規劃項目"漢魏六朝《論語》詮釋研究"(項目編號:2017BZX012)、中國博士後科學基金資助項目"漢代《論語》思想研究"(項目編號:2016M601518)的階段性研究成果。
① 錢穆《學籥》,九州出版社2010年版,第4頁。
② 李澤厚《漫述莊禪》,《中國社會科學》1985年第1期。

美學命題作爲考察對象，希望通過新的觀察視角，重新審視中國先秦時期各家哲學思想錯綜複雜的衍變關係，進而梳理出早期古典美學的源頭脈絡。

一

關於孔子"遊於藝"是否爲美學命題的争論由來已久。注家最初認爲"藝"只是小道，不足以與孔子經緯萬世的大道相提並論，而"遊"也只是一個無足輕重的詞彙。這種意見濫觴於魏國的何晏，他在《論語集解》中指出："藝，六藝也，不足據依，故曰遊。"在他心目中，六藝只是閒暇時的消遣，完全無法與孔子的倫理學説等量齊觀，更不要説"遊"的美學內涵。梁代皇侃在《論語義疏》中發揮了何晏的觀點，明確表示"遊"就是"遊歷"，不包含任何審美色彩："遊者，履歷之辭也。藝，六藝，謂禮、樂、書、數、射、御也。其輕於仁，故云不足依據，而宜遍遊歷以知之也。"宋代邢昺則將矛頭對準"藝"而完全忽略了"遊"，六藝僅爲小道："所以飾身耳，劣于道德與仁，故不足依據，故但曰遊。"(《論語注疏》)清代大儒李顒爲了强調仁義道德的重要性，更是將六藝斥爲匠人"技藝"，其《四書反身録》云："志道則爲道德之士，志藝則爲技藝之人，故志不可不慎也，是以學莫先於辨志。"至此，"遊於藝"的美學命題不僅毫無美感可言，甚至已無法厠足於四大綱領之列。

然而，隨着歷史的發展，"遊於藝"怡情悦性的作用也逐漸引起一些學者的重視，只是他們仍將其看作孔子倫理學的附庸。朱熹最早提出"遊於藝"的"遊"是"玩物適情"的意思，即通過演習"六藝"的方式達到陶冶性情的目的。他指出："遊者，玩物適情之謂。藝，則禮樂之文，射御書數之法，皆至理所寓而日用不可闕者也。朝夕遊焉，以博其義理之趣，則應務有餘，而心亦無所放矣。遊藝，則小物不遺而動息有養。"(《論語集注》)朱熹雖然仍視"遊藝"爲"小物"，但已經强調"至理所寓"，並明顯注意到了孔子教育思想重視美育的特徵，所謂"動息有養"、"玩物適情"，正是出於對孔子教育思想的"瞭解之同情"。王夫之總結朱熹的意見後認爲："志道、據德、依仁，有先後而無輕重；志道、據德、依仁之與遊藝，有輕重而無先後。"(《讀四書大全説》)"有輕重而無先後"的説法與朱熹的立場毫無二致，而他關於六藝"與道相爲表裏"的説法也呼應了朱熹"至理所寓"之説，表現出對孔子美育思想的讚賞之情。清儒黄式三基本沿襲了朱熹等人的看法："君子博學無方，六藝之學宜遍歷以知之，故曰遊於藝。"(《論語後案》)意見雖樸實無華，卻明確强調了"遊於藝"在教育方面的積極作用。與此同時，劉寶楠進一步指出，"遊"乃"不迫遽之意"(《論語正義》)，較朱熹"玩物適情"説更具美學意味，已隱然接觸到孔子雍容典雅的審美生活態度。

"遊于藝"作爲美學命題的深入討論來自現代學者，但自然分裂爲主德與主美兩大陣營。主美者往往把注意力放在"遊"上，認爲"遊於藝也是審美"[1]，這種"'遊'是一種無意識的、非理

---

[1] 成復旺《神與物遊——論中國傳統審美方式》，中國人民大學出版社1989年版，第4—5頁。

性的活動。在'遊'中，人們以自己的感性心靈接受對象，既不懷功利目的，也不用理性思辨，這種態度就是審美的態度。"①與陸玉林強調"遊"的審美感性特徵不同，李澤厚則強調了"遊"的審美自由性特性："所謂'遊於藝'的'遊'，正是突出了這種掌握中的自由感。這種自由感與藝術創作和其他活動中的創作性感受是直接相關的，因爲這種感受就其實質說，即是合目的性與合規律性相統一的審美自由感。"②李旭則進一步指出了"遊於藝"這一美學命題的超越性特徵："'遊於藝'更重要的内涵還在於養成藝術化的自由精神和人生境界。"③此後，潘立勇又把"遊於藝"與"興於詩、立於禮、成於樂"聯繫起來，立足於儒家的教化之道而強調其美育性特徵④。總之，在主美者的語境下，孔子的"遊於藝"思想開始呈現出遊離於道德之外的美學意義，並有逐漸向莊子"逍遥遊"思想靠攏的迹象。

對"遊於藝"美學身份的質疑主要來自主德者一方。在他們看來，孔子思想中的確有豐富的美學思想，但孔子美學本質上是一種"功利主義美學"⑤，"強調文學藝術要爲政治倫理思想服務，強調文學藝術具有濃厚的政治倫理色彩"⑥與莊子美學格格不入。有的學者儘管想有意識地淡化這種意識形態色彩，但仍然認爲孔子"爲了使藝術在社會生活中產生積極的作用，必須對藝術本身進行規範，藝術必須符合'仁'的要求，必須包含道德的内容。"⑦主德者最典型的看法是把審美目光集中在"遊於藝"的"藝"上，認爲"孔子的審美追求由倫理追求轉化而來，重實踐，重下學的'藝'，重功利，重美善之别。"⑧他們對"遊於藝"最大的質疑來自"遊"中是否包含美。有學者在詳細梳理主美派的研究歷史後指出，"學界對'遊於藝'作審美性讀解，當是對孔子命題進行了過度闡釋"，"孔學從根本上說是一門德性之學、修身之學"，"孔子之遊無法超脱於儒家禮仁的域界，它是有限的，較之於莊子之遊，明顯缺乏必要的審美機制和心態"；最多可以説"孔子之'遊'只是爲'遊'日後可能被賦予濃郁的審美意味準備了一定的條件，或者説，它是一個誘發點，但'遊於藝'本身並非一個審美命題"⑨。不難看出，在主德者的語境下，"遊於藝"美學命題的地位與朱熹等人的評價並無二致。

總的來看，這段學術公案主要還是由於評價立場的不同導致觀察視角的差異化，而觀察視角的差異最終導致對其美學思想的評價產生巨大偏差。衆所週知，審美活動作爲一種主體性非常強的認識活動，其審美感受主要來自主體對審美對象的理解程度和自我演繹程度，而

---

① 成復旺《中國美學範疇辭典》，中國人民大學出版社1995年版，第262頁。
② 李澤厚《華夏美學》（增訂本），三聯書店2008年版，第52頁。
③ 李旭《孔子"遊於藝"的超越思想》，《學術研究》2000年第9期。
④ 潘立勇《朱熹人格美育的化育精神》，《浙江大學學報》2001年第3期。
⑤ 李孝弟《儒家美學思想研究·導言》，中華書局2003年版，第4頁。
⑥ 蔣孔陽《孔子的美學思想》，《學術月刊》2000年第6期。
⑦ 葉朗《中國美學史大綱》，上海人民出版社1985年版，第42頁。
⑧ 張節末《孔子與莊子審美追求比較》，《文史哲》1987年第5期。
⑨ 詹艾斌《孔子"遊於藝"命題讀解》，《江漢論壇》2005年第4期。

並不過多強調作爲中介的審美工具。比如庖丁解牛,我們從庖丁對牛刀妙到毫顛的熟練操控中獲得巨大的審美滿足,但並不怎麽關注他手中的刀。"遊"與"藝"的關係同樣如此,"藝"的本質是一種穩重而理性的人文成果,因而只是一種審美的載體,主體需要經過長期學習和反復訓練才能體會其中的倫理精神和美學意義,其審美特性明顯隔了一層;而"遊"是指主體經過長期實踐並充分理解"藝"的精神之後,自身處於一種靈動而美妙的運動狀態,自由自在,充滿開放性,與審美主體近乎無限的想象空間十分契合。莊子直接繼承孔子"遊於藝"的美學精神提出了"遊刃有餘"的美學命題,但"逍遥遊"卻明顯超越了"遊於藝"偏於理性的審美感受,更強調"遊"的直觀感受和自由精神,所以用"逍遥"作定語以突出這種自由精神。在未經過充分論證之前,我們不妨采取一種開放性的態度,把"逍遥遊"看作是對"遊於藝"美學思想的"邏輯展開"①,然後再進一步探求這種邏輯必然性中所包含的歷史可能性。

二

通過前文的學術史梳理,我們不難發現這樣一種現象,即哪怕是態度最強硬的主德派也不得不承認,"遊於藝"是莊子"逍遥遊"美學思想的"一個誘發點"。也就是説,孔子與莊子的美學思想之間必然存在某種層面的邏輯關聯。循着這樣的思路,有學者指出:"'遊於藝'是孔子政治失意後的一種生活和心靈安頓方式。"②而孔子的這種人生態度與莊子"乘物以遊心"(《莊子·人間世》)的人生態度之間具有明顯的一致性。這種認識的確觸及到了問題的實質,因爲從美學角度看,這一點不僅是孔子與莊子在思想領域取得默契的現實基礎,也是他們美學精神的連接點。儘管孔子和莊子在基本哲學理念上存在重大差異,但他們在美學精神上具有深刻的相似性:他們都非常重視人生修養,都非常注重直覺體悟和内在生命體驗,都屬於内省式的哲學家。

這種判斷首先來自《莊子》中多達四十四則的關於孔子的寓言故事。在這些寓言故事中,"孔子經常是以代道家立論的被尊崇的先賢、師長的形象出現的"③。但崔大華先生也承認,"《莊子》的作者熟悉《論語》中所記述的人物、故事、思想或論題,從而得到了啓發,並吸收了其中某些題材加以潤色、修改和發揮,用來表述自己的思想。"④也就是説,莊子對孔子形象雖然有所點染,但莊子的確是在不違背歷史人物精神的前提下重塑孔子的。誠然,莊子筆下的孔子無法直接拿來做思想史的材料,但卻可以用來推測莊子選擇這些材料背後的主觀動機。從

---

① 李生龍《孔子"遊於藝"思想闡微》,《湖南師範大學學報》2006 年第 7 期。
② 同上。
③ 崔大華《莊子研究》,人民出版社 1992 年版,第 351 頁。
④ 崔大華《莊子研究》,第 360 頁。

心理學的角度看,選擇就意味着契合,主觀動機的背後才是主客雙方的真正契合點。這就是說,我們可以從精神氣質、思考問題的方式和處理問題的方式等方面分析莊子筆下的孔子形象,從中尋找雙方思想的重疊部分。

孔子思想走的是内聖外王的路子,但由於現實條件的限制,他的思想實際上更側重内聖的一面。孔子堅信道德修養的感召力和示範效應,"君子之德風,小人之德草,草上之風,必偃"(《論語·顏淵》)。孔子理想中的内聖是成就"仁者",其外在形象特徵表現爲"仁者靜"(《論語·雍也》)。朱熹對此的解釋是"仁者安於義理而厚重不遷",這種說法可以看作是孔子思想的合理延伸,然而並不符合孔子原意。朱熹解釋的依據來自孔子"仁者安仁"的說法(《論語·里仁》),但對仁是什麽,孔子最明確的回答是"克己復禮爲仁"(《論語·顏淵》),克己"須是克盡己私"(朱熹引程子語),即克己是指倫理學框架下人"内心方面"的問題[①]。故而,《中庸》提到的"慎獨"觀念才是對"仁者靜"更準確的理解。仁者安靜内斂,注重對内在欲望的自我約束與反省。正是在這種思想氣質的熏陶下,孔子越到晚年,外在形象與精神氣質越接近道家人物形象的標準。

  子曰:"吾十有五而志於學,三十而立,四十而不惑,五十而知天命,六十而耳順,七十而從心所欲不逾矩。"(《爲政》)
  子曰:"予欲無言。"子貢曰:"子如不言,則小子何述焉?"子曰:"天何言哉?四時行焉,百物生焉,天何言哉?"(《陽貨》)

孔子"從心所欲不逾矩"與"予欲無言"的真實形象與莊子筆下的寓言形象之間有着很高的相似度,雖然比起"荅焉似喪其耦"的南郭子綦形象還有些距離,但已經非常接近《人間世》中"一宅而寓於不得已"的孔子形象了。若論美學境界,真實的孔子也没有達到"遊於無何有之鄉"(《莊子·應帝王》)那種"逍遥遊"的超越境界,但與"遊心乎德之和"(《莊子·德充符》)的境界已頗爲接近。可以說,精神氣質的靈犀相通是莊子接受並改造孔子形象以入寓言的根本原因。

莊子與孔子美學精神上的契合還來源於思考問題方式的一致。他們都是"熱愛生命"的哲人,都注重對生命的直覺體驗,只是孔子的學說皆"本諸體驗和實踐的立場"[②],始於體驗,終於實踐,始終没有離開對現實社會的關注與參與。而莊子的學說則從體驗走向了玄思,從對孔子的傾慕走向對老子的認同。韋政通所說的"體驗"更多的是基於宋明理學學術背景下的人之内心感知,與美學意義上的直覺體驗仍然有所區別。美學意義上的直覺體驗是一種不需要解釋的清晰認識,不需要任何外在規定性的對思考對象的深層思考,不需過程而對結果具

[①] 周予同《孔子》,見蔡尚思《十家論孔》,上海人民出版社 2006 年版,第 230 頁。
[②] 韋政通《中國思想史》,上海書店出版社 2003 年版,第 51 頁。

有深刻洞察。這種直覺體驗類似於馬斯洛的"巔峰體驗",不是純粹感性感知的不去思考問題,而是憑藉全部的人生經驗和智慧直接揭示問題的答案,有别於理性狀態下縝密的邏輯推理。孔子對生命直覺體驗的例子在《論語》中並不少見:

> 子曰:"歲寒,然後知松柏之後彫也。"(《子罕》)
> 子在川上曰:"逝者如斯夫!不舍晝夜。"(《子罕》)
> 子曰:"飯疏食,飲水,曲肱而枕之,樂亦在其中矣。不義而富且貴,於我如浮雲。"(《述而》)

通過這些對道德帶有美學色彩的簡單描述,我們完全能够體會到孔子當時的心境與感悟:那是一種對生命直覺體驗的如實描述,一種對内在於人的道德生命的讚美。《論語·先進》中還有一段孔子要求幾名弟子陳述志向的記載,孔子對曾皙之言大爲讚賞,但讚賞的動因並不明朗,故而引起了千年聚訟。如果把這個問題放在孔子對生命直覺體驗的美學視角下看,情況就一目瞭然了:輕鬆明快的生活氛圍,簡單隨意而又暗合禮樂秩序的人生態度,隱約呈現的大同世界縮影,全都直觀而强烈地呈現在曾皙描述的畫面中。曾皙的思路與孔子的理想不謀而合,這才是孔子"與點"的真正原因。

在對直覺體驗的理解和運用上,莊子與孔子相比有過之而無不及。在庖丁解牛的寓言故事裏,文惠君從庖丁"遊刃有餘"的高超解牛技巧中感受到了道的奧妙,這顯然是對生命的一次直接體驗與領悟;當然,庖丁對道的領悟同樣來自直接的生命體驗,他甚至用自己的直覺體驗影響到了文惠君。這方面的例子在《莊子》書中不勝枚舉,莊子筆下的孔子師徒基本都是以這種形象出現的:《人間世》中顏回對心齋的描述,《大宗師》中顏回對坐忘的描述,《達生》中孔子與吕梁丈夫對蹈水之道的討論、孔子與痀僂丈人承蜩之道的討論等等。不難看出,莊子與孔子在思考問題方式上是高度一致的,對生命的直覺體驗是他們之間最直接的思想紐帶。

三

精神氣質的契合、思考問題方式的一致並不必然表現爲處理問題方式的一致。但如果仔細考察孔子與莊子的創作理念,我們就會發現,孔子提倡的"述而不作"與莊子强調的"三言"在處理問題的方式上表現出驚人的一致性:既能够跳出前人對神的迷思,又能够堅决抵制當時普遍存在的人類自我中心主義誤區,以審美的人生態度和藝術化的處理方式完成了對上古文化的"創造性轉化"。

孔子的創作理念强調對先王之道應該秉持"述而不作"的原則。不少學者認爲,那不過是一種"因循守舊"的"思維方式"①，或者説是一種"強調文化生命歷史連續性的文化闡釋原則"②。但有學者持反對意見，認爲"述而不作"的根本精神"當是在萃取前人成果的基礎上整合、提升而成，其意義相當於再創作"③。以今人的立場來看，孔子之"述"雖"未嘗離事而著理"（章學誠《文史通義·經解中》），但他確實開創了一個區別於原始宗教信仰範疇的全新"道德宇宙"④，在這個宇宙中，人類社會本質上與經他道德化後的"天"是同質同構的，"述而不作"正是這種天人合一理念的理論表達。按照孔子自己的説法，"述而不作"的實質就是"承天之道，以治人之情"（《禮記·禮運》），而上古先王之所以能夠成爲孔子直接祖述的對象，僅僅是因爲他們是天道的卓越闡釋者和執行者。因此，"述而不作"表面上看是復古主義，實質上則是他天人合一學術理念的内在規定性。既然如此，孔子所"述"的堯、舜與莊子寓言中的孔子也就没有本質上的不同了，都不過是藉以暗示自己學説權威性的工具。

　　莊子最基本的創作理念是"三言"，即寓言、重言、卮言。一般而言，寓言是"寄托寓意的言論"，重言是"借重先哲時賢的言論"⑤，儘管重言有真實歷史人物形象和歷史背景的限制，不像寓言那般怪怪奇奇，但"重亦寓也，寓亦重也"（王夫之《莊子解》），二者本質上都是"因理生事，托事言理，事理藴道"的"廣寓言"⑥。卮言的情況要特殊一些，本質上是作者隨文賦義的"無心之言"或"無成見之言"。表面上看，卮言的"無心"與寓言和重言的"有意"互相矛盾，但究其實質，卮言的"無心"並不是要杜絶言論中的主觀目的性，而是在強調要破除自我中心主義之後的齊物之論。只有破除人們心中以自我爲中心的"成心"，達到"喪我"、"物化"的境界，才能破繭而出，逍遥而遊。反觀"有意"的寓言和重言，雖然光怪陸離、荒唐而無端崖，但最後的重心其實同樣落脚在了"齊物論"上。從這種意義上説，寓亦卮也，重亦卮也，三言其實皆一也，皆與"齊物論"的哲學主題密不可分。

　　合而論之，孔子與莊子創作理念上的一致性主要體現爲以下三個特點。首先，他們的創作理念都表現出了超邁前人的偉大創造精神，都能夠跳出原始宗教文化的牢籠，希望用理性精神扭轉神性對人的思想禁錮。孔子雖然爲西周禮樂文化所傾倒，但他卻把禮學的重心從原始宗教的祭禮悄悄轉向了與人倫道德密切相關的儀禮，更創立了仁學以豐富和深化禮學的内容，不動聲色地創造了一個天人合一的"道德宇宙"。他提倡"述而不作"的創作理念，看似因循守舊，實則大巧若拙，完全符合他"卑以自牧"的人生態度。莊子思想比孔子的去神學化態度更徹底，字裏行間雖偶有鬼神之説，但真正的思想内核卻是冰冷無情的大化流行。他繼承

---

① 劉暢《述而不作：作爲一種思維方式》，《天津社會科學》2002 年第 6 期。
② 李景林《孔子"述、作"之義與文化的繼承性》，《天津社會科學》2002 年第 6 期。
③ 彭林《從"三達德"看孔子的"述而不作"》，《孔子研究》2012 年第 5 期。
④ 韋政通《中國思想史》，第 49 頁。
⑤ 陳鼓應《莊子今注今譯》，中華書局 1983 年版，第 728 頁。
⑥ 楊義《莊子還原》，中華書局 2011 年版，第 60 頁。

了老子自然無爲的核心理念,但卻扭轉了老子的政治哲學傾向,轉而向人的内在心靈世界開掘,以夢幻般的感性筆觸爲人們揭開了一個美輪美奂的心靈世界。所謂"三言",則是莊子感性創作理念的理性表達。與孔子一樣,他選擇用理性精神去促進人的自我覺醒,並力圖用寓抽象於形象的哲學理念去規範和引導人的思想行爲在合理的軌道上運行。

其次,他們的創作理念立足於各自的哲學立場,力圖打破人類自我中心主義的思想誤區。春秋以降,西周舊有的社會文化秩序逐漸崩潰,封建王權與原始宗教神權對社會人心的約束力和影響力日漸衰落,人性的自私與醜惡慢慢呈露了出來。在這種滄海横流的社會背景下,孔子作《春秋》以"善善惡惡,賢賢賤不肖"(《史記·太史公自序》),爲他"述而不作"的創作理念定下了明確的基調。在孔子看來,人類就是一個道德共同體,人類存在所必需的一切社會秩序,包括政治走向、倫理規範、行爲禮儀、個人修養等等,都必須在道德宇宙的範圍内展開,不允許出現任何不受道德規範約束的、以自我爲中心的想法或行爲。所以孔子才嚴格要求"毋意、毋必、毋固、毋我"(《論語·子罕》),大張旗鼓地反對異端,要求每個人都要經常反思自己的思想和行爲;允許對超出個人經驗之外的新事物有所權變,但這種權變必須符合中庸之道的方法論原則。與孔子這種帶有强制性的做法相比,莊子就輕鬆自然了很多。他認爲大道無爲,天地萬物與我皆爲一體,人類最大的悲哀其實並不是愚者的毫無自我,而是智者在是是非非的爭論中會迷失自我,而迷失的過程就是完全以自我爲中心而與外物相對立的過程,人"一受其成形,不化以待盡。與物相刃相靡,其行進如馳,而莫之能止,不亦悲乎!"(《莊子·齊物論》)在洞悉了人之自我中心立場的種種危害之後,莊子不是選擇孔子那樣借助外在"道德宇宙"的約束力量,而是選擇了退守内心真正的自我(真君),"爲是不用而寓諸庸",人生的真諦,不過因物之自然而已。

最後,從這兩種創作理念的實踐效果來看,他們對上古文化的傳承與創新都表現出高超的藝術性特徵,甚至連他們的思想本身都呈現出混沌性的美學特徵。孔子對上古文化的處理看似循規蹈矩,實則以簡御繁(一以貫之),大巧若拙(不動聲色地改造上古文化);莊子則是將上古文化濃縮爲寓言故事,用以支撑自己的哲學思想,這種處理方式大大增强了莊子哲學的藝術魅力,大量美好而玄妙的隱喻令人目不暇接,美不勝收。所謂思想的混沌性,是指哲人核心學術理念因包容性與不確定性而保持最大限度的思想張力。莊子混沌鑿七竅而死的寓言故事形象傳達出這種美學特徵所藴含的深意。簡文帝認爲,混沌"以合和爲貌"①。"合和"不僅隱喻無爲,也預示着道的包容性與不確定性。莊子整齊物論的終極目的是爲了"逍遥遊",爲此,他一方面借助於老子自然、無爲的理念,另一方面又圍繞這一核心理念生發出無數衍生概念:無己、喪我、天籟、真宰、真君、天府、葆光、兩行、以明、天均、道樞、天倪、物化、心齋、坐忘等等。莊子哲學概念群的提出,不僅極大豐富了老子的無爲思想,也讓我們感受到莊子思想的無窮張力與魅力。孔子曾兩次提到自己"一以貫之"的思想特點,曾子指出是"忠恕"(《論

---

① [清]王先謙《莊子集解》,中華書局1987年版,第75頁。

語·里仁》)。周予同先生指出,忠恕即仁(周予同《孔子》),而仁乃"本心之全德"(朱熹《四書章句集注》),其中同樣包含了一整套關係錯綜複雜的概念群,體現了孔子仁學充滿彈性的思想張力。

四

辯證邏輯的基本原則之一就是邏輯與歷史的統一。恩格斯早已説過:歷史開始的地方就是思想開始的地方。邏輯比起真實的歷史發展過程也許太過"純粹",但我們無法否認"經過修正的歷史"中所包含的歷史真實性。莊子與孔子在美學思想上的嬗遞關係同樣如此。我們並不是要試圖論證莊子與孔子之間的師承關係事實,而是意在説明莊子對孔子的認同以及思想上血緣關係的真實存在。當然,發掘這條思想綫索的意義在於,中國古典美學思想早期的發展並非如傳統學術史總結的那樣壁壘分明,而是有着更爲複雜的演進方式和更爲開放的發展空間。

以"遊"爲發展綫索的古典美學最早起源於《詩經》的文學傳統。《大雅·卷阿》云:"豈弟君子,來遊來歌。"清代學者陳焕《詩毛氏傳疏》訓曰:"遊,優遊。"優遊的概念來自《小雅·采菽》:"樂只君子,福禄膍之。優哉遊哉,亦是戾矣。"在《詩經》的觀念裏,優指生活的富足,遊指生活的閒適安逸。詩歌站在旁觀者的角度,用"優哉遊哉"摹寫君子們福禄豐厚、幸福安定的生活情態,其中藴含的美學意味不言而喻。以孔子與《詩經》的深厚關係來看,"遊於藝"的"遊"顯然繼承了這種文學層面的審美感知。但從前文提到的曾皙言志章所表現出的審美特徵來看,孔子"遊於藝"的美學思想又超越了《詩經》文學層面的審美感知而達於哲學之境。

孔子的美學思想主要從兩個向度突破了《詩經》的美學傳統[1]:一是在社會文化方面,孔子完成了從形而下的"藝"到形而上的"遊"的美學突破。孔子醉心於西周禮樂文化,以六藝教授弟子,他反復強調對六藝的勤加練習可以熟能生巧,慢慢就會感受到因熟練的技巧掌控而帶來的自由感和愉悦感,最終才能够超越技巧的束縛進入"從心所欲"的審美領域。二是在人生哲學方面,孔子實現了從理性審美到感性審美的突破。孔子"文質彬彬"、"盡善盡美"的倫理美學一直是儒家津津樂道的話題,但當感性審美爲主導的"遊"壓倒道德考量爲要義的"藝"而居於主導地位之後,孔子美學思想的重心就已經開始擺脱理性束縛下的道德,走向感性充溢的心靈愉悦,而這種愉悦感是一種較爲純粹的審美心理學意義上的審美體驗。

遺憾的是,孔子對倫理美學的突破並不徹底,這種不徹底性表現在他雖然暫時擺脱了理性的思考與道德的羈絆,但卻始終與他鍾愛的禮樂文化保持着不即不離的關係,"從心所欲"

---

[1] 此處與拙文《從"遊於藝"看孔子美學思想的三重境界》(《孔子研究》2016 年第 4 期)的相關論述有所重疊,相關理論背景的闡述請參考這篇文章。

但又從"不逾矩"。所謂不即,指"遊"是孔子觀察世界的一種全新的方式,從理性的道德立場轉化爲感性的美學立場。所謂不離,指孔子的終極關懷並没有超出人類社會,没有離開他所鍾愛的禮樂文化,没有離開人文主義的基本立場,本質上仍是一種人文美學。孔子美學思想的這種特點表明,他對倫理道德的美學超越毋寧說是一種暫時擺脱了與道德思考呈膠著狀態後的非理性感悟。這種從内在心靈層面實現超越的過程其實並不徹底,還帶着幾分沉迷與留戀,但卻讓原有的人文之美增添了幾分超脱與飄逸的氣質。孔子曾言:"飯疏食,飲水,曲肱而枕之,樂亦在其中矣。不義而富且貴,於我如浮雲。"(《論語·述而》)明明是感性的審美愉悦,偏偏又糾纏着千絲萬縷的道德因素,時刻不曾忘記他的人文主義立場。孔子美學的這種不徹底性也正是莊子美學的出發點。

莊子以"逍遥遊"爲核心的美學思想與孔子美學大異其趣,但卻遵循了孔子美學思想從"遊"中實現突破的思路,將孔子原本並不徹底的超越之美推向了極致,那是一種不帶任何人家煙火氣息的純粹的超越之美。首先,莊子接受了孔子美學內在超越的演進路徑,沿着孔子熟能生巧、下學上達的發展思路繼續前進。《養生主》篇庖丁爲文惠君解牛,舉手投足之間竟然暗合聖王樂舞的高雅節奏。庖丁以他十九年的解牛經驗告訴世人,遊刃有餘的境界的確來自千錘百煉的外在要素,但技巧只是道的外在表現形式,只有用心靈去感悟才能接觸到大道的無限美妙。《達生》篇中痀僂者承蜩的寓言故事也表達了相同的理念——"用志不分,乃凝於神",忘記包括技巧在内的一切外在因素,專注于内在心靈的超越性體驗,"不以萬物易蜩之翼",才能達到"道"的至境。

其次,在觀照現實世界的方式方面,莊子徹底打破了孔子與現實世界之間不即不離的含混態度,形成了一套完整而獨特的超越理論,這種超越理論可以擺脱一切外在因素直達美學至境。《大宗師》篇中,莊子通過女偊之口完整闡述了自己超越美學的完整路徑:先獨處以静守内心,然後是外天下、外物、外生的循序漸進過程,在勘破生死的關口之後,精神達到"心境清明洞徹"的朝徹之境,而後是見獨、無古今等精神境界逐漸提升的過程,最終"入於不死不生"超越至境。莊子稱達到這種境界的人爲"至人","至人無己"(《莊子·逍遥遊》),即"死生無變於己",可以"乘雲氣,騎日月"(《莊子·齊物論》),然後"乘天地之正,而御六氣之辯,以遊無窮"(《莊子·逍遥遊》),實現對現實世界的徹底超越。莊子認爲,"天地有大美而不言"(《莊子·知北遊》),人的這種絶對超越的心理狀態可以窺見天地人生之大美,可以"虚室生白,吉祥止止"(《莊子·人間世》),最終達到"天地與我並生而萬物與我爲一"(《莊子·齊物論》)的美學至境。

最後,在人生的終極關懷方面,莊子專注於人的精神的絶對自由,突破了孔子從人文美學立場實現超越所帶來的不徹底性。在莊子眼中,孔子帶有終極關懷意味的"遊於藝"仍然屬於"有待"的範疇。莊子的終極關懷是"無待"的,他認爲人應該忘懷現實世界的一切羈絆,包括生死,最終釋懷並逍遥遊於"無何有之鄉"(《莊子·逍遥遊》),直至以欣然的態度重新融入大化流行的循環之中。莊子通過莊周夢蝶、顔回坐忘、梓慶忘賞、女偊外生、子桑户歸化等一系列寓言故事反復暗示世人：要以忘懷的姿態走向徹底的釋懷。忘懷，意味着絕去任何修飾的素樸，素樸之美"淡然無極而衆美從之"(《莊子·刻意》)。釋懷，則意味着返璞歸真，從素樸回歸混沌，從"淡然無極"的有限走向"無極之外復無極"(《列子·湯問》)的無限。如果說忘懷是那種庖丁式的、只能在某一特定領域中從熟練經驗升華到"無我的經驗"的低層次的"小逍遙"境界，釋懷就是他所嚮往的更高層次的齊萬物、一死生、物我兩忘、與物俱化的"大逍遙"境界①。

概而言之，孔子生當禮崩樂壞的春秋末期，他要思考的時代課題是政治秩序的崩潰後如何守護人類精神文明的防綫，而他給出的答案是外修禮樂、內主仁義。禮樂文化特有的雍容中和之美成就了孔子的倫理美學，但也成了孔子始終無法割捨的情結。正因爲如此，孔子"遊於藝"的美學命題沒能真正超越其倫理美學。莊子生活的時代環境已不同於孔子，戰國中期之時，禮樂文明的大壩已經潰堤，"道術將爲天下裂"(《莊子·天下》)，他要思考的時代課題是大道剖判之後如何應對百家各執一辭而相是非的亂局。莊子的解決之道同樣分爲內外兩個向度：向內追求真宰的覺醒，要求去除成心，以忘我、物化的狀態迎接精神的徹底自由；向外以"無"爲本體，要求剥離知識與死亡帶給人的困惑，以虛静之心觀照萬物之本源。莊子對精神自由的強烈嚮往，使他的美學思想成功走出了孔子思想的籠罩，具備了真正的超越品格。從發生學的角度看，孔子與莊子之間的思想嬗遞過程顯得較爲晦澀，嚴重阻礙了人們對中國古典美學思想源頭發展狀況的整體判斷與把握，故敢獻陋識以就教於方家。

[作者簡介] 張永祥(1976—)，男，河南許昌人。復旦大學哲學學院博士後流動站研究人員，南陽師範學院新聞與傳播學院講師，研究方向爲先秦兩漢儒學，已在相關學科重點刊物發表論文多篇。

---

① 張永祥、張秀芬《從"小大之辯"看莊子"逍遙遊"境界的二分性》，《周口師範學院學報》2009年第4期。

莊子知論及其當代意義*

張洪興

內容提要 基於道家的立場，莊子批判世俗之智，倡導道家真人真知。在莊子看來，世俗之智有大知、小知之別，不可避免地帶有局限性，人們往往以智爲聰明，恃智争強弄巧，産生是非與紛争。並且，世俗社會統治者乃至所謂聖人尚智、好智，則"舉賢則民相軋，任知則民相盜"，産生更大的社會問題。在批判、摒棄、去除世俗之智的基礎上，莊子構建了道家的知論，包括心徹爲知、以恬養知、真其實知、真人真知等幾個方面。莊子知論在當下知識"爆炸"的時代，仍具有很強的現實意義，可引導人們從知識群體、知識本身、人本身三個層面反思現代技術（機械）文明，在人性、道德修養方面做些努力。

關鍵詞 莊子 知論 反思

中圖分類號 B2

一般認爲，知識、智力是人們能力、水準的體現，是人類經濟發展、社會進步的階梯，這對西方理念引導下的現代人來説當然是真理。中國古代思想以人爲本，重視人與人之間的關係，關注心性修養，總體而言，重道不重技，這是中西文明明顯不同的"旨趣"。在文化融合的大背景下，兩者本應相得益彰，但在西方列強世界範圍内掠奪殖民地、争奪霸權的過程中，中華文明受到了重大挫折，因此在20世紀初新派學者看來，中國文化是中國愚昧、落後、貧弱的總根源，棄之如敝屣——以老莊爲代表的道家文化自然也不能幸免，世界（中國）在西方物質文明的列車上滚滚向前。到了21世紀，由於互聯網的普及以及以人工智能的高速發展，世界範圍内發生了影響巨大且深遠的信息革命，人類進入了一個知識"大爆炸"、信息"大爆炸"的時代，呈幾何級數增長的知識讓人疲於應付，甚至迷惑不堪。而反觀中國古代思想尤其是莊子知論①，我們就會進入一個別具特色的境界。

---

* 本文是國家社科基金一般項目《先秦道家流派生成及文體特徵研究》（項目編號：15BZW056）的階段性成果。
① 《莊子》書中知、智不分。本文盡可能予以區別，在提到莊子所謂知時，寫作"知"；在提及世俗之智、當下之智時寫作"智"，特此説明。

道家文化,很早就被貼上了反智的"標籤"。余英時先生在《反智論與中國政治傳統——論儒、道、法三家政治思想的分野與匯流》一文,有專門的"道家的反智論"一節,從政治思想層面認爲:"道家和法家的政治思想雖然也有不少與儒家相通之處,但在對待智性及知識分子的問題上卻恰恰站在儒家的對立面。道家尚自然而輕文化,對於智性以及知識本不看重。""道家的反智論影響及於政治必須以老子爲始作俑者。"論及莊子時則説:"莊子對政治不感興趣,確是主張政府越少干涉人民生活越好的那種'無爲主義'。他以'墮肢體,黜聰明,離形去知'爲'坐忘',這顯是反智性的。他又説:'庸詎知吾所謂知之非不知邪?庸詎知吾所謂不知之非知邪?'這便陷入一種相對主義的不可知論中去了。但是他在'不知'之外又説'知',則仍未全棄'知',不過要超越'知'罷了。所以莊子的基本立場可以説是一種'超越的反智論'①。"②這種"超越的反智論"還是不是"反智論"呢?到底又超越出什麽實質性的内容?對此,余先生没有明言。當然,余先生這篇文章完成於1976年③,其從"反智論"角度批判中國的傳統政治有其現實的因由,所持也是西方的標準,並没有闡釋莊子思想的"旨趣"。其實,知識只是手段,不是目的,莊子"反智論"恰恰是提升心性修養、升華心靈境界的手段。

《莊子》三十三篇中,"知"字共出現600次;其中大部分作"知道"、"瞭解"、"明白"、"懂得"解;而作"知識"、"心智"、"智覺"、"智力"、"智巧"等包含知論内容的解釋有近170次,散見《莊子》三十一篇中(《駢拇》《漁父》兩篇無)。另外,還有知(《天地》《知北遊》)、少知(《則陽》)、知和(《盜跖》)等多個假設的名字。莊子的知論很明顯地分爲兩個層次,一是批判世俗之智;二是構建道家"真知"。

一、批判世俗之"知"

道家思想以無、静、虚三字爲基本特徵,其中以無爲根基,以静爲態勢(手段),以虚爲旨歸(境界)。如何讓活躍的浮躁的人心歸於無、静、虚呢?當然首先應該約束、規範或者説升華人的知覺。《齊物論》篇中,南郭子綦與顏成子遊討論人籟、地籟、天籟的境界,提出了著名的"吾喪我"的命題。"吾喪我"中,"吾"是真我,而"我"是有知覺的、經過世俗薰染的主觀的我;爲了達到"天籟"也即是道的境界,必須要摒棄有知覺的主觀的我。而在另一層面,道家(莊子)之"道"具有"不可聞"、"不可見"、"不可言"、"不當名"④的特點,人類知識層面的任何解釋、任何

---

① 余先生譯爲 transcendental anti-intellectualism。
② 余英時《反智論與中國政治傳統論——儒、道、法政治思想的分流與匯合》,《中國思想傳統及其現代變遷》,《余英時文集》第2卷,廣西師範大學出版社2004年版,第283頁。
③ 該文文末注明:1975年12月22日初稿,1976生5月24日改定。
④ 《莊子·知北遊》中説:"道不可聞,聞而非也;道不可見,見而非也;道不可言,言而非也。知形形之不形乎,道不當名。"

辯論、任何學説都徒勞無益。基於這樣的體認,莊子全面批判世俗之智。

在莊子看來,知有大知小知之别,如《逍遥遊》篇中説"小知不及大知",《齊物論》篇中説"大知閑閑,小知間間"。小知顯然是世俗之智,莊子對此予以否定、摒棄、批判,《列禦寇》篇中説:"小夫之知,不離苞苴竿牘,敝精神乎蹇淺,……悲哉乎,汝爲知在毫毛而不知大寧!"小知只停留在禮物饋贈、竹簡問訊上面,耗費在瑣碎的小事上,永遠達不到至寧至静的境界。而對於大知,則在不同語境中應予以區别對待,如《齊物論》篇中"大知閑閑,小知間間",大知的廣博悠遊(閑閑)與小知的瑣碎細緻(間間),並没有本質的區别,藉以否定大知。而《秋水》篇中説的"是故大知觀於遠近,故小而不寡,大而不多,知量無窮",指出大知能够觀照遠近,知悉大與小的區别;《知北遊》篇中説的"大知入焉而不知其所窮",則把大知等同于大道了。所以,莊子要求去小知,《外物》篇中評價"神龜現夢"的寓言時説:"神龜能見夢於元君,而不能避余且之網;知能七十二鑽而無遺筴,不能避刳腸之患。如是,則知有所困,神有所不及也。雖有至知,萬人謀之。魚不畏網而畏鵜鶘。去小知而大知明,去善而自善矣。"因"知有所因",故去小知而大知自明。

智的局限性不僅表現在大知、小知方面。《德充符》篇中説的"知不出乎四域",智超不出東西南北四域,强調智受空間的限制。《德充符》篇中又説:"死生存亡,窮達貧富,賢與不肖毀譽,饑渴寒暑,是事之變、命之行也。日夜相代乎前,而知不能規乎其始者也。"死生存亡、窮達富貴,與自然界的寒暑變化,日夜循環更替,人的智並不能測度它們的由來。《秋水》篇也説:"且夫知不知是非之竟,而猶欲觀於莊子之言,是猶使蚊負山,商蚷馳河也,必不勝任矣。且夫知不知論極妙之言,而自適一時之利者,是非坎井之鼃與?"智尚不能判定是非,就像爲一時之利而欲領悟莊子之言(極妙之言),就如同坎井之蛙一樣可笑。這裏强調智受感知主體的限制。《則陽》篇中説人們雖然熟悉雞鳴狗吠,但即便有大知,也"不能以言讀其所自化,又不能以意其所將爲",説明智受感知對象的限制。由於種種局限,人類的智自然就有極限。《庚桑楚》篇説:"知者,接也;知者,謨也;知者之所不知,猶睨也。"不管是外在的接觸,還是内心的思想,智都只會是片面的,如瞇着眼睛,自然看不到事物的全貌。《則陽》篇説:"人皆尊其知之所知,而莫知恃其知之所不知而後知,可不謂大疑乎!"人的智識都以自我爲中心,所以就一葉障目,不見森林,這與《逍遥遊》篇中説的"豈唯形骸有聾盲哉,夫知亦有之"同是一理。

但是,世俗之人卻認識不到智的局限性,往往尚智、好智,"知士無思慮之變則不樂"(《徐無鬼》),往往以智爲聰明,恃智争强弄巧,"知巧而睹於泰"(《天道》篇)。世俗之智的基本特點,是向外呈現,成就個人的功名富貴,如《則陽》篇中的楚臣夷節,其"爲人也,無德而有知,不自許,以之神其交,固顛冥乎富貴之地,非相助以德,相助消也",干求智術,長久地沉迷於富貴之地,乃至於對别人的德性都有所損消。這恰恰是莊子(道家)極力批判的。《列禦寇》篇中説:"知慧外通,勇動多怨,仁義多責。達生之情者傀,達於知者肖;達大命者隨,達小命者遭。"指出智慧通於外物就會傷身,讓人如同緣木求魚,而達于智者更是衰弱不堪。《庚桑楚》篇中説："若然者，以用爲知，以不用爲愚；以徹爲名，以窮爲辱。移是，今之人也，是蜩與學鳩同於同也。"指出世人以有用、無用作爲判定智與愚的標準，同蜩與學鳩等小鳥一樣無知而已。在《達生》篇中，有個叫孫休的人找到扁慶子，訴説自己雖注重修身但不被衆人理解的苦悶，扁慶子告誡他説"今汝飾知以驚愚，修身以明汙，昭昭乎若揭日月而行也"，所以能保全身體已經很不錯了，没有什麽可怨恨上天的。這裏"飾知"即是逗弄才智，結果卻令人討厭。故而，智導致人世間産生競爭、爭執。《人間世》中説："且若亦知夫德之所蕩而知之所爲出乎哉？德蕩乎名，知出乎爭。名也者，相軋也；知也者，爭之器也。"《庚桑楚》篇中説："是以生爲本，以知爲師，因以乘是非。"《外物》篇中也説："德溢乎名，名溢乎暴；謀稽乎誸，知出乎爭。"知出乎爭，知爲爭之器，以知爲師，滋生是非，是世間紛擾、爭鬥的根源。人們爭來爭去，其結果一方面如《胠篋》篇中説的"世俗之所謂至知者，有不爲大盜積者乎"，爲田常這樣的至知者（竊齊國大盜）做了準備；另一方面則是"民知力竭，則以僞繼之。……知不足則欺，財不足則盜"（《則陽》），老百姓智力衰竭，則詐僞叢生，爭相爲盜。

由於智産生是非與紛爭，世俗社會乃至所謂聖人、統治者尚智、好智，便帶來了更大的問題。《在宥》篇中説，由於黄帝、堯、舜以仁義擾亂天下，夏桀、盜跖、曾參、史魚紛起，儒墨爭論不休，"於是乎喜怒相疑，愚知相欺，善否相非，誕信相譏，而天下衰矣。大德不同，而性命爛漫矣。天下好知，而百姓求竭矣"，天下好知，人與人交相害，老百姓的自然本性便喪失殆盡。《馬蹄》篇中説："至聖人，屈折禮樂以匡天下之形，縣跂仁義以慰天下之心，而民乃始踶跂好知，爭歸於利，不可止也。"聖人鼓吹禮樂仁義，結果導致了老百姓好知爭利，乃至於達到"舉賢則民相軋，任知則民相盜"（《庚桑楚》）的程度，使社會混亂不堪。而聖人、統治者本身的智，則是狠毒無比，無恥之極。《天運》篇中説："三皇之知，上悖日月之明，下睽山川之精，中墮四時之施。其知憯於蠣蠆之尾，鮮規之獸，莫得安其性命之情者，而猶自以爲聖人，不可恥乎？其無恥也！"他們的智，遮蔽了日月的光輝，損害了山川的靈性，毀壞了四時的運行，比蠣蠆、鮮規還要狠毒。《胠篋》篇中則批判得更爲具體："上誠好知而無道，則天下大亂矣。何以知其然邪？夫弓弩畢弋機變之知多，則鳥亂於上矣；鈎餌罔罟罾笱之知多，則魚亂于水矣；削格羅落罝罘之知多，則獸亂於澤矣；知詐漸毒、頡滑堅白、解垢同異之變多，則俗惑於辯矣。故天下每每大亂，罪在於好知。故天下皆知求其所不知而莫知求其所已知者，皆知非其所不善而莫知非其所已善者，是以大亂。……甚矣夫好知之亂天下也！"此種批判，可謂入木三分。

二、構建道家"真知"

世俗之智既然存在如此衆多問題，産生如此衆多的罪惡，以至於"塞道"①，使道德不彰，如

---

① 《庚桑楚》篇中説："去、就、取、與、知、能六者，塞道也。"

何有效控制世俗之智？莊子在批判之外，也提出了一些控制世俗之智的方法：1. 以知爲孽。《德充符》篇説："故聖人有所遊，而知爲孽，約爲膠，德爲接，工爲商。聖人不謀，惡用知？ 不斲，惡用膠？ 無喪，惡用德？ 不貨，惡用商？ 四者，天鬻也。"聖人遊心於虚，把智看作是産生"妖孽"的根源，不謀不劃，不用世俗之智。2. 以知爲時。《大宗師》篇中説："以刑爲體，以禮爲翼，以知爲時，以德爲循。……以知爲時者，不得已於事也。"智只是審時度勢的手段，出於不得已時才可應付事物。3. 慎内閉外。《在宥》篇中説："慎女内，閉女外，多知爲敗。"加强内心修養，不與外界接觸，否則多智巧就要敗壞。4. 攝汝知，即收斂心智，《知北遊》篇中説："攝汝知，一汝度，神將來舍。"收斂心智，集中意念，神明將會降臨。5. 掊擊而知。《知北遊》篇中説："汝齊戒，疏瀹而心，澡雪而精神，掊擊而知。"掊擊即打擊，引申爲拋棄，只有拋棄世俗之智，才能够疏瀹心靈，澡雪精神。6. 去(棄)知，即去除世俗之智。這一方面，《莊子》内、外、雜篇中多有論述。内篇《大宗師》中説"墮肢體，黜聰明，離形去知，同於大通，此謂坐忘。"去知與莊子著名的"坐忘"聯繫在一起，是道家修養的不二法門。外篇《在宥》中説："未知聖知之不爲桁楊椄槢也，仁義之不爲桎梏鑿枘也，焉知曾史之不爲桀跖嚆矢也！故曰：絶聖棄知而天下大治。"世俗所謂聖知仁義只不過是迫害老百姓的枷鎖，所謂聖人賢人與夏桀盜跖也沒有什麽不同，所以要絶聖棄知。《刻意》中説："去知與故，循天之理。"即要求去掉智慧與世故(巧詐)，順應自然之理。雜篇《外物》中説："去汝躬矜與汝容知，斯爲君子矣。"所謂容知，即外表的聰明；去除行爲的矜持與外露的聰明，才能成爲君子。當然，莊子去除世俗之智的方法有很多，如以明(《齊物論》)、心齋(《人間世》)、懸解(《養生主》)、坐忘(《大宗師》)、攖寧(《大宗師》)等心靈修養的功夫都具有此等功能，這裏不復細述。

　　在批判、摒棄、去除世俗之智的基礎上，莊子構建了道家的"真知"。莊子的"真知"是建立在天下之德"玄同"的基礎上的。《胠篋》篇中，莊子在批判了聖人、聖法以及六律、文章、五采等之後，强調説："削曾、史之行，鉗楊、墨之口，攘棄仁義，而天下之德始玄同矣。彼人含其明，則天下不鑠矣；人含其聰，則天下不累矣；人含其知，則天下不惑矣；人含其德，則天下不僻矣。彼曾、史、楊、墨、師曠、工倕、離朱，皆外立其德，而以爁亂天下者也，法之所無用也。"這裏的"含其明"、"含其聰"、"含其知"、"含其德"俱是道家的明、聰、知、德，是天然的、内生的，與曾、史、楊、墨等人以自己的立場確立的標準("外立其德")不同。在筆者看來，莊子的"真知"具有以下幾個方面的特點：

　　心徹爲知。什麽是真知？《外物》篇中説："目徹爲明，耳徹爲聰，鼻徹爲顫，口徹爲甘，心徹爲知，知徹爲德。"徹者，通達也，心通達則爲真知，知通達則爲德行，把知與心聯繫在一起。心是《莊子》三十三篇中一個基本概念，既有莊子所批判的成心、師心、機心、賊心、不肖之心、取捨滑心等，也有莊子所肯定的心齋、常心、自事其心、乘物以遊心等，内涵十分複雜[①]。在道家語境中，莊子心學的指向自然是無、静、虚三個方面，其所謂真知也首先是心的功夫。如何

---

① 張洪興《論莊子心學》，《諸子學刊》(第六輯)，上海古籍出版社 2012 年版，第 109—127 頁。

做到"心徹"呢？一是忘。《達生》篇中說："知忘是非，心之適也。"我們前面說過，世俗之智產生是非與爭鬥，所以忘掉是非，泯滅是非，精神就不會受到侵擾，內心就會感到暢意舒適。二是以心復心。《徐無鬼》篇在論及真人時說："於蟻棄知，於魚得計，於羊棄意。以目視目，以耳聽耳，以心復心。若然者，其平也繩，其變也循。"即要像螞蟻棄絕羊肉的膻味一樣（螞蟻喜羊肉的膻味）棄絕世俗之知，以本然之心修復被世風熏染的世俗之心，這樣心靈才能夠像繩（水準尺）一樣平靜，才能夠因循自然變化。這樣心靈通徹，就能夠達到真人境界，若"無知之物，無建己之患，無用知之累，動靜不離於理，是以終身無譽"（《天下》篇）。三是以其知得其常心。人的知識是有極限的，"故知止其所不知"（《齊物論》），而"言休乎知之所不知"（《徐無鬼》）；但莊子的真知要突破這種極限，所以《徐無鬼》篇中說："人之於知也少，雖少，恃其所不知，而後知天之所謂也。"人要依靠所不知的，去體悟"天之所謂"即大道流變的情況；《大宗師》篇中也說："知人之所為者，以其知之所知，以養其知之所不知，終其天年而不中道夭者，是知之盛也。"以其所知，養其知之所不知，從而實現整體上的認識。這一點，《德充符》篇中兀者王駘的寓言也較為典型：兀者王駘在魯國很有影響，"從之遊者與仲尼相若"，這讓常季很不理解，就與孔子展開了討論，其中常季說王駘"彼為己，以其知得其心，以其心得其常心"。由"心"至"常心"（恒常不變之心）也是一個體悟大道的過程。四是知通為一。《齊物論》篇中說"唯達者知通為一"，意為"只有通達士才能瞭解這個通而為一的道理"①；而在莊子看來，道"在屎溺"（《知北遊》），萬事萬物都有道，"知通為一"亦是"心徹為知"表現形式。

以恬養知。恬者，靜定也；養者，涵養也。《繕性》篇中說："古之治道者，以恬養知。知生而無以知為也，謂之以知養恬。知與恬交相養，而和理出其性。"這裏說古代修道的人，以靜定來涵養智慧；他們的智慧生成，但卻不以智慧行事；智慧與靜定交互涵養，合乎自然之理的道便在本性中產生。如何做到以恬養知呢？其一是靜。我們前面說過，靜是莊子（道家）核心理念之一，《莊子》三十三篇中多有論述。如《在宥》篇中，黃帝向廣成子請教至道之精，廣成子說："至道之精，窈窈冥冥；至道之極，昏昏默默。無視無聽，抱神以靜，形將自正。必靜必清，無勞女形，無搖女精，乃可以長生。目無所見，耳無所聞，心無所知，女神將守形，形乃長生。慎女內，閉女外，多知為敗。"廣成子所謂至道之精與"靜"聯繫在一起，強調"抱神以靜"、"必靜必清"，並告誡黃帝慎內閉外，多知為敗。《達生》篇在"梓慶為鐻"的寓言中，梓慶所做鐻"見者驚猶鬼神"，其訣竅即是"齊以靜心"，達到了"以天合天"的境界。《天道》篇篇首可謂是莊子集中論述靜的段落："聖人之靜也，非曰靜也善，故靜也。萬物無足以鐃心者，故靜也。水靜則明燭鬚眉，平中準，大匠取法焉。水靜猶明，而況精神，聖人之心靜乎！天地之鑒也，萬物之鏡也。夫虛靜恬淡寂漠無為者，天地之平而道德之至，故帝王聖人休焉。休則虛，虛則實，實者倫矣。虛則靜，靜則動，動則得矣。靜則無為，無為也則任事者責矣。無為則俞俞。俞俞者，憂患不能處，年壽長矣。夫虛靜恬淡寂漠無為者，萬物之本也。"虛靜恬淡是道德之至、萬物之

---

① 陳鼓應《莊子今注今譯》，商務印書館 2007 年版，第 81 頁。

本,是入聖的前提與手段。其二是定。由静方能入定,入定是一種境界。如《大宗師》篇中説:"相造乎道者,無事而生定。"説追求道的人,閑閑無事,心性安定。《天道》篇在集中闡釋虚静之後,提出並解釋了天樂的概念,其中説:"故曰:'其動也天,其静也地,一心定而王天下;其鬼不祟,其魂不疲,一心定而萬物服。'言以虚静推於天地,通於萬物,此之謂天樂。"所謂"一心定"即精神專一於虚静境界,其可"王天下"、"萬物服",作用至大無匹;在該篇中還説:"故外天地,遺萬物,而神未嘗有所困也。通乎道,合乎德,退仁義,賓禮樂,至人之心有所定矣!"這裏的"心有所定"是至人通道合德内在表現,也正是莊子(道家)所謂真知的表現。

真其實知。莊子的真知是很難以言説的,或者可説它只是一種精神層面的修養。《知北遊》篇中,齧缺向被衣問道;被衣在講道的過程中,齧缺竟然睡着了。被衣非常高興,邊走邊唱:"形若槁骸,心若死灰,真其實知,不以故自持。媒媒晦晦,無心而不可與謀。彼何人哉!"這裏,"形若槁骸,心若死灰",是完全摒棄知慮活動;而在被衣看來,卻正是"真其實知",領會了被衣講道的精神實質。從這段話中,所謂"真其實知"有兩個方面的特點,一是媒媒晦晦,如進入混沌之地;二是無心,無心則無求無欲無待無己;二者結合,使齧缺在頓悟中真知升華。做到"真其實知",重要的前提是"真"。這在其他篇章中也有體現。如《應帝王》篇中説:"泰氏其卧徐徐,其覺于于,一以己爲馬,一以己爲牛,其知情信,其德甚真,而未始入於非人。"泰氏在睡時安穩平静,醒時逍遥自得,任别人稱他是牛是馬;他的知(思想)真實無僞,品德純真高尚,不是欺詐虚僞的"非人"。"其知情信,其德甚真"都是强調實知之真。《馬蹄》篇中説:"同乎無知,其德不離;同乎無欲,是謂素樸;素樸而民性得矣。"人們不用智巧,不貪欲,就能保持純真樸實(素樸)的本性,也强調一個"真"字。《天地》篇中説:"夫王德之人,素逝而恥通於事,立之本原而知通於神,故其德廣。"這裏,王德之人即盛德之人;素即真,逝即往,素逝即與真偕行。只有與真偕行,立足于本原(大道),才能使智與神明相通,德性廣大。其實,與儒家致力追求人倫之"善"不同,道家思想則追求人性之真,莊子的"真其實知"可以説是其追求人性之真的一種努力。

真人真知。莊子的真知,具有鮮明地尚古的指向性,有尚古的情懷,認爲古之修道者有真知,這在《莊子》諸多篇章中都有體現。如《齊物論》篇中説"古之人,其知有所至矣",認爲古時的悟道者,他們的智慧達到了至高的境界。《天道》篇中説"故古之王天下者,知雖落天地,不自慮也",認爲古代統治者,智慧雖然包羅天地,但自己不去思慮。《繕性》篇中説"古之行身者,不以辯飾知,不以知窮天下,不以知窮德",認爲古時修道者,不用巧辯修飾智慧,不用機智困累天下人,不用心智損傷自己的德性。莊子對"古之真人"論述最爲集中的篇章是《大宗師》。該篇篇首即明確提出"且有真人而後有真知"的觀點,提出"何謂真人"的問題,之後完全以"古之真人"來立論,説道:"古之真人,不逆寡,不雄成,不謨士。若然者,過而弗悔,當而不自得也。若然者,登高不栗,入水不濡,入火不熱。是知之能登假於道也若此。"從莊子論述看,所謂真人首先是得道之人,"知之能登假于道"(智慧達到大道的境界),才會有"登高不栗,入水不濡,入火不熱"等特異表現,神乎其神。除《大宗師》篇外,《田子方》篇中説:"古之真人,知者不得说,美人不得滥,盗人不得劫,伏戲、黄帝不得友。死生亦大矣,而無變乎己,況爵禄乎!"《徐無鬼》篇中説:"古之真人,以天待之,不以人入天。古之真人,得之也生,生之也死;得之也死,失之也生。"《天下》篇中説:"關尹、老聃乎,古之博大真人哉!"這些都對古代真人予以高度讚美①。莊子倡導的真人真知以及對其神性的描述,在宗教觀念相對淡薄的中國文化大背景下,實是莊子學説乃至整個道家學説中亮麗的風景。

三、莊子"知"論的當下意義

任何一種思想或一種學説,都有其產生的特定的歷史背景,或者説都有其歷史的局限性;其流變及影響也會因接受者的不同而產生異化。由於莊子采用"三言"(寓言、重言、卮言)以言道,其文本具有天然的開放性,故莊學的接受者"好文者資其辭,求道者意其妙,泊俗者遺其累,奸邪者濟其欲"(葉適《水心文集》),形成"誣莊者自誣,注莊者自注"(明代譚元春《遇莊序》)的局面。在當前崇智、尚智、恃智以驕人的時代,在知識可賣成真金白銀的知識經濟時代,莊子的知論顯然不合時宜。我們當然不能也無法完全踐行莊子的知論(莊子的學説),但它可以給我們以啓示——或許這些啓示對現代人來説是極端重要的,需要認真地對待。

從知識群體來説,知識階層作爲知識、技能的主要"生産者"與"傳播者",其態度、立場如何? 是否客觀、公正? 是否有人類基本的良知? 從人文社會科學角度來講,各種思想、學説粉墨登場,是否真的能夠引領人類的發展? 知識分子對人類命運的把握究竟如何? 一個不容忽視的現象是,隨着知識經濟的蓬勃發展,知識分子越來越把知識作爲攫取金錢、博得聲名的手段,到處搬弄是非,擾亂人心智,而這正是物欲橫流、人心浮躁、世風日下的很重要的原因,其過在於"攖人心"。各類專家、各等學者總喋喋不休甚至咄咄逼人地告訴人們怎麽吃、怎麽穿、怎麽住、怎麽行、怎麽思想,事無巨細,各種説法滿天飛,有的甚至相互齟齬、彼此矛盾,你争我鬥,讓人無所適從。《莊子·在宥》中,崔瞿向老聃請教:"不治天下,安藏人心?"老聃告誡崔瞿説:"女慎無攖人心。人心排下而進上,上下囚殺,淖約柔乎剛彊,廉劌雕琢,其熱焦火,其寒凝冰,其疾俛仰之間而再撫四海之外,其居也淵而静,其動也縣而天。僨驕而不可係者,其唯人心乎!"人心最難於測度,且極易被外因挑動;而知識分子往往以真理的名義挑動人心,説得冠冕堂皇,義正詞嚴,動輒以人類的命運前途立説,其實内心未必光明。臺灣學者劉述先在談到現代知識分子時批評説:"從現實的觀點看來,知識分子的性格決不完全可愛、可敬。知識分子的理想是有學問、有氣節、有血性的個人,但知識分子的實際則往往不只是徒托之於空言,

---

① 當然,《莊子》中的真人也有未冠以"古"者,如《刻意》篇:"故素也者,謂其無所與雜也;純也者,謂其不虧其神也。能體純素,謂之真人。"《列禦寇》篇中説:"夫免乎外内之刑者,唯真人能之。"

而且有不成比例的自大狂,卻又伴隨着根深蒂固的自卑感。知識分子表面上清高,其實好名、好利、好色、好權、好勢,無一不好,只不過不得其門而入,故作姿勢而已!"①何懷宏在《知識分子的道德責任》一文中也批評説:"現代知識分子還有一個鮮明的特徵就是'辭令技巧',這的確也是他們的所長,他們太會説話或者寫文章,他們容易美化自己的理想圖景,也太善於批判别人,或者避開真實的論據交鋒,比如説指責對方'過於簡單';他們也相當善於過濾事實,選擇材料或者詞語的描述以打擊自己的對手,或者攻擊經驗和常識;在他們的理念明顯失敗之後,也還善於文過飾非,掩蓋自己的錯誤,爲自己尋找出種種合理化的借口。"②在道家語境中,聯繫到莊子對世俗之智的批判,劉、何所論或正恰如其分,筆者更希望知識分子具有德性與仁心。

　　從知識本身來説,知識、技能的發展究竟有没有一個尺度,或制約,或規範? 知識、技能給人類帶來的只是便利與迅捷嗎? 在知識"爆炸"、知識呈幾何級爆發的今天,天量的資料(知識)對人類究竟意味着什麽? 在互聯網高度發達的今天,在無邊無際的、不可捉摸的虛擬空間裏,是不是會有一雙雙奇怪的眼睛虎視眈眈地盯着人類? 2014 年 9 月 3 日,中央電視臺財經頻道播放的大型紀録片《互聯網時代》第十集《眺望》中引用了以下一組資料:"從人類文明出現到 2003 年,所有存儲下來的信息總和僅僅相當於如今人類兩天創造出的資料量。全球最大的圖書館,美國國會圖書館的所有館藏不足今天人類一天所產生資料量的萬分之一,而專家預測,五年後,全球產生的資料量將是今天的四十四倍。"③這是一個什麽概念? 其實人類創造的知識,已經把人類遠遠地甩在了後面。而當下人工智能日新月異地飛速發展,已經達到匪夷所思的程度。2017 年兩會期間,記者采訪小米科技董事長雷軍,稱:"在雷軍看來,去年 AlphaGo 擊敗了人類的圍棋高手的突破不亞於一次技術革命,可以預見在 10 年之内,人工智能會取代超過 50％的人工。"④或許一個人工智能的時代很快就能夠到來。而人工智能之後的時代呢,或許該稱之爲後人工智能、超人工智能或者乾脆稱之爲機械智能時代——那時代人類説不定被機械智能消滅掉了,誰也説不準人工智能會在某個節點發生質的飛躍,產生自主意識,或者説有了自己的價值判斷,人類或者成爲奴隸,或者被消滅掉。人類對知識無節制的追求,已經危及到了人自身。在這一方面,莊子在《庚桑楚》篇中有言:"知止乎其所不能知,至矣;若有不即是者,天鈞敗之。"在莊子看來,人類的智慧應該在自己不知道的地方停下來,

---

① 景海峰《儒家思想與現代化——劉述先新儒學論著輯要》,中國廣播電視出版社 1992 年版,第 212 頁。
② 何懷宏《知識分子的道德責任》,湯瑪斯·索緒爾著,張亞月、梁興國譯《知識分子與社會·推薦序》,北京中信出版社,第 VI 頁。
③ 中央電視臺財經頻道大型紀録片《互聯網時代》第十集《眺望》解説詞。http://www.lz13.cn/guanhougan/66764.html,2017 年 3 月 7 日訪問。
④ 見張婷婷《人大代表雷軍:未來十年,人工智慧會取代超 50％的人》,搜狐網,http://mt.sohu.com/business/d20170307/128143680_153486.shtml,2017 年 3 月 8 日訪問。

否則,天道就會挫敗他——人類會受到懲罰;在談及真人境界時,莊子也説"其一與天爲徒,其不一與人爲徒,天與人不相勝也,是之謂真人"(《大宗師》),"天與人不相勝"即强調天人相交合、天人合一,知識的發展也不應超越人智力的極限,人也不應該把知識作爲目的,憑借智力之私,逞强好勝鬥狠施威,把自己置於危險之地。

  從人本身來說,人的本質屬性究竟是什麽?人作爲社會化的動物,作爲有意識觀念、情感特徵的動物,人與人之間究竟該有怎樣的關係?知識(智力)在升華人的本質屬性、强化人的意識觀念、豐富人的情感特徵方面究竟起到了什麽作用?人有没有被知識異化爲具有高度智力的蟲豸的可能?以儒家、道家思想支撑的中國傳統文化無疑是人本主義的,立足於人本身,立足於人與人之間關係,立足於德性修養與向道求道證道之心①。莊子(道家)的知論鮮明地體現了這一方面的特點。莊子在《養生主》篇中説:"吾生也有涯,而知也無涯。以有涯隨無涯,殆已!已而爲知者,殆而已矣!"人的生命有限而知識無窮無盡,以有限的生命追求無窮無盡的知識,只能讓自己疲憊不堪。這一方面,部分現代人正深受其害。由於知識的"爆炸",信息無限豐富,國際時訊、國内新聞、經濟報導、文藝視頻、明星八卦、養生經驗等鋪天蓋地,往往讓人沉溺其中,占用大量的時間與精力,致使身心疲憊。這在當下社會中絶不是個别現象,人們在上網時往往自覺或不自覺地就點開了某類消息,又要看相關的評論、相關的鏈接,時間在不覺中就消耗掉了——人類是否在知識的海洋中迷失了自己呢?知識與技能更助長了人們的投機取巧之心,一切以省力、省時、利益最大化爲基本原則,把心性修養方面的内容"屏蔽"掉。莊子對此有更爲深刻的體認。在《天地》篇中有"漢陰丈人抱甕灌圃"的寓言:子貢在漢陰見一老者抱甕灌圃畦,"搰搰然用力甚多而見功寡",於是就勸説老者用機械灌圃畦。没想到,"爲圃者忿然作色而笑曰:'吾聞之吾師,有機械者必有機事,有機事者必有機心。機心存於胸中,則純白不備;純白不備,則神生不定。神生不定者,道之所不載也。吾非不知,羞而不爲也'"。子貢覺得很慚愧,俯首不能應對。這則寓言强調,有機械者有機事,有機事者有機心,機心則侵損人的德性,使人"神生不定"。該寓言完全立足於心性修養方面,或者走向極端,但它提出的問題卻是極其深刻的。我們一提知識(科學)、技能就像充了雞血一樣極端興奮,張口閉口就能列舉出許許多多知識(科學)、技能的優點以及它們帶來的好處,但知識(科學)、技能也是一把"雙刃劍",它的壞處呢?它的負面影響呢?它帶來的災難呢?很少人去考慮。我們現在當然是欣欣然享受着技術(機械)文明帶來的成果,但是環境污染呢?能源危機呢?氣候變暖呢?生態破壞呢?物種滅絶呢?核災難呢?這些問題難道不值得我們認真反思嗎?

  總之,基於道家的立場,莊子批判世俗之智,倡導真人真知,其知論在當下知識"爆炸"的時代,在科學昌盛的時代,在信息繁冗的時代,在知識經濟的時代,乃至於在將來人工智能的

---

① 在知論方面,西方文化更集中地體現莊子所説的世俗之知的特點,注重知識的生產、存儲與傳播,並以此張揚個性,爭强鬥勝,獲得財富,實現個人價值,滿足個體欲望。

時代,都具有很强的現實針對性,可如清涼劑,可以讓現代人放鬆一下身心,反思現代技術(機械)文明,在人性、道德修養方面做些努力。

[**作者簡介**] 張洪興(1970—),男,山東沂源人。文學博士,現爲東北師範大學文學院教授、博士生導師,主要從事先秦文學哲學研究,已在《光明日報·理論周刊》等刊物發表學術論文近40篇,出版著作7部。

宋本《文子》考論

劉佩德

内容提要 今所見《文子》最早之刻本爲宋刊本，清人蔣鳳藻據以影刻入其所編《鐵華館叢書》，張元濟又影印入《四部叢刊三編》，21世紀初又影印入《中華再造善本》。三種傳本版式相同，行款一致，可確定其爲同一底本。《子藏·道家部·文子卷》亦據國家圖書館所藏宋刊本影印，與《中華再造善本》爲同一底本。通過對《文子卷》所收《四部叢刊三編》本、國圖藏宋刊本、正統《道藏》本之校勘，發現明正統《道藏》本與宋本差異較大，其所據之底本已無法確考，可將其作爲一個單獨傳本。《道藏》本以下傳本，大多以其爲底本。儘管版本系統不同，但自南北朝始，無論是刻本抑或抄本，均已確定爲十二卷本，保持了版本傳承的一貫性。

關鍵詞 宋本 《文子》 考辨

中圖分類號 B2

今存《文子》最早傳本爲漢墓竹簡，惜已非全帙，且所存文字與傳世本差別較大。其後又有敦煌《文子》殘卷面世，其内容與傳世本《文子》基本吻合。今所見較早之《文子》當爲宋刻本。王利器《文子疏義》據明正統《道藏》本墨希子注《文子》予以校勘，王氏據其所校勘之本及宋人趙必璵《覆瓿集》卷十二《文子序》推斷宋時至少有四種傳本[①]。今所見最直觀之宋刻《文子》影印本有《四部叢刊三編》《中華再造善本》《子藏·道家部·文子卷》三種，均爲影印瞿氏鐵琴銅劍樓藏本。經比對，《子藏·道家部·文子卷》與《中華再造善本》所收宋刻本爲同一底本。清人蔣鳳藻所編《鐵華館叢書》，也是據宋刊本《文子》影刻。將幾種宋本《文子》與明正統《道藏》本相校，其間出入較大。而且，同爲影印鐵琴銅劍樓藏本的《四部叢刊本》和《中華再造善本》也有差別，這其中也難免存在《四部叢刊》的修訂者人爲修正。今以宋刻本校勘爲基礎，輔以宋人文獻所載之《文子》材料信息，對宋刻本《文子》加以討論。

---

* 本文爲泰州學院校級課題《〈文子〉文獻研究》(項目號：TZXY2015YBKT001)階段性成果。
① 王利器《文子疏義》，中華書局2009年版，第3頁。

一、宋以前文獻所見之《文子》

關於《文子》的最早記載見於《漢書·藝文志》,其著録《文子》九篇,今已不可詳考。班固修訂《漢書·藝文志》一尊劉歆《七略》,劉歆《七略》又是據劉向《别録》修訂而成,故九篇本之記載當源於劉向。劉向生於公元前 77 年,漢成帝河平三年(公元前 26 年),向任校書郎,奉命整理群書,是年劉向 52 歲。竹簡《文子》出土於中山懷王劉脩墓。劉脩爲中山靖王五世孫,死於漢宣帝五鳳三年(公元前 55 年),下距劉向校書還有三十年。關於竹簡《文子》的情況,根據簡文整理小組公佈的整理簡報,現存《文子》竹簡 277 枚,2796 字。簡文文字與今本《文子》吻合的文字主要集中在《道德》篇,有 1000 多字,另有少量文字與《道原》《精誠》《微明》《自然》中的内容相似,其餘文字均不見於今本《文子》。據此來看,劉向校書之前《文子》似已有定本。劉向所定之九篇本,或仍舊保存《文子》古本原貌未作整理,抑或經其重新校訂。

《隋書·經籍志》著録《文子》十二卷,注曰:"文子,老子弟子。《七略》有九篇,梁《七録》十卷,亡。"《七略》爲劉向之子劉歆在其父《别録》基礎上編撰而成,班固《漢書·藝文志》基本上照搬劉歆《七略》,其所載九篇本《文子》前已論及,此不贅述。《七録》出自南朝梁阮孝緒之手,是繼劉歆《七略》、南朝齊王儉《七志》之後目録學史上又一重要著作,惜三部著作均已亡佚。《七録》著録十卷本《文子》,今已不傳,無從得知其書詳情。但奇怪的是,有關十卷本《文子》僅見於《隋書·經籍志》所引梁王儉《七録》,並不見於其他文獻。

《新唐書·藝文志》著録李暹訓注《文子》十二卷,李暹其人史傳無載。《日本國見在書目録》著録李暹注《千字文》,日本現存兩種《千字文注》抄本,根據序文内容,大致可以知道李暹生活於北朝,曾在東魏武定年間(公元 543 年—550 年)任秘書郎中,其間出使楚城,遇侯景(公元 503 年—552 年)稱兵作亂而無法返回鄴城,輾轉而至長安定居[①]。宋晁公武《郡齋讀書志》著録李暹注《文子》十二篇,改卷爲篇,晁氏懷疑李暹將劉向校訂之九篇本析爲十二篇,但並無根據。《意林》録《文子》並明言爲十二卷,則當時《文子》似有兩種傳本,一爲十卷本,一爲十二卷本。但據唐人所見之《文子》來看,似乎十二卷本更爲通行。《七録》所載之十卷本,也可能是"十"後脱"二"字,因而致誤。

竹簡《文子》以下,今所見最早之《文子》傳本爲敦煌寫本。現存 S.2506、P.2456、P.2380、P.2810、P.3768、P.4073 共六個卷號,與今本《文子》對應的内容涉及《道原》《精誠》《九守》《道德》《微明》《下德》六篇,文字差別不大。其中,以 P.3768 保存最多,卷末署天寶十載,知其抄寫於盛唐時期。S.2308 爲《開元二十七年寫文子題記》,署開元二十七年二月

---

① 楊海文《日本藏北朝李暹"注〈千字文〉序"兩種校訂》,《西夏研究》,2015 年第 2 期,第 28—32 頁。

一日。P.2456 爲各種道教經典之雜抄，録《文子·九守》篇三處，《微明》篇一處，《道玄》篇一處。除 P.3768 外，其他幾個卷號筆迹相同，有學者認爲此乃是同一卷子。綜合來看，敦煌所藏《文子》至少有兩種抄本。今所見《文子》殘卷，一抄録於初唐，一抄録於盛唐。其文字與今本差别不大。

柳宗元《辯文子》對《文子》其書加以辨析，這是現今所見最早的對《文子》一書真僞進行討論的文字。其文曰：

> 《文子》書十二篇，其傳曰老子弟子，其辭時有若可取，其指意皆本老子。然考其書，蓋駁書也。其渾而類者少，竊取他書以合之者多。凡孟、管輩數家皆見剽竊，嶢然而出其類。其意緒文辭叉牙相抵而不合，不知人之增益之歟？或者衆爲聚斂以成其書歟？然觀其往往有可立者，又頗惜之，憫其爲之也勞，今刊去謬惡亂雜者，取其是似者，又頗爲發其意，藏於家。

柳宗元從文本出發，認爲傳世本《文子》與其他子書重複的内容較多，全書缺乏整齊劃一的結構，上下文義不連貫，他據此提出兩種可能：一是後人在古本《文子》基礎上增加内容，二是後人摘取其他子書中的文字聚斂成書。但柳氏也肯定《文子》書有可取之處，他曾删削十二卷本《文子》，柳氏删改本今已不傳。

根據現有文獻推斷，《文子》至少在南北朝時期就已經是十二篇本。唐朝所見之《文子》仍爲十二篇本。敦煌《文子》雖已殘缺，但據殘卷推斷，其所據之底本也應當是十二篇本。宋人文集或史志書目所載《文子》均爲十二卷（或篇），保持了文本傳承的一致性。

二、瞿氏鐵琴銅劍樓藏宋本

民國間張元濟所編《四部叢刊三編》收入宋刻《文子》，文末附張元濟所作《通玄真經校勘記》，以《道藏》本、《子彙》本校宋本。《校勘記》前有張元濟跋語，其中論及《文子》傳本曰：

> 《文子》舊注，北魏以來有李暹、徐靈府、朱元①、杜道堅四家。《四庫》所見唯杜注七篇而已，此爲徐靈府注。按：《唐志》載，天寶中，靈府注《文子》，上進，詔封通玄真人，號曰《通玄真經》，題默希子者，靈府道號也。《崇文總目》僅列其名，而注明已闕，則在宋時已及罕覯。光緒癸未，長洲蔣鳳藻刻入《鐵華館叢書》。成都楊守敬摹入《留真譜》，世人始得見之。蔣刻文多脱譌，讀者嘗以不見廬山真面目爲憾，此即蔣刻

---

① 《道藏》及明抄本《通玄真經注》均作"朱弁"。

之祖本……卷九、卷十一、卷十二原有抄配十二葉，其注文與藏本不同者七則，皆誤録杜道堅《纘義》之文。少於藏本者三十餘則，而與藏本相合者亦三十餘則，蔣刻沿其譌。

據張元濟《校勘記序》，宋本原書有抄配。張氏以《道藏》本、杜道堅《纘義》本校勘，發現宋本《文子》紕漏較大。其所作《校勘記》於卷九、卷十一、卷十二分别附校文曰："本卷第一、二、三葉宋本原闕，依《道藏》本補"；"本卷第四葉後半葉第六葉後半葉及第七葉宋本原闕，依《道藏》本補"；"本卷宋本全闕，依《道藏》本補"。而瞿氏家塾所編《鐵琴銅劍樓藏書目録》卷十八載宋刻本《通玄真經》十二卷①，原書叙述其所藏宋本《文子》大致情况曰：

> 不題撰注人姓名。案：《道藏》本有徐靈府注《文子》十二卷，即其書也。靈府號墨希子，晁氏《讀書志》、王氏《玉海》皆作墨希子，袁州本《讀書志》作默，有作默然子者，譌也。杜道堅《通玄真經纘義》云：靈府，錢塘人，玄宗時徵士，隱修衡嶽，注《文子》，書上進，遂封通玄真人，名其書爲《通玄真經》，是《文子》之爲《通玄真經》始於靈府之注也。《唐·藝文志》載有是書。《崇文總目》雖列其名，而注明已闕，可知宋時已屬罕覯。此本完好無闕，足稱人間秘笈矣。每半葉十二行，行二十二字，雙行夾注，每行二十五字，舊藏郡中汪氏。

瞿目中明言其所藏之本完好無缺，其所載行款與《四部叢刊三編》影宋本相同。據瞿目，此書原歸汪士鐘收藏，汪氏爲清末藏書大家，有藏書樓名曰藝芸書舍，其所著《藝芸書舍宋元本書目》載録宋本《通玄真經》十二卷，亦未曾言及缺葉與配補情况。

21世紀初，由國家圖書館出版社承擔的《中華再造善本》工程收入宋本《文子》一部，其行款與《四部叢刊三編》所收之宋本相同，但卷九、卷十一、卷十二均無缺葉及抄配。是書鈐印情况爲：卷一首鈐"閬源真賞"、"汪士鐘印"、"北京圖書館印"、"鐵琴銅劍樓"四印，卷七、卷十首鈐"閬源真賞"、"汪士鐘印"、"鐵琴銅劍樓"三印，卷十一首進鈐"鐵琴銅劍樓"一印，卷十二尾鈐"鐵琴銅劍樓"、"北京圖書館"兩印。《四部叢刊三編》影印宋本鈐印情况爲：卷一首鈐"閬源真賞"、"汪士鐘印"、"鐵琴銅劍樓"三印，卷三尾鈐"鐵琴銅劍樓"一印，卷四首鈐"閬源真賞"、"汪士鐘印"、"鐵琴銅劍樓"三印，卷七、卷十首鈐"閬源真賞"、"汪士鐘印"、"鐵琴銅劍樓"三印，卷十一首鈐"鐵琴銅劍樓"一印。與《中華再造善本》所收宋刻本相比，《四部叢刊三編》所收宋本《文子》卷三尾、卷四首多出兩處鈐印。兩者鈐印重合之處，位置均相同。據瞿氏書目所載可以確定，其所藏之宋本《文子》僅有一部，且並無抄配。而張元濟所見鐵琴銅劍樓藏之宋本《文子》則有缺葉十二葉，張氏捨弃原書配補葉，據《道藏》重新

---

① 瞿氏家塾刻本《通玄真經》作《通元真經》，當爲避清諱，今"元"統一改爲"玄"。

抄配。《中華再造善本》所收之宋本《文子》,卷九、卷十一無缺葉,卷十二爲影宋抄配。《中國古籍善本書目》和《中國古籍總目》均著錄此書,卷十二注明爲影宋抄本,與《中華再造善本》所收宋本《文子》相合①。

綜合來看,《中華再造善本》所收宋本《文子》與瞿氏書目所載應爲同一傳本。可能瞿氏自汪士鐘處接收此部《文子》未曾詳查,抑或是瞿氏接收時卷十二已然殘破,故予以影抄。張元濟所見之宋本《文子》,就其行款與鈐印來看,與《中華再造善本》所收《文子》相同,卷三、卷四多出的兩處鈐印以及張氏所言殘缺之處,則已成謎案。

此外,蔣鳳藻編《鐵華館叢書》曾據宋本《文子》予以影刊。蔣鳳藻,字香生,與葉昌熾同邑。家世貨殖,納貲爲郎,補福建福寧府知府。後爲陳伯潛所論奏,遂不出。嗜書成癖,名其書室爲書鈔閣。在福建時結交周星詒,傳其目錄之學。延請葉昌熾爲其校勘《鐵華館叢書》及《心矩齋叢書》。事迹見葉昌熾《藏書紀事詩》卷六。《鐵華館叢書》收書六種,所選底本均爲善本,且請葉昌熾董理全書,金輯甫書寫上板,徐元圃刻板,可謂校、寫、刊俱佳之善本。其所收《文子》十二卷,行款與今所見宋本《文子》相同。儘管其延請葉昌熾校理全書,宋本《文子》錯亂之處、注文殘缺之處仍未補足,基本上保持了宋本原貌。因此,也可將其看作是宋本《文子》的覆刻本。

三、正統《道藏》本

《道藏》所收《文子》傳本共有三種,分別爲:徐靈府注本、朱弁注本、杜道堅注本。三種傳本文字差別不大。王利器認爲明正統《道藏》本《文子》之底本必定來源於宋本《文子》,這一結論過於武斷。

《文子》於唐玄宗天寶元年被封爲通玄真人,而其書改稱《通玄真經》,被列爲道教經典,這也是文子作爲道教神仙的開始。唐玄宗時期編纂成我國歷史上第一部《道藏》,即《開元道藏》,以後歷朝歷代皆有纂修《道藏》之事。對於《道藏》中單一文獻的傳承,今已不可詳考,但不可否認前後有所傳承。作爲道教典籍,無論是在和平時代還是戰爭時期,道觀作爲出家人清修之地,相對而言也能夠較好保存傳世文獻。明代也纂修《道藏》,並於正統十年雕印流通,成爲現存唯一一部付板印刷的《道藏》。《道藏》校勘精審,千百年來一直被作爲善本。其所收三部《文子》注本,後世多據以刊印或抄錄流通。然將其與宋本相校,亦有諸多不同之處,今擇其要者臚列於後:

卷一:"無形大,有形細"至"不以智治國,國之德"混入"虛無恬愉者",即宋本作"虛無恬無形大,有形細,……不以智治國,國之德愉者",墨希子注也隨之混入。

---

① 本書已被《第一批國家珍貴古籍名錄》收錄,編號 01000,同樣著錄卷十二配影宋抄本。

"老子曰機械之心藏於中"一節,宋本作:"老子曰:機械之心藏於中,即純白之不粹。其衣煖而無綵,其兵鈍而無刃。行蹟蹟,視瞑瞑。立井而飲,耕田而食。不布施,不求德,高下不相傾,長短不相形。風齊於俗,可隨也;事周於能,易爲也。矜僞以惑世,軻行以迷衆,聖人不以爲俗。"與《道藏》本相校,缺"神德不全於身者"至"言而不聞"一段,墨希子注文亦缺。

卷三:"與天地相類而心爲之主",宋本句下無注,《道藏》本句下有注文曰:"心爲身主,總統五臟六府、四支九竅之要,上通於天,下應於地,中合於萬物。所謂神,百姓日用而不知,知此道者鮮矣。"

宋本"俱生者未嘗化其所化者即化,此真人之遊純粹素道"一句,《道藏》本作:"故生生者未嘗生,其所生者即生化。化者未嘗化其所化者即化。此真人之游也,純粹之道也。"

卷四:宋本"不和利害之所在",《道藏》本作"聖人同死生,明於分理;愚人同死生,不知利害之所在"。

卷七:"道滅而德興",《道藏》本句下有"德衰而仁義生,故上世道而不德"。

卷九:"上世養本惡,而下世事末"句下注文至"崇本豈不有以也者"結束,《道藏》本於此注文下又多出以下注文:"下德,執德也,太上養神治身之本也。其次養形治身之末也;太上養化治國之本也,其次正法治國之末也。降此而下,則又下德之下者焉。"

"殘賊天下不能禁其姦矣"句下注文,宋本作:"明良會合,千載一逢。夫明君不世出,良臣不萬一。以不世出之君得不萬一之臣,唐虞而下,若成湯之於伊尹,文王之於吕望,世不多見。如齊桓之管仲,亦不世立。是以治鉏少而亂日多,抑由君子而小人多歟?"《道藏》本作:"法者,防其未然;刑者,懲其已過。然法不可亂,刑不可濫。亂則難奉,濫及無辜。雖殘賊萬姓,終姦暴不止也。"

卷十二:"故治而不和"句下宋本無注,《道藏》本句下有注:"伏羲作耒耜以教民播種,黄帝造軒冕之服鷩領,謂陰陽壅沈而通之逆氣,戾物絶而止之。造書契,建律曆,紀四時,和五行,恐失其所使。萬物皆竦身,莫不注其耳目聽視。德化以嚴其上,故言不和也。"

"走獸可係而從也"句下宋本無注,《道藏》本有注:"玄古之君,不冠不櫛,被髮而卷以王天下而安其生不奪其利。故四時和,萬物理。是以巢鳥探之而不驚,走獸係之而不懼,德之至也。"

"有本主於中"句下宋本無注,《道藏》本有注:"五帝三王不同法度,猶師曠之調五音。道樂之情,知音之主。夫五音以宫爲主,萬姓以君爲主。無主於中即亂,故立主以一之也。"

以上異文是宋本《文子》與《道藏》本差别較大之處。據文意來看,以《道藏》本爲盛。至於卷九、卷十二多出的注文,不見於其他傳本,或爲佚文。《道藏》本《文子》所據之底本已然無法詳究,王利器認爲其所據底本當爲另一宋本,儘管就《道藏》本身流傳過程而言也不無道理,但對《文子》本身而言此說並無其他確鑿證據。因此,筆者認爲,《道藏》本《文子》墨希子注可以看作單獨傳承的一個版本系統,後世傳本大多據以雕印。至於其源頭,可能是另一宋本，也可能是傳自於唐或更早。以今所見宋本《文子》與《道藏》本《文子》而論，兩者尚存較大差別。

結　　論

除漢墓竹簡與敦煌殘本外，今所見最早之傳世本《文子》爲宋刻本。傳世宋本《文子》，以汪士鐘藝芸書舍所藏之十二卷本最爲珍貴。汪氏所藏宋本《文子》流傳譜系已無從查考，汪士鐘收藏之前的相關書目文獻均無記載，汪氏本人對這部《文子》也無過多説明。此書後入藏瞿氏鐵琴銅劍樓，瞿氏家塾所編之《鐵琴銅劍樓書目》對其有較爲簡單的介紹。自瞿氏以後，此書一直收藏在鐵琴銅劍樓。清末，蔣鳳藻據以影刻入其《鐵華館叢書》。民國時，張元濟借常熟瞿氏鐵琴銅劍樓藏本據以影印入《四部叢刊三編》。建國後，瞿氏後人將先祖藏書分別捐獻中國國家圖書館、上海圖書館、常熟市圖書館，宋本《文子》即入藏中國國家圖書館。2002年，國家圖書館出版社將其影印入《中華再造善本》。2012年，華東師範大學中文系教授方勇主持編纂的《子藏》工程專設《文子卷》，其所收宋本《文子》即以中國國家圖書館所藏宋刊本爲底本，與《中華再造善本》所據之底本相同。

今所見宋本《文子》，以《鐵華館藏書》《四部叢刊三編》《中華再造善本》《子藏·道家部·文子卷》最爲直觀。《鐵華館叢書》本雖爲覆刻，但基本保持了宋本原貌。其餘兩種影印本由於採用現代影印技術，更爲直接地將宋本《文子》呈獻給讀者。就行款及版面風格而言，三種本子均據同一底本影刻或影印。張元濟所見之宋本卷九、卷十一、卷十二有抄配，《中華再造善本》《子藏·道家部·文子卷》所收之宋本則僅卷十二爲影宋抄配，兩者相互矛盾。而張氏所見之宋本與瞿氏《鐵琴銅劍樓書目》所載宋本《文子》情況又有出入，因張氏編《四部叢刊三編》時將其所見抄配之《文子》替換爲其所抄之《道藏》本，故現在已然無法得知宋本《文子》整體原貌。因此，對於《四部叢刊三編》和《中華再造善本》之間的這一疑同，現在仍然無法確定。可以肯定的是，兩者所據之底本相同。

再就文字而論，宋本《文子》與《道藏》所收之墨希子注本差別較大，對二者的校勘已見上文，此不贅述。王利器推斷《道藏》所據爲另一宋本，筆者認爲《道藏》中所收之單獨文獻已然無法確定其文獻來源，但可將《道藏》本看作一種單獨傳本。就《文子》校勘情況而言，宋本《文子》與《道藏》本《文子》確實存在較大差異。卷一内容混亂之處，當爲刻板時校勘不精所致。而卷九、卷十二所缺之注文，因無其他文獻爲佐證，則無法確定究竟是原本所無，還是《道藏》修訂者所加。

綜上所論，今所見宋本《文子》僅鐵琴銅劍樓所藏一部。就文本而論，校勘比《道藏》本爲遜色。因其傳本稀少，且清人對宋版書極爲重視，故對其推崇備至。客觀來看，宋本《文子》因其刊印較早，固於校勘文本而言價值極大，但因其本身校勘不佳，儘管年代較早，也需有所取捨,與衆本相校,以糾正錯訛。

[**作者簡介**] 劉佩德(1980—),男,河北省邢臺人。文學博士、歷史學博士後。現爲泰州學院人文學院專任教師,主要研究方向爲先秦道家諸子,已發表論文數篇,出版專著1部。目前承擔江蘇省社科規劃辦、江蘇省教育廳、泰州學院課題各1項。

吳起守西河事迹考*

高華平

内容提要 吳起是戰國前中期的一位重要思想家。吳起在魏文侯和魏武侯時期曾先後兩次擔任西河守之職。他第一次任西河守的時間應始於魏文侯十八年（公元前407年）"魏文侯受經於子夏，過段干木之閭常式（軾）"之年末，也可能在其次年年初，殆此時爲魏文侯急於禮賢求士的時期，故吳起最有可能在此時由翟黃（璜）所薦而爲魏文侯西河守；這一任期約結束於公元前405年魏文侯主導三晉伐齊之日。吳起第二次任西河守應始於公元前395年魏武侯即位時或稍後，而結束於魏武侯九年（公元前387年）魏"使吳起伐齊，至靈丘"。這次任期共有八九年時間。吳起此次去職的原因，是由於受到公叔座（痤）之僕王錯之譖。吳起治西河的主要功績，一是深謀遠慮，設計魏國發展的長遠規劃；二是修德立信，移風易俗，重建社會誠信；三曰著爲兵法，製定法令，建立起一套法律制度。

關鍵詞 吳起 西河 事迹

中圖分類號 B2

吳起是戰國前中期的一位重要歷史人物，他出生於衛國，卻在魯、魏、楚諸國的政治舞臺上扮演過重要角色。特別是在魏國，吳起曾先後仕於魏文侯、魏武侯兩朝，前後達二十多年，並曾先後擔任過魏國的將軍、西河郡守及魏相等職，與這一時期魏國的政治、軍事皆有極爲密切的關係。

近代以來，學術界歷來都很重視對吳起其人其事的研究，特別是20世紀上半葉，以錢穆、郭沫若爲代表的學者對吳起的研究，更是將這一研究推到了一個新的高度。只是由於年代的久遠和史料的不足（而且這些爲數不多的史料本身還有不少互相矛盾和錯亂之處），研究起來十分困難，有關吳起在魏國從政的經歷就存在諸多疑點，迄今仍無法解决。例如，吳起曾長時間擔任魏國的西河之守，但吳起是從魏文侯至魏武侯時一直不間斷地擔任此職，還是先後兩

---

* 本文係國家社科基金重大項目——"先秦諸子綜合研究"（批準號：15ZDB007）的階段性成果。

次擔任此職呢？如果是先後兩次擔任此職，那他分別擔任此職和去職的時間與原因又是什麽呢？吴起在兩次任西河之守時都有哪些作爲呢？弄清這些問題，對於研究吴起其人及其思想無疑是十分必要的。

一、吴起是一次、還是兩次任西河守？

吴起始任西河守的時間，是在魏文侯之世，這是很清楚的。《史記·吴起列傳》對此有明確的記載：

（魏）文侯以吴起善用兵，廉平，盡能得士心，乃以爲西河守，以拒秦、韓。①

但根據史料和前人的研究，吴起卻並非一到魏國即被魏文侯任用爲西河守的。《史記·吴起列傳》説，吴起初到魏國時，魏文侯曾問李克"吴起何如人也"，而魏文侯在聽了李克的介紹後，才"以（之）爲將"的。而且，吴起在任魏將之前，還曾在魯國爲將。關於吴起何時何故去魯之魏，《韓非子·説林上》説是在"魯季孫新弑其君"的時候，因爲當時有人勸吴起離開，説："今季孫乃始血，其毋乃可知也。"吴起也有些恐懼，所以他就"因去魯之魏"。但根據現代學者的考證，季孫氏時代魯國的國君是魯哀公，而魯哀公既非被季孫氏所弑，當時的魯國也没有弑君之事，且此時距吴起被殺時的楚悼王二十一年（周安王二十一年，魯穆公三十一年，公元前 381 年）已有八九十年，吴起若是在魯哀公之世"去魯之魏"，那麽到他在楚悼王二十一年被殺時，至少已有一百歲以上了。所以學者推斷，吴起離開魯國到魏國的時間，"至晚在魯繆公五、六年間"②。

吴起到魏國後，是先被魏文侯任用爲將，然後才被魏文侯任用爲西河之守的。那麽，吴起在被魏文侯任用爲西河守之後，是否一直擔任此職呢？有些學者認爲，吴起直到魏文侯之子魏武侯之世、甚至直到他離開魏到楚國之前，都一直擔任著西河守之職。《韓非子·内儲説上七術》曰"吴起爲魏武侯西河之守"，《吕氏春秋·長見》和《觀表》曰"吴起治西河之外，王錯譖之于武侯"云云，都明確地説到魏武侯時吴起仍爲西河之守。不僅如此，《史記·吴起列傳》和《戰國策·魏策一》還記載有魏武侯"浮西河"時與吴起的對話。《史記·吴起列傳》既説魏武侯聽了吴起"山河之固"、"在德不在險"的話之後，"即封吴起爲西河守"。《戰國策·魏策一》又載魏武侯在聽了吴起類似的崇德之言後説："善，吾乃今日聞聖人之言也。西河之政，專委

---

① ［漢］司馬遷撰、［宋］裴駰集解、［唐］司馬貞索隱、［唐］張守節正義《史記》，第七册，中華書局 1959 年版，第 2166 頁。
② 郭沫若《青銅時代》，《郭沫若全集·歷史卷（第 1 卷）》，人民出版社 1982 年版，第 507 頁。錢穆《先秦諸子繫年》，商務印書館 2002 年版，第 186 頁。

之子矣。"

《史記》和《戰國策》中的這些記載,意思應該是很清楚的。它們的意思是説,魏武侯在"浮西河"的時候,因爲聽了吴起的"聖人之言",所以當即"封吴起爲西河守",而且魏武侯還表示西河之政從此"專委之"吴起,不再换他人了。换言之,因爲吴起在魏文侯時曾被任用爲西河之守,那麽魏武侯時的這次任用,對吴起來説顯然就屬於第二次任西河守了。

但就是這樣一件原本十分明確的事情,卻常常被人誤解。梁玉繩《史記志疑》即認爲《史記·吴起列傳》所言魏武侯"即封吴起爲西河守"之"即封"二字使用不當,因爲"守不可言封。且起已守西河",故"'即封'二字衍",當删①。

客觀地講,以梁玉繩爲代表的學者認爲吴起自魏文侯任用爲西河守之後、直到魏武侯世一直守西河的看法,是十分牽强的。這不僅因爲《史記·吴起列傳》既有明文稱魏文侯"以吴起爲西河守",又有明文稱魏武侯"即封吴起爲西河守",在没有任何旁證的情况下,即斷定《史記》"即封"二字爲"衍文",單從校勘學上説就是行不通的。更何況,除了《史記》和《戰國策》這兩種史料之外,我們還可從其他材料中發現魏文侯之世吴起曾離職西河守的綫索。《韓詩外傳》卷九載:

> 魏文侯問于解狐曰:"寡人將立(《太平御覽》卷四百八十二引作"定")西河守,誰可爲用者?"解狐對曰:"荆伯柳者賢人,殆可。"文侯曰:"是非子之讎也?"對曰:"君問可,非問讎也。"於是將以荆伯柳爲西河守。荆伯柳問左右:"誰言我於君?"左右皆曰"解狐"。荆伯柳往見解狐而謝之曰:"子乃寬臣之過也,言於君。謹再拜謝。"解狐曰:"言子者公也,怨子者私也。公事已行,怨子如故。"張弓射之,走十步而没。《詩》曰:"邦之司直。"②

此處且不論解狐公私分明和薦讎的雅量,僅就史實而言,它可以説就是對吴起自魏文侯到魏武侯時一直擔任西河守之説的否定。而且,現代學者的研究也認爲,《史記·六國年表》《秦本紀》《魏世家》《水經·河水注》等都説魏文侯十七年(公元前 408 年)魏始占有秦的西河地區。(如《史記·六國年表》載魏文侯十七年,"伐秦,築洛陰、合陽"。《史記·魏世家》載:"(魏文侯)十七年,……西擊秦,至鄭而還,築洛陰、合陽。"《水經注》卷四《河水注》曰:"魏文侯伐秦,至鄭還,築汾陰、合(陽)縣,即此城也。")故《史記·吴起列傳》即以此爲魏文侯以吴起爲將"擊秦,拔五城"之役,而有學者則進一步推斷説:"從此,秦的河西地區全部爲魏占有","魏在河西設郡,以吴起爲郡守"③。説明這是吴起在魏文侯時開始擔任西河守的具體時間。

不管事實是否真如有的學者所説,魏文侯是在其十七年(公元前 408 年)以吴起爲將"擊

---

① [西漢]劉向集録、范祥雍箋證、范邦瑾協校《戰國策箋證》(下册),上海古籍出版社 2006 年版,第 1256、1257 頁。
② [漢]韓嬰撰、許維遹校釋《韓詩外傳集釋》,中華書局 1980 年版,第 315、316 頁。
③ 楊寬《戰國史》,上海人民出版社 2008 年版,第 291 頁。

秦,拔五城"之後,即"在河西設郡,以吴起爲郡守"的,上引《韓詩外傳》載魏文侯問解狐"寡人將立(定)西河守,誰可爲用者",並以荆伯柳爲西河守之事,都明確説明即使是在魏文侯之朝,吴起也並非是始終擔任西河守之職的;在他擔任此職之後,魏文侯至少還曾任用荆伯柳任西河守之職。所以,我們似可以得出結論,吴起並非是從魏文侯時起一直擔任西河守,而是在魏文侯和魏武侯朝曾先後兩次擔任西河守之職。

二、吴起第一次任西河守

我們可以肯定吴起在被魏文侯以爲西河守之後,也曾離職而由他人接替——他在魏文侯和魏武侯時期,應該是先後兩次擔任西河守之職。但《史記·吴起列傳》在叙魏文侯"乃以(吴起)爲西河守"之前,既記叙了以吴起爲將"擊秦,拔五城"之事,也記載了吴起爲士兵吮傷而其母泣的故事。由於《史記·吴起列傳》記載此二事時,没有説明此二事發生的時間,所以,很容易給人留下吴起是在此二事之後才開始擔任西河守的印象。那麽,吴起始任西河守的確切時間到底是在什麽時候?《史記·吴起列傳》所記載的這兩件事件之間又是怎樣的先後次序呢?是如《史記·吴起列傳》記載的那樣,吴起始任西河守的時間,既在魏文侯以吴起爲將"擊秦,拔五城"之後,也在吴起爲士兵吮傷而其母泣的故事發生之後?還是如有的學者所説,魏文侯以吴起爲將"擊秦,拔五城"之後,魏國即全部占有秦的河西地區,並"在河西設郡,以吴起爲郡守"——吴起爲西河守之事,發生在魏文侯以吴起爲將"擊秦,拔五城"之後、吴起爲士兵吮傷而其母泣的故事之前呢?

我們先看看《史記·吴起列傳》所載吴起爲士兵吮傷而其母泣的故事。此事在秦漢載籍中亦多有記載,《韓非子·外儲説左下》曰:

> 吴起爲魏將而攻中山。軍人有病疽者,吴起跪而自吮其膿。傷者母立而泣,人問曰:"將軍於若子如是,尚何爲而泣?"對曰:"吴起吮其父之創而父死,今是子又將死也,今吾是以泣。"①

---

① [清]王先慎撰、鍾哲點校《韓非子集解》,中華書局1998年版,第297頁。案:《韓非子·外儲説左下》中的這段文字,在《藝文類聚》《太平御覽》等類書中都有引用,但其中"吴起吮其父之創而父死"一句,皆作"吴起吮其父之傷而殺之涇水之上"。因爲涇水正在西河地區,故學者歷來都認爲"殺之涇水之上",本指吴起爲魏將"擊秦,拔五城"之戰。楊寬等以"吴起爲魏將攻中山"之事在爲魏將"擊秦,拔五城"之後,而魏文侯以吴起爲將"擊秦,拔五城"之後,魏國即全部占有秦的河西地區,並"在河西設郡,以吴起爲郡守"。但今本《韓非子》的各種版本中皆無此句,《藝文類聚》《太平御覽》等類書引文中的此句或是淺人所加,楊寬的觀點也是值得商榷的。

比較《韓非子》和《史記》的這兩處記載不難發現,這兩處記載中最大的不同在於,《韓非子》比《史記》的記載多出了"吳起爲魏將而攻中山"一句。但我認爲這是極爲重要的,因爲它實際上告訴了我們此事發生的時間和地點,是在吳起爲魏文侯"伐中山"的時候;而且此時吳起只是"魏將",還不是魏"西河守"。這也就是說,《史記·吳起列傳》把魏文侯以吳起爲西河守的時間,不僅放在吳起"擊秦,拔五城"之後、而且也放在魏文侯"伐中山,以子擊守"一事之後,是有根據的;有學者認爲魏文侯以吳起爲將"擊秦,拔五城"之後,魏國即"在河西設郡,以吳起爲郡守",這一觀點卻是值得商榷的。因爲我們有足夠的史料證明吳起爲魏文侯"伐中山"一事,是發生于魏文侯以吳起爲將"擊秦,拔五城"之前的:

其一,《韓非子·外儲說左下》已明確地說"吳起爲魏將而攻中山",即是說吳起"攻中山"時只是任"魏將",而非魏之西河守,這也是與《史記·吳起列傳》所謂魏文侯以吳起爲將"擊秦,拔五城"的敍述形式是完全相同的,即都只是說,吳起此時只是"魏將"而非魏國的西河守。

其二,《韓非子·外儲說左上》曰:"田子方從齊之魏,望翟黃乘軒騎駕出,方以爲文侯也,移車異路而避之,則徒翟黃也。方問曰:'子奚乘是車也?'曰:'君謀欲伐中山,臣薦翟角而謀得;果且伐之,臣薦樂羊而中山拔;得中山,憂欲治之,臣薦李克而中山治;是以君賜此車。'方曰:'寵之稱功尚薄。'"①《史記·魏世家》載魏文侯二十年"卜相",翟黃與李克的爭辯之辭曰:"翟璜(黃)忿然作色曰:'以耳目之所睹記,臣何負于魏成子?西河之守,臣之所進也。君内以鄴爲憂,臣進西門豹。君謀欲伐中山,臣進樂羊。中山以拔,無使守之,臣進先生。君之子無傅,臣進屈侯鮒。臣何以負于魏成子?'"②《韓非子》和《史記》都記載了翟黃(璜)的表功之辭。不同的是,《韓非子》中翟黃(璜)只談到了伐中山和治中山,而《史記》中翟黃(璜)還談到了薦吳起守西河(因爲《説苑·臣術》載有與《史記·魏世家》中翟黃相同的言和事,但"西河之守,臣所進也"一句,《説苑·臣術》作"西河無守,臣進吳起,而西河之外寧",故學者皆以翟黃"進西河之守"爲薦吳起守西河)和薦西門豹治鄴二事。雖然錢穆等學者認爲《史記》所記翟黃(璜)之辭"實吳起之徒潤飾爲之","卜相"之事"當前移二十三年",而魏文侯"用吳起,滅中山,均在晚世"③。但比較二者仍可見出,翟黃(璜)薦吳起守西河和西門豹治鄴雖皆發生於魏文侯二十年"卜相"之前,但"伐中山"一事則在魏"西攻秦,至鄭而還,築雒陽、合陽"或吳起爲魏將"擊秦,拔五城"之前;因爲即使魏文侯"卜相,李克、翟璜爭"時真沒有翟璜(黃)薦吳起守西河之事,但翟黃(璜)也不可能不提及薦西門豹治鄴之事的。翟黃(璜)在向田子方誇耀乘軒車之因時未言及薦吳起守西河和薦西門豹治鄴二事,這只能說明此二事在魏"伐中山"之時尚未發生,故翟黃(璜)無從言及。《史記·六國年表》將"魏文侯受經於子夏,過段干木之閭常式"繫于魏文侯十八年(公元前407年),即魏文侯"卜相,李克、翟璜争"前二年,而《史記·魏世家》

---

① [清]王先慎撰、鍾哲點校《韓非子集解》,第317頁。
② [漢]司馬遷撰、[宋]裴駰集解、[唐]司馬貞索隱、[唐]張守節正義《史記》,第1840頁。
③ 錢穆《先秦諸子繫年》,商務印書館2002年版,第156頁。

又將西門豹治鄴置於"魏文侯受經于子夏"和"卜相,李克、翟璜争"二事之間叙述,這足見翟黄(璜)薦西門豹治鄴事在魏文侯"卜相,李克、翟璜争"之前。如果翟黄(璜)薦吴起守西河之事確實存在的話,那一定也應該是發生在魏文侯"卜相,李克、翟璜争"之前、甚至在翟黄(璜)薦西門豹治鄴一事之前的。

其三,不僅《韓非子·外儲説左下》中的這段文字,可説明"吴起爲魏將而攻中山"事發生在吴起爲魏將"擊秦,拔五城"之前,《史記》中除《吴起列傳》以外的其他各篇也都可證明此點。如《史記·六國年表》雖把"(魏)擊守中山。伐秦至鄭,還築洛陰、合陽"同繫于魏文侯十七年,但顯然"(魏)擊守中山"在魏文侯以吴起爲將"擊秦,拔五城"之前。《史記·魏世家》曰:"(魏文侯)十七年,伐中山,使子擊守之,趙倉唐傅之。……西攻秦,至鄭而還,築雒陽、合陽。"也是叙"伐中山"在"西攻秦"之前。因此,我們斷定"吴起爲魏將而攻中山"事發生在吴起爲魏將"擊秦,拔五城"之前,這是有充分的史料依據的。

現在,我們可大致確定吴起開始任西河守的時間。這個時間應在魏文侯"卜相,李克、翟璜争"之前、"魏文侯受經於子夏"之後和翟黄(璜)薦西門豹治鄴之前(當然是遠在魏文侯以吴起爲將"擊秦,拔五城"和"吴起爲魏將而攻中山"時爲士兵吮傷而其母泣二事之後了)。《史記·六國年表》將"魏文侯受經於子夏,過段干木之閭常式"繫於魏文侯十八年(公元前407年),將魏文侯"卜相,李克、翟璜争"繫於魏文侯二十年(公元前405年),則吴起爲翟黄(璜)所薦爲魏文侯守西河,或與翟黄(璜)薦西門豹治鄴爲同一年事,乃在魏文侯十八年(公元前407年)"魏文侯受經於子夏,過段幹木之閭常式"之年末,也可能在其次年(魏文侯十九年,公元前406年)年初。殆此時爲魏文侯急於求賢禮士的時期,故吴起最有可能在此時由翟黄(璜)所薦而爲魏文侯西河守。

吴起最有可能在魏文侯求賢最切之時由翟黄(璜)所薦爲魏文侯西河守,但由《史記·六國年表》可知,即使以魏文侯十九年(公元前406年)吴起任西河守計,到公元396年魏文侯卒①,其間有近十年的時間。吴起所處的戰國時代,乃是中國歷史上一個諸侯紛争和戰争較爲頻仍的年代。如果此時一個國家讓一位以"善用兵"聞名的戰將長期擔任某個地方官而不讓他參加當時的任何重要軍事行動,那是不可想象的。所以,在此段時間中吴起被調離西河守而改任其他率軍作戰的軍職,那也就是必然的事。而也正因此,這才有了《韓詩外傳》等史料中吴起爲西河郡守之後,魏文侯又問解狐誰可用爲西河守事情的發生。

而從歷史的實際情況來看,就在吴起被魏文侯任用爲西河守後兩年(魏文侯二十一年,公元前404年),魏文侯就曾主導過一次三晉對齊國的重大戰争。這次戰争的目的是要脅迫齊侯向周王室要求正式"命三晉之君爲諸侯",所以魏文侯幾乎動用了他全部的軍事力量。這次

---

① 案:關於魏武侯的卒年,《史記·魏世家》曰:"三十八年,……文侯卒,子擊立,是爲武侯。"《史記·六國年表》則定魏文侯三十八年爲公元前367年。這個年代實際是錯誤的。楊寬《戰國史》附録三《戰國大事年表》及《戰國大事年表中有關年代的考訂》,以文侯三十八年爲公元前396年。今采其説。

重大的軍事行動,《史記·魏世家》和《六國年表》雖然没有什麽記載,但《水經·汶水注》引《竹書紀年》《淮南子·人間訓》,出土文獻《𪖗羌鐘銘文》和《繫年》(見《清華大學藏戰國竹簡(貳)》),以及清人的考證,都證明當時確實曾發生過一場大規模的軍事戰争;而且在這場戰争中,三晉上至君主,下至各路名將,皆置身其中,很難想象吴起不會被魏文侯徵調領兵作戰。《水經注》卷二十四《汶水注》曰:

> 《竹書紀年》:"晉烈公十一年,田悼子卒,田布殺其大夫公孫孫,公孫會以廩丘叛于趙。(朱謀㙔箋:'今《竹書》作殺其大夫公孫孫,公孫孫以廩丘叛于趙。')田布圍廩丘,翟角、趙孔屑、韓師(朱謀㙔箋:'《竹書》作"氏"。')救廩丘及田布與龍澤,田布敗逋(朱謀㙔箋:'一作田師敗逋。')是也。"①

晉烈公十一年,當齊宣公五十一年,魏文侯二十年(《史記·六國年表》在魏文侯二十年,實爲魏文侯四十一年②),趙烈侯四年,韓景侯四年③,楚聲王三年,亦即公元前 405 年。此《史記·魏世家》魏文侯"卜相,李克、翟璜争"之時,但翟黄(璜)未提到"薦翟角伐齊"之事,殆此役當發生於魏文侯"卜相,李克、翟璜争"之後(或在此年歲末),故翟黄(璜)尚未言及④。《史記·田敬仲完世家》曰:"(齊)宣公五十一年卒,田會自廩丘反。"司馬貞《索隱》曰:"《紀年》'宣公五十一年,公孫會以廩丘叛於趙。十二月,宣公薨。'於周正爲明年二月。"這正説明,魏文侯主導的這場三晉伐齊的戰争,其起點是在此年(公元前 405 年)的十二月,但如果按周曆則已是次年(公元前 404 年)的二月。所以在魏文侯二十年"卜相,李克、翟璜争"之時,翟黄(璜)只提及了伐中山之事,而並言及"薦翟角伐齊"之事。而根據最新發表的清華簡《繫年》來看,此役三晉軍隊可謂傾巢而出。清華簡《繫年》叙此役自楚聲王元年開始,將三晉伐齊之事繫於其後。清華簡《繫年》第二十二章有曰:

---

① [北魏]酈道元注、[民國] 楊守敬、熊會貞疏、段熙仲點校、陳橋驛復校《水經注疏》,江蘇古籍出版社 1989 年版,第 2044—2055 頁。
② 案:關於《史記》中魏文侯、魏武侯、魏惠王、魏襄王的年代,錯誤嚴重,清代以來學者即據《竹書紀年》等對之多有訂正。參見楊寬《戰國大事年表》及《戰國大事年表中有關年代的考訂》,《戰國史》,第 697—731 頁。陳夢家《六國紀年》,中華書局 2005 年版,第 111—120 頁。此處取楊寬説。
③ 《史記·六國年表》爲"魏文侯二十一年"對應"趙烈侯五年","韓景侯五年",公元前 404 年。此處據楊寬《戰國大事年表》及其《戰國大事年表有關年代的考訂》。
④ 案:《韓非子·外儲説左下》載"田子方從齊之魏,……(翟黄)曰:'君謀伐中山,臣薦翟角而謀果得'"云云,然據《竹書紀年》,則翟角應爲魏文侯伐齊主將,《韓非子·外儲説左下》中翟黄所謂"君謀伐中山,臣薦翟角而謀果得",顯然應是"君謀伐齊"之誤。這樣,《韓非子·外儲説左下》中翟黄所謂"君謀伐中山"云云,才能與《竹書紀年》所記相符。

> 楚聖(聲)趄(桓)王即立(位),兀(元)年,晉公止會者(諸)侯於邳(任)……斬(韓)虔、蘆(趙)蘆(籍)、(魏)繫(擊)銜(率)自(師)與戉(越)公殹(翳)伐齊……。晉愚(魏)文侯畀(斯)從晉自(師),晉自(師)大賎(敗)齊自(師),齊自(師)北,晉自(師)述(逐)之,內(入)至汧水,齊人(且)又(有)陳塵子牛之(禍),齊侯明(盟)於晉軍。……晉公獻齊俘馘于周王,述(遂)以齊侯貣(貸)、魯侯羴(顯)、宋公畋(田)、衛侯虔、莫(鄭)白(伯)絅(駘)朝周王於周。①

上文已經指出,此次三晉伐齊之役,始於魏文侯二十年(《史記·六國年表》在魏文侯二十年,實爲魏文侯四十一年,公元前405年)。這一年,當晉烈公十一年,韓景侯(虔)四年,趙烈侯四年,楚聲王三年,公元前405年。但由清華簡《繫年》來看,三晉早有稱霸諸侯之心,《繫年》説"楚聖(聲)趄(桓)王即立(位),兀(元)年,晉公止會者(諸)侯於邳(任)"云云,即可見出此點。只不過在後來正好趕上齊國"發生內亂——田布殺了公孫孫,公孫會(即田會)就在廩丘(今山東鄄城東北)反叛,投靠了趙國;田布率兵包圍廩丘,於是三晉聯合出兵解救。"②故《水經注》卷二十六卷《汶水注》引《竹書》又曰:"晉烈公十二年,王命韓景子、趙烈侯及我師伐齊,入長城……。"這説明戰事第二年才正式展開。

由於三晉的目的並不是掠取齊國的土地,而是如《淮南子·人間訓》所云:"求名於我也",即脅迫齊侯等一同見周天子,讓周天子"命三晉之君爲諸侯"。所以,當"三國伐齊,圍平陰"時③,齊國的牛子(應即《繫年》中的"陳塵子牛")不聽無害子不應"出君以爲封疆"的建議,而"用括子之計",交出齊康公貸(即《繫年》中的"齊侯貣(貸)"),讓三晉脅迫其一同見周天子,並使周天子答應了三晉的要求——"命三晉之君爲諸侯"。而《呂氏春秋·下賢》説,這一時期魏文侯"東勝齊于長城,虜齊侯,獻諸天子,天子賞文侯以上聞"。清人蘇時學的《爻山筆話》、今人楊寬的《戰國史》均認爲這些記載所言正是始於公元前405年的、以魏文侯爲主導的三晉伐齊之戰④。

與傳世文獻有所不同的是,清華簡《繫年》把此戰的經過描述得更爲詳細。據《繫年》記載,在這次戰爭中,不僅韓、趙兩國是韓景侯虔、趙烈侯籍親領本國軍隊參戰,魏國最初也是由魏王子擊(即魏中山君,後來的魏武侯)率軍,而非《紀年》所説的翟角(或《驫羌鐘銘文》所説的翟員)。到戰爭的關鍵時刻,魏文侯更是親自出馬,即《繫年》所謂"晉愚(魏)文侯畀(斯)從晉自(師),晉自(師)大(敗)齊自(師),……齊侯明(盟)於晉軍"。由此可見,魏文侯本人對此役的重視和魏國投入力量之大。可以説魏文侯在此役中幾乎是傾魏國全國之力,以能否成功脅

---

① 《清華大學藏戰國竹簡(貳)》,上海文藝出版社集團中西書局2012年版,第192頁。
② 楊寬《戰國史》,第292頁。
③ 原文"平陰"作"平陸",據楊寬説改。同上,第293頁。
④ 同上,第294頁。

迫齊侯請周王命己爲諸侯爲在此一舉。因此我以爲，吳起結束第一次西河守任期(或者説《韓詩外傳》中的魏文侯問解狐誰可用爲西河守之事)，應該就發生在此時。因爲魏文侯既然如此重視此役，把自己的兒子和大將翟角、翟員等都派上了前綫，後來自己還親領三晉軍隊對齊作戰，他又怎麽會把自己認爲"善用兵"的吳起閒置於西河而不用呢？《史記·魏世家》魏武侯九年，有"使吳起伐齊，至靈丘"一説，但《史記·田敬仲完世家》則記此事爲"齊威王元年，三晉因齊喪來伐我靈丘"。儘管歷來學者皆定此戰爲公元前 387 年魏"使吳起伐齊"①。但由於《史記》一書中關於魏文侯、魏武侯、魏惠王、魏襄王及齊威王、齊宣王、齊湣王的年代都存在嚴重的混亂和錯誤，且史書中魏文侯主導三晉伐齊後，再無所謂魏武侯聯合三晉伐齊之事，故我以爲《史記·魏世家》魏武侯九年，"使吳起伐齊，至靈丘"一説，雖有可能是其他史料漏載的確實發生于魏武侯九年的"使吳起伐齊，至靈丘"之事，也有可能是《史記·魏世家》誤把公元前 405 年魏文侯主導三晉伐齊中"使吳起伐齊，至靈丘"之事誤記在了這裏。(當然，還有一種可能，就是魏文侯、魏武侯時都有"使吳起伐齊，至靈丘"之事，但《史記·魏世家》只記了魏武侯九年之事，而略去了此次魏文侯時期的"使吳起伐齊"之事)。如果是這樣，則《史記·魏世家》的此條記載，正可爲魏文侯主導三晉伐齊時吳起確曾參加該戰役之確證。

　　根據《史記·六國年表》和三晉諸《世家》記載，魏文侯主導的三晉伐齊之戰，最終於公元前 403 年②以周天子"命三晉之君爲諸侯"而宣告結束。吳起當於此役開始或進行中，被魏文侯免去西河守之職、而抽調參加伐齊之戰的。而根據東漢高誘《吕氏春秋注》的有關注文，吳起在魏伐齊勝利後似乎還得到了魏文侯的進一步重用，一度擔任魏相。我的理由是：

　　東漢高誘《吕氏春秋注》中有關吳起的幾條注釋，主要在《長見》《執一》《義賞》《觀表》《慎小》等篇。《長見》"吳起治西河之外"高誘注："吳起，衛人，爲魏將，善用兵，故能治西河之外，謂北邊也。"《義賞》"鄴人以兩版垣也，吳起變之而見惡"高誘注："吳起，衛人也，楚人以爲將。"《觀表》"吳起治西河之外"高誘注："吳起，衛人，仕於魏，爲治西河。"《慎小》"吳起治西河之外"高誘注："吳起，衛人也，爲魏武侯西河守。"都重在説明吳起屬衛人，當時正仕魏，爲魏將，治西河。但同書《執一》載吳起與商文爭辯"事君"下，高誘注則曰：

　　　　吳起，衛人，爲楚將，又相魏，爲西河太守。③

《吕氏春秋》此篇"吳起謂商文曰：'事君果有命矣夫'"云云，《史記·吳起列傳》記爲吳起與田文爭魏相之事，司馬貞《索隱》曰："(田文)，《吕氏春秋》作'商文'。"即以《史記·吳起列傳》所

---

① 錢穆《先秦諸子繫年》，第 219 頁。
② 案：此年《史記·六國年表》繫于魏文侯二十二年，而楊寬《戰國史》附錄三《戰國大事年表》繫于魏文侯四十一年。此處據楊表。
③ 陳奇猷《吕氏春秋校釋》，學林出版社 1995 年版，第 1137 頁。

記與《吕氏春秋·執一》所載爲同一事。《史記·吴起列傳》既將此事記于"魏文侯既卒,起事其子武侯"之後,其文中又與《吕氏春秋·執一》一樣,有所謂"主少國疑"或"世變主少"之語,明顯是將此事發生的時間定在魏武侯即位之初的。而這也説明,高誘在注《吕氏春秋·執一》"吴起謂商文曰:'事君果有命矣夫'"云云時,他是很清楚當時吴起是並没有擔任"魏相"的——吴起在與商文(田文)的相位争奪中落敗了。這也就是説,高誘所謂吴起"相魏"之事,其實既非發生于魏武侯即位之初,也非發生于商文(田文)去魏相之後,因爲《史記·吴起列傳》已明確記載:"田文既死,公叔爲相,尚公主,而害吴起",並最終逼迫吴起去魏之楚。因此我們只能説,如果吴起確曾"相魏"的話,那一定不會是在魏武侯繼位以後,而應該是在魏文侯在位的時候,且最有可能就是在魏文侯統領三晉軍隊伐齊得勝,正式被周天子"命爲諸侯"的時候,大約是在公元前 403 年或公元前 402 年。

三、吴起第二次任西河守

吴起在魏文侯晚年時曾經"相魏",但由於除高誘注外我們找不到其他的文獻記載,所以我們並不知道他"相魏"的任何細節;我們唯一能肯定的是,公元前 396 年(《史記·六國年表》在魏文侯三十八年,實爲魏文侯五十年)魏文侯卒,次年(公元前 395 年)魏武侯即位後改元,吴起與商文(田文)"争相"落敗。不久,吴起隨魏武侯"浮西河",並被再次任用爲西河守。

我們上文引《吕氏春秋·執一》和《史記·吴起列傳》記載吴起與商文(田文)"争相"時,都提到"主少國疑"或"世變主少",説明二人"争相"之時當發生于魏武侯繼位之初,而且吴起當時也是新朝"魏相"的一名候選人。這一是因爲在劉向的《説苑·建本》一篇中,就有"魏武侯問元年于吴子(起)"的記載,可見當時新朝正在或剛剛"改元",而吴起不僅正在剛即位的魏武侯身邊,而且還是新君常常"備顧問"的大臣——不僅吴起與商文(田文)"争相"之事應該就發生在此時,而且吴起應該也是新朝"魏相"的一位合適的候選人。二是按照中國古代封建王朝的慣例,"一朝天子一朝臣",新君即位,是不能不重新選擇相國和左右大臣的。吴起曾經"相魏",故他的此番"争相",或許只是求得"留任"或"連任";但這樣做畢竟不合常規,所以他最後落敗了。《荀子·堯問》載:

魏武侯謀事而當,群臣莫能逮,退朝而有喜色。吴起進曰:"亦嘗有以楚莊王之語聞於左右者乎?"武侯曰:"楚莊王之語何如?"吴起對曰:"楚莊王謀事而當,群臣莫逮,是以憂也。申公巫臣進問曰:'王朝而有憂色,何也?'莊王曰:'不穀謀事而當,群臣莫能逮,是以憂也。其在中蘬之言也,曰:"諸侯自爲得師者王,得友者霸,得疑者存,自爲謀而莫己若者亡。"今不穀之不肖而群臣莫吾逮,吾國幾於亡乎?是以憂也。'楚王以憂,而吾君以喜。"武侯逡巡再拜曰:"天使夫子振寡人之過也。"

此事《吕氏春秋·骄恣》和《说苑·杂事一》也都有类似的记载,唯《吕氏春秋·骄恣》记为"李悝趋进曰"云云。郭沫若比较两处记载后说:"荀子在前,应该更可靠些。"①我以为这是有道理的。这不仅因为《荀子》的写作在《吕氏春秋》之前,更主要是因为李悝的年辈本与魏文侯相同,魏文侯在位五十年而卒,则魏武侯继位后李悝即使还在世也应无法再在魏武侯面前"趋进"②,故此处"对"魏武侯问的人就只能是吴起而非李悝了。而由吴起一句"亦尝有以楚庄王之语闻于左右者乎",又可推见此事当发生于吴起与商文(田文)"争相"落败之后。因为吴起的此句反问,可谓"话中有话"。他似乎在向魏武侯说,你不是选择了商文(田文)为相吗?现在你的表现可谓十分危险,商文(田文)他们看出了其中潜在的危险并向你指出来了吗?他们肯定没有。这可能是他们根本看不出来,也可能他们即使看出来了,为了讨好你也不肯说出来。故不管怎样,此事当发生于吴起与商文(田文)"争相"落败之后,其中表现了吴起微妙的心理,则是可以肯定的。而魏武侯在听了吴起的"进言"后"逡巡再拜曰:'天使夫子振寡人之过也'",则也可以说明他在此后一段时间内对吴起的态度,即他认为吴起是一位真正的忠臣、一位有洞见的长者,应该得到应有的尊崇、并委以重任——这也应该就是吴起在魏武侯时被再次被任用为西河守的契机。

吴起在魏武侯继位之初被第二次任用为西河守的具体时间,史料中也缺少明确的记载。只有《史记·吴起列传》和《战国策·魏策一》在记"魏武侯浮西河而下",吴起对魏武侯"山河之固"乃"在德不在险"之后,还有魏武侯"即封"吴起,并对吴起说"吾乃今日闻圣人之言也。西河之政,专委之子也"等语。而从此数语之语意来看,正如本文开头部分所言,这应该就是吴起第二次被任用为西河之守的起始之日。

不仅如此,我们还认为,《史记·吴起列传》中的"魏武侯浮西河而下"和《战国策·魏策一》中的"魏武侯与诸大夫浮于西河",原本就只是一次魏武侯送吴起到西河赴任的出行。因而,吴起被魏武侯任用为西河守的具体时间,应该就在此次西河之行之前——或许就在上面《荀子·尧问》所载进谏魏武侯自以为"谋事而当","退朝而有喜色"之后。《太平御览》卷六百二十五载有今本《吕氏春秋》中所没有的一段佚文,其言曰:

> 吴起行。魏武侯自送之西河,而与吴起辞,武侯曰:"先生将何以治西河?"对曰:"以忠以信,以仁以义。"武侯曰:"四者足矣。"③

---

① 郭沫若《青铜时代》,《郭沫若全集·历史编(第1卷)》,第527页。
② 案:《汉书·古今人表》"李克"(《汉志》《李子》三十二篇)下原注:"名悝,相魏文侯,富国强兵。"清人沈钦韩以来,皆以"悝"、"克"声之转,而疑李克即是李悝。)紧接魏文侯之后,去魏武侯、吴起甚远,故魏武侯所问当为吴起而非李悝。
③ 陈奇猷《吕氏春秋校释》,学林出版社1995年版,第1137页。

此段文字,與《群書治要》和《藝文類聚》卷二九所引文字稍有差異,但大體不殊。由這段文字來看,魏武侯的此次出行,其實只是爲了送吴起赴西河上任。儘管魏武侯時魏國的都城還在安邑(今山西省夏縣西北禹王村),離黄河並不算很遠。但魏武侯親率衆大夫將吴起送過黄河(即"西河"),仍可見他對吴起的敬重和對吴起此次爲西河守的極大期待。

  吴起此次擔任西河守有多長時間,史書中也没有明確的記載。就現有史料而言,能間接考察吴起再次離開西河行跡的材料只有兩條,一條是《史記·吴起列傳》等關於吴起被讒而離開西河之説,另一條是《史記·魏世家》所記"使吴起伐齊,至靈丘"之事。《史記·吴起列傳》曰:"田文既死,公叔爲相,尚魏公主,而害吴起。"錢穆等以《戰國策·魏策一》云"公叔痤(座)爲魏將,與韓、趙戰澮北,禽樂祚。魏王賞田百萬,痤(座)以讓吴起之後",而稱公叔"不似害賢者"①。還有學者認爲,《史記·吴起列傳》所記爲公叔座(痤)出謀害吴起者,乃"公叔之僕";而《吕氏春秋·長見》等篇皆曰:"吴起治西河之外,王錯譖之於武侯。"因此,當時害吴起去西河守的讒佞王錯,可能即是"公叔之僕"②。然而,由於史籍中並没有關於田文(商文)的卒年,我們也就無法據之推知田文(商文)爲魏相終止於何年(或者説我們無法得知公叔是何時接替田文爲魏相的),所以也無從得知吴起是何時被迫離開西河守之職的。我們所能知道的,只是吴起在離開西河、到達魏國的岸門邑時,"止車而休,望西河,泣數行下"。因自己拓展和鞏固魏國西部邊疆的事業中途而廢而痛心不已。

  現有史料中與吴起任西河守有關的另一條材料,是我們在上面提到的《史記·魏世家》所記"使吴起伐齊,至靈丘"之事。我們在上面曾對這條材料進行過分析,認爲它有可能是把公元前405年魏文侯主導三晉伐齊中"使吴起伐齊,至靈丘"之事,誤記在了魏武侯九年了(因爲根據清華簡《繫年》的記載,公元前405年魏文侯主導三晉伐齊時,"使吴起伐齊,至靈丘",魏國最初乃是以魏擊——即後來的魏武侯爲主帥的)。不過,學術界學者們大多還是相信司馬遷並没有記錯,即《史記·魏世家》所記"使吴起伐齊,至靈丘"之事,應該確是魏武侯九年(公元前387年)之事;並依此對吴起去魏之楚的時間作出推斷。如錢穆説,吴起去魏"當在(魏武侯)十年以後",郭沫若則説,吴起去魏"當在楚悼王十八年,魏武侯之十三年"③。

四、吴起治西河的主要功績

  吴起曾在魏文侯和魏武侯兩朝先後兩次擔任西河守,其第一次任西河守應始於魏文侯十八年(公元前407年)"魏文侯受經於子夏,過段干木之閭常式"之年末,也可能在其次年(魏文

---

① 錢穆《先秦諸子繫年》,第219頁;郭沫若《青銅時代》,《郭沫若全集·歷史編(第1卷)》,第514、515頁。
② 陳奇猷《吕氏春秋校釋》,學林出版社1995年版,第611頁。
③ 錢穆《先秦諸子繫年》,第219頁;郭沫若《青銅時代》,《郭沫若全集·歷史編(第1卷)》,第522頁。

侯十九年,公元前406年)年初,約結束於公元前405年魏文侯主導三晉伐齊之日。這次任期,前後約有三年左右的時間。吳起第二次任西河守,應始於公元前395年魏武侯即位或稍後,而結束於魏武侯九年(公元前387年),魏"使吳起伐齊,至靈丘。"這次任期共有八九年時間。吳起此次去職的原因,是由於受到公叔座(瘗)之僕王錯之譖。如果將吳起兩次任西河守的時間相加,我們就會發現,吳起實際任西河守的時間總共在十一二年。這應該是個不短的時間。從吳起在魏武侯時期受譖被迫離開西河時"抆淚於岸門"的言行來看,他對爲魏國經營西河原是有很長遠的打算的,只是由於現實的困境使他的計劃中途夭折,他的治理西河的計劃竟成了未竟的事業!

綜合現存吳起治西河的點滴史料,可將吳起治西河的功績歸納爲如下數端:

一曰設計規劃,深謀遠慮。《呂氏春秋·長見》和《觀表》二篇都載有吳起因王錯之譖離開西河時的情形。《長見》有曰:

> 吳起治西河之外,王錯譖之於魏武侯,武侯使人召之。吳起至於岸門,止車而望西河,泣數行而下。其僕謂吳起曰:"竊觀公之意,視釋天下若釋屣,今去西河而泣,何也?"吳起抿泣而應之曰:"子不識。君知我而使我畢能西河,可以王。今君聽讒人之議而不知我,西河之爲秦取不久矣,魏從此削矣。"吳起果去魏入楚。有間,西河畢入秦,秦日益大,此吳起之所先見而泣也。①

《呂氏春秋》此篇内容與《觀表》相同,但題名"長見",正説明吳起對西河的思考十分長遠,可謂深謀遠慮。吳起所謂"西河之爲秦取不久矣,魏從此削矣",説明吳起對西河思考的出發點,並不是自己眼前的利益,甚至也不是魏國的現實利益,而是西河的未來命運和魏國的國家前途。從根本上講,吳起的治西河的目的,是要爲魏國謀劃稱霸天下的基業,即所謂"使我畢能西河可以王"也。從地理位置來看,西河地區位於黄河以西的洛河(即漆沮水)、渭水、涇水入黄河的交匯之所,既是魏國西部的天然屏障,也是一塊肥沃的農業區,被稱爲"九州之膏腴"(《漢書·地理志下》),占有並鞏固西河地區,可使魏國獲得穩固的戰略後方。因爲當時的魏國,在地理上東、南、北各方分别處於韓、趙、齊、楚等大國的包圍之中,只有西部的秦國"以往者數易君,君臣乖亂"(《史記·秦本紀》),力量相對薄弱。吳起正看到了這一點。吳起在西河的軍事和行政措施,都是以此爲目的和根本原則的;而吳起兩番治理西河的成效也是顯著的,即所謂"秦兵不敢東向,韓、趙賓從"(《史記·吳起列傳》)。

二曰修德立信,移風易俗。《漢書·地理志下》對秦西河地區基本特點的叙述是"風俗不純":"瀕南山,近夏陽,多險阻而輕薄,易爲盜賊,常爲天下劇。又郡國輻湊,浮食者多,民去本就末,列侯貴人車服僭上,衆庶效之,羞不相及,嫁聚尤崇侈靡,送死過度。"所以吳起第二次任

---

① 陳奇猷《呂氏春秋校釋》,學林出版社1995年版,第605頁。

西河守時,還在赴任途中即向魏武侯説"河山之險,信不足保也"(《戰國策·魏策一》),國家政治的根本"在德不在險"(《史記·吴起列傳》)。而吴起將修德主張落實於對西河的治理,就是要通過修德立信,移風易俗,改變西河地區原來"不純"的民風。在上文引《吕氏春秋》的佚文中,魏武侯送吴起至西河赴任,問吴起"何以治西河",吴起的回答第一條是"以忠以信",即"盡忠於主"和"施信於民"(高誘注語)。

《吕氏春秋·執一》載吴起與商文(田文)比較賢能時有曰:

> 吴起曰:"治四境之内,成馴教,變習俗,使君臣有義,父子有序,子與我孰賢?"商文曰:"吾不若子。"①

魏之"四境之内"雖然不止西河,但肯定包括西河在内。而吴起所謂"成訓教,變習俗",則顯然應該是針對西河地區"輕薄"、"僭上"、"盗賊"和"侈靡"之風而言的。因爲所謂"使君臣有義,父子有序"云云,從另一個側面説,也正反映了當時魏國包括西河地區在内君臣、父子間無"義"無"序"情況的嚴重,而西河地區"輕薄"、"僭上"、"盗賊"和"侈靡"之風也正是其突出表現。

要移風易俗,改變西河原來的"不純"民風,吴起採取的首要措施,就是重建當時社會的誠信。所以,他一如帶兵打仗那樣,身先士卒,從我做起。《韓非子·外儲説左上》載:

> 吴起出,遇故人而止之食,故人曰:"諾。"期返而食。吴子曰:"待公而食。"故人至暮不來,吴起至暮不食而待之。明日早,令人求故人。故人來,方與之食。②

這個故事本是先秦的"小説"③,但先秦時期中國的"小説"原本是有根有據的,是不允許虛構的④。所以,儘管這個故事是否發生于吴起治西河時未可確知,但確有其事是不容懷疑的(當然,也存在另一種可能,就是這個故事也許就發生在吴起治西河之時)。吴起受教於曾(申)子、子夏,儒家"反身而誠"的修德方式和"曾(參)子殺彘"那樣的守信原則,自然是他所熟知的。所以他才有這樣的舉動。

如果説"待故人而食"是吴起從我做起的修德之舉的話,那麽,下面的例證就可以説是他從小事做起,以期"取信於民"、移風易俗的具體措施。《吕氏春秋·慎小》載:

---

① 陳奇猷《吕氏春秋校釋》,學林出版社 1995 年版,第 1133 頁。
② [清]王先慎撰、鍾哲點校《韓非子集解》,中華書局 1998 年版,第 308—309 頁。
③ 郭沫若《青銅時代》,《郭沫若全集·歷史編(第 1 卷)》,第 515—518 頁。
④ 拙作《中國先秦小説的原生態及其真實性問題》,《天津社會科學》2007 年第 5 期。後收入作者自選集《先秦的文獻、文學與文化》,華中師範大學出版社 2012 年版。

  吳起治西河,欲諭其信於民,夜日置表於南門之外,令於邑中曰:"明日有人償南門外之表者,仕長大夫。"明日日晏矣,莫有償表者。民相謂曰:"此必不信。"有一人曰:"試往償表,不得賞而已,何傷?"往償表,來謁吳起。吳起自見而出,仕之長大夫。夜日又復立表,又令於邑中如前。邑人守門爭表,表加植,不得所賞。自是之後,民信吳起之賞罰。賞罰信乎民,何事不成,豈獨兵乎?①

  這個故事生於吳起剛上任西河守的時候。那時,在西河民與民、官與民、民與民之間都缺少必要的誠信,所以吳起要從小處著手來解決這一問題。而且,吳起這樣做的效果也是不錯的,所謂"民信吳起"云云,正可作爲上文的注脚。

  三曰製定法令,著爲兵法。《史記》既以《吳起列傳》置於《孫子列傳》之後,《韓非子·五蠹》又云"藏孫吳之法者家有之",可見吳起和孫武都有兵法傳世。《漢書·藝文志·兵書略》有"《吳起》四十八篇",屬之"兵權謀"②。而同書《刑法志》又曰:"春秋之後,滅弱吞小,並爲戰國,……雄桀之士因勢輔時,作爲權詐以相傾覆,吳有孫武,齊有孫臏,魏有吳起,秦有商鞅,皆禽敵立勝,垂著篇籍。"這裏即是明確説吳起曾著作兵法,並認爲吳起是魏國學者——這實際也就是説,吳起"著爲兵法"的時間既非是在衛國、魯國,也非是晚年"之楚"之後,而是他在魏國的時候。《戰國策·魏策一》稱吳起卒後公孫座(痤)論戰勝之道時仍説:"夫士卒不崩,直而不倚,揀撓而不辟者,吳起之餘教也。"可見吳起兵法的形成確是他在魏國的時候。

  但吳起在魏國的時間雖然前後達二十年,除卻在西河任職的時間之外,其他時間他差不多都是在南征北戰,基本沒有著書立説的閒暇。故只有他在西河任職的時候他才有專門的時間和精力來將自己"用兵"的理論和實踐加以總結,著爲兵法。《韓非子·内儲説上七術》載:

  吳起爲魏武侯西河之守。秦有小亭臨境,吳起欲攻之。不去,則甚害田者;去之,則不足以徵甲兵。於是乃倚一車轅於北門之外,而令之曰:"有能徙此南門之外者,賜之上田上宅。"人莫之徙也。及有徙之者,遂賜之如令。俄又置一石赤菽於東門之外,而令之曰:"有能徙此於西門之外者,賜之如初。"人爭徙之。乃下令曰:"明日且攻亭,有能先登者,仕之國大夫,賜之上田上宅。"人爭趨之,於是攻亭,一朝而拔之。③

---

① 陳奇猷《吕氏春秋校釋》,學林出版社1995年版,第1681頁。
② 案:《漢書·藝文志·兵書略》"《吳起》四十八篇",《隋志》著録爲"《吳起兵法》一卷,賈詡注"。兩《唐志》略同,《宋史·藝文志》著録爲"《吳子》三卷",今傳本作二卷六篇,學者多以爲其"辭意浮淺,殆非原書"(張舜徽《漢書藝文志通釋》,華中師範大學出版社2004年版,第375頁)。
③ [清]王先慎撰、鍾哲點校《韓非子集解》,第247頁。

這段記載與上文所引《呂氏春秋·慎小》"償表"的故事相似,但又有不同。殆《呂氏春秋》中的"償表"乃純粹爲了"立信",而此處則有軍事目的。故清人嚴可均等人徑以其中吳起的三道"口令"爲《吳起兵法》中的《南門令》《西門令》和《攻秦亭令》[①]。而今本《吳子》中應屬《吳起兵法》的《勵士》一篇,則明言吳起爲魏武侯製定的"嚴刑明賞"之兵法,曾被他用之於西河地區:"行之三年,秦人興師,臨於西河。魏士聞之,不待吏令,介胄而奮之者以萬數。"

以上是我們通過史料對吳起在西河事迹的一個簡略梳理,但從這個簡略的梳理中我們仍可見出,吳起不僅是戰國時期一位著名的戰將和軍事家,而且也是一位傑出的政治家和一位本具有濃厚儒家思想特徵的思想家。

[作者簡介] 高華平(1962—),男,湖北省監利縣人。現爲暨南大學文學院教授、博士生導師,曾任華中師範大學文學院教授、博士生導師。先後在《中國社會科學》《哲學研究》《文學評論》《文學遺產》《文獻》等刊物發表論文 120 多篇,著作有《先秦諸子與楚國諸子學》《凡俗與神聖——佛道文化視野下的漢唐之間的文學》《楚簡文字與先秦思想文化》等 15 部。

---

① 張舜徽《漢書藝文志通釋》,第 375 頁。

宋鈃"情欲寡淺"説辨析

——兼論荀子的評價問題

商曉輝

內容提要 宋鈃"情欲寡淺"思想的本意不是人的情感欲望本來是不多的,是很少的,即不是"情欲固寡"的意思。其本意應該是在承認人們內心情感欲望非常多的前提下,削減和抑制人們內心之中不必要以及過多的情感和物質欲望的意思。這可從其與"大儉約"思想的聯繫以及"禁攻寢兵"思想的關係看出。荀子對宋鈃"情欲寡淺"思想的理解是不正確的。

關鍵詞 宋鈃 情欲寡淺 情欲固寡 禁攻寢兵

中圖分類號 B2

宋鈃,又稱爲宋牼、宋榮子、子宋子。戰國時期宋國人。與尹文齊名,同遊稷下。有的學者認爲其屬於黃老道家的代表人物,而有的學者則認爲應該屬於墨家學派的代表。它的主要思想觀點包括"接萬物以別宥爲始"、"情欲寡淺"、"禁攻寢兵"以及"見侮不辱"等。《漢書·藝文志》著録《宋子》十八篇,班固列入小説家。但其書早已亡逸。我們現在研究宋鈃的思想,主要依靠當時如《莊子》《荀子》《韓非子》等書籍當中對宋鈃本人的論述或者評價來進行研究。現在學界的基本觀點都將宋鈃的"情欲寡淺"思想理解爲人的情感欲望本來是不多的,是很少的。如認爲"宋尹所謂'情欲寡淺'是説人的欲望要求本來不多"[1],"指人的本性欲少,而不是欲多"[2],"情欲之欲爲動詞,言人之情,本欲寡少,不欲貪多也"[3],"認爲人的本性乃是欲寡而不欲多"[4]。筆者認爲這樣的理解是不正確的,是受到了荀子思想的誤解所致。有的學者曾經敏鋭地指出荀子所謂的"情欲寡淺"與宋鈃本來意義上的"情欲寡淺"意思是不同的。他們認

---

[1] 張岱年《道家文化研究》第二輯,上海古籍出版社1992年版,第323頁。
[2] 朱伯崑《中國哲學史論文集》第一輯,山東人民出版社1979年版,第108頁。
[3] 張默生《莊子新釋》,齊魯書社1993年版,第741頁。
[4] 白奚《稷下學研究——中國古代的思想自由與百家爭鳴》,生活·讀書·新知三聯書店1998年版,第197頁。

爲,"但荀子述宋子,以'人之情、爲欲、爲不欲乎',不以情欲二字連讀。而莊子則以情欲二字連讀,殆各出斷章取義,故不同邪"①;"然依此文情欲連詞,在荀書情欲不連,不必同也"②。近人劉節先生也曾認爲:"荀子把這句話解作'人之情爲欲寡',真是不知從何説起?人的情欲本是難填的深坑,所以要情欲寡淺。否則,'寡'字以下爲甚麽又加一'淺'字?可見《莊子·天下》篇的話是宋鈃的本意。荀子的辯論,簡直是有意同宋子爲難。或者真是對於宋鈃的學説有不解之處。"③但是具體怎樣的不同以及對錯,上述學者都没有詳細的論證過程。因而這裏筆者不揣譾陋,在繼承前人研究的基礎上提出自己對"情欲寡淺"思想的看法,敬請各位專家學者指正。

一、荀子對宋鈃"情欲寡淺"説的理解

先秦諸子都喜好談論關於人性以及人性所涉及的情和欲方面的問題。先秦時期針對人性有不同的理解,如性善論、性惡論、性有善有惡以及性無善無惡論等等。針對人性的不同理解,學者之間對情和欲的看法也産生了不同。有的學者肯定人的欲望,認爲欲是人生來就有並且對於人自身的發展和完善必不可少的,只要將人的欲望控制在一定的範圍以内,也就是做到怎樣能够較好地節欲和寡欲,欲對於人的正常健康發展也就没有什麽不好的地方。當然,有的學者據此過分誇大甚至認爲人生在世就是要及時行樂,充分享受物質欲望帶來的感官和肉體上的刺激,這也是有不對的地方。另一方面,有的學者則認爲欲對於人本身來説並没有什麽積極的意義,甚至認爲人世間的所有爭端都是由於人們過分追求和享受物質和情感欲望帶來的惡果。對人的欲望采取一種敵視的態度,甚至與上述過分追求物欲的態度相反,至少從理論上認爲人的欲望本身可能就是很少的,是不多的。先秦諸子喜好談論人性和情欲問題,正是在此一時代的大背景之下,宋鈃提出了他的"情欲寡淺"思想。

由於宋鈃的著作早已經遺失,理解宋鈃"情欲寡淺"的思想材料現在只有《荀子》一書的隻言片語。《荀子·正論》中提到了荀子論述宋鈃"情欲寡淺"思想的材料,現摘抄如下。"子宋子曰:'人之情,欲寡,而皆以己之情爲欲多,是過也。'故率其群徒,辨其談説,明其譬稱,將使人知情欲之寡也。"此段引文不同《荀子》的版本是不同的。這裏王先謙依照王念孫《讀書雜志》中的觀點進行了改正。(筆者對《荀子》一書的引文如無特別説明,均引用中華書局出版的《新編諸子集成》系列王先謙《荀子集解》一書。)王念孫觀點認爲,"人之情"三字連讀,"欲寡"二字連讀,非以"情欲"二字連讀。筆者認爲,欲在這裏爲動詞,希望或想要的意思。欲,猶願

---

① 顧實《〈莊子·天下篇〉講疏》,張豐乾《〈莊子·天下篇〉注疏四種》,華夏出版社 2016 年版,第 39 頁。
② 馬叙倫《〈莊子·天下篇〉述義》,張豐乾《〈莊子·天下篇〉注疏四種》,第 269 頁。
③ 劉節《劉節文集》,中山大學出版社 2004 年版,第 202 頁。

也、思也。《方言》：願、欲，思也。同時王念孫還認爲，"而皆以己之情欲爲多"，他認爲應改爲"而皆以己之情爲欲多"。筆者也同意王念孫的觀點。"欲"在這裏也是動詞，希望或想要的意思。王念孫還説《天論》篇的注引這一段話正是寫作"以己之情爲欲多"，以此來説明自己觀點的正確。（關於這一段文字的討論，詳見中華書局出版的《新編諸子集成》系列王先謙《荀子集解》344頁。本人和王先謙最後總結中一樣也同意王念孫的改正和斷句。）"人之情，欲寡，而皆以己之情爲欲多"，意思爲人的情感欲望本來是企求很少的，但是人們都以爲自己的情感欲望企求很多。"將使人知情欲之寡也"，楊倞云"情欲之寡"或爲"情之欲寡"也。王念孫也認爲"將使人知情欲之寡也"應改爲"將使人知情之欲寡也"，贊同楊倞説。筆者也贊同王念孫的觀點。欲在這裏同樣是動詞，意思同上。王天海的《荀子校釋》也同意王念孫的觀點，認爲"情欲之寡"應改爲"情之欲寡"。因此這一段話就應該改爲"子宋子曰：'人之情，欲寡，而皆以己之情爲欲多，是過也。'故率其群徒，辨其談説，明其譬稱，將使人知情之欲寡也。"從"人之情，欲寡"以及"將使人知情之欲寡"可以看出，荀子認爲宋鈃"情欲寡淺"思想是認爲人的情感欲望本來是不多的，是很少的，也就是"情欲固寡"的意思。欲在這裏是動詞，可以理解爲上面所説希望想要的意思。接着宋鈃"情欲寡淺"的思想，荀子後面采取批判的態度，"應之曰：然則亦以人之情爲目不欲綦色，耳不欲綦聲，口不欲綦味，鼻不欲綦臭，形不欲綦佚——此五綦者，亦以人之情爲不欲乎？曰：'人之情，欲是已。'曰：若是，則説必不行矣。以人之情爲欲，此五綦者而不欲多，譬之，是猶以人之情爲欲富貴而不欲貨也，好美而惡西施也。古之人爲之不然。以人之情爲欲多而不欲寡，故賞以富厚而罰以殺損也。是百王之所同也。故上賢禄天下，次賢禄一國，下賢禄田邑，愿愨之民完衣食。今子宋子以是之情爲欲寡而不欲多也，然則先王以人之所不欲者賞，而以人之欲者罰邪？亂莫大焉。今子宋子嚴然而好説，聚人徒，立師學，成文典，然而説不免於以至治爲至亂也，豈不過甚矣哉！"荀子認爲人的情感欲望並不是如宋鈃所理解的。相反，人的情感欲望本身是非常多的。荀子顯然是不同意宋鈃對人們情感欲望"固寡"的看法，也即反對宋鈃的"情欲寡淺"的思想。除此之外，《荀子》一書還在其他地方評價過宋鈃"情欲寡淺"的思想。如《荀子·天論》有"宋子有見於少，無見於多"的論述，認爲宋鈃只看到人們情感欲望本來是很少的、是不多的一面，沒有看到人們情感欲望本來是很多的一面。《荀子·解蔽》還提到"宋子蔽於欲而不知得"，在這句話裏，如果僅僅看到"蔽於欲"三字，我們不能夠知道是蔽於欲望本來很少，還是蔽於欲望本來很多。但是結合"而不知得"則可以理解。"而"是轉折詞，"得"在這裏意思同於《論語》中"老之，戒之在得"的"得"，孔穎達解釋爲貪得。因此"宋子蔽於欲而不知得"的意思，就是宋鈃只知道人們情感欲望本來很少的一方面，卻不知道人們情感欲望本來是貪得的，也就是情感欲望本來是非常多的。但孔子卻不這麽認爲，孔子甚至認爲在情感欲望方面，年老體衰的人也概莫能外，所以才有上面"老之時，戒之在得"的話。《荀子·正名》還評價宋鈃的"情欲寡淺"思想道："山淵平，情欲寡，芻豢不加甘，大鐘不加樂，此惑於用實以亂名者也。驗之所緣無以同異而觀其孰調，則能禁之矣。"這裏的"情欲寡"應該指的是宋鈃的"情欲寡淺"思想，"惑於用實以亂名者"意爲用個別事物的"實"

來混淆概念的普遍意義。從荀子所舉的"山淵平"的例子可以看出"惑於用實以亂名者"的内涵。就個别現象而言,有些海拔較低的山也可能與高原上的湖泊一樣高,但這只是個别現象,大部分情况下都是山峰的高度肯定要高於湖泊的。而"情欲寡"同"山淵平"是同樣的意思。也就是説荀子所批評的是宋鈃認爲人的欲望本來是不多的"情欲寡淺"思想,可能在某個人身上的確是這樣,但這只是特例,荀子認爲大部分人的情况與此相反,情感和欲望是非常多的。因此荀子認爲"情欲寡"這種思想同"山淵平"一樣,都是"惑於用實以亂名者",是不正確和混淆視聽的,事實應該恰好與之相反。這也同上面所舉的荀子所理解的宋鈃"情欲寡淺"思想是一致和相符合的。

除了正面對"情欲寡淺"説進行評價之外,在對"欲"本身的看法上,也可以從側面瞭解到荀子本人對宋鈃"情欲寡淺"説的看法和評價。"凡語治而待去欲者,無以道欲而困於有欲者也。凡語治而待寡欲者,無以節欲而困於多欲者也",意思是有的人認爲爲治的關鍵在於去除欲望以及减少欲望,這種人是無法節制和引導欲望而被有欲和多欲所困的人。"有欲無欲,異類也,生死也,非治亂也。欲之多寡,異類也,情之數也,非治亂也",荀子認爲爲治的關鍵不在於"去欲"和"寡欲",而在怎樣"道欲"和"節欲"。按上面所説荀子所理解的宋鈃正是提倡"凡語治而待去欲者"和"凡語治而待寡欲者"的人。這裏雖然荀子没有明確提出這兩種觀點是誰提出以及代表人物是誰,但是通過上面的分析可以看出,荀子説這些話顯然是具有針對性,而其矛頭很有可能是指向宋鈃的。

以上從正反兩方面的分析可以看出,荀子自始至終都認爲宋鈃"情欲寡淺"的意思是人的情感欲望本來是不多的,是很少的,所以多次不厭其煩地批評其觀點,並提出與之相反的觀點。

二、從"大儉約"及"禁攻寢兵"思想來理解宋鈃"情欲寡淺"説

從以上分析我們知道了荀子對宋鈃思想的理解,問題是荀子對宋鈃"情欲寡淺"説的理解是否正確呢?讓我們同樣從《荀子》一書當中其他地方對宋鈃思想的描述來進行分析。《荀子·非十二子》當中記載墨翟與宋鈃的思想云:"不知壹天下建國家之權稱,上功用,大儉約,而僈差等,曾不足以容辨異,縣君臣;然而其持之有故,其言之成理,足以欺惑愚衆:是墨翟宋鈃也。"其中,"大儉約"三字楊倞注爲"大,讀曰太。言以功力爲上而過儉約也",認爲墨翟、宋鈃二人太過於儉約。筆者認爲"大儉約"的意思應該依照王念孫的解釋:"上,與尚同。大,亦尚也,謂尊尚儉約也。楊讀大爲太,而以爲過儉約,失之。""大儉約"的意思應該是崇尚儉約的意思,而不是楊倞理解的太過於儉約的意思。因此,宋鈃和墨翟二人都具有崇尚和重視節儉的思想。這也可以從《莊子·天下》對墨翟的"不侈於後世,不靡於萬物"的論述看出。因此我

們可以説宋鈃和墨翟一樣,都具有一種崇尚"大儉約"的節用思想。《荀子·非十二子》將二人放到一起進行評價,想來不會是沒有原因的,有的學者甚至還認爲宋鈃屬於墨家的別派或者支流。這也可以從側面反映出宋鈃思想和墨家思想具有某種相似性。宋鈃和墨翟二人之所以會提出此種節用思想,正是當時的社會之中有許多奢侈浪費事情的存在,各諸侯國的國君窮奢極欲,勞民傷財。儒家學派又提倡所謂的"事死如事生,事亡如事存"的厚葬之風。所有這些,最終導致了荀子所描述的宋鈃和墨翟提出"大儉約"這種節用的思想來反對之。

　　理解了宋鈃"大儉約"的節用思想的具體內容和產生的社會背景,我們才能更好地理解他的"情欲寡淺"説。根據《莊子·天下》的記載,宋鈃是"以禁攻寢兵爲外,以情欲寡淺爲內",問題的關鍵是"情欲寡淺"思想的具體意思是什麼,在《莊子·天下》中並沒有提到。而《荀子》一書當中荀子對宋鈃的批判,是現存唯一可以理解宋鈃"情欲寡淺"思想的材料。學界目前也基本遵循荀子的看法,認爲宋鈃"情欲寡淺"思想的含義是人的情感欲望本來不多,是很少的,是"情欲固寡"的意思。但是我們上面已經説過,宋鈃同墨翟一樣,針對現實生活之中人們過於奢侈浪費的現狀,都提倡"大儉約",即崇尚節儉,反對奢侈浪費的節用思想。重要的是,正是宋鈃崇尚這種"大儉約"的節用思想,所以宋鈃才要提倡"情欲寡淺"的方法具體實行之。也就是要人們從内心深處消滅和抑制自己過多的以及不必要的情感欲望。做到只要能夠滿足基本生理要求便應該適可而止,"請欲固置五升之飯足矣",不要追求不必要和過多的情感欲望,導致奢侈浪費的發生。"情欲寡淺"的欲字在這裏是名詞,是欲望的意思。情欲應該是連讀的,欲字在這裏並不是動詞希望、想要的意思。試想一下,如果人們的情感欲望本來就是很少的,是不多的,是"情欲固寡"的,那麼人們也就沒有可能過分追求不必要的情感欲望,社會上奢侈浪費的事情因此也就不會發生。那樣的話宋鈃同墨翟在《莊子·天下》當中也就沒有必要提倡"大儉約"的節用主張了。正因爲人們本身具有過多的情感和欲望,所以宋鈃"情欲寡淺"的本意並不是如荀子和學界目前所理解的,人的情感欲望本來是不多的,是很少的意思。"情欲寡淺"類似於孟子的"養心莫善於寡欲"以及老子的"禍莫大於不知足,咎莫大於欲得"。前提恰恰是宋鈃首先承認人的情感欲望本來是很多的,是欲壑難填的,爲了實行他"大儉約"的節用思想,所以他才要提出"情欲寡淺"的思想,從内心深處消滅和抑制人們過多和不必要的情感和物質欲望。

　　除了聯繫"大儉約"的節用思想來理解"情欲寡淺"思想外,聯繫《莊子·天下》當中宋鈃的"禁攻寢兵"思想也可以來理解宋鈃"情欲寡淺"的思想。宋鈃認爲之所以會有諸侯國之間的不斷戰爭,是因爲人們有無盡的情感欲望,主要是物質欲望導致的物欲的橫流。諸侯國之間貪戀別國的土地和人民,人們有太多的物質要求和欲望。因此才會發動掠奪戰爭,侵略他國。因此怎樣實現他所主張的"禁攻寢兵"的最終目的呢?宋鈃認爲第一步首先要排除主觀上的認識和偏見。個人因爲受不同地域和風俗習慣的影響,難免主觀上帶有各種偏見和狹隘的思想。因此首先要去除主觀成見的隔蔽,即做到"接萬物以別宥爲始"。"宥"通"囿",也就是偏見或者成見的意思。在此之上才能更好地以理性的態度認識自己,認識到内心之中哪些欲求是不必要的,是應該抑制的。進而從內心深處盡最大可能地消減不必要的情感和物質欲望,即做到"情欲寡淺"。與此同時,只有首先去除主觀的成見,也才能夠做到宋鈃所主張的"見侮不辱"思想,認爲受到侮辱並不認爲是一種恥辱,進而也就不會產生和他人的爭鬥了。如果從內心深處真正做到了"情欲寡淺"和"見侮不辱",那麼最終自然會達到弭兵的目的,實現"禁攻寢兵"。"情欲寡淺"和"禁攻寢兵"互爲因果,"情欲寡淺"是方法和手段,"禁攻寢兵"是最終的目的和結果,"宋鈃爲什麼竭力鼓吹他的欲寡說,反對人民多欲、貪欲?是爲從'欲寡'引出'息爭'的結論"①,因此宋鈃才有"以禁攻寢兵爲外,以情欲寡淺爲內"的主張。從對宋鈃主要思想觀點的理解與相互之間的關係上。我們也可以知道"情欲寡淺"的本意並不是人的情感欲望本來是不多的,是很少的,這並不是"情欲固寡"的意思。

目前最爲全面完整理解宋鈃思想的材料是《莊子·天下》中的描述,筆者認爲研究宋鈃思想還要從此段材料出發。"不累於俗,不飾於物,不苟於人,不忮於衆,願天下之安寧以活民命,人我之養,畢足而止,以此白心。古之道術有在於是者,宋鈃、尹文聞其風而悅之。作爲華山之冠以自表,接萬物以別宥爲始。語心之容,命之曰'心之行'。以聏合歡,以調海內。請欲置之以爲主。見侮不辱,救民之鬥,禁攻寢兵,救世之戰。以此周行天下,上說下教。雖天下不取,强聒而不舍者也。故曰:上下見厭而强見也。雖然,其爲人太多,其自爲太少,曰:'請欲固置五升之飯足矣。'先生恐不得飽,弟子雖饑,不忘天下,日夜不休。曰:'我必得活哉!'圖傲乎救世之士哉!曰:'君子不爲苛察,不以身假物。'以爲無益於天下者,明之不如已也。以禁攻寢兵爲外,以情欲寡淺爲內。其小大精粗,其行適至是而止。"對照其他先秦諸子的書籍可知,《天下》很好地總結了宋鈃的思想內容,所總結的宋鈃思想是非常準確的。這裏也提到了"情欲寡淺",但是從這大段材料當中絲毫看不到荀子所理解的"情欲寡淺"爲人的欲望本來很少,是不多的那種意思。如果真如荀子所理解的那種意思,《天下》之中肯定會有所表達,但是我們並沒有看到。相反,倒是許多地方和墨家思想相接近。

還有的學者認爲,需要改變上段材料當中的一些字。"'請欲置之以爲主',與上下文都不聯絡。我的淺見以爲'請欲置之'四字是'情欲寡少'的傳寫錯誤。'情'誤爲'請','少'誤爲'之',是很容易的;'寡'先誤爲'真,'後又寫作音義相近的字,即'置'也是極自然的事。下文'請欲固置'當爲'情固欲寡'的誤文。'情''寡'的錯誤已經解釋。'固欲'顛倒,也是會有的事。假如容納我的這個假定,那麼,這兩處說不通的文字就成爲極明顯的話。'情欲寡少以爲主''見侮不辱'救民之鬥,'禁攻寢兵'救世之戰把尹文、宋鈃的精髓說完。'情固欲寡,五升之飯足矣'也成爲一句自明的話。"②梁啓超也認爲'請'當爲'情'字之誤,並以"海內情欲"四字連讀,還有的學者認爲"請欲固置"應該爲"情欲固寡",也是認爲情字誤爲請,寡字誤爲置。其他學者如馮友蘭、高亨等也同意改字說。筆者認爲,改字說是不能成立的。不管是"請欲置

---

① 劉蔚華、苗潤田《稷下學史》,中國廣播電視出版社1992年版,第139頁。
② 唐鉞《尹文和尹文子》,《清華大學學報》,1926年第4卷第1期。

之以爲主"還是"請欲固置"都是可以講通,完全符合文意的。"請欲置之以爲主"郭象注爲"二子請得若此者立以爲物主也",成玄英疏爲"置立此人以爲物主也"。馬其昶云"'置之以爲主'置合驩之心以爲行道之主也"。王叔岷先生認爲"'置之'猶立此,承上文而言,主猶本也,謂請欲立上文所述爲本也"①,從郭、成二人的注釋以及馬其昶和王叔岷先生的理解可以看出,這裏的請字和置字都沒有如改字説的學者所理解的誤爲情字和寡字。這説明郭、成二人所見的本子和今天所見本是一樣的。同理,如果前面不改字的話,後面的"請欲固置"也就沒有必要將請和置改爲情和寡。"請欲置之以爲主"的"置"意爲安置,"之"代指前面説的"心之容"和"心之行","心之容"的"容"字意爲寬容講。全句的意思爲請將這種寬容之心作爲主導思想,正是這種寬容之心的存在,迫使他提出了"願天下之安寧以活民命",拯救百姓於水火之中。"請欲固置五升之飯足矣"的"固"字意爲必②。"五升之飯"意同今日一升之飯,言飯量少也。只要如此少的飯菜就夠了,哪怕吃不飽也不要緊。即使這樣宋鈃也"不忘天下,日夜不休",真正切身做到了"爲人太多,自爲太少"。這些思想都是與宋鈃本身相符合的,都與墨家思想相似,無怪乎有的學者認爲宋鈃屬於墨家學者了。通過以上的分析,我們認爲沒有必要強行改字,隨意改字刪字以及變動字的位置都是閱讀古籍的大忌,改字説顯然是要迎合荀子所理解的宋鈃"情欲寡淺"的思想,即認爲人的欲望本來是不多的,是很少的這種思想。

結　　語

從上面對"大儉約"思想以及"禁攻寢兵"思想的分析可以看出,宋鈃"情欲寡淺"思想的本意應該是在承認人們情感欲望過多,以及面對人們不必要的情感欲望的前提下,從内心出發,消減和抑制過多和不必要的情感和物質欲望,達到滿足基本生理欲望的狀態,即"人我之養,畢足而止"。學界目前認爲"情欲寡淺"是人的欲望本來是不多的、是很少的,都是受到荀子思想的影響。因爲《宋子》一書早已經遺失,要瞭解宋鈃思想只有《荀子》一書當中有對"情欲寡淺"思想的論述。荀子的錯誤理解直接導致了當代學者對其思想的誤解。從對此觀點的分析也可以看出,宋鈃"情欲寡淺"思想的提出同當時的社會背景是分不開的。因此,"情欲寡淺"思想對我們今天物欲橫流的現實社會和加強自我道德修養也具有一定的借鑒意義。

[作者簡介] 商曉輝(1990—　),男,天津市人。現爲西北大學中國思想文化研究所博士研究生。主要從事出土簡帛文獻和中西思想文化比較研究,曾在《甘肅社會科學》以及《殷都學刊》等雜誌發表文章數篇。

---

① 王叔岷《莊子校詮》,中華書局 2007 年版,第 1324—1325 頁。
② [清]王引之《經傳釋詞》,上海古籍出版社 2014 年版,第 114 頁。

荀子行狀新考

樊波成

內容提要 通過文獻的考辨可以發現，荀子在前318—前314年在燕國，前313—前284年之間年五十遊學於齊，之後往返於齊（前278—？ 年、前261—前265年）、秦（前266—前255年）、趙（前257年）、楚（前256—前218年）之間。《荀子·彊國》記載了當時的秦國疆域，結合戰國時期的疆域變化，正當秦軍占領臨慮、設置恒山郡的前233年左右，說明春申君死後荀子還在進行活動。由此，荀子活動時間近乎百年之久，不僅如此，荀子在齊襄王時期已經"最爲老師"，地位尊顯且年事已高；此後竟然能不顧年邁遊説諸國，甚至在齊楚交界的蘭陵出任縣令，令人費解。結合周秦兩漢普遍出現的因同名而相混的現象，筆者提出一種假設：荀子可能有先後兩人，反對燕王噲禪讓、年五十遊學於齊、在齊國三爲祭酒的是一個荀子；而遊學諸國，終老蘭陵的是另一個荀子。如果這一假説成立，不僅能解决荀子行狀中年齡、經歷和官爵等相關問題，也能理解《荀子》書中一些明顯的自相矛盾之處。

關鍵詞 荀子 官制 行狀 同名

中圖分類號 B2

關於荀子生卒年考訂的成果，僅陋見所及已不下二十餘種，只是各持己見，莫衷一是。尋根究底，制約考訂最大的阻礙不僅僅是有關記載的闕如，而是荀子能活多久。掣肘於此，學者往往在考證時前後彌縫、捉襟見肘；而諸家還據此以辨析史料之真僞，加上當時對典籍任意懷疑的疑古思潮，使得這種預設結果的考訂並不科學。故而筆者暫時先把人類能活多久這種説不準的問題暫先擱置，單純從史料的角度來分析史料。

---

* 本文係中國社會科學院重大學術創新工程"中國思想通史"、華東師範大學青年預研究項目（ECNU-YYJ012）部分研究成果。

一、荀子行狀舊説述補

關於荀子行年,司馬遷(前145—約前87)《史記》語焉不詳,西漢劉向(約前77—前6)《叙録》綜《史記》《戰國策》以及《荀》書文本,雖較《史記》本傳爲詳細,卻出現了一些明顯的錯誤①,而如《戰國策》《韓詩外傳》和《鹽鐵論》等記載荀子生平活動的文獻材料零星散亂,真僞互見。所以有必要將各類傳世文獻進行辨析和梳理,取捨之間,各條材料真僞自明。

(一) 遊學于齊考(約前313—前284年)

司馬遷記載荀子的活動是從其遊學於齊開始的,《史記·孟軻荀卿列傳》曰:"荀卿,趙人。年五十始來游學於齊。騶衍之術迂大而閎辯,奭也文具難施,淳于髡久與處,時有得善言。故齊人頌曰:談天衍、雕龍奭、炙轂過髡。"

1.《史記》"五十遊學"不誤

其中"年五十始來遊學於齊"一語,劉向《叙録》亦如之,只是增入了"是時,孫卿有秀才"一語。至應劭(約153—196年)《風俗通義·窮通》又曰:"是時孫卿有秀才,年十五,始來遊學。"認爲荀子遊學於齊是"年十五"而不是"五十"。於是關於荀子遊學時是十五歲還是五十歲,開始了有了長期的争論。

梁濤先生《荀子行年新考》②做過梳理:晁公武③、汪中④、梁玉繩⑤及近代梁啓超⑥、郭沫若⑦、錢穆⑧、游國恩⑨、劉蔚華⑩、瀧川龜太郎⑪等學者皆取《風俗通義》"年十五"之説。而胡

---

① 如劉向以爲《荀子·議兵》中與荀子議兵于孝成王前的"臨武君"係孫臏,非。楊倞即曰:"《史記年表》齊宣王二年孫臏爲軍師,則敗魏於馬陵,至趙孝成王元年已七十餘年,年代相遠,疑臨武君非此孫臏也。"劉向又據《戰國策·楚策四》以爲荀子曾受縱橫家之褒貶而隨之沉浮,亦非是。説詳下文。
② 梁濤《荀子行年新考》,《陝西師範大學學報》,2000年第4期,第77、78頁。
③ [宋]晁公武撰、孫猛校證《郡齋讀書志校證》,上海古籍出版社1990年版,第422頁。
④ [清]汪中《荀卿子通論》,《汪中集》,中研院中國文哲研究所籌備處2001年版,第134頁。
⑤ [清]梁玉繩《史記志疑》,中華書局1981年版,第1288頁。
⑥ 梁啓超《荀卿與〈荀子〉》,收入《古史辨》第四册,中華書局1982年版,第108頁。
⑦ 郭沫若《秦楚之際的儒者》,《青銅時代》,中國人民大學出版社2005年版,第215頁。
⑧ 錢穆《先秦諸子繫年》,商務印書館2001年版,第386頁。
⑨ 游國恩《荀卿考》,收入《古史辨》第四册,中華書局1982年版,第95頁。
⑩ 劉蔚華《荀子生平新考》,《孔子研究》,1989年第4期,第63—68頁。
⑪ [日]瀧川龜太郎《荀子ヲ論ス》,《東洋學會雜誌》,編3號6以及號7,明治二十二年(1889)。瀧川氏多用汪中説。

適①、羅根澤②、蔣伯潛③、龍宇純④、梁濤、服部宇之吉⑤等則認同"年五十"之説⑥。

關於荀子遊學於齊是十五還是五十的説法,目前基本傾向"年五十始來遊學於齊"而非十五,筆者亦認同此説。此龍宇純先生、梁濤先生梳理辯證甚詳:例如,"始來遊學"的始有來遲之意(此胡適説),"遊學"指的是學術交流⑦,《史記》古本作"五十"無誤⑧。

從史料的角度看,《風俗通義》是摘抄自《史記》和劉向《叙録》的,其因襲《叙録》之處更多,應該没有其他的史料。《風俗通義》一書《隋書·經籍志》列入雜家,多有不純不典之議(周中孚謂之"漢之俗儒,學無師授,其撰是書頗近小説,摭拾謏聞,鄙書燕説"⑨),究其根本,乃是此書在摘抄史料時多臆改(或爲流傳中而改)。⑩ 故而據《風俗通義》改《史記》《叙録》的"理校"需要謹慎。

筆者認爲,《叙録》本《史記》而增出"有秀才"一語,而《風俗通義》又據"秀才"而以爲年少,故改爲"十五"。

2. "始遊學於齊"的年代當爲宣王至湣王時

荀子遊學於齊爲其五十歲時,錢穆先生認爲始於齊威王(前356—前320在位)時⑪,龍宇純先生認爲始於齊宣王(前319—前301在位)時⑫,蔣伯潛以爲齊王建(前283—前221年在位)時⑬。

---

① 胡適《中國哲學史大綱》,東方出版社1996年版,第267—268頁。
② 羅根澤《荀卿遊歷考》,《諸子考索》,人民出版社1958年版,第365頁。
③ 蔣伯潛《諸子通考》,正中書局1948年版,第164頁。
④ 龍宇純《荀卿後案》,《荀子論集》,臺灣學生書局1987年版,第5—6頁。
⑤ [日]服部宇之吉《荀子年代考》,《哲學雜誌》,卷9號95,明治二十九年。其《荀子解題》(《漢文大系·荀子增注》前言,富山房,大正三年)則似取汪中説。其實服部對荀子遊學年十五或者五十都持懷疑態度,只是覺得《風俗通義》問題明顯,故而暫從《史記》"五十"之説。
⑥ 以上基本取自梁濤《荀子行年新考》,第77、78頁。另就筆者所見其他著作,適當作一些補充。
⑦ 按:其實"遊學"更爲"遊説干諸侯"之意。如《史記·秦始皇本紀》:"異時諸侯並争,厚招遊學。"《史記·日者列傳》亦附褚少孫(漢元、成年間)曰:"夫司馬季主者,楚賢大夫,遊學長安,通《易經》,術黄帝、老子,博聞遠見。"
⑧ 《顔氏家訓·勉學》曰:"荀卿五十始來遊學。"汪中以爲:"之推所見《史記》古本已如此,未可遽以爲譌字也。"
⑨ [清]周中孚《鄭堂讀書記》卷五十六,劉氏嘉業堂鈔本。
⑩ 波成謹案:《風俗通義》重理輕事,後人常據《風俗通義》而以訛傳訛。較爲明顯的是承《漢書》改《史記·孟軻荀卿列傳》孟子"受業子思之門人"爲"孟軻受業於子思"。但是從常識的年齡角度去考慮,孟子不可能是子思的直接學生,毛奇齡《四書賸言》等已明其謬誤。
⑪ 錢穆《先秦諸子繫年》,第387頁。
⑫ 龍宇純《荀子論集》,第7頁。
⑬ 蔣伯潛《諸子通考》,第165頁。

筆者認同龍先生之説，即荀子初至齊當是宣王、湣王時。但龍先生此説主要是出於調停荀子卒年的考慮，筆者則認爲，這可能是劉向以來對《史記·儒林列傳》誤讀之故。

《史記·儒林列傳》曰：

> 於威宣之際，孟子荀卿之列，咸遵夫子之業而潤色之，以學顯於當世。

到了劉向《叙録》，則變成：

> 方齊宣王、威王之時，聚天下賢士於稷下，尊寵之。若鄒衍、田駢、淳于髡之屬甚衆，號曰列大夫。是時，孫卿有秀才，年五十，始來遊學。

《風俗通義》引同，只是改"齊宣王、威王"爲"齊威、宣王"，改"五十"爲"十五"，使得更合常理。

從《史記》看，司馬遷是總説孟荀兩人在稷下的遊學年代是威宣之際。衆所周知，孟軻要早於荀卿，他在威王時已在齊國①。但是到了劉向和應劭那裏，"是時"（威王、宣王時）二字的指向從"孟軻荀卿"兩人變成了"荀子"一人。

當然，在某種意義上，由於時間區域大而無當，所以，劉向和應劭可能還不能算"誤讀"。但是到了全祖望，他認爲：

> 考《儒林傳》齊威王招天下之士於稷下，而荀子客焉。②

錢穆又從全祖望之説，得出荀子先是在威王時十五歲到齊國，再去燕國，再返齊國。如此奔走，倒反而不合於遊學的常理。其實錢穆此説，是爲了調停荀子"年十五"遊學於齊與前314年或前316年左右燕國内亂時期荀子在政治高層活動的矛盾（下另有考訂），故而將荀子來齊的時期往上調。也是爲了調停年十五遊學于齊而在前284年離開齊國時，卻已成與田駢、慎子並列的學術巨擘的事實（參下引《鹽鐵論》）。

如果將荀子理解爲公元前318年到前314年③燕國内亂時期，荀子在燕國；之後"始來"齊國，這樣會順理成章得多。

由於戰爭關係，荀子在前284年之前離開齊國。《鹽鐵論·論儒》曰：

> 及湣王，奮二世之餘烈，南舉楚、淮，北並巨宋，苞十二國，西摧三晉，卻強秦，五

---

① 錢穆《孟子在齊威王時先已游秦考》，《先秦諸子繫年》，第363頁。蔣伯潛《諸子通考》，第138頁。
② ［清］全祖望《鮚埼亭集外編》卷三十一，嘉慶十六年(1811)刻本，第1頁。
③ 此《燕表》所記，《趙世家》爲前316年。

國賓從,鄒、魯之君、泗上諸侯皆入臣。矜功不休,百姓不堪,諸儒諫不從,各分散,慎到、捷子亡去,田駢如薛,而孫卿適楚,內無良臣,故諸侯合謀而伐之。

《鹽鐵論》此文所述系公元前 284 年(一説前 285 年)燕、趙、韓、魏、秦五國伐齊,齊湣王(前 300—前 284 年在位)敗走,燕獨深入,取臨淄之事。而此前荀子既與田駢、慎子、捷子等學術巨擘並稱,就不是一位弱冠之年的學子(這也可以否定荀子是十五歲來齊國求學一説)。

(二) 荀子在燕考(約前 318—前 314 年)

《韓非子·難三》曰:

> 燕子(一本作"王")噲賢子之而非孫卿,故身死爲僇。

此處的"孫卿"當爲荀子,是荀子在遊學於齊之前,曾參與反對燕王噲禪讓的活動。很多學者出於荀子後期活動時間的考慮,尤其是荀子至少活到前 238 年,故而將此事別作考慮。故而其立論的依據往往不甚靠得住,如楊筠如的理由是《韓非子》僅有《五蠹》和《顯學》等幾篇是可信的①,這顯然是那個時代的特殊看法②;同樣,游國恩認爲這是"後人僞托的妄言"③,也可歸於當時的學術環境。此外郭沫若認爲可能"字誤"④,龍宇純認爲是"門人尊其先師之過耳"⑤,都是出於無法和荀子活動的下綫的調停之説。

此説之所以未被人所接受,也可能是由於《史記》並没有荀子參與燕王噲禪讓活動的記述。但這是因爲《史記》在燕國史料上的缺乏所致:《燕世家》並無燕國獨有的連續的紀年資料,而只是根據秦趙等國的消息和相關故事編纂而成⑥。

但如果結合荀子年五十在齊的史事看(且有可能是時代較近的齊宣王年間),荀子在去齊之前有可能在燕國,並且年近不惑,是完全可能的。

從思想史的角度也能爲荀子早年在燕的活動找到依據。《荀子》有《正論》篇,物雙松(荻

---

① 楊筠如《荀子研究》,《民國叢書》第四編第 4 册,上海書店 1989 年版,第 4 頁。
② 是説本自容肇祖《韓非著作考》(《中山大學語言歷史學研究所週刊》第一卷,第 4 期),但其考證的基礎即很成問題。張覺回顧 20 世紀《韓非子》一書的辨僞成果時指出:"總體上,《韓非子》的辨僞是現代韓學中最不成功的。"説參氏撰《現代韓非子研究述評》,《傳統中國研究集刊》第九、十合輯,上海人民出版社 2012 年版。
③ 游國恩《荀卿考》,第 108 頁。
④ 郭沫若《青銅時代》,第 215 頁。
⑤ 龍宇純《荀子論集》,第 16 頁。
⑥ [日]藤田勝久《史記戰國史料研究》,上海古籍出版社 2009 年版,第 421 頁。

生徂徠)解題爲"正世俗之謬論"①,按《禮論》《天論》《樂論》以及《吕氏春秋》之《開春論》《慎行論》《貴直論》《不苟論》《似順論》《士容論》、《公孫龍子》之《白馬論》《指物論》《通變論》《堅白論》《名實論》,"論"字之前都是要"論"的對象,如"樂論"是論辯樂的,所以"正論"當讀"政論"。此篇"世俗之爲説"的論調多與爲政相關,其中"堯舜擅讓"、"死而擅之"、"老衰而擅"等觀點,都屬禪讓學説,荀子則紛紛加以論辯。禪讓學説在戰國中期大行其道,新出之上博簡《子羔》《容成氏》、郭店簡《唐虞之道》都是支持禪讓的,應該寫成於燕王噲禪讓事件之前②。所以"《正論》的這段言論,可能即是荀子向燕王噲所進的規勸之言,《韓非》説燕王噲'非孫卿',也即起因於此事"③。另外,燕王噲禪讓失敗,是個極其典型且具有時代性的例證,但《正論》篇中竟没有提及,恐怕也正能説明荀子曾經到過燕國這個事實。

《正論》篇又有荀子"應"子宋子(宋鈃)之語,並不代表荀子和宋鈃有交往,或"荀卿著書,宋鈃猶在"④。"論"體式的對話可以是虚擬的,也可以是與宋鈃弟子或者後學的對話,故稱宋鈃爲"子宋子",又云"二三子之善於子宋子者,殆不若止之,將恐得傷其體也",而與《非十二子》篇中直呼宋鈃之名不同。

(三) 荀子遊説諸侯考(約前 278—約前 255 年)

1. 荀子返齊"三爲祭酒"(約前 278—? 年)

《史記》本傳明言荀子在齊襄王時最爲老師:

> 田駢之屬皆已死。齊襄王時,而荀卿最爲老師。齊尚脩列大夫之缺,而荀卿三爲祭酒焉。

前 284 年五國伐齊,燕獨深入,取臨淄。至前 279 年田單敗燕騎劫,復迎襄王於臨淄。荀子或在前 279 年之後回到齊國。

2. 荀子遊秦(前 266—前 255 年之間)

劉向《〈荀卿新書〉叙録》説道:"孫卿之應聘於諸侯,見秦昭王,昭王方喜戰伐而孫卿以三王之法説之,及秦相應侯皆不能用也。"《儒效》篇和《强國》篇也記載了荀子與秦昭王(前 306—前 251 在位)、應侯的問答。説明荀子曾遊學至秦。

應侯系范雎,在前 266 年爲秦相,按睡虎地秦簡《編年紀》,張禄(范雎)卒于秦昭王五十

---

① [日]物雙松《讀荀子》卷三,寶曆十四年(1764)京氏水玉堂刊本,第 7 頁。
② 李存山《讀楚簡〈忠信之道〉及其他》,《中國哲學》第二十輯,遼寧教育出版社 1999 年版,第 271 頁。又裘錫圭《新出土先秦文獻與古史傳説》,《中國出土古文獻十講》,復旦大學出版社 2008 年版,第 19 頁。
③ 梁濤《荀子行年新考》,第 81 頁。
④ 錢穆《先秦諸子繫年》,第 437 頁。

二年(前255年),荀子的確到過秦國。大致是在前266到255年秦昭王在位且應侯爲相之時。

3. 荀子議兵於趙孝成王前(約前257年?)

《荀子·議兵》曰:"臨武君與孫卿子議兵於趙孝成王前。"

趙孝成王在位時間爲前265—前250年,而臨武君又不知爲誰,故而荀子議兵於趙的時間,爭論比較多,游國恩認爲是前261年①,羅根澤認爲是前250年②,劉蔚華、梁濤認爲是前265年左右③,夏甄陶、向仍旦認爲在公元前247年④,楊寬⑤和廖名春⑥認爲是前257年前後。

筆者也傾向於前257年邯鄲之圍前後。不過廖先生的理由主要是李斯和荀子的對話,梁濤先生認爲荀子與臨武君、李斯、陳嚚議兵"三者原來並不是同一件事,可能存在時間上的差别,廖氏所引一段材料恰恰是在第三部分'李斯問孫卿曰'一段,用這段材料來確定議兵的時間多少有些以偏概全"⑦。所言甚是。比如《荀子·彊國》既有"應侯問孫卿子",亦有"荀卿子説齊相",未可彌縫爲一時一地。

楊寬先生的理由是臨武君可能就是景陽,《戰國策·楚策四》載天下合縱,春申君欲使臨武君爲將;《史記·楚世家》則謂楚使景陽救邯鄲之圍。則臨武君至趙,事宜在前257年前後。但是這也只能説是比較合理的推測,究竟然否,還有待進一步研究。

4. 荀子説齊相的年代(前261—前256年)

《彊國》篇有荀子説齊相的記載。汪中以爲此"齊相"爲孟嘗君田文,里西以爲田單⑧,廖名春、梁濤⑨認爲是齊王建時之相。

按:廖、梁説是,其中尤爲可信者,《彊國》篇説齊國形勢時謂:"楚人則乃有襄賁、開陽以臨吾左。"襄賁、開陽兩縣,《漢書·地理志》載其與蘭陵同屬於東海郡,爲故徐州之地,爲楚前

---

① 游國恩《荀卿考》,第102頁。
② 羅根澤《荀子遊歷考》,第135頁。
③ 劉蔚華《荀況生平新考》,第65頁。梁濤《荀子行年新考》,第81頁。
④ 夏甄陶《論荀子的哲學思想》,上海人民出版社1979年版,第31頁;向仍旦《荀子通論》,福建教育出版社1987年版,第8頁。
⑤ 楊寬《戰國史料編年輯證》,上海人民出版社2001年版,第1013頁。
⑥ 廖名春《荀子議兵時間考》,《中國學術史新證》,四川大學出版社2005年版,第487頁。
⑦ 劉蔚華《荀況生平新考》,第65頁。梁濤《荀子行年新考》,第81頁。
⑧ 里西《荀子書重要篇章的寫作年代考證》,《哲學研究》,1990年增刊。
⑨ 廖名春《荀子新探》第一章《主要事迹考》,吉林大學歷史系博士論文,1992年。梁濤《荀子行年新考》,第79—80頁。

261 年所取(《魯世家》)。前 256 年,楚滅魯、取莒縣(《魯世家》《春申君列傳》《六國年表》①),則齊國之東(左)界將不再是襄賁、開陽而應該是莒縣。再考慮到前 256 年春申君以荀子爲蘭陵令,故而將此事推定在前 261—256 年,應該是比較合理的。

(四) 荀子居蘭陵考(約前 256—約前 221 年?)

《史記》本傳曰:"齊人或讒荀卿,荀卿乃適楚,而春申君以爲蘭陵令。春申君死而荀卿廢,因家蘭陵。"又《史記·春申君列傳》:"春申君相楚八年,爲楚北伐滅魯,以荀卿爲蘭陵令。"按:前 256 年楚滅魯,則荀子任蘭陵令則爲前 256 年左右;春申君遇刺爲前 238 年,之後荀子長居蘭陵,並且可能活到了前 221 年秦統一時。

1. 荀子往返趙楚之間不可信

有據《戰國策》《韓詩外傳》認爲曾受讒言而離開蘭陵,然後又復爲春申君請回。這是不足爲信的,前人所辨甚詳②,唯博雅如龍宇純先生仍就此立説。故仍有進一步説明的必要③。

《戰國策·楚策四》《韓詩外傳》	參 考 典 籍	考 訂
客説春申君:"湯以亳,武王以鄗,皆不過百里以有天下。今孫子,天下賢人也,君籍之以百里勢,臣竊以爲不便於君,何如?" 春申君曰:"善。"於是使人謝孫子,孫子去之趙,趙以爲上卿④,客又説春申君曰:'昔伊尹去夏入殷,殷王而夏亡,管仲去魯入齊,魯弱而齊强,夫賢者之所在,其君未嘗不尊,國未嘗不榮也。今孫子,天下賢人也,君何辭之?' 春申君又曰:"善!"於是使人請孫子于趙。	昭王將以書社地七百里封孔子。楚令尹子西曰:"夫文王在豐,武王在鎬,百里之君卒王天下。今孔丘得據土壤,賢弟子爲佐,非楚之福也。"昭王乃止。(《史記·孔子世家》) 管仲去魯入齊,齊霸魯削,非持其衆而歸齊也;伍子胥挾弓干闔閭,破楚入郢,非負其兵而適吳也。故賢者所在國重,所去國輕。(《鹽鐵論·崇禮》)	此爲晚周秦漢縱橫遊説家之慣語。

---

① 《六國年表》《春申君列傳》載取魯時間爲楚考烈王八年,即前 255 年(另載滅魯時間爲前 249 年)。《魯世家》則爲魯頃公廿四年,即前 256 年。錢穆以爲《年表》誤算春申君行歷一歲,則取魯當在前 256 年,似較可信。另:平勢隆郎《新編東周史記年表》與《六國年表》差異甚大,而謂八年當作五年,爲前 257 年。(轉引自李曉傑《戰國時期楚國疆域變遷考述》,《荆楚地理與長江中游開發——2008 年中國歷史地理國際學術研討會論文集》,湖北人民出版社 2009 年版,第 71 頁。)
② 説參鍾鳳年《國策勘研》、汪中《述學》、齊思和《戰國策著作時代考》,繆文遠《戰國策考辨》,中華書局 1984 年版,158—160 頁。
③ 龍宇純《荀子論集》,第 14 頁。
④ 波成謹案:"上卿",姚宏謂當按《後語》作"上客",龍宇純先生亦如之,非。《韓詩外傳》亦作"上卿",凡以爲"上客"者,蓋脱"卿"字而將"客"字屬上讀之故。

《戰國策·楚策四》(《韓詩外傳》)	參 考 典 籍	考 訂
孫子爲書謝曰:"癘人憐王,此不恭之語也;雖然,不可不審察也,此爲劫弑死亡之主言也。夫人主年少而矜材,無法術以知奸,則大臣主斷國私,以禁誅於己也,故弑賢長而立幼弱,廢正適而立不義。《春秋》戒之曰:'楚王子圍聘於鄭,未出竟,聞王病,反問疾,遂以冠纓絞王殺之,因自立也。齊崔杼之妻美,莊公通之,崔杼帥其君黨而攻,莊公請與分國,崔杼不許,欲自刃于廟,崔杼不許,莊公走出踰於外牆,射中其股,遂殺之而立其弟景公。'近代所見,李兌用趙,餓主父於沙丘,百日而殺;淖齒用齊,擢閔王之筋,縣于其廟梁,宿夕而死。夫癘雖癰腫胞疾,上比前世,未至絞纓射股也;下比近代,未至擢筋而餓死也。夫劫弑死亡之主也,心之憂勞,形之困苦,必甚於癘矣。由此觀之,癘雖憐王,可也。	諺曰:"厲憐王",此不恭之言也,雖然,古無虛諺,不可不察也。此謂劫殺死亡之主言也,人無法術以御其臣,雖長年而美材,大臣猶將得勢,擅事主斷而各爲其私急,而恐父兄豪傑之士,借人主之力以禁誅於己也,故弑賢長而立幼弱,廢正的而立不義,故《春秋》記之曰:"楚王子圍將聘於鄭,未出境,聞王病而反,因入問病,以其冠纓絞王而殺之,遂自立也;齊崔杼其妻美而莊公通之,數如崔氏之室,及公往,崔子之徒賈舉率崔子之徒而攻公,公入室與之分國,崔子不許,公請自刃於廟,崔子又不聽,公乃走,踰於北牆,賈舉射公,中其股,公墜,崔子之徒以戈斫公而死之,而立其弟景公。"近之所見:李兌之用趙也,餓主父百日而死;卓齒之用齊也,擢湣王之筋,懸之廟梁,宿昔而死。故厲雖癰腫疕瘍,上比於《春秋》,未至於絞頸射股也,下比於近世,未至於餓死擢筋也。故劫殺死亡之君,此其心之憂懼,形之苦痛也,必甚厲矣。由此觀之,雖"厲憐王",可也。(《韓非子·姦劫弑臣》)	《楚策》抄《韓非子》,或用共同之材料。且荀子預言春申君不如癘人之下場,近似詛咒,非敦厚之儒者所爲。故必是春申君死後,縱橫家造說。
因爲《賦》曰:'寶珍隋珠,不知佩兮,褘布與絲,不知異兮。閭姝子奢,莫知媒兮,嫫母求之,又甚喜之兮,以瞽爲明,以聾爲聰,以是爲非,以吉爲凶。嗚呼上天,曷唯其同!'《詩》曰:'上天甚神,無自瘵也。'	琁玉瑤珠,不知佩也。雜布與錦,不知異也。閭娵、子奢,莫之媒也。嫫母、力父,是之喜也。以盲爲明,以聾爲聰,以危爲安,以吉爲凶,嗚呼上天,曷維其同。(《荀子·賦篇》)	《楚策》抄《荀子》

由上表可知,《楚策四》中的幾段文字前後之間並沒有很緊密的關係,也就是說,《戰國策》的這段材料可能是拼湊而成的。通過文獻來歷的考察,也能證明這一點。尤其是"癘(人)憐王"這段話是預言春申君不得善終,其描述是那麼的惡毒而血淋淋,其主張又是張揚主術、限制大臣之類的陰法,這些都和荀子的一貫主張不合。我們推測,這則史料是《戰國策》的編纂者考慮到春申君的結局再去抄襲與糅合《韓非子》等相關材料。即便忽略文獻的來歷,此文亦頗有疑義:荀子不過是一縣之長,怎麼一跑到趙國就能做上卿?而後春申君又怎麼好意思讓荀子放棄趙國上卿的高位重新作縣令?蘭陵是讓荀子管理的,不是如"客"所說的那樣,封給荀子作爲封邑的。

要之,這段文字是縱橫家說客自吹自擂的言論,難以作爲嚴肅的歷史材料。《戰國策》之性質,虛構性很強,張政烺先生說"縱橫家寫下的又不一定是遊說時的真實記錄,而是爲了教育門徒或誇張自己的門庭和學風而憑空擬作的"①,繆文遠研究該書數十年,謂此書爲"戰國辯

---

① 張政烺《春秋後語輯考序》,《張政烺文史論集》,中華書局2004年版,第763頁。

士遊談之記録或後人之擬作,……各章紛歧錯雜,真僞難辨"①,雖有馬王堆《戰國縱橫家書》之出土,亦不能改變此書需要嚴格考辨之必要性②。

2. 荀子生活年代的下限(約前 218 年?)

目前所見記載的荀子活動的下限是在《鹽鐵論·毀學》中:"方李斯之相秦也,始皇任之,人臣無二,然而荀卿爲之不食,覩其罹不測之禍也。"李斯爲秦相在前 218 年,此時荀子尚在人世。《史記》的本傳中並没有説荀子在罷官後就死了,而只是説:

> 春申君死而荀卿廢,因家蘭陵,李斯嘗爲弟子,已而相秦。荀卿嫉濁世之政,亡國亂君相屬,不遂大道而營於巫祝、信禨祥,鄙儒小拘,如莊周等又滑稽亂俗,於是推儒、墨、道德之行事興壞,序列著數萬言而卒。

司馬遷認爲荀子罷官後在蘭陵居住,著書萬言而卒。按照常識,著書萬言,起碼需要好幾年才能完成。又云"李斯嘗爲弟子,已而相秦","已而"乃是表示不久之後,可見《鹽鐵論》所言並非虚指。

又:《荀子·堯問》説荀子"下遇暴秦",秦國滅六國完成統一在前 221 年,這就更能説明荀子活動下限爲前 218 年。李學勤先生亦以爲:"由《荀子》本書看,確活到秦統一時期。《鹽鐵論·毀學》説李斯相秦,荀子爲之不食,並不是不可能的。"③

此外,《成相》篇里還説:

> 世之愚,惡大儒,逆斥不通孔子拘。展禽三絀,春申道綴基畢輸。

郭沫若先生指出,末句"基畢輸"的意思就是春申君失敗之後不久,楚國也滅亡的事實④。郭先生所言亦甚有理。

3. 《强國》篇秦國疆域年代簡考

荀子活動年限並不止於前 238 年,筆者另能補充《强國》篇的材料:

> 今秦南乃有沙羨與俱,是乃江南也;北有胡、貉爲鄰;西有巴、戎。東在楚者,乃界于齊;在韓者,逾常山乃有臨慮;在魏者,乃據圉津,即去大梁百有二十里耳;其在趙者,剡然有苓而據松柏之塞,負西海而固常山,是地徧天下也。威動海内,彊殆中國。

---

① 繆文遠《戰國策考辨》,第 1 頁。
② 趙生群《關於出土文獻與傳世文獻關係的幾點看法》,臺灣大學哲學系《新出土文獻與先秦思想重構國際學術探討會論文》,第 5、6 頁。
③ 李學勤《周易經傳溯源》,長春出版社 1992 年版,第 103 頁。
④ 郭沫若《青銅時代》,第 215 頁。

這顯然是秦即將翦滅六國時候的版圖。

關於這幾句話的詳細考訂,金德建先生以爲這一節的時間在秦始皇二十四五年(前 223—前 222 年),還不曾滅燕、齊的時候①。辛德勇先生則認爲是秦王政十四五年恒山郡設立但還沒有滅韓國(秦王政十七年)之間,也就是前 233、232—前 230 年之間②。我們認爲辛先生的説法是可信的。但辛氏僅對"負西海而固常山"一句進行探討。筆者今作補充如下:

(1) "東在楚者,乃界于齊"。

前 238 年秦攻取了魏國的垣、蒲陽、衍,以及仁、平丘、小黄、濟陽、甄城③,東郡在原有的基礎上有所擴大。其中甄城在今山東省菏澤市鄄城縣附近,已在齊、楚之界附近。之後的幾年裏,若秦繼續攻取楚國新得之魯地,就是文中所説的"界於齊",即與齊國接壤了。

(2) "在韓(當爲趙)者,逾常(恒)山乃有臨慮"。

辛德勇先生懷疑此句有誤。筆者認爲,"逾常山乃有臨慮"與"刻然有苓而據松柏之塞"估計是錯簡或者誤抄。正確的文字應該是"其在趙者,逾常山乃有臨慮"。因爲該段句式都是秦"在某者,……"的幾個排比句,結構非常類似,上下相類,就很容易造成誤抄或編錯。

臨慮,即張家山漢簡《秩律》之"隆慮",在河内郡之北,爲趙、魏之交界,與鄴縣很近。趙悼襄王六年(前 239 年)即"魏與趙鄴",即成趙國之地。秦王政十一年(前 235 年)"取鄴、安陽"(《秦始皇本紀》),大概在此之時或之前,臨慮歸於秦。

秦前 235 年占領臨慮,也和其設立恒山郡的時間(前 233、232 年)相仿佛。

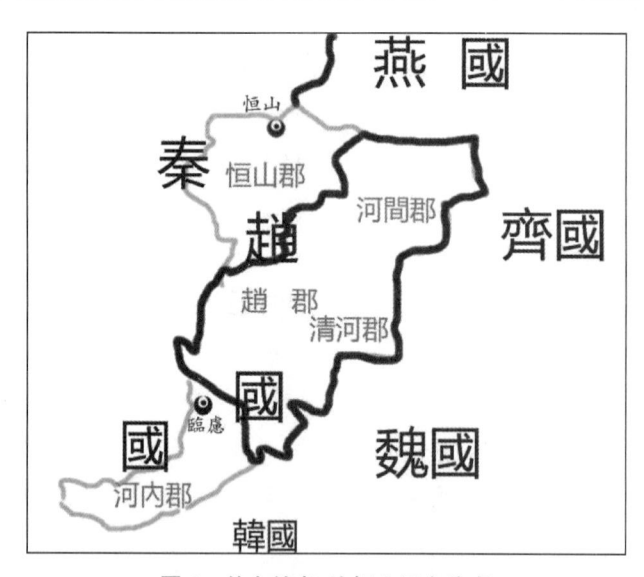

圖 1　其在趙者,逾恒山乃有臨慮

---

① 金德建《先秦諸子雜考》,中州書畫社 1982 年版,第 142 頁。
② 辛德勇《秦始皇三十六郡新考》,《秦漢政區與邊界地理研究》,中華書局 2009 年版,第 21 頁。
③ 李曉傑《戰國時期魏國疆域變遷考述》,《歷史地理》,2003 年第 19 輯,第 84 頁。

(3)"在魏者,乃據圉津,即去大梁百有二十里耳"。

圉津在秦東郡之西,應該在秦始皇五年(前241年,參《本紀》)初置東郡的二十城之中。

(4)"其在趙(當爲韓)者,剡然有苓而據松柏之塞"。

此句爲誤抄或上句之錯簡,説參"其在韓者"。

苓,按楊倞引"或曰",此字誤作"卷"的可能性比較大。秦王政元年,三川郡之東境尚僅限於滎陽。前245年,秦取卷(《秦始皇本紀》:"二年,麃公將卒攻卷,斬首三萬。"),睡虎地秦簡《編年紀》:"三年,卷軍。"①而荀子之所以謂"剡然"者,"剡"爲鋒利之義,由麃公斬首三萬可知,大概魏國雖然投入了重兵,但秦獲勝較爲順利之故。卷在秦河內郡和秦三川郡的交界,今河南原陽縣西,南鄰秦前230年滅韓所置之穎川郡。②

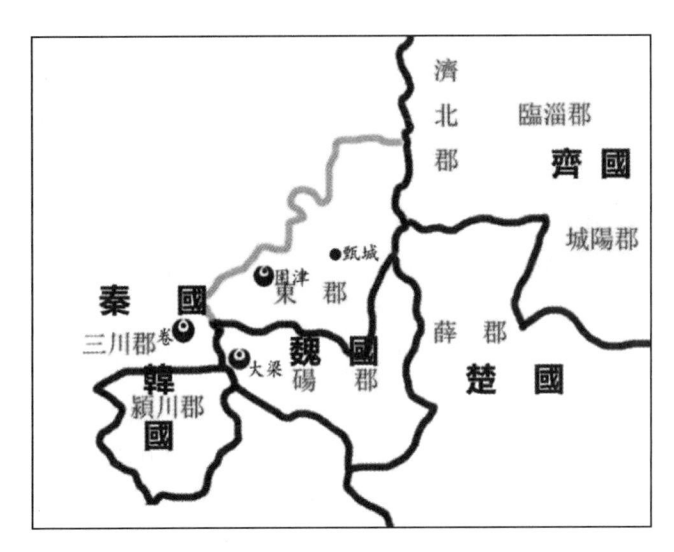

圖2 東在楚者,乃界於齊;……在魏者,乃據圉津,即去大梁百有二十里;其在"韓"者,剡然有卷而據松柏之塞。

參照以上所考訂,則荀子此言論應該在前233年左右,也就是説,當時荀子仍積極參與政治或學術活動。可以預見,在春申君死後,荀子仍還活了不短時間。

從記載來看,荀子在前314年即在燕國有活動,大概在齊宣王年間(前301年前)50歲來齊國。此後輾轉齊國、趙國、秦國、楚國,其生活年代下限應該到前221年。

當然,這樣看來,荀子確實長壽得過分了。但哪怕按照最保守的算法,外加筆者的考訂全不可信,也就是荀子在齊湣王末年(前284年稍前)50歲來齊國,前238年去世,荀子也在一百歲上下。

---

① 李曉傑《戰國時期魏國疆域變遷考述》,第82頁。
② 其界址參譚其驤《秦界址考》,及后曉榮《秦代政區地理》,社會科學文獻出版社2009年版,第198頁。

二、荀子所任官職考

不光是荀子行年的上限和下限差距甚大，其所任職官也有很多值得思考的地方。

（一）荀子在齊所涉官爵考

《史記·孟軻荀卿列傳》載："田駢之屬皆已死齊襄王時，而荀卿最爲老師。齊尚脩列大夫之缺，而荀卿三爲祭酒焉。"

1. 老師

《史記》謂荀子在齊襄王時，"最爲老師"。按：當釋爲"師"中之年齡最長者。《漢書·高五王傳》贊曰："悼惠之王齊，最爲大國"，劉肥是劉邦的庶長子，其封地齊國是西漢王國之最大者。又如《史記·大宛列傳》謂安息"其屬小大數百城，地方數千里，最爲大國"。

"老"是形容詞。説明荀子在齊襄王時擔任"師"時年齡已經很大。"七十曰老"（《禮記·曲禮》），當時荀子既然在衆多的"師"中"最爲老"，那麽荀子恐已步入晚年了。這正能説明荀子50歲時候，正值齊宣王末年時候來的齊國。

至於"師"是爲樂官或爲師保或是軍事長官，由於材料缺乏，難以判斷①。

2. 祭酒

學者一般都不將祭酒視作官名②，有一定的依據。在文獻中，"祭酒"作爲官職名稱出現，或以爲始於東漢將博士僕射改稱博士祭酒（《續漢書·百官志》），其實《漢舊儀》中即有"西曹南閤祭酒"，則西漢也有祭酒官。

儘管如此，我們還是可以從"祭酒"一名中找到和荀子生平相關的信息。黃以周爲"祭酒"探源時認爲：

> 考古無祭酒官，《史記·荀卿傳》云："齊尚脩列大夫之缺，荀卿三爲祭酒焉。"祭酒者，實得主人饌，則長者一人舉酒以祭嚌之也。西漢吴王爲祭酒，亦謂年長主祭也。③

黃以周認爲祭酒多以年長者爲之，倒也不是他的獨見。"祭酒"，漢印又稱之爲"祭尊"、"祭正"，《漢書·伍被傳》應劭注曰："禮，飲酒必祭，示有先也，故稱祭酒，尊之也。"如淳曰："祭祠

---

① 或如《禮記·文王世子》"先聖先師"之"師"，學宮之師。説參下注文按語。
② 此趙翼《陔餘叢考》已言之，下揭黃以周《禮書通故》亦有説，又如繆文遠《七國考訂補》引徐中舒説等等。説參氏著《七國考訂補》，中華書局1984年版，第51頁。
③ [清]黃以周《禮書通故》，第1508、1509頁。

時,唯尊長者以酒沃酹。"《續漢書·百官志》劉昭注引胡廣説同。以年長者爲祭酒,蓋爲古人之通識,所以《通典》二九《職官九》引《史記》謂"孫卿在齊爲三老稱祭酒"。此猶如鄉飲酒禮與養老之禮"無大異"①。

俞偉超先生認爲:"官名祭酒是從古禮中的職位引申出來,……本是祭祀活動中的長老之職,……特别是一些文學之官中的元長者,往往以此爲稱。"②從而我們推斷,荀子在齊襄王時"三爲祭酒"正好説明那時的荀子是一位年老的尊者,正好可以與"最爲老師"的"最"、"老"相對應。

(二) 蘭陵令、上卿考

史籍皆載荀子在楚爲蘭陵令。張守節正義:"蘭陵縣屬東海郡。"按《史記·春申君列傳》所載,當爲考烈王五年(前255年)楚盡取魯地後所置之縣。故"蘭陵令"爲蘭陵縣之令長也。令,是地方行政組織的縣級長官。戰國時期楚國的縣級行政長官亦稱令③,如《淮南子·人間》有楚威王(前339—前329年在位)時"子發爲上蔡令",《戰國策·楚策一》亦曰"城渾出周,三人偶行,南游於楚,至於新城。城渾説其令"④。戰國時縣的規模和早期縣的規模相比,範圍相當小,趙之上黨郡即有二十四縣(《戰國策·齊策二》),趙之代郡有三十六縣(《戰國策·秦策一》),秦太原郡大概是三十七縣(《史記·秦本紀》),可想而知,荀子管理的蘭陵縣也不過是數百里之地甚至更小。除了所治範圍的不同,由縣的性質所決定的縣長官的職責也有不同⑤。

---

① [清]段玉裁《經韵樓集》卷十一,道光七葉衍祥堂本。鄉飲酒禮與正齒位的關係,近世學者亦多有論述,如楊寬先生《"鄉飲酒禮"與"饗禮"新探》,《古史新探》,中華書局1965年版,第280—319頁。西嶋定生《中國古代帝國的形成與結構——二十等爵制研究》,中華書局2004年版,第412—418頁。波成謹案:鄭玄《文王世子》"天子視學"注以三老之席位如鄉飲酒禮之賓,鄉飲酒禮以賓爲最尊,則學官之三老爲祭祀、飲酒等宗族活動之尊者,故《通典》由"祭酒"聯想到"三老"。而三老身處大學(《禮記·樂記》)、辟雍(《漢書·禮樂志》)等學官,而荀子亦身處稷下學官,所以《通典》荀子爲三老的説法自有其依據。
② 俞偉超《中國古代公社組織的考察——論先秦兩漢的"單—僤—彈"》,文物出版社1988年版,第88、89頁。
③ 《鶡冠子·王鈇》有"縣嗇夫",鶡冠子亦爲楚人,但並不能否定戰國時楚國縣令的存在。雖然我們認爲戰國時期東方六國也可能有嗇夫爲縣的長官,與令並列。當然,其地位也"大都比較低"。(裘錫圭《嗇夫新探》,《古代文史研究新探》,江蘇古籍出版社1992年版,第452、453頁。)縣嗇夫可能是"在以往的大夫階層瓦解過程中編制出來的、基層性很强的一種存在,爲了將這樣的縣邑漸漸編入令、丞體制中,當初中央政府派出令、丞在某一時期,形成與縣嗇夫、丞共治的形態"。(工藤元男《睡虎地秦簡所見秦代國家與社會》,上海古籍出版社2010年版,第335、338頁。)若如此,則荀子在戰國末年爲中央政府(春申君)派出管理新置縣邑,焕然得通。
④ 雖然戰國時期楚國縣長可能自名爲"公",但不能否認戰國或西漢文獻的撰著者名之曰"令"。説參陳偉《楚"東國"地理研究》,武漢大學出版社1992年版,第193、194頁。
⑤ 春秋戰國縣的性質的差異是先秦史研究的重點問題,顧頡剛(《春秋時代的縣》)、童書業(《楚之縣制》《晉之縣制》)、李家浩(《先秦文字中的縣》)、楊寬(《春秋時代楚國縣制的性質問題》)以及[日]增淵龍夫(《先秦時代の封建と郡縣》)、[日]平勢隆郎(《楚王と縣君》)都指出春秋與戰國秦漢縣性質的差異。説參[日]平勢隆郎《楚王と縣君》"注1"—"注3",《史學雜志》,1981年90卷2號,第187、188頁。

而荀子在楚國所擔任的是一個有具體事務的基層行政官員,從包山楚簡來看,對下需要司法治獄和管理名籍①,前者亦見《淮南子·人間訓》"民有罪當刑,獄斷論定決於令"。對上則要面對國君的命令指揮、征賦和考核②。要之,和後世縣令差異並不大。而荀子在前 255 年被任命爲蘭陵令一直到前 238 年,其耄耋高齡能否勝任以及能否讓人信任實在令人懷疑。

故而《戰國策·楚策四》中所謂荀子被罷免蘭陵令後之趙,趙以爲"上卿",則未免誇大,上卿是戰國國家最高的爵位。趙"上卿"之爵有領"相國"之職官者,吉林發現的廿年丞藺相如戈,發現加刻"相邦"二字,即趙惠文王二十年(前 279 年)藺相如領上卿爵後,新拜爲相國③。而樂毅這樣的燕國最高武官"上將軍"(《燕策一》《樂毅列傳》)也僅僅是次一等的亞卿,所以作爲縣令的荀子到了趙國爲上卿本身就很不合制度,春申君復以蘭陵令請荀子則更見荒唐了。

三、關於荀子生平的兩種猜測

(一) 荀子考訂質疑

經過以上兩部分的考釋,基本上已將史料的真僞和彼此之間的衝突處理妥當。在這個基礎上,可以回過頭來看過去學者一直所關心的荀子能活多少年的問題。

表 2　文獻所見荀子活動編年

時　　間	事　件	文　獻
約前 318—前 314 年	荀子在燕,反對燕王噲禪讓。	《韓非子·難三》
約前 313—前 284 年	年五十,遊學於齊。	《史記·孟軻荀卿列傳》
前 284 年	離開齊國到楚國。	《鹽鐵論·論儒》
約前 278—前 265 年	荀子在齊國,三爲祭酒,最爲老師。	《史記·孟軻荀卿列傳》
前 266—前 255 年之間	荀子遊秦。	《荀子·儒效》《強國》
約前 257 年	議兵於趙孝成王前。	《荀子·議兵》

---

① 陳偉《包山楚簡初探》,武漢大學出版社 1996 年版,第 94—101 頁。[日]藤田勝久《包山楚簡にみえる戰国楚の縣と封邑》,《中國古代國家と郡縣社會》,汲古書院 2005 年版,第 211—220 頁。
② 戰國時期縣官由國君直接任免,有上計考課,與秦漢無異。説參楊寬《從分封制到郡縣制的發展演變》,《楊寬古史論文選集》,上海人民出版社 2003 年版,第 91、92 頁。亦可參周振鶴《縣制起源三階段説》,《中國歷史地理論叢》,1997 年第 3 期,第 35 頁。
③ 圖版見長白朝鮮族自治縣文物管理所《吉林長白朝鮮族自治縣發現藺相如戈》,《文物》,1998 年第 5 期,第 91、92 頁。考證見董珊《戰國題銘與工官制度》,北京大學博士學位論文,2002 年。

續　表

時　　間	事　　件	文　　獻
前 261—前 256 年	荀子説齊相。	《荀子・强國》
約前 256—前 238 年	荀子爲蘭陵令。	《史記・孟軻荀卿列傳》
約前 238—前 211 年	荀子居蘭陵。	《史記・孟軻荀卿列傳》
前 233 年左右	荀子謂秦國"地遍天下"。	《荀子・强國》
前 218 年	李斯爲秦相,荀子爲之不食。	《鹽鐵論・毀學》

通過此表可以發現荀子活動時間長達百年之多。即便筆者的觀點如荀子始來於齊是年五十等等全非事實,按照過去學者的推算,荀子也都是近百歲的高齡。

不僅是年壽,荀子在齊襄王時期,已經是"最爲老師",於年齒爲尊,甚至可能如《通典》所謂已經是身爲三老,那麽或許應該是已經到了致仕的年齡。① 但是何至於之後又不顧年邁遊歷秦、趙、楚等國,甚至在齊、楚交界的楚國新得之魯地出任事務龐雜又地位不高的蘭陵縣令?

以上種種,雖然學者都盡力彌合,但無論如何努力,都無法避免荀子過於長壽的問題。當然,筆者也不完全否認荀子可能和張蒼一樣,既有百餘歲的壽命,晚年也精力過人,而且適逢好任用老成人的政局。

故而筆者提出一種假設:荀子可能有先後兩人,反對燕王噲禪讓、年五十遊學於齊、齊襄王時期三爲祭酒的是一個荀子;而遊學秦、楚、齊等國,又終老蘭陵的是另一個荀子。

(二) 同時代同名現象

同時同名是兩周秦漢常常出現的問題,無論是在文獻中,還是在金文中都屢有見。尤其是在先秦時期,對人的稱呼往往涉及姓、氏、名、字、排行、官、爵、謚、日名等②,更導致了同名概率的增加。

文獻中同時代同姓名或同稱號的現象,最爲著名的莫過於《史記・甘茂列傳》中魯國費人與曾參同名,導致曾參母親誤信曾參殺人的寓言,説明在當時同時代同姓名的巧合並不罕見。杜預就針對春秋時期的同時同名作過一定的總結,其《春秋經傳集解・襄公三十年》在解釋士文伯與范宣子都士氏名匄時又説:

> 魯有仲嬰齊,是莊公之孫。又有公孫嬰齊,是文公之孫。仲嬰齊於公孫嬰齊爲從祖,同時同名。鄭有公孫段,字子石,又云伯石;印段字伯石,傳又謂之"二子石"。

---

① [唐]孔穎達《禮記正義・王制》引熊安生説。
② 盛冬玲《西周銅器銘文中的人名及其對斷代的意義》,《文史》第十七輯,第 27—43 頁。吳鎮烽《金文人名研究》,《考古文選》,科學出版社 2002 年版,171—180 頁。

然印段即公孫段從父兄弟之子,尚同名字。

全祖望①、梁玉繩②等都在杜預"晉有二士匄"的基礎上指出春秋時期的同時代同名如魯有二顏高、齊有二賈舉等現象。至於此現象所舉較多者,則有孫奕《示兒編》③以及洪邁《容齋隨筆》④,錢大昕⑤(錢氏與洪氏的關注點主要集中在漢代)也在他們的基礎上有所增補。有些情況不僅同名,還頗有聯繫,由於這些原因,其中的不少還導致叙述和考訂時候會產生不少的誤傳,下舉數例⑥:

騶子。《史記·孟軻荀卿列傳》"齊有三騶子",即鄒忌、鄒衍、鄒奭。騶奭"頗采騶衍之術"。

孫子。孫武、孫臏在20世紀銀雀山漢簡出土前被一些學者認爲是一個人⑦。

公孫龍。孔子弟子有公孫龍,與趙國名家公孫龍同名⑧。司馬貞、張守節以及張之鋭⑨認爲是一個人,而過去很多學者都認爲其中一個公孫龍並不存在。⑩

韓信。漢初有韓王韓信與齊王(淮陰侯)韓信,爲作區别,《史記》一名韓信,一名韓王信⑪。

賈舉。《左傳》襄公二十五年崔杼弑莊公有兩賈舉,爲作區别,一名賈舉,一名侍人賈舉。

顏高。一爲哀公三年孔子入衛國之僕,一卒於定公八年(見《左傳》)。王應麟⑫、崔應榴⑬

---

① [清]全祖望《經史問答》,《全祖望集彙校集注》,上海古籍出版社2000年版,第1978頁。
② [清]梁玉繩《史記志疑》,第1213頁。
③ [宋]孫奕《示兒編》卷十四,《文淵閣四庫全書》本,第9—12頁。
④ [宋]洪邁《容齋隨筆》,中華書局2005年版,第645頁。
⑤ [清]錢大昕《十駕齋養新録》,《嘉定錢大昕先生全集》第七册,江蘇古籍出版社1997年版,第319—320頁。
⑥ 宋葉大慶《考古質疑》亦曾論及"分一人爲二人,并二人爲一人"之現象。説參葉大慶撰,陳大同校證《考古質疑校證》,中華書局1989年版,第1—7頁。
⑦ 如武内義雄、梁啟超、錢穆、金德建等。説參李零《關於銀雀山簡本〈孫子〉研究的商榷——〈孫子〉著作時代和作者的重議》,《〈孫子〉十三篇綜合研究》,中華書局2006年版,第347頁。
⑧ 持公孫龍有戰國趙人與仲尼弟子兩人者,如楊慎、汪琬《堯峰文鈔》卷九《辨公孫龍子》、崔適《史記探源》卷七、俞樾《俞樓雜纂》卷二九《莊子人名考》、徐復觀《公孫龍子講疏》、何啓民《公孫龍與公孫龍子》(台灣學生書局1967年版,1—22頁)。
⑨ 張之鋭《新考正墨經注·叙論》,河南官印刷局1921年版。
⑩ 顧炎武《日知録》二六《史記》七十六謂趙國之公孫龍並不存在。朱彝尊《曝書亭集》卷五六《孔子弟子考》、《四庫全書總目提要·子部·雜家類》、沈濤《銅熨斗齋隨筆》、鄭賓于《公孫龍考》(《古史辨》第六册,第267—275頁)、蔣伯潛《諸子通考》(第249頁)謂公孫龍非仲尼弟子。梁玉繩《史記志疑》卷二八、《漢書人表考》卷四則謂仲尼弟子"公孫龍"當作"公孫䰰"。
⑪ 此史書之例蓋出顧炎武説,參氏著《日知録》,第1546頁。下賈舉同。
⑫ [宋]王應麟撰、翁元圻注《困學紀聞》,《萬有文庫》本,第584頁。
⑬ 轉引自楊伯峻《春秋左傳注》,中華書局1990年版,第1563頁。

等皆誤合爲一人。

趙括。晉文公外孫趙括,趙國亦有趙括。

夷吾。晉惠公名夷吾,吳國亦有國君名夷吾。

觸龍。殷商末年相傳有亂政之"曹觸龍",《戰國策·趙策》則有"左師觸龍"①。《説苑·敬慎》述云:"夏桀貴爲天子,……其臣有左師觸龍者,諂諛不止。"是誤合爲一。

子思。孔子孫子伋子子思,孔子弟子原憲亦字子思。《檀弓》有"子思之哭嫂",鄭注以爲孔伋,後人以其無兄而疑之,清儒依皇侃説釋爲原憲,似更爲妥帖。

子我。宰予字子我,闞止亦字子我。《史記·孔子弟子列傳》"宰我爲臨菑大夫,與田常作亂以夷其族,孔子耻之",司馬貞《索隱》、趙翼②、杭世駿③等皆謂《史記》誤混宰予、闞止。

莊子。莊周稱"莊子",嚴遵原名莊遵,亦稱"莊子",著《老子指歸》。清人以《指歸》之"莊子曰"不見於《莊子》而質疑《指歸》。

京房。同爲漢代今文《易》學宗師,一爲齊郡太守,師承楊何;一爲魏郡太守,師承焦延壽。

至於金文所見同姓名之問題現在討論也很多,過去利用人名繫聯進行斷代,爲兩周銅器的研究造成了不少的困擾,可見古人犯的錯誤,在材料缺乏的情況下,我們也會犯。盛冬玲、吳鎮烽都指出金文中的很多同名其實不能視作一個人④,例如我們所熟知的"榮伯"、"師望"、"智"、"克"等名,在很多銅器上並不是同一個人。

(三)《荀》書的内部矛盾

荀子如果有兩個人,不僅能解决史籍所載荀子過於長壽以及經歷和官爵相矛盾的問題。也能理解《荀子》書中的一些矛盾。

1. 禪讓的態度

《荀子》書中對禪讓的態度並不一致。

在筆者所推斷的和大約前318年荀子在燕國反對燕王噲禪讓的《正論》篇的一段文字中,荀子是很明顯反對堯舜禪讓之説的:

> 世俗之爲説者曰:"堯舜擅讓。"
> 是不然。天子者,執位至尊,無敵於天下,夫有誰與讓矣?道德純備,智惠甚明,

---

① 此外,"《史記·高祖功臣侯者表》有臨轅夷侯戚觸龍,《惠景間侯者表》有山都敬侯王觸龍,是古人多以觸龍爲名。"(王念孫《讀書雜志·戰國策第二》)

② [清]趙翼《陔餘叢考》,中華書局1963年版,第93頁。

③ [清]杭世駿《訂訛類編·續補》,中華書局1997年版,第206頁。又有"人因相類而訛"一則,亦可爲本文佐證。

④ 説參盛冬玲《西周銅器銘文中的人名及其對斷代的意義》,《文史》第十七輯,第47—54頁。吳鎮烽《金文人名研究》,《考古文選》,科學出版社2002年版,第193—195頁。

南面而聽天下,生民之屬莫不振動從服以化順之。天下無隱士,無遺善,同焉者是也,異焉者非也。夫有惡擅天下矣?

應該説,荀子的立場是很鮮明的。他對堯舜禪讓之説總結道"是虛言也,是淺者之傳,陋者之説也"。

《成相》篇有"展禽三絀,春申道綴,基畢輸"一語,將春申君著重敘述。從春申君任命荀子,可以推知應該是荀子所作。其中有一段,首句云:

請成相,道聖王,堯舜尚賢身辭讓,許由善卷,重義輕利行顯明。堯讓賢,以爲民,泛利兼愛德施均。辨治上下,貴賤有等明君臣。堯授能,舜遇時,尚賢推德天下治。

很明顯,在這裏荀子又變成了禪讓尚賢説的極力鼓吹者。顧頡剛先生在"古史辨"時期也曾提到了這個問題,當然他的理由自然是《成相》篇是漢人所作,非荀子所書①。

2. 性惡還是性樸

荀子以"性惡論"在中國思想史上著稱,雖然筆者並不認爲這是荀子思想觀點,而應該是他的思想起點。性惡論的"被發現",和韓愈以來尤其是宋代"孟子學"的興起有關。但不管如何,對人性善惡的判斷,既非概念,也沒有什麽邏輯推演,而僅僅是思想家對當時現象感性認識的總和。

20 世紀中葉,日本的金谷治②和兒玉六郎③先生開始質疑荀子性惡論,他們主張荀子並不主張性惡,而是主張性樸,近來周熾成④等學者也持此説。性惡説本自《性惡》篇"人之性惡,其善者僞也",性樸説則本自《禮論》篇"性者,本始材樸也;僞者,文理隆盛也"。雖然筆者認爲這兩個"性"字的指代有所差異:"性惡"之"性"注重倫理屬性,《禮論》篇之"性"則更強調自然屬性,如"生謂之性";但從常識來看,這些並不妨礙他們的衝突:"性惡"的"性"是人趨利避害("生而有好利焉,……生而有疾惡焉")的自然屬性歸納而來。

性樸論在古代思想史上占有很重要的地位,其強調的是後天的作爲。故而《荀子·禮論》強調其"文理之爲(僞)",郭店楚簡《性自命出》則強調"待物而后作"。性樸論距離性善不是很

---

① 顧頡剛《禪讓傳説起於墨家攷》,《古史辨》第七册,上海古籍出版社 1982 年版,第 81—83 頁。
② [日]金谷治《荀子の文獻學的研究》,《日本學士院紀要》,1950 年第九卷第一號。
③ [日]兒玉六郎《荀子性樸説の提出》,《日本中國學會報》,1974 年第 26 卷。又氏著《荀子の思想:自然·主宰の兩天道觀と性朴説》,風間書房 1992 年版。
④ 周熾成《荀子:性樸論者,非性惡論者》,《光明日報》,2007 年 3 月 20 日。

遠,正如《性自命出》"性自命出,命自天降"和《中庸》"天命謂之性"雖有區別①,但是只要是爲天賦予"善"的人爲價值觀念,就能向性善論轉變。從這一點來看,荀子的《禮論》篇、《樂論》篇(《樂記》反駁墨家之"論")、《天論》篇("天行有常",並且荀子先驗地不賦予"天命"以"善"或"惡")與我們所熟知的《樂論》、郭店楚簡《性自命出》、上博簡《性情論》的認識是比較相似的。

正因爲"性樸"與"性惡"都在《荀》書中占有一定的地位,所以金谷治先生曾認爲"性惡"是韓非等法家門人所加上去的②,或者認爲"性惡"不是荀子思想的重要部分③。但如果認識到荀子有前後兩個人,這種非此即彼的猜疑就可以渙然冰釋。

要之,有前後兩個荀子這種猜想最爲契合目前各種文獻;不過這種猜想畢竟建立在一定的推演之上,其事實如何,還需要時賢和自己進一步證明或反證。

[作者簡介] 樊波成(1986—),男,浙江寧波人。復旦大學文學博士,現爲華東師範大學古籍研究所講師,主要從事古典文獻學與中國思想史研究,著有《經史答問校證》《老子指歸校箋》,校點《讀書雜誌》《廣雅疏證》(合作)等。

---

① 丁四新《郭店楚墓竹簡思想研究》,東方出版社 2000 年版,第 176、177 頁。
② [日]金谷治《荀子の文獻學的研究》,《日本學士院紀要》,1950 年第九卷第一號。
③ [日]金谷治《欲望のありか:荀子の所説をめぐって》,《死と運命:中國古代の思索》,法藏館,1986 年,第 186、187 頁。

從述古堂影宋抄本《韓非子》之影印看《子藏》《四部叢刊》之得失

龔　敏　張　覺

內容提要　黃丕烈所校述古堂影宋抄本《韓非子》最能反映宋刻本面貌，故一向爲學術界所重，因該本藏於國家圖書館而難得一見，故一般學者都使用民國時上海商務印書館影印之《四部叢刊》本進行校勘，此則不免有失。用國家圖書館所藏原抄本仔細比勘，可見《子藏》影印本較《四部叢刊》本更能反映該抄本原貌，是目前除原抄本之外最值得利用之影印本。

關鍵詞　子藏　四部叢刊　影印本　優劣

中圖分類號　B2

　　清初錢曾（字遵王，虞山人）述古堂影宋抄本《韓非子》今藏中國國家圖書館。該書曾爲黃丕烈（字紹武，號蕘圃，又號復翁，長洲人）所藏，黃丕烈收藏後曾從張敦仁（字古餘，陽城人，乾隆進士，時任蘇州知府）處借得李奕疇（字書年，河南夏邑人，曾爲江蘇糧儲道道員）所藏之宋刻本，他將此二本細加比勘，將其不同之處（包括文字乃至筆畫之差異）用朱筆録於述古堂影抄本之上。此外，對於版式不同之數葉，"以別紙影鈔宋刻之真者附於末"。因此，黃丕烈所校此本最能反映宋刻本面貌。該書後爲汪士鐘所藏，其後又爲上海涵芬樓所藏，上海商務印書館輯印《四部叢刊》初編時於1920年將它收入。由於《四部叢刊》影印時不套色，故述古堂影抄之黑字（以下簡稱"錢抄"）和黃丕烈校改之朱筆（以下簡稱"黃校"）在影印本中難以分辨。爲彌補這一缺憾而使讀者開卷了然，當時從事《四部叢刊》編印工作之商務印書館編輯孫毓修（字星如，號留菴，江蘇無錫人）便對該本作了加工。其加工工作在他壬戌（1922）十月所寫紙條（粘於卷二十之後）中有所交代，其文云："影寫本與宋刻違異者，黃先生既於本文以朱筆正之，復標於上方，使人開卷了然。間有僅改本文，上方未標者如干處，今悉爲補録，於字傍加圈作識，以別於黃先生手筆云。壬戌十月，留菴。"

　　如果真能將黃校"悉爲補録"於書眉，則《四部叢刊》本即使不套色，也能把黃校與錢抄之差異完全呈現於讀者眼前。但事實並非如此。我們曾赴國家圖書館用述古堂影宋抄本比勘《四部叢刊》本，見黃丕烈所標，乃直接書於書眉，其中述古堂影宋鈔本之文字用黃筆，其校改之文字用朱筆；至於孫毓修所標，則多用墨筆書於紙條，然後粘於書眉，故如今脫落而夾於書中者有之，脫落而復粘錯位者有之，增補者有之（觀其字跡，當爲他人所增補，最明顯之例爲卷十九第四葉《五蠹》"拔城者受爵禄而信廉愛之説"之"廉"字，《四部叢刊》影印之孫毓修字跡和《子藏·韓非子》影印之後人字跡差異極大）。總之，《四部叢刊》本與國家圖書館藏本不盡相同，它並不能全面顯示黃校與錢抄之不同，因而不能準確反映乾道本之面貌。更有甚者，孫毓修補録之錢抄、黃校尚有失誤。因此，如果只根據《四部叢刊》本上黃丕烈和孫毓修於書眉所標文字來判斷述古堂影抄本和黃丕烈所校乾道本之文字差異，則將導致片面或錯誤的看法。

如今，《子藏·韓非子卷》據國家圖書館藏本影印，雖然因未套色而仍然難以非常清晰地顯示黃校與錢抄之不同，但顯然優於1922年影印之《四部叢刊》本。其優點有五：一、此次影印將後來增補之字條囊括其中，這就使《四部叢刊》本未能充分顯示之黃校顯示於讀者。二、由於此次影印前采取彩色掃描之法，故影印後其朱筆校改處顏色較淡，因而即使某些黃校未被補録於書眉，但只要仔細審視，也能發現黃校與錢抄之差異，此亦爲《四部叢刊》本所無法企及。三、正因爲此次影印之朱筆顏色較淡，即使黃丕烈、孫毓修（或他人）於書眉所標文字有誤，也能通過仔細審視葉中文字來確定黃校與錢抄之差異。如卷八第五葉第二十三行《説林下》"鄭人有一子將宦謂其家曰"，孫毓修於書眉標"冢○　家"，如果只看《四部叢刊》本，就會認爲此處錢抄作"冢"而黃校作"家"，然只需細察《子藏·韓非子卷》，就會發現此係孫毓修誤録，其實際情況爲錢抄作"家"而黃校作"冢"。四、《四部叢刊》本在影印時似乎有所處理，故不能完全反映述古堂影宋抄本之真實情況，《子藏·韓非子卷》則能如實反映影宋抄本之原樣。如卷十一第三葉第三行《外儲説左上》"墨子爲木鳶"之"墨"，錢抄作"墨"，黃丕烈未校改，但《四部叢刊》本卻作"墨"，顯然不如《子藏·韓非子卷》作"墨"更能存其真。五、雖然黃丕烈或孫毓修已將校改之處標於書眉，但由於《四部叢刊》本印製技術未善，故有時在葉中只顯示錢抄或黃校之文字，而未能準確顯示黃校和錢抄之區別。如卷一第一葉末行，孫毓修雖於書眉補録"齊○　濟"，然《四部叢刊》本此行有三"齊"字，故被校改之"齊"究爲何字則難以確定，觀《子藏·韓非子卷》即可明瞭，乃注文之"齊西"改爲"濟西"；又如卷二第三葉第十七行《有度》注文"如地形之見耕"，黃丕烈雖於書眉標以"地　也　誤字"，然《四部叢刊》本葉中作"也"，看不出錢抄原作"地"，觀《子藏·韓非子卷》即可知錢抄作"地"而黃校作"也"（即乾道本作"也"，爲誤字）；再如卷二第七葉第八行《揚權》之"通一同情"，黃丕烈雖於書眉標以"一　誤脫"，然究竟爲錢抄誤脫還是乾道本誤脫卻讓人犯難，觀《子藏·韓非子卷》即可知此爲錢抄誤脫而乾道本有"一"字，因爲此"一"字顏色較淡，乃黃校之朱筆所加。

爲使讀者更清楚全面地瞭解黃丕烈朱筆校改之情況及《子藏·韓非子卷》之可貴，今據國家圖書館所藏原本之黃校將《四部叢刊》本書眉未標明之黃校文字以及上述種種《四部叢刊》本未能如《子藏·韓非子卷》那樣準確顯示錢抄、黃校之文字（如上述之"家"、"墨"、"齊"、

"地"、"一"等,至於黃丕烈、孫毓修已在書眉標明而《四部叢刊》本與《子藏·韓非子卷》顯示效果相差無幾之文字則從略)分類羅列於下,其中被校改之述古堂影抄本文字仿照孫毓修之法於右上角標以"○",其後用圓括號標出黃丕烈校改之文字。爲便於讀者查檢,每個例句後標以《子藏·韓非子卷》之葉碼。要説明者,黃丕烈之校勘極其仔細,凡筆畫稍有差異處他都儘量描出,對此類只有筆畫差異而無實質區別之俗字、異體字,除非必要,一般不再標出以免造字過多,讀者若有需要可至國家圖書館查閲原本。此外,缺文用"□"表示,某些俗字、異體字也改用正體字,以便印刷。顯然,與上述五個優點相應之前五類例子足可顯示《子藏·韓非子卷》之資料價值高於《四部叢刊》本。至於第六類例子,《子藏·韓非子卷》顯示黃校之程度差於《四部叢刊》本。列出第七、第八類例子,一方面是爲了使讀者全面瞭解黃校之情況,另一方面也可表明《子藏·韓非子卷》因未套色而導致之缺憾——它尚未全面顯示黃校與錢抄之不同。

一

《四部叢刊》本書眉無標示,《子藏·韓非子卷》書眉增補之文字:

《難言》:"西門豹不鬭○(鬬)而死人手"(21)。《愛臣》:注文"謂薄其賞賜○也"(23)。《主道》:"臣自將雕琢○(琢)"(24)。《揚權》:注文"上不與之爲構○(搆)也構○(搆)結也"(40),注文"適足以增其倩○(猜)競"(41),"毋使木枝○(枝,下同)扶疎"(44)。《八姦》:"邑鬭○(鬬)之勇無赦罪"(48)。《十過》:"爲師曠壽○"(55),"充之以餐○"(65)。《孤憤》:注文"鄰國諸侯或來○(來)求事"(68),注文"乃慣習故舊○也"(68),"以歲○(歲)數而又不得見"(69)。《説難》:"語以泄○(洩)敗"(74),"論其所愛○(愛)"(75)。《和氏》:注文"於公有勞者不帶○(滯)其功賞"(80),"細民安亂○(乱)"(80)。《姦劫弒臣》:"一匡○(匡)天下"(89)。《解老》:"維斗○得以成其威"(125),"凡○(几)道之情"(126),"聖人之遊○(遊)世也"(128)。《説林上》:"因圍○晉陽"(143)。《説林下》:"慈母入室閉○(閒)户"(155),"是其貫將滿○也"(157),"答○(荅)曰吾恐其以我滿○貫也"(157),"從○(従)者曰"(157),"虜自賣裝○(裘)而不售"(159)。《守道》:"故民勸○極力而樂盡情"(167),"姦人不絶世○(世)"(168)。《功名》:"錙銖失船則沉○(況)"(173)。《大體》:"属○(屬)輕重於權衡"(174),"不引繩○(繩)之外不推繩○(繩)之内"(174),"榮辱之責○(責)"(174)。《内儲説上》:注文"知治國○(国)常"(178)。《内儲説下》:"令尹甚傲○而好兵"(207)。《外儲説左上》:"譽其行而不入関○(關)"(223),"與髹筴○(筴,下同)者同狀"(224),"今穀有樹瓠○之道"(224),"夫瓠○所貴者"(224),"吾無以瓠○爲也"(224),"亦堅瓠○之類也"(225),"中牟之人弃○其田耘"(231)。《外儲説右上》:"要作溝○(溝)者於五父之衢而飡之"(259),"則必無劫弒○之患矣"(260),"壺(壺)酒不清"(272),"一歲○之功"(272),"南圍○鄭"(273)。《難一》:"齊衛○(衛)之間不容數日行"(295),"是將以管仲之不能死公子糾○(糾)"(295)。《難二》:注文"亂○(乱)國重典"(303),"必度量準○(準)之"(307),"喜利畏罪人莫下○(不)然"(311)。《難四》:"非正○士也"(328)。《問辯》:"故言行而不執○(軌)於法令者必禁"(336)。《問田》:"臣竊以爲危於身而殆於軀○"(337)。《説疑》:"國○(国)分爲三"(344)。《詭使》:"難予謂之○麃(廉)"(350),"播○骨乎平原野者"(352)。《八説》:"甲兵折挫○"(365),"托食於國○(国)者也"(368)。《八經》:"似類○(類)則合其參"(373)【此條爲後人增補,原粘於卷十八第十葉第六行上方,今國家圖書館藏本因脱落而錯粘於第九葉第二十二行上方】。《五蠹》:"皆守株之類○(類)也"(378),"故偃○王仁義而徐亡"(380),"去偃○王之仁"(380),"其言談者必軌○(軌)於法"(386),"半歲○而亡"(388)【《子藏·韓非子卷》此"歲"字隱約其中而顯示反字"戰",是因爲其下葉之"戰"字孫毓修所寫有誤,後人改正重新粘貼後恰與此紙條在同一部位而反粘於此】。《顯學》:"行曲則違○於臧獲"(391),"寒暑不兼○(兼)時而至"、"今兼○(兼)聽雜學"(391)。《忠孝》:"而莫知察○孝悌忠順之道而審行之"(397)。《心度》:"夫民之性惡勞○而樂佚"(406)。

二

　　黄丕烈、孫毓修均未在書眉標示,《四部叢刊》本因而難以反映黄校與錢抄之差異,《子藏·韓非子卷》因掃描後影印之朱筆顔色較淡而能顯示黄校之文字:

　　《存韓》:"則諸侯可蠶食而盡○"(17),"則反掖之冠○(寇)"(19)。《愛臣》:"故諸侯之博○(博)大"(22),"將相之管○主而隆國家"(22)。《主道》:"是以明君守○始"(23),注文"爲○臣之正"(24)。《有度》:"非朝廷之衰○也"(29)。《二柄》:"使虎釋其爪○(爪)牙"(34)。《揚權》:"上不與構○(構)"(40)。《八姦》:"縱禁㫋○(財)"(48)。《十過》:"聞鼓○(鼓,下同)新聲者而説之"(53),"親之奈○(奈)何"(59),"秦韓爲一以南鄉○楚"(64)。《説難》:"米監○(監)博辯"(75),注文"則多與犖○(牢)彼同類之異事以寬所取之地"(76),注文"富○(富)人所以疑其薄者"(77),"及弥子色衰○爱弛"(78)。《和氏》:注文"帝王之璞即法術之○(也)"(79),"損不急之枝○(枝)官"(79),"悼○(悼)王行之期年而薨矣"(80),"禁游宦○(宦)之民"(80),"而人主無悼○(悼)王孝公之聽"(80)。《姦劫弑臣》:"故左右知卓○(貞)信之不可以得安利也"(82),"孝公不聽○"(85),"此亦使天下必爲己視聽○之道也"(85),"吴起之所以枝○(枝)解於楚者也"(87),"則民不外務當敵○(敵)斬首"(88),"故聖人陳其所畏以禁其衰○"(88),"雖○王爾不能以成方圓"(88),"外無敵○(敵)國之患"(89)。《亡徵》:"好以智矯洼○(法)"(95),"而聽○主母之令"(96)。《三守》:"則刼殺之徵○(徵)也"(98)。《備内》:"縛○(縛)於勢而不得不事也"(99),"以衰○美之婦人事好色之丈夫"(99)。《南面》:"是以遇戇窳墮○(墮)之民"(104)。《飾邪》:"然而恃○之"(105),"恃○諸侯者危其國曹恃○齊而不聽宋"(106)。《解老》:"上德無爲而無不爲○也"(113),"中心懷○(懷)而不諭"(114),"故時勸時衰○"(114),"上禮爲○之而莫之應衆人雖○(雖)貳聖人之復恭敬盡手足之禮也不衰○"(114),"其質衰○也"(115),"不飾以五采○"(115),"實厚者貌薄○"(115),"盡○天年則全而壽"(116),"使失路者而肯聽○習問知"(118),"不肯問知而聽○能衆人不肯問知聽○能"(118),"寄於天聰以聽○"(118),"鬼崇○也疾人"(122),"凡所謂崇○者"(122),"鬼不崇○人"(122),"初盛而後衰○者"(126),"不死不衰○者謂常者"(126),"四肢○九竅其大具也四肢○與九竅"(127),"故萬物必有盛衰○"(129),"民俗○淫侈則衣食之業絶"(130),"則俗○之民唱"(131),"至聖人不然○"(131)。《説林上》:"以相親之兵待輕敵○(敵)之國"(143),"莫非王土○(土)率土○(土)之濱"(145)。《説林下》:"公孫弘斷○(斷)髪"(157),"吴使沮衞蹶○(蹙)融犒於荆師"(159),"女来○(來)卜乎荅○(答)曰"(159),"荅○(答)曰是故其所以吉也"(159)。《守道》:"其備足以必完○(完)法"(167),"故能使用力者自極於權衡○(衡)"(167),"盗跖與曾史俱廉○(廉)"(167),"則伯曳○(夷,下同)不失是"(168),"服虎而不以押○(柙)"(168)。《用人》:"使士不兼官故枝○(枝)長"(169),"不謹蕭○(蕭)牆之患"(172)。《功名》:"舜之所以北面○(面)而效功也"(174)。《大體》:"皿○(四)時所行"(174),"而不出乎愛○(愛)惡"(174)。《内儲説上》:"今群臣無不一辭同軌○(軌)乎季孫者"(182),"燔臺而鼓○(鼓)之"(193),"臨江而鼓○(鼓)之"(193)。《内儲説下》:"令公子裸○(裸)而解髪"(203),"以劫○其君"(204),"炙熟○又重睫而視之"(210)。《外儲説左上》:"故墨○子爲木鳶"(217),"故務卜鮑介墨○翟皆堅瓠也"(217),"則繩○(绳)外民也"(219),"是以吴○(吴)起須故人而食"(219),"墨○子者"(220),"墨○子之説"(220),"非羿逢○(逢)蒙不能必全者"(223),"則羿蒙○(蒙)以五寸爲巧"(223),"客有爲齊王畫○(畫)者齊王問曰畫○(畫)"(224),"宋人屈穀○見之曰穀○聞先生之義"(224),"今穀有樹○(樹)瓠之道"(224),"皆不逹乎工匠之搆○屋張弓也"(226),"其供養薄○"(227),"以松栢之心爲博○(博)"(228),"昭王嘗與天神博○(博)於此矣"(228),"而不與我祀之焉○(爲)可"(229),"非斟酒飲也而欲盡○之"(230),"擊○(擊)金而退"(236)。《外儲説左》:"夫輕忍飢餒之患而必全壺餐○"(244),"不恃○其不我叛也"(244)。《外儲説右上》:"孔子駕而去魯○"(260),"蚤○禁於未刑"(260),"諸臣百吏以爲富○(冨)"(267),"廷理擧殳而擊○(擊)其馬"(270),"擧殳擊○(擊)臣馬"(270),"吴○(吴,下同)子爲法者也"(271)。《外儲説右》:"明主者鑒○(鑒)於外也"(275),"夫唯嗜○魚"(282),"造父過而爲○之泣涕"(289)。《難一》:"是將以管○仲之不能死公子糾"(295),注文"無所弊○(獘)塞也"(296)。《難二》:"夫惜草茅者耗○禾穗"(303),"且不以豎刁○爲亂"(306),"管○仲之取舍非周公旦"(308),"然爲湯○武與田常未可知也爲湯○武"(308),"非山林澤谷○之利也夫無山林澤谷○之利入多"(310),"鼓○(鼓)之而士乘之"(311)。《問田》:"秦行商君而富疆○(彊)"(337)。《定法》:"申不害不擅○其法"(339)。《説疑》:"身死七日不收○(收)"(344),"以譽盈○於國"(345),"譔詐之人不敢北面○談立"(348)。《詭使》:"用事○(事)者過矣"(352)。《八説》:"博習辯智如孔墨○孔墨○不耕耨"(364)。《八經》:"陰使時循以省衰○漸○更以離通比"(373)。《五蠹》:"論薄○後爲之政"(379),注文"世謂之有廉○(廉)隅之人"(382),"擧則圖○而委"(387)。《人主》:"以其爪○(爪)牙也"(402)。《心度》:"故明君操○(操)權而上重"(406)。

三

黄丕烈、孫毓修(或他人)於書眉所標文字有誤，據《四部叢刊》本將難以判定其誤乃至會以訛傳訛，《子藏·韓非子卷》則由於能準確顯示黄校與錢抄之差異因而可判斷其書眉所標有誤之文字：

《姦劫弑臣》："可以氺○(水)絶江河之難"(89)【黄丕烈誤標爲"外　水"】，"筦○(管)仲得之齊以霸"(89)【孫毓修誤標爲"筦○　筦"】。《解老》："是以行軓○(軌)節而舉之也"(118)【孫毓修誤標爲"軓○　軓"】。《説林下》："謂其家○(冢)曰"(162)【孫毓修誤標爲"冢　家"】。《守道》："羿巧於不失發○(廢)"(168)【孫毓修誤標爲"發○　廢"】。《外儲説左上》："請使楚人半涉未成列而擊○(擊)之"，"今楚未濟而擊○(擊)之"(234)【孫毓修誤標爲"擊○　擊"】。《外儲説左》："魏襄主○(王)養之以五乘將軍"(243)【黄丕烈誤標爲"王　主"】。《外儲説右上》："吾聞季之不爲文○(文)也"(262)【黄丕烈誤標爲"文　文"】。《難二》："固其所以桎梏囚於羑○(羑)里也"(305)【後人所補紙條誤標爲"羑　羑"】。《難三》："三世刦○(刼)於季氏"(313)【孫毓修誤標爲"刦　刼"】。《五蠹》："聚斂倍農而致尊過耕戰○(戰)之士"(389)【孫毓修誤標爲"戝○　戰"，後人已改正爲"戰　戰"，但國家圖書館藏本、《子藏·韓非子卷》此紙條被粘於上葉而呈現其反面】。

四

《四部叢刊》本在影印時有所走樣，而《子藏·韓非子卷》能如實反映影宋抄本或黄校原樣之文字：

《外儲説左上》："墨○子爲木鳶"(221)【錢抄作"墨"，黄丕烈未校改，《四部叢刊》本作"墨"】，"以塗爲羹○(羹)"(226)【黄丕烈在書眉標"羹　羹"，《四部叢刊》本作"羹　羹"】。《外儲説左》："故客以爲厭易○(易)已"(246)【孫毓修在書眉標"易○　易"，《四部叢刊》本作"易　易"】。《外儲説右上》："以瓦○(瓦)卮"(266)【黄丕烈在書眉標"瓦　瓦"，《四部叢刊》本作"瓦　瓦"】。《説疑》："故人主左右不可不慎○也"(342)【錢抄作"慎"，黄丕烈未校改，《四部叢刊》本作"愼"】。《人主》："當使虎豹失其爪○牙"、"君人而失其爪○牙"(402)【錢抄作"爪"，黄丕烈未校改，《四部叢刊》本作"爪"】。《制分》："則刑賞安得不○容其二"(409)【錢抄作"不"，黄丕烈未校改而在書眉標"不　不"，《四部叢刊》本書眉作"不　不"】。此外，顧廣圻、黄丕烈在跋文與"影鈔宋刻之真者"之間各有關於卷十第七葉之校記一條，《四部叢刊》本將該葉移置於卷十末，也不如《子藏·韓非子卷》留於原處爲佳。

五

黄丕烈、孫毓修雖於書眉標示,但《四部叢刊》本葉中只顯示錢抄或黄校而未能如《子藏·韓非子卷》那樣準確顯示黄校與錢抄之差異的文字:

《初見秦》:注文"爲樂毅破齊於齊○(濟)西"(10),"一舉而懷○(壞)韓"(12)。《存韓》:"願陛下有意焉○(焉)"(19)。《難言》:"連類○(類)比物"(20)。《主道》:"則功臣墮○(墯)其業"(26)。《有度》:"則其下所以爲上首○(者)薄矣"(29),注文"必令百代當○(常)行(31)",注文"如地○(也)形之見耕"(32)。《二柄》:"于○(子)罕謂宋君曰"(34)。《揚權》:注文"四海則曰○(四)方也"(37),"通囗○(一)同情"(39),注文"二者以其○(具)"(41),注文"喻臣本實○(實)矣"(44)。《八姦》:"使朝廷市井皆勸○(譽)已"(46),注文"令○(今)君既不聽"(48)。《十過》:"此有○(存)亡之機也昔者桀爲有我○(戎)之會"(53),"韓氏怠○(急)"(64)。《孤憤》:"非有所言○(信)愛之親"(68)。《説難》:注文"謂爲籍○(藉)君之所愛以爲己資"(75),注文"未○(米)監○(監)之爲物"(75)。《亡徵》:"前○(煎)靡貨財者"(93),"蚤見而心柔儒○(懦)"(94)。《説林下》:"踵○(踱)囗○(肩)而腫膝"(153),"不可不索其囗囗○(羽也)"(154)。《内儲説上》:注文"有胥靡○(靡)逃之"(178)。《内儲説下》:"魏王囗○(以)爲犀首也"(208)。《外儲説左上》:"君不如舉兵爲天子代○(伐)楚"(228)。《外儲説左》:"主之所以使臣騎乘考○(者)"(243)。《外儲説右上》:"爲酒○甚美"(267)。《外儲説右》:"桓○(桓)公微服而行於民間"(288)。《説疑》:"若夫關○(聞)龍逢王子比干"(343)。《八説》:"人主大亡○"(368)。《顯學》:"聽吾言則可以霸王○"(396)。

六

《四部叢刊》本書眉有孫毓修補録之文字而能清晰顯示黄校,今國家圖書館藏本因原來所粘紙條已脱落,或其紙條脱落後復粘錯位,《子藏·韓非子卷》顯示黄校效果差於《四部叢刊》本之文字:

《飾邪》:"汗○(汙)行從欲"(110)。《解老》:"智識亂○則不能審得失之地"(119),"疾生而智慧衰○智慧衰○"(125)。《喻老》:"文○(丈)人之慎火也"(135)。《説林下》:"果收文子後車二乘而獻囗○(之)其君矣"(158)。《外儲説左上》:"蚩○一日而敗"(221),"以棘刺之端爲母○(毋,下同)猴者"(221),"周君大○(上)怒"(224),"而以曰○(日)始出時"(224),"然其用與素髹莢風○(夙)"(224),"俄又復○得一"(229),"則可不試○習讀法"(235)。《外儲説右上》:"田子方○(方)知欲爲廪"(263)【孫毓修所寫紙條"方○　方"(《四部叢刊》本作"方○　方")原粘於卷十三第五葉第十二行上方而與原文相對,今脫落後被錯粘於無"方"字的第九行上方,令人不可思議】。《外儲說右》:"令發五苑之蓏蔬棗○栗足以活民"(281),"吏盡揄刀削其押券升○(昇)石之計"(287)【孫毓修所寫紙條"升　昇"原粘於卷十四第七葉第十行上方而與原文相對,今脫落後被錯粘於第七行上方而與"田嬰令官具押券斗石參升之計"相對,令人誤以爲孫毓修誤標】。《難二》:"公子糾○(紏)之臣也"(308),"寒溫之災○(灾)"(310)【孫毓修所寫紙條"災　灾"原粘於卷十五第十葉第二行上方而與原文相對,今脫落後被錯粘於卷十七第一行上方,令人不可思議】。《難三》:"安取懷○(懐)惠之民"(317),"左右對曰甚然"(320)。《難四》:"故楮○(褚)師作難"(326)。《顯學》:"是奪力儉而侈墯○(墮)也"(392)。

七

黃丕烈、孫毓修均未於書眉標示,但黃丕烈有所校改而《四部叢刊》本、《子藏·韓非子卷》未能清晰顯示黃校與錢抄之差異的文字:

《難言》:"未必聽○也"(20),"非賢聖莫能聽○"(22)。《主道》:"此人主之所以○獨擅也"(26)。《有度》:注文"故提衡○(衡)而立"(30)。《揚權》:注文"居上者矜○(矝)好其能"(38),注文"形名既叅○同"(38),注文"如輻之湊皆發○自下情"(40),注文"則臣匿威藏○(藏)用"(42)。《八姦》:"收大臣廷吏以辭○言"(45),注文"辭○言爲作聲譽"(46),注文"臣行其惠○"(46)。《十過》:"因復留○宿"(54),"晉平公觴○之於施夷之臺"(54),"奈○(柰)臣有圖國者何"(58),"君其試○以心決之"(58),注文"疇○等也"(66)。《說難》:"故彌子之行未變於初○(初)也"(78)。《和氏》:"武王使玉○(王)人相之"(78)。《亡徵》:"事車服器○(器)玩"(93),"喜淫○(淫)而不周於法"(93),"懷○(懐)怒思恥而專習"(95),"章服○侵等"(96),"有能服○術行法"(97)。《喻老》:"文○(丈)人無火患"(135)。《說林上》:"任章○(章)曰"(143),"亂○召兵"(143),"負傅○而從"(144)。《外儲說左上》:"而中牟○(牟)之民弃田圃"(218),"摘○其堅"(221),"今知王不能久齋以觀無用之器○(器)也"(222)。《外儲說左》:注文"贏○利也謂賈者贏○利倍勝今以薄賞報大功猶贏○勝之人履草屩也"(243),"中牟○(牟)三國之股肱"(252)。《外儲說右上》:"吾無從知之唯○無爲可以規之"(263),"子母○(毋)幾索入矣"(271),"東其畒○(畝)"(273)。《外儲說右》:"乃令男子年○二十而室"(289)。《難一》:"雖有堅刀○"(295),"斬涉者之脛○也"(300)。《難二》:"虞曹俱○亡者"(306),"聽○之說"(309),"君子不聽○窕言"(309),"說在聽○者"(309),"非謂聽○者必謂所聽○也聽○者"(309)。《難三》:"寵○(寵)無藉"(315)。《說疑》:"臣有擬主○之寵"(349)。《詭使》:"循繩○墨誅姦人"(351)。《六反》:"語曲牟○(牟)知"(355),"則曾史可疑於幽○隱"(357),"君人者雖○足民"(361)。《五蠹》:"古者蒼○頡之作書也"(383)。《顯學》:"索民之疾戰距敵而無私鬥○"(392)。

八

黄丕烈無校改,而《四部叢刊》本、《子藏·韓非子卷》因紙上有斑點而顯示有誤之文字:

《姦劫弑臣》:"擢潛王之筋懸之廟梁"(91)【錢抄"王"字上無朱筆黄校,但因紙上有一斑點,故《四部叢刊》本、《子藏·韓非子卷》顯示成"主"】。《飾邪》:"雖危不亡"(108)【錢抄"危"字作"危",上無朱筆黄校,但因紙上有一斑點,故《四部叢刊》本、《子藏·韓非子卷》顯示成"危"】。

由上所述可見,《子藏·韓非子卷》雖然未能盡顯述古堂影宋抄本之面貌,然相對於《四部叢刊》本,顯然具有更高之資料價值。《四部叢刊》本由於印數多、流傳廣、易見到,它使一般讀者都能方便地一睹《韓非子》影宋抄本之大致面貌,其擴大善本影響之作用尚可稱道,然以之爲善本而用於校勘,則顯然未當,而不如使用《子藏》本。當然,若能使用國家圖書館所藏原本進行校勘,則最佳。

[作者簡介] 龔敏(1979—),女,江蘇南通人。南京大學文學博士,現爲上海財經大學講師,主講古籍校釋學、古籍整理實踐等研究生課程,已在CSSCI來源期刊、集刊上發表《〈隴西李氏墓誌〉考》《〈禮記·禮運篇〉的作者問題》《〈吴越春秋輯校彙考〉指誤》等論文。

張覺(1949—),男,江蘇太倉人。上海財經大學人文學院教授,專著有《韓非子校疏析論》《商君書校疏》《吴越春秋校證注疏》等,已完成國家社會科學基金項目和全國高校古委會項目各兩項、教育部人文社會科學研究規劃基金項目一項。

也談楚簡《恆先》與八股文*

張固也

内容提要 上博楚簡《恆先》篇是最重要的出土道家文獻之一，結構嚴整，條理清晰。有人稱之爲"八股文的濫觴"，卻只是從辭章學拿來一個排偶概念，先入爲主地認定它是八股文，然後再把八股文的結構硬往《恆先》上套。其實由於時賢所擬六種編聯方案並不合理，即使采用同一編聯方案，分章也往往大相徑庭，根本看不出與八股文的結構有何聯係。本文提出一種新的編聯方案，因有"恆氣之生，因有作行"二句在中間起到承上啓下的作用，全篇起承轉合十分清楚，任何人看一眼就能把它分成四章，而不容有異。勉強與八股文作一比較，其文體結構和修辭手法與之有點接近，堪稱先秦散文中的一朵奇葩，但與代聖人立言和嚴格以雙行長句對偶的八股文還有極大的距離。

關鍵詞 上博楚簡 《恆先》 編聯 八股文

中圖分類號 B2

自從 2003 年《上海博物館藏戰國楚竹書(三)》出版以來①，其中由李零先生整理的《恆先》篇一直受到學界的高度關注，被公認爲最重要的出土道家文獻之一，國內外學者從竹簡編聯、文本詮釋、思想研究等方面做了許多有益的探索。而邢文先生獨出新意，從文體學角度提出了一個《恆先》與八股文關係的問題，認爲它標志着八股文已濫觴於戰國時代。譚家健先生對此進行了針鋒相對的反駁，認爲二者相距甚遠，八股文濫觴於北宋的定論不能推翻。筆者認爲這場爭論的是非得失比較清楚，本來不足置喙，但這對推進《恆先》編聯問題的討論不無裨益，值得學界關注。故不揣譾陋，特撰小文，對爭論雙方的觀點略作述評，並在重新編聯簡文的基礎上，試就這一問題談點粗淺的看法。不當之處，敬請學界同道批評指正。

---

* 本文爲國家社會科學基金 2015 年度一般項目"竹簡《文子》復原與研究"(編號：15BZS009)研究成果。
① 馬承源《上海博物館藏戰國楚竹書(三)》，上海古籍出版社 2003 年版。

一

　　邢文先生的論述立足於清人章學誠在《文史通義》中提出的一個著名論斷"至戰國而文章之變盡,至戰國而後世之文體備",認爲"廣義的'八股文'作爲一種具備某種特定辭章特點的文體,已經濫觴於戰國"。其論證方法,一是根據《明史·選舉志》"體用排偶,謂之八股"的定義,認定八股文"以排偶爲主要辭章特點",而"《恆先》所見排偶,約有兩種基本的形式:排比對偶式排偶與聯句對偶式排偶"。二是綜合前人的分析,八股文一般分成破題、承題、起講、起比(比或稱股)、中比、後比、束比、大結八層,而"《恆先》的行文及文獻結構,有着繁複嚴密的組織",也可以分成類似的八個層次。因此,他認爲:"《恆先》的文體與修辭特徵,與明代八股文已經驚人地相似。"但他也承認"我們並不是説《恆先》就是八股文","並不是説後世八股文這一狹義的、特定的應試文體始於戰國"①。

　　邢氏這個大膽而新穎的觀點,引起了譚家健先生的公開反對:"我反復閱讀《恆先》原文以及邢氏所作的論證,再以明代八股文的範文和基本規格加以衡量,覺得二者相距甚遠,而不是'驚人地相似'。"他將《恆先》與明初王鏊的八股文經典作品相比較後指出:"從該文中找不出四個長對子,看不出與起比、中比、後比、束比之任何一比相似之文字。所以,没有理由稱之爲'八股文的濫觴'。邢氏列舉出《恆先》中有不少對偶句、排比句,而八股文則以八小段,組成四大段之雙行長句對偶文字爲主體。如果没有這四大段互相對稱的文字,就不能算八股文。"②

　　邢文先生在回應批評的文章中,主要針對譚氏認爲《恆先》中"根本不能算對偶句"、不能視爲"成分相對"的例子,重新作出分析,堅持己見。尤其所謂中比部分,譚氏認爲"從内容到句式到字數都無法相對",而邢氏列出對照表,認爲這三組文字"構成一個鼎足而三的複式排偶結構","其結構之嚴整、對仗之嚴格、思理之嚴密,遠非形式考究的八股文所能企及",並反而批評"譚先生的商榷回避了一個關鍵術語——'排偶'","排偶與對偶並不等同"③。

　　譚家健先生針對該文,再一次提出商榷,指出鼎足對只是對聯中的特殊形式,在八股文中難覓其先例。並批評邢氏所舉的排偶例子,"句子結構、詞性、字數都是明顯不相對的","八股文以對偶句爲主體,一定是把上下兩聯合觀而言,而邢先生所舉例子,有的是從上聯或下聯中摘取若干句,認爲它們是對偶句。這樣分析法用在散文和辭賦中是可以的,用在八股文中是不行的"。因此,譚氏認爲:"八股文濫觴於北宋,這個結論不能推翻,戰國不可能有八股文。"④

────────

① 邢文《楚簡〈恆先〉與八股文》,《光明日報》2010年3月1日第12版。
② 譚家健《楚簡〈恆先〉與八股文無關》,《光明日報》2010年4月26日第12版。
③ 邢文《八股文濫觴於戰國》,《光明日報》2010年4月26日第12版。
④ 譚家健《再評〈八股文濫觴於戰國〉》,《職大學報》2011年第1期。

我們認爲邢文先生確實提出了一個"重要而有趣的問題",但其列舉的所謂《恆先》的排偶例子比較牽強,八層的劃分也有很多不合理之處。作爲《中國大百科全書》"八股文"條目撰寫者,譚家健先生對這一文體的理解更爲準確一些,其《恆先》不是八股文的判斷,持之有據,言之成理。但在邢氏一再強調《恆先》是"廣義的'八股文'",八股文只是"濫觴於戰國"的前提下,仍然一味用明代以後成熟八股文的標準來加以衡量,多少有點違背邢氏的本意。假如《恆先》的文體結構果真可以像邢氏那樣分爲八層,且在修辭上已經做到"意對而辭不對"(譚氏語),那麼邢氏爲了強調它與八股文的相似性,而稱之爲廣義的"八股文",也不算太過離譜。此外,譚氏的批評主要在排偶與對偶的區別上,卻沒有觸及邢氏之文的另外兩大關鍵問題。

一是邢氏自稱"從文體結構與辭章學分析的角度"立論,實際上只是從辭章學拿來一個排偶概念,先入爲主地認定《恆先》爲八股文,然後再把八股文八個層次的結構硬往《恆先》上套,並不是真正從文體結構出發來作分析。因爲分析一篇文章的結構,應該主要從文意出發,同一層次文意的句子不宜拆分在兩層。而邢氏在分析《恆先》結構時,幾乎是不管文意的。比如《恆先》第一簡,從文意看屬於遞進式論述,學界一般把前面數句作爲第一章,筆者則認爲簡末兩句亦爲章末總結之語。邢氏卻分成破題、承題、起講、起比四個層次。他自稱"以上的分層討論,僅適用於特定的文體辭章學分析,並不是《恆先》的分章方案"。他另外提出一個分章方案,將破題、承題、起講合爲一章,起比、中比合爲三章,後比獨爲一章,束比、大結合爲一章,共分六章①。第一章仍不得不采用通行的分法,起比則與中比第一段合爲一章。正是由於邢氏沒有準確理解《恆先》的題意,沒有真正掌握其文體結構,導致其分章與八股文分層之間產生了無謂的自相矛盾。

二是邢氏認爲"對於《恆先》分章復原衆説紛紜的一個重要原因,就是對楚簡《恆先》本身的文獻結構,未給予足够的重視","楚簡《恆先》與八股文的關係分析,驗證了我們提出的楚簡《恆先》分章方案的合理性"②。單就文體結構而言,八股文"層累曲折之致","與其間不可亂、不可缺之秩序",確有值得稱道之處。錢基博先生曾説:"就耳目所睹記,語言文章之工,合於邏輯者,無有逾於八股文者也。"③所以我們雖然並不贊同《恆先》爲八股文濫觴的觀點,但認爲邢氏通過分析它與八股文的關係,來驗證其分章方案的合理性,確實是一個簡捷明快的方便法門,只是驗證得不够細致而已。《恆先》除了當時整理者李零的編聯方案外,還出現了龐樸④、顧史

---

① 邢文《楚簡〈恆先〉釋文分章》,《中國哲學史》,2010 年第 2 期。
② 邢文《楚簡〈恆先〉與八股文》,《光明日報》2010 年 3 月 1 日第 12 版。
③ 錢基博《現代中國文學史》,吉林人民出版社 2013 年版,第 435 頁。
④ 龐樸《〈恆先〉試讀》,簡帛研究網,2004 年 4 月 26 日;又見姜廣輝《中國古代思想史研究通訊》第二輯,中國社會科學院歷史研究所思想史研究室 2004 年版。

考①、曹峰②、夏德安四家新方案③,至於分章方案就更多了。近年范毓周先生又提出了一種最新的編聯分章方案④。然而令人遺憾的是,這些新方案並未能夠後出轉精,反而不如最早的李氏、龐氏兩家方案能夠得到多數學者的認同和支持。不知邢氏是否仔細比較過各家方案的異同優劣,是否認真考慮過還有其他編聯方案之可能,而事實上他只是在龐氏方案基礎上直接進行分析,甚至對此前人們提出的龐氏方案不合理之處未作任何解釋。假如龐氏方案不可靠,他的這些分析就是在用八股文的結構硬往龐氏方案上套,只能是空中樓閣、鏡花水月。

筆者 2010 年元旦之夜翻閲《上海博物館藏戰國楚竹書(三)》,試擬了一個新的編聯方案,多年來取以與以上諸家方案比較,自認爲略有勝處。由于論證起來比較麻煩,一直懶於著筆。今受邢氏的驗證思路和方法的啓發,也嘗試按照筆者新的編聯方案,根據文意將其分成若干小層次,並與八股文的結構進行比較,來初步驗證這一方案的合理性,以期使《恆先》思想研究更加準確、更加深入。

二

恆先無有,樸、靜、虛。樸,大樸;靜,大靜;虛,大虛。自厭不自忍,或作。有或,焉有氣;有氣,焉有有;有有,焉有始;有始,焉有往。往者未有天地,未多采物。

這是第一層,相當於八股文的"破題",即説破和點明題目要義⑤。《恆先》第三簡背有標題,邢氏大概以爲破題就是要破"恆先"二字,故僅以開頭二句爲破題。其實破題之題,應爲全篇的主題,這個篇名只是按古書通行的命名方式,取自篇首的二字,並不能完整反映主題。從全篇簡文分析,其主題可以概括爲四個字:名出於恆。這裏開門見山地提出恆、或、氣、有、始、往五個概念及其出現的先後順序,才是這一主題的完整表述。簡文原來只有一個"往"字,李學勤先生認爲其與"始"對稱,意爲終結,並懷疑:"這裏'往'下脱去一重文號。'有始焉有往'下斷句,另以'往者未有天地'起下一章。'往者'意思是過去,古書常見。"⑥我們認爲兩個"往"字同義,都是去往、行往的意思,"往者未有天地,未多采物"是説直到"往"剛開始這一階段天地

---

① 顧史考《上博竹簡〈恆先〉簡序調整一則》,簡帛研究網,2004 年 5 月 8 日。
② 曹峰《〈恆先〉編聯、分章、釋讀札記》,簡帛研究網,2004 年 5 月 16 日;修改後以《談〈恆先〉的編聯與分章》爲題發表於《清華大學學報》2005 年第 3 期。
③ 夏德安《讀上海博物館楚簡〈恆先〉》,"2007 中國簡帛學國際論壇",臺灣大學,2007 年 11 月 10—12 日。
④ 范毓周《上博楚簡〈恆先〉新釋及其簡序與篇章結構新探》,《中原文化研究》,2015 年第 1 期。
⑤ 參吴承學《中國古代文體形態研究》,中山大學出版社 2000 年版,第 197 頁。
⑥ 李學勤《楚簡〈恆先〉首章釋義》,《中國哲學史》,2004 年第 3 期。

萬物還没有產生,上面都是形而上的説法。

  先者有善,有治無亂。有人,焉有不善,亂出於人。先有中,焉有外;先有小,焉有大;先有柔,焉有剛;先有圓,焉有方;先有晦,焉有明;先有短,焉有長。

這是第二層,相當於八股文的"承題",承接破題的意義而加以補充、引申,使之更曉暢。承題與破題關係密切,可以看成是文章的同一部分。"恆先"是形而上的最先,"先者"是形而下的最先。形而下的世界又以人類的產生劃爲兩個階段,没有人類以前,自然界渾然一體,無所謂中外、小大、柔剛、圓方、晦明、短長之類的區别,人類產生以後才出現混亂現象。這裏"可能意在説明儘管人類進行了相對判斷,捏造了虛構的名稱體系",而"這些出自人類的相對判斷不能成爲絶對判斷"①。因此,外、大、剛、方、明、長等判斷是否正確,建立在與之相對的中、小、柔、圓、晦、短等判斷準確的基礎上。這樣窮究下去,最終就是追尋天地萬物生成和運行的規律,即"天道",由此導出下文的正式論述。

  天道既載,唯一以猶一,唯復以猶復。

這是第三層,相當於八股文的"起講",比較深入地説明題目的用意,覆罩全篇,是正式開始議論的部分。起講亦名"原起",初用以述説聖賢爲什麽發出題中之意,後來改成在承題之後直接進入論述。《恆先》畢竟不是八股文,這三句話比八股文的起講簡單得多,文意比較深奥,至今没有得到準確的解釋。其實這裏所謂天道,是指天地萬物生成和運行的規律。董珊先生訓"載"爲"行","既載"意爲開始運行②。這裏只是提出天道開始運行以後的兩大規律或原理:"一以猶一"是生成論原理,"復以猶復"是運行論原理。以下兩章一爲生成論,一爲運行論。可見本層已正式開始進入了核心論述,兩大原理則是覆罩全篇的,其地位和作用確實類似於八股文的起講。

  恆氣之生,因有作、行。出生虛静爲一,若寂寂夢夢,静同而未或明,未或滋生。氣是自生,恆莫生氣。氣是自生自作。恆氣之生,不獨,有與也。或恆焉生,或者同焉。昏昏不寧,求其所生。異生異,鬼生鬼,韋生非,非生韋,哀生哀。求欲自復,復言名先。先者有惢,恣言之,後者效比焉。舉天下之名,虚樹,習以不可改也。舉天下之作,強者果。天下之大作,其龕尨不自若作。若作,庸有果與不果,兩者不廢。舉天下之爲也,無舍也,無與也,而能自爲也。

---

① [日]淺野裕一《上博楚簡〈恆先〉的道家特色》,《清華大學學報》,2005年第3期。
② 董珊《楚簡〈恆先〉詳宜利巧解釋》,簡帛研究網,2004年11月9日。

> 生之生行,濁氣生地,清氣生天。氣信神哉,云云相生。信盈天地,同出而異生,因生其所欲。業業天地,紛紛而復其所欲。明明天行,唯復以不廢。知既而亢思不尒。有出於或,生出於有,音出於生,言出於音,名出於言,事出於名。或非或,無謂或;有非有,無謂有;生非生,無謂生;音非音,無謂音;言非言,無謂言;名非名,無謂名;事非事,無謂事。詳義、利巧、采物出於作,作焉有事,不作無事。舉天下之事,自作爲事,庸以不可賡也。

以上第四層、第五層,相當於八股文的"起比、中比、後比"。起比實際上是八股文鋪張議論的開始,爲中比和後比的充分發揮奠定基礎;中比承上啓下進行更充分的議論,尤爲全篇的重心所在;後比對中比進行補充,寫其未盡之意,暢所欲言。這三大比加上束比,是八股文的核心部分。每比分爲兩段,共有八段,這才稱其爲八股。《恆先》不是八股文,並未有意識地分出"三大比"。但前一章開頭"恆氣之生,因有作、行"二句上釋題目之意,即恆氣之"生"、"作"就是"有氣"、"有有",恆氣之"行"則指事物從"始"到"往"的過程,由此引出以下兩大段核心論述。前一章講生成論,認爲"氣是自生自作",還說它"有與",意思是天地萬物亦伴隨氣而自生自作。這里所謂生、作,不是母生子這種產生方式,而是像人得陰陽之氣而成胚胎,并出生且長大成人,這就是第三層"一以猶一"的原理。後一章講運行論,認爲氣之生實際上是開啓了氣和萬物的運行過程,包括或、有、生、音、言、名、事等階段,後幾個階段實際上是對第一簡所謂"有始焉有往"的細分。其中"名"指氣凝成物之初(先者有惫)與生俱來的特性,相當於西哲所謂事物的規定性(definitive property, prescriptive nature);人給事物的命名,則是對其規定性的"虛樹",然亦"習以不可改也"。事物無論如何發展,都不可能脫離且終將回歸這種規定性,循環往復,生生不息,這就是第三層"復以猶復"的原理。這兩章的文意大致相對,有點像八股文的一大比兩小股,而其文字之繁多、議論之鋪張、思想之豐富,使其占據了全篇最核心的地位。從這一點來說,它們有點類似於八股文三大比的總和。

> 凡舉天下之生,同也,其事無不復。天下之作也,無忤恆,無非其所。舉天下之作也,無不得其恆而果遂。庸或得之,庸或失之。

這是第六層,相當於八股文的"束比",用以回應前面的三大比,提醒全篇而加以收束。這段話一開頭使用了全篇僅見的一個"凡"字,明顯帶有總結的語氣。尤其微妙的是"舉天下之生同也"是說萬物同屬自生,"其事無不復"是說萬物運行規律無不是循環往復的;"天下之作也"前,龐樸先生認爲當補一"舉"字①,"無忤恆"是說萬物之生作不能違背恆(道),"無非其所"廖

---

① 龐樸《〈恆先〉試讀》,簡帛研究網,2004年4月26日。

名春先生、季旭昇先生並釋爲"各得其所"①,我們進而認爲"所"當爲上一章"所欲"之省,萬物無不是這個"所欲"運行發展的結果;"無不得其恆"比"無忤恆"更進一步,是説萬物無不是得恆而生作,"果遂"比"無非其所"也進了一步,是指萬物按"所欲"運行並最終實現目標。可見,這三個長句之内,都是前一句回應生成,後一句回應運行,對上面兩章的論述作出了很好的總結。收束如此緊密,明清成熟的八股文也不一定能望其項背。時賢其他各種編聯方案,都是將有"舉天下"之類字眼的文句集中到篇末,但是這些文句的語義和句式比較複雜,顯得十分零亂。而按本文提出的新方案,其中四個"舉天下"位於生成論末,一個位於運行論末,最後兩個分出去作爲"大結",剩下這三個的語義和句式相對,與上下文前後呼應,就一點也沒有零亂的感覺了。

    舉天下之名,無有廢者。與(舉)天下之明王、明君、明士,庸有求而不思(患)?

這是第七層,相當於八股文的"大結",發揮題意,收結全篇。對於《恆先》的論述主旨,學界觀點分歧,要因沒有準確理解這幾句話的意思。如有人以爲"'與'爲反詰語氣詞,和上文連讀作'舉天下之名,無有廢者與?'",並説這是"對名的真實性和恆久性提出了質疑,體現了文本作者的遠見卓識和深邃思想"②。有人讀"思"爲"予",以爲其文意是"以天下有名有實之物(一、恆、道),以與天下之明王、明君、明士,必將有求必應,事事可成"③。劉信芳先生將該字讀爲"患",完全正確,但説其後"承上文省略賓語'得失'","蓋求有得之者,亦有失之者,明王、明君、明士其所以爲'明',必知得失之理也,既知得失之理,故求而不患得患失也"④,則與原意正好相反。從"恆先無有"一路論述下來,其實最終就是爲了得出一個結論:全天下的"名"都各得其恆而具有其内在要求,永遠不會作廢。全天下的"明王、明君、明士",哪有極力追求這些名號,卻不憂慮"名非名"即達不到這些名號的内在要求的呢?直到篇末一問,才點明了全篇的真正主旨是要求所謂"明王、明君、明士"名實相符,真是畫龍點睛,有如神來之筆。郭齊勇先生曾指出《恆先》是"道法家形名思想的佚篇"⑤,洵卓見也。

  以上分成七個層次來作分析,主要是爲了方便與八股文進行比較。其實借鑒現代劃分段落的通行做法,應該把前三章、後兩章各自合併成一章,合計中間兩章,共分爲四章或四大段

---

① 廖名春《上博藏楚竹書〈恆先〉簡釋》,Confucius2000 網,2004 年 4 月 16 日。季旭昇《恆先譯釋》,收入季旭昇《〈上海博物館藏戰國楚竹書(三)〉讀本》,臺北萬卷樓圖書股份有限公司 2005 年版。
② 譚寶剛《老子及其遺著研究》,巴蜀書社 2009 年版,第 334、379 頁。
③ 李鋭《〈恆先〉淺釋》,Confucius2000 網,2004 年 4 月 17 日。
④ 劉信芳《上博藏竹簡〈恆先〉試解》,簡帛研究網,2004 年 5 月 16 日。
⑤ 郭齊勇《〈恆先〉——道法家形名思想的佚篇》,簡帛研究網,2004 年 5 月 8 日。又見《江漢論壇》,2004 年第 8 期。

落。按照這一新方案來重新閱讀《恆先》,由於中間有"恆氣之生,因有作、行"兩句起到承上啓下的關鍵作用,整篇文章的起承轉合十分清晰,任何人都只能如此分章或分段。而時賢其他各家編聯方案都沒有這一優點,除曹峰先生提出"它的上半部重在論述基本的普遍的原理,下半部側重於如何依據基本的普遍的原理指導現實政治"之説得到大家公認以外①,各家的具體分章方案真可謂五花八門,即使采用同一編聯方案,分章也往往不同甚至大相徑庭。這種分章方案的不確定性,反證了各家編聯方案的不盡合理。而本文通過分析重新編聯的《恆先》與八股文的關係,業已驗證了其分章方案的唯一性和合理性,因而有理由相信,這一新的編聯方案可能是比較正確的。

三

以上僅僅根據文意爲《恆先》劃分層次,以證明其文體結構確實與八股文具有一定的相似性和可比度。上文之所以沒有涉及修辭方面的問題,是因爲嚴格説來,《恆先》與以"雙行長句對偶文字爲主體"的八股文距離太大,沒有可比性。邢文先生把"朴,大朴;静,大静;虚,大虚"和"有或焉有氣,有氣焉有有,有有焉有始,有始焉有往者"説成排比對偶式排偶,實際上是有意混淆對偶與排比的概念,以便硬往八股文上套。從這一點來説,譚家健先生的批評是完全正確的,已毋庸多言。

然而,如果寬泛一點進行比較,而不以成熟的八股文標準來要求,《恆先》中初步具有兩兩對偶的修辭方法,大概也是不容否認的。這一點按本文提出的新編聯方案來看,也要比其他方案更加明顯。如破題中的"有或,焉有氣;有氣,焉有有;有有,焉有始;有始,焉有往。往者未有天地,未多采物"與承題中的"先有中,焉有外;先有小,焉有大;先有柔,焉有剛;先有圓,焉有方;先有晦,焉有明;先有短,焉有長。天道既載,唯一以猶一,唯復以猶復",多個"焉有"句子相對,與譚先生所説"雙行長句對偶"比較接近,僅字數不同而已。然而,八股文的破題、承題、起講文字散行,並不要求對偶。邢氏硬從《恆先》第一簡中找出兩處"排比對偶式排偶",説成八股文的承題、起講,實屬無謂之舉。同樣,這裏所説"破題"與"承題"中的多個"焉有"句子相對,與八股文的對偶也沒有任何可比性。相反,倒是從"破題"、"承題"內部來説,它們其實是文字散行,基本符合八股文的修辭格式。

如上所述,八股文最主要的修辭特徵,在於起比、中比、後比、束比,每比分爲兩段,共有八段,這才被稱爲八股文。其格式有嚴格規定,一定要兩股之間,兩兩相對,即語義、句式、字數都要對稱。有趣的是,《恆先》雖然不是八股文,並未有意識地分出起比、中比、後比,只是內容上正好包括生成論、運行論兩部分,可以勉强看作一大比,但是如果具體分析這兩章的內部結

---

① 曹峰《〈恆先〉編聯、分章、釋讀札記》,簡帛研究網,2004年5月16日。

構,竟然都可以分出六個小層次,其語義和句式竟然一一相對。爲了便於説明問題,重新移録其文,列爲下表,再作具體分析:

出生虚静爲一,若寂寂夢夢,静同而未或明,未或滋生。氣是自生,恆莫生氣。氣是自生自作。	生之生行,濁氣生地,清氣生天。
恆氣之生,不獨,有與也。或恆焉生,或者同焉。	氣信神哉,云云相生。信盈天地,同出而異生,因生其所欲。
昏昏不寧,求其所生。	業業天地,紛紛而復其所欲。
異生異,鬼生鬼,韋生非,非生韋,衰生衰。	明明天行,唯復以不廢。知既而亢思不宎。有出於或,生出於有,音出於生,言出於音,名出於言,事出於名。或非或,無謂或;有非有,無謂有;生非生,無謂生;音非音,無謂音;言非言,無謂言;名非名,無謂名;事非事,無謂事。
求欲自復,復言名先。先者有贔,恋言之,後者效比焉。舉天下之名,虚樹,習以不可改也。	詳義、利巧、采物出於作,作焉有事,不作無事。
舉天下之作,强者果。天下之大作,其寙尨不自若作。若作,庸有果與不果,兩者不廢。舉天下之爲也,無舍也,無與也,而能自爲也。	舉天下之事,自作爲事,庸以不可賡也。

上表中,左列爲生成論,右列爲運行論,主題相對。且左、右兩列字數各爲 150 多字,簡直就像兩個特别長的對偶句。

第一欄左列提出"生"、"作"的概念,以及"氣是自生自作"的命題;右列提出"行"的概念,所謂"濁氣生地,清氣生天"的命題其實隱含着從氣生至天地生成之間有個隨着氣的升降形成天地的過程,開門見山,語義相對。

第二欄左列"有與",廖名春先生認爲是强調恆與氣"兩者相互聯繫的一面,是説'恆'與'氣之生',並非無涉,還有相與的一面"①。董珊先生認爲是指恆氣之生"有'恆'、'或(域)'的定義作爲先決條件"②。曹峰先生認爲是指"由恆氣構成的萬物",與《老子》所謂"獨立不改"的道不同,是"不獨有與"、有所依賴的③。其實這是講"有"(即萬物)伴隨氣而產生出來,故下兩句用"恆"、"或"關係解釋"氣"、"有"關係。參第一簡恆"自厭不自忍,或作","不自忍"即不自我克制欲望。再看右列"云云相生"、"同出而異生",也是指萬物伴隨氣而紛紛產生;所謂"生其所欲",也是指氣生出萬物自我運行的欲望,語義兩兩相對。以上二欄主要使用四字句,句

---

① 廖名春《上博藏楚竹書〈恆先〉新釋》,《中國哲學史》,2004 年 3 期。
② 董珊《楚簡〈恆先〉"詳宜利巧"解釋》,簡帛研究網,2004 年 11 月 9 日。
③ 曹峰《從自生到自爲——恆先政治哲學探析》,簡帛研究網,2005 年 1 月 4 日。又載臺灣"中央研究院"歷史語言研究所《古今論衡》,2006 年第 14 期。

式大致相對。

第三欄左列"昏昏不寧,求其所生",與右列"業業天地"、"復其所欲",語義、句式完全相對,只不過後者中間加了"紛紛而"三字加以修飾。時賢無不以爲"昏昏"與前面的"夢夢"都是指天地剖分以前的混沌狀態,其實《老子》第三十九章説"地得一以寧",這裏的"昏昏不寧"顯然指天地萬物産生以後的昏亂景象,與"業業天地"文異而意同。"求其所生"、"復其所欲"則都是指追尋、回歸到事物的根源,只不過生成論所求的是"所生"起源之點,運行論所復的是"所欲"發展之綫。

第四欄左列講萬物生成的五種方式,文意比較費解,但有人認爲五者都是強調"同類相生"①,有人説是講"萬物自身的同一性"②,有人説"它們都暗含着同一個意思:自生"③,我們進而認爲就是對前文所謂"一以猶一"的具體表述。右列講萬物生成過程(往、行)的七個階段,字面上按從"或"至"事"這一"往"的順序,暗中卻隱含着從"事"至"或"這一"復"的倒序,即對前文所謂"復以猶復"的具體表述,明暗都相對。但是"生"在左列首尾二欄談得較多,此略之;右列談"行",不得不牽涉"生","行"主要在這一欄談,故詳之。這一欄的左右兩列都有多個三字句,句式相對。

第五欄左列忽由上文講"生"、"作"轉入"復",這是從生成論的角度爲"復"先下一個"復言名先"的定義,並肯定了"名""不可改"的合理性;右列忽由上文講"行"、"復"轉入"作",這是從運行論的角度強調"作"擁有關鍵之"作爲有事"的地位,亦暗寓了"事"出有因的合理性,語義緊密相對。

第六欄左右兩列都以散行文字進行總結,但左列講生成論,強調自"作",而末尾順及"自爲",以示"爲"是"作"的沿續;右列講運行論,強調自爲的連續性("賡"),而上句先言"自作爲事",以示"自作"是自"爲"的前提。雖然左、右兩列文字多寡懸殊,但語義緊密相對。

顯而易見,以上兩章内部各分爲六個小層,各個小層之間除字數不對外,語義完全相對,句式大體也相對。

至於"束比"中的幾句話,上文已説明它們從語義上各自對應生成論、運行論,其句式可列表格如下:

凡舉天下之生	同也	其事無不復
[舉]天下之作也	無忤恆	無非其所
舉天下之作也	無不得其恆	而果遂

---

① 陳静《〈恆先〉:宇宙生成理論背景下的一種解讀》,簡帛研究網,2008年5月15日。王中江《〈恆先〉的宇宙觀及人間觀的構造》,簡帛研究網,2008年10月19日。
② 陶磊《〈恆先〉思想探微》,簡帛研究網,2006年12月17日。
③ 劉貽群《試論〈恆先〉的"自生"》,簡帛研究網,2004年6月13日。

上表中三欄語義完全相對，左列語義、句式相同，文字略異，中、右二列語義相對，句式不同，這正反映出戰國散文靈活多變的特點，而不像八股文那樣嚴格呆板。邢氏把"舉天下之生，同也。其事無不復"連在"舉天下之作，強者果天下之大作"等句之後合爲束比，把"天下之作也"至"而果遂"連下"舉天下之名，無有廢者。舉天下之明王、明君、明士，庸有求而不慮"合在一起作爲大比。譚氏批評其"勉强分成束比與大結，有割裂文意之嫌"，當然是準確的，但他的理由僅僅是以爲所有"舉天下"句子都應在篇末一段之内，並沒有看出邢氏關鍵失誤是割裂了中間三個對偶句。

綜上所述，《恆先》的文體結構比較接近八股文，而其相當於八股文四大比八小股的核心部分，竟然也采用了比較明顯的對偶修辭手法，儘管它還沒有嚴格地兩兩對偶，沒有代聖人立言，與明清以後成熟的八股文還有極大的距離，但仍然多少有點令人吃驚。先秦説理散文結構嚴謹，修辭巧妙，影響深遠，早爲學界之共識。譚家健先生就曾經舉出《墨子·所染》《孟子·滕文公下》"外人皆稱夫子好辯"章二例，認爲"雖然基本上是散句爲主，意對而辭不對，但從整體結構看，已似八股文骨架"[1]。但是這兩篇文章首尾的論理文字都比較簡單，中部主要是舉些古代聖賢的事蹟來作佐證，並非有意采取對偶式論述，類似的例子在古書中應該並不鮮見。如陳桐生先生所指出，《禮記·冠義》等專釋禮義的七篇，"按照'總——分——總'的思路結構全文，前有概述，後有呼應，中間層層展開，義脈文理俱可圈點"[2]。但是像《恆先》這樣純粹的論理文字，其中心部分如此兩兩相對，全文結構酷似八股文的例子，在古書中可能還真不多見，堪稱先秦散文中的一朵奇葩。因此，儘管我們並不贊同《恆先》爲"八股文的濫觴"的提法，卻不得不承認它確實爲章學誠的論斷——"至戰國而文章之變盡，至戰國而後世之文體備"——提供了一個極佳的佐證。

[作者簡介] 張固也（1964—　），男，浙江淳安人。歷史學博士，現爲華中師範大學歷史文獻學研究所教授、博士生導師、所長。主要從事歷史文獻學研究，研究方向爲先秦諸子和簡帛文獻、唐代文獻、古典目錄學。著有《管子研究》《新唐書藝文志補》《唐代文獻研究》《古典目錄學研究》等，已發表論文90餘篇。

---

[1] 譚家健《再評〈八股文濫觴於戰國〉》，《職大學報》，2011年第1期。
[2] 陳桐生《從出土文獻看七十子後學在先秦散文史上的地位》，《文學遺産》，2005年第6期。

海昏侯墓"孔子衣鏡"與西漢西王母信仰*

何 丹

内容提要 借助海昏侯墓"孔子衣鏡"上的西王母和東王公圖像,可知墓主人劉賀所處的西漢武、昭、宣時期才是西王母信仰發展的關鍵階段,具有承前啓後的特徵。既繼承了西漢早期對西王母作爲擁有不死之藥的仙人身份的定位,又開啓了西漢晚期西王母信仰興盛的局面。這種顯著發展於西漢中期的西王母信仰,突出表現在:專門祭祀場所及祭祀活動的出現;西王母發展爲神界主神;發展出與西王母相對偶之神東王公等。二位仙人圖像在衣鏡邊框的出現,就是這種階段特徵的實物憑證,體現了當時人普遍存在的"長生不死"的精神追求和"好生惡死"的生命意識。又由於西王母信仰與陰陽理論、神仙觀念密不可分,故而衣鏡邊框所繪圖案便是道家思想的體現。整個衣鏡展示的則是一種"儒主道輔"的思想格局,是西漢中期社會整體面貌的一個縮影。

關鍵詞 孔子衣鏡 西漢 西王母 劉賀 道家思想
中圖分類號 B2

南昌海昏侯劉賀墓所出土的"孔子衣鏡"①具有重要的學術價值,學者們肯定其整體表現爲儒家思想,卻忽略了這件國寶級文物在細節上還容納了作爲道家思想的組成部分。因爲除了衣鏡背板的主體位置畫有備受關注的孔子及其弟子的人物形象外,在鏡框的四周邊框還繪有仙人與神獸的畫像。按照孔子畫像位於背板最上面一欄所突顯出的"以上爲尊"的方位意

---

* 本文爲2017年度江西省文化藝術科學規劃青年項目"海昏侯墓'孔子衣鏡'的圖像研究"(YG2017269)的階段性成果。
① 有關"孔子衣鏡"的器物基本信息、文字內容釋讀等,主要依據江西省文物考古研究所王意樂、徐長青、楊軍、管理四位學者所刊之文《海昏侯劉賀墓出土孔子衣鏡》,《南方文物》2016年第3期,第61—70頁。爲行文方便,以下不再一一注釋。

識,可知在繪於四周邊框的仙人與神獸圖案中,被安排在四周邊框上方的兩位仙人才是邊框圖像的核心。而對照"衣鏡賦"中的"西王母兮東王公,福熹所歸兮淳恩臧"之語,可以確定二位仙人的身份便是"西王母"與"東王公"。其中"西王母"爲大衆所熟知,"東王公"則所知甚少,但二者又共同被奉爲道教尊神。由此可見,"孔子衣鏡"中兩位仙人形象的出現,展示的就是劉賀所處的西漢武、昭、宣時期所盛行的道家神仙思想中的西王母信仰。西王母信仰作爲漢代文化的一種標識,雖然已經爲人們所認知,但以往的研究通常模糊西漢與東漢的年代界限混雜而論,或者側重于東漢西王母信仰的具體情況。這無疑不利於科學認識西王母信仰在漢代的真實狀況和具體發展,因此,本文著重探討被學者們所忽略的西漢西王母信仰問題。借助"孔子衣鏡"中兩位仙人的存在事實,通過分析西王母信仰在西漢不同階段的總體發展狀態,以及發展的突出表現,得到不少可刷新學界已有認知的新發現。

一、西漢中期西王母信仰具有承前啓後的階段性特徵

　　有關漢代西王母信仰的研究,總體呈現出的"混雜而論"、"避前就後"的特徵,主要源于學者們對於西王母信仰存在和發展的不同認識,而這種認識的依據往往都源于漢畫像石中西王母的藝術表現形式。對於西王母信仰在漢代的具體發展過程,各家結果雖然有所出入,但基本都認爲:西王母神仙信仰的存在不早於西漢晚期;作爲西王母信仰發展重要標誌的東王公的出現,不早於東漢中期;東漢中晚期才是西王母信仰發展的重要階段①。對於西王母"神仙"的身份,還有一些學者甚至主張只能追溯到東漢晚期道教的興起。比如,庫爾班·外力就認爲:"在東漢末年,隨着道教的興起,西王母被神化爲女仙而信奉。"②正由於可依據的史料多屬東漢時期,故西王母信仰的研究往往通言"漢代"、"漢人",並實以東漢爲主要內容。"孔子衣鏡"在海昏侯劉賀墓中的出土,就爲這種補缺填縫的探討創造了可能。"西王母"與"東王公"作爲仙人形象的代表在衣鏡上的存在,直接將以"西王母"爲核心的仙人信仰,以及"東王公"的出現歷史,提前至了墓主人劉賀所在的武帝、昭帝、宣帝時期。

　　其時,正是西漢國力強盛、文化繁榮的中期,故而《史記·平準書》有言曰:"至今上(漢武帝)即位數歲,漢興七十餘年之間,國家無事,非遇水旱之災,民則人給家足,都鄙廩庾皆滿,而

---

① 如汪小洋先生認爲:以東王公的出現爲標誌,西王母圖像系統的演變可劃分爲兩個階段,一是西漢後期到東漢中期以前,"西王母和以她爲中心的神仙世界出現!這是西王母中心的形成階段";二是東漢中期至東漢晚期,"東王公進入西王母神仙世界!這是西王母至上神的努力階段"。見於汪小洋《漢畫像石中西王母中心的形成與宗教意義》,《南方文物》2004年第3期,第37—38頁。

② 庫爾班·外力《〈西王母〉新考》,《新疆社會科學》1982年第3期,第75頁。

府庫餘貨財。"①在此階段之前的高帝、惠帝、文帝、景帝四朝,通常被視爲經濟恢復、政權鞏固的西漢早期;在此之後的元、成、哀、平四朝(包括新莽政權在內),通常被視爲王朝衰頹、直至敗亡的西漢晚期,如《漢書·佞幸傳》就説"漢世衰於元、成,壞於哀、平。哀、平之際,國多釁矣"②。所以,瞭解西王母信仰在西漢兩百餘年間的發展情况,也可以參照這種早、中、晚的三階段歷史分期來予以考察。此外,徵諸其他文獻和考古材料可知,這武、昭、宣三位漢皇所在的西漢中期正是西漢社會西王母信仰發展的關鍵階段,具有承前啓後的作用。

(一) 繼承西漢早期對西王母仙人身份的定位

《淮南子·覽冥訓》云:"譬若羿請不死之藥於西王母,姮娥竊以奔月。悵然有喪,無以續之。何則? 不知不死之藥所由生也。"③此處講述的正是"嫦娥奔月"的神話,"姮娥"即"嫦娥",爲羿妻,羿從西王母處求得不死之藥,被嫦娥盜食而成仙,奔入月中。可見《淮南子》中將西王母視爲"不死之藥"的擁有者,所以羿在嫦娥偷食之後,因爲不能復得"以續之",而悵然失志,若有所喪亡。由羿"不知不死之藥所由生"和"無以續之",可見"不死之藥"就是"仙藥",凡人無從知道藥的研製配方,也無法多次得到西王母的賞賜,明示了不死仙藥的珍貴難得,而其難得的原因就在於服用後能如嫦娥般升天成仙。所以,作爲"不死之藥"擁有者的"西王母",自當就是"仙人"的身份。

西王母神仙的身份,既然記載於《淮南子》一書當中,那麼這種意識的存在至少就不當晚於《淮南子》的成書時間,也就是不晚于作者所生活的年代。而究其成書,乃是淮南王劉安召集"賓客方術之士"集體編寫的,故而又名之曰"《劉安子》"。具體則編著于景帝一朝的後期,包括"爲《内書》二十一篇,《外書》甚衆,又有《中篇》八卷,言神仙黄白之術,亦二十餘萬言"④。由其"言神仙"的記述内容,便可知西漢早期的神仙思想就已經較爲普及,其中視西王母爲神仙的意識最晚在景帝時期就已經出現,而且爲時人所看重的便是她掌管不死之藥的神職。所以,《淮南子》中多有關於西王母的記載,又如《墜形訓》云:"西王母在流沙之瀕"⑤等,至於西王母所在的西方,也被視爲"不死之野"⑥;其所居的昆侖,也被看作"太帝之居,衆帝所自上下"、"登之乃神"的神地⑦。

---

① [漢]司馬遷《史記》(四),中華書局1982年版,第1420頁。
② [漢]班固《漢書》(一一),中華書局1962年版,第3741頁。
③ 高誘《淮南子》,《諸子集成》(七),中華書局2006年版,第98頁。
④ 班固《漢書·淮南厲王劉長傳》(七),第2145頁。
⑤ [漢]高誘《淮南子》,《諸子集成》(七),第63頁。
⑥ 如《淮南子·時則訓》曰:"西方之極,自昆侖絕流沙沉羽,西至三危之國,石城金室,飲氣之民,不死之野。"同上,第84頁。
⑦ 如《淮南子·墜形訓》曰:"禹乃以息土填洪水,以爲名山。掘昆侖虛以下地,中有增城九重,其高萬一千里百一十四步二尺六寸。上有木禾,其脩五尋,珠樹、玉樹、琁樹、不死樹在其西,……飲之不死,……登之乃神,……衆帝所自上下。"同上,第56、57頁。

西王母神仙信仰在西漢早期的這種存在,反映的正是這一時期重神的社會風氣。而這種風氣早在西漢建國之初就已經形成,因爲"信巫鬼,重淫祀"①的楚人多有融入劉邦集團,故而漢二年劉邦就曾下詔曰:"吾甚重祠而敬祭。今上帝之祭及山川諸神當祠者,各以其時禮祠之如故。"②這種崇祀神靈的政策和綱領,爲西王母信仰在西漢早期的發展提供了生長土壤。所以,西漢早期便是西王母神仙信仰在西漢發展的初期階段,其顯著特徵就是民間相信西王母是"不死之藥"擁有者。

(二) 顯著發展於西漢中期的西王母信仰

《淮南子》一書在編著完畢之後,于漢武帝建元二年進獻於朝廷,這一舉動無疑推動了西王母神仙信仰由民間走向宮廷,進而再作用於民間的步伐。漢武帝由此應當知曉了"西王母"的存在,他沉迷神仙方術也應與此相關。這些推測並非假想,可以找到其他材料予以佐證。如《史記·大宛列傳》記載漢武帝有將河源之山名曰昆侖之事③,而昆侖正是傳説中的西王母居地。漢武帝既知昆侖,對於昆侖所居的西王母自是有一定瞭解的,因而多有關於漢武帝與西王母的故事記載。如舊本題爲班固所撰的《漢武故事》中,不僅多會點明西王母擁有長生不死之藥和使人延年益壽的神能④,而且還屢次談到七月七日西王母與漢武帝相會之事⑤,其中西王母賞賜漢武帝"三千年一著子"的仙桃,"食此可得極壽"的故事,更是使得西王母主持蟠桃盛會、宴請群仙的神話在後世民間廣爲流傳,吳承恩《西遊記》中也才會有齊天大聖孫悟空在瑶池大鬧蟠桃盛會的精彩描寫。

除去漢武帝可作爲西王母信仰在西漢中期顯著發展的依據外,生活於其時的許多傑出人物皆可以作爲這種文化現象的證人。如武帝時人司馬遷説:"河出崑崙。崑崙其高二千五百

---

① [漢] 班固《漢書·地理志》(六),第 1666 頁。
② [漢] 司馬遷《史記·封禪書》(四),第 1378 頁。
③ 《史記·大宛列傳》記載:"漢使窮河源,河源出于寘,其山多玉石,采來,天子案古圖書,名河所出山曰崑崙云。"見於[漢]司馬遷《史記》(一〇),第 3173 頁。
④ 如《太平御覽》卷九六七《果部四·桃》,引之曰:"後西王母下,出桃七枚,母自啖二,以五枚與帝。帝留核著前,王母問曰:'用此何爲?'上曰:'此桃美,欲種之。'母歎曰:'此桃三千年一著子,非下土所植也!'後上殺諸道士妖妄者百餘人,西王母遣使謂上曰:'求仙信邪,欲見神人而殺戮,吾與帝絶矣!'又致三桃,曰:'食此,可得極壽。'"又如《太平御覽》卷九八三《香部三·兜末香》,引用之曰:"西王母當降,上燒兜末香。……香聞百里。關中常大疾疫,死者因生。"分別見於[宋]李昉等撰《太平御覽》,中華書局 1960 年版,第 4289、4353—4354 頁。
⑤ 如《初學記》卷四《歲時部下·七月七日》,引之曰:"七月七日,上于承華殿齋正中,忽有一青鳥從西而來,集殿前。上問東方朔,朔曰:'此西王母來。'有一青鳥如烏,侍王母傍。"又如《太平御覽》卷三十一《時序部十六·七月七日》,引之曰:"王母遣謂帝曰:'七月七日,我當暫來。'帝至日掃宮内,燃九華之燈。"分別見於[唐] 徐堅等著《初學記》,中華書局 1962 年版,第 77 頁;[宋]李昉等撰《太平御覽》,第 148 頁。

餘里,日月所相避隱爲光明也。其上有醴泉、瑤池。"①他所言的"崑崙"、"瑤池"也皆是與西王母相關之地名。而且《史記》中既記載了漢武帝之事,也説明了司馬遷對於西王母的瞭解,所以其書中才會多有相關事迹記載,如《秦本紀》《趙世家》中都有周穆王見西王母之事②,《大宛列傳》中有"安息長老傳聞條枝有弱水、西王母,而未嘗見"③的言論。又如,同爲武帝時人的蜀郡成都人司馬相如作《大人賦》,其中也有對西王母的描述,云:"西望崑崙之軋沕荒忽兮,直徑馳乎三危。排閶闔而入帝宫兮,載玉女而與之歸。……吾乃今日覩西王母,皓然白首戴勝而穴處兮,亦幸有三足烏爲之使。必長生若此而不死兮,雖濟萬世不足以喜。"④由此處"西望崑崙"的恍恍惚惚,到推開天門"而入帝宫",再到西王母的長生"而不死",可見西漢早期存在的以西王母爲掌管長生之神仙的意識,以及以崑崙爲仙人居住之神山的觀念,在武帝時期一直在社會流傳。而這種流傳的關鍵與漢武帝的率先示範有關,因爲司馬相如的作賦背景,《漢書·司馬相如傳》記載爲"相如拜爲孝文園令。……見上好僊……乃遂奏《大人賦》"⑤,此處所言"上"即是"漢武帝",可見該賦是司馬相如迎合武帝好仙而寫的遨遊仙界之辭,因而其"大人"者,就是隱喻的"漢武帝"。但從其"必長生若此而不死兮,雖濟萬世不足以喜"之語,可知司馬相如對於武帝喜好神仙之道的態度卻並非讚賞,賦文本身也就帶有諷勸之意。然一介文人哪里敵得上一朝帝王的影響力,因此,在漢武帝求仙的氛圍籠罩下,西漢中期成爲西王母信仰發展的關鍵階段。

隨着西王母神仙信仰的普及,這種意識也被時人以圖畫的方式予以呈現,並且部分被保存下來成爲今日驗證西王母信仰的依據。比如在"孔子衣鏡"出土之前,屬於西漢昭、宣之間的河南洛陽卜千秋墓壁畫中,就有四分之三側坐的西王母圖像⑥。這與"孔子衣鏡"上的西王母圖像,共同證實了劉賀生活時代所流行的神仙信仰。這種信仰的流行,除了歸功於最高統治者的提倡,也與所説的傑出人物有關。以"司馬遷"與"司馬相如"爲例,二者是被後人分别譽爲"史宗"和"辭宗"的歷史性人物,而且他們的影響在生前就已經顯露出來。比如在整部《史記》當中,司馬遷只有兩篇傳文是爲文學家而立,一者《屈原賈生列傳》,一者《司馬相如列傳》,由司馬相如獨占一"傳",且篇幅約當前者六倍的分量來看,司馬相如的文學成就在武帝之時就已經被人們所認可,如此司馬遷才會整篇收録他的多種作品。而且司馬遷作史因爲既

---

① [漢]司馬遷《史記·大宛列傳》(一〇),第3179頁。
② 《秦本紀》記載:"造父以善御幸於周繆王,得驥、温驪、驊駵、騄耳之駟,西巡狩,樂而忘歸。"見於司馬遷《史記》(一),第175頁。《趙世家》記載:"造父幸於周繆王。造父取驥之乘匹,與桃林盜驪、驊騮、緑耳,獻之繆王。繆王使造父御,西巡守,見西王母,樂之忘歸。"見於[漢]司馬遷《史記》(六),第1779頁。
③ [漢]司馬遷《史記》(一〇),第3163、3164頁。
④ [漢]班固《漢書·司馬相如傳》(八),第2596頁。
⑤ 同上,第2592頁。
⑥ 洛陽博物館《洛陽西漢卜千秋壁畫墓發掘簡報》,《文物》1977年第6期,第1—12頁。

秉承了古代史官"實録"的精神,又開創了實地調查的方法,所以才終歸成就了"究天人之際,通古今之變,成一家之言"的恢弘巨著《史記》,也才會爲當時與後世的人們所津津樂道,如魯迅就曾評述道:"武帝時文人,賦莫若司馬相如,文莫若司馬遷。"①他們既然有着這樣大的影響力,在他們的著作當中又有着對於西王母普遍認知的介紹,隨着他們著作的流傳,西王母神仙信仰自然也就得以廣泛流行起來。

又由於"成仙得道"本就是道家的思想追求,因而這一階段的道家著作中也每每談到西王母。如焦延壽所作《易林》②一書,載録的占卦變之辭中就有數十條提到了"西王母"(或曰"王母"),其中有的内容與長生相關,言她"生不知老,與天相保";有的與賜福、賜子相關,説她"賜我喜子"、"家蒙福祉";還有的與避災禍、解危難相關,談她"禍不成災"、"卒得安處"、"使我安居"、"無敢難者"等③。由這些内容可見,西王母已經不僅被描繪爲不死之神,還被想象成了生育之神、救危解難之神。也就是,基於西王母擁有不死之藥的認知,人們將與生命形態有關的誕生、死亡、生命延續這樣一些人生歷程,都納入西王母的神職範圍之内。西王母神權的這種大肆擴張,正是其時信仰普及化的結果,證實了西漢中期才是西王母信仰大發展的階段,其影響上達宫廷,下及萬民。如此在劉賀墓中的"孔子衣鏡"上,西王母才能够以主神的身份出現,"衣鏡賦"中也才會有"西王母兮東王公,福熹所歸兮淳恩臧"之語。

(三) 盛行於西漢晚期的西王母信仰

匯聚上層人物的推動、傑出人物的影響、大衆崇拜的波及等多種因素,西王母神仙信仰發展成爲西漢中期社會的一種主流意識,這種顯著發展又開啓了西漢晚期西王母信仰興盛的局面。興盛的根源仍然是人們對於西王母能够賦予人永生神性的看重,因而這一階段的作品當中,還是以"長生不死"作爲描述西王母的重點内容,如漢成帝時蜀郡成都人揚雄因隨游甘泉宫而作的《甘泉賦》中,就吟有"想西王母欣然而上壽兮"④之言。

西王母信仰在西漢晚期走向興盛,突出表現在大規模祭祀活動的出現,其中影響最大的便是哀帝建平四年爆發的群衆祭祀運動。對此《漢書》中屢有記載,分見《五行志下之上》《哀帝紀》《天文志》《息夫躬傳》《鮑宣傳》《杜鄴傳》《王嘉傳》和《元後傳》⑤,文字有詳有略,其中以

---

① 魯迅《漢文學史綱要》,《魯迅全集(第九卷)》,人民文學出版社2005年版,第431頁。
② 有關《易林》的作者及其生活年代學界有不同意見,對照本書内容所反映的文化背景,今從尚秉和、陳良運二位先生之言,認爲作者是西漢昭帝時任小黄令的焦延壽,反映的正是西漢中期的思想情况。見[西漢]焦延壽著、[民國]尚秉和注、常秉義點校《焦氏易林注·導言》,光明日報出版社2005年版,第3頁;陳良運《漢代〈易〉學與〈焦氏易林〉》,《中州學刊》1998年第4期,第65—67頁。
③ 馬怡《西漢末年"行西王母詔籌"事件考——兼論早期的西王母形象及其演變》,《形象史學研究》2016年第1期,第40、41頁。
④ [漢]班固《漢書·揚雄傳》(一一),第3531頁。
⑤ 分别見於[漢]班固《漢書》,第1476、342、1311—1312、2184、3091、3476、3496、4033頁。

《五行志》記述最爲詳細,其載:

> 哀帝建平四年正月,民驚走,持槀或棷一枚,傳相付與,曰行詔籌。道中相過逢多至千數,或被髮徒踐。或夜折關,或踰牆入。或乘車騎奔馳,以置驛傳行,經歷郡國二十六,至京師。其夏,京師郡國民聚會里巷阡陌,設張博具,歌舞祠西王母。又傳書曰:"母告百姓,佩此書者不死。不信我言,視門樞下,當有白髮。"至秋止。

從這段文字可見,這次運動歷經二十六郡國才將"詔籌"傳遞至京師長安,在道上相遇時參與者可衆達"千數";夏季京師和郡國的百姓又共同聚集在里巷、阡陌,設置博具,以歌舞的方式祠祀西王母,而且整個過程從正月開始,至秋季才止,持續大約半年。從運動的時間之久,到參與人數之多、所涉地域之廣,以及群情之激昂,都無不説明了這次事件在當時的社會影響之巨,足證當時對於朝野上下的震動,也因此《漢書》才會反復記載此事,這無疑反映了當時對於西王母的崇拜在整個社會已經深入人心。而活動中假托西王母傳書百姓,告知傳遞、佩帶西王母"詔籌"才可以"不死"的儀式,證實了對生命"死"與"活"的掌控,才使得人們主動去討好西王母,所以人們對於西王母是既敬又畏。

這種祭祀活動的真實存在,還可證以這一階段的實物圖像。如《五行志》所説的以"歌舞祠西王母"的祭祀形式,在"山東西南和江蘇北部地方"的西漢晚期畫像中就有較多發現①;又如信仰西王母可以"不死"的崇拜根源,在西漢晚期的畫像中也通過玉兔製作不死之藥的場景構圖,表明了西王母擁有使人長生能力的主題。如洛陽洛寧縣澗口鄉磚墓的西王母壁畫像中,西王母居中,左爲蟾蜍、玉兔搗藥;右爲三足烏與九尾狐②。又如鄭州新通橋漢墓中,與西王母圖像位於同一畫像磚上的只有玉兔,與之相關的九尾狐和三足烏則出現於另外一塊畫像磚上③。再如山東微山縣青山村的一座畫像石墓中,西王母"頭戴勝杖端坐于高座上,向右有玉兔搗藥,九尾狐銜食,羽人手奉靈芝草或不死藥,三足烏銜食站立,周圍還有蟾蜍、羽人、飛虎等;畫面下方有雞首人身、馬首人身的兩個仙人,皆向右側站立",此外還有人首龍身的燭龍侍奉其旁,以及手扶耒耜的神農氏位於其下④。可見很明確的顯示出了西王母與不死之藥的關係,以及神界主神的突出地位。

也正是由於西王母信仰在西漢晚期的這種興盛局面,王莽攝政後爲了實現代漢自立的野

---

① 武紅麗《試論漢畫像石中樂舞圖像的來源與變化——從樂舞祠西王母説起》,《美苑》2010年第1期,第77頁。
② 史家珍、李娟《洛陽新發現西漢畫像磚》,《中原文物》2005年第6期,第8—12頁。
③ 汪小洋《漢畫像石中西王母中心的形成與宗教意義》,《南方文物》2004年第3期,第38頁。
④ 微山縣文物管理所《山東微山縣近年出土的漢畫像石》,《考古》2006年第2期,第42、43頁。

心,還曾予以利用,爲自己造勢。即他爲得到姑母王太后的支持和幫助,將盛行的西王母崇拜視作"王太后之應"加以提倡,下詔曰:"太皇太后肇有元城沙鹿之右,陰精女主聖明之祥,配元生成,以興我天下之符,遂獲西王母之應,神靈之徵。"①在既得漢室天下後,他又下詔説:"予伏念皇天命予爲子,更命太皇太后爲'新室文母太皇太后',協於新故交代之際,信於漢氏。哀帝之代,世傳行詔籌,爲西王母共具之祥,當爲歷代母,昭然著明。"②從哀帝時爲西王母"世傳行詔籌",到王太后"當爲歷代母",可知祭祀西王母的活動在西漢晚期應已成俗。王莽的所做所爲,無疑又反過來强化了這一民間基礎,使得西王母崇拜進一步成爲整個社會不論等級高低的共同信仰。東漢時期的西王母信仰,就是這種興盛局面的一種延續,因而之前所發現的東漢畫像石中才會頻繁以西王母神話作爲構圖題材。

二、西王母信仰在西漢中期發展的突出表現

　　西王母信仰在西漢中期的大發展,除了體現在已經提到過的西王母神職的擴大、西王母崇拜的受衆面更廣這些常規方面,還有一些突出表現需要格外予以重視,包括:專門祭祀場所及祭祀活動的出現;西王母發展爲神界主神;發展出與西王母相對偶之神——東王公等。

(一) 專門祭祀場所及祭祀活動的出現

　　對於這種專祭活動在西漢中期的存在,學者們基本持否定態度,但推情準理都應當已經存在。文獻中多有關於西漢後期存在"西王母石室"的記載。如《論衡·恢國》載:"金城塞外:羌良橋橋種良願等,獻其魚鹽之地,願内屬漢,遂得西王母石室,因爲西海郡。周時戎狄攻王,至漢内屬,獻其寶地。……西王母國在絶極之外,而漢屬之。"③又如顔師古注《漢書·地理志下》中的"臨羌"説:"西北至塞外,有西王母石室、僊海、鹽池。北則湟水所出,東至允吾入河。西有須抵祠,有弱水、昆侖山祠。"④比較這兩條記載,可以發現記録的都是河西存在"西王母石室"的情況,其中《漢書》所説的"臨羌",就在《論衡》所説的"金城",漢時金城郡就屬於河西走廊,而特意强調"西王母石室"在此地的存在,可見是一種地域的文化標識,所以稱"獻其寶地",況且這一地域内還有"昆侖山祠",正是西王母信仰的盛行之地。金城塞外"西王母石室"歸漢的時間雖然發生于平帝元始四年,但其存在的歷史則應該更早,是此才能成爲地方文化的象徵。

---

① [漢]班固《漢書·翟方進傳》(一〇),第3432頁。
② [漢]班固《漢書·元后傳》(一二),第4033頁。
③ [漢]王充《論衡》,《諸子集成》(七),中華書局2006年版,第193頁。
④ [漢]班固《漢書》(六),第1611頁。

那麽"西王母石室"是指西王母居住的地方,還是指祭祀西王母的地方? 依據《晉書·張軌傳》中所載酒泉太守馬岌關於酒泉南山"有石室玉堂,珠璣鏤飾,煥若神宫。宜立西王母祠"①的上言所推測,"石室"應當指西王母居住之地,而後世既然有人提出在"石室"修建"西王母祠"的建議,就説明傳説中的"石室"往往也是祭祀西王母的專門場所。這種專祀之地在西漢的存在還可找到文獻引以爲據,如衛宏《漢舊儀》曰:"祭西王母於石室,皆在所二千石、令、長奉祠"②,對此記載《太平御覽》也曾加以引用,説"祭西王母石室皆有所,二千石、令、長奉祀"③。由《漢舊儀》所載乃西漢禮制④可見,在西漢時期奉祠西王母不僅有固定場所,還有專門職司。由這種祭祀是地方郡太守、王國相和縣令、縣長這樣的地方行政長官所主持的制度來看,這種祭祀活動盛行於西漢民間,且爲官方所高度重視的情況便顯而易見了。

那麽這種禮制又是何時興起的呢? 應當同樣可以追溯到西漢中期。前已説明祭祀西王母的專門之地被稱爲"西王母祠",而據學者考證,祠堂在西漢早期已經出現,到武帝初年立祠堂早已沿襲成風⑤,如《漢書·文翁傳》就記載有武帝時"文翁終於蜀,吏民爲立祠堂,歲時祭祀不絶"⑥。從身份來看,文翁只是一個蜀郡守,成都吏民尚且爲他立祠堂,享歲時祭祀,西王母作爲擁有如此崇高地位的神仙,爲其修建祠堂更應當是在情理之中。因而"西王母祠"在武帝時期應當也已經出現,這與《太平寰宇記》卷三十二中釋"西王母祠"時關於漢武帝立祠祭西王母之事的記載可以互爲印證,其言曰:"王母乘五色雲降於漢武,其後帝巡郡國,望彩雲以祠之,而雲浮五色,屢見於此。《漢書》上之□□□也,因立祠焉。每水旱,百姓禱祈,時有驗焉。"⑦所以,祭祀西王母的禮制就應當起源於漢武帝時期,這與其他西漢之禮基本也都創制於武帝之朝的史實也可相互參照,與漢武帝本人尤重鬼神之事的心態和實踐也可對應。因於這種禮制,"西王母祠"也當不唯西北塞外這種文化誕生之地才有,京師和各郡縣也當皆有專祠存在,民間祭祀所祈禱的對象也當是以西王母爲主,這樣《易林·小畜之豐》也才會言"中田膏

---

① 《晉書·張軌傳》記載了永和元年(公元 345 年)酒泉太守馬岌向前涼統治者提出修建西王母祠的建議:"酒泉太守馬岌上言:'酒泉南山即崑崙之體也。周穆王見西王母,樂而忘歸,即謂此山。此山有石室玉堂,珠璣鏤飾,煥若神宫。宜立西王母祠,以裨朝廷無疆之福。'駿從之。"見於[唐]房玄齡等撰《晉書》,中華書局 1974 年版,第 7 册第 2240 頁。

② [清]孫星衍等輯、周天遊點校《漢官六種》,中華書局 1990 年版,第 100 頁。

③ [宋]李昉《太平御覽》卷五二六《禮儀部五·祭禮下》,中華書局 1960 年版,第 2388 頁。

④ 周天遊《漢官六種·點校説明》,中華書局 1990 年版,第 2 頁。

⑤ 信立祥《論漢代的墓上祠堂及其畫像》,中國歷史博物館考古部《中國歷史博物館考古部紀念文集》,科學出版社 2000 年版,第 180 頁。

⑥ [漢]班固《漢書·循吏傳》(一一),第 3627 頁。

⑦ [宋]樂史撰、王文楚等點校《太平寰宇記》,中華書局 2007 年版,第 692、693 頁。

黍,以享王母,受福千億,所求大得"①。而且,正因爲對西王母的祭祀,既是一種官方禮制活動,又是一種民間自發活動,行之日久,才會爆發如西漢後期那麼大規模的祭祀活動,才會涉及京師及二十六郡國民衆,也才會有王莽借此以達政治目的的詔書。

(二) 西王母發展爲神界主神

西王母在西漢中期有一躍而成爲神界主神的地位變化過程,這可以從西王母造型藝術的多方面予以觀察到。爲了服務於這一身份的改變,在塑造西王母形象時,開始每每以正襟危坐的形象出現,而且身旁常給繪上些仙界異物與之相伴,其中爲西王母搗製不死之藥的玉兔就常作爲構圖要素來表示她的神職。西王母的形象在這一階段增加了更多的仙氣,減去了《山海經》中所言的"豹尾虎齒"的原始形象②。就"孔子衣鏡"中的西王母而言,正襟危坐的形象和神仙代表的身份,都是她主神地位的象徵。此外,這種地位還體現在她對於四大神獸的驅使。前已提到過,由衣鏡中展示出的"尊上"方位意識,可知與西王母同時出現的天界四方神獸,就是附屬於西王母信仰而存在的。神獸既然居於西王母之下,也自然供其驅使,爲其服務。所以,"西王母"圖像在衣鏡邊框的出現,就是西王母在西漢中期已經發展成神界主神的實物憑證。

這種神獸與神仙的主從關係,在其時流傳的文獻中也多有反應。比如《淮南子·天文訓》中記載:"東方木也,其帝太皞,……其獸蒼龍;南方火也,其帝炎帝,……其獸朱鳥;西方金也,其帝少昊,……其獸白虎;北方水也,其帝顓頊,……. 其獸玄武。"③這裏談論四方天帝與神獸的先後順序,就已經明示了他們之間的尊卑關係。又如《史記·天官書》云:中央爲天帝所居的"中宮",其四方分別有"東宮蒼龍"、"南宮朱鳥"、"西宮咸池"、"北宮玄武"④,其中的西宮之精便是"白虎",由"四神"的作用就是守衛天界四方、拱衛天帝也可明見神獸與神仙的服務與被服務關係。且衣鏡中上南下北、左東右西的方位,正可對應神獸所居四方,所以,衣鏡中出現的四方動物⑤就是天界神獸,在此處爲高於它們的主神西王母所服務。

衣鏡之外,西王母這種主神的地位,還體現在對她役禽的改造。在西漢中期爲西王母服務的神鳥稱爲"三足鳥",如前面提過的武帝時人司馬相如所作的《大人賦》中,就說西王母"幸

---

① [西漢]焦延壽著、[民國]尚秉和注、常秉義點校《焦氏易林注》,第100頁。
② 如《西山經》云:"西王母其狀如人,豹尾虎齒而善嘯,蓬髮戴勝,是司天之厲及五殘。"又如《大荒西經》云:"有人戴勝,虎齒,有豹尾,穴處,名曰西王母。"分別見於周明初校注《山海經》,浙江古籍出版社2000年版,第36、228頁。
③ [漢]高誘《淮南子》,《諸子集成》(七),第37頁。
④ [漢]司馬遷《史記》(四),第1289—1308頁。
⑤ "孔子衣鏡"背板的邊框四周神獸圖像,"衣鏡賦"言曰:"右白虎兮左蒼龍,下有玄鶴兮上鳳凰。"這與當時常見的青龍、白虎、朱雀、玄武,略有出入,原因將另文探討。

有三足烏爲之使"。而"三足烏"的前身乃是《山海經》中爲西王母取食的"三青鳥"①,爲什麽會出現這種形象的改造呢? 同樣是爲了滿足西王母主神身份的這種塑造需求。因爲"三足烏"被視爲太陽之精,所以又稱"陽烏",這與"玉兔"所代表的月亮之精相聯繫,就可知二者所服務的西王母,如此就兼具了太陽與月亮所分别具有的陰陽屬性。而陰陽合則萬物生,作爲陰陽合體的西王母自然就是至高無上的神靈,不僅自己是"長生不死"的,還有掌握人之生死的神權。又依據反映這種形象改造和神獸仙人關係的文獻創造背景,可知武帝時期就已經出現了西王母爲至上神的意識,這佐證了前面所説武帝立祠祭祀西王母的真實性,以及這種祭祀禮制的根本由來。

正因爲西王母具有至高無上的神權,到西漢晚期這種信仰便走向了興盛、狂熱,故而漢哀帝時期人們在普遍驚惶失措下所乞求祭祀的對象才會是"西王母"。表現在漢畫像圖中,便是西王母常常以主神的身份出現,如江蘇沛縣棲山發現的西漢晚期一號墓出土的三號畫像石上就刻有"諸神朝拜西王母之圖"②。而西王母之所以能獲得至上神的這種"獨尊"地位,就在於西王母兼具陰陽屬性,從而具有掌握人之生死的神能。

(三) 發展出與西王母相對偶之神——東王公

"東王公"一開始便是作爲"西王母"配偶的身份而出現的,其存在歷史自然是相對較晚的,而到底何時出現的呢? 在"孔子衣鏡"未出土之前,學者們通常依據已經發現的畫像實物,較爲一致地把"東王公"出現的歷史追溯到東漢中晚期。如信立祥先生依據山東嘉祥武梁祠兩面山牆的畫像,認爲東王公與西王母的相配情況最早見於東漢桓帝元嘉元年(151),也就是在東漢中期以前,"女性主仙西王母相對應的男性主仙還並没有被群衆性造仙運動創造出來"③。他的這一觀點獲得了不少學者的認可,如姜生先生便引用過這一觀點,以爲己説④。又如巫鴻先生也曾指出:"東王公僅僅是西王母的一個鏡像,他被創造出來的時間也不早於公元二世紀。"⑤所以,"孔子衣鏡"中二神的同時出現,更新了對於西王母信仰的傳統認知,標識了"東王公"與"西王母"二神並舉的觀念早在西漢中期就已經形成並流行。

爲什麽孤獨無偶、至高獨尊的西王母,在"孔子衣鏡"中會與東王公一同出現呢? 這一形象的顯著變化則在於西漢中期之人對當時社會濃厚的陰陽觀念的迎合。其時流傳的文獻多

---

① 如《大荒西經》云: 西王母之山"西有三青鳥,赤首黑目,一名曰大鵹,一名曰少鵹,一名曰青鳥";又如《海内北經》云:"有三青鳥,爲西王母取食。在昆侖虚北。"分別見於周明初校注《山海經》,第224、185頁。
② 徐州市博物館、沛縣文化館《江蘇沛縣棲山漢畫像石墓清理簡報》,見《考古學集刊》第2集,中國社會科學出版社1982年版,第111頁。
③ 信立祥《漢代畫像石綜合研究》,文物出版社2000年版,第154、156、157頁。
④ 姜生、种法義《漢畫像石所見的子路與西王母組合模式》,《考古》2014年第2期,第96頁。
⑤ [美]巫鴻著、李凇譯《論西王母圖像及其與印度藝術的關係》,《藝苑》1997年第3期,第36頁。

有這種陰陽觀念表述,比如《淮南子·精神訓》云:"有二神混生,經天營地。孔乎莫知其所終極,滔乎莫知其所止息。於是乃别爲陰陽,離爲八極,剛柔相成,萬物乃形。"① 可見認爲宇宙萬物是由"陰陽二神"所化生的,所以説二神"經天營地"、"萬物乃形";這二神自身的特點則是長生不死、萬世永存,所以説"莫知其所終極"、"莫知其所止息";而要形成萬物,則需要二者相輔、合二爲一,所以説"剛柔相成"。正因爲只有陰陽相輔相成才能化生宇宙萬物,所以説"二神混生"。因此,這種陰陽對立統一的理論,在承認陰陽成對並列的同時,更强調的是陰陽的成雙合一。

基於信奉的這種陰陽理論,時人就把原本陰陽合體的西王母神性分而爲二,讓她形式上只保留了自己女仙身份所代表的陰性,也就是退居爲"陰性主神"、"女仙之首"。而爲她原本所具有的陽性身份另外再找一個替身,這個再也合適不過的替身便是"東王公"了。因爲與"西"相對的便是"東",與"母"相對的便是"公",這樣"東王公"就在時人的陰陽理論下被創造出來了,成爲"陽性主神"、"男仙之首"。由於"東王公"與"西王母"在陰陽、等級方面的完美平衡對應,所以自被創造出來,二者就成爲一種固定搭配。"孔子衣鏡"中二神作爲仙人世界的代表,以正襟危坐的對稱形象出現,就直接顯現了劉賀所在的西漢中期二神作爲神界陰陽(男女)主神的這樣一種身份。

正由於"東王公"的存在與神性皆來自對西王母最高神性的分解,所以東王公也是附屬于西王母信仰之下的。二者的神性,乃是一種"你中有我,我中有你"的關係,對應《淮南子》中所說的"二神混生"的狀態。所以,東王公的出現並非是對西王母至高神性的挑戰,他們成雙成對地出現,表達的不過是陰陽相輔相成才能化生世界萬物的陰陽宇宙觀。反映在"孔子衣鏡"中,便是"衣鏡賦"中所表述的"西王母兮東王公"這樣一種先後順序。也正因爲如此,雖然西漢中期二神並舉的思想已然形成,在西漢晚期也存在强調西王母陰性特徵的明確表述,如前面提到過王莽曾説西王母爲"陰精女主";又如哀帝時也有人說"西王母,婦人之稱也"②,但在大規模的祭祀活動中人們所祈禱祭祀的主神仍然是西王母,表現在漢畫像石中,就是西王母單獨出現的頻率要遠遠高於二者同時出現的次數。

基於西王母與東王公的這種原生與次生的對偶關係,二位神仙雖然相對,但更多地是一種統一的關係,而且是統一於西王母所本有的長生不死神能,也因此西漢中晚期的漢畫像中關於西王母信仰的構圖,也就存在了兩種主題同時存在的現象,即西王母單獨以至上神的身份出現,或西王母、東王公分别作爲女仙、男仙之首的主神出現。所以,東王公就是以西王母爲母型,而演化出的新神。反映在現今社會,就是大多數人對於二者的知曉度存在着非常明顯的差異。這種名氣的大小差異直接反映的便是二位神仙流傳的時代早晚、範圍廣狹、相對神性等問題,同時也是我國古代人類文明進程中由母系而進入父系的一種歷史折射。

---

① [漢]高誘《淮南子》,《諸子集成》(七),第 99 頁。
② [漢]班固《漢書·五行志下之上》(五),第 1476 頁。

既知事實如此，還可以重新審視之前學者所棄而不用的一些文獻資料，並進而思量史料的取用與價值的衡量標準問題。如通過搜羅文獻，可以發現在舊本題爲漢武帝時人東方朔所撰的《神異經·中荒經》裏就已經出現了"東王公"與"西王母"相配的形象，其言："崑崙之山有銅柱焉，其高入天，所謂天柱也……仙人九府治之，上有大鳥，名曰稀有。南向。張左翼覆東王公，右翼覆西王母，背上小處無羽，一萬九千里。西王母歲登翼上，會東王公也。"①由二神一歲一會可見，東王公也是西王母的配偶，他們都生活于天庭，有神鳥供他們役使。但由於人們往往認爲《神異經》荒誕怪異、且爲後人托名所作，不值爲信，這才造成了視而不見、避而不用的結果。"孔子衣鏡"的出土直接印證了《神異經》的記載並非全是誣妄之語，即便後世之書也並非不能作爲前世歷史研究的依據。

小　　結

綜上所述，"西王母"與"東王公"作爲神仙世界的代表並出於"孔子衣鏡"上的事實，反映了墓主人劉賀所處的西漢武、昭、宣時期所盛行的仙人信仰問題，也就是西漢中期才是西王母信仰發展的關鍵階段。這種大發展的局面突出表現在：專門祭祀場所及祭祀活動的出現、西王母發展爲神界主神、西王母對偶神東王公的出現等方面。這種信仰乃是直接繼承西漢早期對於西王母身爲掌管不死之藥的神仙意識，又開啓了西漢後期西王母信仰興盛的局面，終至大規模祭祀活動的爆發。所以，二位仙人作爲神界陰陽兩大主神的出現，與《衣鏡賦》中所提到的"陰陽順"、"樂未央"的表述相吻合，共同體現了時人對於"長生不死"的追求。

歸根結底，則是當時現實生活中普遍存在的好生惡死生命觀的真實反映。人們希冀自己生命得到無限延續，而不是停止消逝，才萌發了"長壽"、"長生"的願景，才幻想出了"不死之藥"的存在，"嫦娥奔月"的神話也才廣爲流傳，擁有不死之藥的西王母才會受到漢人的由衷信奉，又才會成爲漢畫像中常見的構圖題材。正因爲西漢中期神仙信仰如此盛行，武、昭、宣時期的人名才會"有大量反映長壽、長生觀念的用語"②。不同階層普遍存在的對於生命終極關懷的關注和渴望，奠定了西王母信仰的堅實根基，使之上達宮廷，下及民間，成爲之後西王母信仰進一步發展的沃土。

又由於西漢中期以西王母爲核心的神仙信仰，在陰陽和實生物的道家思想指導下得到了顯著發展，更何況神仙意識本就與道家密不可分，故而至今還會有"成仙得道"的習語流傳。巫鴻先生早已指出西漢晚期大規模的祭祀事件已經具備早期道教的"偶像崇拜、組織聯絡、占

————————
① [晉]張華等《博物志(外七種)》，上海古籍出版社 2012 年版，第 98 頁。
② 楊頡慧《從兩漢人名看漢代的神仙信仰》，《西南大學學報(人文社會科學版)》2007 年第 1 期，第 186 頁。

卜儀式、使用符籙、異人降臨、神示應驗"六項特點①。"西王母"與"東王公"後來會被封爲道教尊神,也應與西漢西王母信仰的這種發展和盛行直接相關。所以,"孔子衣鏡"邊框所繪圖案便是道家思想的體現,只是由於所處位置,可知整個衣鏡展示的是一種"儒主道輔"的思想格局,而這也正是劉賀所在西漢中期思想狀況的真實反映②。總之,"孔子衣鏡"的問世,大大提前了以往許多關於西王母信仰産生時代的認知,是今後研究西王母信仰、道家思想、道教興起的重要憑證。而且作爲西漢中期社會整體面貌的一個縮影,無疑具有更多、更大的學術價值等待人們去挖掘。

[作者簡介] 何丹(1986—),女,四川廣元人。四川大學歷史文化學院畢業,現爲南昌大學歷史系講師,主要從事先秦秦漢史研究,發表學術論文 20 餘篇。

---

① [美] 巫鴻著,鄭岩、王睿編《漢代道教美術試探》,《禮儀中的美術——巫鴻中國古代美術史文編》,三聯書店 2005 年版,第 459 頁。
② 何丹《從海昏侯墓出土"孔子衣鏡"看漢代儒家思想與信仰》,《文化遺産》2017 年第 4 期,第 107—118 頁;何丹《孔子畫像與漢代教育——以海昏侯墓出土畫像爲中心》,《上海交通大學學報(哲學社會科學版)》2018 年第 3 期,第 92—98 頁。

《漢書·藝文志》小説家與古典"小説"觀念續考*

——以古典目録中小説家的發展與演變爲中心

孫振田

内容提要 《漢志》小説家對後世目録的"小説"觀念産生了深遠的影響。後世目録在判斷何爲"小説"時,往往以《漢志》爲參照。從《漢志》《隋志》至《四庫全書總目》,其"小説"觀可以歸納如下:1.《漢志》,"小説"爲"小的學説";2.《隋志》,"小説"指:(1)"街談巷語,道聽塗説";(2)"言語""説話"或"談話"類的著作;(3)謔笑詼諧類的著作;3.《舊唐志》,除與《隋志》全同外,另外將"荒誕不經"視爲了"小説"的特點;4.《新唐志》,除與《舊唐志》相同外,進一步將荒誕不經之作視爲了"小説",並將辨訂、雜考、雜記、雜録及雜史類的書籍視爲了"小説";5.《郡齋讀書志》,除與《新唐志》相同外,另將詩話類的著作視爲了"小説";6.《四庫全書總目》,將文詞冗濫簡鄙之作等十六類視爲了"小説"。《漢志》小説家對後世目録著作"小説"觀的影響,是基於不同的因素而發生的,除"小道"外,"小説"字面上的可能的含義,其産生的途徑、編纂的方式,甚至相關作品的注釋等,也都對後世目録的"小説"觀發生著影響。弄清這些,對於理解相關目録著作的"小説"觀,以及進行相關的學術研究等,均有着無法忽略的意義。

關鍵詞 《漢書·藝文志》 小説家 "小説"觀念 古典目録 發展與演變

中圖分類號 B2

筆者曾撰《〈漢書·藝文志〉小説家研究三題》[①]一文,指出《漢志》小説家之"小説"不是文體,也不具有文體學意義,而是指非關大道的"小的學説"("小道")。而且,就著録體例言,小

---

* 本文爲第二批(2015)陝西高校人文社會科學青年英才支持計劃及國家社科基金《漢書·藝文志》注解長編與研究"(編號:11XTQ013)的部分成果。西安工業大學人文學院宋曉闖同志爲本文的撰寫做出了積極貢獻,特此説明並致謝。

① 孫振田《〈漢書·藝文志〉小説家研究三題》,《理論月刊》2011年第8期。

説家中還著録有並非"小説"的作品,這些作品以著"雜"於末的體例而著録,具體就是將那些本非"小説"的作品著録於整個《諸子略》的最後,又因小説家位於《諸子略》的末尾,從而形式上著録進了小説家之中,也就是小説家的末尾。那麽,後世目録著作小説家之"小説",其含義又如何呢?或者説,什麽樣的作品會被視爲"小説"呢?《漢志》對它們又産生了什麽樣的影響呢?它們的"小説"觀及其著録對於《漢志》"小説"觀又有何繼承與發展呢?對於這些問題,仍有進一步探討的必要。基於是,本文再以古典目録中小説家的發展及其演變爲中心,以《隋書·經籍志》《舊唐書·經籍志》《新唐書·藝文志》《郡齋讀書志》及《四庫全書總目》爲切入,對諸小説家之"小説"的含義做進一步的研討①。

一、《隋書·經籍志》之小説家

序云:

> 小説者,街説巷語之説也。《傳》載輿人之誦,《詩》美詢於芻蕘。古者聖人在上,史爲書,瞽爲詩,工誦箴諫,大夫規誨,士傳言而庶人謗。孟春,循木鐸以求歌謡,巡省觀人詩,以知風俗。過則正之,失則改之,道聽塗説,靡不畢紀。《周官》,誦訓"掌道方志以詔觀事,道方慝以詔辟忌,以知地俗";而訓方氏"掌道四方之政事,與其上下之志,誦四方之傳道而觀衣物",是也。孔子曰:"雖小道,必有可觀者焉,致遠恐泥。"②

據序文,《隋志》小説家之"小説"或已與《漢志》有所不同,已不再專指"小的學説"。《漢志》小説家的序文明云"如或一言可采,此亦芻蕘狂夫之議也","議"即議論,而《隋志》序文卻稱"街説巷語之説",以"説"而非以"議"稱之,而"説"除了"學説"外,還可以有"言語"、"説話"、"談話"等含義。序文中"孟春,循木鐸以求歌謡,巡省觀人詩,以知風俗。過則正之,失則改之,道聽塗説,靡不畢紀"之"歌謡"、"詩"等用語,表明序文將"小説"界定在了較爲具體的作品的層面,而非描述抽象含義的"小的學説"的層面。合以"説"有"言語"、"説話"及"談話"等含義,就可以大致得出結論,《隋志》小説家之"小説"確已不再指"小的學説",而是指篇幅短小的

---

① 具有縱向的眼光,對《漢志》之後古典目録中的小説家進行研究者也不乏其人,如李萬健《四部法"小説家"類淺論》(《文獻》2002年第1期),邵毅平、周峨《論古典目録學的"小説"概念的非文體性質——兼論古今兩種"小説"概念的本質區別》(《復旦學報》2008年第3期)等即是。然諸先生於古典目録中的"小説"觀念的發展及其演變,尤其《漢志》"小説"觀對後世目録著作"小説"觀及其作品著録的影響,後世目録著作之"小説"觀及其著録對《漢志》"小説"觀究竟有何發展與演變,均未能給以系統的梳理與揭示。
② [唐]魏徵等《隋書》,北京中華書局1973年版,第1012頁。

"言語"、"説話"或"談話"等。

所著録的作品，可以分爲三類：第一類，梁有《青史子》一卷、《燕丹子》一卷、梁有《宋玉子》一卷等三種；第二類，梁有郭頒《群英論》一卷、梁有裴啓《語林》一卷、不著撰人《雜語》五卷、郭澄之《郭子》三卷、不著撰人《雜對語》三卷、不著撰人《要用語對》四卷、不著撰人《文對》三卷、顧協《瑣語》一卷、邯鄲淳《笑林》三卷、不著撰人《笑苑》四卷、陽玠松《解頤》二卷、劉義慶《世説》八卷、劉孝標《世説注》八卷、殷芸《小説》十卷、不著撰人《小説》五卷、伏挺《邇説》一卷、蕭賁《辯林》二十卷、席希秀《辯林》二卷、陰顥《瓊林》七卷等十九種；第三類，包括不著撰人《古今藝術》二十卷、不著撰人《雜書鈔》十三卷、庾元威《座右方》八卷、不著撰人《座右法》一卷、劉徽注《魯史欹器圖》一卷、信都芳《器準圖》三卷、不著撰人《水飾》一卷等七種。

那麽，這些作品又是因何而著録於小説家之中的呢？ 或者説，它們所反映的"小説"觀又是怎樣的呢？

先看第一類。

其一，梁有《青史子》一卷。爲直接繼承《漢志》的著録而來，故其所反映的"小説"觀應與《漢志》相同，帶有"小的學説"的意味。劉勰《文心雕龍·諸子》論《青史子》云："青史曲綴以街談。"①正是將《青史子》視爲(諸子)學説，與《漢志》"小的學説"正同。

其二，《燕丹子》一卷。關於其性質，大致有兩種可能：1. 議論性的作品。果如此，則其就是因"小的學説"而著録於小説家之中，即其所反映的"小説"的含義也是"小的學説"，與《漢志》相同；2. 叙述性的作品。司馬遷《史記·荆軻列傳》："世言荆軻，其稱太子丹之命，'天雨粟，馬生角'也，太過。"②王充《論衡·書虚》："傳書又言：燕太子丹使刺客荆軻刺秦王，不得，誅死。"《感虚》："傳書言：燕太子丹朝於秦，不得去，從秦王求歸。秦王執留之，與之誓曰：'使日再中，天雨粟，令烏白頭，馬生角，厨門木象生肉足，乃得歸。'當此之時，天地祐之，日爲再中，天雨粟，烏白頭，馬生角，厨門木象生肉足。秦王以爲聖，乃歸之。此言虚也。"《語增》："傳語曰：町町若荆軻之閭。"《是應》："世言燕太子丹使日再中，天雨粟，烏白頭，馬生角，厨門象生肉足。"③應劭《風俗通義·正失》："俗説：'燕太子丹爲質於秦，始皇執欲殺之，言能致此瑞者，可得生活，丹有神靈，天爲感應，於是遣使歸國。'……原其所以有兹語者，丹實好士，無所愛怪也。故閭閻小論飾成之耳。"④衡以《史記》及《論衡》《風俗通義》，《燕丹子》最大的可能當爲叙述性的作品。再據前者之"世言"及後二者之"傳語"、"世言"、"俗説"、"閭閻小論"云云，基本可以確定，此《燕丹子》一卷乃緣"街談巷語，道聽塗説"而編纂成書。亦即《燕丹子》一卷

---

① [南朝梁]劉勰著、范文瀾注《文心雕龍注》，人民文學出版社1962年版，第308頁。
② [漢]司馬遷《史記》卷八十六，中華書局1959年版，第2538頁。
③ [漢]王充著、張宗祥校注、鄭紹昌標點《論衡校注》，上海古籍出版社2013年版，第91、109、162、354頁。
④ [漢]應劭撰、王利器校注《風俗通義校注》，中華書局1981年版，第91—92頁。

當是緣"街談巷語,道聽塗説"而著録於小説家之中的,即其所反映的"小説"含義更多地局限在"語"或"説"的具體的層面,而不再專指抽象層面的"小的學説"。當然,這一著録還是從《漢志》而來,唯《隋志》在著録時,僅僅因作爲外在因素的"街談巷語,道聽塗説"而著録,一定程度上忽略了其最根本的含義"小的學説"。又,馬端臨《文獻通考·經籍考》子部小説家:"今觀《燕丹子》三篇,與《史記》所載皆相合,似是《史記》事本也。然烏頭白,馬生角,機橋不發,《史記》則以怪誕削之。進金擲罋,膾千里馬肝,截美人手,《史記》則以過當削之。聽琴姬,得隱語,《史記》則以徵所聞削之。司馬遷不獨文字雄深,至於識見高明,超出戰國以後。其書芟削百家誣謬,亦豈可勝計哉!"①那麽,《燕丹子》一卷是否因爲其内容上的荒誕而被著録於小説家呢?這一可能性並不存在,因爲内容上遠較《燕丹子》一卷爲荒誕的張華《博物志》及那些通常被稱爲志怪類的著作,被分別著録於雜家類及史部之雜傳類,而非小説家中,足以説明《燕丹子》一卷並非因爲内容上存在怪誕誣謬之處而被著録於小説家之中②。

可以把《隋志》判斷《燕丹子》爲"小説"的邏輯過程圖示如下:燕丹子之事——"街談巷語,道聽塗説"——"小説"。與《漢志》判斷"小説"的邏輯進行對比,便會發現,同樣對一部作品是否爲"小説"進行判斷,《隋志》關於"小説"的範圍被擴大了,已經不再局限於"小的學説",而是由作爲價值評價的"小的學説"擴展到了作爲外在特徵的"街談巷語,道聽塗説"。《漢志》判斷何爲小説的邏輯可圖示爲:小的學説——價值較小("小道")——"小説"。

其三,梁有宋玉《宋玉子》一卷。其内容爲何,有何特點,已無可詳考。《文心雕龍·諧隱》:"諧之言皆也,辭淺會俗,皆悦笑也。昔齊威酣樂,而淳于説甘酒;楚襄宴集,而宋玉賦《好色》:意在微諷,有足觀者。"又云:"然文辭之有諧讔,譬九流之有小説。蓋稗官所采,以廣視聽。若效而不已,則髡袒而入室,旃孟之石交乎!"③據前者,宋玉《登徒子好色賦》被視爲諧隱之作;據後者,則"諧隱"之作又因其不入流而可以被視爲"小説"。合而觀之,宋玉《登徒子好色賦》恰可著録於小説家之中。以此爲參照,《宋玉子》一卷或亦因其内容上具有悦笑詼諧的特點,並緣《漢志》"小説"爲"小道"的價值標準而著録於小説家之中。即使不包括《登徒子好色賦》在内,《宋玉子》一卷也當是同樣具有詼諧特點的作品的編集。核以東方朔被人以滑稽故事傅會的例子④,不排除此《宋玉子》一卷是後人以滑稽語而傅會於宋玉的結果⑤。

可以把《隋志》判斷《宋玉子》爲"小説"的邏輯過程圖示如下:悦笑詼諧——價值較小("小道")——"小説"。將此與《漢志》判斷"小説"的邏輯進行對比,同樣不難發現,《隋志》關於"小

---

① [元]馬端臨《文獻通考》卷二百十五,《經籍考》四二,《萬有文庫》本,商務印書館1936年版。
② [清]孫星衍輯《岱南閣叢書》及《平津館叢書》均收録有《燕丹子》一種,可參看。
③ [南朝梁]劉勰撰、范文瀾注《文心雕龍注》,第270、272頁。
④ 詳可參孫振田《〈漢書·藝文志〉雜家類"東方朔二十篇"考辨》,載《人文論叢》2015年第1期。
⑤ 王齊洲先生撰有《小説家〈宋玉子〉試探》,載《齊魯學刊》2015年第1期,可參。

說"的範圍被擴大了,將"悦笑詼諧"也納入進來,越出了"小的學説"的界限。《漢志》判斷"小説"的邏輯可圖示爲:小的學説——→價值較小("小道")——→"小説"。

再看第二類。

該類可以歸爲以言説爲特點的"言語"、"説話"或"談話"類作品。裴啓《語林》、不著撰人《雜語》、不著撰人《雜對語》、不著撰人《要用語對》、顧協《瑣語》、劉義慶《世説》、殷芸《小説》、不著撰人《小説》、伏挺《邇説》、蕭賁《辯林》,核其書名,即可知當爲"言語"、"説話"或"談話"類作品無疑。郭澄之《郭子》,據魯迅先生研究,"亦與《語林》相類"①,則也可歸入以收載言説爲特點的著作的範圍。邯鄲淳《笑林》、不著撰人《笑苑》及陽玠松《解頤》,也可以歸入"言語"、"説話"或"談話"一類。劉知幾《史通·書事》:"又自魏、晉以降,著述多門,《語林》《笑林》《世説》《俗説》,皆喜載詶謔小辯,嗤鄙異聞,雖爲有識所譏,頗爲無知所説。"②《雜述》:"瑣言者,多載當時辨對,流俗嘲謔,俾夫樞機者藉爲舌端,談話者將爲口實。及蔽者爲之,則有詆訐相戲,施諸祖宗,褻狎鄙言,出自床笫。莫不升之紀録,用爲雅言,固以無益風規,有傷名教者矣。"③或稱《笑林》所載爲"啁謔小辯",或稱"瑣言"("言語"、"説話"或"談話"一類)所載爲"流俗嘲謔",並將《笑林》與《語林》《世説》及《俗説》相並列,即能很好地説明,與《語林》相同,《笑林》包括《笑苑》及《解頤》也是"言語"、"説話"或"談話"類的著作。劉孝標《世説新語·輕詆》注引《續晉陽秋》云:"晉隆和中,河東裴啓撰漢魏以來迄於今時言語應對之可稱者,謂之《語林》,時人多好其事,文遂流行。"④雖僅就裴啓《語林》立論,亦不難見出當時"言語"、"説話"或"談話"類作品的産生及流行之大概⑤。

《語林》等"言語"、"説話"或"談話"類書籍的著録表明,《隋志》小説家之"小説"的含義,又爲篇幅上較爲短小的"言語"、"説話"或"談話"。

以邯鄲淳《笑林》爲例。裴松之《三國志·王衛二劉傳》注引魚豢《魏略》:"植初得淳,甚喜,延入座,不先與談。時天暑熱,植因呼常從取水自澡訖,傅粉。遂科頭拍袒,胡舞五椎鍛,跳丸擊劍,誦俳優小説數千言訖,謂淳曰:'邯鄲生何如邪?'"⑥劉勰《文心雕龍·諧隱》:"至魏文因俳説以著笑書,薛綜憑宴會而發嘲調;雖抃推席,而無益時用矣……魏晉滑稽,盛相驅扇。""曾是莠言,有虧德音。豈非溺者之妄笑,胥靡之狂歌歟?""然文辭之有諧讔,譬九

---

① 魯迅《中國小説史略》,北京聯合出版公司 2014 年版,第 46 頁。先生《古小説鈎沉》輯有《郭子》一種,可參看,齊魯書社 1997 年版。
② 姚松、朱恒夫譯《史通全譯》上,貴州人民出版社 1997 年版,第 458 頁。
③ 同上,第 541—542 頁。
④ 朱奇志《世説新語校注》,嶽麓書社 2007 年版,第 468 頁。
⑤ 魯迅先生《古小説鈎沉》輯有《語林》《笑林》《俗説》等,可參看。
⑥ [晉]陳壽撰、[南朝宋]裴松之注《三國志》卷二十一,中華書局 1959 年版,第 603 頁。

流之有小説。"①據前者,可知《笑林》與"俳優小説"之間有着密不可分的關係。既然邯鄲淳亦爲"俳優小説"的愛好者,則其將"俳優小説"一類收入《笑林》之中符合情理。而據《文心雕龍·諧隱》"魏文因俳説以著笑書"云云,則可知"俳説"正是《笑書》的收録内容之一,而《笑林》顯然又可以歸爲"笑書"一類。這説明,《笑林》一書是可以被稱爲"小説"的,也就是"俳優小説"之"小説"。據《文心雕龍·諧隱》"文辭之有諧讔,譬九流之有小説"②以"譬"而論之,又可知"諧隱"一類本不屬"小説"也就是"小的學説"之類,否則,劉勰必不會以"譬"言之,既然已經是"小説"("小的學説"),再以"譬"言之,殊爲無趣。這又説明,《笑林》一書又並非"小説"——"小的學説"。既然《笑林》本爲"小説",卻又並非"小的學説",就只能從另外的角度對其"小説"的含義進行解釋,而合以《史通》所云之"啁謔小辯"及"瑣言"云云,就可以得出結論,此"小説"就是篇幅上短小的"言語"、"説話"或"談話"。

再以殷芸《小説》爲例。劉知幾《史通·雜説中》云:"劉敬叔《異苑》稱:晉武庫失火,漢高祖斬蛇,劍穿屋而飛,其言不經,故梁武帝令殷芸編諸《小説》。"③清姚振宗録其類目如下:第一卷,秦漢晉宋諸帝;第二卷,周六國前漢人物;第三、四卷,後漢人物;第五、六卷,魏人物;第七卷,吳蜀人物;第八、九、十卷,並晉中朝江左人物。至於其引書,據姚振宗所列,則有《晉賜》《宋武手賜》《簡文談疏》《小史》《鬼谷先生書》《張良書》《鄭劭對潁川太守問》《東方朔傳》《馬融別傳》《鄭玄別傳》《李膺家傳》《李膺家録》《徐穉別傳》《許劭別傳》《禰衡別傳》《魏武楊彪傳》《司馬徽別傳》《羊琇別傳》《裴頠別傳》《阮瞻別傳》《顧元仙瀨鄉記》《山謙之吳興記》《盛弘之荆州記》《庾穆之湘中記》《襄陽記》《志咸澈心記》《俞益期箋》《郭子》《雜記》《雜語》《語林》《世説》《異苑》《幽明録》《志怪》《笑林》《俳諧文》等。從篇目看,殷芸《小説》亦爲以人物爲中心的編纂之作;從引書看,可知殷芸《小説》亦爲據各種書籍雜鈔而成;而從劉敬叔《異苑》所稱"漢高祖斬蛇,劍穿屋而飛"云云,可知殷芸《小説》也是以收載有關人物的奇聞異事爲主要内容④。弄清這些,再將殷芸《小説》與劉義慶《世説》進行對比,就可以進一步推知,兩者的性質完全相同,都是以記載人物的奇聞異事爲主,以提供談資,或者就是一種筆談的方式⑤。那麼,既然殷芸《小説》與劉義慶《世説》性質相同,是則比照

---

① 范文瀾《文心雕龍注》,第 270—272 頁。
② 劉勰《文心雕龍·諧隱》"諧之言皆也,辭淺會俗,皆悦笑也"云云,將"諧"與"悦笑"相聯繫,指出"諧"的目的或功能主要在於悦笑於人。(《文心雕龍注》,第 270 頁。)
③ 姚松、朱恒夫譯《史通全譯》下,第 281 頁。
④ 可參看上海古籍出版社 1984 年版《殷芸小説》。
⑤ 劉義慶《世説》從各種書籍包括史書之中抄録材料,卻仍然以"《世説》"爲題名,則其爲言談提供談資或本即爲筆談的性質顯然。劉義慶《世説》,或稱之爲《世説筆談》,詳可參王能憲《〈世説新語〉研究》,鳳凰出版社 2000 年版。

《世説》的命名方式，《小説》之"小説"就只能是指篇幅短小的"言語"或"言談"。"《世説》"之"説"是指"言語"或"言談"，"《小説》"之"説"也就只能是指"言説"或"言談"，而不可能是指别的①。《語林》《雜語》《雜對語》《要用語對》《瑣語》及《世説》、梁有《俗説》《邇説》的命名方式，也清楚地表明，殷芸"《小説》"之"説"就是指"言語"或"言談"，"《小説》"之"小説"也就是篇幅短小的"言語"或"言談"②。

表示篇幅短小的"言語"、"説話"或"談話"而非"小的學説"之"小説"被著録於小説家中，原因有二：其一，"言語"、"説話"或"談話"與"小説"（"小的學説"）之"街談巷語，道聽塗説"之"語"、"説"完全相同；其二，就《隋志》實際的設類而言，這些篇幅短小的"言語"、"説話"或"談話"也只有著録於小説家之中才最爲合適。

再看第三類。

該段本非"小説"之作，而是以著"雜"於末的著録體例著録於整個子部的末尾，因小説家位於整個子部的末尾，故而形式上著録於小説家之中，也就是著録在了小説家的末尾③。這樣説主要是基於以下三點：其一，縱觀《古今藝術》等的書名，找不到與《漢志》之"小的學説"相契合的要素，也找不到與《隋志》小説家的序文所云"街説巷語之説"相契合的要素，尤其《古今藝術》之"藝術"與"小的學説"及"街説巷語"至爲不合，《魯史敬器圖》、《器準圖》又以載"圖"爲主，與"小的學説"、"街説巷語"更是判若天壤；其二，《漢志》小説家中已經採用了著"雜"於末的著録體例對相關書籍如《待詔臣饒心術》二十五篇、《待詔臣安成未央術》一篇、《臣壽周紀》七篇、《虞初周説》九百四十三篇等進行著録④；其三，《隋志》承繼了《漢志》著"雜"於末的著録體例，如經部《論語》類《爾雅》《方言》《五經音》《五經正名》，及集部著録的蕭該《文選音》、劉勰《文心雕龍》等"雜"書，均按著"雜"於末的體例進行著録⑤。綜合這三點，就可以得出

---

① 又考《舊唐書·經籍志》之小説家，著録有劉義慶《世説》八篇及劉義慶《小説》十篇，對比《隋志》之著録，《舊唐志》無劉孝標注《世説》十卷，可知劉義慶《小説》十篇實即劉孝標注《世説》十卷，由"世説"而爲"小説"，也能够證明這裏的"小説"是指篇幅短小的"言語"或"言談"。
② 從劉義慶《世説》及殷芸《小説》的性質及其編撰方式來看，梁有郭頒《群英論》也當是以收録人物奇聞軼事爲主的雜編之作，與《世説》及《小説》屬於同一類的著作。另，郭頒撰有《魏晉世語》一書（有《説郛》本），記載魏晉間名人軼事，也能從側面證明這一點。
③ 關於著"雜"於末的著録體例，詳可參孫振田《〈漢書·藝文志〉著"雜"於末體例論》，載《國學研究》第 25 卷，北京大學出版社 2010 年版。
④ 詳可參孫振田《〈漢書·藝文志〉小説家研究三題》，載《理論月刊》2011 年第 8 期。
⑤ 詳可參孫振田《從著録體例看〈隋志〉總集類之成因及相關問題》，載《中國文學研究》第 22 輯，復旦大學出版社 2013 年版。

《古今藝術》等本非小説家之書,而是以著"雜"的體例進行著録的結論①。

綜上,《隋志》小説家之"小説",相較於《漢志》,其含義主要有以下三個方面的發展與變化:其一,將"小説"("小的學説")的外在因素"街談巷語,道聽塗説"作爲"小説"的重要特點,而不再嚴格要求"街談巷語,道聽塗説"之"語"、"説"必爲學説;其二,以價值不大的作品(悦笑詼諧之作)爲"小説",而不再嚴格要求該作品必爲"小的學説";其三,以篇幅短小的"言語"、"説話"或"談話"爲"小説"。其中,"小説"之含義由"小的學説"轉變爲篇幅短小的"言語"、"説話"或"談話"等,是《隋志》之"小説"相較於《漢志》之"小説"("小的學説")最爲重要的變化。當然,僅僅因"小説"("小的學説")的外在因素"街談巷語,道聽塗説"而將作品判斷爲"小説",以及將詼諧戲謔類的作品視爲"小説",也是值得注意的變化。

---

① 《雜書鈔》十三卷,姚振宗認爲或爲"雜鈔諸書之言藝術者"而成,不無道理。(姚振宗《隋書經籍志考證》,《二十五史補編》本,上海開明書店1936年版,第500頁。)考《隋志》小説家的著録,其段落層次大致嚴整(不計"梁有"),可以歸入同一個類別(包括大類及小類)的書籍基本上都是著録在一起,如《燕丹子》一卷自爲一個小類,《雜語》五卷至《瑣語》一卷可以歸爲一個小類,《笑林》三卷至《解頤》二卷可以歸爲一個小類,《世説》八卷至《瓊林》七卷可以歸爲一個小類,依次類推,則從《古今藝術》至最末《水飾》一卷大致可以歸爲一個小類,既然《古今藝術》及《座右方》均爲藝術類的書籍,則著録於二者之間的《雜書鈔》基本上就可以斷定當爲藝術類的書籍,具體即爲雜鈔諸藝術之書而成。庚元威《座右方》八卷,姚振宗云:"張彥遠《法書要録》載梁庚元威論書云:'余少値名師,留心字法,所以坐右作午置字,不依羲、獻妙迹。'又曰:'余經爲正階侯書十牒屏風,作百體,間以彩墨,當時衆所驚異,自爾絶筆,唯留草本而已。'其所云云,或即自言撰《座右方》之大略也歟?"可參。(姚振宗《隋書經籍志考證》,《二十五史補編》本,第500—501頁。)段成式《酉陽雜俎續集》卷四"貶誤"第1條:"小戲中於弈局一枰,各布五子角遲速,名曰'蹴融'。予因讀《座右方》,謂之'蹴戒'。"第113條:"《座右方》云:'白黑各六棋,依六博棋形,頗似枕狀。'"若此《座右方》與庚元威《座右方》爲一書,則《座右方》又似以收載遊藝等爲主。([唐]段成式撰、曹中孚校點《酉陽雜俎》,上海古籍出版社2012年版,第144,151頁。)不著撰人《水飾》一卷,今已無可詳考。魯迅《古小説鈎沉》輯得《水飾》一種,據其中"總七十二勢(今按:指七十二則歷史及神話故事),皆刻木爲之。或乘舟,或乘山,或乘平洲,或乘磐石,或乘宮殿,木人長二尺許,衣以綺羅,裝以金碧,及作雜禽獸魚鳥;皆能運動如生,隨曲水而行"、"其妓航水飾,亦雕裝奇妙,周旋曲池,同以水機使之"、"其行酒船隨岸而行,行疾於水飾;水飾遶池一匝,酒船得三遍,乃得同止"、"(杜)寶時奉敕撰《水飾圖經》,及檢校良工,圖畫既成,奏進,敕遣共黄袞相知,於苑内造此水飾,故得委悉見之",等等,可知"水飾"當爲據歷史及神話故事以木雕製的供遊藝使用的裝置或用具,即此言之,則《水飾》一卷當或載水飾之圖畫,或記觀水飾之遊藝活動,即均與"小的學説"或"街説巷語"不合。既以"水飾"爲名稱,《水飾》一卷的落脚點就定非製作水飾依據的七十二則故事,而是水飾本身。没有將《水飾》一卷著録於靠前的位置,與涉及人物故事的《世説》《小説》等著録在一起,而是著録於《古今藝術》《魯史欹器圖》《器準圖》等之後,正説明《隋志》不是從故事的角度對《水飾》一卷進行著録的。《水飾》一卷不是因無撰人而著録於最後的,因同爲無撰人的《小説》五卷即著録於靠前的位置。(魯迅《古小説鈎沉》,第80頁。)

二、《舊唐書·經籍志》之小説家

無小序,僅於總序論及小説家:"九曰小説家,以紀蒭蕘輿頌。"①於小説家的最末交代部數、卷數:"右小説家十三部,凡九十卷。"②

據總序"以紀蒭蕘輿頌",可知在《舊唐志》這裏,其小説家之"小説"越來越指向具體的作品,"小的學説"層面的含義則越來越少,甚至於不再被作爲判斷一部作品是否爲"小説"的主要參照。

所著録的作品,大致可以分爲三類:第一類,包括鬻熊《鬻子》一卷、燕太子《燕丹子》三卷二種;第二類,包括邯鄲淳《笑林》三卷、張華《博物志》十卷、郭澄之《郭子》三卷、劉義慶《世説》八卷、劉孝標《續世説》十卷、劉義慶《小説》十卷、殷芸《小説》十卷、劉霽《釋俗語》八卷、蕭賁《辨林》二十卷、劉炫定《酒孝經》一卷、侯白《啓顔録》十卷等十一種;第三類,包括庾元威《座右方》三卷一種。

先看第一類。

其著録及所反映的"小説"觀可參上文關於《燕丹子》著録的論述,此不贅。

再看第二類。

其一,邯鄲淳《笑林》三卷、郭澄之《郭子》三卷、劉義慶《世説》八卷、劉孝標《續世説》十卷、劉義慶《小説》十卷、殷芸《小説》十卷、蕭賁《辨林》二十卷等七種的著録及其所反映的"小説"觀,可參上文相關論述,此不贅。

其二,張華《博物志》十卷。《隋志》有著録,著録於子部雜家類,而非小説家中。陳振孫《直齋書録解題》:"多奇聞異事。"③晁公武《郡齋讀書志》卷十三子部小説類"周廬注《博物志》十卷、廬氏注六卷"條解題云:"載歷代四方奇物異事……其小説之來尚矣,然不過志夢卜、紀譎怪、記詼諧之類而已。故近時爲小説者始多及人之善惡。甚者肆喜怒之私,變是非之實,以誤後世。至於譽桓温而毁陶侃、襃廬杞而貶陸贄者有之。今以志怪者爲上,襃貶者爲下云。"④據"多奇聞異事"及"載歷代四方奇物異事"云云,大致可以判斷,《博物志》所以被從雜家類移入於小説家,當正是因爲其内容上的荒誕不經:首先,雜家類既然以著録"兼儒墨、合名法"的議論性著作爲依歸,將"多奇聞異事"、"載歷代四方奇物異事"的《博物志》著録於其中顯然不妥;其次,小説家則存在着將《博物志》著録於其中的客觀因素,如《漢志》

---

① [後晉]劉昫等《舊唐書》,中華書局1975年版,第1963頁。
② 同上,第2036頁。
③ [宋]陳振孫《直齋書録解題》,上海古籍出版社1987年版,第303頁。
④ [宋]晁公武撰、孫猛校證《郡齋讀書志校證》,上海古籍出版社2011年版,第543頁。

小説家著録的《黄帝説》四十篇,班固注云:"迂誕依托。"①所謂"迂誕",就包含有荒誕不經的含義在内,循此,自然可將《博物志》著録於小説家之中。況且,在小説家所著録的書籍中,確實存在著荒誕不經的内容,如前述《燕丹子》中的"日再中"、"天雨粟"、"烏白頭"、"馬生角"等等及殷芸《小説》中所收録的"高祖斬蛇"即是。當《博物志》著録於雜家類中有失穩妥,而荒誕不經又可以作爲判斷一部作品爲"小説"的參照時,轉而被著録於小説家之中也就成爲可能。

《博物志》的著録表明,在《舊唐志》中,荒誕不經成爲判斷一部作品是否爲"小説"的標準,相較於《隋志》,此爲"小説"觀新的發展與演變。同時也必須指出,這尚未成爲一條非常嚴格的標準,《舊唐志》在利用這一標準對相關作品進行判斷時存在着較大的隨意性與偶然性。例如,大量的志怪類著作諸如張華《列異傳》、戴祚《甄異傳》等多種,仍然被著録於史部雜傳類而非小説家之中。

其三,劉霽《釋俗語》八卷。從書名來看,其當爲對來自民間的俗語進行解釋,即與"街談巷語,道聽塗説"有着密切的關係,故而《舊唐志》緣《漢志》小説家之"小説"的外在因素"街談巷語,道聽塗説"而將其著録於小説家之中。《釋俗語》於《隋志》沒有著録於小説家類而是著録於雜家類,其原因或在於,《隋志》的著眼點更多地是在"言語"、"説話"或"談話"本身,而《釋俗語》雖然與"言語"("街談巷語,道聽塗説")有着密切的關係,然其根本卻在於"釋",故而《隋志》不將其著録於小説家類中。當然,這其中也還有一定的偶然性存在。

其四,劉炫定《酒孝經》一卷。劉知幾《史通·雜説下》:"則俗之所傳,有《雞九錫》《酒孝經》《房中志》《醉鄉記》,或師範五經,或規模三史,雖文皆雅正,而事悉虚無,豈可便謂南、董之才,宜居班、馬之職也。"②據此,《酒孝經》雖然形式上"師範五經"或"規模三史",但在内容上畢竟虚無不實,因此仍爲不入流之作,而衡之《漢志》小説爲不入於九流之"小道"的特點,也就只好著録於小説家之中了。《酒孝經》主要還是基於價值判斷的標準而著録於小説家之中的。

《舊唐志》判斷《酒孝經》爲"小説"的邏輯過程可以圖示如下:虚無之事("豈可便謂南、董之才,宜居班、馬之職也"表明《酒孝經》當以記事爲主)—→價值較小("小道")—→"小説"。與《隋志》判斷《宋玉子》爲"小説"的邏輯進行對比,可以發現,同樣采取價值判斷的方式對一部作品是否爲"小説"進行判斷,《舊唐志》關於"小説"的範圍被擴大了,從"悦笑詼諧"之作進一步擴大到了記載虚無之事之作。這表明,僅僅以價值較小作爲判斷是否爲"小説"的標準,而不再局限於相關著作是否爲學説,且不局限於某一固定的題材,已經逐漸成爲普遍的原則。

其五,侯白《啓顔録》十卷。《北史·文苑傳·李文博附傳》:"開皇中,又有魏郡侯白,字君

---

① [漢]班固《漢書》,中華書局 1962 年版,第 1744 頁。
② 姚松、朱恒夫譯《史通全譯》下,第 315 頁。

素,好學有捷才,性滑稽,尤辯俊。舉秀才,爲儒林郎。通侻不持威儀,好爲俳諧雜説。人多愛狎之,所在處,觀者如市。"①據内中"性滑稽,尤辯俊,好爲俳諧雜説"云云,可知此《啓顔録》亦當爲笑話之類的書籍。循《隋志》將《笑林》《笑苑》《解頤》著録於小説家之例,《啓顔録》自當著録於小説家之中。

再看第三類。

庾元威《座右方》三卷,既然《隋志》已經著録有庾元威《座右方》(八卷),則其所反映的小説觀也就與《隋志》相同,即其本質上也是以著"雜"於末的著録體例而著録於小説家之中。

需要補充説明的是,《座右方》爲著録於全部作品的後段,而《舊唐志》在新增著録了鷟熊《鷟子》一卷、張華《博物志》十卷、劉霽《釋俗語》八卷及劉炫定《酒孝經》一卷的情況下,仍然將《座右方》著録於小説家的最後(其後僅著録有侯白《啓顔録》一種),總體上能夠説明即便就《舊唐志》自身來看,《座右方》亦必爲以著"雜"於末的著録體例而著録於小説家之中的。

綜合以上,相較於《隋志》,《舊唐志》之"小説"觀主要有如下特點:其一,將荒誕不經作爲了判斷是否爲"小説"的標準,儘管貫徹得並不是非常嚴格;其二,繼續將價值之大小作爲判斷一部作品是否爲"小説"的標準,並擴大了範圍,從悦笑詼諧之作擴大到了虚無之事之作——僅僅以價值較小作爲判斷是否爲"小説"的標準逐漸成爲普遍的原則。

三、《新唐書·藝文志》之小説家

無序文。考慮到《新唐志》的編撰於《崇文總目》多有參考,又均由歐陽脩主持其事,故就"小説"觀而言,《崇文總目》小説家的序文所表達的"小説"觀實際上可以等同《新唐志》小説家的"小説"觀。《崇文總目》小説家序文:

> 《書》曰:"狂夫之言,聖人擇焉。"又曰:"詢於芻蕘。"是小説之不可廢也。古者,懼下情之壅於上聞,故每歲孟春以木鐸徇於路,采其風謡而觀之。至於俚言巷語,亦足取也,今特列而存之。②

據此序文,可知《新唐志》小説家的立類標準也是從《漢志》《隋志》而來。這也就是説,總體而言,《新唐志》小説家之"小説"仍未能脱其"小道"的基本内涵及"街談巷語,道聽塗説"的外在特徵。

---

① [唐]李延壽《北史》卷八十三,中華書局1974年版,第2807頁。
② [宋]歐陽脩《歐陽脩全集》,中國書店1986年版,第1004頁。

所著録的作品,可以分爲兩個大的段落:第一段,從不著撰人《燕丹子》至姚元崇《六誡》一卷,主要爲原本就著録於小説家的著作,及從其他部類如史部雜傳類、子部儒家類移録而來的著作。又可以分爲三個小的段落:其一,從不著撰人《燕丹子》一卷至不著撰人《雜語》五卷,計十六種;其二,從戴祚《甄異傳》三卷至唐臨《冥報記》二卷,計二十四種;其三,從李恕《誡子拾遺》四卷至姚元崇《六誡》一卷,計七種①。第二段,主要爲《新唐志》所新著録的著作,又可以分爲兩個小的段落:其一,從劉孝孫、房德懋《事始》三卷至《補江總白猿傳》一卷,計七十二種;其二,從郭良輔《武孝經》一卷至封演《續錢譜》一卷,計四種。

先看第一個大的段落:

第一個小的段落。將該段落與《舊唐志》小説家進行對比,可知其著録爲從《舊唐志》繼承而來,其所反映的"小説"觀詳可參前文相關論述,此不贅述。

第二個小的段落。該段落即通常所説的志怪類作品。在《隋志》或《舊唐志》中,這些作品即有著録,著録於史部雜傳類中。《新唐志》將它們著録於小説家之中,有兩個可能的原因:1. 這些志怪類的書籍本與正統意義上的史書相距甚遠,不宜再著録於史部之中;2.《新唐志》的撰者將荒誕、怪異視爲"小説"的重要特點,故將有關作品歸爲"小説"一類,並將它們轉而著録進小説家之中。以後者更爲符合實際。《隋志》雜傳類序文:"魏文帝又作《列異》,以序鬼物奇怪之事,嵇康作《高士傳》,以叙聖賢之風。因其事類,相繼而作者甚衆,名目轉廣。而又雜以虚誕怪妄之説,推其本源,蓋亦史官之末事也。"②從"推其本源,蓋亦史官之末事也"來看,《隋志》的撰者已經認識到志怪類的作品與通常意義上的以實録爲主的史書不可等同,二者區別明顯。再看《舊唐志》史部雜傳類的小類劃分:先賢耆舊、孝友、忠節、列藩、良史、高逸、雜傳、科録、雜傳、文士、仙靈、高僧、鬼神、列女。鬼神類所著録的即志怪類的作品。既然將志怪類的作品單列爲"鬼神"一類,可知在《舊唐志》的撰者那裏,志怪類的作品與通常意義上的史書也是不同的,因爲不同而單列。既然同樣知道"志怪"類作品與通常意義上的史書並不相同,而只有《新唐志》將這些"志怪"類的書籍著録於小説家類中,只能表明,《新唐志》更加明確地將荒誕、怪異視爲判斷一部作品是否爲"小説"的重要標準。

以《漢志》爲源頭,可以將志怪類的著作最終被視爲"小説"的發展過程圖示如下:班固注《黄帝説》四十篇云"迂誕依托","迂誕"因之而成爲判斷一部作品是否爲"小説"的因素——《舊唐志》初步將荒誕不經視爲判斷一部作品是否爲"小説"的標準——《新唐志》

---

① 内中王方慶《王氏神通記》十卷一種,王齊洲、畢彩霞二先生疑其書宋時已佚,因無佚文可考,又據《新唐志》著録作品體例推測其内容"或載與瑯琊王氏家族有關的神異之事"。(王齊洲、畢彩霞《〈新唐書·藝文志〉著録小説集解》,嶽麓書社2009年版,第295頁。)筆者認同這一看法。這裏僅將是書歸爲這一小類,下文關於該小類的討論則不予包含。

② [唐]魏徵等《隋書》,中華書局1973年版,第982頁。

則完全將志怪類的著作視爲了"小説"。在思考《舊唐志》及《新唐志》爲何將荒誕、怪異類的作品視爲"小説"時,班固注《黄帝説》所云之"迂誕依托"應當被作爲重要而又直接的綫索。

當然,如果往深處追究,荒誕、怪異之作之所以被視爲"小説",原因還是在於其價值較小,無法與正經正史之作相提並論,只能居於末流。

第三個小的段落。該類主要是家誡、勸誡、訓誡類的書籍。這些書籍,並非《新唐志》小説家原本所要著録的"小説"作品,它們既非"街談巷語,道聽塗説"之作,亦非"小的學説",並不符合從《漢志》至《隋志》再到《舊唐志》關於"小説"的界定——與"小説"之間並無連接之處。更何況,家誡、勸誡、訓誡原本就受到重視,是儒家傳統文化的重要組成部分,遠非"街談巷語,道聽塗説"者之所造、被歸爲"小道"的"小説"可比擬。

進一步推究就會發現,這類書籍原本著録於儒家類的最後。以《隋志》爲例,如《諸葛武侯集誡》二卷、《衆賢誡》十三卷、《女篇》一卷、《女鑒》一卷、《婦人訓誡集》十一卷、《娣姒訓》一卷、《曹大家女誡》一卷、《貞順志》一卷,即著録於儒家類的最後。再以《舊唐志》爲例,如《諸葛武侯集誡》二卷、《曹大家女誡》一卷,同樣是著録在子部儒家類的最後。《新唐志》將它們移出而著録於小説家之中。由儒家類移出,繼而著録進小説家,所採取的也是"著"雜於末的著録體例。當這些書籍不再著録於儒家類的最後,卻又並没有合適的類别可以著録時,就只好著録於整個子部的最後,也就是形式上著録進了小説家之中。説這些書籍並非"小説",而只是儒家類不再著録,遂被從儒家類移出,並以著"雜"於末的著録體例而著録於小説家之中,有着材料上的依據。同爲家誡、勸誡、訓誡類的書籍,如曹大家《女誡》一卷、辛德源、王劭等《内訓》二十卷、文德皇后《女則要録》十卷、張后《鳳樓新誡》二十卷,於《舊唐志》原本即著録於儒家類的最後,而在《新唐志》中,卻並没有如李恕《誡子拾遺》四卷等七種一樣被移出著録於小説家之中,而是與徐湛之《婦人訓解集》十卷、不著撰人《女訓集》六卷、尚宫宋氏《女論語》十篇、薛蒙妻韋氏《續曹大家女訓》十二章、王摶妻楊氏《女誡》一卷等一同被著録進了史部雜傳類的小類列女類之中。這足以證明,家誡、勸誡、訓誡類的書籍並不是因爲《新唐志》將它們視爲"小説"而被著録進小説家之中的,否則,既然已經主觀上明確將它們視爲"小説",並因此而將它們從儒家類的最後移出,又爲何要將它們中的女誡類另外著録於史部雜傳類呢?這樣顯然無法突出女誡類書籍作爲"小説"的性質。如果將家誡、勸誡、訓誡的書籍視爲"小説",就一定會將女誡類的書籍也視爲"小説"。那麽,《新唐志》既然將家誡、勸誡、訓誡類書籍從儒家類移出,並按照著"雜"於末的著録體例而著録於小説家中,爲何又將女誡類的書籍著録進史部之雜傳類呢?這當是因爲雜傳類原本著録有列女類書籍的緣故。要將家誡、勸誡、訓誡類的書籍從儒家類移出,就必須爲它們找到新的著録位置,這樣一來,女誡類的著作就會因雜傳類已有列女傳一類存在而被著録於其中(《舊唐志》列女類的最末原著録有《古今内範記》一百卷、《内範要略》十卷,此或爲《新唐志》將女誡類的書籍著録於列女類後面的直接觸發原因)①,另外的家誡、勸誡、訓誡類的書籍則因找不到合適的著録位置,而只好以著"雜"於末的著録體例著録於子部的最後,也就是著録於小説家類中。

以著"雜"於末的著録體例對無合適著録位置的書籍進行著録,在《新唐志》中還可以找到另外的例子。例如,總集類的最末李充《翰林論》三卷、劉勰《文心雕龍》十卷、劉知幾《史通》二十卷等詩文評及史評類的書籍,即爲以著"雜"於末的著録體例而著録。考《隋志》總集類序文云:"總集者,以建安之後,辭賦轉繁,衆家之集,日以滋廣,晉代摯虞,苦覽者之勞倦,於是采摘孔翠,芟剪繁蕪,自詩賦下各爲條貫,合而編之,謂爲《流別》。是後文集總鈔,作者繼軌,屬辭之士,以爲覃奥,而取則焉。今次其前後,並解釋評論,總於此篇。"②是則在《隋志》這裏,就已將解釋評論類的《文心雕龍》(《隋志》有著録)等與總集類的書籍作了區分,至《新唐志》,又豈能不知《文心雕龍》等與總集本爲不同? 即李充《翰林論》、劉勰《文心雕龍》、劉知幾《史通》等的著録,只能是按照"雜"於末的著録方式,著録於總集類中③。

再看第二個大的段落:

第一個小的段落。該段落著録的書籍大致又可以分爲如下幾個類型:

1. 以博物、博識爲主要内容的書籍。主要有劉孝孫、房德懋《事始》三卷、劉睿《續事始》三卷、趙自勉《造化權輿》六卷、通微子《十物志》一卷等。《事始》三卷,晁公武《郡齋讀書志》云:"太宗命諸王府官以事名類,推原本始,凡二十六門,以教始學諸王。"④可見《事始》乃以博

---

① 《新唐志》史部雜傳類列女傳類著録的全部書籍如下:劉向《列女傳》十五卷,曹大家注;皇甫謐《列女傳》六卷;綦毋邃《列女傳》七卷;劉熙《列女傳》八卷;趙母《列女傳》七卷;項宗《列女後傳》十卷;曹植《列女傳頌》一卷;孫夫人《列女傳序贊》一卷;杜預《列女記》十卷;虞通之《后妃記》四卷,又《妒記》二卷;諸葛亮《貞絜記》一卷;曹大家《女誡》一卷;辛德源、王劭等《内訓》二十卷;徐湛之《婦人訓解集》十卷;《女訓集》六卷;長孫皇后《女則要録》十卷;魏徵《列女傳略》七卷;武后《列女傳》一百卷,又《孝女傳》二十卷;《古今内範》一百卷;《内範要略》十卷;保傅《乳母傳》七卷;《鳳樓新誡》二十卷;王方慶《王氏女記》十卷,又《王氏王嬪傳》五卷;《續妒記》五卷;尚宫宋氏《女論語》十篇;薛蒙妻韋氏《續曹大家女訓》十二章;王摶妻楊氏《女誡》一卷。
② [唐]魏徵等《隋書》,第1089—1090頁。
③ 另可參孫振田《〈漢書·藝文志〉中的"錯位"現象及其認識論意義》,載《圖書館理論與實踐》2014年第8期。明胡應麟《少室山房筆叢》卷二十九《九流緒論》下論及"小説"的分類云:"小説家一類,又自分數種:一曰志怪,《搜神》《述異》《宣室》《酉陽》之類是也。一曰傳奇,《飛燕》《太真》《崔鶯》《霍玉》之類是也。一曰雜録,《世説》《語林》《瑣言》《因話》之類是也。一曰叢談,《容齋》《夢溪》《東谷》《道山》之類是也。一曰辨訂,《鼠璞》《雞肋》《資暇》《辨疑》之類是也。一曰箴規,《家訓》《世範》《勸善》之類是也。"將"箴規"也就是家誡、勸誡、訓誡類的書籍也視爲了"小説"作品,無疑,這一看法有失穩妥,未明小説家(包括其他的一些類别)之中也可以被著録進本不屬於該類的書籍。究其原因,至少就《新唐志》而言,胡氏顯然並未能對其書籍著録的移易情况加以考察,或者雖然進行了考察,卻並未能從著録體例的角度,也就是著"雜"於末的著録體例進行理解,遂致誤。
④ [宋]晁公武撰、孫猛校證《郡齋讀書志校證》,第521頁。

識諸事(之始)爲特點。《造化權輿》六卷,王應麟《玉海》卷三天文門《造化權輿》條引《中興書目》云:"上述太極、天地、山嶽、七曜、五行、陰陽之所始,中述人靈動用之所由,下述萬物變化、鬼神之所出。"①以考究造化之"所始"、"所由"及"所出"爲旨歸。通微子《十物志》一卷,書雖不傳,然度其書名,當也是以博識諸物爲主要內容。而推究它們所以被著錄於小説家之中,較爲直接的原因,則當與《舊唐志》將張華《博物志》視爲"小説"並著錄於小説家有關。無論是博識諸事(之始)還是考究"太極、天地、山嶽、七曜、五行、陰陽"、"人靈動用"及"萬物變化鬼神"之"所始"、"所由"與"所出",以及博識諸物,都與張華《博物志》相類,只是博識、博知的對象具體不同而已。唯前者爲博知諸事(之始),而後者則爲博知諸物。當然,最根本的相似,還是在於它們都屬於不入流之作,均不能著錄於其他的類別之中,故而只能著錄於小説家之中②。

後世目錄在類別包括大類及小類的設立上於前代目錄多有參考與繼承,在書籍的著錄上當然也會多有參考與繼承,甚至可以説,前代目錄對於後世目錄的類別設立及書籍著錄有着決定性的影響。

2. 以志怪、志異爲主要內容的書籍。主要有元結《猗玗子》一卷、蘇鶚《杜陽雜編》三卷③、陸翱《卓異記》一卷、裴紫芝《續卓異記》一卷、薛用弱《集異記》三卷、李玫《纂異記》一卷、李亢《獨異志》十卷、谷神子《博異志》三卷、沈如筠《異物志》三卷、《古異記》一卷、張薦《靈怪集》二卷、戴少平《還魂記》一卷、牛僧儒《玄怪錄》十卷、李復言《續玄怪錄》五卷、陳翰《異聞集》十卷、鄭遂《洽聞記》一卷④、鍾簵《前定錄》一卷、趙自勤《定命論》十卷、吕道生《定命錄》二卷、溫畬《續定命錄》一卷、裴鉶《傳奇》三卷、袁郊《甘澤謠》一卷⑤、溫庭筠《乾䐰子》三卷⑥又《采茶録》

---

① [宋]王應麟《玉海》,江蘇古籍出版社、上海書店1987年版,第57頁。
② 另,在通微子《十物志》後著錄有吳筠《兩同書》一卷,今已不傳,其爲何著錄於小説家中,已不可詳知,故僅附錄於該類之中。今傳有撰者題爲羅隱的《兩同書》,"其書上卷凡《貴賤》《强弱》《損益》《敬慢》《厚薄》五篇,皆歸本於老子之言,下卷凡《理亂》《得失》《真僞》《同異》《愛憎》五篇,皆歸事於孔子之言"(周中孚《鄭堂讀書志》)。如果是書即《新唐志》所載吳筠《兩同書》,在流傳的過程中撰者誤爲羅隱,則所以被著錄於小説家中,或因爲其將孔老二家思想混爲一體,在《新唐志》的撰者看來實爲不經。
③ 《四庫全書總目提要》:"此編所記,上起代宗廣德元年,下盡懿宗咸通十四年,凡十朝之事,皆以三字爲標目。其中述奇技寶物,類涉不經,大抵祖述王嘉之《拾遺》、郭子橫之《洞冥》,雖必舉所聞之人以實之,殆亦俗語之爲丹青也。"([清]永瑢、紀昀《四庫全書總目提要》,海南出版社1999年版,第730頁。)
④ 晁公武:"記古今神異詭誦事,凡百五十六條。或題曰鄭遂。"故暫歸入該類之中。(《郡齋讀書志校證》,第552頁。)
⑤ 晁公武:"載謠異事九章。"(《郡齋讀書志校證》,第553頁。)
⑥ 晁公武:"序謂語怪以悦賓。"(《郡齋讀書志校證》,第568頁。)

一卷①、段成式《酉陽雜俎》三十卷②、李隱《大唐奇事記》十卷③、陳邵《通幽記》一卷、尉遲樞《南楚新聞》二卷、佚名《樹萱錄》一卷④、張讀《宣室志》十卷、柳祥《瀟湘錄》十卷、焦璐《窮神秘苑》十卷、佚名《補江總白猿傳》一卷，等等。這類書籍的著錄，與前述志怪類書籍的著錄完全相同，均是首先被視爲了荒誕不經之作，然後被著錄進了小説家之中。唯前述志怪類的書籍爲從史部雜傳類移出而入於小説家類中，而《猗犴子》《杜陽雜編》等則爲新入之書而已。

3. 辨訂、雜考類的書籍。主要有李涪《刊誤》二卷、李匡乂《資暇》三卷、王叡《炙轂子雜錄注解》五卷、蘇鶚《演義》十卷等。李涪《刊誤》二卷，自序云："余嘗於學古問政之暇，而究風俗之不正者，或未造其理，則病之於心。爰自秦漢，迨於近世，凡曰乖戾，豈可勝道哉？前儒廣學刊正，固已多矣。然尚多漏略，頗惑將來。則書傳微旨，莫測精微。而沿習舛儀，得陳愚淺，撰成五十篇，號曰《刊誤》。雖欲自申專志，亦如路瑟以掇其譏也。"⑤《四庫全書總目》稱之云："其書皆考究典故，引舊制以證唐末之失，又引古制以糾唐制之誤，多可以訂正禮文。下卷間及雜事……亦頗資博識。"⑥李匡乂《資暇》三卷，《郡齋讀書志》云："序稱世俗之談，類多訛誤，雖有見聞，嘿不敢證，故著此書。上篇正誤，中篇譚元，下篇本物，以資休暇云。"⑦《四庫全書總目》云："其書大抵考訂舊文……又全書均考證之文，而'穆寧啖熊白'一條，忽雜嘲謔雜事，於體例尤爲不倫。"⑧蘇鶚《演義》十卷，陳振孫《直齋書錄解題》："此數書者（筆者按：指李涪《刊誤》、李匡乂《資暇》、邱光庭《兼明書》等），皆考究書傳，訂正名物，辯證訛謬，有益見聞。"《四庫全書總目》云："此書則於典制名物具有考證……訓詁典核，皆資博識。"⑨陸長源《辨疑志》三卷，陳

---

① 王齊洲、畢彩霞云："《采茶錄》記與茶有關的逸聞趣事。"（王齊洲、畢彩霞《〈新唐書·藝文志〉著録小説集解》，第559頁。）
② [宋]沈括《夢溪筆談》卷二十二《謬誤》："段成式《酉陽雜俎》，記事多誕。其間叙草木異物，尤多謬妄。"（[宋]沈括《夢溪筆談》，北京中華書局2009年版，第284頁。）陳振孫《直齋書錄解題》："所記故多譎怪，其標目亦奇詭，如《天咫》、《玉格》、《壺史》、《貝編》、《屍穸》之類。"（[宋]陳振孫《直齋書錄解題》，第321頁。）《四庫全書總目提要》："其書多詭怪不經之談，荒渺無稽之物。"（第733頁。）
③ 洪邁《夷堅志癸序》："惟柳祥《瀟湘錄》，大謬極陋，誣人耳目，與李隱《大唐奇事》只一書而妄名兩人作。"（[宋]洪邁撰、許逸民整理《夷堅志》第三册，春風文藝出版社1999版，第19頁。）胡應麟云："《瀟湘錄》，唐人志怪中最鄙誕者，諸家或以爲李隱，或以爲柳祥，其書本諧謔，不必辯。"（[明]胡應麟《少室山房筆叢》，中華書局1958年版，第419頁。）
④ 胡應麟云："蓋幻設怪語以供抵掌。"（[明]胡應麟《少室山房筆叢》，第497頁。）
⑤ [唐]李涪《刊誤》，中華書局2012年版，第227頁。
⑥ [清]永瑢、紀昀《四庫全書總目提要》，第616頁。
⑦ [宋]晁公武撰、孫猛校證《郡齋讀書志校證》，第562頁。
⑧ 《四庫全書總目提要》，第615頁。
⑨ 同上書，第616頁。

振孫《直齋書録解題》:"辨里俗流傳之妄。"①將辨訂、雜考類的書籍視爲"小説",並著録於小説家之中,是《新唐志》中首次出現的現象。

這類書籍被視爲"小説",原因無非有三:其一,客觀上價值不大,難入九流之中,從價值上判斷實爲"小道"之作。李涪《刊誤》自序之"亦如路瑟以掇其譏",李匡乂《資暇》自序之"以資休暇",以及陳振孫《解題》與《四庫全書總目》所云之蘇鶚《演義》"有益見聞"、"皆資博識",均能夠證明這一點。其二,從内容上看,如李匡乂《資暇》所究爲"風俗之不正者",李匡乂《資暇》所要辨正的爲"世俗之談",陸長源所要辨的則爲"里俗流傳之妄",而無論是"風俗"、"世俗"還是"里俗",與《漢志》小説家之"小説"都有着密切的可比性。例如均産生於民間,後者可以"街談巷語,道聽塗説"稱之,而前者同樣也可以稱之爲"街談巷語,道聽塗説",或者頗類於"街談巷語,道聽塗説"等。其三,就功用來看,這類作品也具有資談助的功能,或者説其本身就是在"談"("筆談"),如此則又與"言語"、"説話"或"言談"發生了聯繫,在一定意義上可以列爲同類之作,是則既然"言語"、"説話"或"談話"類的書籍可以視爲"小説",這些書籍自然也就可以被視爲"小説"了。

概言之,辨訂、雜考類的書籍被視爲"小説",並被著録於小説家之中,根本上也是從《漢志》那裏而來,與之有着密不可分的關係。

4. 以"言語"、"談話"、"説話",包括"助談笑"等爲主要特徵的書籍。主要有李繁《説纂》四卷②、胡璩《譚賓録》十卷③、韋絢《劉公嘉話録》一卷④、韋絢《戎幕閑談》一卷⑤、趙璘《因話

---

① [宋]陳振孫《直齋書録解題》,第318頁。
② [宋]洪邁《容齋隨筆·跋大唐説纂》:"凡所紀事,率不過數十字,極爲簡要。"([宋]洪邁《容齋隨筆》,中華書局2005年版,第726頁)。陳振孫《直齋書録解題》:"分門類事若《世説》,止有十二門,恐非全書。"(《直齋書録解題》,第323頁。)
③ [宋]鄭樵《通志》卷六十五《藝文略》第三史類雜史:"雜載唐世事正史遺者。"([宋]鄭樵《通志》,北京中華書局1987年版,第775頁。)晁公武:"皆唐朝史之所遺。"([宋]晁公武撰、孫猛校證《郡齋讀書志校證》,第566頁。)
④ 韋絢《劉公嘉話録》一卷,韋絢原序:"而解釋經史之暇,偶及國朝文人劇談,卿相新語,異常夢話,若諧謔、卜祝、童謡之類,即席聽之,退而默記,或染翰竹簡,或簪筆書紳,其不暇記因而遺忘者,不知其數。在掌中梵夾者,百存一焉。今悉依當時日夕所話而録之,不復編次,號曰《劉公嘉話録》。"(《劉禹錫全集編年校注》附録一《劉公嘉話録》,嶽麓書社2003年版,第1314頁。)王明清《揮塵録餘話》卷二:"趙德夫明誠《金石録》云,唐韋絢著《劉公嘉話》,載武氏諸碑一夕風雨失龜趺之首,凡碑上武字皆不存。已而武元衡遇害,後來考之,'武'字皆完,龜首固自若。韋絢之妄明矣,而益知小説傳記不足信也。明清後見《元和姓纂》,絢乃執誼之子,其虚誕有從來也。"([宋]王明清《揮塵録餘話》,中華書局1964年版,第305頁。)
⑤ 韋絢:"贊皇公博物好奇,尤善話古今異事。當鎮蜀時,資佐宣吐,亹亹不知倦焉。乃語絢曰:'能隨而紀之,亦足以資於聞見。'絢遂操觚録之,號爲《戎幕閑談》。"([明]陶宗儀《説郛三種》卷七,上海古籍出版社1988年版。)

録》六卷①、康軿《劇談録》三卷、范攄《雲溪友議》三卷②、盧言《盧氏雜説》一卷、嚴子休《桂苑叢譚》一卷、皇甫松《醉鄉日月》三卷③、佚名《會昌解頤》四卷、何自然《笑林》三卷、《廬陵官下記》二卷④,等等。這些書籍,《説纂》《譚賓録》《劉公嘉話録》等,因以"説"、"譚"、"話"或"議"等爲題名,大致可以歸爲"言語"、"説話"或"談話"類的書籍,核之《隋志》《舊唐志》將《對語》《雜對語》《世説》及殷芸《小説》等視爲"小説",它們自然也會被視爲"小説",並被著録於小説家之中。《醉鄉日月》既然所載是飲酒令一類,當然也可歸入"言語"一類,亦即被視爲"小説"。《會昌解頤》《笑林》《廬陵官下記》三種,作爲諧謔一類的書籍,核之《隋志》,自然也當被視爲"小説",並著録於小説家之中。

5. 雜記、雜録及雜史類的書籍。主要有劉餗《傳記》一卷(一作《國史異纂》)⑤、陳鴻《開元升平源》一卷⑥、高彦休《闕史》三卷⑦、盧肇《盧子史録》又《逸史》三卷⑧、李躍《嵐齋集》二十五卷⑨、張固《幽閑鼓吹》一卷⑩、柳珵《常侍言旨》一卷又《柳氏家學要録》二卷⑪、李濬《松窗

---

① 晁公武:"記唐史逸事。"(《郡齋讀書志校證》,第560頁。)
② 范氏自序云:"諺云:街談巷議,倏有裨於王化;野老之言,聖人采擇。孔子聚萬國風謡,以成其《春秋》也。江海不卻細流,故能爲之大。"([唐]范攄《雲溪友議》,古典文學出版社1957年版,第3頁。)
③ 陳振孫:"唐人飲酒令,此書詳載,然今人皆不能曉也。"([宋]陳振孫《直齋書録解題》,第322頁。)
④ 王齊洲、畢彩霞云:"是書多記嘲戲之事。"(王齊洲、畢彩霞《〈新唐書·藝文志〉著録小説集解》,第589頁。)
⑤ [唐]李肇《〈唐國史補〉序》:"《公羊傳》曰:'所見異辭,所聞異辭。'未有不因見聞而備故實者。昔劉餗集小説,涉南北朝至開元,著爲《傳記》。予自開元至長慶撰《國史補》,慮史氏或闕則補之意,續《傳記》而有不爲。言報應,叙鬼神,徵夢卜,近帷箔,悉去之;紀事實,探物理,辨疑惑,示勸戒,采風俗,助談笑,則書之。"([唐]李肇《國史補》,上海古籍出版社1957年版,第3頁。)
⑥ 王齊洲、畢彩霞以是書"載唐玄宗開元年間政治傳説和逸聞趣事",詳參王齊洲、畢彩霞《〈新唐書·藝文志〉著録小説集解》,第455頁。
⑦ 高彦休自序:"皇朝濟濟多士,聲明文物之盛,兩漢才足以扶輪捧轂而已,區區晉、魏、隋、周以降,何足道哉!故自武德、貞觀而後,吮筆爲小説、小録、稗史、野史、雜録、雜紀者多矣。貞元、大曆以前,捃拾無遺事;大中、咸通而下,或有可以爲誇尚者、資談笑者、垂訓誡者,惜乎不書於方策。輒從而記之,其雅登於太史氏者,不復載録。"([唐]高彦休《闕史》,《文淵閣四庫全書》本。)
⑧ 《逸史》自序:"盧子既作《史録》畢,乃集聞見之異者,目爲《逸史》焉。其間神化交化、幽冥感通、前定升沉、先見禍福,皆撼其實補其缺而已。"([明]陶宗儀《説郛三種》,卷二十四。)
⑨ [元]脱脱等《宋史·藝文志》著録於史部傳記類,看來此書當爲以人物爲中心的雜傳記之作。《新唐志》將其著録於小説家之中,當是因爲所記瑣細,且兼雜怪異。
⑩ 晁公武:"紀唐史遺事二十五篇。"(《郡齋讀書志校證》,第565頁。)
⑪ 晁公武:"采其曾祖彦昭、祖芳、父冕,集所記累朝典章因革、時政得失……小説之尤者也。"(《郡齋讀書志校證》,第570頁。)

録》一卷①、劉軻《牛羊日曆》一卷(原注:"牛僧孺、楊虞卿事。")、佚名《玉泉子見聞真録》五卷②等。這些雜記、雜録及雜史之作被視爲"小説",並著録於小説家之中,大致有三個方面的原因:其一,編纂材料多爲道聽塗説而來,如劉餗《傳記》即爲"因見聞而備故實",盧肇《逸史》亦爲"集聞見之異者",所謂"見聞"、"聞見"即包含有道聽塗説的東西在内,而此則完全符合《漢志》關於"小説"爲"街談巷語,道聽塗説"者之所造的定義。其二,與通常意義上的史書不能相提並論,格調低下,意義不大,如高彦休《闕史》的編纂爲"雅登於太史氏者,不覆載録",而僅僅記録"可以爲誇尚者、資談笑者、垂訓誡者",劉軻《牛羊日曆》記牛僧孺、楊虞卿事徑以"牛"、"羊"爲題名(陳振孫《直齋書録解題》稱之爲"不遜甚矣"),而此與《漢志》稱"小説"爲"小道"也恰好相符合。其三,核之劉義慶《世説》及殷芸《小説》,其材料也多爲史書,在"史"的層面上,這些雜記、雜録及雜史類的書籍與之可以説是相同的,既然《世説》《小説》被視爲"小説"並著録於小説家之中,這些書籍自然也會被視爲"小説",並著録於小説家之中。

需要指出的是,這裏"雜記"、"雜録"及"雜史"雖然被視爲"小説",並與通常意義上的史書分屬不同的部類,然而與通常所説的"史"或史書卻並不是相互排斥的關係,既爲此則不能爲彼,而是在"史"的層面上仍然是相通或相同的。如李肇既稱劉餗"集小説"而爲《傳記》,而所撰爲補史氏所闕"續《傳記》而來",卻又命名爲《國史補》,以"史"稱之,即爲明證。這一關於"小説"的觀念在唐代即已如此,至宋依然如此。《新唐志》將以"史"命名的《闕史》《盧子史録》《逸史》等著録於小説家而非史部之中即很好地説明了這一點。作爲"雜記"、"雜編"及"雜史"的"小説"與"史"或史書之間的這種關係,愈加説明"小説"並非是一種文體,根本就不具備"體"的要素。如果非以"體"稱不可,則此"體"已遠非"文體"之"體"了。

第二個小的段落。著録的書籍爲郭良輔《武孝經》一卷③、陸羽《茶經》三卷、張又新《煎茶水記》一卷、封演《續錢譜》一卷。這些書籍爲以著"雜"於末的體例而著録於整個子部的最末,亦即實際上著録於小説家的最後,形式上著録於小説家之中(最末)。考慮到無法被"小的學説"或"小説"一詞可能的含義涵蓋,又頗類乎雜藝術類的書籍,再加上《新唐志》亦本即採用了著"雜"於末的著録方式(詳參前相關論述),以《武孝經》等爲《新唐志》著"雜"於整個子部的最末,形式上著録於小説家之中(最末),無疑較爲合理。

綜合以上,相較於《舊唐志》,《新唐志》之"小説"觀主要出現了如下的發展與變化:其一,志怪類的作品被徹底明確地視爲"小説",以志怪爲"小説"成爲一條基本原則;其二,以博物、

---

① [唐]李濬《松窗雜録》序:"濬憶童兒時,即歷聞公卿間叙次國朝故事,兼多語其事特異者,取其必實之迹,暇日綴成一小軸,題曰《松窗雜録》。"([唐]李濬《松窗雜録》,《文淵閣四庫全書》本。)
② [宋]鄭樵《通志·藝文略》雜史類:"《玉泉子見聞真録》,紀唐懿宗至昭宗時事。"([宋]鄭樵《通志》,第774頁。)
③ [宋]王應麟《玉海》卷四十一:"唐郭良輔設太公、孫子問答,仿《孝經》篇章,以述武事。"脱脱等《宋史·藝文志》有李遠《武孝經》一卷,著録於雜藝術類。

博識爲主要內容的書籍被歸爲"小說"一類;其三,雜考、辨訂類的書籍被視爲"小說"著作;其四,雜記、雜錄及雜史類的書籍被視爲"小說"作品。

四、晁公武《郡齋讀書志》之小說家

序云:

> 《西京賦》曰:"小說九百,起自虞初。"周人也,其小說之來尚矣,然不過志夢卜、紀譎怪、記談諧之類而已。其後史臣務采異聞,往往取之。故近時爲小說者,始多及人之善惡,甚者肆喜怒之私,變是非之實,以誤後世。至於譽桓溫而毀陶侃,褒盧杞而貶陸贄者有之。今以志怪者爲上,褒貶者爲下云。①

據序文,晁氏將志夢卜、紀譎怪、記談諧之類的著作視爲"小說",同時也將記錄異聞之類的書籍視爲"小說"。或者説,晁氏將夢卜、譎怪、詼諧、奇異視爲判斷一部著作是否是"小說"的重要參考。

所著錄的作品大致可以分爲兩段:

第一段,從周廬注《博物志》十卷至佚名《補妒記》一卷,計一百零七種;第二段,則包括陳師道《後山詩話》二卷、司馬光《續詩話》一卷、歐陽脩《歐公詩話》一卷、蘇軾《東坡詩話》二卷、劉頒《中山詩話》三卷、范温《詩眼》一卷、王直方《歸叟詩話》六卷等七種。

第一個段落。與《新唐志》相較,除去郭良輔《武孝經》一卷等四種外,拋開具體著作的增減不論,所著錄的作品性質與《新唐志》所載之"小說"大體相同,也多爲荒誕、志怪及雜記、雜錄、雜史類等書籍,也就是説,這部分所反映的小說觀與《新唐志》並無差異。

第二個段落。從具體的著作來看,晁公武仍然將"言語"、"説話"及"談話"作爲"小說"的基本特徵。考《郡齋讀書志》集類"文説類"著錄有如下書籍:劉勰《文心雕龍》十卷、馮鑒《修文要訣》一卷、白居易《金針詩格》三卷、梅堯臣《續金針詩格》三卷、李淑《李公詩苑類格》三卷、王仲至《杜詩刊誤》一卷、洪興祖《韓文辨證》八卷、黄大輿《韓柳文章譜》三卷、釋惠洪《天廚禁臠》三卷。同爲關於詩文的著作,這些卻沒有被著錄進小說家,而以"説話"及"談話"爲特點的著作如陳師道《後山詩話》二卷、司馬光《續詩話》一卷等七種卻被著錄進了小說家,只能説明,晁公武正是將"言語"、"説話"或"談話"作爲判斷一部著作是否是"小說"的重要依據。

將詩話類的著作歸爲小說,是《郡齋讀書志》"小說"觀的一大特點。

---

① [宋]晁公武撰、孫猛校證《郡齋讀書志校證》,第543頁。

五、《四庫全書總目》之小説家

子部總序云:

> 稗官所述,其事末矣,用廣見聞,愈於博弈,故次以小説家。①

小説家類小序云:

> 張衡《西京賦》曰:"小説九百,本自虞初。"《漢書·藝文志》載《虞初周説》九百四十三篇,注稱"武帝時方士",則小説興於武帝時矣。故《伊尹説》以下九家,班固多注"依托也"。然屈原《天問》,雜陳神怪,多莫知所出,意即小説家言。而《漢志》所載《青史子》五十七篇,賈誼《新書·保傅篇》中先引之,則其來已久,特盛於虞初耳。迹其流別,凡有三派:其一叙述雜事,其一記録異聞,其一綴輯瑣語也。唐宋而後,作者彌繁。中間誣謾失真,妖妄熒聽者,固爲不少,然寓勸戒、廣見聞、資考證者,亦錯出其中。班固稱:"小説家流,蓋出於稗官。"如淳注謂:"王者欲知閭巷風俗,故立稗官,使稱説之。"然則博采旁搜,是亦古制,固不必以冗雜廢矣。今甄録其近雅馴者,以廣見聞。唯猥鄙荒誕,徒亂耳目者,則黜不載焉。②

據序文,其一,就其内涵來看,仍以不入流("小道")爲"小説"最基本的特點,所謂"其事末矣"云云正説明了這一點。其二,就"小説"之所指來看,並非是"小的學説",而是指稗官所搜集整理的作品。將"小説"流派分爲叙述雜事、記録異聞、綴輯瑣語三類,即很好地説明了這點。其三,將荒誕不經視爲"小説"的特點之一,所謂"然屈原《天問》,雜陳神怪,多莫知所出,意即小説家言"云云即傳達了這樣的含義。核《漢志》小説家的序文,關於"小説"的起源本無可考稽,或者説,"街談巷語,道聽塗説"所産生的時間,也就是"小説"所産生的時間,而此與屈原《天問》所雜陳之神怪所産生的時間顯然是兩碼事,而館臣卻據後者推測"小説"起源較久,其原因正在於,館臣將荒誕不經視爲"小説"的重要特點。具體的作品,《總目》"迹其流別"分爲雜事之屬、異聞之屬與瑣語之屬,然這只是大致的分類,並不能全面反映《總目》關於"小説"的豐富多樣的内涵。瞭解《總目》關於"小説"的内涵,還必須對《總目》針對相關書籍所做之論斷進行全面考察。那麽,《總目》之"小説"究竟又包括哪些内

---

① [清]永瑢、紀昀《四庫全書總目提要》,第471頁。
② 同上,第714頁。

涵呢？或者説其判斷一部作品爲"小説"的依據主要又是什麼呢？通過考察，《總目》小説家類著録的"小説"作品大致可分爲三個大的方面、十六個小的類型，兹列舉如下，并各舉例以爲證明：

其一，語言方面：

1. 文詞冗濫凡鄙。顔之推《還冤志》三卷，《總目》云："其文詞亦頗古雅，殊異小説之冗濫，存爲鑒戒，固亦無害於義矣。"薛用若《集異記》一卷，《總目》云："其叙述頗有文采，勝他小説之凡鄙。"趙弼《效顰集》三卷，《總目》云："是編皆紀報應之事，意寓勸懲，而詞則近於小説。"所謂"詞則近於小説"，無非是説文詞不够雅正，流於鄙俗而已。

2. 詞旨猥瑣淺陋。劉敬叔《異苑》十卷，《總目》云："且其詞旨簡澹，無小説家猥瑣之習，斷非六朝以後所能作。"舒繓《黎洲野乘》，《總目》云："蓋欲仿《莊》《列》之寓言，實則詞旨淺陋，尚遠出《革華》諸傳下也。"

其二，内容方面：

3. 煩碎瑣屑之事。陳忱《讀史隨筆》六卷，《總目》云："然其中多采掇瑣屑，類乎説部。……蓋其立名似乎史評，實則雜記之類也。"鄭與僑《客途偶記》一卷，《總目》云："事至瑣瑣，殊不足記也。"葉紹翁《四朝聞見録》五卷，《總目》云："惟王士禎《居易録》謂其頗涉煩碎，不及李心傳書（筆者按：指《建炎以來朝野雜記》）……故心傳書入史部，而此書則列小説家焉。"

4. 叢談瑣屑之事。鄭文寶《南唐近事》一卷，《總目》云："其體頗近小説，疑南唐亡後，文寶有志於國史，搜採舊聞，排纂叙次，以朝廷大政入《江表志》，至大中祥符三年乃成。其餘叢談瑣事，别爲輯綴，先成此編。"張知甫《張氏可書》一卷，《總目》云："其餘瑣聞佚事，爲他説家所不載者，亦多有益談資。"陳鵠《耆舊續聞》十卷，《總目》云："雖叢談瑣語，間傷猥雜，其可採者要不少也。"

5. 猥瑣猥褻之事。劉肅《大唐新語》十三卷，《總目》云："故《唐志》列之雜史類。然其中《諧謔》一門，繁蕪猥瑣，未免自穢其書，有乖史家之體例，今退置小説家類，庶協其實。"周密《癸辛雜識前集》一卷、《後集》一卷、《續集》二卷、《别集》二卷，《總目》云："書中所記頗猥雜，如姨夫、眼眶諸條，皆不足以登記載。"不著撰人《東南紀聞》三卷，《總目》云："而南嶽夫人一事，尤爲猥褻，亦未免堕小説窠臼，自穢其書。"

6. 軼聞瑣事之作。姚桐壽《樂郊私語》一卷，《總目》："所記軼聞瑣事，多近小説家言。"朱彧《萍洲可談》三卷，《總目》云："所記土俗、民風、朝章、國典，皆頗足以資考證，即軼聞瑣事，亦往往有裨勸戒，較他小説之侈神怪、肆詼嘲、徒供談噱之用者，猶有取焉。"

7. 里巷閑談之雜事。江休復《嘉祐雜誌》一卷，《總目》云："其書皆記雜事，故《宋志》列之小説家。"不著撰人《嶠南瑣記》二卷，《總目》云："然《西事珥》乃地志之屬，此書多記雜事，則小説家流也。"《總目》卷二最末之按語云："紀録雜事之書，小説與雜史，最易混淆。諸家著録，亦往往牽混。今以述朝政軍國者入雜史；其參以里巷閑談、詞章細故者，則均隸此門。"①同爲"雜事",而所以被歸爲"小説"一類,還是因爲其與通常意義上的史書不同,爲"里巷閒談、詞章細故"等不入流之事。

8. 妄談無徵之事。曾敏行《獨醒雜誌》十卷,《總目》云:"書中稱風鳶造自韓信,而不言所據。案唐李尤《獨異志》載有是説,小説妄談,於古無徵。"

9. 恍惚無徵之事。不著撰人《山海經》十八卷,《總目》云:"書中序述山水,多參以神怪,故《道藏》收入太玄部競字號中……然道里山川,率難考據,案以耳目所及,百不一真。"不著撰人《穆天子傳》六卷,《總目》云:"舊皆入起居注類。徒以編年紀月,叙述西遊之事,體近乎起居注耳。實則恍惚無徵,又非《逸周書》之比。以爲古書而存之可也,以爲信史而錄之,則史體雜、史例破矣。今退置於小説家。"舊題東方朔撰《神異經》一卷,《總目》云:"《隋志》列之史部地理類,《唐志》又列之子部神仙類,今核所言,多世外恍惚之事,既有異於輿圖,亦無關於修煉,其分類均屬未安。今從《文獻通考》列小説類中。"舊題東方朔撰《海内十洲記》一卷,《總目》云:"大抵恍惚支離,不可究詰……諸家著錄,或入地理,循名責實,未見其然,今與《山海經》同退置小説家焉。"

10. 語怪不經之事。何光遠《鑒戒錄》十卷,《總目》云:"稱秦宗權本不欲叛,乃泰山神追其魂,以酷刑逼之倡亂,是爲盜賊藉口,尤不可以訓。"范鎮《東齋記事》六卷,《總目》云:"他如記蔡襄爲蛇精之類,頗涉語怪。記室韋人三眼,突厥人牛蹄之類,亦極不經,皆不免稗官之習。故《通考》列之小説家。"王鞏《隨手雜錄》一卷,《總目》云:"皆間涉神怪,稍近稗官,故列之小説類中。"

11. 遊戲猥雜之文。朱維藩《諧史集》四卷,《總目》云:"凡明以前遊戲之文,悉見采錄。而所錄明人諸作,尤爲猥雜。據其體例,當入總集,然非文章正軌,今退之小説類中。"吳從先《小窗自紀》四卷,《總目》云:"皆俳諧雜説及遊戲詩賦,詞多儇薄。"王著《豆區八友傳》一卷,《總目》云:"(著)以製造菽乳,其名有八,因呼八友,各爲寓名而傳之,蓋遊戲之小品。"陳中州《居學餘情》三卷,《總目》云:"無非以遊戲爲文,雖曰文集,實則小説。"

12. 詼謔俳諧之語。岳珂《桯史》十五卷,《總目》云:"其間雖多俳優詼謔之詞,然惟金華士人著命司諸條,不出小説習氣,爲自穢其書耳。"陳日華《談諧》一卷,《總目》云:"所記皆俳優嘲弄之語……然古有《笑林》諸書,今雖不盡傳,而《太平廣記》所引數條,體亦如此,蓋小説家有此一格也。"

13. 俚俗戲謔之語、閭里鄙穢之事。陶宗儀《輟耕錄》三十卷,《總目》:"惟多雜以俚俗戲謔之語、閭里鄙穢之事,頗乖著作之體。"

14. 非關品詩之詩話。王應龍《翠屏筆談》一卷,《總目》云:"其書多記詩話,兼及神怪、雜事,亦小説家流。"不著撰人《玉堂詩話》一卷,《總目》云:"又多取鄙俚之作,以資笑噱。此諧史之流,非詩品之體,故入之小説家焉。"

---

① [清]永瑢、紀昀《四庫全書總目》,第727頁。

15. 有違風雅、不合名教之作。梅鼎祚《青泥蓮花記》十三卷①,《總目》云:"然狹斜之游,人情易溺,懲戒尚不可挽回,鼎祚乃捃摭瑣聞,謂冶蕩之中,亦有節行。使倚門者得以藉口,狹邪者彌爲傾心,雖意主善善從長,實則勸百而諷一矣。"余懷《板橋雜記》三卷,《總目》云:"自明太祖設官伎於南京,遂爲冶遊之場。……懷此書雖追述見聞,上卷爲雅遊,中卷爲麗品,下卷爲軼事。文章悽縟,足以導欲增悲,亦唐人《北里志》之類。然律以名教,則風雅之罪人也。"

其三,編撰方面:

16. 編撰品質低下之書。牛衷《埤雅廣要》二十卷,《總目》云:"蜀王以陸佃《埤雅》未爲盡善,令衷補正爲此書。然佃雖以引用王安石《字説》爲陳振孫所譏,而其博奧之處,要不可廢。衷所補龐雜餖飣,殆不成文,甚至字謎小説,雜然並載,爲薦紳之所難言。乃輕詆佃書,殊不知量!今退而列於小説家,俾以類從。"

通過比較可以發現,雖然《總目》將"小説"分爲雜事之屬、異聞之屬與瑣語之屬並未超出前代目錄著作對"小説"著作的界定,如其雜事之屬大致相當於《新唐志》雜記、雜錄及雜史類的書籍,異聞之屬大致相當於《新唐志》志怪、志異類的書籍,瑣語之屬則大致相當於《新唐志》"言語"、"説話"或"談話"類的書籍,但具體而言,其"小説"的含義,或者説其判斷何種著作才是小説的標準,卻有不少爲前代目錄著作所未備,如文詞冗濫凡鄙、詞旨猥瑣淺陋、妄談無徵之事、遊戲猥雜之文,有違風雅、不合名教及編撰品質低下之書等。其餘如煩碎瑣屑、叢談瑣屑、猥瑣猥褻之事,軼聞瑣事,里巷閑談之雜事,恍惚無徵之事,語怪不經之事,等等,雖然客觀上爲繼承之前的目錄著作而來(前五種可大致歸爲"雜事之屬",后二種可大致歸爲"異聞之屬"),但如此清晰明白地予以指出,具體化、細緻化(參前所列例證),《總目》亦爲首次。概言之,《總目》之"小説"觀對前代目錄之"小説"觀既有承繼,又有新的發展。而無論是繼承還是發展,推究其根源,顯然還是可以追溯至《漢志》小説家那裏,大體言之,例如,文詞冗濫凡鄙、詞旨猥瑣淺陋,爲據《伊尹説》二十七篇及《師曠》六篇班固注"其語(言)淺薄"而來;煩碎瑣屑、叢談瑣屑之事,猥瑣猥褻或里巷閑談之雜事等,爲據《漢志》以"小説"爲"小道"延伸而來;遊戲猥雜之文,有違風雅、不合名教之作,以及編撰品質低下等,亦爲據《漢志》稱"小説"爲"小道"延伸而來;恍惚無徵、語怪不經、妄談無徵之事等,爲從班固注《黃帝説》四十篇"迂誕依托"而來;詼諧俳諧、俚俗戲謔之語,閭里鄙穢之事及非關品詩之詩話,則爲據《漢志》小説家序文"街談巷語,道聽塗説"一語而來,等等。

《總目》關於"小説"之觀念,相較於《漢志》以來古典目錄中的小説家,實具有全面總結及深化的性質。細考《總目》的"小説"觀,尤其是將文詞冗濫簡鄙、詞旨猥瑣淺陋、所載事涉猥瑣、末流雜事、恍惚不稽、遊戲猥雜、有傷風雅、乖謬依托、品質低下等視爲判斷一部著作是否爲小説的標準,以及使用帶有明顯貶低色彩的用語,如冗濫、凡鄙、猥瑣、淺陋、猥雜、猥褻、煩

---

① 記倡女之可取者分爲七門:一曰記禪,二曰記玄,三曰記忠,四曰記義,五曰記孝,六曰記節,七曰記從。又附《補編》五門:一曰記藻,二曰記用,三曰記豪,四曰記遇,五曰記戒。

碎、佹神怪、肆恢嘲、徒供談噱、誣誕、尤不可以訓、極不經、妄談、恍惚無徵、儇薄、自穢其書、俚俗戲謔、閭里鄙穢、僞中之僞、乖謬殊甚、不足道、龐雜餖飣等，不難看出，《總目》賦予了"小説"更多的價值判斷的色彩，"小説"事實上已經成爲了《總目》表達價值判斷的手段，即將但凡價值低下、品位不高的作品統統歸爲"小説"，將"小説"表達價值判斷的功用發揮到了極致。正是在這一邏輯之下，傳統上没有被認爲"小説"，並非被著録於小説家的著作，也被著録進了小説家之中，如《穆天子傳》六卷。《總目》明知"舊皆入起居注類"，不過就是因"恍惚無徵"，因"史體雜"、"史例破"而與信史不可比擬，遂將其轉録於小説家之中。古典目録歷來有宣揚大道之主觀目的，以此觀之，《總目》之"小説"觀無疑是這種宣揚大道做法的極致表現。從《漢志》之"小道"、"小的學説"至《總目》將"小説"價值判斷的功用發揮到極致，正是古典目録貫徹宣揚大道思想的必然結果①。

之前的目録著作，雖然其"小説"作爲價值判斷的色彩始終未曾斷絶，然其深度及廣度終不如《總目》更爲明晰、具體與自覺。

結　語

通過以上論述可以看出，《漢志》小説家對後世目録的"小説"觀念產生了深遠的影響，後世目録中的小説家在《漢志》的規範之下得以繼續設立，其在判斷什麽樣的作品可以被視爲"小説"時，往往以《漢志》小説家爲參照。從《漢志》至《四庫全書總目》，其"小説"觀大致可以歸納如下：1.《漢志》，"小説"爲"小的學説"；2.《隋志》，"小説"指：(1)"街談巷語，道聽塗説"；(2)價值不大的作品（謔笑詼諧之作）；(3)"言語"、"説話"或"談話"類的著作；3.《舊唐志》，其"小説"觀除與《隋志》全同外，另外將"荒誕不經"視爲"小説"的特點，只是貫徹還不够徹底；4.《新唐志》，其"小説"觀除與《舊唐志》相同外，進一步明確將荒誕不經之作視爲"小説"，並將辨訂、雜考、雜記、雜録及雜史類的書籍視爲"小説"；5.《郡齋讀書志》，其"小説"觀除與《新唐志》相同外，另將詩話類的著作視爲"小説"；6.《四庫全書總目》，將文詞冗濫簡鄙之作等十六類視爲了"小説"，其"小説"觀爲對之前古典目録著作"小説"觀的總結與深化。

從《漢志》至《四庫全書總目》，"小説"觀縱向的發展綫索可略梳理如下：

1."小道"（《漢志》）——→謔笑詼諧之作（《隋志》）——→辨訂、雜考類的著作及雜記、雜録、雜史類的著作（《新唐志》《郡齋讀書志》）——→煩碎瑣屑、叢談瑣屑之事，猥瑣猥褻、里巷閒談之雜事，遊戲猥雜之文，有違風雅、不合名教之作，編撰品質低下之書等（《四庫全書總目》）；2."街談巷語，道聽塗説"（《漢志》）——→"言語"、"説話"或"談話"類的著作（《隋志》《舊唐志》《新唐志》）——→詩話（《郡齋讀書志》）、非關品詩之詩話（《四庫全書總目》）、詼諧俳諧之語、俚俗戲謔

---

① 詳可參傅榮賢《古代書目中的秩序：文獻、人倫和天道》，載《圖書館雜誌》2013年第12期。

之語、閭里鄙穢之事(《四庫全書總目》);3."迂誕依托"(《漢志》中《黃帝説》四十篇班固注)──→初步以荒誕不經爲"小説"(《舊唐志》)──→明確以荒誕不經爲"小説"(《新唐志》《郡齋讀書志》)──→恍惚無徵、語怪不經及妄談無徵之事(《四庫全書總目》);4."其語淺薄"、"其言淺薄"(《漢志》中《伊尹説》二十七篇及《師曠》六篇班固注)──→文詞冗濫簡鄙之作、詞旨猥瑣淺陋之作(《四庫全書總目》)。同時也不難看出,《漢志》小説家對後世目録著作"小説"觀的影響,是基於不同的因素而發生的,除其本質、明確的内涵也就是"小道"外,"小説"作爲一個詞語其字面上的可能的含義,其産生的途徑、編纂的方式,甚至相關作品的注釋等,也都對後世目録的"小説"觀及其著録産生着影響,弄清這些,對於合理地理解相關目録著作的"小説"觀及其著録,以及合理地利用古典目録中的小説家進行相關的學術研究等,無疑均有着無法忽略的意義。

[作者簡介] 孫振田(1973—),男,安徽利辛人。南京大學文學院博士,現爲西安工業大學人文學院副教授,陝西地方文化與文獻研究所副主任。主要從事古典目録學研究,在《中國圖書館學報》《圖書情報工作》《音樂研究》《文史哲》《國學研究》等刊物發表學術論文 60 餘篇。

論王充的經子觀

——從"書亦爲本,經亦爲末"、"知經誤者在諸子"談起

唐笑琳

內容提要 經子關係的互動是中國思想史上不可忽視的一環。漢代以經學思想爲主流,王充一方面肯定經學的價值,另一方面又提出"書亦爲本,經亦爲末"、"知經誤者在諸子"的觀點,挑戰了經學的絕對權威,也肯定了諸子學説的價值。本文試圖通過論述王充"書亦爲本,經亦爲末"、"知經誤者在諸子"的觀點,爲研究王充的經子觀和經子關係史作有益的補充。

關鍵詞 王充 《論衡》 經子觀

中圖分類號 B2

經子關係是中國思想史上關注的重要問題。涉及王充經子觀的內容,前人側重於講王充的經學思想,如吳從祥的《王充經學思想研究》[①]一書比較全面地論述了王充的經學思想,張造群文章《王充經學思想探微》[②]在論述王充的經學思想時,也提到其子學思想,然而子學的價值只是體現在表現王充主張博通的方面。除此之外,如吳根友、黃燕强《經子關係辨證》[③]對於歷代經子關係作了清晰的闡述,其中雖提到王充的價值,但此文是關照整個中國思想史中經子關係所作的論述,對於王充的經子觀,只是談及,沒有作過多的闡釋。綜上,本文便是以王充的經子觀爲切入點進行闡述,因爲王充的經子觀體現在一方面尊崇經學的地位,一方面又認爲"書亦爲本,經亦爲末"、"知經誤者在諸子",而關於王充的經學思想,前人已經論述得多且全,故本文對於這一方面只簡單概括,重點闡述王充經子觀中"書亦爲本,經亦爲末"、"知經誤者在諸子"的一面,以期對於王充的思想作有益的補充。

---

① 吳從祥《王充經學思想研究》,中國社會科學出版社2012年版。
② 張造群《王充經學思想探微》,《中華文化論壇》2010年第1期。
③ 吳根友、黃燕强《經子關係辨正》,《中國社會科學》2014年第7期。

一、王充經子觀形成的背景

　　武帝之時，董仲舒對策倡言罷黜百家，獨尊儒術，"諸不在六藝之科孔子之術者，皆絶其道，勿使並進"①。建元五年，武帝置五經博士，至此，博士走向專經一路，"這是一個劇急的轉變，使得此後博士的執掌不爲'通古今'而爲'作經師'"②。宣、元帝以後儒術漸興，各家各騁其説，博士之位遂多增設。博士本爲通曉古今、承接應對，然而漢代自罷黜百家，專崇儒術，不僅博士之位成了儒生利禄之途，儒學成爲正統，被賦予"經學"的地位，諸子百家博士不設，諸子百家之學的獨立性亦已喪失，甚至成了邪説歪道。下及東漢，經學思想仍然是思想的主流。

　　經學在漢代獲得獨尊的地位，一切思想與行爲必須在經學的範圍内進行解釋，成爲一切事物的準則。但是隨着經學的發展，經學内部出現了各種弊端。錢穆云："蓋漢儒説經，其功力所注，厥有兩途：一曰讖緯。一曰傳注。讖緯雜於方士，傳注限於師法。"③光武帝頒佈圖讖於天下，朝廷用事與選拔人才皆依圖讖，東漢一朝，讖緯逐漸成爲内學，凌駕於經學之上。皮錫瑞云："漢人治經，各守家法；博士教授，專主一家。"④漢人傳經最重師法、家法，經師傳授和徒弟接受必須嚴守師法、家法，不能更改一字。各家學説爲了爲博士、立學官，爭取一席之地，采五經相出入者分章逐句爲説，以至形成諸派諸説。"前漢重師法，後漢重家法。先有師法，而後能成一家之言。師法者，溯其源；家法者，衍其流也。"⑤先有師法，師法中再分出家法，由此可見當時漢代師法、家法之盛。漢代治經，章句之所以盛的原因，班固極言之："自武帝立五經博士，開弟子員，設科射策，勸以官禄，訖於元始，百有餘年，傳業者寖盛，支葉蕃滋，一經説至百餘萬言，大師衆至千餘人，蓋利禄之路然也。"⑥漢和帝永元十四年，徐防上書批評不修家法、不依家法之風，並提出利禄獲取以主一家之法爲標準："伏見太學試博士弟子，皆以意説，不修家法，私相容隱，開生奸路。……今不依章句，妄生穿鑿，以遵師爲非義，意説爲得理，輕侮道術，寖以成俗，誠非詔書實選本意。……臣以爲博士及甲乙策試，宜從其家章句，開五十難以試之，解釋多者爲上第，引文明者爲高説；若不依先師，義有相伐，皆正以爲非。"⑦正是利禄的誘惑，致使章句之學發展越來越走向極端，班固在《漢書·藝文志》中批評道："古之學

---

① [漢]班固撰、[唐]顔師古注《漢書》，中華書局1962年版，第2523頁。
② 顧頡剛《漢代學術史略》，東方出版社1996年版，第59頁。
③ 錢穆《兩漢經學今古文平議》，商務印書館2015年版，第122頁。
④ [清]皮錫瑞著、周予同注釋《經學歷史》，中華書局1959年版，第75頁。
⑤ 同上，第136頁。
⑥ [漢]班固撰、[唐]顔師古注《漢書》，第3620頁。
⑦ [南朝宋]范曄撰、[唐]李賢等注《後漢書》，中華書局1965年版，第1500頁。

者耕且養,三年而通一藝,存其大體,玩經文而已,是故用日少而畜德多,三十而五經立也。後世經傳既已乖離,博學者又不思多聞闕疑之義,而務碎義逃難,便辭巧説,破壞形體;説五字之文,至於二三萬言。後進彌以馳逐,故幼童而守一藝,白首而後能言;安其所習,毁所不見,終以自蔽。此學者之大患也。"① 因爲經學流弊日多,自王莽之時興起删減章句之風,如伏恭删其父《齊詩》章句"恭乃省減浮辭,定爲二十萬言"②。《後漢書·桓郁傳》:"初,榮受朱普學章句四十萬言,浮辭繁長,多過其實。及榮入授顯宗,減爲二十三萬言。郁復删省定成十二萬言。"③

主流層面下總湧動着暗潮,自《吕氏春秋》一書就開始顯現出兼采各家思想和諸子思想相融的趨勢。即使是漢代獨尊儒術,貶斥諸子之學,但融合諸子之學的趨勢也是很明顯的,漢人著作於此方面表現尤爲明顯。《淮南子》自不必説,即使是宣導"罷黜百家、獨尊儒術"的董仲舒,其"經學性質是折衷經子而以孔子所定之經爲主、以先秦諸子爲輔。受其經學範式的影響,漢代齊系、燕系的經學,多少都融合了黄老法術的性格,與九流之學有着深層結構上的思想互滲"。④ 另一方面統治者在政策實施的過程中實際上是"儒表法裏",王霸思想雜用。元帝爲太子時認爲宣帝用刑過重,建議用儒生,宣帝在駁斥太子時宣稱:"漢家自有制度,本以霸王道雜之,奈何純[任]德教,用周政乎!"⑤閻步克在《士大夫政治演生史稿》中亦談到東漢統治者:"在獎崇'經術'、標榜'柔道'的同時,明明還有一個深刻的'吏化'傾向伴隨於其間。"⑥這導致儒法思想趨向合流。在此過程中,不僅文吏主動學習儒生所習,儒生也加强自身在吏事方面的提高,如此導致儒生們現實主義精神的興起,如頗受王充稱道的桓譚,其《新論》一書在論及社會上的問題時就多表現出務實的精神,抨擊虚妄之風。王充的思想即是在這樣的大環境下形成的。

二、王充經子觀的表現

王充生活在光武帝、明帝、章帝、和帝四朝,當時經學思想和讖緯等神學思想籠罩着整個社會,受時代的影響,王充認爲五經爲"道","夫五經亦漢家之所立,儒生善政大義,皆出其中"⑦,

---

① [漢]班固撰、[唐]顔師古注《漢書》,第1723頁。
② [南朝宋]范曄撰、[唐]李賢等注《後漢書》,第2571頁。
③ 同上,第1256頁。
④ 吴根友、黄燕强《經子關係辨正》,《中國社會科學》2014年第7期。
⑤ [漢]班固撰、[唐]顔師古注《漢書》,第277頁。
⑥ 閻步克《士大夫政治演生史稿》,北京大學出版社1996年版,第368頁。
⑦ 黄暉《論衡校釋》(附劉盼遂集解),中華書局1990年版,第542頁。

"道行事立,無道不成"①。任何事物的發展和實行都必須有一定的規則,脱離了"道",没了原則,是不行的。因爲漢代知識分子啓蒙於五經,加之王充長大後遊學太學,接受正統的教育,以五經爲主的經學思想在王充眼中依然具有很高的位置,故而《論衡》中多稱道五經,且多引用以證其觀點。但是王充屬於漢代思想中的一股逆流,他雖然肯定經學的地位,但是不盲從盲信,他懷着"疾虚妄"的精神,對於當時的經學進行了批判,並且樹立了"書亦爲本,經亦爲末"、"知經誤者在諸子"②的觀點,主要表現在兩個方面:一爲批判經學,一爲博采諸子。兹論述如下:

(一) 批 判 經 學

漢儒重章句之學,分章逐句闡釋經學,對於經學的義理闡發,使之成爲經世致用之學有着積極的意義,然而這種在利禄引誘下,而不惜左右采獲,具文飾説的行爲造成了破碎經義的結果,被人斥之爲"章句小儒"。讖緯等神學思想融入解經,使經學被神秘思想所籠罩,逐漸喪失了生命力,從原來的"經世致用"之學成了充滿迷信的學説,出現了各種弊病,故而,在讖緯和章句之學的影響下,經學最終將走向衰弱。鑒於此,懷着"疾虚妄"精神的王充不滿於漢儒具文飾説,對當時的經學提出了批判。

首先,王充雖尊崇孔子,但是反對讖緯思想將孔子神秘化,則將孔子拉下神壇,認爲孔子只是諸子之中最卓越者。夏曾佑言:"大抵上古天子之事有三,一曰感生,二曰受名,三曰封禪。……三事一貫,而其事唯王者能有之明矣。故上自包犧,凡一姓興起,無不備此三端。而孔子布衣,非王者。然自漢儒言之,則恒以天子待之。"③孔子受命爲素王、爲漢制法之説產生於漢代之緯書之中,孔子成了一個具有神秘色彩,能够先知的聖人。《孝經緯鈎命訣》:"子曰:'吾作《孝經》,以素王無爵禄之賞,斧鉞之誅,故稱明王之道。'"④《春秋緯演孔圖》:"孔提命,作應法,爲赤制。"⑤王充則反對將孔子神學化,批判那些將孔子尊爲聖人、神人,認爲孔子的一切言論都是對的,且具有先知的能力的行爲。在《問孔》《刺孟》兩篇中,敢於挑戰聖人權威,發出"苟有不曉解之問,迢難孔子,何傷於義?誠有傳聖業之知,伐孔子之説,何逆於理"⑥的聲音。《論衡·問孔》篇指責"世儒學者,好信師而是古,以爲賢聖所言皆無非,專精講習,不知難問"⑦,提出

---

① 黄暉《論衡校釋》(附劉盼遂集解),中華書局1990年版,第543頁。
② 章太炎曾説道:"所謂諸子學者,非專限於周秦,後代諸家,亦得列入,而必以周秦爲主。"本文中所論述的"子"指的便是百家争鳴時的"子"。章太炎《諸子學略説》,廣西師範大學出版社2010年版,第1頁。
③ 夏曾佑《中國古代史》,上海三聯書店2014年版,第75頁。
④ 《緯書集成》,上海古籍出版社1994年版,第343頁。
⑤ 同上,第904頁。
⑥ 黄暉《論衡校釋》(附劉盼遂集解),第397頁。
⑦ 同上,第395頁。

"凡學問之法,不爲無才,難於距師,核道實義,證定是非也"。① 公然指出即使是賢聖所説的話,也並非都是對的,即使是用意深思之文也會出現不謹慎的地方,況且是倉促之間所説的話。且又以實例證明之。儒者稱聖則神,認爲孔子具有先知能力,王充認爲所謂的聖人、賢人之所以能够預知未來之事,他們並非皆是耳聰目明,除了博學見識廣之外,皆因爲能够做到"放象事類以見禍,推原往驗以處來事"②,"案兆察迹,推原事類"③。聖人與衆人的區别在於:聖人能够對事情進行思考,而衆人則疏于思考,其實"聖賢不能知性,須任耳目以定情實。其任耳目也,可知之事,思之輒決;不可知之事,待問乃解。天下之事,世間之物,可思而知,愚夫能開精;不可思而知,上聖不能省"④。即使所説的那種早成之才,也須後天學習而成,並非天生。

其次,王充認爲:"聖人作其經,賢者造其傳,述作者之意,采聖人之志,故經須傳也。"⑤漢儒便是對於流傳的經書進行闡發的,然而五經遭遇秦火,至漢代已經殘缺不全,人們在不全的基礎上進行闡發,反而失去了聖人之本意。如王充在《正説》篇中批評儒者因爲"見奇"、立意美,闡發經義時便冠以神秘色彩,對五經進行隨意失實的論説,如漢儒將《春秋》二百四十二年與中壽三世相聯結。在《書虚》篇將傳經之書上所記載的内容進行了辨析,批判傳書不求實際,而多作驚奇怪異、博眼球之論,而世俗又全然相信載於竹帛上的書籍,故而虚妄之書流傳。後世學經之徒又不窮究對錯,没有内心的想法,没有是非分辨的能力,一味傳師之説、家之法,與郵人、門人無異。"儒者説五經,多失其實。前儒不見本末,空生虚説;後儒信前師之言,隨舊述故,滑習辭語,……故虚説傳而不絶,實事没而不見,五經並失其實。"⑥

最後,王充在《謝短》篇中比較儒生、文吏之不足,批評儒生墨守章句,不曉經事,不覽古今曰:"夫知古不知今,謂之陸沉,……夫知今不知古,爲之盲瞽。"⑦又曰:"夫總問儒生以古今之義,儒生不能知,别名以其經問之,又不能曉,斯則坐守師法,不頗博覽之咎也。"⑧王充不僅倡議儒生知古知今,而且也不囿於一家之言,拘於門派之别,兼采經學各派。王充《論衡》根據内容需要,所引各家條數雖有數目偏差,但是仍然可以看到王充對於各家經學都有所觀照。

(二) 博 采 諸 子

自《隋書·經籍志》將《論衡》著録爲雜家,此後歷代流傳的傳本及書目文獻皆沿襲此説。

---

① 黄暉《論衡校釋》(附劉盼遂集解),第397頁。
② 同上,第1073頁。
③ 同上,第1075頁。
④ 同上,第1084頁。
⑤ 同上,第1158頁。
⑥ 同上,第1123頁。
⑦ 同上,第554頁。
⑧ 同上,第567頁。

但也有歸入其他家的,如明朱睦㮮《萬卷堂書目》、清張之洞《書目答問》皆列《論衡》爲儒家;劉師培《南北文學不同論》一文則認爲《風俗通》《論衡》二書"近於詭辯,殆南方墨者之支派與"①;侯外廬等《中國思想通史》認爲王充是"漢代的道家思想的主張者"②;又《漢書·藝文志·諸子略》概括雜家"兼儒、墨,合名、法"③。由此可見,《論衡》一書所包括的思想是複雜的,融合了各家思想於其中。王充認爲無論經傳之書與諸子之書皆是賢者所爲,因爲諸子説與經傳之學相違就是經而非子是不對的,並且秦火之後,同爲源于三代文化系統的子學相對經學來説,保存得更爲完整。因此,王充在《論衡》一書中不僅融合了各家的思想,而且用諸子思想、學説來駁斥、補充經學。舉例説明之:

漢代"天人感應"説認爲世間萬物皆爲天有意安排,災變即爲天對於人的譴告。王充在《遣告》《自然》兩篇用黄、老學説中的"自然無爲"思想駁斥漢代的譴告説,稱"儒者之説,俗人言也"④,而"黄老之家,論説天道,得其實矣"⑤,並進一步説明自己的論説是"從道不隨事,雖違儒家之説,合黄、老之義也"⑥。他認爲天施氣而五穀、絲麻自生,人食五穀、衣絲麻而抵禦饑寒皆是自然爲之,非天有意爲之。在論説天施氣萬物自生時,類比人之生子,亦非人有意爲之,而是人體内氣動爲之,又提出母懷子猶如寄物瓶中,直接挑戰了儒家的倫理孝道,並進一步指出譴告之説橫行的原因來源於禮。王充認爲政治上也需要提倡"無爲",並化用《老子》中"治大國若亨小鮮"⑦之論。政治上除了提倡"無爲"思想,王充亦提倡養德與養力兼備。以孔孟爲代表的儒家重視德治,以韓非爲代表的法家重視法治,王充在《非韓》篇中雖批評韓非"明法尚功",不論德政,但同時又認識到明法的重要性,因此綜合儒、法兩家思想提出治國的方法在於養德與養力兼備,禮儀教化是國家存在的基礎,法治軍事則是國家存在的保證,國家如果要屹立不倒、昌盛繁榮,二者不能偏廢,單純地依靠任何一方都是危險的。墨家主張薄葬,但是又相信鬼神存在,王充雖然批評正是因爲墨家思想前後相反才造成墨學不傳,但是王充卻繼承了墨家的節葬思想,通過批判人死精神不存在,猶如燭盡火滅一般,人死不爲鬼,不會佑澤後代,也不會生發禍害,反對社會上的厚葬之風。

王充對於諸子思想的繼承除了直接的,也有在批判中獲得靈感,從而建立自己的學説。如王充在《本性》篇中對於周人世碩到漢劉子政關於性惡與性善的言論作了一番評論,他認爲

---

① 劉師培《劉師培辛亥前文選》,中西書局 2012 年版,第 349 頁。
② 侯外廬、趙紀彬、杜國庠《中國思想通史》(第二卷),人民出版社 2011 年版,第 240 頁。
③ [漢]班固撰、[唐]顔師古注《漢書》,第 1742 頁。
④ 黄暉《論衡校釋》(附劉盼遂集解),第 645 頁。
⑤ 同上,第 636 頁。
⑥ 同上,第 785 頁。
⑦ 朱謙之《老子校釋》,中華書局 1984 年版,第 244 頁。

如果從爲了讓人們的言行符合於經學、道義,無論是孟子"性善"論,還是荀子的"性惡"論,告子的"性無分善惡"論等都可以成爲施教的理論,但是如果要將人性的道理闡述清楚,以上言論則是片面的。而周人世碩和公孫尼子的人性有善有惡是比較正確的,同時又認爲至善與至惡之性是難以改變的,而平常人之性則可以隨着習氣改變。

三、王充經子觀的意義

　　三代時,知識與文化都聚集在上層貴族手中,春秋戰國時期,禮崩樂壞,知識和文化下移,各家爲了應對社會的動盪,尋求救治社會的良方,在三代知識與文化的基礎上,各騁其說,形成各家學說,由此可以說,諸子百家思想來源於三代的文化與知識,此時的儒家屬於"諸子"中的一"子"。縱觀先秦儒家與其他諸子的學說,主張雖有所不同,但是他們皆是對世變所作的睿智思考。各家的思想雖有如《荀子·非十二子》對其所短的嚴厲揭露,然而"是非互見,得失兩存,有偏重而無偏廢"①。諸子"殊途而同歸","和而不同",他們之間是平等的,皆各引一端發表學說,彼此争辯,在平等的基礎上進行對話,没有哪一"子"能夠居於諸子之上,也没有哪一"子"成爲其他子的附庸。至漢初,雖有時代原因,某家學說成爲顯學,或是說某家某派在歷史的舞臺上相對他家較爲活躍,但是各家學說仍没有在地位上表現出尊卑。以博士設置而言,《漢書·百官公卿表》言:"博士,秦官,掌通古今。"②秦始皇之時,博士設置七十人。李斯建議秦始皇焚書言:"非博士官所職,天下敢有藏《詩》、《書》、百家語者,悉詣守、尉雜燒之。"③可見,秦博士不限於儒生,其中有諸子百家之博士。漢初統治者提倡黄老之術,儒術未興,博士亦不僅僅限於儒學。劉歆《移太常博士》言孝文、孝景之時:"天下衆書往往頗出,皆諸子傳說,猶廣立於學官,爲置博士。"④孝文之時,後世所謂《五經》,除了申公和韓嬰以《詩》爲博士外,亦立《論語》《孝經》《爾雅》《孟子》爲博士,立通曉諸子百家之書的賈誼爲博士,以傳鄒衍陰陽之說的公孫臣爲博士等。景帝之時,《詩》之博士增加轅固生,《春秋》之博士立董仲舒、胡毋生。綜上,武帝之前,諸子學之間是平等的關係,武帝之後,儒家思想成爲獨尊,逐漸被經學化和神學化,其他子學才逐漸成了經學的附庸。

　　王充博覽羣書,思想貫通諸家,宣導要知古通今,故而能夠清醒地認識到神學化的經學的虚妄性和諸子之學的價值,渴望回到漢武帝獨尊儒術之前。王充認爲諸子百家之學說擁有鮮活的生命力,豐富的内容,不僅可以爲經學注入生命力,補充經學,也可正經學内容。

---

① 郭齊勇、吳根友《諸子學通論》,商務印書館2015年版,第16頁。
② [漢]班固撰、[唐]顔師古注《漢書》,第726頁。
③ [漢]司馬遷《史記》,中華書局1959年版,第255頁。
④ [漢]班固撰、[唐]顔師古注《漢書》,第1969頁。

諸子思想是對社會問題的回應而生發的思考,自然書中存在實際可用的理論來指導實踐,而比對當時充滿神秘虛妄思想的經學來說,充滿理性的諸子智慧更能顯現出它們的價值,更能對於現實有所指導。王充在經學獨尊的時代,基於"得實"、"徵於實"的學術思想理念,大膽地提出了諸子之書爲本,經書爲末的觀點:"書亦爲本,經亦爲末,末失事實,本得道質,……知屋漏者在宇下,知政失者在草野,知經誤者在諸子。諸子尺書,文明實是。"①"諸子尺書,文篇具在,可觀讀以正説,可采掇以示後人。"②王充的經子觀不僅僅是要求正視諸子學説的價值,甚至認爲諸子學説在某些方面甚至超過了漢代經學的價值,挑戰了經學的穩定性和權威性。王充雖然尊崇經學,這是其所處時代決定的,但是其還聖人、神人孔子爲諸子之一的想法,無形中也拉近了儒學與其他子學的關係。這對於堅守經學思想的人們來説是難以忍受的。以《論衡》的流傳情況來看,宋人和清人對於王充及其《論衡》的批評比較猛烈,雖説没有把矛頭直接對準王充的經子觀,但是指向的内容正是王充對於儒家思想批判,對於經學思想的挑戰。尤其是"不孝"和"非聖"成爲人們非難王充的主要方面,如乾隆皇帝以統治者的身份痛斥王充離經叛道、非難聖人。而歷代對於此的非難,也正説明了王充思想的價值所在。

從諸子之學源於三代文化和知識系統開始,歷經漢代獨尊儒術,樹立經學權威,貶斥子學,到乾嘉學派"以經爲主而子爲輔",再到近代諸如章太炎、劉師培等人視經、子平等,直至如今學界提出要求重回"子學時代",發現子學價值的"新子學"口號,經子互動一直是中國思想史不容忽視的一環。雖然直至漢末蔡邕入吴始得《論衡》,王充的《論衡》才開始流傳開來,對所處時代並未産生大的影響,但是王充"書亦爲本,經亦爲末"、"知經誤者在諸子"的觀點,能够産生於儒學獨尊的漢代,不禁讓人爲之驚歎。《論衡》一書在流傳過程中,雖有諸多坎坷,但是稱讚者亦多有之,後人在論證經子關係時必定也會從中獲取營養。如章太炎在其《檢論·學變》中大力稱讚王充的批判精神和大膽懷疑聖賢的氣魄,肯定王充思想的價值。他説:"作爲《論衡》,趣以正虛妄,審鄉背。懷疑之論,分析百耑。有所發擿,不避上聖。漢得一人焉。"③因爲章氏對於王充及其《論衡》的推崇,其經子平等的觀念就有可能會受到王充的影響。王充指責經學家將諸子著作比作蕞殘、玉屑,羅焌"然則五經之蕞殘,不如諸子之完璧"④的觀點便是來源於王充。如今,學界提倡"新子學",反對經學一元思維,主張學派之間平等對話,諸家學説"不尚一統而貴多元共生"⑤,以多元思維來思考當今世界,回答社會問題。

---

① 黄暉《論衡校釋》(附劉盼遂集解),第 1160 頁。

② 同上,第 1159 頁。

③ 章太炎《章太炎全集》,上海人民出版社 2014 年版,第 452 頁。

④ 羅焌《諸子學述》,華東師範大學出版社 2008 年版,第 93 頁。該條轉引於吴根友、黄燕强《經子關係辨正》,《中國社會科學》2014 年第 7 期。

⑤ 方勇《再論"新子學"》,《諸子學刊》第九輯,上海古籍出版社 2013 年版,第 1 頁。

梳理王充的經子關係，不難看出，其與"新子學"口號在提倡諸子之學的方面亦有相通處，如重視子學文獻和思想的價值、提高子學的地位、還儒學爲子學等，都爲"新子學"的繼續發展提供借鑒。

[**作者簡介**] 唐笑琳(1988—　)，女，河南洛陽人。華東師範大學中文系博士研究生，主要從事先秦兩漢諸子學研究，已發表相關學術論文多篇。

宋學形成路徑的思想史考察*
——儒學的自我革新與儒釋道三教論衡

馮　兵

內容提要　從思想史的角度看，宋學的形成主要基於中唐以來的古文運動對儒學思想表現力的重視與解放、疑經惑傳思潮中義理學的興盛，以及儒釋道三家相激相長過程中儒學生命力的自我激發三大主要思想的發展。而這三者之間也是相輔相成的。其中，古文運動與疑經惑傳思潮代表着儒學內部的自我革新，釋道兩家思想對儒學的刺激和促進則體現了外部力量的作用。如此數種思想運動的內外交錯互動，最終構成了宋學得以產生的思想合力。

關鍵詞　宋學　經學　儒釋道　古文運動　疑經惑傳
中圖分類號　B2

宋代是我國歷史上自春秋戰國以來的又一思想文化的巔峰階段，宋學的形成與發展，就是在這一片肥沃的"土壤"中生長出的一座瑰麗耀眼的思想與學術花園。由於其強烈的義理化趨向，與漢唐以來重視章句訓詁、墨守經義而至於繁瑣的特點有了很大不同。而這一不同的背後，卻是一個十分精彩的思想史過程。

一、古　文　運　動

漆俠先生指出："宋學形成于宋仁宗統治期間，慶曆新政前後（1043—1044）是宋學形成的階段。"至於形成原因，他則認爲："從學術的淵源看，它受到中唐以來韓愈、李翱等儒家道統説和一些學者疑經的深刻影響。"①此言不無道理，而韓愈等正是古文運動的主將。所謂"古文"，

---

*　基金專案：福建省社會科學研究基地"華僑大學生活哲學研究中心"重大專案"朱熹的生活哲學思想及其現代價值"（編號 FJ2015JDZ012）。

①　漆俠《宋學的發展和演變》，河北人民出版社 2002 年版，第 8 頁。

是針對"時文",即魏晉以來形成、至初盛唐仍舊流行的駢體文而提出的一個概念,指先秦兩漢時單行散句、没有規定形式的文體①。古文運動,則"是在中國古代社會發生重要轉變時期所形成的一場儒學復興運動,也是一場文學改革運動。作爲一場復興儒學的思想文化運動,它所反對的首先是魏晉以來的作爲士族意識形態的重'禮'的儒學。作爲一場文學改革運動,它所反對的主要是駢文,兩者又有着密切的關係"②。換言之,文學總是爲思想服務的,是思想表達的重要工具。因而古文運動在文學方面的改革,其最深層次的原因和目的仍然是在於復興傳統儒學思想與文化。

(一) 古文運動的社會文化背景

魏晉六朝是我國歷史上門閥世族社會的典型,而門閥世族社會的維繫,最根本的就是依靠"禮"對社會階層等差的規定。所以,清人趙翼在《廿二史札記》中就說:"六朝人最重三《禮》之學,唐初尤然。"③陳寅恪先生在討論隋唐制度形成之淵源時,亦曾引沈垚語曰:"六朝人禮學極精,唐以前士大夫重門閥,雖異于古之宗法,然與古不相遠,史傳中所載多禮家精粹之言。"④近來也有學者指出,儘管魏晉時期士風曠達無羈,玄學名士中有不少放浪形骸的瀟灑人物,但"在士族本位的社會中,維繫士族本身之存在,保持一姓士族内部之凝聚,即所謂'齊家'者,確實不能從玄學之中找到有用的思想工具。所以,士族通常並不廢禮學。"⑤由此可見"禮"在魏晉六朝時期的受重視程度。

"禮"在維護社會等級制度的過程中具有極大的功用,對此早在春秋戰國時期思想家們就已經有了十分明確的闡述。如荀子説:"義者循禮,循禮故惡人之亂之也。"(《荀子·議兵》)"循禮"即不希望人們擾亂社會的既有秩序,所以,他一再強調"少事長,賤事貴,不肖事賢,是天下之通義也"(《荀子·仲尼》)。而《禮記》也指出:"禮義立,則貴賤等矣。樂文同,則上下和矣。"(《禮記·樂記》)禮樂合用,所希望達到的社會效果就是:既等級森嚴,又和諧穩定。而要達到這樣的效果,首先要熏陶馴化的就是人們的思想和情感,於是政治思想家們就有了"禮樂之統,管乎人心矣"的認識(《荀子·樂論》)。從先秦以來的整個傳統社會中,禮樂文化的繁榮即與此有着本質聯繫,故而對於禮制的編修與完善在歷朝歷代都不曾疏忽懈怠過。

經貞觀、顯慶、開元年間的三次修訂,到《大唐開元禮》一百五十卷成,"由是,唐之五禮之文始備,而後世用之,雖時小有損益,不能過也"⑥。《通典》亦評價道:"二十年九月,新禮成,凡

---

① 章培恒、駱玉明《中國文學史》(中),復旦大學出版社1997年版,第183頁。
② 敏澤《中國文學思想史》(上卷),湖南教育出版社2004年版,第559頁。
③ [清]趙翼著、王樹民校證《廿二史札記校證》,中華書局2013年版,第468頁。
④ 陳寅恪《隋唐制度淵源略論稿》,三聯書店1954年版,第4、5頁。
⑤ 田余慶《東晉門閥政治》,北京大學出版社1989年版,第350頁。
⑥ [宋]歐陽脩、[宋]宋祁《禮樂志》第一,《新唐書》卷十一,中華書局2000年版,第198頁。

百五十卷,是爲《大唐開元禮》。於戲!百代之損益,三變而著明,酌乎文質,懸諸日月,可爲盛矣。"①而魏晉至初、盛唐時期,皇室貴族對"禮"的重視不僅僅是體現在對禮制的完備方面,並且在社會推廣方面也是不遺餘力的,其結果就使得"魏晉以來,以貴役賤,士庶之科,較然有辨"②,有效地維護了世家大族社會地位的合法性。

到中唐之後,隨着楊炎"兩稅法"和租佃制的推行,庶族地主在經濟上的實力極大增強,並且又通過科舉制度進入了統治集團的中上層,遂越來越多地獲得了政治上的地位。與之相反,自魏晉以來一直占據主導地位的世家大族的權勢和地位則江河日下。隨之而來的,便是庶族地主階層在意識形態上對於"禮"的抵制與重新詮釋。古文運動的幾個主要代表人物如韓愈、柳宗元等都對"禮"表示過不滿,韓愈在《讀儀禮》一文中説:"余嘗苦《儀禮》難讀,又其行於今者蓋寡。沿襲不同,復之無由,考於今誠無所用之。"③韓愈認爲《儀禮》難讀,究其根本,主要是因爲覺得它離現實生活較遠,没什麼實際用處,實在是找不到恢復施行它的理由,所以讀來索然無味,自然是"難讀"。從中我們就可感受到韓愈對於古禮的興趣如何了。而柳宗元對於"禮"的質疑和批判更是直截了當,他針對《左傳》所言之十惡不赦的"六逆"行爲——"賤妨貴,少陵長,遠間親,新間舊,小加大,淫破義"——作了一篇《六逆論》,反駁説:"余謂少陵長,小加大,淫破義,是三者,固誠爲亂矣。然其所謂賤妨貴,遠間親,新間舊,雖爲理之本可也,何必曰亂?"④這對於自漢以降的傳統禮法觀而言,不啻是較大的顛覆和改造。

當然,韓、柳等人對禮法觀的顛覆並非要將其徹底推翻以重建一套全新的思想文化體系,而只是否定漢魏官方儒學,要求承繼先秦,重續自堯、舜、湯、文、武、周公、孔子、孟軻以來的儒學"道統"⑤。韓愈表白自己"讀書著文歌頌堯舜之道",認爲正是由於荀子、揚雄等人"擇焉而不精,語焉而不詳",使得道統在很長的時間裏一度中斷。所以他説:

> 於是時也,而唱釋老與其間,鼓天下之衆而從之。嗚呼!其亦不仁甚矣!釋老之害,過於楊墨。韓愈之賢,不及孟子。孟子不能救之於未亡之前,而韓愈乃欲全之於已壞之後。嗚呼!其亦不量其力,且見其身之危,莫之救以死也。雖然,使其道由愈而粗傳,雖滅死萬萬無恨!天地鬼神,臨之在上,質之在旁,又安得因一摧折,自毁其道,以從於邪也。⑥

---

① [唐]杜佑《禮序》,《通典》卷四十一,中華書局 1988 年版,第 1122 頁。
② [南朝梁]沈約《恩幸傳》,《宋書》卷九十四,中華書局 2000 年版,第 1531 頁。
③ [唐]韓愈《讀儀禮》,《韓昌黎全集》卷十一,中國書店 1991 年版,第 183 頁。
④ [唐]柳宗元《六逆論》,《柳河東集》卷三,上海古籍出版社 2008 年版,第 60 頁。
⑤ "堯以是傳之舜,舜以是傳之禹,禹以是傳之湯,湯以是傳之文武周公,文武周公傳之孔子,孔子傳之孟軻。軻之死不得其傳焉。"韓愈《原道》,《韓昌黎全集》卷十一,第 174 頁。
⑥ [唐]韓愈《與孟尚書書》,《韓昌黎全集》卷十八,第 268 頁。

這一番慷慨激昂的言辭,充分展露了韓愈以復興先秦儒學,抵拒釋、道兩家"異端邪説"爲己任的情懷。柳宗元也聲言自己"唯以中正信義爲志,以興堯舜孔子之道利安元元爲務"①,以繼承堯舜孔孟儒家的社會政治理想、福澤天下蒼生爲職志。由此可見,韓愈等人發起古文運動,其背後有着濃烈的政治情結。

(二) 古文運動的内容、實質及影響

古文運動在文學上的批判對象主要是駢文。駢文又稱駢儷文,以四六句式爲主,由於過度講究對仗的形式技巧,往往束縛了内容的有效表達。駢文體在魏晉時期出現,到南北朝達到鼎盛。大約是在唐開元、天寶年間,這一文風則逐漸發生了變化。安史之亂後,蕭穎士、李華、獨孤及、梁肅、柳冕等人相繼都提出了文體改革的問題。他們認爲"文章之道"重在倫理教化,只有突出了倫理教化的意義,文章才會內容充實,氣質雄正,具備充分的社會價值②。如梁肅在《祭獨孤常州文》中引用獨孤及的話説:"文章可以假道,道德可以長保,華而不實,君子所醜。"③要求"文以載道",並强調因"道"而成文的新文學思想。但六朝駢體文卻因拘泥於形式而"文不足言,言不足志"④,所以,既然駢體文不僅缺乏思想性,表現力也有問題,改革文風就成了當務之急。

不過,他們雖然也推崇"六經",强調文與"道"的結合,要求復興儒學,但實際上他們對於儒學思想的實質並没有深入和全面的體認。由於這些人大多具有士族背景,雖然也由科舉入仕,然早年求學於太學,所瞭解的主要是漢魏至唐初的官方儒學,認爲儒學僅是一種"化民"的工具⑤。因此,作爲古文運動的"先驅者",他們與韓愈、柳宗元等人的政治思想與文學觀念都有所不同。

事實上,到了韓愈和柳宗元的時代,駢體文已經有了較大的改革。當時的朝廷重臣張説極力主張改革駢文,以求更加適合唐代社會政治生活的需要,因而被奉爲"燕許大手筆";陸贄則對駢文體做了更大的變通,其叙事論理皆流暢自然,更具有實用性。由此可見,韓、柳所宣導、發動的古文運動並非是專爲反對駢體文而起,主要是爲了復興先秦儒學以批判現實政治。韓愈説:"君子居其位,則思死其官;未得位,則思修其辭,以明其道。我將以明道也,非以爲直

---

① [唐]柳宗元《寄許京兆孟容書》,《柳河東集》卷三十,第 480 頁。
② 章培恒、駱玉明《中國文學史》(中),第 185—187 頁。
③ [唐]梁肅《祭獨孤常州文》,《文苑英華》卷九百八十二,《影印文淵閣四庫全書》第 1342 册,中國臺北商務印書館 1986 年版,第 609 頁。
④ [唐]獨孤及《趙郡李公中集序》,《文苑英華》卷七百二,《影印文淵閣四庫全書》第 1339 册,第 632 頁。
⑤ 敏澤《中國文學思想史》(上卷),第 562 頁。

而加人也。"①柳宗元也申言曰:"賢者不得志於今,必取貴于後,古之著書者皆是也。"②二人均秉承了儒家濃烈的事功精神,主張儒者在得志時當爲君盡忠、爲民效力,不得志時亦須"以文明道",發揚光大儒學傳統。所以,借文體的改革宣導政治改革,最終復興儒家的思想文化,"接乎孟子之傳",這才是他們發起古文運動的真正目的。

北宋初,柳開、孫復、石介、歐陽脩等人在古文運動的先驅者韓愈、柳宗元攘斥佛老、復興儒學的主張的基礎上又更進了一步。如宋真宗即位之初,柳開就在《上言時政表》中建言:"若守舊規,斯未盡善;能立新法,乃顯神機。"③石介十分推崇柳開,說他"著書數萬言,皆堯、舜、三王治人之道",又說"仲塗(柳開之號,筆者注)之道,孔子之道也。夫人能知孔子之道,施於天地間,無有不宜。以之治民,以之事君,以之化天下,皆得其序"④。這裏明顯表現出了對於韓愈"道統"思想的繼承,而在對先秦儒學"治人之道"的強烈嚮往方面則有過之。

另外,從北宋中期開始,科舉制度也出現了變革。唐代以來主要以詩賦、帖經、墨義取士的做法漸被摒棄,經義考試則在科舉中逐步受到了重視。當時的經義考試已沒有了僵硬死板的解經要求,考生既可依陳說鋪叙,也可按己意解說,這爲以理解經義内涵爲主的新儒學的產生打下了很好的基礎。於是,在北宋中期的儒學領域中,學者們對以唐初《五經正義》爲代表的舊經學體系產生了質疑,漢唐學者專事訓詁箋注的遺風隨之漸漸消失。最終,"注重義理,以己意解經"這一經學史上具有重大意義的轉變得以徹底完成。上述科舉考試内容方面的變化,即表明唐宋之際的疑經惑傳思潮取得了實質性的成功,其思想動力主要就來源於唐宋古文運動復興先秦儒學以及文體改革的政治與文學思想,反過來它又對古文運動的發展起到了較重要的促進作用。由此可見,二者相輔相成,共同推動了宋代思想學術的發展和繁榮。

二、疑經惑傳思潮

自唐初孔穎達等人奉命編修《五經正義》,統一經學注疏之後,學者沿襲漢魏以來的章句注疏之學,堅持"注不駁經、疏不破注"的解經傳統,墨守《正義》,不敢越其雷池一步。對此,晚清學者皮錫瑞評價道:"自《正義》、《定本》頒之國冑,用以取士,天下奉爲圭臬。唐至宋初數百年,士子皆謹守官書,莫敢異議矣。"⑤這就不僅束縛了經學的正常發展,也抑制了人們在解釋經典方面的創造性,使得整個社會的思想意識形態都趨於保守,儒學的發展因而受到了嚴重

---

① [唐]韓愈《爭臣論》,《韓昌黎全集》卷十四,第219頁。
② [唐]柳宗元《寄許京兆孟容書》,《柳河東集》卷三十,第484頁。
③ [宋]柳開《上言時政表》,《河東集》卷十,《影印文淵閣四庫全書》第1085册,第310頁。
④ [宋]石介《送劉先之序》,《徂徠石先生文集》卷十八,中華書局1984年版,第217頁。
⑤ [清]皮錫瑞《經學歷史》,中華書局2008年版,第207頁。

的阻滯。到了中唐時期,針對儒家經學的這一現狀及佛、道兩教的蓬勃發展給儒學所帶來的思想主導地位的威脅,一些學者開始積極審視儒家經學内部的發展狀况,並對傳統經説産生了懷疑,學術界和思想界出現了一股疑經惑傳的新風尚。

唐代史學家劉知幾在其《史通》一書中,大膽地指摘《尚書》和《春秋》諸經中多有造假和"虚美"之言,這一對儒家經典的質疑和批判在當時的社會上引起了極大震動。成伯嶼著《毛詩指説》一卷,也依據臆測而憑空提出了《毛詩序》之首句並非孔子親作,而是子夏所傳,其餘皆是毛萇所續的新見,等等。這些都超出了漢唐傳經的家法範圍,開了後世學者疑經惑傳風氣之先河。此後啖助及其弟子趙匡、陸淳專治《春秋》,分别有《春秋統例》《春秋微旨》《春秋集傳辯疑》等著述問世,師徒三人均試圖擺脱三傳舊説的拘束,僅憑一己之意推斷孔子作《春秋》的"微言大意"。他們在著述中采用證據極少,其本意也僅在於借助經義的發揮表達對時政的不滿,從而提出自己的政治主張。不過,上述諸家對《詩》《春秋》《尚書》傳注的批駁與懷疑尚只是疑經思潮的先導而已。當時普遍的經學傳承情况恰如皮錫瑞所形容的:"經學至唐以至宋初,已陵夷衰微矣。然篤守古義,無取新奇;各承師傳,不憑胸臆;猶漢唐注疏之遺也。"①孔穎達的《五經正義》和顔師古《五經定本》仍然是科舉考試的範圍和依據,乃絶大多數儒生的功名利禄之源,再加上傳統思想的强大影響力,所以他們並不敢輕易觸碰解經的底綫。

到了宋仁宗時期,諸儒的疑經思潮則愈演愈烈,不僅敢於疑傳注,而且對經典本身也産生了懷疑,甚至還以己意篡改經文。皮錫瑞在《經學歷史》中説"元祐諸公,排斥王學;而伊川《易傳》專明義理;東坡《書傳》横生議論,雖皆傳世,亦各標新……排《繫辭》謂歐陽脩,毁《周禮》謂脩與蘇軾、蘇轍,疑《孟子》謂李覯、司馬光,譏《書》謂蘇軾,黜《詩序》謂晁説之。此皆慶曆及慶曆稍後人,可見其時風氣實然,亦不獨咎劉敞、王安石矣。"②其中主要的代表人物即是孫復、歐陽脩、劉敞、王安石等人。

孫復自四十四歲起隱居泰山收徒講學,慶曆二年(1042)得范仲淹舉薦任國子監直講,其"講説多異先儒",對傳統的注疏之學多不屑一顧。他在解《春秋》時,"不惑傳注,其言簡易,得經之本義"③。但孫復等人還主要是疑傳注,到了歐陽脩,則進而開始懷疑經典本身。他指出:"自秦之焚書,六經盡矣。至漢而出者,皆其殘脱顛倒,或傳之老師昏耄之説,或取之塚墓屋壁之間,是以學者不明,異説紛起。"④在歐陽脩看來,秦火爲六經的傳播帶來了很大損失,自漢代開始,經籍之來源已不足徵信,經學自然就很值得懷疑了。此外,在《詩本義》中他也用"臆説"、"衍説"、"曲説"、"妄説"等詞,對毛《傳》、鄭《箋》提出了非議,並在《易童子問》中對《易》的經傳也提出了質疑。所以,四庫館臣就認爲:"自唐以來,説《詩》者莫敢議毛、鄭,雖老師宿儒

---

① [清]皮錫瑞《經學歷史》,第220頁。
② 同上,第220、221頁。
③ [清]永瑢等《四庫全書總目》,中華書局1965年版,第214頁。
④ [宋]歐陽脩《問進士策三首》,《歐陽脩全集》,中國書店1986年版,第326頁。

亦謹守《小序》。至宋而新義日增,舊説幾廢,推原所始,實發于脩。"①

繼歐陽脩之後,劉敞是疑經派的又一代表人物。他不僅疑經,甚至還改經。《四庫全書總目》就曾指出:"(敞)皆改易經字,以就己説,……蓋好以己意改經,變先儒淳實之風者,實自敞始。……敞之説經,開南宋臆斷之弊,敞不得辭。"②不過,四庫館臣也評價説:"宋代改經之例,敞導其先,宜其視改《傳》爲固然矣。然論其大致,則得經意者爲多。"③因此,劉敞雖多以己意解經改經,但多數情況下都能令人信服。而他的這一解經方式,又正好代表了宋代學術新的發展方向。

王安石作爲一個著名的政治家和思想家,他對經典的懷疑和挑戰就具備了濃烈的政治色彩。他摒棄"先儒舊説",重注《周禮》《尚書》《詩經》,作《三經新義》,其主要意圖乃是以之作爲改革的思想理論根據。一方面,王安石認爲:"然孔氏以羈臣而與未喪之文,孟子以遊士而承既没之聖,異端雖作,精義尚存,逮更煨燼之災,遂失源流之正,章句之文勝質,傳注之博溺心,此淫辭詖行之所由昌,而妙道至言之所爲隱。"④在他看來,秦火之前,孔、孟尚能承續並固守堯、舜、禹和文、武、周公等聖賢之精神,然而在"焚書坑儒"之後,這一道統傳承體系就出現了混亂,儒家文化的精髓已難以真正把握和追尋,漢魏儒生的"舊説"已不足爲信。所以,重釋經典就勢在必行。但另一方面,又正如四庫館臣在《周官新義提要》裏所説:"然《周禮》之不可行於後世,微特人人知之,安石亦未嘗不知也。安石之意,本以宋當積弱之後,而欲濟之以富強,又懼富強之説,必爲儒者所排擊,於是附會經義以鉗儒者之口。實非真信《周禮》爲可行。"⑤這就充分説明,重釋經典在王安石這裏不僅有着重要的學術意義,更是具備了政治改革的工具性價值。

由中唐而起的疑經惑傳思潮,從王安石之後,又經過二程、朱熹的發展,其餘風所及一直延續到明清。正是由於這股在中國經學史和思想史上意義十分重大的學術思想的解放之風,直接吹開了宋學那波瀾壯闊、蔚爲大觀的思想與文化史畫卷。

三、儒、釋、道關係及相互間的影響

除了上述兩個方面之外,對於宋學的產生與發展,佛、道兩教在客觀上也起到了重要的推動作用,其功不可没。

---

① [清]永瑢等《四庫全書總目》,第122頁。
② 同上,第270頁。
③ 同上,第215頁。
④ [宋]王安石《謝除左僕射表》,《王文公文集》卷十八,上海人民出版社1974年版,第207頁。
⑤ [清]永瑢等《四庫全書總目》,第150頁。

（一）儒、釋、道三家鼎立

目前較爲通行的説法認爲，佛教初傳入中國當是在西漢末年的哀帝時期。經過數百年時間大量譯介佛經和廣建廟宇、收聚僧徒，到了魏晉南北朝，佛教已經十分興盛。當時，"南朝四百八十寺"，僅在南朝首都建康一帶，就有僧衆十餘萬人；而北魏"佛經流通，大集中國，凡有四百一十五部，合一千九百一十九卷。……略而計之，僧尼大衆二百萬矣，其寺三萬有餘"①，其發展規模更是令人震撼。到了唐宋時期，隨着各種帶有民族特色的新佛教宗派紛紛出現，佛教的發展達到了其發展史上的頂峰，與儒、道鼎足而三，形成了中國傳統文化的新格局。

道教的正式形成是在東漢中、後期，即公元125—215年間。到了唐宋時期，道教與佛教一樣都獲得了極大發展，尤其是在唐代更是達到極盛。這一方面是由於二教在中國傳統文化背景下長期發展的結果，另一方面也是由於統治者的大力提倡，推行"三教並立"的政策所致。唐王朝在立朝之初，李淵父子爲了提高自己的影響力，就自稱老子的後裔，政局穩定之後，更是極力抬高道教的地位。武德元年（618），李淵登基後，即開始正式確認自己與道教教主老子的血統淵源，以其爲先祖，並昭告天下。他還在羊角山修建伏龍觀，將老子供爲宗祖，且將羊角山改名爲龍角山。事實上，李淵父子能夠拼得天下，道士們也是功不可没的。在隋末群雄紛起的混亂時局中，許多道士都製作並宣揚了大量如"老子度世，李氏當王"之類的符讖爲李唐造勢。甚至還有一大批道士直接投身於李淵父子的麾下，爲李唐江山立下了汗馬功勞。在這樣的背景下，道教在整個唐代都十分興盛，尤其是在唐初，更是備受尊寵。高祖和太宗多次頒賞道士，在先後三次佛、道高下之辯中，高祖李淵都直接表明了"道大佛小"、支持道教的態度。

但是，在政策方面，總體上説來唐王朝仍是沿襲前朝舊制，採取"三教齊立"的調和相容政策，讓儒、釋、道三家在文化價值觀方面盡可能地相互調適相容，從而更有力地爲自己的統治服務。其主要原則是以儒家的倫理和哲學觀念體系爲基礎，以佛、道二教爲補充，使三者各自在相互制衡的動態平衡中發揮出最大程度的社會教化功能，以有效調和各種社會矛盾，穩定民心。其中較爲典型的做法就是"三教論衡"的辯論方式，唐高祖李淵就曾主持過這種辯論：

> 高祖嘗幸國學，命徐文遠講《孝經》，僧惠乘講《金剛經》，道士劉進嘉講《老子》，詔陸德明與之辯論。於是詰難蜂起，三人皆屈。高祖曰："儒、玄、佛義，各有宗旨，劉、徐等並當今傑才，德明一舉而蔽之，可謂達學矣。"賜帛五十匹。②

我們從高祖所下的結論中可看出，他認爲三家之義各有"宗旨"，皆有可取之處。而舉辦這樣

---

① ［北齊］魏收《釋老》十，《魏書》卷一百一十四，中華書局2000年版，第2026頁。
② ［唐］劉肅《襃錫》，《大唐新語》卷十一，古典文學出版社1957年版，第165頁。

的辯論,即充分顯示出了統治者協和三教使之爲己所用的目的。

張九齡的《賀論三教狀》反映的則是唐玄宗時的情況:

> 右伏奉今日墨制:召諸學士及道、僧講論三教同異。……伏惟陛下道契無爲,思該玄妙,考六經之同異,論三教之幽賾,將以降照群疑,敷化率土。屏浮詞於玉殿,輯精義於金門,一變儒風,再揚道要,凡百士庶,罔不知歸。臣等幸侍軒墀,親承至訓,忭躍之極,實倍常情。望宣付史館。謹奉狀陳賀以聞。謹奏。①

有學者指出,上述所引材料都是説明"三教"同歸於儒之一統,是統治者期望達到教化目的而進行思想控制的手段。並且,這些材料都證明"'三教'各自都表現出相互寬容的態度,當然也是'並立'的前提。"②筆者則以爲,就歷史的總體趨勢而言,三家在當時都能夠共存並進,但是否真的在主觀上完全能夠"相互寬容",卻不盡然,實際上三方的"相互寬容"更多的是體現爲一種無奈之舉。從歷史上看,儒、釋、道之間一直都是在此消彼長、既彼此排斥又互相借鑒融合的關係中共同發展的。但如果將之放在唐、宋兩朝這一具體的歷史階段裏,用歷史的"顯微鏡"加以審視,我們就可發現,三方勢力的具體發展又各有不同,而且相互之間的矛盾與衝突在這一時期也展現得尤爲突出。譬如,就佛、道兩教來説,有唐一代,多數帝王對於道教都持格外尊崇的態度,如唐高祖、太宗、玄宗,等等。但武則天在奪取帝位的過程中則大量依仗了佛教的力量,故而她登上大寶之後,佛教地位又超越了道教。如天授二年(691)四月,武則天即"令釋教在道法之上,僧尼處道士女冠之前"③。唐憲宗時期,禮佛的熱潮更是發展到了極致。這就説明,儒、釋、道三家的並立只是從宏觀的歷史視野上來看是如此,在具體的歷史階段中,則是各有勝場,難以保持絕對的力量平衡。其中所體現出的,乃是三家相互之間不斷的博弈和較量。三家鼎立的態勢也就從唐至兩宋,一直延續到了明清,構成了中國文化史的基本格局。而儒、釋、道三家的相互激蕩碰撞,在一定程度上也可以説正是唐宋思想文化極度繁榮昌盛的主要原因之一。

(二) 儒家對佛、道二教的回應

最高統治者對於佛、道二教的尊崇與宣揚,既有維護社會穩定、鞏固統治地位的政治訴求,也與其渴望長生不死以及滿足精神需要等方面的原因密切相關。而在二者之間所表現出的某種具體偏向,則是出於各個帝王的不同喜好或政治需要。但無論如何,兩教在各種糾結

---

① [清]董浩等《全唐文》卷二百八十九,中華書局 1983 年版,第 2934、2935 頁。
② 孫昌武《唐代佛道二教的發展趨勢》,《南開學報》1999 年第 5 期。
③ [後晉]劉昫等《則天皇后》,《舊唐書》卷六,中華書局 2000 年版,第 81 頁。

中交替盛衰,共同發展了起來,而且逐漸表現出了"藝術化傾向"①,爲推動唐代文化起到了重要作用,其影響一直延續到兩宋。然而,又正是因爲兩教的繁榮昌盛,給儒家思想的社會正統地位帶來了很大衝擊。一些具有濃烈憂患意識和道統意識的儒學者奮起抵抗,大張旗鼓地掀起了一場觝排佛、道兩教的運動。其中的主要代表人物就是韓愈等人。

早在唐初時,太史令傅奕就曾上書嚴厲抨擊佛教,指出自漢明帝時起,"妖胡滋盛,大半雜華……剥削民財,割截國貯。朝廷貴臣,誠不一悟,良可痛哉"!②另據《舊唐書》載,大臣彭偃也曾向唐德宗奏議道:"當今道士,有名無實,時俗鮮重,亂政猶輕。唯有僧尼,頗爲穢雜。……今天下僧道,不耕而食,不織而衣,廣作危言險語,以惑愚者。"③在武則天時期,許多士大夫出身的大臣對武則天過度寵信佛教都表現出了極大的不滿,紛紛從儒家禮教和國家兵源及賦税等角度出發,上書反對佞佛。同時,道教也通過各種方式從不同層面試圖影響佛教的地位。儘管上述對佛教的類似的排斥與批評一直都存在,但顯然都缺乏足夠的理論深度和高度。韓愈卻不同,他一方面提出了儒家的道統論,樹起復興儒學的旗幟;另一方面則結合古文運動在文體及政治思想方面的改革所帶來的巨大社會影響力,加上他對兩教的弊端鞭辟入裏,論述精到,因此其對於"排佛"的强力號召也就具有了較大的社會影響和時代意義。

元和十四年(819),鳳翔法門寺護國真身塔内的釋迦牟尼指骨舍利開示,唐憲宗派使者率三十個宫女往迎佛骨入禁中,沿途王公庶民或解衣散錢,或焚頂燒指,形成了一股濃烈的禮佛風習。就在這一年,韓愈向朝廷上了著名的《論佛骨表》。其中他首先是列舉了中國上古時期並没有佛的傳入,堯、舜、禹、文、武、周公等聖主明君皆能長治久安,而且個個長壽,但自漢明帝一朝有佛法以來,各代帝王卻基本上都是"亂亡相繼,運祚不長","事佛求福,乃更得禍"的歷史事實,隨後又指出:如憲宗堅持佞佛,老百姓必將"焚頂燒指,百十爲群,解衣散錢,自朝至暮,轉相仿效,唯恐後時。老少奔波,棄其業次,……傷風敗俗,傳笑四方"。所以,他籲請憲宗皇帝"以此骨付之有司,投諸水火,永絶根本,斷天下之疑,絶後代之惑"④。該文陳辭痛切,大義凛然,甫一面世即震動朝野,令憲宗極爲惱怒,韓愈亦因此而被流放。然其影響卻十分深遠。會昌二年(842)武宗滅佛,除了道教人士的推波助瀾之外,與此也有較大關係。而佛教在有唐一代的盛況亦自此不再,爲宋代新儒學的興起掃清了部分重要阻礙。

到了中唐時期,士大夫中一些富於理性的儒生對於道教的神仙思想和長生不老這一"空頭支票"也産生了較大不滿,進而也引起了一場批判道教的運動。如白居易就曾作《夢仙》詩曰:"人有夢仙者,夢身升上清。……神仙信有之,俗力非可營。……悲哉夢仙人,一夢誤一

---

① 孫昌武《唐代佛道二教的發展趨勢》,《南開學報》1999 年第 5 期。
② [唐]釋道宣《箋傅奕上廢省佛僧表》,《廣弘明集》卷十一,《影印文淵閣四庫全書》第 1048 册,第 374 頁。
③ [後晉]劉昫等《彭偃傳》,《舊唐書》卷一百二十七,第 2435 頁。
④ [唐]韓愈《論佛骨表》,《韓昌黎全集》卷三十九,第 456—458 頁。

生。"①詩中對於道教宣揚長生不死及其神仙思想的虛幻性作了生動的描述，對於道教在宣傳過程中所具備的一些欺騙性和對人們日常生活產生的一些負面影響都作了一定程度的揭露和批評。而韓愈作爲古文運動的主將和中唐時期排佛運動的中流砥柱，他對道教的批評和拒斥其實同樣是比較有力的。韓愈曾作有《謝自然詩》《誰氏子》《華山女》等詩作，揭露了道教的荒誕虛妄之處及其所造成的一定程度的社會危害，如其《謝自然詩》云："莫能盡性命，安得更長延。人生處萬類，知識最爲賢。奈何不自信，反欲從物遷。"②《誰氏子》中則描寫了一個年輕男子拋妻棄母，遁入道門的情形，並感慨説："神仙雖然有傳説，知者盡知其妄矣。聖君賢相安可欺，乾死窮山竟何俟。嗚呼余心誠豈弟，願往教誨究終始。"③明確表達了他要求人們尊重知識，理性對待道教神仙傳説及養生方術的態度，體現出了較爲濃厚的理性主義精神。

在韓愈對道教的排斥問題上，陳寅恪曾指出應當注意兩個方面："一爲老子乃唐皇室所攀認之祖宗，退之以臣民之資格，痛斥力詆，不稍諱避，其膽識已自超其儕輩矣。二爲道教乃退之稍前或同時之君主宰相所特提倡者，蠱政傷俗，實是當時切要問題。"④的確，道教在唐代基本上可以説是其"國教"，道教始祖老子既是唐宗室攀認的祖宗，而道教方術又是多位唐代皇帝求取長生不老藥的主要來源，自然備受尊崇，要加以反對非具備超人膽識不可。不過，即便是韓愈和白居易這種充滿理性精神的儒家代表人物，在道教服食追求長生的問題上仍然也會有動搖的時候，尤其是在他們的晚年，出於對死亡的本能恐懼和對生命的留戀，他們在這一方面也陷入了自相矛盾的困惑中。如韓愈在與道教方術人士交往時，就曾有過一段服食煉丹的經歷。這亦從側面反映了儒、釋、道三家關係的複雜性。

有學者評價韓愈等人排斥道教行爲的意義道："這是一場比較純粹的思想和信仰問題的爭論，道教遭受批判固然是其教義本身難以自圓其説、長生思想日顯荒謬所導致的，但更重要的原因顯然在於在中唐歷史條件下理性精神得到特殊發揚，士人思考人生問題的基本態度有了變化。其思想史意義絶不遜於同一時期的排佛運動。"⑤此説洵爲的見。而唐代對佛、道二教的批判中所體現出來的這一份理性精神一直延續到了兩宋，爲宋學的産生奠定了思想基礎。

宋初時，"三先生"之孫復、石介即以排佛老爲己任。孫復指出："漢魏而下，則又甚焉，佛、老之徒，橫乎中國，彼以死生禍福虛無報應爲事，……於是其教與儒齊驅並駕，峙而爲三。籲，可怪也！"⑥他批判佛老所宣揚的死生禍福、因果報應等理念爲怪誕之説，並進而告誡統治者

---

① [唐]白居易《夢仙》，《白居易集》卷一，中華書局1979年版，第4頁。
② [唐]韓愈《謝自然詩》，《韓昌黎全集》卷一，第19頁。
③ [唐]韓愈《誰氏子》，《韓昌黎全集》卷五，第81頁。
④ 陳寅恪《論韓愈》，《金明館叢稿初編》，《陳寅恪集》，三聯書店2001年版，第326頁。
⑤ 謝思煒《試論中唐的道教批判運動》，《清華大學學報(哲學社會科學版)》2006年第3期。
⑥ [宋]孫復《儒辱》，《孫明復小集》，《影印文淵閣四庫全書》第1090册，第176頁。

道:"昔秦始漢武,始則惑于虛無清净之説,終則溺于長生神仙之事。梁武、齊襄、姚興,始則惑於因果報應之説,終則溺於解脱菩提之事,卒皆淪胥以亡,勢不克救。此簡策具載,可覆而驗也。"又説:"佛、老之説其可惑乎? 祖宗之勤其可忘乎?"①孫復通過闡述歷史上一些帝王迷信佛、老,最終"淪胥以亡,勢不克救"的歷史教訓,警告統治者要勤于政事,不得爲佛、老所惑。而對於造成這一現象的原因,他認爲主要是因爲歷代諸儒不能有效地宣揚"孔子之言",使儒學精神發揚光大,才導致了"佛、老之徒得以肆其怪亂之説,廁於其間爲千古害"②。

石介在復興儒學,排斥佛、老方面比孫復有過之而無不及。他説:"佛、老以妖妄怪誕之教壞亂之,……吾學聖人之道,有攻我聖人之道者,吾不可不反攻彼也。"他甚至還將佛、老等"異端邪説"比作"盜賊",儒家傳統文化是"主人家",而自己則謂"主人"之"奴",説:"盜入主人家,奴尚爲主人拔戈持矛以逐盜,反爲盜所擊而至於死且不避。"③此生動形象地表明了自己誓死捍衛儒家正統地位的決心。歐陽脩形容石介"尤勇攻佛、老,奮筆如揮戈。不量敵衆寡,膽大身么麽"④,完全一副思想鬥士的形象。

歐陽脩自己對於佛、老之學同樣持否定和批判態度。他在《鎮陽讀書》一詩中寫道:"聖經日陳前,弟子羅兩廂。大論叱佛、老,高聲誦(一作言)虞唐。"⑤形象地描述了當時他與諸生講論的情形。在他看來,佛、老對社會的迷惑已經是十分嚴重了,而"佛之徒曰無生者,是畏死之論也;老之徒曰不死者,是貪生之説也"⑥。他認爲二教教義中頗多荒誕虛僞的内容,其基本精神則可以用"貪生畏死"來概括。並且,他還嘲諷唐玄宗"方溺於此,而又慕於彼,不勝其勞,是真可笑也"⑦,對統治者沉溺于佛、老之中的行爲給予了批評。當然,從中我們也可看到,兩宋儒學家們對佛、老的批判其實是存有一定偏見與誤解的,這與他們所處的立場有根本關係。

作爲理學先驅的二程,對佛、道兩教的批判更是充滿了儒家的宗法倫理精神。在他們看來,"楊、墨之害,甚于申、韓;佛、老之害,甚于楊、墨。楊氏爲我,疑於義。墨氏兼愛,疑於仁。申、韓則淺陋易見。故孟子只辟楊、墨,爲其惑世之甚也。佛、老其言近理,又非楊、墨之比,此所以害尤甚。"⑧佛、老對於社會思想文化的侵蝕與破壞是之前所有"惑世"之"異端邪説"都不可比擬的,因此,二程對佛老的批判也是毫不手軟。對於佛教,二程指出:佛教對社會思想最

---

① [宋]孫復《無爲指下》,《孫明復小集》,第 168 頁。
② 同上,第 169 頁。
③ [宋]石介《怪説下》,《徂徠石先生文集》卷五,第 63 頁。
④ [宋]歐陽脩《讀徂徠集》,《歐陽脩全集》,第 18 頁。
⑤ [宋]歐陽脩《鎮陽讀書》,《歐陽脩全集》,第 14 頁。
⑥ [宋]歐陽脩《唐華陽頌》,《歐陽脩全集》,第 1162 頁。
⑦ 同上。
⑧ [宋]程顥、程頤《河南程氏遺書》卷十三,《二程集》,中華書局 1981 年版,第 138 頁。

大的危害,就在於它空談性命而遠離了儒家的倫理道德理念。譬如,二程説佛教"然至於'反身而誠',卻竟無得處","可以'敬以直內'矣,然無'義以方外'"①。尤爲可怕的是,"今日之風,便先言性命道德,先驗了智者,才愈高明,則陷溺愈深","今日所患者,患在引取了中人以上者"②。不僅普通百姓沉迷于其中,甚至大批的士人都受到了誑惑,儒學思想出現了嚴重的信仰危機。關於道家和道教的思想,二程説:"今異教之害,道家之説則更没可辟,唯釋氏之説衍蔓迷溺至深。今日是釋氏盛而道家蕭索。"③雖然二程對之還是存有批判之意,但由於"道家蕭索",因此相比佛教在危害程度上要輕許多。當然,這中間或許與道教乃民族本土宗教,而佛教是西來之異邦宗教也有關係。

二程對道家和道教的批評,主要集中在其長生成仙的宣傳和鬼神觀等方面。如程頤道:"若説白日飛升之類則無,若言居山林間,保形煉氣以延年益壽,則有之。"④他對道教的煉氣養生智慧還是存有贊同之意,但否認了其修道成仙的思想。另外,他在講儒家的鬼神觀時,也對釋、道兩教的鬼神觀略作了一番點評,道:"釋氏與道家説鬼神甚可笑。道家狂妄尤甚,以至説人身上耳目口鼻皆有神。"⑤理學家的鬼神觀主要是從"理"與"氣"的角度做出的理解,他們關於鬼神魂魄之形成的觀念在一定程度上近似於今天的生命科學。雖然其中也有一些宗教性色彩,但更多的是體現爲理性主義的特徵與豐富的倫理性⑥。佛教並不承認鬼神的實有,認爲其非有非無,爲一心之幻象,這與程朱理學鬼神觀在鬼神形態的虛幻性的認識方面有相近之處。而從二程對道教鬼神觀的討論來看,他們顯然是認爲道教具有泛神論傾向,不僅相對缺乏倫理性,還有故弄玄虛之嫌,故而對道教的鬼神觀念相比佛教就更爲不滿。

綜上所述,唐宋兩代的儒學思想家對釋、道兩教的批判,充分表現出了他們強烈的儒家正統觀念以及維護其正統地位的自覺。因此,他們對兩教的拒斥幾乎就是一種本能的反應。與此同時,在釋、道兩教的衝擊下,爲了有效應對這一局面,儒學內部也發生了很大變化,其理性精神得到了更有力地發掘和展現,激發出了強大的、新的生命力。而古文運動通過文體和文風的變革,形成了話語方式的解放,又進一步推動了儒學思想的解放與發展,爲疑經惑傳思潮的興起奠定了基礎。從中唐開始,到兩宋走向極致的疑經惑傳思潮,則通過對儒學自身的經典解釋體系的開放式重構,直接導致了兩宋新儒家思想與學術的蓬勃興盛,其中的義理之學更是爲宋學的成熟和定型提供了充分的形上學資源,從而使之在中國璀璨的歷史星河中閃耀

---

① [宋]程顥、程頤《河南程氏遺書》卷二上,第24頁。
② 同上,第23、24頁。
③ 同上,第38頁。
④ [宋]程顥、程頤《河南程氏遺書》卷十八,第195頁。
⑤ [宋]程顥、程頤《河南程氏遺書》卷二十二上,第289頁。
⑥ 馮兵《理性與非理性之間:朱熹的鬼神觀辨析》,《學術研究》2013年第2期。

出了奪目的思想學術的光華。上述三大思想運動分别從内外不同層面交互構成了推動宋學產生與發展的學術與思想的合力,而在隨後的思想史發展中,它們自身也成了宋學的重要部分。

[**作者簡介**] 馮兵(1975—   ),男,重慶奉節人。現爲廈門工學院國學院兼職教授,華僑大學哲學系教授、博士生導師,孔學堂簽約入駐學者,主要研究方向爲宋明理學、禮樂哲學。

晚明儒者融會佛道二家的學術範例

——論焦竑兼攝耿定向與李贄之學的思想特色

（臺灣）袁光儀

內容提要 焦竑融會三教的思想本已爲世所知，本文則從焦竑兼攝其師友耿定向與李贄學術之長的思想特色再加申發。耿、李之間曾有長年論戰，但二人學術實乃相反相成，本文分析耿、李二人在焦竑生命學術中各自代表的意義，並就二人學術偏重之兩端，如下學與上達、自律與自由，考察焦竑涵融兼括之思想內涵。三人之學術皆以儒者德性爲獨尊，然又給予佛道及其他各種知識學問平等的地位，其"尊德性"與"道問學"乃能一以貫之，值得後世加以發揚。

關鍵詞 焦竑　耿定向　李贄　尊德性　道問學

中圖分類號 B2

前　言

焦竑(1541—1620)，字弱侯，又字從吾，號漪園，又號澹園。他既是陽明心學之後勁，又是一位以博雅著稱的學者，不論義理、詞章、考據等皆有專精，亦吸引後世許多學者從不同角度發掘其學術精蘊。僅以思想主題之研究爲例，從容肇祖發表《焦竑及其思想》[①]以來，其後除許多單篇論文外，亦有博碩士論文及專書多種。稍早如臺灣方面有王琅《焦竑學術研究》[②]，大陸方面有李劍雄《焦竑評傳》[③]，海外亦有錢新祖《焦竑與晚明新儒思想的重構》[④]，近年來更有多

[①] 容肇祖《焦竑及其思想》，《燕京學報》1938年第23期，收入《容肇祖集》，齊魯書社1989年版，第389—442頁。
[②] 王琅《焦竑學術研究》，高雄師範大學國文研究所博士論文，1998年。
[③] 李劍雄《焦竑評傳》，南京大學出版社1998年版。
[④] 錢新祖撰、宋家復譯《焦竑與晚明新儒思想的重構》，臺灣大學出版中心2014年版。本書原於1986年發表，題名爲 *Chiao Hung and the Restructuring of Neo-Confucianism in the Late Ming*。

部研究問世,暫不一一細數,凡此可見學界對焦竑研究之重視。

既有研究中,對於焦竑盡性至命、知性復性之學,及其融會三教等思想内涵,已有諸多闡述,然而如何評價其學術之價值及其在思想史上的貢獻與定位,則或仍有異説。其原因一則在於當今學界對晚明王學的評價,本即存在着仁智之見①;再則因焦竑及其交往密切之師友,皆泰州一派學者,《明儒學案》稱泰州使王學"漸失其傳"②,故明清兩代對之多有貶抑與批評(當今學界之"仁智之見"實亦可溯源於此)。而由此貶抑輕忽的態度,其相關之記載與評論亦往往失實,使後世學者欲探求其學術之真貌時,又須再作辨析釐清,而各家所據之史料文獻之偏重不同,結論或有大同小異,乃至矛盾不合之處。

以下先略述歷來對於焦竑的評價,乃至論及焦竑與耿定向、李贄兩位師友之關係的相關研究中,所存在的一些懸而未解的疑難。藉由對相關論題的反省,本文將進一步探討耿定向與李贄這兩位師友,在焦竑生命學術中的特殊意義,並申發焦竑兼容耿、李二人學術之長的思想特色。

一、既有史料論著中評述焦竑及其師友關係之種種異見與未解疑難

焦竑的學術成就,在晚明學界本擁有高度聲望的地位,《明儒學案》與《四庫全書總目》對此雖然不能不據實以載,卻時時刻意貶抑其人其學。《明儒學案》尚以較爲委婉的方式引用朱國禎(1557—1632)之語,暗指其偏見與執拗③;而四庫館臣徵引焦竑《經籍志》《筆乘》等書之考

---

① 如余英時《重訪焦竑的思想世界》(1988 年發表,收入余英時著,程嫩生、羅群等譯《人文與理性的中國》,臺北聯經出版事業公司 2008 年版,第 113—154 頁),對錢新祖之書多有駁異,但梅廣《錢新祖教授與焦竑的再發現》(《臺灣社會研究》1998 年第 29 期,第 1—37 頁)則商榷余氏之説,而肯定錢氏研究之價值。此外,黄熹《試論晚明儒學轉向説的理論缺陷——以焦竑思想爲中心》(《孔子研究》2011 年第 2 期,第 105—112頁),對余英時《論戴震與章學誠》(臺北東大圖書公司 1996 年版,第 313—330 頁)以"智識主義"與"反智識主義"分判朱、王及儒學内部"道問學"與"尊德性"之問題,亦提出反省。諸説雖以焦竑爲核心,而所論皆涉及對晚明王學之評價與定位問題。
② [清]黄宗羲《明儒學案》卷三十二,臺北里仁書局 1987 年版,《黄宗羲全集》(八),第 703 頁。
③ 朱國禎曾曰:"弱侯自是真人,獨其偏見至此不可開。耿叔臺侍郎在南中,謂其子曰:世上有三個人,説不聽,難相處。子問:爲誰? 曰:孫月峰、李九我與汝父也。"(《湧幢小品》卷十六,收入張建業《李贄研究資料匯編》,北京社會科學文獻出版社 2013 年版,第 182 頁)《明儒學案》即録其説(第 830 頁),卻將文中"叔臺"寫作"天臺"。若"叔臺"爲耿定向之幼弟耿定力(1541—?),定力與焦竑年紀相若,則此語只是朋友間玩笑而已;若"天臺"則變成老師評論(與其論敵李贄保持友好的)學生,在後世看來,不免增加對耿定向的負面印象。實則《明儒學案》記載耿定向多有貶抑扭曲,參見拙作《論晚明儒者耿定向之學術及其價值——與〈明儒學案〉商榷》,《中國學術年刊》2013 年第 35 期,第 33—56 頁。

訂不少，但論其學術則率多譏評，如曰"史稱竑講學以羅汝芳爲宗，而善耿定向、耿定理及李贄，時頗以禪學譏之，蓋不誣云"①，"竑師耿定向而友李贄，於贄之習氣沾染尤深，二人相率而爲狂禪"②。評焦竑所撰《熙朝名臣實錄》，亦多"未可徵信"、"於體裁亦乖"、"所附李贄評語，尤多妄誕"③等負評。而其所以重貶焦竑，除因他之師承乃羅汝芳（號近溪，1515—1588）、耿定向（號楚侗，又號天台，1524—1596）等泰州學人外，正統道學家最難以容忍的，當是他與李贄（字宏甫，號卓吾，1527—1602）之友好關係。對於李贄這位《明儒學案》尚且不收，更被四庫館臣視爲"其書可燬，其名亦不足以污簡牘"的異端，焦竑卻"幾推之以爲聖人"④，在正統道學家眼中，實不啻爲顚倒是非之罪人，故對其批判亦不遺餘力。

雖然現今研究者已不被明清道學家之觀點所囿，而能彰明焦竑學術之價值，然如上述史料中相關紀載之錯誤與偏見，仍不免徒增研究者之困擾，乃至誤導其論斷。如前引四庫館臣之說，一則曰"講學以羅汝芳爲宗"，一則又曰"竑師耿定向而友李贄"，故其學術與羅、耿及李贄之關係究竟爲何，即須再作考辨，而學者們各以所據，看法不一。實則焦竑之師乃耿定向，並非羅近溪，見諸焦竑自述及相關史料者亦斑斑可考，但因羅近溪之學術較受肯定，故大部分學者論及焦竑與羅近溪之關係時，大多肯定羅近溪對焦竑學術之正面影響⑤；相反地，對於耿定向之態度便複雜許多。耿定向與李贄曾有多年論戰，焦竑在恩師與摯友之間，究竟要如何既尊其師，而又推李贄爲"聖人"，這一看似矛盾的現象如何合理解釋，便不免令研究者煞費思量。尤其弔詭的是，在明清兩代的異端李贄，五四以來卻被譽爲超越時代的先驅者；相反地，在晚明當世"倡道東南，海內雲附景從"⑥的耿定向，卻因與李贄論戰而被後世視爲"僞道學"代表，學者雖能不囿於明清道學家之偏見，卻難以擺脫五四以來對李贄與耿定向褒貶迥異的評價。因此，學者欲申明焦竑學術之價值，不難強調他與李贄的關係與相互影響；但要如何解讀耿定向之於焦竑的意義，並詮釋其處於恩師與摯友間的態度與抉擇，則是一大難題。

---

① ［清］永瑢等撰《欽定四庫全書總目》卷八，臺灣商務印書館1983年版，第1—187頁，《易筌六卷附論一卷》條。其說見於張廷玉等《明史》卷二八八，焦竑本傳（《斷句本二十五史》第49冊，臺北新文豐出版公司1975年版，第3169頁）未作考辨，所論焦竑師承乃與事實不符，詳見下文討論。
② ［清］永瑢等撰《欽定四庫全書總目》卷一二五，第3—700頁，《焦弱侯問答一卷》條。
③ ［清］永瑢等撰《欽定四庫全書總目》卷六二，第2—370頁。
④ ［清］永瑢等撰《欽定四庫全書總目》卷五〇，第2—134頁，《藏書六十八卷》條。
⑤ 唯一的例外是白静《焦竑思想研究》（北京大學文藝學博士論文，2011年）據《明史》"從督學御史耿定向學，復質疑於羅汝芳"句，力辨"質疑"二字確實是焦竑對近溪之學有所不滿，更未以師事之（見其書第三章第二節）；相反地，較之某些研究刻意忽略焦、耿之關係，白静則正視耿定向對焦竑之深刻影響（第二章第二節之三）。
⑥ ［清］黄宗羲《明儒學案·給事祝無功先生世祿》卷三十五，第849頁。

在論及焦竑與耿、李關係的研究中,或可大分爲三類:其一,囿於耿定向"僞道學"之刻板印象者,對於史料之徵引解讀往往不免於偏頗誤解,其中嚴重曲解者固不必論,即使是較持平者,其雖不能一味偏袒李贄,而無視焦竑對其師始終相敬之論據,亦不免在有意無意間刻意降低焦竑與耿定向的關係;此外,一些李贄研究者,亦不免質疑焦竑在耿、李之爭中的態度,如此,更與一些強調焦竑力挺摯友的論點形成矛盾。其二,較能客觀正視文獻史料者,自然能同時看到焦竑稱揚其師之文章及各種與李贄交情深厚且推而重之的史料,但除將二者各自表述外,對一些爭議矛盾之處,則或述而不論,或略而不提。其三,少數學者在正視文獻證據之外,亦能對焦竑處於耿、李論爭中的表現及其理由作一考辨與解釋,但因其研究的重心在焦竑而非耿、李,故對二人論爭之議題,仍須借重既有研究之論斷,然而長期以來對耿、李二人之研究,既處於輕重嚴重失衡的狀態①,對二人論爭本質與内涵之意義的瞭解,亦不免有簡化之嫌,然則以此基礎欲再對焦竑之於二人的態度及對二人學術之觀點等問題作出論評,其所探討之深度與廣度,皆難免有所局限。

其實,焦竑之天資卓絶,學養深厚,無論其學術之淵源或其成就,自足以立名後世,不必依附於耿定向或李贄。自其二十三歲遇耿定向,二十七歲在耿定向選十四郡名士讀書崇正書院時,便以焦竑主其教②,與其説是耿定向之知遇,不如説是焦竑自身之才智確實過人;而自與李贄相交以來,李贄對其學養亦再三表示推崇,贊之曰"焦弱侯,今之長公(蘇軾)也",願歸其門下作一"老門生"③,且認爲自身學術之精進"得之弱侯者亦甚有力"④,凡此亦可見焦竑與李贄之學術交遊,乃平等往來,相互啓發,本非屈居於李之下者。此外,焦竑在耿定向與李贄陸續謝世之後又享高壽,故此後約二十年的學術精進,更非耿、李所能範限。因此,研究焦竑而將耿、李略而不論,並無不可;且客觀來説,如何詮釋並衡斷焦竑在耿、李之間的態度與表現,確實有其難度,因爲現存文獻既不足徵,則寧可闕疑,本不必空談臆斷。實則晚近的幾部焦竑研究,大多能以客觀的態度看待耿定向,且已提出不少超越前人的見解,故上文對既有研究之歸納,並非苛責,只是點出焦竑與耿、李關係之相關論題,猶有可以再加著力的空間而已。

實則這一論題之解決,確有文獻不足徵的困難。如李贄之《焚書》《續焚書》,收録與焦竑的書信二十餘篇,但若想瞭解焦竑回信的内容,《澹園集》中卻連一篇給李贄的信都

---

① 如吴震《泰州學派研究》(北京中國人民大學出版社2009年版,第28頁)便指出,以往的李贄研究,往往忽略了對耿定向之正面考察,以致耿定向的思想形象被嚴重扭曲。
② [明]耿定向《觀生紀》,陳來選《宋明理學家年譜續編》(五),北京圖書館出版社2006年版,第308頁。
③ 《書蘇文忠公外紀後》,《續焚書》卷二,張建業等注《續焚書注》,北京社會科學文獻出版社2013年版,第199頁。
④ 《壽焦太史尊翁後渠公八秩華誕序》,《續焚書》卷二,第163頁。

没有①。如左東嶺便據此而言焦竑因顧慮其師而疏遠李贄②,此一質疑不是没有道理,因爲李贄的信中確實也曾提及十餘月間未接到焦竑音信的悵然③;但如李劍雄則反駁:當時焦竑正居父喪,書信較疏實可理解,且《澹園集》中同樣未收録與公安三袁等友人的書信,難道也要説焦竑有意疏遠三袁等人④?實則在李贄生前死後,焦竑皆大力支持其著作之刊刻,且爲其《焚書》《藏書》等書作序,又如朱國禎所載"焦弱侯推尊卓吾,無所不至"⑤,諸多序文及史料俱在,即使未有書信留存,焦竑之於李贄之情誼,及對其人格學術之尊崇褒揚,又何可疑?然而,焦竑《天台耿先生行狀》一文中,卻又有另一段令人難以解釋的批評文字,曰:"先生之道如日中天,天下莫不知,而有爲先生手劾者,至造作謗書,以恣其脣吻,雖浮妄不根,衆所簡斥,而無忌憚亦已甚矣。"⑥此語既高度推崇其師,且又嚴斥"造作謗書"批評耿定向者,所指爲誰?左東嶺便評曰:"在這雖含糊其辭卻又夾風夾雨的叙述中,顯然是不能將李贄排除在外的。"雖然李劍雄以焦竑平日種種推尊李贄的言行爲據,認爲在此文忽然攻擊李贄實不合理,故推測"那一段文字當是有所指説,但恐不關李贄之事",然耿定向當年亦以"謗者"、"謗書"指稱李贄及其《焚書》⑦,則此所謂"造作謗書"者,若非指李贄《焚書》,又豈有其他人事足以"對號入座"呢?或即使其他人事亦可相合,又豈足以將李贄排除在外呢?故該段文字除了與焦竑其他推尊李贄之言行有所矛盾而令人不解之外,實亦無法證明其所批評者不包括李贄,故該段文字如何詮解,亦只能存疑(但後文仍將嘗試作一詮釋)。總之,由於文獻之闕如,焦竑與李贄之往來論學,及其在耿、李論戰期間對李贄書信内容的回應,後人既難知其詳情,亦無從剖析探究。

然而,這一疑難若未釐清,對於瞭解焦竑生命與學術之全貌而言,畢竟有所缺憾。因爲陽明心學本是一套回歸生命主體的學問,且如前引朱國禎所言"焦竑自是真人",然則焦竑面對兩位在生命中極其重要的恩師與摯友的衝突,若自身立場竟是左右摇擺與自我矛盾,又何當

---

① [明]焦竑撰、李劍雄點校《澹園集》,北京中華書局1999年版,包括正集、續集,及佚文附録等,皆未收録給李贄的信,唯有贈李贄之詩。或以《澹園集》中一通給"李儀部"的信即給李贄者,但據李劍雄之考訂,其説不可靠(《焦竑評傳》,第44、86頁)。
② 《李贄與晚明文學思想》,天津人民出版社1997年版,第114頁。其他類似觀點的學者不一一列舉。
③ 《與弱侯焦太史》,《續焚書》卷一,第68頁。
④ 《焦竑評傳》,第86—87頁。其他主張焦竑乃支持李贄者亦多,只是未必如李氏針對疑點作澄清而已。
⑤ [明]朱國禎《湧幢小品》卷十六。
⑥ 原題《資德大夫正治上卿總督倉場户部尚書贈太子少保諡恭簡天台耿先生行狀》,《澹園集》卷三十三,第534頁。
⑦ "謗書"見《求儆書》,《耿天台先生文集》卷六,臺北文海出版社1970年版,第698頁,"謗者"見《觀生紀》,第321頁。

"真人"之名？而作爲陽明心學之後勁，若其學術與生命最終亦只能落於兩截①，豈陽明之良知，亦可分爲兩截否？就連不認可焦竑對李贄之推崇的朱國禎，亦稱焦竑爲"真人"，若其面對恩師摯友之態度，卻也只能避重就輕，虛矯僞飾，如此之不"真"，則世間究竟尚有何處可尋"真"的生命學問？因此，尋繹焦竑學術思想中的一貫之道，而對其既尊其師，且又推尊卓吾的言行，給予合理一致的説解，當是一件有意義的工作。

但因其中疑難已如前述，故本文擬採取一種不同以往的角度看待這一論題。筆者以爲，若將耿、李視爲對立，則焦竑並尊二人，當然是一種矛盾，但耿、李二人的學術真有不可調和的衝突嗎？筆者前此之研究，已彰明李卓吾所言"我與天台所爭者問學耳"，"彼我同爲聖賢，此心事天日可表也"②，確是其發自内心的真誠告白，故二人之論争，非表一是一非，而是"同爲聖賢"的"問學"之辯③。二人所爭之"名教"與"真機"④，實即陽明之心（真機）即理（名教）如何落實於個人生命與社會實踐之辯證思考，故彼此之辯諍，不論是重下學之工夫，"名教"之踐履，或重上達之境界，"真機"之徹悟，皆爲立足於共同前提下的"互文足義"而已。故最終又能言歸於好，"兩相舍而兩相從"⑤。而若以耿、李二人論學之要義考察焦竑之學術，則將發現焦竑思想之特色，正能兼重耿、李學術之長，且調和融通二者於一爐。正因恩師與摯友之學術皆可相濟爲用，故焦竑得以發自内心地同尊耿、李，唯願"當局則迷"的二人，能夠早日罷争，得以認清彼此之"同爲聖賢"。

既有研究雖已申述焦竑融會三教的學術内涵，而尚未有針對他與耿、李二人相應相契之處，及其得以兼攝二者優長之思想特色來作闡釋者，本文則嘗試申明之。相信此一觀察，與既有研究成果亦可相互印證；而補足其中某些矛盾未解、懸而未決之疑難；此外，耿、李論争多年

---

① "兩截"（或"兩橛"）之説，本論者評焦竑之語，如余英時以其兼治心性之學與博學考證爲兩橛（《論戴震與章學誠》第 335 頁）；李劍雄《焦竑評傳》則曰："他的一些思想和見解還不夠徹底，有時不免'兩截'之憾。"（第 314 頁）類此評語是否恰當暫且不論，但若因思想見解未臻圓熟完整而使後人以爲"兩截"，實亦不須苛責；然若生命與學術斷爲兩截，則不能不被質疑，因陽明之所謂"心即理"，即涵生命（心）學術（理）之一貫，若有兩截，則是空談。且李贄正極端反對所有説一套、做一套的"僞道學"，若焦竑亦如此言行相違，豈不愧對知己？則其聞李贄之言，理當逆耳刺心，又怎會推崇備至？
② 《答來書》，《續焚書》卷一，第 56 頁。
③ 詳拙著《彼我同爲聖賢——耿定向與李卓吾之學術論争新探》，臺北文津出版社 2015 年版。
④ 周柳塘（1527—？）曾以"天台重名教，卓吾識真機"評論二人，但定向之弟耿定理（1534—1584）當時便譏評柳塘爲"拆離放犬"（《明儒學案·楚倧論學語》卷三五，第 827 頁），故其中内涵須再作辯證，詳見後文。
⑤ [明]李贄《耿楚倧先生傳》："天台先生亦終守定'人倫之至'一語在心，時時恐余有遺棄之病；余亦守定'未發之中'一言，恐天台或未窺物始，未察倫物之原。……今幸天誘我衷，使余捨去'未發之中'，而天台亦遂頓忘'人倫之至'。乃知學問之道，兩相舍則兩相從，兩相守則兩相病，勢固然也。兩舍則兩忘，兩忘則渾然一體，無復事矣。"（《焚書》卷四，張建業等注《焚書注》，北京社會科學文獻出版社 2013 年版，第 388 頁）文中"人倫之至"與"未發之中"，即"名教"與"真機"的另一種説法。

而終能"兩舍兩從"的學術,藉由焦竑之能"一以貫之",亦可使後人更加認清晚明之醇儒(耿定向)與同尊三教之儒者(李贄、焦竑)超越彼此異同所共同開展出的圓融境界。由此對於焦竑、耿、李,乃至晚明左派王學之評價與定位問題,或亦能夠更進一步超越明清兩代乃至20世紀以來的種種刻板印象,而提供更多角度的思考。

二、李贄、耿定向二人之於焦竑生命學術的意義
—— 主體生命之相契與客觀世道之尊重

關於耿定向與李卓吾的學術異同,二人好友周柳塘曾評曰"天台重名教,卓吾識真機",雖然當時此說便被耿定理譏評爲"拆籬放犬",且耿定向在日後致書柳塘時又加以辯駁①,但耿氏兄弟反對的原因,並非耿定向不重名教,而在於陽明之"心"即"真機",理即"名教",是一非二,不應作此分別,耿定向的"名教"既本於"真機"之仁,又豈可以"真機"讓卓吾? 相反地,若卓吾外名教而言真機,則亦不可謂爲識真機,耿定向又豈能不辯? 換言之,對於周柳塘之說,耿定向反對的是"卓吾識真機"一評,但"天台重名教"卻是一個事實,如陳時龍曰:"如果說晚明有一種強烈的衛道意識,那麼這種衛道意識就是從耿定向那裏開始的,並且在與李贄的論爭中逐漸得到加強。"②既將耿定向視爲首開晚明衛道之風者,且亦表明了此即耿、李二人的重要差異所在。然而周柳塘之說,雖易引發分名教與真機爲二的誤解,但卻亦有助於分析耿、李二人之學術特色:耿定向確實重名教,而李贄的學術精神,則是一種以"真"爲唯一最高價值的"爲己之學"③。若以周柳塘分名教、真機爲二之說,則耿、李之學確有無法調和之差異;但若以"名教"必以"識真機"爲本的精神而言,則耿、李二人之本旨相同,其異見乃在於辯證名教與真機二者當如何"一以貫之"的問題而已。

而焦竑處於恩師與摯友二人之間,又是如何思考名教與真機二者之關係,並在其生命中作一印證與實踐的呢? 仔細比較焦竑與李贄二人論及自身生命的特質與關懷的文章,便可發現二人頗有相似之處,可見彼此之相應相契,確有其故;而再看焦竑稱揚其師之文字,則可見耿定向以其"真機不容已"④之仁,發而爲對客觀世道之關懷,由此建立其扶世立教之宏願偉業,亦是焦竑所衷心傾服的人格典範。因此,就主觀生命之相應相契而言,李贄是焦竑相見恨晚、不可取代的知己;但耿定向倡道勵學、關懷世教所樹立的師道典型,亦是引領焦竑興發其志,推重敬仰的典範。以下再分別申明之。

---

① 《與周柳塘》之十八,《耿天台先生文集》卷三,第352—353頁。
② 陳時龍《明代中晚期講學運動(1522—1626)》,復旦大學出版社2005年版,第148頁。
③ 拙著《李卓吾新論》,"國立"臺北大學出版社2008年版,第二章。
④ 《與周柳塘》之十八,《耿天台先生文集》卷三,第353頁。

(一) 焦竑與李贄之"真"相契合

李贄在《壽焦太史尊翁後渠公八秩華誕序》一文中,記述他與焦竑從神交到相識以來的深厚情誼,尤其在任官南京之後朝夕相處,彼此皆視對方爲知己,其文曰:

> 余至京師,即聞白下有焦弱侯其人矣,又三年,始識侯。既而徙官留都,始與侯朝夕促膝,窮詣彼此實際。夫不詣則已,詣則必爾,乃爲冥契也。……唯宏甫爲深知侯,故弱侯亦自以宏甫爲知己。①

此一"知己"之感,並非李贄的一廂情願,焦竑之詩亦得以印證他與李贄的相知之情,其詩曰:

> 中原一顧盼,千載成相知。相知今古難,千秋一嘉遇。而我狂簡姿,得蒙英達顧。肝膽一以披,形迹非所驁。嬿婉四載餘,昕夕長歡聚。歡聚從今日,交誼跂前賢。②

雖然焦竑作此詩時,其恩師與摯友尚未起論爭,但以"相知今古難"的深厚情誼,要他在日後背離知己,當是"真人"所不忍爲亦不能爲者。

李贄對這一知己,自然深心愛重,即使日後分離,仍時時感到自己的學問精進,實不可少了焦竑,如《又與從吾》一書所言:

> 念弟實當會兄,……時時對書,則時時想兄,願得侍兄之側也,此弟之不可少兄者一也。學問一事,至今未了,此弟之不可少兄者二也。老雖無用,而時時疑著三聖人經綸大用,判若黑白,不啻千里萬里,但均爲至聖,未可輕議之,此又弟之不可少兄者三也。若夫目擊在道,晤言消憂,則半刻離兄不得,此弟之所以日望兄往來佳信也。③

由文中可知,焦竑之於李贄,是學問之道上彼此切磋,不可或缺的重要朋友,然則二人學術精神之相應相契,自不言可喻。

一般而言,說到"學問",彷彿主要在於後天之修習涵養,但李贄與焦竑二人之相契,當在於生命本質之投合,由於彼此性情本即相似,故面對生命的困境,欲建構一套解決自我生命問

---

① 《續焚書》卷二,第163—164頁。
② 《送李比部》,《澹園集》卷三十七,第588頁。"比部"乃明清時對刑部及其司官的習稱,李贄時任南京刑部員外郎。
③ 《焚書》卷二,第205—206頁。

题的學問時,二人自然會有相似的關懷,而彼此正是最能瞭解對方思考之方向與重點的人。從二人自述中,可發現他們天生性格便極爲相類,焦竑曾自述:"余幼好剛使氣,讀《老子》如以耳食無異。年二十有三,聞師友之訓,稍志於學,而苦其難入。"①其中"好剛使氣"一評,亦可見於袁中道(1570—1623)對李贄性格的描述②;而李贄亦自稱"余自幼倔僵難化,不信學,不信道,不信仙釋"③。對照上述,一方面可見二人性情之雷同,另一方面亦可發現二人天生倔強的性格,在接觸三教學問之初,其實都是扞格難入的。但此剛強獨立的性格,亦使他們的學問之道,絶不人云亦云,而能堅持自我;在不與世俗同的孤獨中,彼此得以相遇相知,當然格外珍惜。

前文已提及李贄的學術核心,可説是一以"真"爲唯一最高價值的"爲己之學",被朱國禎稱爲"真人"的焦竑,也同樣有着相似的特質,李贄在《與弱侯》一信中亦曾拈出彼此之"認真"作一對比,曰:

> 客生曾對我言:"……我事過便過,公則認真耳。"余時甚愧其言。……然性氣帶得來是箇不知討便宜的人,可奈何!……今兄之認真,未免與僕同病,故敢遂以此説進。④

這一"認真"的精神正是兩人生命的共同點,但所謂"甚愧其言",且稱二人"同病",即可見此一"認真"很多時候正是生命困境的根源,是必須修正改過的缺點。誠如李贄曾自述曰"余唯以不受管束之故,受盡磨難,一生坎坷","貪禄而不能忍詬,其得免於虎口,亦天之幸耳"⑤。其不受管束、不能忍詬之生命本真,卻在現實中受盡磨難,只能僥倖免於虎口,豈不自愧? 而這樣的生命經驗,在焦竑同樣面對政壇風雨時,他便以過來人的身份,勸慰焦竑不必太"認真"。雖然乍看之下,這一以"認真"爲病的慨嘆,似乎與前述李贄以"真"爲最高價值之説構成矛盾,但實際上,社會流俗中之種種虛僞僵固,雖使"認真"的李贄受盡磨難,但在深刻感受痛苦之餘,他更要藉由對"童心——真心"爲最高價值的肯定,來捍衛自己(以及世間所有真誠生命)的"童心",能有不爲世俗所斲傷的自由。而同樣個性的焦竑,又怎能不爲這樣的一套"真"學問及其高潔的人格感到心折呢?

---

① 《老子翼序》,《澹園集》卷十四,第136頁。
② 袁中道《李温陵傳》稱其"好剛使氣,快意恩讎"(張建業《李贄研究資料匯編》,第141頁)。
③ 李贄《陽明先生年譜後語》,《陽明先生年譜注》,張建業《李贄全集注》第18册,社會科學文獻出版社2009年版,第482頁。
④ 《焚書》卷二,第155頁。案:《焚書注》注釋(1)考訂本文寫於萬曆二十七午(1597),時焦竑任順天鄉試副主考,遭劾所取舉子"文多險誕語"而謫官。李贄得知後去信勸慰。
⑤ 《豫約·感慨平生》,《焚書》卷四,第476頁。

因此,即使對焦竑而言,"好剛使氣"的個性是該在三教智慧涵養中逐步銷融的,他不能也不願如李贄之憤激,但李贄不能苟合於俗的人格與學術,卻絕對是他所真心嚮慕的,如其《答許繩齋》所言:

> 李君持論不無過激,要其胸臆間語,故自足存。若其行如冰雪,尤弟所服膺。①

而《李氏藏書序》則讚曰:

> 先生高邁肅潔,如泰華崇嚴,不可昵近,聽其言泠泠然,塵土俱盡,而寔本人情,切物理,一一當實不虛。……先生程量古今,獨出胸臆,無所規放。聞者或河漢其言,無足多怪。②

可見焦竑也明白,李贄超越世俗的先進前衛,確實難以見容於當世,但他依然大力宣揚李贄著作,更相信其學術定然能跨越時代而流傳後世,如蘇軾著作在宋代亦曾遭黨禁,但其才學足以名垂千古,又豈是一時的政治勢力所能抹滅!焦竑深信李贄學術必將與蘇軾一般不朽,故其《李氏焚書序》曰:

> 宏甫快口直腸,目空一世,憤激過甚,不顧人有忤者。然猶慮人必忤而托言於焚,亦可悲矣!乃卒以筆舌殺身,誅求者竟以其所著付之烈焰,抑何虐也,豈遂成其讖乎!宋元豐間,禁長公之筆墨,家藏墨妙,抄割殆盡,見者若崇。不踰時而徵求鼎沸,斷管殘瀋,等於吉光片羽。焚不焚,何關於宏甫,且宏甫又何嘗利人之不焚以爲重者?今焚後而宏甫之傳乃愈廣。③

"焚書"之名本爲李贄自題,也幾乎一語成讖地宣告其命運,然而,"焚不焚,何關於宏甫,且宏甫又何嘗利人之不焚以爲重者"?作爲一個"認真"的學者,李贄之著書立言,也只是忠於自我而已,如何能以世俗接不接受爲慮?所謂"古之學者爲己,今之學者爲人"④,實則古往今來世人多是"爲人"而學,但其人終將消失在歷史的長流裏,唯有那少數專專爲己的學者,才真能禁得起時代考驗,成爲後人持續傳誦的"古之學者"。而焦竑深深明白,李贄也將是那其中之一。

雖然李贄"快口直腸,目空一世,憤激過甚",確是其性格缺失與悲劇根源,但焦竑仍"推尊

---

① 《澹園續集》卷五,第857—858頁。
② 《澹園集·附編一》,第1180頁。
③ 同上,第1181—1182頁。但其"見者若崇"作"崇"字,據張建業《焚書注·附錄一》(第706頁)校改。
④ 《論語·憲問》第25章。

卓吾,無所不至",除了生命本質之深相契合之外,更因深知其學"本人情,切物理,一一當實不虛",確有獨立流俗、超越當世的先知洞見,即其《薦李卓吾疏》所言:

> 卓吾先生秉千秋之獨見,悟一性之孤明。其書滿架,非師心而實以道古;傳之紙貴,未破俗而先以驚愚。①

作爲孤獨的先知,不可能成就"破俗"之功,反而必然承擔"驚愚"之罪,這是歷史的無奈;但焦竑特别要申明的是:李贄絶非師心自用的異端,而是申明古義的真道學。若知焦竑之無愧爲李贄之"知己",則不能不認真看待此一評價,雖然焦竑直接申述李贄學術的文章不多,其所謂"本人情,切物理"的内涵實嫌抽象,而所謂"非師心而實以道古"的評語亦稱簡略,但其心目中真正值得傳誦的學術究竟應是什麽内涵? 或許看過焦竑對耿定向的稱揚後,可再作進一步探討。

(二) 焦竑對耿定向衛道精神之肯定推崇

誠如吴震《耿天台論》引證焦竑、管志道(1536—1608)等弟子對其師學術的推崇,即以"衛道意識"爲標題②,焦竑稱揚其師,確實著重在表彰其宣教衛道之功。相較於焦竑稱述李贄學術的文章數量有限且文辭抽象,他稱揚耿定向之處則爲數甚多且論述具體,而各篇内容相互參照,更可見其宗旨之一貫,皆彰明耿定向之扶世立教,彰明學術,啓迪後學之功,無論生前死後,其德業長存,令人緬懷。如其《天台先生書院記》曰:

> 天台先生……推明孔、顔、周、陸之學,與鄉人肄習之,從游者屨恆滿户外。……今去之數十年,而其教如存,先生所風動,抑已遠矣。③

又如其《書先師耿恭簡先生手帖》曰:

> 先師命世大儒,顧於民情吏治,靡不精討;見守令循良者,薦達之唯恐後。余所覩記,不可勝數矣。④

凡此皆在表彰其居官講學之種種德業功績,但這些讚譽,絶非只因耿定向曾經掌握政治權柄

---

① 《焦弱侯薦李卓吾疏》,《澹園集·附編一》,第1183頁。
② 吴震《陽明後學研究》,人民出版社2003年版,第372—373頁。
③ 《澹園續集》卷四,第828頁。
④ 《澹園續集》卷九,第893頁。

所能達致,而是耿定向之人格操守,一言一動,皆足以爲人法式;其主持正學,乃以身教爲範,且更善於引導,故使焦竑等弟子衷心敬服。

如《崇正堂答問》首記焦竑之言曰:

> 吾師耿先生至金陵,首倡識仁之宗。其時參求討論,皆於仁上用力。久之,領會者漸多。吾輩至今稍知向方者,皆吾師之功也。①

字裏行間,可見其感念之情。後文更記録不少焦竑追念其師論學善於取譬引導之例,可見其所謂"識仁"者,乃以自身生命的真誠反思出發,如:

> 耿師一日至六合,縣令率諸生請益。令問曰:"陽明先生但言良知,不言良能,得無遺漏否?"師曰:"如子官名知縣,不名能縣,豈亦有所遺耶?蓋此知字未易承當。如一縣窮簷蔀屋之下,其艱苦疾痛,無不瞭然洞晰,則其拊循之者萬方,自不容已矣。若茫然未知,縱幹當一二興利除害事,祇爲門面計,回思朝廷設知縣之意,終屬曠官也。"②

何謂"知"?即如陽明所言:"知之真切篤實處即是行,行之明覺精察處即是知。"③若能够深心關懷民生疾苦,自然兢兢業業,致力於爲百姓興利除弊,相反地,若只爲自己官禄,縱使偶然有些政績,也不過是些表面工夫,又能算得上是真知真能嗎?若不能真從自身生命體證踐履,即使言説理論再怎麽完整詳盡,依然不是真知。

若説焦竑推崇李贄者,是在其直指人心之本性真機,絶不爲外在流俗所扭曲的獨立精神;而他敬仰耿定向的,則是一種根於道德主體而自然勇於承擔社會責任、致力於化民成俗的儒者風範。因"本心真機"的超越思考在虛僞僵固的現實禮教中無法爲衆人所體認,故李贄之"獨見"令焦竑難以言詮;但耿定向以真機之仁落實名教之踐履,發而爲對家國之大愛,與覺世庸民之實功,則爲具體可徵,易於表彰,而焦竑推闡之亦不遺餘力。因耿定向之重名教,非一干拘守禮法者可比,且其言行一貫,正能身體力行孔孟儒學之真精神,故李贄亦曾讚譽曰"蓋今之道學,亦未有勝似楚侗老者"④。因此焦竑既推尊李贄,亦敬仰其師,絲毫未有矛盾,因二人本即"同爲聖賢"也。

在《天台耿先生行狀》一文中,焦竑亦詳述耿定向之人格風範,並歸納其學術之宗旨,曰:

---

① 《澹園集》卷四十七,第711頁。
② 同上,第712頁。
③ 《答顧東橋書》,《傳習録》卷中,陳榮捷《王陽明傳習録詳注集評》,臺灣學生書局1998年版,第166頁。
④ 《答周友山》,《焚書》卷一,第64頁。

先生生而岐嶷，龐眉戟髯，目無流視，坐無倚容。孝友忠直，出自天性。其好學不厭，若火之必熱，水之必寒，有不能自已者。主持正學，先後凡累變，大都以反身默識爲先，以親師取友爲助，以範圍曲成爲徵驗，一言一動，皆足爲學者法。……他如淫詖之詞，詭異之教，則排斥之不少假借。蓋國朝理學開於白沙，大明於文成。文成之後一再傳，而遂失之。……先生重憂之，爲坊甚力。①

相較於李贄之"高邁肅潔"，耿定向之"孝友忠直"、"好學不厭"，亦同樣令人敬仰；而其"以反身默識爲先，以親師取友爲助，以範圍曲成爲徵驗"的爲學宗旨，更指引學者一個切實踐履之方法與方向，與李贄學術之"本人情，切物理"，亦當無分軒輊；然而，耿定向基於對現實社會風俗人心的關懷，故對陽明後學之流弊深以爲憂，此一關懷之重心，卻與李贄反思現實名教的超越思考截然不同，使得"同爲聖賢"的兩人，卻在此處顯得難以調和。

然則焦竑又如何調和二者呢？焦竑雖感念耿定向的引領栽培，也衷心對耿定向的憂道苦心表示推崇敬仰，但他仍選擇以一種雖委婉而亦直接的方式，向老師表達不同的意見，他說：

承論"學術至今貿亂已極"，以某觀之，非學術之貿亂，大抵志不真、識不高也。蓋其合下講學時，原非必爲聖人之心，非真求盡性至命之心，祇蘄一知半解，苟以得意於榮利之塗，稱雄於愚不肖之林已耳。……豈不悲哉！某所謂盡性至命，非舍下學而妄意上達也。學期於上達，譬掘井期於及泉也。泉之弗及，掘井何爲？性命之不知，學將安用？……"無作無受"者，言於有爲之中，識無爲之本體云耳。未嘗謂惡可爲，善可去也。又云："善能分別諸法相，於第一義而不動。"言分別之中，本無動摇云耳，未嘗謂善與惡漫然無別也。……爲之徒者，既不能契其妙詮，而反拾他人餘唾，以文其謬，奈之何哉？……然則非身擅倫物之矩，無以挽暴行之流，非心徹性命之原，無以鬭邪說之口。舍吾師其奚望哉？②

文中雖然隻字未提李贄，但其中對"志不真、識不高"者的反思批判，其實正在爲李贄學術的"真"精神作一申明。正因世間學者之執守禮教本爲博取名利，沒有"必爲聖人"、"真求盡性至命之心"，因此，唯有破除對所有外在名利的執著，而真以聖人盡性至命之學爲志，通透此一"上達"精神，才是爲學之本，這也正是李贄學術的意義所在。然而這樣的破除，目的是在"於有爲之中，識無爲之本體"，而非混漫善惡的分別，更不可能反而教人去善從惡，然而，學者若反以其說爲縱情肆欲的藉口，仍是缺乏真心真志的問題，又豈合乎李贄之本旨？且又豈能因此流弊，便否定李贄學術教人"識無爲之本體"的意義與價值？當然，焦竑雖爲李贄學術申辯，

---

① 《澹園集》，第 532 頁。
② 《答耿師》，《澹園集》卷十二，第 80—81 頁。

但他也承認那些缺乏真志真學的俗子誕妄之行,確實應有所遏止與導正,然則何爲而可？實則唯有如耿定向這般大儒,既能"身擅倫物之矩(重名教)",且更"心徹性命之原(識真機)",才能承擔這一"挽暴行"、"闢邪説"的重任。若世間掌權者只是執守名教繩束萬民,而自身卻言行相違,那就難怪社會風氣日趨下流了;而唯有如耿定向這樣自律自修的真儒者,樹立一種仁民愛物的道德典範,才可能使學者知所向方。在爲李贄學術申辯的同時,焦竑對耿定向的憂道苦心,依然由衷表示欽仰。

在焦竑與耿定向的信中,類似看法實亦反復申述,可見其態度之一貫,如:

> 讀老師書反求諸心,不以卦爻求易,甚矣,吾師之類於慈湖先生也。末段言聖祖佛理精深,而以程朱立教,意雖甚妙,却成兩截語也。柳子有云:"舍禮不可以言儒,舍戒不可以言佛。"蓋己克矣,斯視聽言動,靡不中禮;心空矣,斯三千威儀、八萬細行,靡不具足。世之談無礙禪者,則小人而無忌憚者耳,奚足與於此哉。然老師憂世之心,某則深領之矣。①

焦竑之於三教,乃采會通的立場,與李贄較爲相合,而與耿定向醇儒的立場有所不同,因此對於耿定向書中所論,評曰"意雖甚妙,却成兩截語",亦可見其直言不諱。然即使觀點有異,亦不妨其讀耿定向之書而能有"反求諸心,不以卦爻求易"之感悟,故焦竑對於其師學術,實亦真心歎服;所欲商榷者,只在儒佛本有其相通處,所謂"舍禮不可以言儒,舍戒不可以言佛",儒之克己與佛之心空,皆同樣謹於自律自修,至於"世之談無礙禪",而令耿定向憂其狂蕩者,實"小人而無忌憚者",又豈是真佛真禪！故認爲不必因憂世而闢佛(以及同尊儒佛之李贄)而已。然而,儘管觀點不同,但對於耿定向深憂世道的關懷,焦竑實能深心體會,故亦再度表達敬重之意。

總而言之,就個人之生命本真而言,堅持自我之獨立精神,且排除所有盲從矯飾與名利追逐,而致力於盡性至命之學,是焦竑所衷心推崇的李贄學術之精神所在;至於世人曲解李贄本旨,而有"俗子僭其奇誕以自淫放,而甘心於小人之無忌憚"②的流弊,雖不可諱言,亦不能因此抹煞其學術之積極意義。故面對其師將學術之貿亂歸咎於李贄,焦竑不得不再三爲之申辯;但反過來説,耿定向本於真機之仁而心憂天下,力挽"小人無忌憚"者之流弊,亦是真"盡性至命之學",又如何不令焦竑尊而重之？而若是衷心敬重的老師受到誤解毀謗,名聲受損,難道焦竑反而要默不吭聲,不説句公道話嗎？

由此,吾人或可重新詮解前文所提《天台耿先生行狀》中的批判文字,究竟出於何種原因與立場。所謂"有爲先生手劾者,至造作謗書,以恣其脣吻,雖浮妄不根,衆所簡斥,而無忌憚

---

① 同上,第85頁。
② [明]張鼐《讀卓吾老子書述》,《續焚書》,第420頁。

亦已甚矣",若説無關於李贄,確實頗爲牽強;但若説是直斥李贄,則又與焦竑對李贄的百般回護有所矛盾。然而,若回到焦竑能夠深心體會並推崇其師任道之重與憂世之深的立場來看,面對《焚書》之謗,他必然也同樣不忍其師之令名受損,且若世人藉李贄《焚書》之説,便貶抑看輕耿定向,他自然亦須爲之捍衛申辯。誠如李贄所自言,《焚書》多"因緣語、忿激語"①,其中對耿定向之直言批判,是愛深責切地以聖人的標準期許這位與他"真講學"的"真朋友"②,又豈是無知之世人可以任意藉口者? 因此,焦竑雖不願將耿定向之聲名受累直接歸罪於李贄,但對於任何假借其説而貶抑耿師者,卻絕對要嚴加斥責,或許是這段文字所隱含之真義。

雖其文字含糊籠統,亦無其他文獻可徵,故以上詮釋亦不敢説没有過度推論之嫌,但由於李贄之盛名,坊間諸多托名之作横行流布,亦是斑斑可考的事實,故若不作分辨,而將其中狂蕩悖理之論,盡皆歸罪於李贄,則冤之甚矣! 此亦焦竑所欲申辯者,如在《李氏續焚書序》中,焦竑便爲此作一辯白,曰:

> 新安汪鼎甫,從卓吾先生十年,其片言隻字,收拾無遺。先生書既盡行,假托者衆,識者病之。鼎甫出其《言善篇》、《續焚書》、《説書》,使世知先生之言有關理性,而假托者之無以爲也。③

儘管在世人眼中,李贄的言論看似叛道之異端,但在"知己"的眼中讀來,李贄之書卻皆"有關理性",絕對是"聖賢學問"④無疑,但假托者之曲解與流弊,卻不是李贄個人所能逆料或控制的,甚至可以説,李贄之盛名不是他自己招攬的,而是强力打壓李贄其人其書所造成的"反效果"。如李贄《與楊定見》所言:"侗老原是長者,但未免偏聽。故一切飲食耿氏之門者,不欲侗老與我如初,猶朝夕在武昌倡爲無根言語,本欲甚我之過,而不知反以彰我之名。"⑤而汪本鈳(生卒不詳)《續刻李氏書序》亦紀録李贄自己的預言:"一棒打殺李卓老,立成萬古之名。"且更叙述李贄著作在他死後更加流傳的盛況,曰:"一死而書益傳,名益重。……海以内無不讀先生之書者,……讀之不已或並其僞者而亦讀矣。……第寖至今日,坊間一切戲劇淫謔,刻本批點,動曰卓吾先生。"⑥可見當權者的打壓,反而成爲最好的宣傳,然則對李贄學術的種種誤解誤導,難道不是因當權者所貼上的錯誤標籤嗎?

---

① 《答焦漪園》,《焚書》卷一,第 17 頁。
② 《答耿司寇》,《焚書》卷一,第 71 頁。
③ 《澹園集・附編一》,第 1182 頁。
④ 如沈鈇《李卓吾傳》載:"漳人薛士彦(萬曆八年進士)讀而喜之,謂是聖賢學問也。"(張建業《李贄研究資料匯編》,第 58 頁)
⑤ 《焚書》卷二,第 157 頁。
⑥ 《續焚書注・附録一》,第 421 頁。

然而，須澄清的是，雖然耿定向與李贄論爭可謂首開此一衛道之風者，但即使是論爭激烈之時，李贄也未將耿定向視爲打壓他的主使者，而歸罪於其門下（飲食耿氏之門者）一干拘守名教的人物。耿定向是真憂天下之風俗人心，故對李贄之破斥名教不能不有所商榷，但李贄對拘守名教者的反思批判，卻真踩到了當權者（或說是"一味盲從當權者之士人"）的痛脚，故他們實欲除之而後快。然則今日的李贄形象，既來自當權者的欲加之罪，亦來自各種假托其名而不明其真旨之贗書，據此而欲申說其學術之真諦，不亦謬乎！故今日欲闡揚李贄學術，亦當藉由焦竑這位"知己"的學問相印證，以期辨明李贄學術之真旨。而耿定向既以維護世道爲己任，卻又能包容尊重不同學術之言論自由，即使因《焚書》刊刻而損其名譽，亦能展現一"歸斯受焉"①的雅量，與李贄握手言和，這般難能可貴的"真道學"，委實少有人及。然則在看重李贄之餘，又如何能不同等肯定耿定向之胸襟智慧？而焦竑身處其時"耿、李分敵國"②的夾縫間，卻能超脫"二分法"的思維，同時看到二人學術之價值，其真知洞見更值得後人細加推究，加以闡明。

三、耿定向、李贄學術之"互文足義"與焦竑之會通無礙

仔細分析耿、李二人對於名教與真機之辯證，再對照焦竑對二者學術之評價，吾人或可簡單作一歸納：李贄强調的真機，就發心而言，即焦竑所重"真求盡性至命之心"；就内涵而言，亦即一"盡性至命之學"；就目標而言，則爲學者欲求"上達"之最高境界，故李贄學術真能探本溯源，焦竑焉得不推而重之？至於耿定向之名教，亦以"識真機"爲本，唯有根於"未發之中"，方有"已發之和"，方有所謂"人倫之至"。因此，爲學有"真求盡性至命之心"，而達到體悟真機之本、未發之中的上達境界，才是爲學的目的所在。其次，如前引焦竑《答耿師》之言曰："學期於上達，譬掘井期於及泉也。"其中"掘井"之實踐工夫，亦是不可或缺的過程，唯有在名教人倫的切實踐履中，才能具體涵養此真機之仁。若未落實下學工夫之篤行，則所謂上達亦是虛言空論，不可得而至矣。焦竑正能深心體察耿師學術之用心及其真通於天下萬世的價值，故又如何能不服膺師教呢？

而若真知下學與上達、工夫與境界之應當並重，則能瞭解耿、李之學術，本應合而觀之，不可偏廢，二人之論爭，實乃相互警惕對方不得拘於一偏而已；二人最終之"兩舍兩從"，亦正證明了雙方之生命與學術，雖偏重不同，實乃相互補足，終能圓融無礙，故筆者以"互文足義"稱

---

① ［明］沈鈇《李卓吾傳》："鈇召耿公曰：'李先生信禪，稍戾聖祖，顧天地間自有一種學問，逃墨逃楊，歸斯受焉，此聖賢作用也。'於是耿、李再晤黄安，相抱大哭，各叩首百拜，叙舊雅，歡洽數日而別。"（張建業《李贄研究資料匯編》，第57頁）

② 同上。

之。而若考察焦竑之學術，更可見其恰能統括兩者之長，以下將略分三點分析之：（一）下學工夫之篤行與上達境界之超悟；（二）從無入有之必重自律與從有入無之必尚自由；（三）"德性"之獨尊與"問學"之多元。其中所謂"下學"及"自律"者，可謂耿定向學術之重心所在；而"上達"及"自由"者，則爲李贄學術之根本要義；至於第三小節"德性之獨尊"，無論耿、李與焦竑皆然，而"問學之多元"的精神，則爲耿、李學術所隱含，而焦竑則更以其生命學術擴大體現之。如前已申述，雖然耿定向與李贄之於焦竑皆有深刻意義，但焦竑之學術實亦一套"爲己之學"，而非隨人腳跟者，故言其統括耿、李學術之長，並非視之爲二人的啓發影響，而或許應該反過來說：正因焦竑思想之特色，即合下學與上達、自律與自由之一貫，故自然能夠既尊其師，又同時推尊卓吾；且更以其超卓之天才，開展各個不同的學術領域，以"尊德性"爲前提，而更成就"道問學"之功。而耿、李二人辯證多年終能"兩舍兩從"的學術，既得焦竑之生命學術爲證，更可見二人之學絕非虛言空論，而皆不愧爲一套切實的聖賢學問。以下再詳說之：

（一）下學工夫之篤行與上達境界之超悟

所謂"下學"，其一在其簡單易行，如《崇正堂答問》所載焦竑解"中庸"曰"愚夫愚婦與知與能的是中庸"，"今人學道，只以愚夫愚婦爲師足矣"①。其二則在其切身實踐，如釋《論語》之"苟志於仁矣，無惡也"，則曰："此惡字是憎惡之惡，人苟志仁，見有不類者將哀憐濟度之不暇，何憎惡之有？"②可見其讀經解經，所謂"識仁"者，乃首重反求諸心、推己及人之當體力行。如以下言學，以學書、學匠爲喻，言既淺近，行亦切實，可知唯有實踐才是真學：

> 先儒言，纔學便有著力處，既學便有得力處，不是説了便休。如學書者，必執筆臨池，伸紙行墨，然後爲學書；學匠者，必操斧運斤，中鈎應繩，然後爲學匠。如何學道，只是口説？口説不濟事，要須實踐。③

此一重下學（實踐）的精神，焦竑亦時與其師之論學語相參，亦可充分看出師徒二人學術宗旨之一脈相承，如《崇正堂答問》載：

> 先生曰：耿師校士，曾有一策，問"道莫妙於'一貫'，曾子聞之，遽曰：'唯。'至論孝，曰：'先王有至德要道，汝知之乎？'卻避席不敢當，曰：'參不敏，何足以知之？'夫子以知天命自任，子臣弟友之庸行，乃曰'未能也'。此何以故？"對者不一。余意理

---

① 《崇正堂答問》，《澹園集》卷四十七，第718頁。
② 同上，第712頁。此乃引述李漸庵（李世達，1532—1599）之言，且又特別附記曰"當時耿先生甚賞其言"，可見師徒二人皆特重反身而誠之體道行道之精神。
③ 同上，第715頁。

須頓悟,事則漸修。頓悟易,漸修難。①

"一貫"與"天命"乃精微要道,曾子應之、孔子任之,皆毫無猶疑,毫不自謙;反倒是孝道等"子臣弟友之庸行"卻自承未能,耿定向以此教學者反思其中意旨,而焦竑則提出自己的體會:"理須頓悟,事則漸修。頓悟易,漸修難。"實則"頓悟"應屬"上達","漸修"則是"下學",一般多以前者爲難,後者爲易,而焦竑此説則反是。因其所頓悟之理,即良知之現成,一了百當,但欲落實現成良知之精神,則須在日用常行間時時"明覺精察",實乃曾子所謂"仁以爲己任,不亦重乎?死而後已,不亦遠乎"②。故一時之頓悟尚爲易,能以一生之實踐落實其所悟之理則爲難。焦竑推尊李贄者,即在其論頓悟之理,實簡易直捷,充分掌握現成良知之精神③;但其更能同時掌握耿定向重"下學"之精神,故亦強調"漸修"之難,而其舍下學則無由上達之主張,亦明顯與其師之宗旨相合。

焦竑曰:"離下學無上達。"此語原本乃駁程明道以佛"唯務上達,而無下學"之説④,而亦多次與耿定向往復申述,如前文引述其《答耿師》之言,即以"掘井"喻下學之功。其雖與耿師論辯,但所欲論證者,乃佛氏亦不廢下學,以此期於儒者不必闢佛而已,其看重下學之本義與耿定向之意旨實無所別,反倒是李贄的思考與之有所不同。李贄有《批下學上達語》,即針對焦竑"學以求達"一説作商榷⑤。在李贄超越的思考中,實意識到"下學"與"上達"之間存在着某些根本斷裂:孔子的"下學而上達"固是意圓語圓,但"上達"實是"聖人之所獨",其餘之下學,無論是百姓"日用而不知"或學者"見之爲仁智","總是不達,總是凡民"。簡言之,下學"不一定"就能上達,因上達其實是必須超越下學,而非依循下學可致者,故若過於執著於下學之功,反可能無法認清上達之超越的本質;此外,若學者自以爲能下學即能上達,便自居於聖賢而驕於凡民,那就更加"不達"了。故李贄一貫以"破執"説工夫,而服膺王畿"四無"之旨,正在期於學者,唯有超越"下學",方有所謂"上達"。

因焦竑對李贄之《批下學上達語》是否有何回應文章,無從得見,故無從比較申論,然而李贄文中所謂"(程明道)又曰:'人須是識其真心。'夫真心不可以識識,而可以學求乎?不可以學求,則又是離學而後有達也,故謂學以求達非也。離學者亦非,即學者亦非……",其中所隱含的反思與辯證的智慧,焦竑實亦有之。焦竑在重視"下學"而主張"學以求達"的同時,亦強調所謂"人須是識其真心",才是爲學之根本要旨,唯有"識其真心",方有所謂"上達"可言。前

---

① 《崇正堂答問》,《澹園集》卷四十七,第714頁。

② 《論語·泰伯》第七章。

③ 李贄對王畿極其推崇(1498—1583)(《復焦弱侯》,《焚書》卷二,第110頁),其論學亦與龍溪現成良知、四無説之宗旨相合。

④ 見《答友人問》,《澹園集》卷十二,第91頁。

⑤ 《焚書》卷四,第380頁。以李贄之文乃針對焦竑而發者,可見《焚書注》注釋(1)之考辨。

已引述焦竑所以不贊成耿定向之闢佛,乃因他認爲如果真知性命之爲切,則任何有助於吾人思辨性命真旨的學問,都值得參考推求,哪裏需要辨析其説是儒是佛、非儒非佛,而一味分門户、較短長,都是名利心作祟而已。實則佛氏之理,與吾儒本同,藉釋氏之發明,而益知吾儒之性理,乃相得而益彰,真求性命者,會而通之尚不暇,區而別之又有何益? 以下與耿師論學之語,亦在申明此意,曰:

> 士龍遞至手書,知拳拳以人惑於異學爲憂。某竊謂非惑於異學之憂,無真爲性命之志之憂也。學者誠知性命之爲切,則直求知性而後已,豈其以夢夢議論爲短長,第乘人而闢其捷哉! 佛雖晚出,其旨與堯、舜、周、孔無以異者,其大都儒書具之矣。所言"本來無物"者,即《中庸》"未發之中"之意也。①
>
> 孔孟之學,盡性至命之學也。獨其言約旨微,未盡闡晰,世之學者又束縛於注疏,玩狎於口耳,不能驟通其意。釋氏諸經所發明,皆其理也。苟能發明此理,爲吾性命之指南,則釋氏諸經,即孔孟之義疏也,而又何病焉! ……不捐事以爲空,事即空,不滅情以求性,情即性。此梵學之妙,孔學之妙也。總之,非梵學之妙、孔學之妙,而吾心性之妙也。……學者誠有志於道,竊以爲儒、釋之短長,可置勿論,而第反諸我之心性。苟得其性,謂之梵學可也,謂之孔孟之學可也,即謂非梵學、非孔孟學,而自爲一家之學,亦可也。②

所謂"苟得其性,謂之梵學可也,謂之孔孟之學可也,即謂非梵學、非孔孟學,而自爲一家之學,亦可也",就是破除對所有有形的"下學"之執著與分別,而真以"識其真心"爲唯一爲學宗旨的"上達"精神。對焦竑而言,學有真志,則自能下學、自能上達,無須區分、無須偏重偏輕,皆可融會無礙。

總之,耿定向之學,強調下學之篤行,而李贄之學,則強調上達之超悟,至於焦竑之學,則一方面能肯定李贄之説,而以"上達"之"真機"爲本;另一方面又融會其師"子臣弟友務實盡其心"③之盡倫盡分,落實"下學"之實功。但在其重視下學的同時,他對下學未必即能上達的反思辯證,實亦未遜於李贄之超悟,以下便以其《原學》④一篇爲例作一析論。

《原學》首先強調學之目的在"復其性",其中所言"人之爲性,無舜、跖,無古今,一也","性自明也,自足也"之説,皆良知現成之主張,亦所謂"識真機"也。然而,若性本自明自足,又何必需要"學以復之"呢? 焦竑則答曰:

---

① 《又答耿師》,《澹園集》卷十二,第 81 頁。
② 《答耿師》,《澹園集》卷十二,第 82—83 頁。
③ 《與周柳塘》之十一,《耿天台先生文集》卷三,第 336 頁。
④ 《原學》,《澹園集》卷四,第 18 頁。以下引文出此者不另加注。

不學則不能有諸己。故明也而妄以爲昏也,足也而妄以爲歉也,於是美惡横生而情見者也。情立而性真始梏,故性不能無情,情不能無妄,妄不能無學。學也者,冥其妄以歸於無妄者也。無妄而性斯復矣。

良知之現成固然是先天本在,自明自足,但人在現實生命的有限中,卻可能"妄以爲昏、以爲歉"。雖然道德主體,是人性中最可貴的一點靈明,但它只是人之異於禽獸的"幾希",只是人之所以爲人的"必要條件",卻不是生存的充分條件①,因此,在殘酷的生存競爭中,名利權位以及有助於獲取名利權位的知識才能,反被視爲衆所欣羨的價值,而以道德爲不足。然若不能認清道德主體不假外求、獨立自存的價值,則種種梏桎性真的情欲妄念,勢必只能讓自我乃至人群社會,迷失在物欲的追逐享樂,而日陷於爭逐劫奪,痛苦循環之中,而唯有"學"——頓悟"真機"之本的"復性"之學,才是能超越這些苦樂循環的唯一路徑。然而,世間學問亦多矣,"苟蕩心於俗學,汩欲於俗思,而不知復性於初,豈獨名節爲逐物,詞章爲溺心,清虚增其梏桎,義理益其蓋纏,爲力彌多,收效彌寡,則其所鑠學者異也"。文中所舉名節、詞章、清虚、義理之學,即使偏重不同,皆是一般學者所據以實踐或探求性命之學的方法路徑,而焦竑竟謂爲"其流有四,離性則一",很明顯正是李贄所謂"即學者亦非"的思維。然而,若能知"復其性",而以此"幾希"之性真爲諦,則"清虚,學也;義理,學也;名節、詞章,亦學也。無所往而不爲性,故無所往而不爲學也",由此則無學不可學,皆有助於復其性,則又可見"離學者亦非"。故對於"下學"之於"上達"的正反辯證,實於文中同時存在,焦竑思辨之超悟,自亦不愧爲李贄所讚賞。

總而言之,唯有"無所往而不爲性",方能"無所往而不爲學",前者即悟"上達"之"性",後者則力行"下學"之道,而焦竑承耿定向簡易平實之旨,更在名節、詞章、清虚、義理之學之外,強調"與愚夫愚婦知能"的人倫踐履,亦是不可偏廢的下學,唯有在孝親敬長的日用常行中,才能真正涵養真機之仁,此與李贄提醒"見之爲仁智"的學者,亦當自知爲"凡民"之宗旨,同樣是一視衆生爲平等的大愛精神,故耿、李之"同爲聖賢",亦可再次爲證,而焦竑涵融二者之智慧,固亦不愧爲真聖賢之徒也。

(二) 從無入有之必重自律與從有入無之必尚自由

所謂"從無入有",乃耿定向重視以真機(無)爲本的名教(有)踐履,而其精神所在,乃強調道德之"自律";至於李贄所強調的真機,既是道德主體之一本,且亦能正視現實人欲之存在、才性之差異,世間萬殊固皆"真"也,故反對執一有限之名教繩束萬民,故曰"從有入無"(此"無"既是無善無惡之本體,亦是"無"掉名教執著的工夫),而其背後所隱含的深旨,則是堅持意志之"自由":不但堅持自我之獨立精神,且亦強調尊重萬殊保有其各各殊異之自由。此外,所謂"從無入有"或"從有入無",亦可再參照耿定向《與周柳塘》之言作一分析:

① 牟宗三《理則學》,臺北"國立"編譯館 1959 年版,第 66—67 頁。

近溪丈謂"以無達有者,學乃長進",此是晚年進卻一步語。……卓吾謂"學須從有入無,乃臻微妙",此其見尚在初機。……學不離此鬼窟,便成魔祟。終難與共學。①

耿定向贊同羅近溪的"以無達有者,學乃長進"之説,亦即本文所謂耿定向之"從無入有",若藉陽明之四句教作詮釋,"無"即"無善無惡心之體",然必具體落實於"有善有惡意之動,知善知惡是良知,爲善去惡是格物"之生命實踐中,"學乃長進",此即耿定向論學之宗旨;而其引述卓吾謂"學須從有入無"之説,"有"在原文之意當近於"名教",耿定向所憂於李贄學術者,正在其破除名教(有)之執著,然而李贄之所以強調"無"之工夫,實乃因其同體尊重萬殊之"真",故以自由開放而非框限約束的態度保障之,若非真以天地萬物爲一體,又如何能有此大愛精神?故"從無入有"而重視名教之踐履、道德之自律的耿定向,固不愧爲醇儒;而李贄懷抱"仁者以天地萬物爲一體"②之大愛,故主張放開名教之執著,給予"天下之民,各遂其生,各獲其所願有"③的自由,更是儒者性善之宗旨通於天下萬世之證明。

至於焦竑之學,在"有"與"無"的辯證中,亦可見其既能"從無入有",且亦能"從有入無"。焦竑曾再三申明老莊之"從無入有":其倡言虛無之旨,即在於掌握"世教"(有)的背後根據,而非廢除世教。實則有限的世教必難以隨時變化,唯有聖人掌握"虛無"的本體,擁有"虛無"的智慧,才能"物物而不物於物"④。故即使老子言"無",亦在於"明有之無",其"無"的智慧,是爲了保障"有",而不是消滅"有";而學者亦必知"有之即無",方能"爲無爲,事無事","執古之道,以御今之有"。然而,正因儒者往往執名教之有,而諱言老莊之無,故焦竑亦須再三申明孔孟之"無"即寓於"有",爲孔學者,自然亦當知從有而入無,即所謂"下學而上達"也。以下釋老莊之文字,即申明上述之意,曰:

老莊盛言虛無之理,非其廢世教也,虛無者,世教所以立也。彼知有物者不可以物物,而覩無者斯足以經有,是故"建之以常無有"。……御有者必取諸無。⑤

老子非言無之無也,明有之無也。無之無者,是滅有以趨無者也,其名爲乾斷;有之無者,是即有以證無者也,其學爲歸根。……蓋學者知器而不知道,故《易》明器

---

① 《與周柳塘》之十七,《耿天台先生文集》卷三,第348—349頁。
② 程顥(1032—1085)語(黃宗羲《宋元學案·明道學案上》卷十三,臺北廣文書局1971年版,第274頁)。拙著《仁者以天地萬物爲一體——李贄儒學闡微》(《成大宗教與文化學報》2010年第15期),即以此語作爲李贄學術精神之注腳。
③ [明]李贄《道古錄》卷上,第15章,張建業《李贄全集注》第14册,第271頁。
④ 借《莊子·山木》語。
⑤ 《讀莊子七則》,《澹園集》卷二十二,第292頁。

即道;見色而不見空,故釋明色即空;得有而不得無,故《老》言有即無。誠知有之即無也,則爲無爲,事無事,而爲與事舉不足以礙之,斯又何棄絶之有?①

孔孟非不言無也,無即寓於有。而孔孟也者,姑因世之所明者引之,所謂下學而上達也。彼老莊者,生其時,見夫爲孔孟之學者局於有……以爲必通乎無,而後可以用孔孟之有。……庶幾乎助孔孟之不及。②

世人之弊,皆易執器、執色等有形有限之萬象,而不知背後形上道體之空無形迹,故倘欲學道,必然需要"從有入無",明器即道、色即空。文中以《易》之"器即道",釋之"色即空"與《老》之"有即無"並列,以老莊爲"助孔孟之不及",亦可充分看出三教之超然智慧,大旨皆同,可與吾儒相輔相成,故真知有之即無,又如何能不同尊三教,給予學者取法不同學術的自由空間呢?

焦竑之思想,在同尊三教、會而通之的立場上,與李贄大體相合,故其尊重學者之"真志",強調不必定於一尊的學術自由精神,亦無二致;此外,焦竑之學亦極重視"禮"③,故亦具體表現出與其師同樣"重名教"的自律精神。李贄破斥徒以禮教爲外飾之僞道學,而易使人有"反道學之異端"的誤解,但焦竑則無此憤激之行,且因其師諄諄於名教之踐履,故焦竑論禮之即内而外,乃更加一貫而兼重之。如其《讀莊子七則》曰:

仁義禮樂,道也,而世儒之所謂仁義禮樂者,迹也。執其迹不知其所以迹,道何由明?故不得已攟而棄焉。使人知道也者,立象先,超《繫》表……然後知象無非真,《繫》無非理,仁義禮樂亦可以不必絶而棄之也。④

以上道與迹之分判,仍是無與有、心與禮之辯證,若能"從無入有",知象無非真,《繫》無非理,則亦知心即理、亦即禮,而仁義禮樂,又何必棄、何可棄也?

又曰:

禮也者,體也,天則也。是禮也,能視聽、能言動、能孝弟、能賢賢、能事君、能交友,可以爲堯舜,可以通天地,可以育萬物。人人具足,人人渾成。所謂與天地萬物爲一體者,乃其體自如是,非我強與之一也。……孔子示顔子以"克己"……當體消融則己克,己克則禮自復矣。蓋孔、顔之學,只是禮之爲體識得精。認得既精,則真

---

① 《老子翼序》,《澹園集》卷十四,第136頁。
② 同上,第138頁。
③ 龔鵬程已指出焦竑、李贄皆有"即心即禮"之思想傾向,見《晚明思潮》,臺北里仁書局1994年版,第1—20頁。
④ 《澹園集》卷二十二,第292頁。

禮在我，一有非禮之禮，自無所容留參雜於其間。①

以上言說，皆將"禮"與自我主體合而為一，且其對於"禮"即體，故非禮則不當視聽言動的高度自律精神，豈不亦為晚明理學殿軍劉蕺山的道德嚴格主義之先聲？

此外，焦竑亦有更多親切淺近之言，教人以當體力行之方，如其論"存養"，即以種樹灌溉為喻，言其修身養心之功不可須臾荒廢的精神，曰：

> 學須有根本。根本既得，便要存養。如種樹者，已有生意，灌溉之功亦何可廢？古人耳之於樂，目之於禮，左右起居，盤盂几杖，有銘有戒，動息皆有所養。……《記》曰："斯須不莊不敬，則鄙詐之心入之矣，斯須不和不樂，則暴慢之心入之矣。"鄙詐與暴慢之心入之，根本安在？②

學之"根本"即掌握頓悟之理、上達之道，而"存養"則是漸修之事、下學之功，至於存養的方法，如仁義禮樂之踐行，視聽言動之謹持，莊敬和樂之涵養，皆如種樹之後的灌溉，固亦日日不可或缺者，若稍有怠慢輕忽，則根本萎矣。

由以上焦竑對"禮"之闡述，既溯其天則本原，更重其實踐力行，且其克己之嚴，養心之精，皆在在可見其以儒者禮教嚴加自律之精神，與其師耿定向之教旨實無二致。然而，耿定向憂心風教而有闢佛之語，焦竑則本其性真而強調同尊三教，則又與李贄之自由精神較為相近。故耿、李學術之優長及其精蘊，焦竑實皆兼收並用，融合無間。

李贄之"意志自由"本是"為己之學"所必須首要堅持的獨立精神，其真諦乃在於不盲從外在的價值標準，而不是自我放逸的藉口，如李贄理想中的"自由"，是一個"千萬其人者，各得其千萬人之心，千萬其心者，各遂其千萬人之欲。是謂物各付物，天地之所以因材而篤也。所謂萬物並育而不相害也"③的清平世界，正因他真正擁有"萬物一體"的胸襟，故能展現此大愛包容，而他自身的修養，實如袁中道所盛讚之"狷潔自厲，操若冰霜"，"為士居官，清節凜凜"④，非但未曾怠於自修，且其高潔的人格，更令焦竑喻之為"泰華崇嚴"，衷心敬服。

總之，耿、李二人之學術形貌雖一重自律，一重自由，然唯有真正嚴以律己之"從無入有"，方能真正體悟萬物一體之境界，由此而能寬以待人，要能出其自性之"真"，皆能一體尊重之，有此精神，方有所謂真自由與真平等，此即李贄學術之真諦，而世人於李贄之誤解亦可休矣！如焦竑亦曾曰：

---

① 《答友人問》，《澹園集》卷十二，第88頁。
② 《崇正堂答問》，《澹園集》卷四十七，第721頁。
③ [明]李贄《道古錄》卷上，第15章，第271頁。
④ 《李溫陵傳》，《李贄研究資料匯編》，第140、141頁。

> 近世一種談無礙禪者，一知半解，自謂透脱。至其立身行己，一無可觀，畢竟何益！此正小人而無忌憚者。①

由此可證其學所重乃"立身行己"，且更批判"小人而無忌憚者"，與其師耿定向之衛道精神豈有不同？而四庫館臣竟謂焦竑與李贄"二人相率而爲狂禪"，不亦謬乎！

（三）"德性"之獨尊與"問學"之多元

由前文反復申述焦竑"盡性至命"、"復性"之學，已可充分看出其"尊德性"的態度，僅再略舉一例，如：

> "君子尊德性而道問學"，道，由也，言君子尊德性而由問學，問學所以尊德性也，非問學之外別有尊德性之功。……苟博文而不以約禮，問學而不以尊德性，則亦何用乎博文問學哉？②

"問學所以尊德性"，可見"尊德性"才是目的，"問學"只是方法與工夫，然其重要性在於它仍是"尊德性"的必經工夫，重點只在於要認清"學什麽"以及"怎麽學"罷了。若以前述下學與上達的辯證來説，或許可説：下學雖未必即能上達，但没有落實下學，也不可能奢談上達。故尊德性雖是爲學的唯一最高目標，但問學的重要性固亦不可或缺者。因此，若真知尊德性，則必能道問學；然若不知尊德性，則道問學亦不免流於盲目或支離，而失其意義所在。

"頓悟"上達之理，乃是先認清"學什麽"，而其現成良知之説，亦十分簡易直截，焦竑曰：

> 今人勞勞攘攘，似件件都欠缺的一般，豈知性中無所不有。所以孟子説："萬物皆備於我"，我實備之。我不能受用，卻逐逐然向外尋求，此所謂"抛卻自家無盡藏，沿門持缽效貧兒"也。果能回光返照，驀地一下，見得現現成成，原無虧欠，是大小快活！③

"性中無所不有"，原無虧欠，無須向外尋求，則似乎無待於"道問學"矣。然如前引《原學》所言："不學則不能有諸己。故明也而妄以爲昏也，足也而妄以爲歉也。"因此"學"仍是必要的，但其"學"的目的在於"有諸己"，亦即認清"性"本身"自明"、"自足"、"萬物皆備於我"的價值，故其"復性"之學，仍是返照己身，而非向外尋求的知識學問。然而，衆所共見者，是焦竑在經

---

① 《古城問答》，《澹園集》卷四十八，第736頁。
② 《焦氏筆乘》卷四，北京中華書局2008年版，第188頁。
③ 《明德堂問答》，《澹園集》卷四十九，第744頁。

史考訂乃至古音小學各方面亦極有成就,顯見其所謂"道問學"亦涉獵廣泛,並不僅限於心性之學,即如其弟子陳懿典所言:"先生之學,以知性爲要領,而不廢博綜。"①因此,許多學者對焦竑既尊德性卻又重視經典考據的學問感到矛盾不解,但事實上,就其思想之内在理路來看,這一問題根本是不存在的②。

若對照以下李贄《道古録》之説,當更能清楚看出,就李贄與焦竑而言,能尊德性,則必能道問學;且能尊德性,則其道問學亦可更自由多元地發展,曰:

> 人之德性,本自至尊無對,所謂獨也,所謂中也,所謂大本也,所謂至德也。然非有修道之功,則不知慎獨爲何等,而何由至中,何由立本,何由凝道乎!故德性本至尊無對也,然必由問學之功以道之,然後天地之間至尊、至貴、可愛、可求者常在我耳。故聖人爲尊德性,故設許多問學之功;爲慎獨、致中,故説出許多修道之教。……此道問學與尊德性所以不容有二也。豈可謂尊德性便不用道問學乎?……重問學者,所以尊德性也。能尊德性,則聖人之能事畢矣。於是焉或欲經世,或欲出世,或欲隱,或欲見,或剛或柔,或可或不可,固皆吾人不齊之物情,聖人且任之矣。③

文中明白表示:"問學"的意義,便在於認清"德性本至尊無對"的無上價值;但如果没有問學、没有修道,也不能切己體悟這一道理,又豈能不兼重道問學之功呢?以上李贄之説,不但與焦竑獨尊德性而必由問學的精神並無二致,且亦句句與歷代大儒心同理同,豈能再疑李贄爲反道學?然而,由於李贄之"真",故能獨具心眼地提出在以"尊德性"爲前提的"問學"之外,適應社會不同需求及個人才性志趣之差異所發展出的各項學問,亦皆有平等的價值,所謂"或欲經世,或欲出世,或欲隱,或欲見,或剛或柔,或可或不可,固皆吾人不齊之物情,聖人且任之矣"。也就是説,只要人人能尊德性,其他的才性差異、志趣不同,都可以自由發展,大家各自的生涯抉擇,都應該被尊重,當然順着各種職業而發展出來的專業知識,亦各有平等的價值,這一相互尊重的精神,難道不是一個理想社會中每個人都應具備的基本素養嗎?實則"吾生也有涯,而知也無涯"④,且個人才性之大小偏全,更是無法強求,這是不可解消的無奈,因此,要能尊德性,不論任何知識之有無,任何職業生涯之抉擇,皆不以此分高下,這樣不才是真正的自由與平等嗎?但若不以尊德性爲前提,任何憑藉財勢、掌握知識霸權的人,皆能藉以欺壓剥削弱勢者,我們又將依據什麽標準來譴責其非呢?

---

① 《尊師澹園先生集序》,《澹園集·附編二》,第 1214 頁。
② 如前引黄熹之文亦已提出此一看法。見第 105 頁。
③ 《道古録》卷上,第 11 章,第 259 頁。
④ 借《莊子·養生主》語。

若能認清在李贄、焦竑(或説整個陽明心學)"獨尊德性"的精神背後隱含的真自由與真平等,則當知所謂"束書不觀"的王學流弊,一方面是許多士人缺乏真志而冒用心學之名、四無之説以此放逸,另一方面則是更多士人猶以知識傲人,而無法接受自己"見之爲仁智"與"日用而不知"者同是"凡民",無法認同農工商賈即使不讀書,其"作生意者但説生意,力田作者但説力田",亦是"有德之言"①,故視李贄之自由平等觀爲洪水猛獸。實則若真知尊德性,必能道問學,如焦竑之博雅已是衆所周知,不必贅述,而李贄之好學同樣廣泛而精深,如袁中道《李温陵傳》載曰:"所讀書皆鈔寫爲善本,東國之秘語,西方之靈文,《離騷》、馬、班之篇,陶、謝、柳、杜之詩,下至稗官小説之奇,宋元名人之曲,雪藤丹筆,逐字讎校。"②其弟子汪本鈳則言:"鈳從師先後計九載,見師無一年不讀《易》,無一月不讀《易》,無一日無一時刻不讀《易》,至於忘食忘寢,務見三聖人之心而後已。"③若説如此好學之人卻教人"束書不觀",豈有此理呢？事實上,李贄主張"縱不讀書,童心固自在也"④,絶非要士人不必讀書,而是對當時社會中絶大多數無法讀書識字的人民之同等尊重。但這一態度,不要説是晚明的專制社會無法成爲世人的共識,就是當今社會裏,許多人還是根深柢固地認爲"萬般皆下品,唯有讀書高",不是嗎？

然而,焦竑、李贄,包括耿定向,他們以"德性"爲唯一最高價值的態度,卻能夠由此而不以知識權位傲人,且更以平等的態度看待平民百姓,故泰州王學能引領販夫走卒皆能樂學。如耿定向特別推崇王心齋之學,主要的理由便在於其學主於"庸言庸行,是愚夫愚婦可與知能,所謂聖人復起,不能易者云耳"⑤。即推崇其教旨之簡易平常,可與世俗大衆共知共能,這才是真正具有"普遍性"的學問。耿定向一生引領後學無數,不只於一般學者,即使田夫、陶匠亦同等視之。如田夫夏廷美有志向學而走訪耿定向,耿便介紹他回鄉從焦竑學⑥,《崇正堂答問》中紀録數則有關耿定向與其論學之記載,皆可看出耿定向對夏廷美之敬重,絲毫不認爲彼此之身份有高下之別,以下姑舉一例:

雲峰(夏廷美)起田野中,卻是一挺特丈夫,擔荷此學甚力。耿師一日問之曰:"子得此學,如何作用？"對曰:"某一農夫,有何作用。然至於表正鄉閭,則不敢讓。"師爲之憷(悚)然。⑦

---

① 《答耿司寇》,《焚書》卷一,第 72 頁。
② 張建業《李贄研究資料匯編》,第 138 頁。
③ 《卓吾先師告文》,張建業《李贄研究資料匯編》,第 187 頁。
④ 《焚書》卷三,第 276 頁。
⑤ 《王心齋先生傳》,《耿天台先生文集》,第 1418—1420 頁。
⑥ 《明儒學案·泰州學案一》,第 705 頁。
⑦ 《澹園集》卷四十七,第 718 頁。

不論一個人知識之有無或地位之高低,若有"表正鄉閭"之德,皆當尊而重之,這便是儒者"尊德性"之學的意義所在。

因此,耿定向之學當然亦以德性爲獨尊,其言曰:"孔孟高超不及莊列,權謀不及蘇張,武略不及孫吳,所以出類者,第以其一種不容已之仁脈,有以貫通於天下萬世耳。"①所謂"高超"、"權謀"、"武略""不如",可見若以才性爲準,孔孟之才智亦未必過人,但耿定向以孔孟"不容已之仁脈"(德性)作爲唯一最高(出類)的標準,並不是迂腐地認爲權謀、武略等無價值,而正是對德性以外的其他學問皆給予平等的價值,否則難道哲學天才便可鄙視軍事家,或掌握權柄便可視思想學問如糞土? 雖然耿定向個人的學術,並沒有像焦竑或李贄在文學、史學等各領域多方涉獵,但他的思想開闊,正能給予各種學術平等的地位與多元發展的空間,如他在與焦竑的信中談及文學時便如此表示:

> 頃友人書,謂余往薄文字不爲,余豈敢薄哉! 夫孔孟之教所以行,而其道至今所以不墜者,全賴斯文耳。余爲質所限,而蚤歲又自荒墮,是以不與於斯也,然有賢輩在,則凡所以爲不朽業者,即余身自爲之矣! 唯愛此光景,更求所以綴文之原本可也。②

每個人的才能興趣本來就不同,做自己喜歡的、擅長的就好,但重點在於不能因爲自己不喜歡、不擅長,便鄙薄那種學術的價值。耿定向之於文章一道,謙卑地自承"爲質所限"、"又自荒墮"(其實就是才不在此,志亦不在此),但他卻鼓勵、期許焦竑爲此"不朽業",可見他的想法是,讓有才能的人去做適合的事就好,成功不一定要在我,只要講究文學華藻之餘,亦不忘"綴文之原本"(即"尊德性"),則學生所有的成就,老師亦將與有榮焉。正因有此豁達大度,故即使因憂世而闢佛,卻仍能尊重門下弟子包括焦竑、管志道等人會通三教的立場,晚年亦能轉而包容佛教,撰《繹異》《大事譯》③等諸文,對釋家異教亦尊重肯定。這在當時的道學家中,真的是難能可貴,亦無怪李贄讚曰:"蓋今之道學,亦未有勝似楚侗老者。"

總而言之,耿、李及焦竑三人獨尊德性的態度,乃掌握陽明心學之本旨,且亦合於整套宋明理學乃至孔孟儒學之真精神。而程朱與陸王的差異,不在於"尊德性"與"道問學"之二分,實則"尊德性"是所有儒者之共同前提,所異者在於"問學"方法之偏重與内容之廣狹。程朱之"道問學"重格物致知之功,乃聖賢經典之深究,而陽明則更強調知行之合一,如焦竑所言者"口說不濟事,要須實踐"。此外,如焦循(1763—1820)曾言,朱子之學"所以教天下之君子",

---

① 《與李卓吾》之六,《耿天台先生文集》卷四,第 458 頁。
② 《與焦弱侯》之四,《耿天台先生文集》卷三,第 295—296 頁。
③ 《繹異》,《耿天台先生文集》卷十,第 1091—1116 頁;《大事譯》收於卷八,第 859—877 頁。

而陽明之學則乃"教天下之小人"①,教天下君子,固然必要强調知識學問之涵養,但教天下小人,卻必要肯定"縱不讀書,童心固自在也"。然而,程朱理學雖强調知識學問,但其獨尊德性的態度,無形中卻貶抑了其他學問之價值,故其與主盟文壇之東坡(蜀黨)有争,與陳亮等事功派有辯,且亦嚴斥佛、老之學;陽明心學則不然,如上已申發耿、李、焦竑之學,無論個人的學術旨趣或同或異,在"尊德性"的前提下,卻可同尊佛道,且給予不同知識學問同等的尊重,以及自由發展的空間。

如陽明曰:"學校之中,唯以成德爲事;而才能之異,或有長於禮樂,長於政教,長於水土播植者,則就其成德,而因使益精其能於學校之中。"②"唯以成德爲事",便是教育唯一具有"普遍性"的目標,由此目標而來的"問學",固然亦重視經典閱讀,以熟習聖賢教誨,但若能切實踐履,則"雖曰未學,吾必謂之學矣"③。至於"成德"(即焦竑之"復性")之學以外的知識技能,則皆量才而使,以求適性適所,一則不必求其全備,二則不必判其高下尊卑,不論禮樂、政教或水土播植,皆有同等價值。真知自我生命不假外求的價值,任何人只要能力所及,自然會不斷向上提升、擴展其學,但這些個人的才智表現,即使成就非凡,亦不足以爲價值判準,以此驕人或責人。如焦竑之博雅,固"無所往而不爲學",不自限於義理、詞章或考據,但其論學之目標,則仍在於"盡性至命"而已;此外,若才不及此、志不在此,則置而不學,亦不減損個人之價值,然而對於他人不同的學術表現,亦當能衷心欣賞、讚歎他人之才智過我,此即耿定向之胸襟,而亦是李贄每每以"破執"説工夫所期許學者當有之修養。因此,若曰李贄鼓倡狂禪而有束書不觀者,實乃缺乏真志真學者之捕風捉影而誤導天下,而真知其學術者,若焦竑,則必推尊之無所不至,若耿定向,則必兩舍而兩從。

結　　語

以上申述焦竑思想之特色,並與其恩師耿定向及其摯友李贄之學術合併而觀,可知在名教與真機、下學與上達、自律與自由,及道器有無之辯證等,耿定向與李贄雖有其不同之偏重,然皆洞澈陽明"心即理"之本旨,二人歷經長年辯諍終能兩舍兩從,實印證其下學與上達一貫之旨。而焦竑處二者之間,始終既尊仰其師,亦推重其友,非因情感之兩難或思想之矛盾,而正因其學術,確實得以兼攝二者之長。仔細尋繹其學之理路,既承其師看重下學之篤行、名教之踐履與道德之自律,而又能澈悟李贄所言真機之本與上達之理,故以宏闊之胸襟同尊佛道,並強調若學有真志,則儒釋不必辨,皆當任學者自由傳播,自由擇取。其名教真機之一貫,即

---

① [明]焦循《良知論》,《雕菰集》卷八,臺北鼎文書局 1977 年版,第 123 頁。
② 《答顧東橋書》,《傳習錄》卷中,陳榮捷《王陽明傳習錄詳註集評》,第 195 頁。
③ 借《論語·學而》第 7 章,子夏語。

陽明之心即理，固以德性爲獨尊，然而其問學非但不因此而狹隘，反而可以以更開放的態度使不同學術皆有平等的地位。因此其所謂學之内容乃更加多元，不僅是儒釋道三教，心性義理之學，或是詞章、考據之學，乃至禮樂、政教、水土播植等實學，甚至是"作生意者但說生意"等百姓日用，要能尊德性，則可謂"無所往而不爲性，故無所往而不爲學也"。而相較於耿定向主要在於思想之平等與包容，李贄則除了觀念之開放前衛外，其著作從《藏書》之史論到戲曲小説之批點，已可見其讀書之廣博，而焦竑乃更有以進之。他以過人的才智、廣泛的興趣與扎實的學力，不論在文學、經史、目錄、及古音學的研究方面，皆留下豐碩的成果，且開清代考證風氣之先，可説正以其生命實踐，否定了一般人以爲"尊德性"便將忽略"道問學"之迷思。若知其尊重下層民衆之"不讀書"，並非主張"束書不觀"，則知其既尊德性又道問學非但不矛盾，且乃一以貫之。只可惜因泰州之平等精神無形中打破封建階級之懸隔，而其吸納佛、道二家之空、無智慧，打破名教執著之説，更被誤以爲狂肆，故明清兩代無法瞭解其説之精藴。故本文反復申説，但願能重新詮解並發揚耿定向、李贄、焦竑，乃至整套陽明心學、宋明理學思想之精神，及其超越時代之價值所在。

[作者簡介] 袁光儀(1970—   )，女，祖籍江西雩都，臺灣屏東人。臺灣師範大學文學博士，現任臺北大學中國文學系教授。研究領域爲宋明理學，著有《晚明之儒家道德哲學與世俗道德範例研究——劉蕺山〈人譜〉與〈了凡四訓〉、〈菜根譚〉之比較》《李卓吾新論》《異端的儒學：李贄〈九正易因〉闡論》《彼我同爲聖賢——耿定向與李卓吾之學術論爭新探》。

由樸學轉向義理*

——章太炎諸子學思想演變的考察

黄燕强

内容提要 20世紀初,受東漸之西方哲學的衝擊,中國學者重新定義諸子學的知識性質,提出"子學即哲學"的命題,諸子學的研究方法也由樸學考據轉向詮釋義理。這種"義理的轉折"標誌着諸子學的現代轉型。章太炎是促成這一轉型運動的代表性學者,他早年謹守樸學,以"實事求是之法讀子",1906年東渡日本而撰寫《諸子學略説》後,主張用哲學解釋方法來治主觀之子學,從而與用樸學方法研究客觀之經學相區别。本文考察章太炎諸子學思想如何從樸學轉向義理,通過對一個時代的代表性學者之子學思想的整體性回顧,藉以展示20世紀初諸子學研究之知識轉型的歷史脈絡。

關鍵詞 章太炎　諸子學　樸學　義理
中圖分類號 B2

　　清儒治子學的方法有兩種,即考據與義理①。乾嘉以降,經典考據學流行,漢學家或"於大道不敢承",乃潛心於典籍的整理、校勘、注疏、輯佚等,故其"以子證經"和"以子釋經"的方法,亦局限於文字、音韻的考據範疇。晚清俞樾、孫詒讓等,雖用全副精神來發明諸子學,但始終是"以經學家實事求是之法讀子"②,持守經子爲源流關係的觀念,以六經爲諸子的本源,尚未從知識性質上區别經學與子學,使子學擺脱附庸的地位而獨立,故子學的研究只在考據,甚少

---

* 本文係國家社科青年課題"近代諸子學與經學關係研究"(17CZX034)階段性成果。
① 乾嘉陽湖派的惲敬、張惠言主張以諸子百家之文救後世文集、辭章之弊,然研究諸子文章者不多,章太炎也鮮有論及,故"辭章"方面,略而不論。
② 張之洞《輶軒語》,趙德馨《張之洞全集》第十二册,武漢出版社2008年版,第202頁。

關心其義理①。20世紀初,受東漸之西方哲學的衝擊,中國學者重新定義了子學的知識性質,提出"子學即哲學(義理學)"的命題,比較"六經皆史"、"經學即史學"的説法,把主觀之子學與客觀之經學區判開來,子學研究也由實證之考據而轉向義理的詮釋。筆者稱此爲"義理的轉向",這標誌着諸子學的現代轉型。

章太炎是促成這一轉型運動的代表性學者之一,因章氏較早地提出"子學即哲學"的命題,而與"經學即史學"説相對應,主張用哲學詮釋法來發明子學義理。故從宏觀視角看,章太炎諸子學思想可分爲三期,我們嘗試用樸學、義理與經典重建等三個主題,來概括章氏在不同時期對諸子學知識性質與研究方法的側重點,並將其表述爲"樸學的向度"、"義理的轉向"和"經典的重建"。每一期的時間斷限是以章太炎發表的具有轉折性意義的諸子學研究著作爲標誌,如以1906年的《諸子學略説》釐分第一、二期,又以1914年的《菿漢微言》釐分第二、三期。只是,限於文章的篇幅,關於章太炎回歸原典而建構的"四玄"經典系統及其思想,暫時不作研究,本文主要從方法論角度,以樸學考證和義理詮釋來考察章氏早期諸子學思想的演變,並通過回顧一個時代的代表性學者之諸子學思想,藉以展示20世紀初諸子學研究之轉型的歷史脈絡。

---

① 姜亮夫《諸子古微》云:"輓近理三代諸子之學者,揚榷論之,約得二派:盧文弨、畢沅、王念孫父子、孫詒讓、郭慶藩、陶澍、郭嵩燾、劉師培,一本訓詁校勘之法,正是僞誤,雖其功只於字句之間,實多不刊之論。此其一也。自休甯戴君《原善》《孟子字義疏證》出,九合證驗,比類達義,不失爲漢師家法。又爲一派。守其藩籬者,如阮元、黃以周已稍有漫衍之辭;汪中、李慈銘、姚鼐、惲敬、龔自珍漸多支離,然其佳者,亦頗啓人思理。章學誠獨能料理百家,求其午互蕩摩之迹,然其學淺。夏曾佑方法似東原,穎鋭過實齋,平正過瑟人,然偏蔽於墨而不自覺。是二家者,實資於戴君而稍異其流。其有取於戴君,而能條達終始,觸類傍通者,惟餘杭章先生一人。"(姜亮夫《姜亮夫全集》第二十册,雲南人民出版社2002年版,第381頁)姜氏所分二派,前者指考據,後者略近於義理。不過,他對人物的學派歸類不大準確,如陶澍、郭嵩燾並不研究子學;劉師培前期子學著述稱"補釋",除文字的考訂校補外,也注重子學義理的闡釋;劉氏又曾計劃撰寫《周末學術史》,書雖未成,然據其《周末學術史序》所呈現的架構看,此書將先秦學術分爲心理學、倫理學、論理學、社會學、宗教學、哲理學等16個門類,凡此皆屬義理範疇。另如戴震《原善》《疏證》等誠屬義理之書,然戴震也是考據學鉅子,不得簡單地劃歸義理一派;且戴震的研究限於經學,雖其中也雜糅子部中儒家類之荀學,但於道、墨、法等子學則以經學正統的姿態而斥爲"異端"。再者,姜氏説阮、黃漫衍,汪、李等支離,而觀諸人的子學研究,似無如是弊病,不知姜氏所指爲何。姜氏又説章學誠"能料理百家",然章氏平生所學在文史,不在諸子,對子學也論述未多,何謂"能料理百家"?姜氏譏章學誠"學淺",是指其子學,抑或指其文史之學?若爲前者,章氏本無意於子學,誠難免粗淺;若爲後者,則姜氏之言有失公允。夏曾佑的研究重點在經學和史學,諸子學甚少留心,姜氏説他偏蔽於墨,則讓人費解。至於姜氏説章太炎綜合二家之所長,應指其諸子學研究兼具考據與義理,此則爲知言。

一、思想的分期

章太炎說："所謂諸子學者,非專限於周秦,後代諸家,亦得列入,而必以周秦爲主。"①《七略》"諸子略"根據"以類相從"的原則,將周秦諸子分爲九流十家。後來的目録書因要"遷就"四部分類制,乃"驅龍蛇而放之菹"(章學誠語),使子部成了不倫不類的堆垛。章太炎曾批評這一學術現象,讚同《七略》"諸子略"釐定的類目範疇②,故爲明確知識對象,本文研究其諸子學思想時,謹以周秦爲限。

從早期的《膏蘭室札記》到中期的《諸子學略説》,再到後期的《菿漢微言》,章太炎終生講論諸子學。這前後之間有一貫之道而守之不易者,也有因應時義而轉變解釋理念者。就其變化而言,學者或根據諸子流派來劃分章太炎在不同時期的研究重點與思想傾向,因有早期的"儒法並重"、中期的"佛道融通"和後期的"儒道互補"等説法。羅檢秋便以這種方式而將章太炎諸子學思想分作三段,第一階段是從戊戌之際到1903年繫獄西牢的儒法並重時期,第二階段是從1903年入獄到1913年秋被袁世凱軟禁的佛道並重、揚莊抑儒時期,第三階段是從1913年秋被袁世凱軟禁到晚年的回歸經學、儒道互補時期③。這種觀點不大準確,因儒家、道家和法家等是全稱名詞,指稱與之對應的全部思想學説,而章太炎通常並不整體性地認同某家學派,如他對儒家的荀學與思孟學是區別對待的。故以家派作爲章氏諸子學思想的分期,未免失之簡單而容易造成誤解。

僅就羅氏的説法來看,其中可商榷者有:首先,每一期的時間斷限應以某部具有轉折性意義代表作之發表爲標誌,而非以"繫獄"、"軟禁"等政治事件爲準,因後者並不能展示章太炎諸子學思想的變化。其二,既以著作爲標誌,則第一與第二階段的時間斷限應以1906年發表的《諸子學略説》爲準,第二與第三階段的時間斷限則以《檢論》的增訂和《菿漢微言》的發表爲準。其三,凡"儒法並重"、"佛道並重"、"儒道互補"等斷語,僅概述每一期思想的側重點,不能反映此期思想的整體性面貌。如第一階段的特徵雖是儒法並重,但更重要的是,章太炎反對尊儒,主張經子平等,且以西方的自然科學與社會科學知識解釋諸子學。第二階段雖是佛道並重,但也表彰荀子和韓非,既未完全鄙薄儒學,對法家也始終讚賞。説第三階段是"儒道互補",更不符合實情,讀《菿漢微言》便知章太炎旨在融通儒釋道,兼采西學。其四,"儒家"、"道家"、"法家"、"佛家"等指稱一種知識門類,每一類均包含諸多不同的學説或流派,然後又指向不同的家法或師法,如儒家有孟荀之别,有漢宋之别,漢學有古文經學與今文經學之别,宋學中又有程朱與陸王之别,如此等等,道家、佛家皆然。説章太炎某一期注重某一家,這是很籠

---

① 章太炎《諸子學略説》,廣西師範大學出版社2010年版,第1頁。
② 章太炎《論諸子的大概》,章念馳《章太炎演講集》,上海人民出版社2011年版,第87—89頁。
③ 羅檢秋《近代諸子學與文化思潮》,中國社會科學出版社1998年版,第145—166頁。

統的概述,如説第一階段是"儒法並重",然章氏早年卻批評思孟與宋學,這就與"重儒"不相符。可見,每一家思想的大傳統中包含多元的小傳統,章太炎對某些小傳統的態度是有尊有抑,這需要細緻地分疏,不能簡單地説他尊崇某一家或貶抑某一家。其五,説章太炎在 1913 年後回歸經學,是受激進主義者批評章氏守舊之説的影響,讀《菿漢三言》便知此説不確。因 1914 年的《微言》、1925 年的《昌言》及 1936 年的《雅言札記》(統稱《菿漢三言》)發明諸子學者頗多,如何能夠以"回歸經學"一語而完全遮蔽之。況且,章太炎晚年倡導"讀經",與其"六經皆史"的觀念相關,讀經書猶讀史書,其意在保存經典和激動種性。再者,他雖宣講《孝經》《大學》《儒行》和《喪服》等儒書的大義,也旌揚諸子學、史學、集學和小學等知識,傳統經學(主要是古文經學)不過是他所宣揚的國學之一部分而已。若用"回歸經學"來排遣其餘學問,必然與章氏思想之情實相違。

由此可見,以家派作爲章太炎諸子學思想分期的標準,是有問題而不恰當的。另外,張志强圍繞"真"的軸心之發端與"真"的原理之成熟,將章太炎的思想遷變之迹,劃分爲三個時期。第一時期是"囚繫上海"之前的階段,可稱之爲《訄書》的時代,也可稱之爲關心社會政俗的求"俗"階段。第二時期是經過囚繫獄中讀佛典的"回心"契機,"真"的追尋之發端和開展的階段,可稱之爲"轉俗成真"的時期。第三時期是以《齊物論釋》的完成爲標誌,這是其求"真"原理的最終完成,實現"回真向俗"的階段①。此説較爲圓融,但仍不瀅澈,因"真"與"俗"雖是章太炎思想前後變遷的重要標誌,但真與俗的所指及其具體内涵,學界向來衆説紛紜,難以確定。結合章太炎自述其思想演變之迹,我們嘗試從方法論的角度來劃分。他説:

少時治經,謹守樸學,所疏通證明,在文字器數之間;雖嘗博觀諸子,略識微言,亦隨順舊義耳。遭世衰微,不忘經國,尋求政術,歷覽前史,獨於荀卿、韓非所説,謂不可易。自餘閎眇之旨,未暇深察;繼閲佛藏,涉獵《華嚴》《法華》《涅槃》諸經,義解漸深,卒未窺其究竟。及囚繫上海,三歲不覿,專修慈氏世親之書。此一術也,以分析名相始,以排遣名相終。從入之塗,與平生樸學相似,易於契機;解此以還,乃達大乘深趣。私謂釋迦玄言,出過晚周諸子,不可計數;程朱以下,尤不足論。

既出獄,東走日本,盡瘁光復之業。執掌餘閑,旁覽彼土所譯希臘、德意志哲人之書。時有概述鄔波尼沙陀及吠檀多哲學者,言不能詳,因從印度學士咨問。……卻後爲諸生説《莊子》,間以郭義敷釋,多不愜心,旦夕比度,遂有所得,端居深觀,而釋《齊物》,乃與《瑜伽》《華嚴》相會。所謂摩尼見光,隨見異色,因陀帝網,攝入無礙,獨有莊生明之,而今始探其妙,千載之秘,睹於一曙。次及荀卿、墨翟,莫不抽其微言;以爲仲尼之功,賢於堯舜,其玄遠終不敢望老莊矣。

---

① 張志强《"操齊物以解紛,明天倪以爲量"——論章太炎"齊物"哲學的形成及其意趣》,《中國哲學史》2012 年第 3 期。

　　　　癸甲之際，厄於龍泉，始玩爻象，重籀《論語》，明作《易》之憂患，在於生生，生道濟生，而生終不可濟，飲食興訟，旋復無窮。故唯文王爲知憂患，唯孔子爲知文王，《論語》所説，理關盛衰，趙普稱半部治天下，非盡唐大無諗（一作驗）之談。又以莊證孔，而耳順、絶四之指，居然可明，知其階位卓絶，誠非功濟生民而已。至於程朱陸王諸儒，終未足以厭望。頃來重繹莊書，眇覽《齊物》，芒刃不頓，而節族有間。凡古近政俗之消息，社會都野之情狀，華梵聖哲之義諦，東西學人之所説，拘者執箸而鮮通，短者執中而居間，卒之魯莽滅裂，而調和之效，終未可睹。……余則操齊物以解紛，明天倪以爲量，割制大理，莫不孫順。程朱陸王之儔，蓋與王弼、蔡謨、孫綽、李充伯仲。今若窺其内心，通其名相，雖不見全象，而謂其所見之非象，則過矣。……自揣生平學術，始則轉俗成真，終乃回真向俗，世固有見諦轉勝者哉。①

在此，章太炎隱然地將其諸子學思想劃分爲三期。第一期，從 1891 年入讀詁經精舍著《膏蘭室札記》至 1906 年東渡日本撰《諸子學略説》前。這時，他和俞樾、孫詒讓等人一樣，還"謹守樸學"。在上海囚室内修讀佛經，尚且説佛學"與平生樸學相似"，所謂周秦諸子學不及"釋迦玄言"者，指諸子的論理方法不如佛學那般地注重邏輯而精準、確定，與樸學、佛學的實證精神未相契。由此，章太炎並未完全跳出樸學的境域，他謹守樸學來治經，也應用樸學來治子，僅"略識微言，隨順舊義"，疏通考證子書的文字器數而已，於諸子義理猶未在意，故暫且將此一期稱作"樸學的向度"。

　　第二期，從 1906 年東渡日本撰《諸子學略説》至 1914 年增修《檢論》前。這時，章太炎突破樸學方法論與知識論的界域，在與佛學、西方哲學的相互格義中，認識到諸子學的義理内涵，乃對經學與子學的知識性質作出明晰的界定，提出"經學即史學"和"子學即哲學"的命題，主張用樸學實證方法來治客觀之經學，用哲學解釋方法來治主觀之子學。因子學中能與佛學、西哲相抗者唯莊學，故章氏撰《莊子解詁》《齊物論釋》，前者仍是考訂字音，後者乃以佛學、西哲解釋莊子，發揮莊子的"一往平等"之説，希望"用國粹激動種性，增進愛國的熱腸"，實現傳統學術思想的現代性轉型。此一期，章氏的"次及荀卿、墨翟，莫不抽其微言"正好與第一期的"略識微言"相對，表現出由樸學轉向義理的特點，故暫且稱之爲"義理的轉向"②。

---

① 章太炎《菿漢微言》，章太炎著、虞雲國校點《菿漢三言》，上海書店 2011 年版，第 71—72 頁。
② 章太炎説："樸學稽之於古，而玄理驗之於心。"（吳承仕藏《章炳麟論學集》，北京師範大學出版社 1982 年版，第 348 頁）在他看來，樸學與玄理（義理）性質有別，他終生持守這種分際，又根據此分際來規定樸學與玄理的適用範疇，如經學爲稽古之學而用樸學方法，子學爲主觀之學而用義理方法。許壽裳説，章太炎是"以樸學立根基，以玄學致廣大"（許壽裳《章炳麟傳》，東方出版社 2009 年版，第 4 頁），有學者就用樸學與玄學把章氏的哲學思想歸納爲兩條主脈，這些説法源自章太炎的學術自述。我們將其諸子學思想劃分爲"樸學的向度"和"義理的轉向"，根據也在此。

第三期是"經典的重建",從 1914 年增修《檢論》和演述《菿漢微言》至晚年。這時,章太炎從玄妙淵奥的思辨哲學回歸切於人心人事的道德哲學,即"回真向俗"。他此前説孔子思想的"玄遠終不敢望老莊",現在則認爲玄遠高妙之學過於思辨而疏於人事,孔子思想比老莊之學更有法度可尋,因而詮釋《周易》《論語》的義理。但這不意味着要否定老莊,章太炎也像段玉裁、龔自珍那般地"回歸原典",意圖建構新的經書系統和經學範式,以紓解近代中國的文化、思想與意識之危機。故章氏提出"域中四聖"的構想,"四聖"指文王、孔子、老子和莊子,他們所代表的著作:《周易》《論語》《老子》和《莊子》乃結合成一個新的經書系統,並"以莊證孔"、以佛學詮解"四玄",發明"無我"、"忠恕"、"克己"與"絶四"的義旨,把"古近政俗之消息,社會都野之情狀,華梵聖哲之義諦,東西學人之所説"溝通融會而調和之,進而促成中國傳統文化的現代性轉型。章氏晚年講論的《諸子略説》,就在發揮"四玄"義理,四玄學成爲其諸子學思想之核心。

　　以上是從方法論的角度,以樸學、義理與經典重建等三大主題來概括章太炎諸子學思想在不同時期的思想重點與特徵。要説明的是,我們不是要全面地考察章氏的諸子學思想,而是關注其諸子學研究如何從樸學考證轉向義理詮釋,故"經典的重建"及其"四玄學"不在論述範圍①。

二、樸學的向度

　　清代學術具有濃厚的地域性特徵,章學誠説:"浙東貴專家,浙西尚博雅。"②乾嘉的浙西學者崇尚知性精神,所謂"尚博雅"乃如蕭萐父、許蘇民的解釋,反映了浙西學術由"程朱派傳統的以'道問學'爲體驗'天理'之途徑的治學方法通過考據學的發展而成爲純粹的求知方法"③。晚清學界,漢學、宋學趨向調和,然浙西的博雅學風猶存,杭州西湖的詁經精舍仍持守樸學傳統。阮元創辦精舍時,建立許慎、鄭玄從祀制度,其意旨分明是要以許鄭的漢學學統來奪程朱宋學道統之席尊,故精舍推崇樸學,義理則等而次之。章太炎是在這樣的學術環境中成長起來的,他崇尚樸學的求真精神,但又不願局限於文字考訂的境域,意在發明古書的義理,這種樸學明而後求之義理的治學旨趣,在章氏諸子學思想中可以尋得其演變之迹。

　　1891 年,章太炎入讀杭州詁經精舍,師事俞樾,在"言稽古之學"④的考據氛圍中學習和生

---

① 關於章太炎的"四玄"經典系統及其四玄學,參見拙文《"四玄":章太炎的新經學構想》,《文史哲》2018 年第 2 期。
② [清]章學誠撰、葉瑛校注《文史通義校注》卷五《浙東學術》,中華書局 1985 年版,第 523 頁。
③ 蕭萐父、許蘇民《明清啓蒙學術流變》,遼寧人民出版社 1995 年版,第 652 頁。
④ 章太炎《謝本師》,作於 1901 年,刊於《民報》第 9 號,1906 年。

活達八年之久。俞樾撰有《諸子平議》,用樸學發明子書的古言古義。受其影響,章太炎也對諸子學萌生興趣。在精舍研讀時,他所選修和研究的課業,除了古文經書外,便是周秦兩漢的子書,現存《膏蘭室札記》(以下簡稱《札記》)收錄了他校釋經書、子書的成果(約撰於1891年至1893年間,或晚至1894年)。通書爲考釋駁論性的著作,共四百七十四條,考辨儒家經書者,僅八十餘條,而考釋諸子書者,達三百五十餘條。其中以考釋《管子》者最多,共一百一十五條;考釋《墨子》者次之,共四十一條。其餘如考釋《吕氏春秋》二十八條,《淮南子》二十八條,《韓非子》二十六條,《列子》十五條,《晏子春秋》十二條,《莊子》九條,《荀子》八條。此外還有考釋《商君書》《尸子》《新序》《論衡》《法言》《申鑒》《文子》等若干條。其餘各條考釋史書、韻書與緯書①。章太炎說"少時治經,謹守樸學",他青年時"博觀諸子",同樣謹守樸學,"以經學家實事求是之法讀子"而求之文字音韻的訓釋,故《札記》屬考據之作,儼然爲章氏的"諸子平議"。

　　章太炎曾說,"子以管、墨爲最要"②,《札記》考釋《管子》《墨子》者共一百五十六條,占子書考釋總數的近一半之多,反映了章氏早期子學思想的偏向。此中緣由,因管、墨書中論聲、光、電、化、官制、公法、商務等格致學頗多,與西方的科學、政治、經濟等知識相似,可回應西學的衝擊,藉以提倡經世的器物之學。晚清的洋務派和維新派正是從周秦子學與西方科學的相互格義中,一面表彰子學的實用價值,一面體認西學的知識内涵。章太炎的《札記》"以管、墨爲最要",正表明他以樸學治子學的同時,又通過樸學方法將子學與西學相格義,這與晚清流行的"西學中源"說基本一致。他旅居臺灣時(1898—1899年間),曾將《札記》中疏證《莊子·天下》及淮南子》的《俶真訓》《天文訓》《墜形訓》《覽冥訓》等條目,以《東方格致》爲名,陸續發表於《臺灣日日新報》③,便透露了他治子學不僅要回應西學,且在"求是"之樸學方法的應用中,蘊含經世的理想,希望以諸子學致用。

　　因《札記》謹守樸學,又雜糅西學,書中應用西方的天體物理學、生物進化學、細胞學、元素學、地質學、數學、化學等自然科學知識來解釋諸子學,這樣的比較有合理者,也有牽強處。周秦諸子學與西方科技之學終究隔着一層,如《歷物疏證》《附辯者與惠施相應光學三條》等皆屬緣附之類。他後來自評道:"行篋中亦有《札記》數册。往者少年氣盛,立說好異前人,由今觀之,多穿鑿失本意,大氐十得其五耳。"④這是自謙,然"穿鑿失本意"的自我批評,未嘗不是公允之言。不過,異質文化的相遇伊始,總免不了一個緣附的認識過程,以消除彼此間的陌生感而增進認同感,尋找雙方的同質性。章太炎及其同時代學者的緣附行爲,至少表明他們願意選擇性地接受西學,且有心恢復周秦的諸子學傳統,儘管他們仍用道器體用的理論程式來判分

---

① 姜義華《章太炎思想研究》,中國人民大學出版社2009年版,第12—13頁。
② 章太炎《興浙會章程》,載《經世報》第3册,1897年。
③ 熊月之《早年的章太炎與西方格致之學》,《史林》1986年第2期。
④ 章太炎《再與人論國學書》,載《國粹學報》丁未第12號(1908年1月23日)。

經學之與子學、西學的關係。但道與器、體與用在一定條件下會相互地轉換,即諸子學可能由器用之學轉變爲確定性之道體,其研究方法也將由樸學考證轉向義理詮釋。章太炎後來的諸子學思想印證了這種變化。

前引章太炎自述學術次第,有"略識微言,隨順舊義"一語,其《訄書》初刻本(1900年)便是"隨順舊義"之作。與《札記》的"以管墨爲最要"不同,《訄書》初刻本的一大特點是"尊荀"和"崇法"。章太炎説,唯有"荀子入聖域",是"仲尼後一人",故"持衡諸子,舍蘭陵其誰哉"①?這與自述所云"遭世衰微,不忘經國,尋求政術,歷覽前史,獨於荀卿、韓非所説,謂不可易",正相呼應。章太炎尊荀而以荀學爲諸子思想價值之衡準的宗旨貫徹於《訄書》初刻本中。此書結構首居《尊荀》篇,稱荀子的"法後王"指效法素王孔子《春秋》的新法或新王制度,荀子是孔子之後的第一人,承孔學之正統;末殿《獨聖》,重叙荀子"法後王"説,尊孔子爲"後王",荀子所傳六經是後王的"新法",故荀子屬諸子百家中的"獨聖"。初刻本的《明群》《明獨》等篇,皆在闡釋荀學大義、轉化荀學思想。

另如《喻侈靡》《商鞅》《正葛》《刑官》《定律》等篇,肯定管、商、韓的思想價值,印證了自述的"於韓非所説,謂不可易"。這幾篇在《訄書》重訂本和《檢論》中以不同的次序和名目出現,文字略有增删,内容無大變化,説明章太炎對法家思想始終持認同態度。但對章太炎而言,法家只是一種實用性的學説,而非精神性的信仰和生命道德的歸宿。其餘如《儒墨》《儒道》《儒法》《儒俠》《儒兵》等篇,主張儒與墨、道、法、俠、兵平等。這些篇章舉證的諸子義理,大多爲人們所常稱道者,如墨家的非樂、節葬,老子的清静、無爲,法家的刑賞、律令,俠者的矜節、任氣,兵家的治氣、運智,章太炎對此並無深奥微妙的詮釋,不過"隨順舊義耳"。

然"隨順舊義"而注意到子學義理,這在一定程度上突破了《札記》的純粹考據,而所隨順的舊義中也有一些"新義",如章太炎的"尊荀"。編《訄書》前,章氏撰有《子思孟軻五行説》《儒術真論》,前者批評子思以金木水火土等五行傅會人事,開啓燕齊怪迂之士的神奇誕妄之説;後者表彰儒家的無神論,批評墨家和五行家的神鬼運命之説。中國的無神論傳統相當悠遠,章太炎表其爲儒學之本真,誠然合理。章氏的論證不限於此,如《視天論》所述,他超越傳統的無神論,應用近代的天體運行原理來説明宇宙中太陽、恒星、地球等天體運動的物理性質,用物質性與無限性的宇宙論批判了傳統的天道性命觀,這既否定了迷信的有神論,也動摇了思孟學與宋明理學的先天太極説,賦予荀子的"天人相分"説以現代性内涵。所以,當章太炎解釋《荀子·儒效》的"道者,非天之道,非地之道,人之所以道也,君子之所道也"時,他講的"天道"、"地道",已揚棄了道德性和先驗性的特質,而完全是科學性與物質性的。當他應用西方的議院制來解釋荀子的"群學"時,已由自然科學之域擴展到近代政治學與社會學的基本問題。嚴復説:"夫唯此數學者明,而後有以事群學,群學治,而後能修齊治平,用以持世保民以

---

① 章太炎《興浙會章程》,載《經世報》第3册,1897年。

日進於郅治馨香之極盛也！"①章太炎所以特别重視荀子的群學，其目的和嚴復一般，要用群學來達致修齊治平的政治理想。這種由格致學的工具價值轉而提倡諸子的觀念、範疇與思維方式的理性價值，是從工具領域與價值層面的二重維度來論證子學的實用性，是與經學家講"通經致用"相對的"通子致用"觀，故"舊義"中顯露了"新義"。

《訄書》重訂本對諸子學的認識大致延續初刻本的説法，然重訂本摒棄今文家言而崇尚"六經皆史"説，將經學的知識性質界定爲客觀之史學，如《清儒》《尊史》等篇皆發明此義。1906 年，章太炎將子學的知識性質定義爲主觀之義理，與客觀之經學相對，説明他和乾嘉學者一般，結合經子關係的命題來思考經子之學的現代性。雖然，重訂本消解了經書的形而上道體，提出"經學即史學"觀，但章氏尚未比較此説，進而揭櫫"子學即義理學"的命題。章太炎超越器技之學與樸學的方法論，轉向形而上的維度來認識子學的性質，乃由佛學與西學的啓示。

1903 年，章太炎因"蘇報案"繫獄西牢，興趣轉向佛學，如自述云："及囚繫上海，三歲不覿，專修慈氏世親之書。"此前，章氏受夏曾佑、宋恕的影響，曾涉略《涅槃》《維摩詰》《起信論》《華嚴》《法華》等佛經，對佛學漸有瞭解，但無所專精。囚繫上海三年，他繹讀《瑜伽師地論》《因明論》《唯識論》等，通達大乘要旨，以爲佛家哲理超出周秦諸子不可計數，宋明理學更不足論。興趣的轉向、評價的改觀及身陷囹圄的困境，使章太炎在此三年間無意、也無條件撰文討論諸子學。但他既説佛家的玄言出過晚周諸子，這種比較基於對佛學與子學的同質性之認識。換言之，章太炎從玄學或哲學的角度來定義佛學，他同樣以玄學或哲學來界定子學的性質。但他此時自謂"略識"諸子的微言大義，乃説子學不如佛學玄遠，後來體悟深切則説佛學不如子學之"切於人事"。不管怎樣，章太炎終究是從"以經學家實事求是之法讀子"的乾嘉樸學境域中跳脱出來，開始由形而下的器技學轉向形而上的義理學，以"義理"爲子學的"第一性"，以論技藝者爲子學的"第二性"，樸學成爲研治子學的最初門徑，非終極目的。

乾嘉樸學本來就不局限於名物考據的範疇。戴震説："經之至者，道也；所以明道者，其詞也；所以成詞者，字也。由字以通其詞，由詞以通其道，必有漸。"②文字訓釋的語言學方法非唯認字識音，或疏通句讀而已，也不停留於典章制度的考證，而是由字詞的訓釋來探究語言藴含的形而上的、普遍恒常的道體③。只是，對方法論的過分執著和確信，令形式化的方法上升爲本質性的目的，當乾嘉學者宣稱"吾治經，於大道不敢承，獨好小學"④時，經書的形上道體被有

---

① 嚴復《原強》，王栻《嚴復集》第一册，中華書局 1986 年版，第 7 頁。
② [清]戴震《與是仲明論學書》，《戴震全書》卷六，黄山書社 1995 年版，第 370 頁。
③ 吴根友《言、心、道——戴震語言哲學的形上學追求及其理論的開放性》，《哲學研究》2004 年第 11 期。
④ [清]龔自珍《工部尚書高郵王文簡公墓表銘》，[清]龔自珍著、王佩諍校《龔自珍全集》，上海古籍出版社 1975 年版，第 147 頁。

意地忽視了,樸學的形而上之維也被消解於材料之歸納或演繹的實證之域。阮元批評這樣的"但求名物,不論聖道"的學術實踐①,説文字訓詁是求聖人之道的門徑,樸學原有形而上的特質,考據家應將語言文字的解釋引向哲學的存在論問題,如其《性命古訓》所致思者。雖然樸學家"以子證經"的方法及其結果,往往將子書化約爲文獻材料,既不關心子學的義理,也沒有從材料的分析中,揭示經與子、經學與子學的内在聯繫。直至晚清俞樾、孫詒讓的諸子學研究,還是實證性的考據而已。

儘管如此,乾嘉學者畢竟爲樸學建構了形而上的理論,如道論,而文字、音韻、名物、制度的考釋是樸學通向形上道體的基礎②。熟悉樸學之内在學理的章太炎就説:"蓋小學者,國故之本,王教之端,上以推校先典,下以宜民便俗,豈專引筆劃篆、繳繞文字而已。"③用小學(樸學)校讎經典的目的,是在闡明經典的教義,然後用來引導民衆的生活實踐,求其有益於世道人心之秩序的和諧。樸學含有形而上之道與形而下之器的二重維度,故章太炎批評那種"引筆劃篆、繳繞文字"的研究是"自絶大道",將治學目的與道體相疏離,且消解了樸學的形上之質。民國的科學方法就是如此,胡適把消解了形而上學的科學方法與乾嘉追求形上道體的樸學相等同,這裏有很大的誤解。章太炎説胡適的子學研究僅停留在"最初門徑",也是批評胡適不理解樸學的形上之質。帶着這種樸學理論來研治諸子學,章太炎當然不會停留在考證子書的文字、音韻之層面而"於大道不敢承",也不會局促於名物、技藝、制度等格致學的境域而把子學工具化,在樸學的向度内,其諸子學思想已然藴含致用與求道的意向,《膏蘭室札記》《訄書》(初刻本、重訂本)都呈現了這一學術旨趣的端倪,展示了對價值與信仰的關懷。故近代諸子學研究由考據轉向義理,既有佛學的啓示,還有西學的衝擊,但也是樸學的形上之維的合理延伸。

概括言之,章太炎以樸學治子學的方法確與乾嘉及晚清學者相同,但和那種"以子證經"而限於材料學閾域的宗旨異趣,章氏懷着"不忘經國"的理想從諸子學中"尋求政術",求其致用之功效。這時,章太炎多少還以道器體用的理論程式來分別經子,視經學爲道體而子學爲器用,但他也承續章學誠"即器明道"的觀念,打破道器的固定程式,相信道與器非必然地對立,二者可相互地轉化,指稱器技的子學也會引起道體的變化,即在經學道體中融入子學内容,乃至由器而轉化爲道。章太炎逐漸地由樸學轉向義理來解釋諸子,就顯示了諸子學的性質已由器轉變爲道。

---

① [清]阮元《揅經室一集》卷二《擬國史儒林傳序》,《清代詩文集彙編》第477册,上海古籍出版社2010年版,第23頁。
② 關於乾嘉道論思想,參見吳根友、孫邦金等著《戴震、乾嘉學術與中國文化》中册,福建教育出版社2015年版。
③ 章太炎《國故論衡》上卷《小學略説》,商務印書館2010年版,第6頁。

三、義理的轉向

1905年,劉師培撰《周末學術史序》説:"近世巨儒稍稍治子書,大抵明詁故,掇拾叢殘,乃諸子之考證學而非諸子之義理學也。"①晚清俞樾、孫詒讓等都以樸學治子學,章太炎、劉師培早年也如此。然如前所論,章氏以樸學治子學的意旨,非唯明訓詁而已,也有形上學與價值論的關懷,即義理的維度。如劉師培此言所揭示的大概在1905年前後,諸子學研究由樸學轉向了義理,我們暫且稱之爲"義理的轉向",以表示一個具有一定普遍性與轉折性意義的學術現象。章太炎子學思想之"義理的轉向"也完成於此時,這是對樸學的超越,也是樸學形上之維的合理發展。

1906年6月29日,章太炎出獄,當晚登輪船赴日本,主筆《民報》,宣傳革命。他旋即成立國學講習會,印行《國學講習會略説》(1906年6月),收録《論語言文字之學》《論文學》和《論諸子學》等講義稿。《論諸子學》又刊於同年七月二十、八月二十日出版的《國粹學報》丙午第八、第九號,題名《諸子學略説》。文章不再以孔學或荀學來持衡諸子,相反的是,章氏開篇便批判古代尊孔、尊朱妨礙了思想的自由争鳴,致令中國學術陳陳相因,附會、汗漫而失其本初的真相。唯有周秦時代的諸子創學立説,没有互相援引攀附,而是持守自身的思想立場,與人往復辯論,不稍假借,"儒分爲八,墨離爲三"就是"古學之獨立"的表現。章太炎旌揚這樣的學術風尚,正因周秦諸子的獨立精神與自由、民主、平等的現代性學術精神相契,也是他説的"真新學者,未有不能與國學相契合者也"②。

接着,章太炎區别了經學與子學知識性質的異同。他説,經書是史書,經學是考證經書載録的歷史事迹與典章制度的學問,故經學是客觀之學,其目的不在尋求義理;子書與經書異趣,因諸子旨在探究宇宙真理、世界本體與心體性體等,故子學是主觀之學,其目的在尋求義理。此前,章太炎認爲經與子的知識性質相同,研究方法應一致,他用樸學治經學,也用樸學治子學,訓詁明而後求之義理,但那已是等而次之。現在,章氏明確表示,經與子、經學與子學的知識性質不同,故研究方法應有别,前者要實事求是地考證,後者乃進行哲學性的詮釋。這種由樸學轉向義理的現象,含有認識論與方法論的轉變,一定程度上反映了諸子學在20世紀初的知識轉型。

在《諸子學略説》一文中,章太炎主要是以道德倫理與經世致用的標準來品評諸子。他批評儒者"以富貴利禄爲心","道德不必求其是,理想亦不必求其是,唯期便於行事則可矣";老子膽怯而"不敢以權首自居。是故去力任智,以詐取人,使彼樂於從我";墨子的"貴儉非樂"不

---

① 劉師培《周末學術史序》,《劉申叔遺書》第14册,江蘇古籍出版社1997年版,第1—2頁。
② 章太炎《國學講習會序》,載《民報》第七號,1906年。

切於世用;陰陽家"言宗教以趨避爲禍福之標準";縱橫家"便辭利口,覆邦亂家",和儒家一樣湛心利祿;法家和儒家、縱橫家一般,"皆以仕宦榮利爲心",只是"法家持守稍嚴,臨事有效",即講究原則、周於世用;名家"詭辯繁辭",於世無用;雜家"漫羨無所歸心",其"謬行同異之舉",是亂國之道,必然致令學術衰微。諸子百家中,章氏唯一沒有批判莊子,且説莊子"其氣獨高,不憚抨彈前哲,憤奔走遊説之風",即是自由、獨立的道德情操。章氏還表揚墨家由宗教情懷而修持的道德境界"非孔、老所敢窺視也",又表揚荀卿、韓非與俗儒、酷吏的湛心利祿不同,稱二人的學説足以經世。這與章氏早期的"獨於荀卿、韓非所説,謂不可易"的見解相一致。另如農家的均地主義,小説家的道德教化,都有益於世道人心①。李澤厚説:"用所謂道德來衡量品評一切,是章非常突出的思想特徵。"②《諸子學略説》就是用道德來評價周秦諸子的學説與人格,其目的在於強調德性的責任與義務,引人走向德性的道路,"增進國民的道德"。

客觀地説,《諸子學略説》評論諸子的方式有失偏頗,於諸子義理也發明甚少,不算實事求是的學術文章,毋寧是革命宣傳之作。但正因如此,它對後來的新文化運動產生極大影響。如那時"非孔疑經,澈始澈終"的吳虞,就推崇道:"章炳麟《諸子學略説》攻孔子最有力。"且指責那些要把《略説》燒毁的人:"某氏收取章太炎《諸子學略説》,燼於一炬,而野蠻荒謬之能事極矣。"③這種影響非民國的章太炎所樂見,但在革命時期,政治立場傾向革命的他,與維新派分道對立,故其政治思想也與康有爲相左,因康氏要尊孔立教,章氏乃撰《駁康有爲論革命書》辯論,言辭間有指斥孔子與儒學。這是政治言論的宣傳策略,並非章太炎的真意。1922年,章氏致函柳詒徵就表示,從前的妄疑聖哲是"狂妄逆詐之論",只因"深惡長素孔教之説,遂至激而詆孔",是爲引導人們與康梁代表的"孔教"、"保皇"運動劃清界綫,但他是"深知孔子之道"而始終篤信孔子的古文經典的④。章太炎從1900年至1911年宣傳革命時的詆孔言論,皆應作如是理解,不可以此等政治話語來判斷他背棄了六經與經學。

自《諸子學略説》對經與子、經學與子學的知識性質作了區分,並以道德標準而將周秦諸子抑揚了一番後,章太炎因主編《民報》,宣傳革命思想,興趣轉向佛學,不再講論諸子學。直到1908年,應黄侃、錢玄同等邀請,章氏在東京民報社内和神田大成中學爲諸生講學,自4月4日至10月31日,達半年之長。章太炎先講《説文》,次講《莊子》,再講《楚辭》,最後講《爾雅》《廣雅》⑤,如自述所云:"而時諸生適請講説許書,……於是初爲《文始》。……卻後爲諸生説

---

① 章太炎《諸子學略説》,第1—24頁。
② 李澤厚《中國近代思想史論》,生活·讀書·新知·三聯書店2009年版,第411—412頁。
③ 吳虞《儒家諸子階級制度之害》,見《吳虞集》,四川人民出版社1985年版,第162頁。
④ 章太炎《致柳翼謀書》,馬勇《章太炎書信集》,河北人民出版社2003年版,第741頁。
⑤ 關於章太炎講學的時間和内容,參見湯志鈞《章太炎年譜長編(增訂本)》上册,中華書局2013年版,第167—170頁。

《莊子》。"《莊子》的講義稿結集爲《莊子解詁》(以下簡稱《解詁》),刊於 1909 年春的《國粹學報》①。這次講學,章太炎於周秦諸子中僅演論莊子②,因他在上海獄中誦讀佛經時,便以佛家玄理超出諸子甚遠,撰《諸子學略說》又對諸子皆有不滿,唯獨對莊子的道德與哲學則傾倒之至,因莊學與釋迦玄理相契。《解詁》首志:

  余念《莊子》疑義甚衆,會與諸生講習舊文,即以己意發正百數十事,亦或襍采諸家,音義大氐備矣。若夫九流繁會,各於其黨,命世哲人,莫若莊氏,消摇任萬物之各適,齊物得彼是之環樞,以視孔、墨,猶塵垢也;又況九淵、守仁之流,牽一理以宰萬類者哉。微言幼眇,别爲述義,非《解故》所具也。③

當章太炎以其所深契的佛學來觀照作爲義理之子學時,他認爲莊子深奧微妙的哲理非周秦其他諸子和陸王等可及。後來,當他"回真向俗"時,則又以爲佛學不如老莊之"切於人事",而老莊又不如孔子之"有法度可尋"。然《解詁》是以樸學治莊學,旨在訓釋文字的音義,義理則有待《齊物論釋》。

就在此年,章太炎撰成《齊物論釋》(初本),自評曰:"一字千金。"他在《序》中說:"體非形器,故自在而無對;理絶名言,故平等而咸適。"④自在(由)與平等是全書的綱領,故文章開篇即曰:"齊物者,一往平等之談。"⑤然則,《訄書》初刻本和重訂本有《平等難》篇,以爲"平非撥亂之要也","平等"並非當時中國所急需者,且平等之義與實中國自古有之。現在,平等與自由成了當務之急,而周秦諸子中唯有莊子能解平等、自由的真諦。這種理解上的前後差異,一者與時局的變化相關,一者因章氏愈加深入地體認自由、平等的義諦。撰《平等難》時,章太炎理解的"平等"主要指外在權利的一致;撰《齊物論釋》時,他是以真如本體之心來齊一切是非善惡而曰"平等"⑥。如他用"以佛解莊"的方法,說莊子的"喪我"就是要求人們破除我執、法執,去除幻我、名相,回歸到"真我",即主客不分、物我合一的圓成實自性的無我境界。在《菿漢微言》與《菿漢昌言》提出"四玄"體系時,他將莊子的"喪我"與孔子的克己、絶四融通爲"無我"之

---

① 見《國粹學報》己酉年第二、三、五、六、七、八、九、十一、十二號,收入《章氏叢書》(初編)。
② 這一年,章太炎撰有《論諸子的大概》(署名"獨角"),刊於《教育今語雜誌》第三册(1910 年 5 月 8 日)。文章討論子部的分類、淵源與流變,於諸子義理未有發明。
③ 章太炎《莊子解詁》,見《章太炎全集》(六),上海人民出版社 1986 年版,第 127 頁。
④ 章太炎《齊物論釋》,見《章太炎全集》(六),第 3 頁。
⑤ 章太炎《齊物論釋》,見《章太炎全集》(六),第 4 頁。
⑥ 章太炎《論佛法與宗教、哲學以及現實之關係》說:"大概世間法中,不過平等二字。莊子就唤作'齊物'。並不是說人類平等、衆生平等。要把善惡是非的見解,一切打破,才是平等。"(載《中國哲學》第六輯,生活·讀書·新知三聯書店 1981 年版,第 308 頁)如果說《平等難》是講人類、衆生平等,《齊物論釋》就是要打破善惡是非的封執。

旨,"無我"是實現齊物平等之論①。

然章太炎會通佛莊,不是要宣揚佛家的出世主義,甚至不是莊子的自然主義,究其實際,乃儒家的入世主義。1913年的《自述學術次第》表露了這一心迹,他説:"余既解《齊物》,於老氏亦能推明,佛法雖高,不應用於政治社會,此則唯待老莊也。儒家比之,邈焉不相逮矣。"②在章氏看來,老莊哲學比佛學和儒學更有助於解决當前社會與政治上的各種危機。這還是《國學講習會序》的"知國學者,未有能詆爲無用者也"的意旨,故曰:"經國莫如《齊物論》。"③有學者説,章太炎治學全在求是,不講致用,僅就章氏的古文經學而言是如此,若結合他的諸子學來看,致用的理想常常是他論學的前提④。有意思的是,章太炎在1921年又顛倒了《自述學術次第》的説法,他説:

> 我從前傾倒佛法,鄙薄孔子、老、莊,後來覺得這個見解錯誤,佛、孔、老、莊所講的,雖都是心,但是孔子、老、莊所講的,究竟不如佛的不切人事。孔子、老、莊自己比較,也有這樣情形,老、莊雖高妙,究竟不如孔子的有法度可尋,有一定的做法。⑤

所謂"切人事"、"有法度可尋",皆透露出經世致用的意思。世人常説章太炎思想多變,由佛而莊而孔便是一例。究其多變的原因,乃由哲人的悲世情懷隨時局之變遷而尋求救世良方所使然。當然,章氏的諸子學思想自有一貫而不變之道,即對自在自爲的主體性道德境界的追求。

同年,章太炎出版《國故論衡》,收録九篇論諸子學的文章,有些曾刊於當年的《國粹學報》,如《原學》篇是就《訄書》中的《原學》篇的修訂,刊於《國粹學報》庚戌年第四號,而《原道》上、中、下三篇刊於第五號。這些文章的主題不一,大概如是:《原學》篇講一國學術貴在自立,純粹地儀刑他國,必然喪失國學的獨立性和獨特性,淪爲他國文化的奴隸;章氏告誡説,中國在音樂、西學、史學、道德、政教等方面皆優越於歐西,我們應該因仍舊貫、繼承傳統,而不能崇拜西學以鄙薄、毁棄中學。《原儒》篇考察"儒"之名有達、類、私之别,達名之儒指稱一切的

---

① 關於章太炎的平等思想,參見高瑞泉《平等觀念史論略》,上海人民出版社2011年版,第181—185頁。高氏指出,章太炎爲平等作了形上學的論證,其超名言之域的平等境界是脱離具體的社會存在來追求人的真實存在,則平等終究是抽象的,而非具體的。這一觀點很有啓發,然高氏没有注意到章太炎"回真向俗"後發明的平等世間法,它是抽象的、形而上的,但也是具體的、切於人事而安立於現實社會的。蔡志棟認爲,章太炎的平等觀有嚴重的唯心論傾向(蔡志棟《章太炎後期哲學思想研究》,上海社會科學院出版社出版2013年版,第201—217頁),這大概是誤解,未曾理解章氏"無我"的宇宙觀與人生觀。
② 章太炎《自述學術次第》,見《菿漢三言》,第192頁。
③ 章太炎《國故論衡》下卷《原學》,第146頁。
④ 關於章太炎治學宗旨的求是與致用之辯,參見拙文《章太炎論經子關係》,載方勇《諸子學刊(第十一輯)》,上海古籍出版社2014年版。
⑤ 章太炎《説新文化與舊文化》,姚奠中、董國炎《章太炎學術年譜》,山西古籍出版社1996年版,第309頁。

知識分子,類名之儒指以禮樂射御書數教授民衆的師長,私名之儒指《七略》的儒家而不包括經學家,因古文經學家研治的《五經》是史書,故經學家應稱史學家而非儒家。如前所述,章太炎向來是把儒家與六經所指稱的對象和範疇區別對待,他對儒家常有批評,對六經則始終推崇。《原道》三篇,一言以蔽之,曰:人事與經世而已。章太炎論老莊哲學的性質,一則曰:"開物成務,以成民用。"再則曰:"内以尊生,外以極人事。"①都是求其致用的意思,與《自述學術次第》的"余既解《齊物》,於老氏亦能推明,佛法雖高,不應用於政治社會,此則唯待老莊也"的説法一致。故文章申論莊子《齊物論》的思想源自老子,如謂"莊周明老聃意而和之以《齊物》"②,然在《諸子學略説》中,則謂"其(莊子)術似與老子相同,其説乃與老子絶異,故《天下篇》歷叙諸家,已與關尹、老聃裂分爲二"③,早前否定老莊哲學的關聯,後來又强調老莊哲學的一貫,這是章氏諸子學思想多變的又一例。《菿漢微言》又將"齊物"之旨與孔子的"絶四"之説相貫通。《原名》《明見》篇用佛家因明學和現代認識論解釋名家的邏輯學,使千古絶學,皎然彰明,誠屬"前人所未舉"④,也啓示來者良多,胡適的《先秦名學史》便承其端緒而作。《辨性》篇批評儒家的五種人性論和西方唯我論、唯物論與唯神論者的人性觀,提出真如本體的圓成實性觀,即主客不分、物我合一是爲人性的本真狀態。所謂"萬物皆無自性"⑤,一如《齊物論釋》要求人們破除名相、成心、我執、法執,這些"執"即《辨性下》篇例舉的神教、學術、法論、位號、禮俗、書契等,然後回歸空靈明覺的虛無之境,與萬類合一而和諧相生,解除世間一切的紛争。其實,《原名》《明見》和《辨性》篇多是發明荀子、墨家的邏輯學(名學)和人性論,與"自述"的"卻後爲諸生説《莊子》,……次及荀卿、墨翟,莫不抽其微言;以爲仲尼之功,賢於堯舜,其玄遠終不敢望老莊矣"的意思一致。

《齊物論釋》和《國故論衡》標誌着章太炎子學思想又完成了一個階段性的總結,而1915年講論的《菿漢微言》已顯示了其子學思想的轉變,用章氏的話説,是:"自揣生平學術,始則轉俗成真,終乃回真向俗。"如果説,"真"是指佛學、莊學,"俗"是否即指經學或儒學? 有學者説,"俗—真—俗"也可替換爲"儒—佛—儒"⑥,把"俗"等同於"儒",是否過於簡單化? 然而,不少學者的確是這樣認識"俗"之指謂的。最早是魯迅説晚年的章太炎"漸入頹唐","遂身衣學術的華衮,粹然成爲儒宗"⑦,"儒"(儒學與儒者)便是由"真"所回之"俗"。但章太炎在陳述了回

---

① 章太炎《國故論衡》下卷《原道上、下》,第154、163頁。
② 章太炎《國故論衡》下卷《原道下》,第164頁。
③ 章太炎《諸子學略説》,第9頁。
④ 章太炎《自述學術次第》,《菿漢三言》,第205頁。
⑤ 章太炎《國故論衡》下卷《辨性上》,第188頁。
⑥ 陳少明《排遣名相之後——章太炎〈齊物論釋〉研究》,《哲學研究》2003年第5期。
⑦ 魯迅《關於太炎先生二三事》,章念馳《章太炎生平與學術》,生活·讀書·新知三聯書店1988年版,第10頁。

歸孔學後,接着説:

> 又以莊證孔,而耳順、絶四之指,居然可明,知其階位卓絶,誠非功濟生民而已。至於程朱陸王諸儒,終未足以厭望。頃來重繹莊書,眇覽《齊物》,芒刃不頓,而節族有間。凡古近政俗之消息,社會都野之情狀,華梵聖哲之義諦,東西學人之所説,拘者執箸而鮮通,短者執中而居間,卒之魯莽滅裂,而調和之效,終未可睹。

這段話的關鍵字是:以莊證孔、眇覽《齊物》、調和之效。那麼,"以莊證孔"是否如清儒的"以子證經"而子爲經的附庸那般:莊學爲孔學之附庸呢?結合章氏晚年"重繹莊書,眇覽《齊物》"來看,他回歸孔學的同時,依然重視莊學,則莊學非孔學之附庸,他要回歸的不僅是孔學,還有莊學,乃至佛學、易學和老學。這就不能把"俗"簡單地等同於"儒"。其實,晚年的章太炎嘗試建立一種會通古今與中西、溝通傳統與現代的思想體系,即他所謂的"調和之效",其方式是回歸原典以重建新經典系統和經學體系,那就是他的"四玄"及其思想,而莊學則是四玄學的中心。

餘　　論

19 世紀後期,伴隨着儒經考據的衰落而興起的是子書考據,俞樾、孫詒讓、王先謙等都把學術重心轉向子書的訓詁、校讎,用乾嘉樸學來研究諸子。他們的治學對象是改變了,但他們仍承繼乾嘉學者"訓詁明而後義理明"的理念,往往止步於訓詁的層面,遺落了諸子的義理。如前引劉師培批評近代巨儒的諸子學研究,是"甄明詁故,掇拾叢殘",是諸子的考證學,而非諸子的義理學。這是針對俞樾、孫詒讓等人而言。20 世紀初,東漸的西學由偏重格致學而走向多元化的譯介,其中"哲學"概念與西方哲學書籍的介紹與接受,很大程度地啓發了中國學者對諸子學知識性質的理解。王國維是較早就"哲學"的譯名及其内涵作出辨析的學者,他在《哲學辨惑》一文中説,哲學非有害之學,也非無益之學,周秦諸子學是中國固有的哲學,研究中國哲學要兼通西洋哲學,用比較哲學的視界與方法來昌大中國固有之哲學①。文章中,王國維已在認識論上揭示了"子學即哲學"的命題,又在方法論上表示要用義理之詮釋代替樸學之考據。撰寫於 1905、1906 年間的《周秦諸子之名學》《子思之學説》《孟子之學説》《荀子之學説》《孟子之倫理思想一斑》《墨子之學説》《老子之學説》《列子之學説》等,就是王國維從比較

---

① 王國維《哲學辨惑》,佛雛《王國維哲學美學論文輯佚》,華東師範大學出版社 1993 年版,第 3—6 頁。關於"哲學"一詞形成史,參見徐水生《中日近代哲學新語生成之比較——以嚴復和西周的創譯爲例》,氏著《中國哲學與日本文化》,中華書局 2012 年版,第 85—95 頁。

哲學的角度,應用康德、叔本華、尼采的哲學思想研究子學的成果。1904年,梁啓超在《新民叢報》發表《子墨子學説》和《墨子之論理學》,闡釋墨家的邏輯學、宗教學,這也是一種"子學即哲學"的認識。1905年,劉師培計劃撰寫《周秦學術史》,此書雖未完成,然從《周秦學術史序》所展示的整體架構看,如倫理學、論理學、哲理學等皆屬哲學範疇,表明劉氏也是"子學即哲學"觀的認同者,跳脱樸學的實證之域,詮釋周秦諸子的義理①。

凡此可見,近代諸子學研究從樸學轉向義理,大概發生在1903年至1906年。在此期間,章太炎正好繫獄西牢,只能讀佛經消遣,他以佛學比觀子學,也注意到子學的義理。而且,章氏入獄前已留心西方哲學,在獄中也關注外界的哲學動態,故他初至日本便與宋教仁談論哲學問題②,旋即發表《諸子學略説》,提出"子學是主觀之學,要在尋求義理"的説法。然則,章太炎的"子學即哲學"觀,或在1904、1905年已隨當時學者以西哲詮釋子學的風氣而形成,奈何身陷囹圄,使他無法撰著而已。

如要追究1903年至1906年間,諸子學研究從樸學轉向義理的原因,大概是由於,進入20世紀,一方面是西學的譯介從洋務、維新時期的偏重自然科學書籍,擴大到哲學、文化學、社會學、人類學等人文學科範疇,這些知識開闊了中國學者的學術視野和思考維度。據當時江南製造局譯書館資料統計,1899年的《東西學書錄》中,西方哲學譯作12部,僅占西學輸入總數的2.1%,有些是關於西方邏輯和方法論的書籍,有些則與哲學無關,既缺乏經典之作,而且目錄分類不明晰,乃用傳統的"理學"名目稱之,而非用"哲學"之名。然而,20世紀的最初幾年,西方哲學輸入的情況就發生了較大變化。1904年的《譯書經眼錄》中,哲學類的譯書增加至34部,占總數的6.4%,而且不再用"理學"之名而改稱"哲理"。僅是哲理譯書的數量不算多,但如果加上當時譯介的人文社會科學類圖書,則占總數的61.5%,這儼然成了東漸之西學的主流③。至於"哲學"一詞在中國的譯介與流播,大約也在20世紀的最初幾年,這由前引王國維於1903年爲"哲學"概念辨惑的文章可知,而新學語的輸入即意味着新思想、新觀念的接受

---

① 錢玄同指出,劉師培治子學"或名'補釋',或名'斠補',大致前期所著名'補釋',後期所著名'斠補'(余區劉君之思想及學問爲前後二期:自民元前九年癸卯至前四年戊申爲前期,自民元前三年乙酉至民國八年己未爲後期)"(錢玄同《劉申叔先生遺書總目》,劉師培著《劉申叔遺書》上册,第7頁)。凡"補釋"與"斠補"固然是承續了乾嘉的樸學方法,但劉氏理解的樸學性質,如我們在前面指出的,樸學並非純粹客觀的科學方法,其中藴含形而上的思想維度,故劉氏的"補釋"與"斠補"類子學著述也不完全限定在考證子書之文字、音韻的界域,實有尋求義理的目的。
② 宋教仁《我之歷史》記:"晤章枚叔,枚叔於前月出獄,特來掌理《民報》者,與余一見面時,甫通姓名,即談及哲學研究之法,詢余以日本現出之哲學書以何爲最?"(參見陳旭麓《宋教仁集》下册《我之歷史》,中華書局1981年版,第619頁)章太炎剛到日本便表現出對哲學的勃勃興致和對哲學動態的急切關心,可見他的哲學興趣應産生於上海的三年獄中生活;所以,他初到日本便發表《諸子學略説》,説子學是義理之哲學,非客觀之史學。這一觀點應該也孕育於獄中時期,與王國維、劉師培等大約同時。
③ 黄見德《西方哲學東漸史》,人民出版社2006年版,第186—187頁。

與轉化①。

　　另一方面,這時出國學者和留洋學生日益增多,尤其是 1901 年至 1906 年間,留日學生達一萬餘人②。中國現代的許多著名學者都曾於此時流亡或遊學日本,他們從日本學界更爲全面、細緻地瞭解到西方的人文學與社會學,又從日本學者的中國學中獲得啓發,效法日人的現代性治學理念和方法,轉而研治本國文化。如王國維在 1902 年翻譯了日本桑木嚴翼的《哲學概論》和元良勇次郎的《倫理學》,隨後兩年又翻譯了德國叔本華、尼采的一些哲學書籍,這些顯然啓發了王氏的"子學即哲學"觀。梁啓超撰《子墨子學說》,其中就交代:"本書之編排間采日人高瀨武次郎所著《楊墨哲學》,其案語則全出自鄙見,不敢掠美,特著一言。"梁氏的解釋理論和架構,有不少即取自高瀨《楊墨哲學》中的《墨子哲學》③。章太炎曾於 1902 年東渡日本,涉覽"和漢文籍",他對日本學界學術的吸收已内化於《訄書》重訂本中,如《訂孔》篇對遠藤隆吉、白河次郎説的批評。日本學者小林武的研究表明,《訄書》重訂本中《原學》《清儒》《通讖》《訂文》所附《正名雜義》等,皆有部分段落譯自姉崎正治的《宗教學概論》及《上世印度宗教史》,《原教》(上)則幾乎全部譯自姉崎《宗教學概論》之附録——《宗教概念的説明契機》④。或者正是佛學與日人的宗教學理論啓發了章太炎的"子學即哲學"觀。

　　還有一個重要原因,即西學的衝擊與中學的回應。學者把子學與西方哲學相格義,既是回應西哲的衝擊,也是借用西哲來創造性地理解和轉化中國傳統文化。在經學信仰逐漸瓦解的新時代,重新建構一套適合時義的文化符號、價值系統與信仰體系,解決民族的意識危機,這是學者們所共同追求的學術理想。1905 年,學者群體中流傳着一種文化危機感,這促就了"國學保存會"的成立,形成了一種文化保守主義思潮。然回應不是排斥,保守與新學相融,"子學即哲學"觀所顯示的"以西釋中"的理念與方法,旨在溝通中學與西學、傳統與現代⑤。

　　總之,"義理的轉向"發生於 1903 年至 1906 年間,它標誌着現代諸子學研究的轉型。這一轉向不始於章太炎(不始於某一位學者),也不限於章太炎,而是那個時代的思想先鋒者之

---

① 王國維《論新學語之輸入》,《静庵文集》,遼寧教育出版社 1997 年版,第 117 頁。
② 舒新城《近代中國留學史》第六章《留日極盛期》,上海書店 2011 年版。
③ [日]末岡宏《梁啓超與日本的中國哲學研究》,[日]狹間直樹《梁啓超·明治日本·西方》,社會科學文獻出版社 2012 年版,第 144—160 頁。梁啓超是中國近代哲學轉型的重要推動者之一,他的哲學思想受日本學者影響頗多,參見徐水生《日譯西學與中國哲學的近代轉型——以居日期間的梁啓超爲中心》,《武漢大學學報(人文科學版)》2010 年第 6 期。
④ 參見[日]小林武《章炳麟と姉崎正治——〈訄書〉より〈齊物論釋〉にいたる思想の關係》,載《東方學》第 107 輯,東京東方學會 2004 年版,第 91—92 頁。——此條注釋引自彭春凌《章太炎對姉崎正治宗教學思想的揚棄》一文,載《歷史研究》2012 年第 4 期。關於《訄書》重訂本中章太炎接受姉崎正治思想的情況,及章氏對姉崎正治宗教學思想的揚棄,參見彭春凌的文章及文中注釋⑩。
⑤ 保守主義者不完全拒斥西學,只是反對激變或全變。關於"文化保守主義"的性質,參見陳來《傳統與現代:人文主義的視界·緒言》,生活·讀書·新知三聯書店 2009 年版。

共識,展現了一種新的學術祈向與前景①。只是,章太炎終生講論子學而不中輟,致思於溝通儒釋道與西哲,撰寫了一系列頗具系統性的子學著作,這使其子學思想的影響似乎較之王國維、梁啓超、劉師培等更爲深廣②。錢穆曾説:"清學自義理折入於考據。"③晚清學術思想則由考據轉向義理,中國近三百年學術史的演變,應該亦有某種規律可循。

[作者簡介] 黄燕强(1983——),男,廣東博羅人。武漢大學哲學博士,研究方向爲中國近現代哲學。暨南大學哲學研究所副教授。

---

① 翁美琪的《經學的衰落與諸子學向中哲史的嬗變——20世紀初中國學術的轉型》(《社會科學戰綫》1997年第5期)注意到了20世紀初子學研究逐漸轉向義理的事實,但她没有將此概括爲"義理的轉折",也没有指出這一轉折的時間點。
② 民國建立,章門不少弟子任職大學,也促進了章太炎子學思想的流播,如胡樸安指出的:"民國成立,《國粹學報》停刊,然而東南學者,皆受太炎之影響,《國粹》雖停,太炎之學説獨盛。北京大學者,學術匯萃之區也,爲姚永概、馬通伯、林琴南所佔據,不學無術,奄奄一息焉。自劉申叔、黄季剛、田北湖、黄晦聞,應大學之聘,據皋比而講太炎之學,流風所播,感應斯宏。自申叔貶節,媚於袁氏,而有《中國學報》之刊,國師之譏,學術大受打擊。所幸太炎受袁氏之拘禁,始終不屈,而士子信仰其學者,至今不絶。《國故》與《華國》及東南大學之《國學叢刊》,皆《國粹學報》之一脈,而爲太炎學説所左右者也。"(胡樸安《民國十二年國學之趨勢》,載《民國日報·國學週刊》1923年10月10日)又如當時在北大求學的毛子水説:"當時北京大學文史科學生讀書的風氣,受章太炎先生學説的影響很大。"(毛子水《傅孟真先生傳略》,《師友記》,臺北傳記文學出版社1978年版,第92頁)胡適的子學研究就受到章太炎的啓示頗多,他曾説:"對於近人,我最感謝章太炎先生。"(胡適《中國哲學史大綱·再版自序》,東方出版社1996年版,第1頁)錢穆爲此作了注脚:"適之歸國,講學北大,寫有《中國哲學史大綱》一上册,……此書中觀點及取材,頗多采自太炎之《國故論衡》。"(錢穆《學術傳統與時代潮流》,錢穆著《中國學術思想史論叢(九)》,九州出版社2011年版,第43頁)民國學者中如胡適般深受章太炎影響者甚多。
③ 錢穆《中國近三百年學術史》,商務印書館1997年版,第285頁。

謝無量：民國時期
朱子學研究的先驅

樂愛國

内容提要 作爲民國時期第一部以朱子學爲專題的學術著作《朱子學派》的作者,謝無量對於朱子思想淵源、朱子的道統説、朱子哲學、朱子教育説和朱子門人及後學的研究,以及在朱子哲學研究中對於朱子本體論、心性論（包括仁學）、修養論以及朱子學與陸王關係等方面的探討,事實上成爲民國時期朱子學研究的主要論題;他所提出的一些重要的學術觀點,在民國時期的朱子學研究中都具有一定的學術價值,影響很大。謝無量是民國時期朱子學研究的先驅;他的這些成就應當成爲當今朱子學研究所追溯和利用的學術思想資源。

關鍵詞 民國時期 謝無量 朱子學 《朱子學派》
中圖分類號 B2

現代對於朱子學的研究,至少應當追溯到1904年王國維在《教育世界》上發表的《就倫理學上之二元論》（後收入《静庵文集》更名爲《論性》）,該文闡述了宋代心性論並論及朱子的理氣二元論。稍後,王國維又在發表的《釋理》中論述了"理"的概念,並對朱子的"理"作了闡釋。1910年出版的蔡元培《中國倫理學史》所述第三期"宋明理學時代"第九章"朱晦庵"對於朱子學術作了專題闡述。該章分爲"小傳"、"理氣"、"性"、"心情欲"、"人心道心"、"窮理"、"養心"、"結論"等節,專門論述朱子的倫理學思想。1914年,湯用彤發表《理學讜言》,分爲"闢王（王陽明）"、"進朱（朱子）"、"申論"三節,推崇朱子理學,並主張朱子學與陸王之學相互補充。

謝無量以撰寫民國時期第一部以"中國哲學史"命名的學術著作《中國哲學史》而受到學術界的關注;同時,他還撰寫了民國時期第一部以朱子學爲專題的學術著作《朱子學派》。謝無量(1884—1964),原名蒙,又名沉,別字仲清,號希範,別號嗇庵;祖籍四川梓潼,生於四川樂

---

* 本文係教育部哲學社會科學重大課題攻關項目"百年朱子學研究精華集成"(12JZD007)階段性成果。

至。18歲時,考入上海南洋公學;27歲時,任四川存古學堂監督,兼教授詞章一科,並任四川高等學堂及通省師範講席。1913年,因病離開學校,病癒後赴上海,爲中華書局編書。1917年,謝無量結識了孫中山先生①;1923年,受聘於廣東大學;稍後,受孫中山委任,爲大本營參議。1926年起,先後任教於南京東南大學、中國公學、四川大學等。1950年以後,歷任川西文物保管會主任、川西博物館館長、四川省博物館館長、四川文史館研究員、省政協委員等職;1956年,應邀赴京擔任中國人民大學教授;1960年,被任命爲中央文史館副館長。謝無量一生著述頗豐。哲學史和宗教方面,除《中國哲學史》《朱子學派》,還有《陽明學派》《孔子》《韓非》《佛學大綱》《王充哲學》等;文學史方面,著有《中國婦女文學史》《中國六大文豪》《中國大文學史》《詩學指南》《詞學指南》《詩經研究》《楚詞新論》《平民文學之兩大文豪》等;在歷史學方面,著有《古代政治思想研究》《中國古田制考》等。

一、概　　述

謝無量是一位在中國哲學史、文學史以及歷史學方面都頗有成就的學者。從他的學術歷程看,他的學術起始於哲學研究。早年,他在爲上海中華書局編書時,於1914年出版了他的三部哲學類著作:《新制哲學大要》《新制哲學大要參考書》和《倫理學精義》。《新制哲學大要》之"編輯大意"指出:"中國哲學思想,求之古初,已形發達。然大抵偏重觀念論。編者編輯是書,略采德國近世實在論學者之説,冀導初學於新思想之潮流。"②該書第一編"知之哲學",分爲"觀念論"和"認識論"兩章;第二編"實在體之哲學",分爲"物之實體哲學"、"心之實體哲學"和"人生哲學"三章。正是在哲學研究的基礎上,謝無量進入朱子學研究的領域,並把研究重點放在朱子哲學上。

1915年,日本向袁世凱提出有損中國主權的"二十一條",激起民衆憤慨。謝無量在報上撰文呼籲,"炎黄領土,豈容出賣","血肉同胞,誓與爭還"③。正是在這樣的背景下,謝無量於1915年11月出版了《陽明學派》。該書以闡述王陽明的哲學爲主:第一編"序論",第二編"陽明之哲學",第三編"陽明之倫理學",第四編"陽明關於古今學術之評論"。同時,該書也涉及對於朱子學的研究,其中第四編第五章"程朱與陸王",分爲"格物致知説之異"和"講學法之異"兩節,主要闡述朱子學與陸王之學的異同;此外,該書第三編第三章"知行合一論",有"陽

---

① 謝無量的夫人陳雪湄説:"一九一七年,無量結識了孫中山先生,……當時孫先生正草擬孫文學説建國大綱,無量參與其事。采故實於前代,觀通變於當今,理既切至,言亦貞明,許多意見都被采納。"陳雪湄《漫談謝無量的書法及其他》,《文史雜誌》1986年第1期,第57—58頁。
② 謝蒙《新制哲學大要・編輯大意》,中華書局1914年版,第1頁。
③ 彭華《謝無量年譜》,《儒藏論壇》(第三輯),四川大學出版社2009年版,第140—142頁。

明之論知行與朱晦庵之關係"一節,分析了陽明的知行合一與朱子知先行後的差異;第四編第二章《朱子晚年定論》,對王陽明《朱子晚年定論》作了評述,涉及陽明學與朱子學的關係。

1916年7月,謝無量的《朱子學派》出版。該書第一編"序論",分第一章"朱子傳略",第二章"朱子學術之淵源",第三章"關於朱子之評論";第二編"本論",分第一章"朱子哲學",有"太極及理氣二元論"、"宇宙發生論"和"鬼神論"三節,第二章"朱子倫理學",有"性說"、"心意作用論"、"仁說"、"致知與力行"和"德之修養"五節,第三章"朱子教育說",有"總論爲學之方"、"小學"和"讀書法"三節,第四章"古今學術評論",有"道統評論"和"異學評論"兩節;最後附"朱子門人及宋以來朱子學略述"。

同年9月,謝無量的《中國哲學史》出版,其中第三編上"近世哲學史(宋元)"第十一章"朱晦庵",分爲"太極及理氣二元論"、"性說"和"修養之工夫"三節。需要指出的是,這裏對於朱子哲學的闡述,實際上是對謝無量《朱子學派》中"朱子哲學"和"朱子倫理學"兩章的取捨和綜合。此外,該著作還有第三編上第十二章"朱子門人",主要介紹了朱子門人蔡元定、蔡沈、黃榦、陳淳;第十三章"陸象山",有"朱陸異同"一節;第十六章"魏鶴山及真西山",對朱子後學魏了翁和真德秀作了介紹;第十七章"元之程朱學派",介紹了朱子後學許衡、劉因的事迹和哲學思想。這些對於朱子門人以及朱子後學的闡述,是謝無量的朱子學研究的重要組成部分。

此外,1918年,謝無量的《中國大文學史》出版,其中第四編"近古文學史"第十三章第一節"周、張、程、朱之道學派文體",論及朱子的文學思想。1923年,他的《詩經研究》出版,其中對朱子《詩經》學的歷史地位作了概述。

謝無量的朱子學研究涉及諸多方面,主要在朱子的思想淵源、朱子的道統說、朱子哲學以及朱子學與陸王異同方面提出了一些重要的學術觀點,此外,還對朱子教育說、朱子門人及後學等方面作了闡述。

二、朱子的思想淵源

關於朱子的思想淵源,謝無量在《朱子學派》第二章"朱子學術之淵源"中作了深入闡述,其中把朱子的思想淵源分爲異學和二程之學兩個方面。在對朱子思想淵源中異學的討論時,謝無量除了討論朱子與詩文雜學的關係外,更多的是探討了朱子與禪學的關係,以爲朱子早年嘗喜好宗杲禪師的《大慧語錄》,並與其弟子道謙禪師有過密切交往;而在對朱子思想淵源中二程之學的討論時,謝無量不僅講朱子之學與二程的學脈關係,而且還討論了程顥與程頤的思想差異以及朱子的有所偏向。

(一) 朱子與禪學

朱子自稱"出入於釋老者十餘年",朱子後學真德秀《西山讀書記》所載朱子門人李方子

《紫陽年譜》説道:"延平(李侗)與其友羅博文宗禮書曰:'元晦進學甚力,樂善畏義,吾黨鮮有。……渠初從謙開善處下工夫來,故皆就裏面體認。'"①認爲朱子曾師從於開善道謙禪師。除此之外,黄榦所撰《朱文公行狀》以及《宋史·朱熹傳》都没有更多的記述。對此,謝無量作了探討。

謝無量認爲,朱子早年好佛,是由於唐宋時期儒、釋之間的關係較爲密切,同時又與他早年受學於劉勉之、胡憲、劉子翬三先生有關。胡憲、劉子翬皆好佛學。謝無量引《佛祖通載》所説:"朱子十八時,從學劉屏山(劉子翬)。屏山意其必留意舉業,搜其篋,僅有宗杲《大慧語録》一帙。"又引《歸元直指》所謂:"朱子嘗以'趙州狗子有佛性'之公案,質於大慧弟子開善道謙禪師曰:'熹向蒙大慧禪師開示狗子佛性話頭,未有悟入,願授一言,警所不逮。'"又引《曉瑩感山雲卧記談》所載道謙復朱子書曰:"十二時中,有事時應受,無事時回頭。向這一會子上,提撕'狗子還有佛性也無?'趙州云:'無。'將這話頭,只管提撕,不要思量,不要穿鑿,不要生知見,不要强承當。如合眼跳黄河,莫問跳得過跳不過,盡十二分力氣打一跳。若真個跳得,這一跳便千了百當。只管跳,莫論得失,莫顧危亡,勇猛向前,更休擬議。若遲疑動念,便没交涉也。"以證明朱子早年嘗好宗杲《大慧語録》,且與其弟子道謙有過交往②。除此之外,謝無量還引《朱子語類》有關記述以説明朱子與道謙的密切交往關係,比如:《朱子語類》載道謙與朱子的一次對話:"道謙言:'《大藏經》中言,禪子病脾時,只坐禪六、七日,減食,便安。'謙言渠曾病,坐得三、四日便無事。"③

關於朱子早年嘗好宗杲《大慧語録》並與其弟子道謙禪師的交往,謝無量以佛書以及《朱子語類》的有關資料作了論證,這實際上開啓了民國時期乃至以後對這一問題的探討。1926年出版的李石岑《人生哲學》認爲朱子之學"從大慧宗杲、道謙得來",又引佛書《佛法金湯》所載朱子祭道謙文,並指出:"朱晦庵之學是受了大慧、道謙最大的影響。"④1930年,何炳松《程朱辨異》則認爲"朱氏是一個'儒化'的道家"⑤。直到1961年,胡適在《〈佛法金湯編〉記朱熹與開善道謙的關係》一文中,對《佛法金湯》所述朱子與道謙的關係予以了討論。

(二) 朱子與二程

朱子之學主要本於二程。對此,謝無量論述了二程之學傳於楊時、楊時傳於羅從彦、羅從彦傳於李侗、李侗傳於朱子的過程,特別是詳細闡述了楊時於喜怒哀樂未發之際體驗"中"、羅從彦終日相對靜坐、李侗於靜中看喜怒哀樂未發時之氣象,以及"朱子見延平之後,始漸脱釋

---

① [宋]真德秀《西山讀書記》卷三十一《朱子傳授》,《文淵閣四庫全書》本。
② 謝無量《朱子學派》,中華書局1916年版,第24—25頁。
③ 同上,第27頁。
④ 李石岑《人生哲學》,商務印書館1926年版,第369—370頁。
⑤ 何炳松《程朱辨異》(四),《東方雜誌》1930年第27卷第12號,第64頁。

氏窠臼,趣於儒者之大道"的思想轉變,其中還引朱子《答汪應辰書》(《答汪尚書》)所説:"熹於釋氏之説,蓋嘗師其人,尊其道,求之亦切至矣,然未能有得。其後以先生(李侗)君子之教,校夫先後緩急之序。於是暫置其説,而從事於吾學。"①謝無量還説:"朱子自二十四歲時,始見李延平,三十一歲,再見延平,遂盡棄異學。至三十八歲,訪南軒(張栻)於譚州,相與講論,最後乃提出程伊川'涵養須用敬,進學在致知'二語。自此論學多本二程。四十以後,益臻純熟,而其學大成矣。"②

然而,關於朱子之學與二程的關係,一直有學者認爲,程顥與程頤之間存在着學術思想上的差異,朱子較多地繼承程頤。對此,陸九淵早就有過討論,指出:"元晦(朱子)似伊川,欽夫(張栻)似明道。伊川蔽固深,明道卻疏通。"③後來,明代的黄宗羲也説:"朱子得力於伊川,故於明道之學,未必盡其傳也。"④顯然,這裏既講朱子繼承程頤之説,又説朱子的學術與程顥有所不同。1904年,王國維在《教育世界》上發表的《就倫理學上之二元論》在論述宋代心性論的發展時,既講"伊川糾正明道之説,分性與氣爲二",又講"朱子繼伊川之説,而主張理氣之二元論"⑤。這裏明確講程頤與程顥之異,並認爲朱子繼承程頤之説。蔡元培《中國倫理學史》在闡述宋明理學時,不僅分章討論程顥與程頤的倫理學思想,而且專題討論了"伊川與明道之異同",指出:"伊川與明道,雖爲兄弟,而明道温厚,伊川嚴正,其性質較然不同,故其所持之主義,遂不能一致。雖其間互通之學説甚多,而揭其特具之見較之,則顯爲二派。……其後由明道而遞演之,則爲象山、陽明;由伊川而遞演之,則爲晦庵。"⑥這裏明確認爲,程顥與程頤分爲兩派,後來分別發展爲陸王之學和朱子學。

對此,謝無量《朱子學派》指出:"綜而論之,自周濂溪(周敦頤)以來,修養工夫,以主靜爲第一義。明道(程顥)慮此'靜'字或落於禪,乃代以'誠'、'敬'二字。'誠'在於内,而'敬'則可以兼外。然明道之學,自尤以'誠'爲重,其《識仁篇》《定性書》等,頗可見之。所謂'天理二字,是自家體貼出來',決非虚語也。至於伊川,亦'誠'與'敬'並言。然其意以'敬'即可以明誠,故專揭出主'敬'。比於明道,似在外者略多。故自涵養、進學,又論格物、致知之要也。朱子於兩者之間,雖未有所輕重,然究其學術之全體,誠若有主於歸納。後人遂疑朱子偏於問學,要皆未深考,而誤解當時所謂'格物致知'之義也。"⑦在謝無量看來,程顥與程頤在"誠"與"敬"的關係問題上有所差異,程顥以"誠"爲重,程頤主"敬",又講"格物致知";朱子則强調涵養與

---

① 謝無量《朱子學派》,第35頁。
② 同上,第29頁。
③ [宋]陸九淵《陸九淵集》卷三十四《語録上》,中華書局1980年版,第413頁。
④ [清]黄宗羲、[清]全祖望《宋元學案》(第一册)卷十三《明道學案上》,中華書局1986年版,第542頁。
⑤ 王國維《論性》,《静庵文集》,遼寧教育出版社1997年版,第34—35頁。
⑥ 蔡元培《中國倫理學史》,商務印書館1910年版,第164—165頁。
⑦ 謝無量《朱子學派》,第40頁。

致知二者之間不可有所輕重,但就其學術總體而言,確實是以致知爲主,但不可就以爲朱子偏於問學,甚至"朱子於涵養、致知二者,有時且以涵養在先"①。

稍後,謝無量的《中國哲學史》又認爲,程顥與程頤在宇宙論上雖大同而有小異,朱子繼承程頤之説稍多。他説:"明道之學,每以綜合爲體;伊川之學,每以分析立説。此二程所由大同小異者也。後來陸王學派,近於明道;朱子學派,近於伊川。故明道之宇宙觀,爲氣一元論;伊川之宇宙觀,爲理氣二元論。朱子承伊川,其説益密。"②這裏既分析了程顥與程頤在學術上的差異,又認爲朱子在宇宙觀上對二程之學的繼承偏於程頤。1926年,梁啓超在清華國學院講授《儒家哲學》,其中也有類似的表述,指出:"明道的學問,每以綜合爲體;伊川的學問,每以分析立説。伊川的宇宙觀,是理氣二元論;明道的宇宙觀,是氣一元論。這是他們弟兄不同的地方。程朱自來認爲一派,其實朱子學説,得之小程者深,得之大程者淺。"③與此不同,何炳松《程朱辨異》則認爲,程頤與朱熹"兩人的師承不但不同,而且相反"④;甚至還認爲,程頤是一個"一元的、客觀的、唯物的哲學家",朱熹是一個"'太極圖'式的二元的、主觀的、唯心的哲學家"⑤。

三、朱子的道統説

對於朱子的道統説,謝無量《朱子學派》第二編第四章"古今學術評論"第一節"道統評論"作了專門的討論,指出:"宋世始有道學之名。學者之論,皆以周、程接孔、孟之傳,其説至朱子始大定。而大率本之韓退之(韓愈)。……蓋退之以道統之傳,自堯、舜至於孔、孟而止。於漢以來諸學者,皆有所不許也。"⑥在謝無量看來,朱子道統説源自韓愈,其基本內容在於"自堯、舜至於孔、孟而止","以周、程接孔孟之傳"。他還説:"蓋朱子以周、程上接孔、孟,而以張(張載)、邵(邵雍)爲輔。此朱子道統説之大略也。"⑦謝無量還引朱子《滄洲精舍告先聖文》所言"恭唯道統,遠自羲軒,集厥大成,久屬元聖。……惠我光明,傳之方來,永永無斁",認爲朱子"隱然以道統自任"⑧。

---

① 謝無量《朱子學派》,第40頁。
② 謝無量《中國哲學史》第三編上《近世哲學史(宋元)》,中華書局1916年版,第32頁。
③ 梁啓超《〈儒家哲學〉:第五章"二千五百年儒學變遷概略"(下)》,《清華週刊》1926年第26卷第12號,第865頁。
④ 何炳松《程朱辨異》(一),《東方雜誌》1930年第27卷第9號,第68頁。
⑤ 何炳松《程朱辨異》(四),《東方雜誌》1930年第27卷第12號,第63頁。
⑥ 謝無量《朱子學派》,第210—211頁。
⑦ 同上,第212頁。
⑧ 同上。

在論述朱子所謂道統的相傳之"道"時,謝無量引朱子《讀余隱之尊孟辨》所言"孔子傳之孟軻,軻之死,不得其傳。此非深知所傳者何事,則未易言也。夫孟子之所傳者何? 曰仁義而已矣。孟子之所謂仁義者何哉? 曰:'仁,人心也;義,人路也。'曰:'惻隱之心,仁之端也;羞惡之心,義之端也。'如斯而已矣。然則所謂仁義者,又豈外乎此心哉! 堯、舜之所以爲堯、舜,以其盡此心之體而已。……孟子之所謂仁義者,亦不過使天下之人各得其本心之所同然者耳。"並且指出:"朱子所謂道統相傳之內容,即是仁義,即是一心而已。"①顯然,在謝無量看來,朱子所謂道統的相傳之"道"在於仁義之心。

關於朱子的道統説,最爲完整的表述當在《中庸章句序》之中。該文論及源自"上古聖神"的"道統之傳",從堯、舜、禹,到商湯、文王、武王,以及皋陶、伊尹、傅説、周公、召公,直至孔子、顏子、曾子、子思、孟子,並且還説:"程夫子兄弟者出,得有所考,以續夫千載不傳之緒。"實際上把自周敦頤、邵雍、張載和二程一脈也列於道統之傳。問題是,朱子《中庸章句序》所述相傳之"道"爲"人心唯危,道心唯微,唯精唯一,允執厥中",即所謂"十六字心傳",講的是人心之"中"。從字面上看,人心之"中"不同於朱子《讀余隱之尊孟辨》的仁義之心,但事實上,在朱子那裏,"中"與"仁"是一致的,朱子曾説:"'中者性之道',言未發也;……'仁者心之道',言發動之端也。"②因此,謝無量以朱子《讀余隱之尊孟辨》爲據,以爲朱子道統所傳之"道"在於仁義之心,與《中庸章句序》講"十六字心傳"是一致的。

需要指出的是,謝無量《朱子學派》對於朱子道統説的討論,實際上是爲了闡述朱子對於歷代儒家的評論,乃至於對古今學術的評論,所以較爲關注朱子對於儒家道統的評論,尤其是對孔門弟子顏淵、曾參以及周敦頤、二程、張載、邵雍的評論,因而並沒有對朱子道統説本身展開更進一步的討論。

謝無量《朱子學派》在闡述了朱子對道統儒家的評論之後,又概述了朱子對道統之外的二程子門人以及名儒荀子、董仲舒、揚雄、王通、韓愈的評論,認爲朱子對二程子門人"多有微詞","似謂其皆未能得程子之傳也"③,又指出:"朱子於孔、孟、周、程、張、邵以外,以爲於斯道若有聞焉者,則稱荀卿、董仲舒、揚雄、王通、韓愈,爲優於諸子。"④還説:"朱子對荀、董、揚、王、韓諸子,尤於荀、揚多貶辭,王、韓似有見於道,又各有所短也。"⑤此外,謝無量《朱子學派》還概述了朱子對於其他學術派別包括老、莊、申、韓諸子以及釋氏所作的評論,朱子對北宋蘇軾、王安石和南宋陸九淵、吕祖謙、陳亮、陳傅良、葉適等人的評論。這些討論,雖然與朱子道統説本身並沒有直接的關係,但顯然有助於對朱子道統説的理解。

---

① 謝無量《朱子學派》,第 213—214 頁。
② 黎靖德《朱子語類》(七)卷一百一,中華書局 1986 年版,第 2583 頁。
③ 謝無量《朱子學派》,第 216 頁。
④ 同上,第 217 頁。
⑤ 同上,第 219 頁。

四、朱子哲學

謝無量對於朱子學的研究,以朱子哲學爲主;而他的《朱子學派》和《中國哲學史》對於朱子哲學的討論,是民國時期最早運用西方"哲學"概念對於朱子學術思想所作的系統闡述之一。重要的是,謝無量《中國哲學史》對於朱子哲學的闡述分爲"太極及理氣二元論"、"性説"和"修養之工夫"三節,至今仍有不少學者從"本體論"、"心性論"和"工夫論"三個層次闡述朱子哲學,蓋濫觴於此。

(一) 本 體 論

謝無量對於朱子哲學本體論的闡述,主要包括太極理氣論、宇宙發生論、鬼神論等諸多方面。需要指出的是,後來乃至當今對於朱子哲學本體論的闡述也大致採用這樣的論述框架,包含這些基本内容。

1. 太極理氣論

朱子較多地繼承程頤之説而講理氣。如前所述,王國維《論性》提出"朱子繼伊川之説,而主張理氣之二元論"。同時,朱子又把周敦頤的太極解説爲理。蔡元培《中國倫理學史》説:"晦庵本伊川理氣之辨,而以理當濂溪之太極,故曰:由其横於萬物之深底而見時,曰太極;由其與氣相對而見時,曰理。"①

謝無量《朱子學派》論述朱子哲學的本體論,先言太極,並依據蔡元培《中國倫理學史》,指出:"朱子之純正哲學,本諸濂溪、伊川。取伊川所立理氣之名,而以理當濂溪之太極。蓋由其横於萬物之深底而見時,曰太極,由其與氣相對而見時,曰理。故曰:'太極只是一個理字。'"②在對朱子"太極"的討論中,謝無量通過引述朱子論太極及其陰陽動静、太極與天地萬物的關係,認爲在朱子那裏,"太極"即是"理","即是宇宙之實體,一切世界萬物發生之根本,非僅是空理也"③。

與此同時,謝無量還通過引述朱子論太極與心的關係,認爲在朱子那裏,"太極即是心","未發而静,是太極之體;已發而動,是太極之用。雖動静有殊,但是體用上差別,而太極則一也"④。顯然,在謝無量看來,朱子的太極,既是天地萬物之根本,又是心之本體,二者是統一的。

---

① 蔡元培《中國倫理學史》,第172頁。
② 謝無量《朱子學派》,第62頁。
③ 同上,第64頁。
④ 同上,第65頁。

關於朱子的理氣,謝無量《朱子學派》作了進一步闡釋,根據朱子講"所謂理與氣決是二物",指出:"朱子雖以太極即是理,然以理氣決是二物,並爲宇宙之原理,故朱子實是理氣二元論也。"①又說:"蓋朱子之意,以天下未有無理之氣,亦未有無氣之理。理、氣雖爲二物,而理即在氣中。故理、氣先後,非有劃然之區別可指。但自形上、形下分之,則理無形,氣有形,理精氣粗,是以可說理先。"②還說:"朱子之哲學及倫理,咸以理、氣二者統之者也。"③顯然,在謝無量看來,朱子持理氣二元論觀點。謝無量《中國哲學史》也說:"朱子既以理搭於氣而行,又謂理氣不可分先後,蓋認理氣爲決然二物,此所以名之爲理氣二元論也。"④"朱子所謂理,當周子所謂太極;朱子所謂氣,當周子所謂陰陽兩儀;是以朱子但說理氣二元也。"⑤

謝無量《中國哲學史》對朱子的理一分殊作了詳細闡述,主要從兩個方面入手:其一,就太極與萬物的關係而言。謝無量指出:"朱子說萬物與太極之關係有二:一曰萬物體統一太極,二曰萬物各具一太極。宇宙間萬物莫不從太極生矣,合此能生之本,是萬物體統一太極。窮其所生之殊,是物物各具一太極。"⑥其二就理氣關係而言。謝無量認爲,在朱子那裏,理一分殊是指"理雖同而氣無不異,蓋同是一理,而稟受者有多有少,有偏有全也"⑦。

自謝無量提出朱子繼承程頤而主張理氣二元論之後,多數學者都認同這一觀點。1924年出版的王治心《中國學術源流》認爲,二程的理氣二元是"朱子哲學的本源"⑧。1925年出版的徐敬修《理學常識》指出:"朱子之宇宙論,雖取之於周、程,然於程伊川之理氣二元論,則益趨精密,故朱子之純正哲學,可謂之爲二元論。"⑨同年出版的趙蘭坪《中國哲學史》,其中有專門一節討論朱子的"太極及理氣二元論"⑩。1926年,江恆源的《中國先哲人性論》在討論"朱熹的論性學說"時,先論述朱熹的太極論與理氣二元論⑪。李石岑的《人生哲學》指出:"朱晦庵的哲學,可以說是集周、張、二程之大成。他的哲學所以帶有理氣二元的色彩。"⑫1929年,賈豐臻的《宋學》說:"晦庵繼續伊川的思想,主張理氣之二元說。"⑬當然,也有學者並不完全讚同謝

---

① 謝無量《朱子學派》,第65頁。
② 同上,第66頁。
③ 同上,第114頁。
④ 謝無量《中國哲學史》第三編上《近世哲學史(宋元)》,第57頁。
⑤ 同上,第59頁。
⑥ 同上。
⑦ 同上。
⑧ 王治心《中國學術源流》,上海義利印刷公司1924年版,第94頁。
⑨ 徐敬修《理學常識》,上海大東書局1925年版,第46頁。
⑩ 趙蘭坪《中國哲學史(卷下)》,國立暨南學校出版部1925年版,第94頁。
⑪ 江恆源《中國先哲人性論》,商務印書館1926年版,第162—166頁。
⑫ 李石岑《人生哲學》,第394—395頁。
⑬ 賈豐臻《宋學》,商務印書館1929年版,第89頁。

無量關於朱子主張理氣二元論的觀點。1929 年出版的鍾泰《中國哲學史》認爲,朱子"雖理氣並言,而仍以理爲本",而謝無量《中國哲學史》講朱子純主理氣二元論,並未爲真知朱子①。這實際上是把謝無量提出的朱子主理氣二元論的觀點當作一家之言而做出的評述。1935 年,高名凱發表的《朱子論心》不同意謝無量把朱子理氣論歸於理氣二元論,指出:"嘗見謝無量先生作有《朱子學派》一書,認爲朱子的形而上學是理氣二元論,這實在是一種錯誤的見解。朱子的學說雖然重理氣的兩方面的解釋,但是他的學說並非二元論,而是一元論,或絶對一元論。"②這從另一個側面反映出謝無量的朱子學研究所具有的影響。

2. 宇宙發生論

謝無量論述朱子哲學,除了討論其太極及理氣二元論,還闡述了"由其宇宙二元論,以組織精密之萬物發生説"③,專門就朱子以"氣"爲起點的宇宙發生論作了詳細闡述。謝無量説:"天地之間,只是一氣,有動有静。就其所以動静之本,則謂之理,及有動静便是氣。理爲實體,氣爲現象。理雖具在氣中,而不可見。故論宇宙發生,但當就氣求之。無論爲人爲物,只能觀其氣而推其禀此理耳。"④並且還認爲,就實體而言,太極爲理,就現象及宇宙發生而言,太極爲氣。

爲此,謝無量闡述了朱子有關陰陽之氣生成天地萬物的思想。首先從"天地初間,只是陰陽之氣"出發,論及天地的形成和天地結構,指出:"朱子以地居氣中,氣即是天,氣輕而地重,故地即氣之渣滓也。當時科學未明,故朱子於天地之論證,或未能如今之密合,然其意固在顯示此理,亦自無有異耳。"⑤然後進一步討論自然萬物以及人的生成,生生不已;並且還認爲,在朱子那裏,"凡有氣即有理,氣中之理,即是生生不已之心","已經生長,則有形可見,故爲無心之氣;欲生之時,無形可見,故爲有心之理。此宇宙萬物發生之通則也"。⑥ 與此同時,謝無量還闡述了朱子的陰陽五行思想,指出:"蓋陰陽五行,循環錯綜,升降往來,所以生人物之萬殊,立天地之大本也。"⑦並且還具體討論了朱子以陰陽五行解釋天地、自然萬物與人的形成,以及風、雨、雪、雹、霜、露之類的生成。需要指出的是,謝無量還特别讚賞朱子對於天地間各種自然現象形成的解釋,明確指出:"朱子論天地間氣象變化,已有近於科學矣。"⑧

謝無量對朱子宇宙發生論的闡述,影響很大。江恆源《中國先哲人性論》討論"朱熹的論

---

① 鍾泰《中國哲學史(卷下)》,商務印書館 1929 年版,第 41 頁。
② 高名凱《朱子論心》,《正風半月刊》1935 年第 1 卷第 16 期,第 81 頁。
③ 謝無量《中國哲學史》第三編上《近世哲學史(宋元)》,第 61 頁。
④ 謝無量《朱子學派》,第 69 頁。
⑤ 同上,第 70 頁。
⑥ 同上,第 69—71 頁。
⑦ 同上,第 73 頁。
⑧ 同上,第 77 頁。

性學説",不僅先述朱熹的太極論與理氣二元論,而且包含了對朱熹宇宙發生論的闡述,並指出:"朱子推論宇宙萬物發生生長的原因及狀況,頗帶一點自然科學的意味。"①在引述了朱熹有關宇宙成因、宇宙結構以及萬物生成的論述之後,江恆源還認爲,朱熹的論述,"雖未必真能和最近科學一一吻合,但在七八百年以前,已能具有如此理想,的確也算不容易了"②。1931年出版的吕思勉《理學綱要》篇八"晦庵之學",包含了對朱熹宇宙論的闡述,並且指出:"朱子之好學深思,實非尋常理學家所及。故於物理,探索尤勤,發明亦多。衡以科學,固多不足信。然自是當時哲學家一種見解。"③於是,引述了朱熹有關宇宙生成、宇宙毀壞、生物化生的論述,並作了討論,認爲朱熹"深信物理規則",他所謂"雖壞而不斷絶","動静無端,陰陽無始"的説法,"雖置之認識論中,亦無病矣"④。

3. 鬼神論

對於朱子哲學本體論的闡述,除了太極論、理氣論、理一分殊、宇宙發生論之外,謝無量《朱子學派》還專門討論了朱子建立在陰陽二氣原理之上的鬼神論,闡述了朱子所論鬼神之原理,所謂"以二氣言,則鬼者陰之靈也,神者陽之靈也。以一氣言,則至而伸者爲神,反而歸者爲鬼"⑤,並且還具體闡述了朱子對於各種鬼神説法的辨析以及對相信鬼神的批評。謝無量認爲,在朱子看來,"蓋天地間,無非此陰陽之氣。陽便是神,陰便是鬼。推之日月、晝夜、人生、壯老、魂魄、呼吸,有屈伸往來者,皆可謂之鬼神。物物莫不各有陰陽,即莫不各有鬼神"⑥;"又時感陰陽不正之氣,流爲妖異,亦謂之鬼神。要皆是元氣所生,有正有不正,即精粗大小之别,未可以正爲有,以不正爲無也"⑦。

繼謝無量《朱子學派》對朱子鬼神論的闡述之後,1929年出版的周予同《朱熹》指出:"朱熹以爲本體可析爲理氣,氣又可析爲陰陽,而鬼神則不過爲陰陽之靈之别名。陰陽二氣,在宇宙間,無所不在,故鬼神亦無所不在。……鬼神一觀念,由原始的宗教的意味而進於修正的玄學的思辨,則朱熹或不無功績焉。"⑧又説:"朱熹於鬼神一觀念,雖哲學的視爲陰陽之靈之别稱;然對於世俗之所謂鬼神,以及人鬼物魅等,絶不加以否認,而且客觀的承認其存在。就此點而言,朱熹之鬼神論,實未完全脱離原始宗教之意味。"⑨吕思勉《理學綱要》認爲,在朱熹看來,

---

① 江恆源《中國先哲人性論》,商務印書館1926年版,第166頁。
② 同上,第168頁。
③ 吕思勉《理學綱要》,商務印書館1931年版,第98頁。
④ 同上,第99—100頁。
⑤ 謝無量《朱子學派》,第78頁。
⑥ 同上,第79頁。
⑦ 同上,第80頁。
⑧ 周予同《朱熹》,商務印書館1929年版,第39—40頁。
⑨ 同上,第40頁。

"所謂鬼神,初不足怪,亦不必以爲無"①。1937年,李兆民發表的《紫陽理學之我見》則認爲,朱熹的鬼神論"似明尊孔而暗叶於道佛"②。

(二) 心性論與仁學

謝無量推崇朱子言性,指出:"蓋朱子言性,集前世言性者之大成,而爲後世言性者所不能外。"③並且特別强調朱子論性,"自其理氣二元推之"④,"自其理氣二元而以一貫之"⑤,而講天地之性與氣質之性;同時又宗二程"性即理"之説,所謂"萬物莫不同稟此理,即同稟此性",而講人與物之性相同,"其所以不同者,即有通有塞,氣爲之也"⑥。謝無量還非常重視朱子講氣質之性,指出:"朱子謂張、程論性之功,在發明氣質之性。"⑦又説:"朱子嘗以氣質之説既立,而後言性始備。"⑧又説:"古來論性,説至糾紛。自程朱立理氣二者爲宇宙根本原理,遂分別本然之性與氣質之性二種:一屬於理;一屬於氣。要之朱子之説,尤爲詳密,論性者至是有條貫可尋。"⑨

謝無量認爲,朱子言心,既講"心雜理氣,兼包藏善與不善"⑩,又講"心、性、理之一貫","理在心中"⑪;同時又認爲,朱子推崇張載所謂心統性情,既講心與性情之別,又講心總包性情。謝無量還説:"朱子近宗張、程,遠稱孟子,以證心爲主宰,兼攝性情。學者當先明心,得其大本所在,乃可與知性情之辨也。"⑫而且還引朱子所言"心之全體湛然虚明,萬理具足,無一毫(私欲)之間;其流行該遍,貫乎動静,而妙用又無不在焉。故以其未發而全體者言之,則性也;以其已發而妙用者言之,則情也。然'心統性情',只就渾淪一物之中,指其已發、未發而爲言爾。非是性是一個地頭,情又是一個地頭,如此懸隔也",指出:"此就心之作用所從出之地,與性情皆在一處,以發與未發而有不同,不可區別太甚也。"⑬

謝無量論朱子心性,同時又論朱子言仁,並且認爲,朱子論仁,"蓋實本於明道程子之《識

---

① 吕思勉《理學綱要》,商務印書館1931年版,第101頁。
② 李兆民《紫陽理學之我見》,《福建文化》1937年第4卷第24期,第84頁。
③ 謝無量《朱子學派》,第91—92頁。
④ 同上,第92頁。
⑤ 謝無量《中國哲學史》第三編上《近世哲學史(宋元)》,第61頁。
⑥ 謝無量《朱子學派》,第96頁。
⑦ 同上,第101—102頁。
⑧ 謝無量《中國哲學史》第三編上《近世哲學史(宋元)》,第62頁。
⑨ 謝無量《朱子學派》,第114頁。
⑩ 同上,第116頁。
⑪ 同上,第118頁。
⑫ 同上,第121頁。
⑬ 同上,第123頁。

仁篇》",還説:"朱子既承明道之説,以仁爲五常百行之首,至善之源,而又遠推本《乾·文言》之曰'德',《孟子》之'四端',故以信屬於誠,以仁義智(義禮智)三者爲統於仁,乃作《仁説》。"①對於朱子《仁説》以天地生物之心言仁,講四德統於仁,謝無量説:"朱子以仁爲天地生物之心,蓋心統性情,性情之發而得其正者,莫大於仁。故仁可以包貫諸德也。朱子以天地生物之心喻仁,故以五常、百善,皆自生意推之,同爲一本所分。"②又説:"蓋仁義禮智,猶春夏秋冬始皆自一氣發生。初發者是仁,故譬之於春,譬之於元,可以統三者,必貫通本末而觀,仁之體用乃顯也。"③與此同時,謝無量還具體分析了朱子有關求仁以及仁與恕、仁與公、仁與愛、仁與去私欲關係的論述,指出:"蓋曰恕,曰公,曰愛,曰無私欲,無非仁之一端,而非仁之全體,但能識其全體根本之所在,而後推之於其枝葉,則凡親親、仁民、愛物之事,莫不在其中矣。"④並且説:"綜而論之,爲仁不外一心。一心敦篤虛静,是爲爲仁之本。以敦篤虛静,乃能去私欲也。去私欲則公,公則仁矣。恕與愛二者,是仁之效。恕則仁之施,愛則仁之用也。此就'仁'字本義而言。若推而達之,凡禮義信智,及一切萬善,何莫非仁之所統乎?"⑤

在謝無量看來,朱子心性論強調"心"與"性"的一貫,而與陸九淵、陽明的"心即理"大同小異,同時,朱子仁學較多地偏於程顥,而不同於在宇宙觀上偏於程頤。這一觀點與過多強調朱子偏於程頤、朱子與陸王之異,形成對照。

謝無量《朱子學派》認爲朱子論仁"本於明道"的説法,影響很大。1928年出版的王鳳喈《中國教育史大綱》論及朱熹教育學説,有"仁説"一節,認爲朱熹論仁"大致本之明道"⑥。1932年,嵇文甫發表的《程朱論仁之闡略》在闡述朱子論仁時,指出:"謝無量氏謂考亭之於仁學,全體大用,體用兼該,表裏精粗,交底於極,斯言諒矣。"⑦讚同謝無量對於朱子仁學的闡述;並且還認爲,程顥受釋老影響深重,其仁學"染有佛老之痕迹者",而朱熹無須假借於佛老之教,只要"窮理以致其知,反躬以造其實"⑧。但又説:"要之,二賢論仁,乃同歸而殊途,皆有功於仁學者,本無所軒輊於其間。"⑨認爲程顥與朱熹在仁學上雖有差異,但終屬殊途而同歸,同源而異流。1937年出版的范壽康《中國哲學史通論》也認爲,朱熹仁學"遠紹孔子的仁説,近承程明道的《識仁篇》的思想"⑩。

---

① 謝無量《朱子學派》,第126—127頁。
② 同上,第128頁。
③ 同上,第133頁。
④ 同上,第137頁。
⑤ 同上,第140頁。
⑥ 王鳳喈《中國教育史大綱》,商務印書館1928年版,第185頁。
⑦ 甫文(嵇文甫)《程朱論仁之闡略》(續),《尚志週刊》1932年第2卷第6—7兩期合刊,第3頁。
⑧ 甫文(嵇文甫)《程朱論仁之闡略》,《尚志週刊》1932年第2卷第4—5兩期合刊,第2頁。
⑨ 甫文(嵇文甫)《程朱論仁之闡略》(續),《尚志週刊》1932年第2卷第6—7兩期合刊,第5頁。
⑩ 范壽康《中國哲學史通論》,上海開明書店1937年版,第358頁。

(三) 工 夫 論

對於朱子的工夫論,謝無量《朱子學派》闡述了朱子論知行關係、格物致知及其與涵養踐履的關係。在知行關係上,謝無量引述朱子所說"知行常相須,如目無足不行,足無目不見。論先後,知爲先;論輕重,行爲重",指出:"朱子亦以行爲重,而論爲學則須先知後行。此自然之序,不可改也。"①明確認爲朱子持"先知後行"之説。同時,他又引朱子所言"《大學》之書,雖以格物致知爲用力之始,然非謂初不涵養履踐而直從事於此也"②。認爲朱子雖然講知爲先,但又必須先行涵養踐履。

在謝無量看來,朱子講格物致知,在於窮理。他説:"凡人行之不善,皆是未行之先,知有所不盡。若夫致知之事,又不外窮理,理即人人所自具者也。"③所以,謝無量還説:"朱子爲學,以格物致知、窮理居敬爲主。嘗舉程子'涵養須用敬,進德(學)則在致知'二語教人。然格物致知,與窮理居敬,本是一貫。"④認爲朱子講格物致知,與朱子工夫論所謂"居敬窮理"是一致的。

謝無量認爲,朱子雖然講知爲先,但"致知者,所以爲力行也"⑤,並且還説:"力行之前,固在先致其知;方行之際,尤當斷斷於理欲、義利、是非之辨,而後立心處事,庶乎得其正矣。"⑥所以,他對朱熹理欲論作了分析,並且指出:"天理、人欲,不外一心;一心所包,不外善惡。善即是天理,惡即是人欲;善即是義,惡即是利。能先知去惡,則可以爲善矣。"⑦這實際上是把朱熹"存天理、滅人欲"解讀爲人的内心上的"去惡"、"爲善"。謝無量還説:"朱子論行爲之善惡,以爲必先有是善心,而後能行善事。至於所以使之有是善心者,不外平日講明義理。及熟習於此,則應物自能曲當。"⑧

謝無量對朱子的道德修養方法作了闡述,並特别强調心的修養,指出:"朱子以爲衆德皆出一心,而以仁爲主。其論德之修養,即心之修養也。人能知所以存心,則應萬事而無不善。"⑨謝無量所討論的朱子的道德修養方法,主要包括求放心、持敬、主静、定性等。他説:"朱子所謂存養之方,以求放心爲首。"⑩又説:"蓋'敬'字工夫,至伊川程子始提出。朱子深讚其

---

① 謝無量《朱子學派》,第142頁。
② 同上,第145頁。
③ 同上,第146—147頁。
④ 謝無量《中國哲學史》第三編下《近世哲學史(宋元)》,第63頁。
⑤ 謝無量《朱子學派》,第152頁。
⑥ 同上,第153頁。
⑦ 同上,第156頁。
⑧ 同上,第158頁。
⑨ 同上,第160頁。
⑩ 同上。

妙。……嘗曰：'敬字工夫之妙，聖學之所以成始成終者，皆由此。'"①又説："宋儒多言静坐，蓋此亦養心之法，而敬義之所從出也。……《語類》曰：'明道教人静坐，李先生亦教人静坐。蓋精神不定，則道理無湊泊處。'"②"朱子固嘗以静坐教人，唯不專主静坐耳。"③還説："定性爲存養之極功。蓋養之於此心未發之際，則其發也，自然中節。……唯性定則可以動静如一，内外無間矣。"④

顯然，在謝無量看來，朱子的工夫論雖然講知爲先，但更多講心的修養，尤其是講程顥的静坐；同時，謝無量還把程顥《定性書》所言"定性"看作朱子的"存養之極功"，强調朱子在工夫論上對程顥的繼承。

謝無量從"本體論"、"心性論"和"工夫論"三個層次對於朱子哲學的闡述，内容詳實且較爲完整，不少觀點得到學者認同。他的《朱子學派》影響很大，甚至20年之後，直到1937年，由福建協和大學福建文化研究會主辦的《福建文化》發表"福建理學專號"，其中郭毓麟《論宋代福建理學》在闡述朱子哲學時，還完全是依據謝無量《朱子學派》的有關章節予以縮編，主要涉及謝無量《朱子學派》所述第二編第一章"朱子哲學"第一節"太極及理氣二元論"，第二章"朱子倫理學"第一節"性説"、第四節"致知與力行"和第五節"德之修養"⑤。

五、朱子學與陸王的異同

朱子學與陸王的異同，一直是朱子學研究的重要問題之一。蔡元培《中國倫理學史》中的第三期"宋明理學時代"，除了第九章"朱晦庵"討論朱子倫理學思想，還在第十章"陸象山"中包含"朱陸之論争"，專門就朱陸兩派的形成發展以及朱陸的差異作了具體闡述，指出："朱子偏於道問學，尚墨守古義，近於荀子。陸子偏於尊德性，尚自由思想，近於孟子。"⑥又説："朱學泥於循序漸進之義，曰必先求聖賢之言於遺書，曰自灑掃應對進退始。其弊也，使人遲疑觀望，而不敢勇於進取。陽明於是矯之以知行合一之説。"⑦與此不同，湯用彤的《理學譫言》，更多地强調朱子與陸王的小異而大同、殊途而同歸。他在講理學爲"中國之良藥也，中國之針砭也，中國四千年之真文化真精神也"的同時，又説："理學中之大者曰程朱，曰陸王。程子沈潛，

---

① 謝無量《朱子學派》，第165頁。
② 同上，第170頁。
③ 謝無量《中國哲學史》第三編上《近世哲學史（宋元）》，第63頁。
④ 謝無量《朱子學派》，第177頁。
⑤ 郭毓麟《論宋代福建理學》，《福建文化》1937年第4卷第24期，第30—53頁。
⑥ 蔡元培《中國倫理學史》，第137—138頁。
⑦ 蔡元培《中國倫理學史》，第187—188頁。

至晦庵而其學益密,陸子高明,至陽明而其學益精,一則釀有宋一朝之學風,一則醖有明一代之文化,是皆講學之力也。"①顯然,在湯用彤的救世良藥中,朱子學與陸王之學是相互補充的。就朱子與陽明的異同而言,《理學讞言》説:"二先生之學各有其本根,故曾相抵牾,而其大別則陽明以格致爲誠意,紫陽先格致而後誠意,然而最吃緊處,皆在慎獨則無所同異也。……至如朱王之異同優劣,記者所不能言,亦不敢言,使釋一端之争執而同進於大道。"②

謝無量對於朱子學與陸王異同作了具體的討論。他的《陽明學派》第四編第五章"程朱與陸王"分爲"格物致知説之異"和"講學法之異"兩節。在"格物致知説之異"一節中,謝無量先是闡述了朱子"格物"與陸九淵"格心"之不同,接著從七個方面闡述了朱王在"格物致知"詮釋上的差異:(1)陽明"致知"在於"致吾心之良知","格物"意在"格其非心";朱子"格物致知"在於即物窮理,"推極吾之知識"。(2)陽明謂:"吾欲致其良知,必就每事而正其不正者以歸於正。知惡去惡,知善爲善,即可以進於知行合一也。"晦庵謂:"欲極吾人之知識,必就天下之事,而各窮其理。"(3)陽明謂:"非良知昭明靈覺,則不能判斷是非善惡。"晦庵謂:"人心之靈,凡事物微妙之旨莫不能知。"(4)陽明謂:"非良知光明發耀,即不能充爲善去惡之功夫。"晦庵謂:"非知識完備,不能格窮理之功。"(5)陽明謂:"心外無事,心外無理。"晦庵謂:"天下之事,皆莫不有理。"(6)陽明所謂學,唯在致良知。良知昭明,則萬理自具。施之日用之事,有不待講習而自得其宜者矣。晦庵所謂學,即在天下之事。由既知之理,而益推窮未知之理。(7)陽明以良知猶明鏡照物,良知既明,則衆物之表裏精粗無所不知。晦庵謂:"即物窮理,用力之久,則一旦豁然貫通,物之表裏精粗,無所不到。"③謝無量還説:"程朱論格物致知,重在事實之經驗;陽明論格物致知,重在良心之悟徹。宋明以來論格物,多此二大派之緒也。"④

在"講學法之異"一節中,謝無量又從多個方面闡述朱子與陸王在爲學上的差異:朱子説"即物窮理",陸王偏重此心;朱學爲經驗的、歸納的,或流於支離滅裂;陸王之學,爲直覺的,爲演繹的,其流或入於禪;陸王以德行之本體即學問,朱子先求學問之方法,而後進及於德行;朱子主張"理氣二元"論,陸九淵講"理爲宇宙之一元",陽明講"理氣合一";朱子教人,以道問學處較多,陸九淵則以簡易直截;朱子言學者修身,始於灑掃、應對、進退之末,極之禮法威儀之至;陽明之言禮,則貴簡而不貴繁;朱子以六經爲金科玉律,終身注釋六經,陸九淵則講"六經皆我注脚"⑤。謝無量還説:"程朱、陸王二派,各有所長。學者如欲循序漸進,寧用晦庵之説爲平易著實。陸王主於頓悟,資性聰敏者或好之,然其弊有流於陋,有入於禪,故亦不可不

---

① 湯用彤《理學讞言》,湯一介《湯用彤選集》,天津人民出版社 1995 年版,第 26 頁。
② 同上,第 13 頁。
③ 謝無量《陽明學派》,中華書局 1915 年版,第 143—145 頁。
④ 同上,第 146 頁。
⑤ 同上,第 146—148 頁。

察也。"①

此外,《陽明學派》第三編第三章"知行合一論",有"陽明之論知行與朱晦庵之關係"一節,分析了陽明的知行合一與朱子知先行後的差異,認爲陽明講知行合一,"其根柢無不在於本心之良知",而最終在於"正其念慮爲事","其弊或有流於禪而不自知者";朱子講先知後行,"非不重行,而本於事物經驗以求之","其弊或終身致力於訓詁注釋,以爲居敬窮理之功,至不免流於支離滅裂"②。

正是通過對朱子學與陸王異同的多方面的具體討論,謝無量《中國哲學史》又對此作了概括,指出:"宋學有朱陸兩派對立,後來或尊朱而抑陸,或尊陸而抑朱,故朱陸異同亦哲學史上所不可不考者也。朱子嘗作書與學者云:'陸子静專以尊德性誨人,故遊其門者多踐履之士,然於道問學處缺了。某教人豈不是道問學者多了些子?故遊某之門者,踐履多不及之。'此可爲二家異同之定評。"③又説:"陸學尚簡易直截,朱學重學問思辨;朱學在'即物窮理',陸學言'心即理'。一主於經驗,一主於直覺;一主於歸納,一主於演繹。此其所以卒異也。"④顯然,這是謝無量對於朱陸學術差異的總結。

需要指出的是,謝無量在闡述朱子學與陸王學術差異的同時,又強調二者的相同之處。他的《陽明學派》第四編第二章《朱子晚年定論》明確指出:"陽明與朱子之學,相異之處固多,其中固未嘗無符合者。"⑤《朱子學派》在闡述朱子對古今學術的評論時,其中大量引述朱子對於陸九淵的評述,同時還説:"象山之學,偏於尊德行(性),而略於道問學。朱子以爲其弊且流於禪。鵝湖之會,雖不合而罷,然象山與朱子固絶相重,以後常貽書往來論學。象山不喜濂溪《太極圖説》,謂:'太極之上,不當著無極字。'此爲辨論之最烈者。其後象山訪朱子於白鹿洞,朱子請其講《論語》'君子喻於義,小人喻於利'一章,以示學者。藏而跋之,稱其切中學者隱微深痼之病。顧象山之學亦盛行於世。"⑥謝無量《朱子學派》甚至還認爲,陸九淵以及後來王陽明的"心即理"説,與朱子講"心、性、理之一貫"以及"理在心中","亦無以異矣"⑦。《中國哲學史》在總結朱陸學術差異的同時,又特別指出:"二公於學術雖有爭辯,而交誼固其篤也。"⑧顯然是強調朱子學與陸九淵之學的大同而小異。

謝無量《中國哲學史》對於朱陸異同的討論影響很大。1924年,張恩明發表的《述朱陸學

---

① 謝無量《陽明學派》,第149頁。
② 同上,第60頁。
③ 謝無量《中國哲學史》第三編上《近世哲學史(宋元)》,第71頁。
④ 同上,第72頁。
⑤ 謝無量《陽明學派》,第136頁。
⑥ 謝無量《朱子學派》,第231頁。
⑦ 同上,第118—119頁。
⑧ 謝無量《中國哲學史》第三編上《近世哲學史(宋元)》,第72頁。

說之異同及其得失》從多個方面對朱陸學説之不同作了概括,其中完全引用了謝無量《中國哲學史》中的説法:"陸學尚簡易直截,朱學重學問思辨;朱學在'即物窮理',陸學主'心即理'。總之,一主於經驗,一主於直覺;一主於歸納,一主於演繹。此二氏之學派所以卒異也。"①1925年董西銘發表的《程朱陸王哲學之長短得失》認爲,"程朱尚經驗,陸王重直覺。唯其尚經驗,所以程朱多用歸納法,即物窮理,從經驗上得來;唯其重直覺,所以陸王多用演繹法,心即是理,從直覺上得來。"②賈豐臻的《宋學》在概述"朱陸兩派的異同"時,大量引用謝無量《中國哲學史》所論"朱陸異同",並且也説:"陸學尚簡易直截,朱學重學問思辨;朱學在'即物窮理',陸學言'心即理'。一主於經驗,一主於直覺;一主於歸納,一主於演繹。這就是二人不同之點。"③

六、朱子的教育學説

謝無量《朱子學派》作爲當時中華書局出版的"學生叢書"之一,不僅闡述了朱子的哲學與倫理學,還特別討論了朱子的教育學説。該書第二編第三章"朱子教育説"的第一節"總論爲學之方",再分爲(一)"教育根本原理",(二)"立志精進主義",(三)"實用切己主義",主要討論朱子的教育原理與教育目的。

謝無量説:"朱子以人之生也同稟此理,同稟此性,故人人有窮理盡性之天職;而聖人之生於世,則有教人人使之窮理盡性之責任。"④爲此又明確指出:"人人當以聖賢爲己任,聖賢當以教人爲己任,此朱子教育之根本原理也。"⑤在謝無量看來,朱子的教育在於教人窮理盡性。從這一教育原理出發,謝無量認爲,朱子的爲學之方,最根本的是"當以聖賢爲己任,以學問爲己性分内事"⑥。他還引朱子所言:"學問是自家合做底。……大抵爲己之學,於他人無一毫干預。聖賢千言萬語,只是使人反其固有而復其性耳。"⑦同時,謝無量還認爲,朱子教人爲學,首先是教人"立志精進",就是要把立志當作"學者第一要義"⑧,以爲學者立志,須教勇猛,自當有進;同時又必須"精進不斷",以爲"立志者必當勇猛精進不斷,學乃有成"⑨。這就是所謂"立志

---

① 張恩明《述朱陸學説之異同及其得失》,《東北》1924 年第 2 期,第 29 頁。
② 董西銘《程朱陸王哲學之長短得失》,《來復報》1925 年第 367 號。
③ 賈豐臻《宋學》,商務印書館 1929 年版,第 126 頁。
④ 謝無量《朱子學派》,第 177—178 頁。
⑤ 同上,第 180 頁。
⑥ 同上,第 178 頁。
⑦ 同上,第 178—179 頁。
⑧ 同上,第 180 頁。
⑨ 同上,第 182 頁。

精進主義"。謝無量還討論了朱子的"實用切己主義"。他説:"朱子教人爲學,以實用切己爲主。"①以爲"先由切己實用者,逐一參究,然後乃能推而達之於天下萬事",所以,教人從日用淺近入手,反對好高鶩遠,以爲"積小者致大,行遠者自邇,此事本一以貫之也"②。

謝無量《朱子學派》不僅討論了教育原理與教育目的,而且還進一步討論了教育制度,特別推崇朱子對於小學教育的重視,指出:"教育之事,小學尤要。蓋蒙養以正,則此後之成材可冀也。自周之衰,學校之法廢,小學之制亦亡。有識之士,所爲屢歎。朱子嘗采禮及諸傳記,爲《小學》一書,以教學者,其用意至爲深遠。"③謝無量非常推崇朱子關於小學與大學既相互區別又相互聯繫的思想,指出:"朱子既遵程子遺説,於《禮記》中取《大學》、《中庸》二篇,以爲學者入德之門,然此皆大學之事也。故又別輯《小學》,與《大學》對,庶幾古者教人之法,可由是而明。"④又説:"小學與大學之異,朱子以爲大學所教者在理,小學所教者在事。然理、事終歸一貫。"⑤還説:"朱子以小學工夫爲不可少。後之學者,既不得漸漬古之小學教育,雖年歲長大,仍當擇小學中之有用者補習之。"⑥爲此,謝無量還認爲,朱子特別強調小學教育應當"謹",指出:"小學所當謹,即兒童灑掃應對之類。然平日兒童一小舉動,亦不可不嚴。久之自然純熟,易以入德。"⑦

此外,謝無量《朱子學派》還從教育學的角度概述朱子的讀書法,並且指出:"朱子讀書法,貴於精熟,默識其文句,反復其義理,而深詆貪多欲速之病。此於學者最有益。嘗曰:'大凡看文字,少看熟讀,一也;不要鑽研立説,但反復體驗,二也;埋頭理會,不要求效,三也。三者學者當守此。'又謂:'讀書須切己體察,庶於身心有用,不徒究其文字而已。立言皆平易,可以學者師法。'"⑧爲此,謝無量從《朱子語類》中摘引了大量有關讀書法的重要語録,並特別強調朱子所倡導的"熟讀精思,循序漸進","體之於身,驗之於事"⑨。

謝無量《朱子學派》就朱子教育學説所做出的討論,對後世影響很大。一方面,後來對於朱子學術思想的闡述,有不少包含了朱子教育學説的內容,比如:1929年出版的周予同《朱熹》,其第三章"朱熹之哲學"中的"價值論"有"教育哲學"一小節,對朱子教育哲學作了專題闡述;1933年出版的陳鐘凡《兩宋思想述評》,其第十二章"朱熹之綜合學説"有"教育論"一節,討

---

① 謝無量《朱子學派》,第183頁。
② 同上,第185—186頁。
③ 同上,第187頁。
④ 同上,第188頁。
⑤ 同上。
⑥ 同上,第189頁。
⑦ 同上,第192頁。
⑧ 同上。
⑨ 同上,第210頁。

論朱子的教育思想；1937年出版的范壽康《中國哲學史通論》，在闡述朱子思想時也涉及其教育思想；1947年任繼愈發表《宋明理學家的教育哲學（從朱子到王陽明）》，對於朱子的教育哲學多有闡發。另一方面，不少有關中國教育史的著作，大都包含有關朱子教育思想的論述，比如：1928年出版的王鳳喈《中國教育史大綱》、1929年出版的余景陶《中國教育史要》、1936年出版的陳青之《中國教育史》等，都包含了對於朱子教育思想的專題討論，而且，還有一些專門討論朱子教育思想的學術論文。需要指出的是，這些有關朱子教育思想的闡述，大都對謝無量《朱子學派》中有關朱子的教育學說的論述，有不同程度的參考。比如，周予同《朱熹》在論述朱熹教育哲學時認爲，朱熹的教育目的"以窮理盡性爲極致"，並且以爲"人人當以聖賢爲己任；而其所以能以聖賢爲己任者，第一須立志，其次須精進"，同時"勸勉學者須實用切己"①。1933年，林瑋的《朱子的教育思想》指出："朱子之論教育，以爲人人同稟此理，同稟此性，所以人人有窮理盡性的天職，而聖人有教人人窮理盡性的責任，而窮理盡性之功，尤在於居敬。故其教育的根本原理，是在於明性、居敬之窮理。"②1937年，任時先《中國教育思想史》引朱子所言"凡人須以聖賢爲己任"，並指出："達到聖人之途，又須窮理盡性，故窮理盡性實爲朱子論教育目的之盡處。"③至於如何實現這一目的，任時先認爲，第一須立志，第二是精進，第三是力行，第四是涵養，第五是窮理致知④。這裏講窮理盡性爲朱子的教育目的，要求立志、精進，無疑來自謝無量《朱子學派》，當然又有了更爲豐富的內容。

七、朱子門人及後學研究

朱子門人衆多⑤。關於朱子門人，明代宋端儀《考亭淵源録》卷六至卷二十四以及戴銑《朱子實紀》卷八"朱子門人"都有過叙述，而以黄宗羲《宋元學案》中對於朱子門人的叙述影響最大。此外，還有清代萬斯同《儒林宗派》卷九"朱子學派"、卷十"朱子門人"對於朱子門人的叙述。

民國時期對於朱子門人的研究，始於謝無量《朱子學派》；該書在闡述朱子學的同時，最後還附"朱子門人及宋以來朱子學略述"，分"朱子門人"和"朱子之後學"兩部分。在"朱子門人"一節中，謝無量說："朱子嘗論二程門人，無一人真得其傳者，每以爲歎。然朱子之門，較之二

---

① 周予同《朱熹》，商務印書館1929年版，第29—31頁。
② 林瑋《朱子的教育思想》，《師大月刊》1933年第1卷第4期，第137頁。
③ 任時先《中國教育思想史》，商務印書館1937年版，第195頁。
④ 同上，第195—196頁。
⑤ 陸游曾有"朱公之徒數百千人"之說。《渭南文集》卷三十六《方伯謨墓誌銘》，《文淵閣四庫全書》本。他人甚至還有"朱之門人半天下"之說。《北溪大全集·北溪外集》，《文淵閣四庫全書》本。

程,又若不逮,信乎極盛之難繼也。當時及門有名者,如蔡西山元定及子仲默沈、黄勉齋榦、李敬子燔、張元德洽、廖子晦德明、葉知道味道、李公晦方子、詹元善體仁、陳安卿淳、傅忠簡伯成、徐崇甫僑、輔漢卿廣、楊信齋復、黄商伯灝、石克齋子重;而其造詣精深者,尤推蔡西山父子、黄勉齋、陳安卿四人而已。"①接着,分别簡要介紹了朱子高足蔡元定、蔡沈、黄榦和陳淳的事迹,包括生平、學術和著述等。

　　除了對朱子門人作了闡述,謝無量《朱子學派》還簡要介紹了朱子後學,分爲"宋之朱子學派"、"元之朱子學派"、"明之朱子學派"、"清之朱子學派"四小節,分别從朱子後學的生平和著述兩個方面,簡要介紹宋代朱門私淑魏了翁和朱門後傳真德秀,以及元代朱子學派的代表許衡和劉因,明代朱子學派的代表吴與弼、薛瑄、胡居仁和羅欽順,清初朱子學派的代表顧炎武、張履祥、陸世儀和陸隴其;最後還説:"此外,王夫之、張爾岐、刁包、應撝謙、李光地、張伯行,皆治朱子之學。唯李文貞(李光地)著書規模較爲博大,餘並顧(顧炎武)、張(張履祥)、二陸(陸世儀和陸隴其)之亞云。"②

　　謝無量《中國哲學史》第三編上第十二章"朱子門人",對於蔡元定、蔡沈、黄榦、陳淳的介紹較《朱子學派》略微詳細,並有所評説。對於蔡元定,謝無量説:"西山從文公遊最久,精識博聞,同輩皆不能及,尤長於天文、地理、樂律、歷數、兵陣之説,凡古書盤錯肯綮,學者讀之不能以句,西山爬梳剖析,細入秋毫,莫不暢達。……西山之學,律吕象數最長,於哲學非有獨得之説。然蔡氏一門父子兄弟,並朱學之股肱,西山造次不達,以身殉道,尤爲難能。"③對於蔡沈,謝無量叙述了蔡沈作《書集傳》的過程,指出:"九峰沈潛反復者數十年,而後成書,因數以推理,究極精微,學者重焉。……然《書傳》晚出,亦頗與朱子之説有異同也。"④對於黄榦,謝無量引黄震《黄氏日鈔》所言,講述了朱子之後黄榦"强毅自立,足任荷負",並對朱子門人中的錯誤,"皆一一辨明不少恕"⑤。對於陳淳,謝無量指出:"北溪之學,多述師訓,雖少特見,而實有融會貫通之妙,《性理字義》於心性命道等字,能集衆家而明其精義,是理學之秘要也。"⑥

　　謝無量《中國哲學史》第三編上第十六章"魏鶴山及真西山"認爲,"鶴山哲學,亦絶對之唯心論",他所謂"人心之靈,則所以奠人極,人極立而天地位焉",頗近陸九淵門人楊簡的《己易》;"又謂人生有剛柔故有善惡,在變化氣質,則可以至聖賢矣"⑦。真德秀主張"主敬與致知

---

① 謝無量《朱子學派》,第253—254頁。
② 同上,第262頁。
③ 謝無量《中國哲學史》第三編上《近世哲學史(宋元)》,第64—65頁。
④ 同上,第65—66頁。
⑤ 同上,第66頁。
⑥ 同上,第67頁。
⑦ 謝無量《中國哲學史》第三編上《近世哲學史(宋元)》,第79—80頁。

二者相待爲用,不可偏於一也",而且"於舊説頗能綜貫得力,唯亦罕所發明耳"①。第十七章"元之程朱學派"認爲,元代儒者中以朱子爲歸宿的許衡和劉因,"蓋元所藉以立國者也","二子之中,魯齋功最大,數十年彬彬號名卿大夫者,多出其門,於是國人始知聖賢之學;静修享年不永,所及不遠,然持身高潔,實不可及"②。

應當説,謝無量對於朱子門人以及後學的研究,尚處於起步階段,只是對相關人物及其著述和思想逐一作簡要介紹,但是,這一課題顯然已經成爲朱子學研究中專門的學術問題被提了出來,無疑爲後來的研究開了先河。此後,不少中國哲學史或思想史的通史類著作都包含有對朱子門人蔡元定、蔡沈、黄榦、陳淳的闡述。比如:趙蘭坪《中國哲學史》論述朱子哲學,其中"朱子後繼"一節分爲第一款"蔡西山",第二款"蔡九峰",第三款"黄勉齋",第四款"陳北溪";鍾泰《中國哲學史》第三編有第十四章"蔡西山、蔡九峰";賈豐臻《宋學》"朱子門人"章分爲"蔡西山"、"蔡九峰"、"黄勉齋"、"陳北溪"四節;陳鐘凡《兩宋思想述評》第十三章"朱氏學派",分爲"蔡元定"、"蔡沈"、"黄榦"、"陳淳"四節;陳青之《中國教育史》第二十五章第八節"朱門弟子",分爲"蔡西山"、"蔡九峰"、"陳北溪"、"黄勉齋"四小節;郭毓麟《論宋代福建理學》包括了對"數理派蔡西山先生元定"、"範數派蔡九峰先生沈"、"一本派黄勉齋先生榦"、"道理派陳北溪先生淳"以及"象理派真西山先生德秀"的論述;此外,任時先《中國教育思想史》第九章第三節"各家的教育思想"中有"朱子的門人"一小節,范壽康《中國哲學史通論》第五編第二章"宋明儒家思想的概要"中有"朱熹門人"一小節,直至 1948 年出版的蔣伯潛《理學纂要》第十一章"朱子後學",都對蔡元定、蔡沈、黄榦、陳淳作了叙述。顯然,這一時期學者多把蔡元定、蔡沈、黄榦、陳淳看作朱子的最爲重要的四大門人。

餘　　論

作爲民國時期朱子學研究的先驅,謝無量不僅撰寫了第一部以朱子學爲專題的學術著作《朱子學派》,而且重要的是,他對朱子學的諸多方面都做了深入的研究,提出了不少學術問題,形成了一些重要的學術觀點,其重要貢獻主要有二:

其一,大致確立了朱子學研究的領域。就謝無量的朱子學研究所涉及的各個領域而言,他對於朱子思想淵源、朱子的道統説、朱子哲學、朱子教育説和朱子門人及後學的研究,以及在朱子哲學研究中對於朱子本體論、心性論(包括仁學)、修養論以及朱子學與陸王關係等方面的探討,事實上成爲民國時期朱子學研究的主要領域。尤其是,他對於朱子哲學及其各個領域的闡釋,是民國時期最早運用西方"哲學"概念對於朱子學術思想所作的系統研究。當

---

① 謝無量《中國哲學史》第三編上《近世哲學史(宋元)》,第 81 頁。
② 同上,第 83—84 頁。

然，謝無量的朱子學研究所涉及的領域，還不够完備，有待後來學者作進一步完善。

其二，形成了一些重要的學術觀點。謝無量認爲，朱子早年嘗好宗杲《大慧語録》且與其弟子道謙禪師有過交往；程顥與程頤存在着思想上的差異，朱子對二程的繼承在宇宙論上偏於程頤，而在心性論、工夫論上對程顥多有繼承；朱子所謂道統的相傳之"道"在於仁義之心；朱子的太極，既是天地萬物之根本，又是心之本體；朱子在本體論上繼承程頤而主張理氣二元論；這些觀點在民國時期的朱子學研究中都具有一定的學術價值。此外，他對於朱子"理一分殊"的討論、對朱子以"氣"爲起點的宇宙發生論的闡述、從心性論入手對朱子《仁説》的討論、對朱子工夫論中道德修養方法的探討、對朱子學與陸王異同的細緻辨析，在民國時期的朱子學研究中，無疑都具有開創之功。

正如前面所述，謝無量除了在朱子哲學方面有所創建，在對朱子的教育學説方面，也有自己的創建，並對後來的朱子學研究以及中國教育史的研究具有重要影響。他對朱子門人及後學的研究，在現代朱子學研究上也具有開先河之功。

由此可見，謝無量作爲民國朱子學研究的先驅，是當之無愧的。而且，從謝無量的朱子學研究發展而來的民國時期的朱子學研究，是當今朱子學研究的重要學術基礎。將今天的朱子學研究與謝無量的朱子學研究做一比較，便不難發現：謝無量的朱子學研究已經涉及當今朱子學研究的許多方面；有些學術問題同樣也是當今朱子學研究的重要問題；其提出的觀點，有些已爲當今學術界所共識，有些依然需要作進一步討論，還有些可能對今天的朱子學研究有所啓發。因此，謝無量的朱子學研究不僅是民國時期朱子學研究的重要組成部分，並對民國時期朱子學研究產生過重要影響，同時也應當成爲當今朱子學研究所追溯和利用的學術思想資源。

[作者簡介] 樂愛國(1955—)，男，浙江寧波人。1986年復旦大學哲學系碩士研究生畢業。現爲廈門大學哲學系教授、博士生導師。兼任國際儒學聯合會理事、中國哲學史學會理事、中國孔子學會理事、中國朱子學會常務理事。主要從事中國哲學、朱子學、道教思想史以及中國古代哲學與科技關係的研究。著作有《朱熹〈中庸〉學闡釋》《朱子格物致知論研究》《朱熹的自然研究》《宋代的儒學與科學》《儒家文化與中國古代科技》《王廷相評傳》《道教生態學》《管子的科技思想》等。

試論韓國"儒學"與"諸子學"

[韓國] 姜聲調

內容提要 本論文旨在韓國"儒學"與"諸子學"關係的釐清、韓國"諸子學"的發展、韓國"儒學"對"諸子學"發展的影響等課題。韓國"諸子學"的發展,可以分爲:三國鼎立時期前後到高麗末期、高麗末期到20世紀初期、20世紀初期到21世紀初期三個時期。韓國"儒學"與"諸子學"本來是各自發展並形成不同學科的關係,所謂"儒學"包括"五經"、《孝經》《論語》與《孟子》等經典;"諸子學"包括《老子》《列子》《莊子》《管子》《荀子》《尹文子》《韓非子》《吕氏春秋》《淮南子》等經典。近十年來,"新子學"興起,擴大了"諸子學"的領域,故有必要據此調整韓國"諸子學"的範圍,將《論語》《孟子》納入其中,以此進行一系列的探究。韓國"諸子學"在三國時期前後到高麗末期,學術研究比較自由,進入朝鮮時代後,則受到儒學的制約,主要表現在兩方面:一爲儒學定於一尊,倡導儒學的學風與教化作用,以及"儒學"的大衆化等正面影響;二爲剥奪及阻礙其他學術的發展機會、"儒學"的教條化等負面影響。時至20世紀中期,"儒學"藉西學轉型發展,獲得一定成就,同時也墨守方法論,偏離文本。近十年來,諸子學研究者努力嘗試重回文本,搜集文獻,整理出版,營造新的研究生態環境。韓國諸子學界借鑒中國"新子學"的發展動向,攜手合作,將獲得嶄新的研究成果。

關鍵詞 韓國儒學 韓國諸子學 學風 朱子學 中國語文教科教育論
中圖分類號 B2

一、緣　起

在韓國,"儒學"與"諸子學"兩個名詞的内涵名義有一些複雜性,韓國"儒學"具有"經學"的概念,"諸子學"是指不包含儒家(《論語》《孟子》)的諸子學術①。以"儒學"而言,三國前後到

---

① "諸子學"包括"儒學",只是韓國學者用經學的心態從事研究,未將經學放到"諸子學"的脈絡中去理解。

高麗時期的研究以"五經"、《孝經》與《論語》等經典爲中心,朝鮮到20世紀初期的研究則以"五經"、《孝經》、"四書"(《大學》《中庸》《論語》《孟子》)等經典爲中心。就"諸子學"而言,三國前後到高麗末期的研究範圍以《論語》《孟子》《荀子》《老子》《列子》《莊子》《管子》《尹文子》《韓非子》《呂氏春秋》《淮南子》等經典爲中心;從高麗末期到朝鮮初期的研究以《論語》《孟子》《荀子》《老子》《莊子》等經典爲中心;而從朝鮮中期到20世紀初期的研究則以《論語》《孟子》《荀子》《老子》《列子》《楊子》《莊子》《墨子》《管子》《商子》《申子》《尹文子》《韓非子》《呂氏春秋》《淮南子》等經典爲中心。

歷代"諸子學"至少有前述所列的經典,中國語文教科教育選爲主修教材的,卻只有《論語》《孟子》二種,這是由"儒學"傳韓所引起的現象。因此,《論語》《孟子》二種經典,宜從"儒學(經學)"教科領域中分離出來,列入"諸子學"研究。近十年來,"新子學"興起,重新界定了諸子學的範圍,"諸子學"應在既定範圍上再納入了《論語》《孟子》二種經典。這是要求"諸子學"回歸原來的定位,實爲合乎名義的做法。據此,我們要調整韓國"諸子學"的範圍,納入《論語》《孟子》等經典,因此有必要進行一系列的教學研究。一般來説,過去在韓國學術界"儒學"的發揮比較積極,"諸子學"的發揮則相對消極。因此,到目前尚未有學者對韓國"儒學"與"諸子學"的關係進行深入探究,本文嘗試探論其歷程,以彌補當代對此一重要課題研究之不足。

本論文以韓國"儒學"與"諸子學"爲研究範圍,全力搜集自上古至20世紀初期相關資料,分析歸納,探論相關主題。論文分爲三部分:一是韓國"儒學"與"諸子學"關係之釐清,二是韓國"諸子學"的發展,三是韓國"儒學"對"諸子學"發展的影響,希望通過三個層次的探究,把韓國"儒學"與"諸子學"的關係作一釐清,並有相對客觀合理的回應。

二、韓國"儒學"與"諸子學"關係的釐清

韓國"儒學"與"諸子學"的經典在朝鮮時代以前的中國語文教科教育論上具有極其重要的價值與意義,歷來被學人選作課程教學、教育課程、教科教材等,其效用可觀矣。"儒學"與"諸子學"形成不同學科並各自發展,所謂"儒學"包括"五經"、《孝經》《論語》與《孟子》等經典,"諸子學"包括《老子》《列子》《莊子》《管子》《荀子》《尹文子》《韓非子》《呂氏春秋》《淮南子》等[①]。儘管如此,若《論語》《孟子》列入"儒學",則韓國"儒學"與"諸子學"的關係是分不開的。這是因爲《論語》《孟子》二書本爲儒家經典,儒學歸屬於"諸子學"領域,脱離"經學"而回歸本源,相當合理。

---

① 關於韓國"儒學"與"諸子學"的教科領域,其涉及的領域範圍最大的時期還限於前三國鼎立時期,此則根據前三國時代金石文("碑""記"文)所載相關文字印迹而可得以確立。詳見姜聲調《在韓前三國時代金石文所見〈莊子〉印記述論》(《第二屆莊子國際學術研討會會議論文集》,第453—470頁)一文。

"儒學"傳入時,韓國已有巫術與仙道結合的本土思想,在這一生態環境下,加以儒學、佛學而合流,其情形持續到三國及高麗時代。自三國至高麗時期,以佛學爲宗教思想理念,服務於修身、信仰精神;以儒學爲治國思想理念,服務於政治、教育現實。而"儒學"在朝廷君臣下及民間社會裏發揮了重大的影響力,久而久之逐漸滲透到意識形態、價值觀念等現實生活的方方面面。這一段時期,傳入的"諸子學"不僅有"儒學"一家,還有道家、墨家、法家與縱橫家。從置漢四郡到南北國(統一新羅)時期,百濟最早接受"諸子學",接着高句麗、新羅也有所接受。就"諸子學"的接受,大約可分爲兩個時期來叙述:

其一,從中國引進到國內的時期,再到前三國鼎立(結成羅唐聯軍前)時期"諸子學"接受流傳的歷程。

儒家研究以《論語》等經典爲主。根據現有證據,其接受始於"置漢四郡"時期,即漢武帝討伐朝鮮,分其地置四郡,從此以後,胡、漢稍別①,故而"諸子學"流傳至東。其證據是 2009 年在平壤市貞柏洞出土的樂浪郡初元四年(前 45)木簡,記載《論語》第十一卷《先進》、第十二卷《顏淵》二篇,證明當時"儒學"已經傳韓的事實。至"三國鼎立時期"即高句麗小獸林王二年(372)接受"儒學",成立太學(相當於現在的國立大學),以經典教育子弟②。與此同時,百濟也有引進"儒學"與"諸子學"的記錄,如"其書籍有'五經'、子、史,又表疏並依中華之法"③。幾乎與高句麗立太學同時,有過博士高興記述歷史④、王仁把《論語》《千字文》二書傳日等二事⑤,就足以證明當時已接受"諸子學"的事實。

---

① "元封三年夏,尼谿相參,乃使人殺朝鮮王,右渠來降。……以故遂定朝鮮爲四郡。"(見瀧川龜太郎《史記會注考證》,臺北洪氏出版社 1986 年版,第 1233 頁。)"漢初,燕亡人衛滿王朝鮮,時沃沮皆屬焉。漢武帝元封二年,伐朝鮮,殺滿孫右渠,分其地爲四郡,以沃沮城爲玄菟郡。""漢武帝伐滅朝鮮,分其地爲四郡。自是之後,胡、漢稍別。"(見陳壽《三國志》,臺北洪氏出版社 1984 年版,第 846、848 頁。)

② 金富軾、金鍾權《三國史記·高句麗本紀》:"夏六月,秦王符堅遣使及浮屠順道,送佛像、經文。王遣使回謝,以貢方物。立大學,教育子弟。"(首爾明文堂 1988 年版,第 155 頁。)當時,太學所設置的教育課程有"五經"、"三史(傳)"、《三國志》、《晉陽秋》等,詳見《北史》卷九十四《高句麗傳》。(臺北鼎文書局 1982 年版,第 2067 頁。)

③ 劉昫《舊唐書·東夷百濟列傳》,臺北鼎文書局 1982 年版,第 3625 頁。2005 年在韓國仁川桂陽山城的百濟遺迹裏發掘出一塊《論語》木簡,其製作時間被定爲百濟漢城首都期(前 18—475),可說是"儒學"在三國時期傳韓的最有力證據。

④ 《古記》云:"百濟開國以來,未有以文字記事,至是得博士高興,始有書記。然高興未嘗顯於他書,不知其何許人也。"(金富軾、金鍾權《三國史記·百濟本紀》,第 55 頁。)

⑤ 見舍人親王《日本書紀》卷五《應神天皇》:"十六年春二月,王仁來之,則太子菟道稚郎子師之,習諸典籍於王仁,莫不通達。所謂王仁者,是書首等始祖也。"太安麻呂《古事記》卷三《神天皇》:"百濟國主照古王,以牡馬一疋、牝馬一疋付阿知吉師以貢上。……又科賜百濟國,若有賢人者貢上。固受命以貢上人名和邇吉師,《論語》十卷、《千字文》一卷,并十一卷,付是人即貢進。"

道家研究以《老子》《莊子》爲主。百濟有關記載，如金富軾的《三國史記·百濟本紀》"近肖古王"條說："將軍莫古解諫曰：'嘗聞道家之言，知足不辱，知止不殆，今所得多矣。何必求多，太子善之，止焉云云。'"①近肖古王(346—374年在位)時，從將軍莫古解向太子(後稱爲近仇首王)諫言，其所引《老子》章句證明當時百濟已接受道家思想的事實。高句麗有關記載，如《三國史記·高句麗本紀》"榮留王"條說："(七年)……遣刑部尚書沈叔安，策王爲上柱國遼東郡公高句麗國王，命道士以天尊像及道法，往爲之講《老子》，王及國人聽之。"②在榮留王七年(624)，唐高祖派遣道士傳達天尊像及道法，並把《老子》講給高句麗君臣上下聽。這是高句麗第一次接受道教。又如《三國史記·高句麗本紀》"榮留王"條："(八年)王遣人入唐求學佛老教法，帝許之。"③在榮留王八年(625)，高句麗派人前往唐朝求學道教，唐高宗允許了這一請求。這是高句麗第二次接受道教。又如《三國史記·高句麗本紀》"寶藏王"條說："(三年三月)蘇文告王曰：'三教譬如鼎足，缺一不可。今儒釋並興，而道教未盛，非所謂備天下之道術者也。伏請遣使於唐，求道教以訓國人。'……太宗遣道士叔達等八人，兼賜老子《道德經》，王喜取僧寺館之。"④由於唐朝對老子及道教崇拜備至，淵蓋蘇文在寶藏王三年(643)請求唐朝派人傳教，其主要原因在於化解國家之間緊張情勢。這是高句麗第三次接受道教。新羅有關記載，如《三國史記·列傳》說："今殿下日與狂夫獵士，放鷹犬，逐雉兔，奔馳山野，不能自止。老子曰：'馳騁田獵，令人心狂。'"⑤這是金后稷目睹真平王(579—631年在位)在山野中打獵得過分之情況，諫言於國王時所引《老子》話語。據此，可推斷《老子》一書傳到新羅後，其流傳已有一定時間。又如《三國史記·列傳》說："金仁問，字仁壽，太宗大王第二子也。幼而就學，多讀儒家之書，兼涉莊老浮屠之說。"⑥金仁問(629—694)爲新羅太子，曾入唐進行外交，從小喜愛儒學，兼及老莊道家與佛家之學，是一位大學者。又如《三國史記·新羅本紀》"孝成王"條說："(二年)夏四月，唐使臣邢璹，以老子《道德經》等文書，獻於王。"⑦在孝成王二年(738)，唐太宗使臣獻書於新羅王，這是一次正式傳受到老子《道德經》的事例。

　　"諸子學"剛傳到韓國時就以儒家、道家爲主，在教科領域具有一定的局限性，即儒家有《論語》《孟子》，道家有《老子》《莊子》。顯然，在國內從事研究"諸子學"尚未營造出適當的條件、環境，還停留在初步發展的階段，談不上轉向發展。

----

① 金富軾、金鍾權《三國史記》，第461頁。所引"知足不辱，知止不殆"句出於《老子》四十四章。
② 金富軾、金鍾權《三國史記》，第461頁。
③ 同上。又李昉、王欽若《册府元龜·外臣部》"武德八年"條："高麗遣人來學道佛法，詔許之。"(臺北中華書局1982年版，第999頁。)
④ 金富軾、金鍾權《三國史記》，第479頁。
⑤ 金富軾、金鍾權《三國史記·金后稷列傳》，第516頁。所引見《老子》十二章，與原文"馳騁畋獵，令人心發狂"比較，漏"發"一字。
⑥ 金富軾、金鍾權《三國史記·金仁問列傳》，第492頁。
⑦ 金富軾、金鍾權《三國史記》，第249頁。

其二,統一新羅(南北國)時期,包括從前三國鼎立(結成羅唐聯軍攻破百濟、高句麗)時期到後三國鼎立時期前"諸子學"接受流傳的歷程。

儒家以《論語》《孟子》《荀子》爲主,道家以《道德經》《列子》《莊子》爲主,法家以《管子》《尹文子》《韓非子》爲主,雜家以《吕氏春秋》《淮南子》爲主,以此來從事研究。時至真德女王五年(651),模仿唐朝的"太學"設置了"大舍"(學官)①,講授經學。還有神文王二年(682)成立了"國學",以儒家經典爲主進行中國語文教科教育。關於其經典教育,洪鳳漢在《增補東國文獻備考·學校考》中説:"教授之法,以《周易》《尚書》《毛詩》《禮記》《春秋左氏傳》《文選》,分而爲之業。博士若助教一人,或以《禮記》《周易》《論語》《孝經》,或以《春秋左氏傳》《毛詩》《論語》《孝經》,或以《尚書》《論語》《孝經》《文選》教授之。"②"國學"規定了中國語文教科教育内容,納入其中的"諸子學"課程僅有《論語》一種。此後,至元聖王四年(788)始創仕進考試"讀書三品科",分爲上、中、下三等,選拔優秀的人才。金富軾《三國史記·新羅本紀》説:"四年春,始定讀書三品以出身。讀《春秋左氏傳》若《禮記》若《文選》,而能通其義,兼明《論語》《孝經》者爲上;讀《曲禮》《論語》《孝經》者爲中;讀《曲禮》《孝經》者爲下。若博通'五經'、'三史'、諸子百家書者,超擢用之。前只以弓箭選人,至是改之。"③原來只是用射箭選拔人才的方式轉换爲"讀書三品科",選用通曉儒家經典的人才,改進教育、任用方法及其制度,從而使"諸子學"得到進一步推廣的機會。該制度在教育系統中首次采納"諸子百家"進行中國語文教科教育的教學、選才,實則之前就已有援用"諸子學"的記録。其記録在當時所撰金石文中可以看到,且隨處可見,撰寫時間長達一百七十六年,即自聖德王十九年(720)至真聖女王十年(896)之間。其作者及作品有薛聰(655—?)的《彌勒像造像記》《阿彌陀像造像記》,金弼粤(奚)的《聖德大王神鍾銘》,金憲貞的《神行禪師碑》,金陸珍的《阿彌陀如來造像碑》,未詳法號僧侣的《誓幢和上(尚)碑》,崔賀的《寂忍禪師塔碑》,金穎的《圓朗禪師塔碑》,崔致遠的《朗慧和尚塔碑》《秀澈和尚塔碑》《智證大師塔碑》《崇福寺碑》。諸金石文都是用以"碑""記"二種文體寫成的,其中援引"諸子學"者四家,如儒家有《論語》《孟子》《荀子》,道家有《道德經》《列子》《莊子》,法家有《管子》《尹文子》《韓非子》,雜家有《吕氏春秋》《淮南子》等。

"諸子學"在三國時代儒家與道家合流發展,各有千秋,發揮作用,影響着社會的意識形

---

① 關於"大舍"一詞,金羲滿在《新羅官名"大舍"的運用及其性格》一文中,認爲新羅時代一共有十七等官職,其中"大舍"屬於第十二等官職,從事於主書、主事、主簿等業務。(《東國史學》第五十四卷,首爾東國史學會2013年版,第1頁。)另外,唐潤熙《韓國現存〈論語〉注釋書版本研究》一文説:"統一新羅在學制和教學方面,都模仿唐朝的太學,十分強調經書的研讀。如真德女王五年(651)建立了'大舍',《東國文獻備考》注解爲'國學之官',這顯然是講授經書的學官。"(北京大學中國語言文學研究所博士論文,2006年,第8頁。)

② 洪鳳漢《增補東國文獻備考·學校考》,朝鮮時代《書目叢刊》本,第2890頁。

③ 金富軾、金鍾權《三國史記·新羅本紀》,第65頁。

態。除了儒家孔孟學、道家老莊學之外，還有一定數量發揮"諸子學"的記錄，援引人物是由國內或國外接受漢學的王室貴族子弟、和尚及外交使臣。由其義意而言，"諸子百家"在中國語文教科教育上已列入主修教材，同時也成爲人才選用的教學重點兼衡量標準。

此外，至高麗時代如同前後三國時代，儒學仍在政治、教育制度上發揮着影響力，擔當修身治國的重任。在這一情況下，光宗光德九年(958)采納後周人雙冀(冀)的建議，施行科舉制度，其科目是詩、賦、頌及時務策等。而本來科舉與"儒學"是緊密地結合在一起的，因而應試者就必須閱讀儒家經典，用來準備科考[1]。而所謂"國子監"，是一所最高的官學，設置於成宗十一年(992)，以"五經"爲教程及其教材，並以《孝經》《論語》爲必修的專業基礎學科[2]。由於施行科舉、設置國子監等措施，促使更多學子埋頭專治"儒學"，結果需要更大數目的書籍，爲滿足這種需求而從宋朝引進大批的漢籍，曾有二度引進的記錄，如淳化四年(993，高麗成宗十二)，太宗贈送版本"九經"書；宋真宗大中祥符九年(1016，高麗顯宗七)，高麗使節郭元辭歸，真宗據其所請，送給"九經"、《史記》、兩《漢書》、《三國志》《晉書》、諸子、曆日、《聖惠方》、御詩，並準録《國朝登科記》[3]。在此，要關注的是宋真宗送的書目中有"諸子"的事實，其意義雖不如"讀書三品科"納入"諸子百家"影響大，但在韓國"諸子學"史上亦頗爲重要。

佛教在高麗朝早已成爲主導理念，加上道教及地理讖緯學也在修身、信仰上做出一些社會作用來，具有一種生活信仰的地位。佛教與道教結合舉行"八關會"、"燃燈會"與"醮祭儀式"，護國衛邦，消災招福，共同體現社會意識。至睿宗(1105—1122)，他是一位篤信道教的君王，想把佛家轉變爲道家，並以此作爲主導思想[4]。道教與道家原本關係密切，不可分離，如睿宗即位第二年(1107)閏二月庚子日，元始天尊像安置於延慶宫後苑所在玉燭亭中，舉行醮祭儀式，然後親自蒞臨清燕閣，當場下令韓安仁講論老子《道德經》[5]。不久，《莊子》一書也傳到高麗，其傳韓最早的版本是南宋林希逸的《莊子口義》本[6]，係從海路引進到高麗境内。後至元仁宗時，爲與高麗加强友好關係，把宋朝秘閣所藏書贈送給高麗朝，數量多達一萬七千卷，其中包括《論語》一書。這是因爲隨同忠烈王及世子王原赴元朝的安珦抄録朱熹所撰《四書集注》並帶回國内，其書於高麗末期試作翻刻，從此代替單行本《論語》而流傳，其功勞應歸權溥。

---

[1] 金宗瑞、鄭麟趾《高麗史》卷九十九説："舊制，國子監以四季月六衙日，集衣冠子弟，試以《論語》《孝經》。中者，報吏部。吏部更考世系，授初職。"(崔惟清條影印本，釜山東亞大學出版社1965年版，第1692頁。)

[2] 金宗瑞、鄭麟趾《高麗史·志》卷七十四説："凡經《周易》《尚書》《禮記》《毛詩》《春秋左氏傳》《公羊傳》《穀梁傳》，各爲一經。《孝經》《論語》，必令兼通。……皆先讀《孝經》《論語》，次讀諸經並算，習時務策。"(見《選舉》條下，第42頁。)

[3] 引自楊渭生《宋與高麗的典籍交流》一文，《浙江學刊》2002年第4期，第149—154頁。

[4] 車柱環《韓國道教思想研究》，首爾大學出版部1978年版，第189頁。

[5] 韓國古代社會研究《韓國古代金石文資料集》Ⅲ，慶南駕洛國事迹研究所1992年版，第186、189頁。

[6] 此據車柱環的考證，見聯經文化基金會國學文獻館《中國域外漢籍國際學術會議論文集》第一集，臺北聯經出版事業公司1988年版。

此外,明太祖賜予高麗書籍,包括"四書"在內。其中"四書"一書必定是《四書集注》本。可見,高麗"諸子學"以孔孟儒家、老莊道家爲主,其中代表"諸子學"的《論語》《孟子》二門在中國語文教科教育上選用爲主修教材,扮演了成爲教材與作爲選拔人才之用的經典角色。

從光宗施行科舉以來,高麗朝一向重視"儒學",這一時期的"諸子學"幾乎偏重於儒、道二家,影響所及,其餘諸家不容易從事研究,僅有獲得若干嘗試性發揮的機會,幸虧在中國史書中保存有一段宋真宗送給高麗使節"諸子"書的記錄。而其餘諸家在李奎報與李齊賢所撰《文集》中僅見一些片段的評論性文字①,可以證明當時有一些學者研究"諸子學",遺憾的是止於原地踏步而已。

朝鮮時代,其初起施行政治、教育、宗教制度等方面的改革措施,以儒家爲主導思想,導向一種個人價值觀及社會意識形態。朝鮮公佈《學令》②,標榜獨尊儒家,以程朱理學爲推動力量,其餘諸家學術思想一律列爲異端學而排斥之。實際上,這是一種排斥諸家而獨尊儒家的規定,使各學術流派失去合流發展的機會。更不妙的,是朝鮮設置最高官學"成均館"(太祖七年戊寅,1398),施行科舉制度,其教程及科目以"四書"、"五經"爲主③。"儒學"立足於王朝、貴族,下及一般老百姓的社會裏,能使之在其修身、治國與信仰上發揮巨大無比的影響力。雖然如此,社會仍保留一些議論程朱理學的"諸子學"與美化改朝遷都的讖緯學。朝廷變通利用讖緯學後,不久下令嚴禁讖緯書,實則防不勝防,根本不管用。儒學界不但不排斥讖緯學、老莊道家,私底下從事研究原來列爲異端學的若干"諸子學"與雜學書。在這一氛圍中,有些文人學者嘗試研究老莊道家,"諸子學"命脈得以維持。當時就有一強烈的孔孟儒學熱,"諸子學"研究以朱子《四書集注》爲主,從程朱理學的學風上作發展推廣。

朝鮮初期的"諸子學"以儒家《論語》《孟子》與《道德經》《莊子》爲主從事研究,其中《論語》《孟子》在中國語文教科教育上選爲主修教材。到十七八世紀,通過赴華外交使節與隨行人員、經商購書與國內重刊的方式,一時流傳大量的諸子書,進而帶動朝鮮"諸子學"的發展。結果不局限於儒家(《論語》《孟子》《荀子》),道家(《道德經》《列子》《楊子》《莊子》)、墨家、法家(《管子》《商子》《申子》《韓非子》)也在朝鮮"諸子學"學界獲得了發展平臺與機會。但是,由於當時"辟異"的風氣已蔓延,儒家《論語》《孟子》在中國語文教科教育上選作主修教材,其餘諸

---

① 尹武學《朝鮮時代接受先秦諸子學之情況》一文中説:"關於高麗末期到朝鮮初期荀子的地位與其了解,……針對荀子,始發言論的是從李奎報(1168—1241)與李齊賢(1287—1367)做起的。"見《韓國哲學論集》第 25 輯,韓國哲學史研究會 1988 年版,第 267 頁。

② 閔鍾顯《太學志·學令》卷七説:"常讀'四書'、'五經'及諸史等書,不挾《莊》《老》、佛經、雜流百家子集等書,違者罰。"見《韓國文集叢刊》第 3 册,首爾民族文化推進會 1993 年版,第 83 頁。

③ 《四庫全書·朝鮮志》:"科舉,每於子、午、卯、酉年爲之設三場,初場試論、義二篇,中場賦、表二篇,終場策問。會試則初場講'四書'、'五經',能通者許赴,中場試賦、表、記中二篇,終場策問,通考取之。"(臺北商務印書館 1986 年版,第 377 頁)。

家(包括《荀子》)卻未獲得選用的機會,其價值意義未受到重視。

三、韓國"諸子學"的發展

朝鮮時代以程朱理學爲主導思想,一向秉持此一學風,一層層地加強影響力,一步步地擴至各領域,逐漸滲透到民間生活。當時列爲"儒學"的《論語》《孟子》,成爲中國語文教科教育的主修教材,"諸子學"的其餘各家被排斥,不受重視。從朝鮮時期開始,出現一篇篇不限於孔孟儒家、老莊道家的"諸子學"文章,可説是一件讓人欣慰之事。雖然如此,大體上"諸子學"仍主要受程朱理學的影響。"諸子學(即孔孟儒家、老莊道家)"在韓國的發展大致可分作五個階段加以叙述。

(一) 第一階段的"諸子學"發展

第一階段是朝鮮初到 15 世紀末期。由於這一時期介於高麗末朝鮮初,其學術思想以程朱理學爲平臺推動發展,其主導人物有權近①(1352—1409)與鄭道傳(? —1398)。就"諸子學"而言,鄭道傳有所研究,其《心氣理篇》《佛氏雜辨》二文要達成維護儒家與排斥佛、老的目的,主張"辟異端"。而欲"辟異端",要有一定的理論依據。換句話說,對老、佛要有清楚的瞭解與把握,才能來證明其爲"異端",進而斬草除根②。這是一種類似於"獨尊儒術"式的學術破壞。若要研究老莊道家,非要靠於個人發揮不可。就"諸子學"而言,其中利於議論發揮"儒學"("程朱理學")的方面,有一些皮毛性、局限性的研究成果。相對地,當時孔孟儒學以"五經"、"四書"爲主發展推廣,其有效操作是一種營造文教的環境條件,爲此廣搜書籍,翻刻藏書,奠定了研究的基礎。

世宗至成宗期間從明朝購書的事宜有着決定性作用,從中特別受重視的是明成祖十三年(1415)編纂的《四書五經大全》。朝鮮王朝要確立儒家理念、教導社會意識,需要擴大普及更多的儒家經典,但是只靠購書無法供給其需求量。所以從明朝購買的《四書五經大全》被當作底本翻刻印刷③後,翻刻本就散佈到中央及各地方官府。其書經過幾次重印後,賜給全國各地的鄉校及鄉邑的知識階層人士。

這一階段在中國語文教科教育領域中納入了"諸子學"的《論語》《孟子》二種,其餘諸家(包括《荀子》在内)就不能得到發展的機會。

---

① 據説他有《四書五經口訣》一書,但早已失傳。所謂"口訣"等於是"懸吐"。即語法意義的助詞,就把韓語(格)助詞置於詞句間,并照着韓文語序讀漢文的標記法。
② 見姜聲調《韓國"莊學研究"之簡介》一文,《書目季刊》第 43 卷第 1 期,臺灣學生書局 2009 年版,第 78 頁。
③ 見當時受分配翻刻印刷的地方官府負責書籍,如慶尚監營負責《周易大全》《書傳大全》《春秋大全》三種,全羅監營負責《詩傳大全》《禮記大全》二種,江原監營負責《四書大全》一種。

(二) 第二階段的"諸子學"發展

第二階段是 16 世紀前後。延續第一階段的情況,"諸子學"仍舊服務於"儒學"(即"程朱理學")。在金宏弼、趙光祖等人的帶領下,程朱理學轉變學風,以"道學"爲主導,便成爲一種注重實踐的生活哲學。而後李珥、李滉及其門人從事研究,"道學"發展達到高峰。李珥、李滉二位是最有影響力的學術帶頭人物,分别成立退溪學派、栗谷學派。

從創造"訓民正音"以後,世宗下令使用它解釋漢文經書,稱之爲"諺解"。"諺解"始於世宗三十年(1448),"時集賢殿奉教,以彦文譯'四書',直提舉金汶主之,汶死,集賢殿薦(金)鈞。故特召之,尋拜判宗簿寺事"①。其過程是,先廣搜前人口訣而校正②,再做諺解經籍的工作,做一種有助於理解的正解。在這一時期,諸子學研究以"口訣"本或"諺解"本爲主,《論語》《孟子》與《老子》等書的探討,成果較爲豐碩。這三種是該時期研究"諸子學"的經典。以下按不同學派作一分述:

儒家,是指從事研究《論語》《孟子》《荀子》的學人。李荇(1478—1534)寫了一首《讀荀子》詩,他閱讀《荀子》後表示遺憾,並有感而作的③。其後,李滉(1501—1570)編撰了《四書釋義》(包括《論語釋義》《孟子釋義》)④一套,對朱熹所撰《四書集注》原文有疑難的詞語做韓文解釋,並附加懸吐⑤或注解。該書集中於疑難之處,使用韓漢雙語做解釋,或存疑某說,或並存兩說,或兼及衆說,都臚列相關意見,留待讀者的判斷與商榷。後來,由於李氏門徒從事校正廳的諺解工作,《四書釋義》直接影響了宣祖御制《四書諺解》。李滉門人琴輔(1521—1584)編撰《四書質疑》(包括《論語質疑》《孟子質疑》),跟隨其師受業,與師友提問辨正,並將記録心得成書。如《四書質疑·序》說:"嘉靖丙辰夏,輔始居於寒棲庵之側。灑掃之暇,每講受而問難間,因諸友問辨者而並劄録焉,名之爲《四書質疑》。後之覽者,庶有以參考證云爾。"⑥李德弘(1541—1596)也編撰《四書質疑》(包括《論語質疑》《孟子質疑》),其繼承師門之説,有疑問之處,及時

---

① 《世宗實録》卷一百一十九"三月癸丑"條,《朝鮮王朝實録》第 5 册,首爾國史編纂委員會 1955 年版,第 52 頁。
② 此則《世祖實録》卷三十七"十一年十一月丙辰"條説:"令禮曹廣求本國先儒所定《四書五經口訣》與鄭夢周《詩口訣》。"(《朝鮮王朝實録》第 7 册,第 712 頁。)又卷四十"十二年二月辛巳"條説:"先是分命宰樞出《四書》《五經》及《左傳》口訣,又使諸儒臣校正。"(《朝鮮王朝實録》第 7 册,第 23 頁。)
③ 《容齋集》卷六《讀荀子》:"戰國尚辯士,各用縱橫稱。荀卿當此時,有口若緘縢。著書空萬言,禮義以明徵。賢者未必貴,寂寞死蘭陵。"(《韓國文集叢刊》第 20 輯,首爾景仁文化社 1996 年版,第 445 頁。)
④ 所謂"釋義"一詞,指解釋字、詞、文意義的文字,是先引用前人注釋,然後附加己見的闡釋。在韓語言學中,"注釋"介於口訣與諺解,用韓文來解釋漢文,進而表達相關意見,可説是一種用韓漢雙語作詮釋文本的。
⑤ 所謂"懸吐"一詞,亦稱"懸訣"、"口訣"。"懸吐"指語助詞,介於詞句之間或句末,是一種按着韓文語序閱讀漢文的標記方法。
⑥ 見《梅軒先祖文集》卷三,韓國文集編纂委員會《韓國歷代文集叢書》第 979 册,首爾景仁文化社 1994 年版,第 124 頁。

請教,繼而在師友間進一步講論就正,其有解惑得意之處,彙整成書①。後來畿湖學派金長生、宋時烈等人把該書看作李滉之作,與追隨李氏的嶺南學派間起了爭論,時至今天,綿綿不已。宣祖九年(1576),他擔憂在經書諺解中有不少歧義之處,下令柳希春(1513—1577)與李珥(1536—1584)負責選定經書口訣而進行諺解,先作《大學釋義》上奏,不料柳希春逝世,李珥負責完成《四書諺解》(包括《論語諺解》《孟子諺解》)②。宣祖十七年(1584),李珥也逝世了。而李珥完成的《四書諺解》未及上奏,其著述先用口訣標記,後加韓語諺解,以便瞭解,頗有啓發後學之處。英祖二十五年(1749),洪啓禧(1703—1771)修改刊行此書③。宣祖要完成諺解"四書"、"三經"的工作,李珥死後一年設置校正廳,聚集學者三十一人,接任從事其工作④,成書於宣祖二十五年(1588)。這一御制諺解本,無論中央或地方官府,屢次重刊,其影響力最大。曹好益(1545—1609)所撰《諸書質疑》,收錄於《芝山集》,爲這一時期最後"諸子學"之作,對倪士毅的《重訂四書輯釋通義大成》所收明程復心《四書章圖》中《論語》部分作注解,但該部分不過九條目,故不足以把握其注解心態。曹氏在《諸書質疑》中力求克服《四書集注大全》小注發揮的局限性,並從其理解出發傳授《四書》之旨。

李珥所撰《醇言》一書,亦稱爲《老子抄解口訣》,是注解《老子》之書。所謂"醇言"一詞,"醇"同"純",是指純正無雜之言。如洪啓禧在《醇言·跋文》中說:"異端之所以倍於吾道者,以其駁也。不駁固不無可取,去駁則醇矣。"⑤洪氏所稱"雜",是駁雜的意思。"雜"指的是與儒家經典相悖的理論內容。他認爲李珥的《醇言》從老子《道德經》五千言中采納不悖於儒家學說的兩千九百八十言而成,所以把它稱爲"醇言"⑥。而其注解以朱子爲主而援用諸儒學說,在理論內容上合乎儒家思想之處甚多,可說是一種"以儒解老"的著作。更重要的一點,是從《道德經》五千言中抽出難以理解掌握的核心內容並作注解文字,若讀者學識淺陋、修養不足,便不易掌握之。故李氏在《醇言·總論》中說:"(此書)論上達處多,論下達處少,宜接上根之士,

---

① 關於李德弘所撰《四書質疑》,柳尋春(1762—1834)在《艮齋續集跋》中說:"艮齋李先生,自童卯時,受業於退陶先生之門。既及其世,又同一鄉,朝夕函丈,持書質疑,不得不措。……至於質疑註解諸篇,乃師友間講論就正之作。而有疑必問,有得必書,精粗本末,咸備而無遺。"(《韓國文集叢書》第51冊,首爾民族文化推進會1993年版,第13頁。)
② 《宣祖修正實錄》"十年五月戊子"條說:"弘文館副提學柳希春卒,……晚年奉旨撰定經書口訣諺解,先奏《大學釋義》,餘未及就而卒。"(《朝鮮王朝實錄》第29冊,第78頁。)
③ 對此,洪啓禧在《四書栗谷諺解·跋》中說:"右《四書諺解》,栗谷先生之所詳定也,經書之有諺解,厥惟久矣。"(首爾弘文閣1984年版,第5頁。)
④ 《宣祖實錄》卷二十二"二十一年十月己酉"條說:"甲申年命設校正廳,聚文學之士,校正'四書'、'三經'音譯,仍令諺解,至是告訖。"(《朝鮮王朝實錄》第21冊,第454頁。)
⑤ 洪啓禧《四書栗谷諺解》,首爾民族文化推進會1989年版,第450頁。
⑥ 洪啓禧在《跋》文中說:"栗谷先生嘗抄老氏之近於吾道者,二千九十有八言爲醇言編,仍爲之註解口訣,……啓禧攷本文,蓋去其反經悖理者五之三爾。其取者誠不害乎,謂之醇也。"(《四書栗谷諺解》,第450頁。)

而中人以下,則難於下手矣。"①崔昱(1539—1612)在《南華真經大文口訣》《句解南華真經》上加了懸吐,趁機參閲,便以讀書,有推波助瀾之功。

這一階段的"諸子學"發展情況與第一階段相同,其中《論語》《孟子》二種被列爲中國語文教科教育科目,其餘諸家包括儒家《荀子》都莫能如是。

(三) 第三階段的"諸子學"發展

第三階段是17世紀前後。16世紀以"道學"爲主導學風,17世紀則以"禮學"爲主導學風,栗谷學派金長生、宋時烈、朴世堂、金昌協等從事相關研究。宋時烈是17世紀最有影響力的學術帶頭人物,因而後取其號稱之爲"尤庵學派",主導研究風氣,成一家言,與"退溪(李滉)學派"展開一戰激烈的爭論。在這一情形下,當時的"諸子學"自然而然地受其影響,可分爲儒、道二家學術思想加以叙述。

在儒家方面,這一時期注家輩出,從事學者多達二十三人,集中於《論語》《孟子》二書的研究。該注解始於金長生(1548—1631)所撰《經書論語辨疑》(包括《論語辨疑》)一書,對《論語集注大全》本的小注做辨疑解釋,把其師李珥的"《論語》學説"反映到注解中,對小注持懷疑的態度。他在該書中納入了元明諸儒學説,以及權近、李滉、柳希春、李珥、鄭經世、宋翼弼等人的學説。通過此書可以研究17世紀中期以前的各注家學説,掌握其發展變化的趨勢,分辨異同,取長補短,爲極其重要的文獻資料。李埈(1560—1635)的《經筵手記》,是一種屬於參與朝廷經筵自述解説《論語》的記録。李睟光(1563—1628)的《論語》,收録於《芝峰類説》,基於儒家學説,強調務實,並以此作注解,體現出實學精神。崔睍(1563—1640)的《經筵講義》,是一種朝廷經筵所用講義,其中有解説《論語》之處,收録於《訒齋集》。全湜(1563—1642)的《經筵講義》,朝廷把他提任爲修纂校理參與經筵後,整理出當時解説《論語》的講義,後收入《沙西集》。金守訒(1563—1626)的《論語劄録》一書,是他把李滉的"《論語》學説"反映到注解中,他一生愛讀《論語》與《大學》,以"誠"與"敬"爲修養境地,其書收録於《九峰文集》。李廷龜(1564—1635)的《筵中啓事·論語》,是在朝廷解説《論語》的內容,後收入《月沙集》。他曾一度接受明宋應昌所請進行講經,爲朝鮮中期四大文人之一。權得己(1570—1622)的《論語僭疑》一書,以權威的口吻質疑各方對《論語》的見解,收録於《諸書僭疑》。朴知誠(1573—1635)十歲喪父,其後在單親膝下過日,愛讀《論語》,發奮向上,顯出大儒本色。後來,讀《論語》有得,摘記要點而成《劄録·論語》,其書收於《潛冶集》。趙翼(1579—1655)所撰《論語淺説》《孟子淺説》二種,成書於宣祖二十八年(1595),收録於《浦渚集》。他注解《論語》與《孟子》,從自己獨特的視角解説文本,在相關條目下説明其見解。針對《孟子》一書,趙氏從個人理解出發將《孟子》原文作分類,因而其初起名爲《孟子分類淺説》。其後學在光海君七年(1615)據通行《孟子集注》本作重新分類,分爲上下二册,名爲《孟子淺説》。李植(1584—1647)的《經筵日記

---

① 洪啓禧《四書栗谷諺解》,首爾民族文化推進會1989年版,第450頁。

三條》,乃其任設書(教世子傳授經史道義的正七品官)參與朝廷經筵後所寫日記中解説《論語》文字摘録成書,其書收録於《澤堂先生別集》。李惟泰(1607—1684)所撰《論語答問》《孟子答問》二種,他平時在《四書》中尤其關注於《論語》一書。肅宗十五年(1674),李氏捲入"甲寅禮訟",被流放到平安道寧邊安置,當時在與兒孫討論疑問處的過程中,從府學借《論語或問》參考,並以李珥所批點《四書》小注爲底本,擇取合於《論語集注》的解説,繼而作注解《論語》的工作①。提問的是《大全》本的原文或與《集注》義理有關者,答覆的則大部分從《大全》本小注或《論語或問》中找出來者,或者從李滉、李珥、金長生等諸儒學説,均載録於《論語答問》。同樣,其《孟子答問》的注解體例亦如此。宋時烈(1607—1689)所撰《退溪四書質疑疑義》《論語或問精義通考》二種,前後書的注解著眼於朱熹注,都有一種共同的旨趣,均收録於《宋子大全》。即《退溪四書質疑疑義》對李滉理解的朱熹《四書集注》進行了毫不留情的批判②,其旨在於求朱注本義;《論語或問精義通考》是對朱熹注解的《論》《孟》二書作一種精細確切的瞭解,其旨在於求朱注本義。李榘(1613—1654)的《雜著·讀論語》,爲讀書心得,他認爲李滉是朱子學的真傳人,繼承李滉《論語釋義》的解説,批駁李珥《論語諺解》的解説,其書收録於《活齋集》。吳益昇(1620—1679)所撰《雜録·論語》《雜録·孟子》二種,是在讀《論語》《孟子》二書後,於有需解説之處,引用先儒注解,並加以已見而成,其書收録於《松峰遺稿·雜録》。

朴世堂(1629—1703)所撰《論語思辨録》《孟子思辨録》二種,是分別在其六十、六十一歲時寫成的,各篇章原文在前,其下作注解,後附朴氏意見,若其與朱熹對文本的注解觀點不同,則只引用一部分原文而加以按斷。他對當時性理學主導的學風表示憂慮,帶有脱朱子學或反朱子學的傾向③,提出其文本有關獨自注解的觀點,欲以作探索聖賢之旨的指引者。朴世采

---

① 對此,《草廬先生文集·雜著·論語註解説》(上)説:"容孫以《論語集註》中所疑處爲問目而質之,略已答去,然余方在謫裏,面授且無日。故府學有《論語或問》,亟取而考見,抄其要語,使仲孫寫成一册。且念《集註》下小註浩汗,有難領略,就其中最關於本《註》之義者,亦段段表出。至於吾所自爲説,則此中無他書册,只記其所嘗聞者,亦多註誤。嘗見栗谷先生以朱墨點抹《四書》小註,其取捨之意極爲端的。若復敷演其説,發揮其旨,則足以爲初學墼蒙之資。"(《草廬全書·四書答問·原序》(上),首爾:旿晟社,1984年。)
② 宋時烈對李滉的注解向持懷疑態度,他在《看書雜録》中説:"自兒時見所謂《退溪發明》,中年得見別件,則改名《退溪質疑》,頗有可疑。曾以問於玄石,則所見或有異同,……故問於玄石,三次往復,最後以愚見爲得云矣。"(《宋子大全》卷一百三十一—《雜著》,《韓國文集叢書》第112册,第428頁。)
③ 對此,他在《思辨録·序》中説:"傳曰'行遠必自邇',此何謂也。……今之所求於六經,率皆躐其淺邇而深遠是馳,忽其粗略而精備是規,無怪乎其眩瞀迷亂沉溺顛躓而莫之有得,彼非但不得乎其深遠精備而已,并與其淺邇粗略而盡失之矣。噫嘻悲夫,其亦惑之甚乎。"又説:"及宋之時,程朱兩夫子興,乃磨日月之鏡,掉雷霆之鼓,聲之所及者元,光之所被者普。六經之旨,於是而爛然復明於世,……然經之所言,其統雖一,而其緒千萬,是所謂一致而百慮,同歸而殊途。故雖絶知獨識,淵覽玄造,猶有未能盡極其趣而無失細微,必待乎博集衆長,不廢小善,然後粗略無所遺,淺邇無所漏,深遠精備之體乃得全。"(民族文化推進會《古典國譯叢書》第24册,首爾景仁文化社1976年版,第441—442頁。)

(1631—1695)的《雜著·退溪四書質疑疑義》,屬書信議論,他與宋時烈對李滉的《四書質疑》注解同樣表示懷疑,針對李滉對朱熹注解的理解進行疑義批駁,並以此注解《四書》,此文收錄於《南溪集》。權瑎(1639—1704)的《魯論批註》,以朱熹《四書集注》爲主,批判李珥學説,以李滉學説的思路作注。韓汝愈(1642—1709)的《經史記疑·論語》,對讀書中的質疑加以辯駁,並以此作注解,其書收錄於《遯翁集》卷三。權尚夏(1641—1721)所撰《論語輯義》《論語辨説》二種,分别收錄《三書輯義》《寒水齋四書異同條辨》。《論語輯義》是從《論語集注》《四書集注大全》本的小注中抽出有疑問者進行解説,主要基於朱子學説(即引用《四書集注大全》本小注或《論語精義》《論語或問》等),故常引用李滉、金長生、宋時烈等的學説,最後以己見綜合整理諸儒學説。《論語辨説》是整理《寒水齋集》所載書簡文字的結果,然則從此可把握權氏考證字句的精要確切,及其分辨《四書集注大全》本小注是非的詳細過程①。李世龜(1646—1700)的《論語問目》一書,是相關《論語》問目的書信,其内容涉及到注解問題,收錄於《養窩集》。林泳(1649—1696)的《讀書劄錄·論語》是讀《論語》時所記心得而摘記的,其注解具有一定的義理體系,義正詞嚴,收錄於《滄溪集》。金昌協(1651—1708)的《雜著·論語説》一書,是在韓分析《四書集注大全》本最完整的著作,對《大全》作仔細分析而糾正小注所犯錯誤及其不合理之處。他對《論語集注》《論語或問》《論語精義》表示信賴,卻對《四書集注大全》本從事編纂的人員和工作作了一些嚴厲的批評,尤其指出引用朱熹注解中有文本的錯誤(即從《朱子大全》或《朱子語類》文字節略而來的),以及句讀有誤與引錯人名的事例。

在道家方面,在這性理學風極盛的時期,被列於異端,主要因爲朱子代言孔孟學,而道家游離於朱子學風。此一現象從李榘的《活齋集·理氣諸説》所言可見一斑,他把老子、釋迦、告子、荀子、揚雄、陸九淵、胡五峰、羅欽順、王守仁等人的學術思想列爲異端學②。針對當時學風,有些人敢於求新學風,給老莊道家學術思想的發展帶來生機,其代表有樸世堂《新注道德經》《南華經注解删補》二種及權瑎的《漆園采奇》。

樸世堂《新注道德經》《南華經注解删補》二種,是分别在其五十三、五十四歲時寫成的。《新注道德經》一書,認爲它雖不合乎聖人之意,但在修己治人方面仍有其作用。而其文本被晉代注解家曲解,流毒及於後代,落實於世,使人誤入歧途,歪曲老子之旨。所以樸氏從朱熹的思維方法出發一新視角,以儒解老,從事於注解《道德經》的事宜。《南華經注解删補》一書,搜集歷代中國人的注解,並扼要地整理排列,以儒解莊,然後附樸氏對文本的注解而成書。當時,在韓流傳郭象、吕惠卿、林希逸、焦竑、樸世堂等人的《莊子》注解書,其中林希逸《莊子鬳齋口義》與樸世堂《南華經注解删補》二種大受歡迎,閲讀者也多,盛行於朝鮮中後期。權瑎的《漆園采奇》一書,就以陸西星的《南華真經副墨》爲底本,從《莊子》全文中抽出十分之三的文

---

① 通過書信議論的事例,如李滉與其門人談論經書及其注解,金長生與鄭經世質疑指正學説之處,宋時烈與樸世采質疑李滉對朱子注解的理解,權得己與樸知誡論辯《大學》"格物致知"條等。
② 《退溪學資料叢書》第34册,慶北安東大學退溪學研究所1999年版,第26頁。

字分爲二卷七十二章,把握各章内容的要旨並取符合文意的四字成語爲題名,使讀者可以理解各章内容之旨。權氏以陸西星的注解,取有關注文分配在題名下或文字中間作注解。該書收録於《南谷集》,若説其有獨到之處則僅限於分章、取名的地方。

除了上述的儒、道四家以外,這一階段期間新加入"諸子學"行列的,儒家有《荀子》,道家有《列子》《楊子》,墨家有《墨子》,法家有《商子》《申子》《韓非子》等,其研究成果都是一篇篇的文章,故不得不按時間次序而論之。引人注目的,是李睟光(1563—1628)的《芝峰類説》①、許筠(1569—1618)的《惺所覆瓿稿》②、許穆(1595—1682)的《記言》③等書列入了諸子群書目録,他們都有往來中國的行迹。可貴的是他們都留下了相關"諸子學"的文字,如李睟光在《芝峰類説・經書部二・諸子》中對《老子》《莊子》《列子》《管子》《關尹子》《申子》《文子》《淮南子》《吕氏春秋》等書作了引述評論,抓住重點,简述扼要,頗有見地④。許筠的《惺所覆瓿稿》記載他看了諸子全書後寫出讀書心得來,並於各子後附其内容⑤。許穆的《記言》記載他入金山寺閲讀諸子書後,給各家寫了一篇讀後札記性質的《談評》⑥。其後,任相元(1638—1697)的《乙卯慶尚左道策問》一文,記載了1675年在慶尚左道舉行科舉時當考官出題的内容,其考題大約可分爲六種,即包括分辨真僞、撰寫時期、評估要著、苦心經營、別紀言事、分別古今等問題,

---

① 此書卷七《經書部三・書籍》説:"古今諸子之顯行於世者,有《老子》《列子》《莊子》《關尹子》《文子》《管子》《晏子》《商子》《墨子》《尹文子》《亢倉子》《子華子》《尸子》《荀子》《申子》《鬼谷子》《韓子》《淮南子》《孔叢子》《鶡冠子》《桓子》,又《吕氏春秋》……。"(見李睟光《芝峰類説》,首爾景仁文化社1970年版,第121頁。)金哲範在《朝鮮知識分子閲讀諸子書及其接受的情況》一文引述李睟光所提諸子群書時多加《尉繚子》,又尹武學在《朝鮮朝時期接受先秦諸子學之情況》一文引述李睟光所提諸子群書時則遺漏《淮南子》《孔叢子》《鶡冠子》《桓子》《吕氏春秋》等書目。
② 根據金哲範的《朝鮮知識分子閲讀諸子書及其接受的情況》一文所列諸子群書,有《老子》《列子》《莊子》《管子》《晏子》《商子》《韓非子》《墨子》《荀子》《揚子》《子華子》《孫子》《吴子》《吕子》《淮南子》《文中子》。見Wooli漢文學會《漢文學報》第17輯,2007年,第117頁。
③ 此書卷一上篇《學》中,他讀過的諸子書目録,有《老子》《列子》《莊子》《亢倉子》《文子》《楊子》《墨子》《鄧子》《公孫子》《鶡冠子》《韓非子》《申子》《吴子》《孫子》《尉繚子》《鬼谷子》《管子》《荀子》《吕氏春秋》……《孔叢子》等。見Wooli漢文學會《漢文學報》第17輯,第118頁。
④ 《韓國學基本叢書》第二輯,首爾景仁文化社1970年版,第106—110頁。
⑤ 此書卷十三文部第十《讀・序》:"余在扶寧無事,適得《諸子全書》慣讀之。因疏所得,題於各子之後,非敢自是鄙見也,聊以形吾穢耳。"(許筠《惺所覆瓿稿》,首爾成均館大學校大東文化研究院1961年版,第137—140頁。)
⑥ 《記言》卷一《談評》:"金山寺閲諸子,作《談評》九百餘言。"(《韓國文集叢刊》第148輯,首爾景仁文化社1999年版,第31頁。)許氏在《談評》一文中所提諸子及其書,如有老聃《道德》、莊周、列禦寇、庚桑楚、墨翟、相里墨、擔芬墨、鄧陵墨、胡非隱埋之墨、鄧析、申不害、韓非、公孫龍、衛鞅、鶡冠、文子、吴起、孫武、尉繚、《陰符》、鬼谷、鶡熊、吕、商、《管子》、孔鮒《連叢(孔叢子)》等。(《韓國文集叢刊》第148輯,第31—32頁。)

收録於《恬軒集》①。金昌協(1651—1708)的《性惡論辨》一文收録於《農巖集》②,認爲荀卿所言"人性惡"屬於"氣",而"氣"兼有善與不善,將把人之不善(人性惡)看作"氣"的有所作爲,不異乎孟子所言"人性善",可惜的是荀氏未有顧到性氣之分、善惡之本。

除了《論語》《孟子》《老子》《莊子》四家以外,這一階段的其餘"諸子學"也有一定的發展,主要在相關文章中闡述觀點,與高麗時期相較,其發展水準更高、教科領域也更大些。《論語》《孟子》二種依舊納入中國語文教科教育領域中,尚是一種難以改變的局面。

(四) 第四階段的"諸子學"發展

第四階段是 18 世紀前後期。這一時期在學術界起了大幅的變化,以"實學"爲主導學風,舊態一新,據實證明,受到明清兩代考據學的影響。其結果產生經世致用、利用厚生的觀點,反思"理學",務實求新,進一步關心各種學問領域,如魚有鳳、李瀷、洪大容等人是引領學術界的代表人物。顯然"實學"影響"諸子學",使之傾向於力求舉證,以下從儒、道二家學術思想進行論述。

在儒家方面,17 世紀尤庵學派主導的學術界堅持崇信朱子學説,猛烈地批駁李滉對儒學經籍的注解,進入 18 世紀,退溪學派恢復主導權而占上風,獲得反駁尤庵學派對李滉學説所持觀點的機會,兩派陷於激烈的論戰中。有些人固守崗位,關注時代變化的趨向,就與"實學"同步並進,謀求一種轉型發展。鄭齊斗(1649—1736)撰《四書説》(包括《論語説》《孟子説》),收録於《霞谷集》。爲注解《論語》《孟子》二書,利用書信與宋時烈議論文本意思、個人立場的問題,他立足於朱子學説,並采納陽明學的立場。李萬敷(1664—1732)的《四書講目》(包括《論語講目》《孟子講目》),是他從五十二歲到六十五歲間研究朱熹《四書集注》所得,其過程中堅持重視《四書》的立場,堅持接受朱氏解説③。魚有鳳(1678—1752)的《論語詳説》一書收録

---

① 《恬軒集》卷三十《乙卯慶尚左道策問》:"或云《莊》《列》頗多僞撰,《管》《晏》非其自著,其論然歟?試因文字淺深而求之,果爲何時歟?如《鶡冠》《孔叢》,定是贋書;《關尹》《文子》,亦皆可信歟?《吕氏春秋》,果無一字之增損;《戰國》諸策,果爲天下之要書歟?鬼谷捭闔,迨不可讀而能存;鄒衍五行,入秦見采而不傳者,何歟?孫武之兵家、荀卿之大儒,其道天壤,而制作之工,或以爲孫不讓荀,然歟?商鞅、韓非,其術相沿。《韓》則見於言者也,《商》則施於事者也。其書亦果有精粗之别歟?《周書》發於晉末,而謂夫子删收之餘。《陰符》得於唐時,而有窺測天道之稱。其爲古書,亦無可疑歟?"(《韓國文集叢刊》第 148 輯,第 474 頁。)
② 在《文集》卷二十五《雜著》中,見《韓國文集叢刊》第 162 輯,第 205—206 頁。
③ 對此,他在《息山先生文集·序》中説:"余少頗汜濫,務博無所得,反求之《四傳》。讀《大學》三年,讀《論語》《孟子》八年,讀《中庸》亦三年。十有餘年之間,非疾病憂故、征邁人事所關,則其呻吟占講誦。點竄論討,唯在《四傳》,漸覺意思,平實專静,不若向來之鬧擾雜駁。……或曰:'朱子集註章句之書,既剖析詳密,無復餘藴,不宜下以一言。'是則不然。夫《四傳》之於人如菽粟,然食之多少,味之淺深,在其人焉。古人雖已言,獨不可以言,吾食味之所及,以自觀乎?"(《霞谷集》卷十七,首爾大洋書館 1973 年版。)

於《淵泉集》,是其師金昌協與金時佐二人一起編纂,不料中途而廢,到魚氏手上才成書。雖然它對《論語》進行整體的解説,但亦收録《論語集注》《論語或問》《論語精義》等所見朱子解説。李顯益(1678—1717)所撰《論語説》一種,分爲上中下三部分,收録於《正庵集·雜著》卷十、十一、十二。李氏是屬於"尤庵學派"人物,其書參考多方見解,超越學派的立場,甚至納入對"尤庵學派"持着批判立場的解説,如朴世堂的《思辨録》。他認爲朱子所撰《章句》《集注》《精義》《或問》等的解説足以采信,但《四書大全》本小注只能確信朱子及其弟子的問答,其餘則不然。李瀷(1681—1763)所撰《論語疾書》《孟子疾書》二種收録於《星湖全書》,表現其生活與實踐一致的學問經營,他一邊力求原文本義(以經證經),一邊不否認文本有誤(以史證經),堅持一種積極、開放的態度。若有己見,則經過文獻考證,同時也提示了多方資料。

韓元震(1682—1751)的《論語小注劄録》,對《四書大全》本小注懷有疑心,批判三十條小注,其批語載入書中,收録於《南塘集》。柳長源(1724—1796)的《四書纂注增補》《四書小注考疑》二種,對《四書大全》本小注進行徹底的分析,而《論語纂注增補》《孟子纂注增補》二種就以小注解説爲主,整理出《論語精義》《孟子精義》《四書或問》《朱子大全》《朱子語類》等書的注解。安秉傑的《東岩柳長源的經學思想》認爲,柳氏對《四書大全》本小注的關心受到清汪份的《增訂四書大全》的影響①。魏伯珪(1727—1798)的《論語劄義》《孟子劄義》二種收録於《存齋集》,前者以全章爲對象作注解,後者則以抽出各篇的部分章句爲對象作注解。魏氏認爲兩種書文字的特徵在於運用虚字,其分析集中於虚字,這是一種罕見的注解方法。

洪大容(1731—1783)所撰《四書問辨》(包括《論語問辨》《孟子問辨》),是對《論語》《孟子》的意思有疑惑的文字條別列舉而提問之。他用設問形式作注解,提問不記其對象,卻有自問別人作答、自問自己作答(即自問自答)二種形式。崔左海(1738—1799)的《論語古今注疏講義合纂》《孟子古今注疏講義合纂》二種收録於《五書古今注疏講義合纂》,這兩者的特點包括排斥朱子解説、采納清考據學、提出獨自見解等三個方面,並以此注解二書。柳健休(1768—1834)的《東儒論語集解評》一書,搜集自16世紀至19世紀初朝鮮學者對《論語》的注解,其書在朝鮮儒學史上具有極其重要的價值,收録於《東儒四書集解評》。

在道家方面,在這一時期,學術界承襲着"辟異端"的觀點,阻礙學術所能的推廣與發展,跳出魔掌敢於研究異端學,實則是大不易之事。不過托有心人的發揮注解,學術研究亦維持發展,如韓元震(1682—1751)的《莊子辨解》一書就以儒解莊,收入《南塘集》。韓氏對《莊子》内篇作注解,實爲進一步發揮朱熹所評文字,並加上更詳細的内容而成書。它立足於朱熹批評《莊子》的角度與立場嘗試作出分析或批評,反映着當時的不良學風②,是一種絶無僅有的注

---

① 見《退溪學》創刊號,慶北安東大學退溪研究所1989年版,第173—205頁。

② 他在《莊子辨解·序》中説:"無寧就其書而明辨之,使其誠淫邪遁之説,無所遁於天下後世,亦豈不爲吾儒之一大快事也? 余曰:'然,誠子言庶幾。'……余曰:'余雖力微,不能焚絶其書,顧何忍爲箋註?'"(《莊子辨解》,首爾大學奎章閣1716年版,第1頁。)

解書。由其注解方法而言,第一步在每篇首記述篇旨,第二步把各篇文章分爲幾個段落的内容,並將每一段文字意思與全文内容相聯在一起,進行分析檢討。徐明鷹(1716—1787)的《道德指歸》一書收録於《保晚齋集》,反省封閉的人間之世界觀,追求開放的自然界之世界觀,是一種反映徐氏世界觀的心聲之作。徐氏抛開儒道二家相對矛盾之處,擬以借用道家"無爲"克服儒家"儒學"與"人爲"的弊端,提出互補相承的觀點。李匡吕(1720—1783)的《讀老子五則》一書收録於《李參奉集》,就以道德規則爲焦點注解《老子》書,其焦點是"名"與"實"、"善"與"不善"、"正直"與"不正直"等問題,重點在探討其思想内涵。李氏不把《老子》看作"辟異端"議論的對象。李忠翊(1744—1816)的《椒園談老》一書收録於《椒園遺稿》,基於陽明學的觀點,以佛學思維的方式解説《老子》,背離"儒學",是一種反朱子學風的注解書。在注解中,李氏透露了全力地去突破朱子學風,開啓一種新世界觀的心路歷程。柳健休(1768—1834)的《異學集辨》一書,是從"辟異端"的角度批評老莊,並以此維持儒學的地位,繼承道統,傳給後世,其從事撰寫有着一定的使命感。柳氏對其心中代表異端學的老莊進行理論性的批評,指出老莊宇宙生成論的不當之處,同時也從社會倫理的觀點批評無爲自然的不合理之處,主張守住儒學的正統性。但是,仍給老莊留下餘地,對其勤奮、樸素等觀念則持可以接受的態度與立場。柳氏對老莊的批評,可説是一種代表着朝鮮後期轉變爲教條化的"辟異端"的典型。

除了上述的儒、道四家以外,這一階段期間從事研究的"諸子學",儒家有《荀子》,道家有《揚子》,墨家有《墨子》,法家有《商子》《申子》《韓子》等。李瀷(1681—1763)有《荀子》《管子》《莊周》《楊墨僧徒》《孔明喜申韓》《商鞅餘烈》《商鞅變法》,皆收録於《星湖僿説》①;李德懋(1741—1793)有《管子虚傳》《墨翟有將材》,皆收録於《青莊館全書》②;李夏坤(1677—1724)有《申韓出於老子論》一文,以《史記·老莊申韓列傳》所述内容爲範圍,認爲司馬遷承襲其父談,以老子爲宗,可與申韓倫類,互不害義理,持"申、韓以爲老氏之嫡傳者"的看法,收録於《頭陀草》③。如同17世紀的情形,不屬於上述四家的"諸子學"就以單篇文章爲主,對各家著作與其學術思想作了一種總結性的評論。而"諸子學"中的《論語》《孟子》二種繼續納入於中國語文教科教育領域中,其餘諸家則無法得到這種機會,學者只能私底下閲讀發揮。

從17世紀開始,朝鮮學界對"諸子學"表示關心,進入18世紀這種趨勢逐漸增强,朝廷不得不從中國購書供給國内的知識分子,不料其數量不足以達到需求量。因此,就以明沈律所編《百家類纂》爲底本,閔昌道(1654—1725)重刊其書四十卷二十册的木刻本一套。自當時直至後世,賴於這一套書才得以嘗到"諸子學"的真味,後來逐漸推廣到知識分子的世界。

根據金春澤(1670—1717)的《諸子通選·序》一文,表示身爲儒者應該要有擇取閲讀的書

---

① 《星湖僿説》上,見《韓國文集叢刊》第257輯(下),第35、79、186、208、420、468頁,又見第259輯,第555頁。
② 《青莊館全書》卷四、卷五十七,首爾民族文化推進會1993年版,第81、18頁。
③ 《頭陀草》(下),首爾驪江出版社1992年版,第437—447頁。

目,其群書也許稍微不如主修教材,自有一定的價值意義,因而可能別人也需要,難以一概廢棄,故收錄於《北軒集》①。其中列入了一些有參考價值的諸子群書,如《晏子春秋》《荀子》《文中子》《管子》《呂覽》《淮南子》等。安鼎福在《橡軒隨筆下》"讀書"條介紹慎後聃(1702—1761)耽讀《百家類纂》一事,就説:"其一即沈上舍後聃字耳老號遯窩者也,星湖李先生之門人也。與余爲同門,少時嘗一見,與我論讀書之法。……沈氏所撰《百家類纂》數十讀,而其中《道德經》《陰符》《南華》《參同》,則讀至數百。"②慎氏閲讀《百家類纂》後編撰《八家摠論》,是一本評論諸子書的著作。這些事例證明十七八世紀沈律所編的《百家類纂》成爲朝鮮知識分子所愛讀的參考書。與其同時問世的有李宜顯(1669—1745)的《陶峽叢説》,是其晚年的著作,其中列入了二十五種諸子書目録③。

(五) 第五階段的"諸子學"發展

第五階段是 19 世紀前後。基本上,這一時期承襲着 18 世紀的發展趨勢,是朝鮮"儒學"與"諸子學"告一段落並作結的階段。大體説來,朱子學風主導學術界的情形下有一些獨自發展的面貌,轉型成功,就出現了一路發展到高峰的成果。以下就儒、道二家分別叙述之。

在儒家方面,19 世紀的朝鮮"儒學"具有三種不同面貌,如有李震相、郭鍾錫爲代表的"退溪學派",田愚、朴文鎬爲代表的"尤庵學派",丁若鏞、沈大允爲代表的"實學派"。其始於丁若鏞(1762—1836)《論語古今注》一書,收録於《與猶堂全書》,用以"引證"、"質疑"二種方法注解《論語》,所謂"引證"是指引用中國(自漢代至清代)④、日本(江户時代:1603—1867)、韓國(朝

---

① 其《序》曰:"余以謂其儒者,既所宜擇,而他亦或難盡廢。是又所謂求珠玉於瑕類者也。今於其儒者,得《晏子春秋》《新語》《荀子》《新書》《春秋繁露》《韓詩外傳》《新序》《説苑》《鹽鐵論》《法言》《潛夫論》《昌言》《申鑒》《中論》《文中子》;於法者得《管子》;於雜者得《呂覽》《淮南子》《白虎通》;於兵者得《三略》。而其他或雖近理,既以不類,故不取。其與理遠者,則擇無所施。而所擇十九家之中,又各采其英而拔其秀,其略僅四卷而止。仍不揆蒙拙,各爲題評,引之於每首。又謂其儒與諸家,殊無相遠,而不復從類例,惟次以時代。於是書成,則命之曰《諸子通選》。心氏有知,其以爲何如? 然與其繁而徒辭,孰若略而以理? 與其類而無甚別,孰若通而會其歸? 是余之志也。"(《韓國文集叢刊》第 185 輯,第 229—230 頁。)
② 《順菴集》卷十三,《韓國文集叢刊》第 230 輯,首爾民族文化推進會,第 50 頁。
③ 根據金哲範的《朝鮮知識分子閲讀諸子書及其接受的情況》一文"重刊《百家類纂》與推廣閲讀諸子"條列入了相關目録,如有《老子》《莊子》《列子》《荀子》《管子》《晏子》《墨子》《鄧子》《文子》《尹文子》《關尹子》《鶡子》《鶡冠子》《子華子》《亢倉子》《鬼谷子》《公孫子》《商子》《司馬子》《孫子》《吳子》《尉繚子》《韓子》《吕子》《屈子》等。見 Wooli 漢文學會《漢文學報》第 17 輯,第 124 頁。
④ 此書所引書目,有《周易》《尚書》《尚書正義》《詩經》《春秋左氏傳》《春秋公羊傳》《禮記》《大戴禮記》《爾雅》《孝經》《史記》《漢書》《後漢書》《陳書》《管子》《論語正義》《論語集解》《論語集解義疏》《孟子》《四書集注》《四書賸言》《論語古訓外傳》《荀子》《新書》《呂氏春秋》《孔子家語》《經典釋文》《説文解字》《困學紀聞》《朱子語類》《徐氏筆精》等。

鮮當代)學者①的解説,並據此證明丁氏學説的方法;"質疑"是指丁氏對《論語》的核心概念或重要問題指出以往諸儒注解所犯錯誤,提出一種獨自見解的方法。由其內容而言,其特點是采取"質疑"方法注解《論語》的,即對《論語》的重要概念、問題指點前代諸儒注解的錯誤,主張自己獨有見解,糾正錯誤,做出正解,反映着鮮明的個人思想觀念。就與前儒注解做一比較,其書在《論語》的注解上更進一步,與衆不同,可圈可點,有突破性的成就。沈大允(1806—1872)的《論語》一書,其注解排斥注重解釋字句的漢學、思辨觀念的程朱學,把聖賢學説與人類感情、事物實情當作解説的依據,要進行一種重視經驗、實證的注解。而在這一《論語》注解中,就用"忠恕"觀念來克服利害招禍的傾向,體現"與人共利至公"的道理,要企圖解决19世紀所面臨內外問題。李震相(1818—1886)的《論語劄義》一書是屬於朝鮮朱子學風的注解,收錄於《寒洲全書》。其注解不顧《論語集注大全》本小注,也未有以朱子學説爲重的觀念,主張"當活看"②。"當活看",才能把前人注解客觀化處理,並能提出自家見解。他對朱熹注解提出一些批判性的觀點,但語氣不算激烈過分。

田愚(1841—1922)的《讀論語》一書收録於《艮齋先生全集》,基於讀書而窮理,即"讀書窮理"是指讀"四書"、"五經"等書,推"三綱五常"之理。照此,對《論語》有一些添加見解之處,並作注解而成書,可説是第一種全譯《論語》的著作。朴文鎬(1846—1918)的《四書集注詳説》(包括《論語集注詳説》《孟子集注詳説》二種)收録於《壺山全書》,此二種將原文置於上,朱熹《集注》加於原文下,然後用小字詳細説明。説明相當於注解,從《四書集注大全》本小注中選取相關解説而加進朱熹注解,選取歷代朱子學派與朝鮮諸儒的注解,最後提出己見以補充前人不足之處。其體系類似於詞典,具有易於查詢疑難字句的結構形式。郭鍾錫(1846—1919)的《茶田論語經義答問》一書收録於《俛宇文集》,關注於讀書之法(形讀、油讀、心讀③)注解《論語》,對其原文進行一種問答式解説而成書。郭氏從求知達理的角度指出掌握好本義、正義、餘義,進而可以往上推理究明文本的思想。李海翼(1849—?)的《論語》一書收録於《經疑類輯》,承襲"尤庵學派"的《論語》解説,確信朱熹的《四書集注》,並以此作注解。

在道家方面,這一時期的道家研究集中於《老子》一書的注解,如申綽的《老子旨略》一書收録於《石泉遺稿》,從陽明學、實學的角度與立場注解《老子》,努力追求一種做人爲真實敦樸

---

① 引用朝鮮學者有權哲身、李森煥、李秉休、丁若銓、李綱會等人,參金永浩《關於丁茶山解釋〈論語〉之研究》,首爾成均館大學1993年東洋哲學系博士論文,第210—222頁。
② 《論語劄義》"顏子好學章"説:"朱子言聖人無怒,何待於不遷,當活看。聖人非無怒,但不有其怒,怒在物而不在己。"(轉引自李永浩《朝鮮論語學的形成與其開展情形》的注73,《東洋哲學研究》第59輯,首爾東洋哲學研究會,2009年,第163頁。)
③ 所謂"形讀"是指分辨文字的一點一畫,并特別注意聲母發音而念的方法;"油讀"是指摘抉一句的單詞,謀求美文,卻不求其旨,滑溜溜地念的方法;"心讀"是指用心體會書中之道,并以此看作修德心態去念的方法。

的形象。可惜至今其書只剩餘《序》文而已。洪奭周(1774—1842)的《訂老》一書收録於《淵泉集》,就以儒解老,批評《老子》,卻指出老子與孔子非二法,並行不悖,互補齊全,和諧爲一的道理,每次其批評到最後提舉孔子教誨才是萬世之法而作結。洪氏認爲孔子所言"以德報怨"就等於老子所言修德以忘怨。

另外,這一階段從事研究的"諸子學",有法家《商子》的事例。如丁若鏞的《秦孝公用商鞅之法》一文,從《李斯列傳》所載"孝公用商鞅之法"作一起點論述其富國强兵專靠流血刻骨之法而得成的道理,收録於《與猶堂全書》①。可貴的一點,是丁氏解釋經書不拘"諸子學"任何一家,保持開放的心態,客觀合理地接受諸家學説。洪奭周的《諸子精言跋》,涉及諸子各家的辨書真僞、評論人物、評估價值、文藝批評等方面,並以此給學人提示一系列閲讀"諸子學"的視角,收録於《淵泉集》②。

在韓"諸子學",高麗末期之前大抵以儒家爲主發展,其餘諸家卻也有一定的發展,未有阻礙制約之處。在接受程朱理學之後,學術生態環境就起了巨大的變化,"諸子學"的發展並不活躍,而至朝鮮時期諸子學遭遇了進入黑暗期的命運。朝鮮就以性理學爲主導理念,導向一整個社會的意識形態,大大宣傳"辟異端",獨尊儒學。除了孔孟儒家之外,在"諸子學"當中僅老莊道家才獲得了發展的機會與平臺。而儒家埋没於朱子學風,阻礙並制約了其學術的發展。中國語文教科教育在"諸子學"領域中以儒家《論語》《孟子》爲主修教材,進行了學科的教學。

時至現代,在韓"儒學"與諸子學"界正視"西勢東漸"的趨勢,要尋找轉型發展的動力,因而接受西學(西方哲學)以及與此結合來從事研究的生態環境。從漢文學界、中國學界兩方面進行轉型的工作,向着不同趨向,走着不同進程,各自成就顯然頗爲懸殊。漢文學界依舊堅持着舊的觀點,固守傳統方法,不願推陳出新,久而久之,故步自封,再也未有出現超越前人的成果;中國學界則持着面貌一新的觀點,納入西學方法論,主動以新代舊,轉型成功,日益發展,一次次出現有别於前人的成果。

現代韓國"諸子學"以古今或東西爲重點轉型面貌,其始賴於西學建立學術體系,以方法論爲主進行研究,已研究一個多世紀,從中産生出重大問題,其結果造成忽略文本的陋習。由於過於講究方法論,研究成果花樣繁多,卻有偏離文本精神的矛盾③。這一矛盾情形,應想辦法解决,這是一個迫切需要必須解决的首要問題。其解决之道,無疑是"回歸文本",就包括挖掘資料、搜集整理、苦心經營等過程在内。在這一前提下,我們對韓國諸子學的研究情形要有

---

① 《韓國文集叢刊》第281輯,首爾:民族文化推進會,第392頁。
② 《韓國文集叢刊》第293輯,首爾:民族文化推進會,第471—475頁。金哲範在《朝鮮知識分子閲讀諸子書及其接受的情況》一文中對閲讀諸子書的評論歸納爲作者及其書的真僞、作者背景與人品、其書内容與價值、文章體裁與典範等四個方面。見Wooli漢文學會《漢文學報》第17輯,第127—138頁。
③ 姜聲調《在韓國如何去推廣"新子學"》,《諸子學刊》第十三輯,上海古籍出版社2016年版,第350頁。

一種客觀的瞭解與評估,筆者曾在《韓國"莊學研究"之簡介》一文中對其回顧與展望寫得甚爲清楚:

> 前者包括其成果、反省。所謂成果,是指斷代分期、一新面貌、研究領域(範圍、主題)逐漸擴大、研究人員日益增加等趨勢而言;所謂反省,是指研究題目及其内容的重複、研究能力的劣勢、研究品質的偏低、研究交流的不足等問題而言。而後者則針對回顧中所提之反省問題,即對於……研究成果不客觀的四種原因,盡一切努力來面對改進,再接再厲,促使它走上研究的正常軌道。進而我們一定要做到研究資料完備、研究能力加强、研究角度調整、研究視野擴大、研究交流常例化等工作,這些都是研究……的基本條件,也是推動其穩固發展的動力①。

這雖是針對韓國莊子學所言,但韓國"諸子學"所面臨的問題與此大同小異,頗爲類似,亦有值得參考的地方。

反思韓國"諸子學"的問題,要知其然及其所以然,檢討得失,采取有效操作方案,促使研究走上一條正常化的道路。與此同時,從事研究者一定要有注重文本的心態,掌握好變化趨勢,參考研究新動向,發揮義理思想,這是韓國"諸子學"界邁向新發展的契機。近二十年來,韓國"諸子學"界積極地采取行動去改善一系列情形後,其實有一定的改善,如搜集整理文獻資料、擴大研究範圍、改進研究方法等。但是,韓國"諸子學"的研究最集中於儒學方面,其後雖擴及道家、法家、墨家、縱横家等方面,仍然有輕重之分。而由於韓國"諸子學"多少有着守舊學風的成分,與西學交流並進,經過一世紀多的發展進程,未免走進一條墨守方法論之路,故應及時一掃不良風氣。因此,借鑒"新子學"研究的新思潮,與此一同前進,互相切磋砥礪,並肩作戰,肯定會獲得一定的新學術成果。

四、韓國"儒學"對"諸子學"發展的影響

韓國"儒學"與"諸子學"關係密切,在不同時代有其差異(包括不同階段所現出主導理念、學風變化的現象在内),包括從傳韓期到高麗中期、從高麗末期到20世紀初期、從20世紀中期到21世紀初期等三大轉型階段。韓國"儒學"對"諸子學"有一大影響力,發揮決定性作用,無疑是從高麗末期到20世紀初期。該時期對"諸子學"的研究最像樣,雖然其研究範圍限於儒家(《論語》《孟子》二種)、道家(《老子》《莊子》二種),可是比之前發揮得有水準,有聲有色,豐富多彩,很有值得從事研究的地方。

---

① 見《書目季刊》第43卷第1期,臺北學生書局2009年6月,第90頁。

韓國"儒學"對"諸子學"有正、負兩方面影響，以下分別加以叙述。

(一) 正 面 影 響

韓國"儒學"對"諸子學"的正面影響主要在於儒學一尊、倡導學風、教化作用，以及"儒學"的大衆化等方面。"儒學一尊"是指朝鮮王朝以性理學爲主導思想理念，儒家獨佔學術平臺，導向社會意識形態，乃造成"辟異端"的生態環境，其餘波及於 20 世紀初。佛家、諸家學説從學術平臺上被趕走，不遇重回平臺的機會①，幸得個人從事研究而發揮，才能發展推廣，僅僅維持一條命根。而由於研究世稱"異端學"而發揮，有些學者被朋黨之輩迫害，遠走天涯海角。幸得其發揮，後學就賴於這些學者從事研究的成果，能使之進一步研究。

"倡導學風"是指傳韓的"性理學"到 16 世紀突破瞭解理論的階段，開始轉型。朝鮮"性理學"學風有三次轉型，即"道學"轉型爲"禮學"，"禮學"轉型爲"實學"，"實學"轉型爲"節義學"等。"道學"以行動來取代理論，標榜實踐主義；"禮學"討論倫理準則，當作修身齊家治國原理的總和；"實學"以考據學爲其來源，標榜實用主義；"節義學"討論節操精神，強調大義名分。在這些學風的主導下，朝鮮"儒學"影響諸家(老莊)學術的發展，除了極少數以外，其研究只能走一條以儒解老、以儒解莊之路。

"教化作用"是指有助於形成個人價值觀、社會意識形態，教化人性爲善、風俗爲正。借助於"儒學"的人本主義，樹立一種價值觀，爲人處事，結友交際，形成一種意識形態，維持秩序，治國安定。"儒學"取代"佛教"的角色，牽涉到朝廷上下及於老百姓、修身治國及於寄托精神與祭祖報本，發揮了一種包括人文、社會、宗教性作用，是故國人稱之爲"儒教"。"儒學"的教化範圍與作用不限於某一方面，而是照辦一切，無所不包，幾乎涉及到人們的全部生活。其代表性的例子是"三綱五常"。

"儒學"的大衆化是指滲透到日常生活當中，就等於生活化、習慣化。"儒學"影響已超過君臣的範圍，下及於一般老百姓，滲透到一般生活，注入到一身血液的地步，故從韓國人所做所爲中不難發現其氣息痕迹。而經歷了五百年之久，無論國人説什麽話兒、做什麽事兒、信什麽宗教，就從中不知不覺地顯露出一些"儒學"的影子，恐是自然而然的一面。教化效果已到一種身心洗腦的程度，成爲支配性生活習慣，進入到不易或不願改變的階段。其代表性的例

---

① 根據《弘齋全書》卷四十三《左議政蔡濟恭斥邪學劄批》説："異端云乎者，非獨老爲然、佛爲然、楊爲然、墨爲然、荀爲然、莊爲然、申爲然、韓爲然。凡諸子百家有萬其類之書，少拂於正經常道，而非先王之法言，皆是也。……予嘗語筵臣曰：'欲禁西洋書之學，先從稗官雜記禁之；欲禁稗官雜記，先從明末清初文集禁之。大抵正其本者，若迂緩而易爲力；捄其末者，雖切至而難爲功。今子所欲禁者，未必不爲正本之一助。若使孔子得位而行道，諸子百家之説，不得與經傳并行。則孟子何苦而費盡多少大説話，以取時人好辯之譏哉? 適因卿劄，更申臺批未罄之輪囷。卿居廟堂籌謨之地，須以明末、清初文集及稗官雜記等諸册，投之水火，當否?'"(《韓國文集叢刊》第 263 輯，首爾民族文化推進會 1966 年版，第 144—145 頁。)

子是"孝敬"與"禮儀(冠婚喪祭)"。

(二) 負 面 影 響

韓國"儒學"對"諸子學"的負面影響而言,主要在於剥奪機會、阻礙發展、"儒學"的教條化等方面。

"剥奪機會"是指奪走各家學術合流的機會,無法互補相承,豐富其内涵。從上古到高麗末期,儒、道、佛三家與本土學術思想合流,充當修身信仰、教育治國、意識形態、價值觀念等主導思想而起一切社會作用,走進一條前所未有的發展過程。從高麗末起"儒學"傳韓,進入到朝鮮初,以"儒學"爲主導理念,獨尊一家,"辟異端",排斥其餘百家之學,從此各家學術思想合流一事已成爲歷史,再也未有一次獲得轉機合流發展。

"阻礙發展"是指"儒學"擋住其餘諸家學術思想自由發展之路,不尊重其學術體系特有面貌,自以爲是,裁剪弄斷,是一種嚴重破壞學術的做法。由於性理學主導學風,雖然私底下從事研究老莊學術思想,可是難免從朱子學説出發進一步注解文本,發揮其義,提出見解,乃舉出孔子所言證實而作結。由此之故,除了少數以外,其成果未免有儒解老、以儒解莊的傾向,雖然亦有從不同角度與立場作注解、反映時代學術思想變化趨勢的價值意義,可是那些只是一點也不顧道家獨有面貌而發揮的結果罷了。其代表性的例子是"辟異端",即其有助於美化改朝遷都的讖緯學、議論發揮"儒學"的老莊學,能使之得以流傳到後世。

"儒學"的教條化是指死也不可動朱子注解一句的看法,並不容任何批判權威説法的主張。諸子學發展到南宋朱熹所撰《四書章句集注》時代,再到傳韓至朝鮮時代,中間隔了漫長時間,歷代注家輩出,學風多次轉變,有可繼承或參考價值的學説,而持着非要朱子學説不可的態度與立場,盲目接受之,不顧一切,封鎖了各家學術思想自行發揮的空間。這不僅僅限制了別家,而是連儒家也不例外,各家學術思想所追求最高理想雖有吻合之處,卻有一連串的體系方法上的不同,試作一方強制性、勉強性的解説,會得到一種事倍功半或勞而無功的結果。其代表性的例子是"斯文亂賊"。"斯文"即"儒學",因而"斯文亂賊"即懷疑"儒學"而改動一個字者爲賊,可謂一種惡習。

韓國"儒學"對"諸子學"有正負兩面的影響,要有一次次的回顧與反省過程,才能使傳統與現代、轉型與發展相承接而發揮更大的效果。韓國"儒學"對"諸子學"有所影響,只有從歷史發展中總結經驗,才能使諸子學煥發新的氣象。

結　　語

自前三國鼎立時期開始,韓國"儒學"與"諸子學"形成不同的學科領域,"儒學"包括"五經"、《孝經》《論語》《孟子》等經典;"諸子學"則包括《老子》《列子》《莊子》《管子》《荀子》《尹文子》《韓非子》《吕氏春秋》《淮南子》等經典。韓國"儒學"與"諸子學"有着不可分的關係,從古到今緊密地聯繫在一起,雖然有時各自發展,有時獨尊一家,經歷了自行、合流或制約的轉變過程。

從三國時期前後到高麗末期,學術發展較爲自由,可以發展推廣,不受任何一種制約的干擾阻礙,諸家學術思想擁有一定的平臺,能夠自由地展翅高飛。不料,朝鮮時期以"儒學"爲主導思想,獨尊儒家,排斥其餘諸家,徹底封鎖了其餘諸家的發展空間。道家專靠個人發揮,維持命脈,有時采取妥協性(以儒解道)或突破性(以道解道)的方法,從事諸子學相關研究。就諸子學發展而言,儒家(《論語》《孟子》二種)、道家(《老子》《莊子》二種)最有可觀的成就,後來卻受到朱子學説的影響,遇到了一定的阻礙。其阻礙導致兩方面的影響,一爲儒學定於一尊,倡導儒學的學風與教化作用,以及"儒學"的大衆化等正面影響;二爲剥奪及阻礙其他學術的發展機會以及"儒學"的教條化等負面影響。

時至 20 世紀中期,"儒學"藉西學轉型發展,獲得一定成就,同時也墨守方法論,偏離文本。近十年來,諸子學研究者嘗試努力重回文本,搜集文獻,整理出版,營造新研究的生態環境。韓國諸子學界借鑒中國"新子學"的發展動向,攜手合作,那麽將獲得嶄新的研究成果。

附表:韓國 16 世紀至 20 世紀初期的"諸子學"著作目録

世紀	諸儒及其生卒年	注 解 書 名	載 録 處
16 世紀	李　滉(1501—1570)	《論語釋義》《孟子釋義》	《四書釋義》
	琴　輔(1521—1584)	《論語質疑》	《四書質疑》《梅軒集》
	李　珥(1536—1584)	《論語諺解》《孟子諺解》《醇言》	《四書諺解》《醇言》
	崔　岦(1539—1612)	懸吐《南華真經大文口訣》懸吐《句解南華真經》	《南華真經大文口訣》《句解南華真經》
	李德弘(1541—1596)	《論語質疑》	《四書質疑》
	曹好益(1545—1609)	《諸書質疑》	《芝山集》
17 世紀	金長生(1548—1631)	《論語辨疑》	《經書辨疑》
	李　埈(1560—1635)	《經筵手記》	《蒼石集》
	李睟光(1563—1628)	《論語》	《芝峰類説》
	崔　晛(1563—1640)	《經筵講義》	《訒齋集》
	全　湜(1563—1642)	《經筵講義》	《沙西集》
	金守訒(1563—1626)	《論語劄録》	《九峰文集》
	李廷龜(1564—1635)	《論語》	《月沙集》

續　表

世紀	諸儒及其生卒年	注　解　書　名	載　錄　處
17世紀	權得己(1570—1622)	《筵中啓事·論語僭疑》	《讀書僭疑》
	朴知誡(1573—1635)	《劄録·論語》 《四書近思録疑義》	《潛冶集》 《四書近思録疑義》
	趙　翼(1579—1655)	《論語》 《雜録·論語淺説》 《雜録·孟子淺説》	《浦渚集》
	李　植(1584—1647)	《經筵日記三條》	《澤堂先生別集》
	李惟泰(1607—1684)	《論語答問》 《孟子答問》	《四書答問》
	宋時烈(1607—1689)	《論語或問精義通考》 《退溪四書質疑疑義》	《宋子大全》
	李　榘(1613—1654)	《雜著·讀論語》	《活齋集》
	吴益昇(1620—1679)	《雜録·論語》 《雜録·孟子》	《松峰遺稿》
	朴世堂(1629—1703)	《論語思辨録》 《新注道德經》 《南華經注解删補》	《思辨録》
	朴世采(1631—1695)	《雜著·退溪四書質疑疑義》	《南溪集》
	權　瑎(1639—1704)	《魯論批註》 《漆園采奇》	《南谷集》
	韓汝愈(1642—1709)	《經史記疑·論語》	《遁翁集》
	權尚夏(1641—1721)	《論語輯義》 《論語辨説》	《三書輯義》 《寒水齋四書異同條辨》
	李世龜(1646—1700)	《論語問目》	《養窩集》
	林　泳(1649—1696)	《讀書劄録·論語》	《滄溪集》
	金昌協(1651—1708)	《雜著·論語説》	《農巖集》
18世紀	鄭齊斗(1649—1736)	《論語説》《孟子説》	《霞谷集》
	李萬敷(1664—1732)	《論語講目》 《孟子講目》	《四書講目》
	魚有鳳(1672—1752)	《論語詳説》	《淵泉集》
	李顯益(1678—1717)	《雜著·論語説》	《正庵集》
	李　瀷(1681—1763)	《論語疾書》 《孟子疾書》	《星湖全書》

續　表

世紀	諸儒及其生卒年	注　解　書　名	載　錄　處
18世紀	韓元震(1682—1751)	《論語小注劄錄》《莊子辨解》	《南塘集》
	徐明膺(1716—1787)	《道德指歸》	《保晚齋集》
	李匡呂(1720—1783)	《讀老子五則》	《李參奉集》
	柳長源(1724—1796)	《論語纂注增補》《四書小注考疑》	《四書纂注增補》《四書小注考疑》
	魏伯珪(1727—1798)	《論語劄義》《孟子劄義》	《存齋集》
	洪大容(1731—1783)	《論語問辨》《孟子問辨》	《四書問辨》
	崔左海(1738—1799)	《論語古今注疏講義合纂》《孟子古今注疏講義合纂》	《五書古今注疏講義合纂》
	李忠翊(1744—1816)	《椒園談老》	《椒園遺稿》
	裴相說(1759—1789)	《四書纂要》	《槐潭遺稿》
	柳健休(1768—1834)	《東儒論語集解評》《異學集辨》	《東儒四書集解評》《大埜集》
19世紀至20世紀初	申　綽(1760—1828)	《老子旨略》	《石泉遺稿》
	丁若鏞(1762—1836)	《論語古今注》《秦孝公用商鞅之法》	《與猶堂全書》
	洪奭周(1774—1842)	《訂老》《諸子精言跋》	《淵泉集》
	沈大允(1806—1872)	《論語》	《白雲集》
	李震相(1818—1886)	《論語劄義》	《寒洲全書》
	田　愚(1841—1922)	《讀論語》	《艮齋先生全集》
	朴文鎬(1846—1918)	《論語集注詳說》《孟子集注詳說》	《壺山全書》
	郭鍾錫(1846—1919)	《茶田論語經義答問》	《俛宇文集》
	李海翼(1849—?)	《論語》	《經疑類輯》

［作者簡介］姜聲調(KANG SEONG JO：1966—　)，男，韓國全羅南道人。臺灣師範大學文學博士，現任職於韓國圓光大學校教育大學院。致力於老子、莊子、蘇軾學術思想的研究，著有《〈莊子〉內七篇之宇宙觀研究》《蘇軾的莊子學》《實用中國語語法》，及關於老莊、蘇軾的論文及注釋學論文等數十篇。

《管子》前言

耿振東

《子藏·法家部·管子卷》共收書一百二十八種，整合成精裝十六開本六十六册予以出版。本卷收錄目前所知有關《管子》白文本、注釋本、節選本、校勘本、批校本及相關研究著作，集《管子》各種版本及研究文獻之大成。

一

管子，即管仲，又名管夷吾。謚敬，又稱管敬仲、管敬子。齊桓公九合諸侯、一匡天下，乃管仲之力，遂尊稱其"仲父"。

管仲生年不詳，以齊僖公三十三年（前六九八年）僖公委以重任時約三十歲推算，其生年在公元前七二八年前後。《左傳》對管仲的記載首見於魯莊公八年（前六八六年），時年約四十二歲。關於其卒年，文獻記載頗有抵牾。《史記·秦本紀》載，秦繆公"十二年，齊管仲、隰朋死"，秦繆公十二年（前六四八年）爲齊桓公三十八年。《史記·齊太公世家》曰，齊桓公"四十一年……管仲、隰朋皆卒"，與《秦本紀》不一致。《齊太公世家》又記載，是年"秦穆公虜晉惠公，復歸之"。據《史記·秦本紀》，"繆公虜晉君以歸……許歸之"事在繆公十五年，繆公十五年恰爲齊桓公四十一年，依此，《秦本紀》記載管仲的卒年或許有誤。關於管仲的卒年，另有《左傳》載爲魯僖公十七年（前六四三年），魯僖公十七年爲齊桓公四十三年，與上述記載又不同。《左傳》魯僖公十五年載："秦饑，晉閉之糴，故秦伯伐晉。……秦獲晉侯以歸。……十一月，晉侯歸。"魯僖公十五年是齊桓公四十一年。以《左傳》秦獲晉侯又歸之一事衡之《齊太公世家》，兩者記載頗爲相同。《史記·晉世家》記載，"秦繆公將兵伐晉。……獲晉公以歸。……十一月，歸晉侯"發生在晉惠公六年（前六四五年）。秦繆公十五年、魯僖公十五年、晉惠公六年、齊桓公四十一年係同一年，即周襄王七年，爲公元前六四五年。這樣看來，把公元前六四五年確定爲管仲卒年是比較接近史實的。

對於管仲的里籍，唯一可見的是《史記·管晏列傳》"管仲夷吾者，潁上人也"的記載。潁上,在當時屬於哪一個國家,司馬遷没有説;它的大致位置在哪裏,也没有交代。

三國時期韋昭注解《國語·齊語》:"管夷吾,齊卿,姬姓之後,敬仲也。"韋注没有提及管仲故里,卻透露了管仲姬姓的信息。歷史上有管國,是周武王弟叔鮮的封地。《史記·管蔡世家》載:"武王已克殷紂,平天下,封功臣昆弟。於是封叔鮮於管。"《史記集解》引杜預《注》:"管,在滎陽京縣東北。"《史記正義》引《括地志》:"鄭州管城縣外城,古管國城也,周武王弟叔鮮所封。"據此可知,管氏先祖是管叔鮮,其氏族發源地在管國,即京縣東北、管城縣外城一帶。但管國壽命並不長久。三監之亂後,"周公旦承成王命……殺管叔","管叔鮮作亂誅死,無後"(《史記·管蔡世家》)。"無後"説明管叔鮮的子孫不再享有世襲的特權,管國在歷史上曇花一現後即消失。楊伯峻《春秋左傳注》釋"故封建親戚以蕃屏周。管、蔡……文之昭也"曰:"管在今河南省鄭州市,春秋前已絶封,屬檜,檜滅屬鄭"即申此意。迫於當時的政治形勢,管氏族人可能會遷徙到其他地方。司馬遷不説管仲是"管人",或許與此有關。

司馬遷説的"潁上",《史記索隱》注曰:"潁,水名。《地理志》:潁水出陽城。漢有潁陽、臨潁二縣,今亦有潁上縣。"此處"潁上縣",乃隋朝大業初年新置,在今安徽阜陽。之前,漢置慎縣;春秋名之曰慎,《左傳》哀公十六年記載"吴人伐慎",杜注:"汝陰慎縣也。"顯然,司馬貞説的"潁上縣"與管仲"潁上"没有直接關係。《索隱》又説"漢有潁陽、臨潁二縣",其一在河南許昌,一在河南漯河,與"潁上縣"不是同一個地方。可以看出,司馬貞所言大概不是對"潁上"作解釋,而是僅就"潁"引出潁水,並附帶介紹幾個内含"潁"字的地名。這樣説來,司馬貞對"潁上"所指並不明確。

《漢書·地理志》載:"陽城……陽乾山,潁水所出,東至下蔡入淮,過郡三,行千五百里。"《春秋左傳正義》載:"潁水,出河南陽城縣陽乾山,東南經潁川、汝陰至淮南下蔡縣,入淮也。"陽城,在今河南登封。潁川,治所在今河南許昌。汝陰,約今安徽阜陽。下蔡,約今安徽鳳臺。潁水發源於登封市西境陽乾山潁谷,東南流向,經河南許昌、臨潁、西華、周口、沈丘,進入安徽後流經太和、阜陽、潁上,至西正陽關入淮河。入淮處稱爲潁尾或潁口。潁水之名,估計在西周時期即已出現。周王室有潁邑,在登封縣東。潁谷、潁邑的命名均與潁水有關。

隋置的潁上縣,在古人稱爲潁尾之正陽關西北方六十里處,潁水從這裏再行幾十里即將匯入淮河。《太平寰宇記》以"地枕潁水上游爲名"解釋潁上縣名稱的由來似乎不正確,因爲從潁水的流經路綫看,潁上縣是位於潁水的下游而非上游,把潁上縣與潁水上游聯繫起來有欠妥當。

按常理推測,司馬遷記述管仲里籍,不會憑空杜撰一個名詞,"潁上"一詞肯定有歷史根據。即是説,它在古文獻中出現過,有固定的含義,司馬遷正繼承了這一用法。事實上,《左傳》中是出現過"潁上"一詞的。其成公十六年記載:"七月,公會尹武公及諸侯伐鄭。……諸侯遷於制田。知武子佐下軍,以諸侯之師侵陳,至於鳴鹿。遂侵蔡。未反,諸侯遷於潁上。戊午,鄭子罕宵軍之,宋、齊、衛皆失軍。"此處"潁上"一詞,其大致地理範圍在許昌、臨潁境内潁水流經的那片區域。

"潁上"一詞在先秦典籍中極少出現,在司馬遷之前的漢代典籍中亦未見到,《史記》一書也只是存在於《管晏列傳》中。由此而言,《左傳》成公十六年"潁上"一詞所指應該作爲確定《史記》所載管仲里籍的重要參照。

隋以前的史書中,"潁上"一詞也極少見,大概只在《晉書》中出現兩次。一次在《晉書·趙王倫齊王冏列傳》記載:"泓徑造陽翟(河南許昌禹州),又於城南破齊王冏輜重,殺數千人,遂據城保郟閣。而冏軍已在潁陰(今許昌境內),去陽翟四十里。冏分軍渡潁,攻泓等不利。泓乘勝至於潁上,夜臨潁(指潁水之邊)而陣。冏縱輕兵擊之,諸軍不動。"此處"潁上"或是確切地名,或是表示大致區域範圍的域名,但不管怎樣,它指代潁水流經許昌、臨潁一帶的某片區域。另一次在《嵇紹列傳》,嵇紹對惠帝上疏:"臣聞改前轍者則車不傾,革往弊者則政不爽。太一統於元首,百司役於多士,故周文興於上,成康穆於下也。存不忘亡,《易》之善義;願陛下無忘金墉,大司馬無忘潁上,大將軍無忘黄橋,則禍亂之萌無由而兆矣。"嵇紹也是把當年齊王冏與叛軍交戰的許昌、臨潁境內潁水附近戰場稱爲"潁上"。

綜上可見,"潁上"乃今河南許昌、漯河臨潁一帶潁水流經之地。管仲故里約略在此地域之內。

二

管仲生於東周前期。彼時"天子微弱,諸侯力政,皆叛不朝。衆暴寡,強劫弱,南夷與北狄交侵,中國之不絶若綫"(《説苑·尊賢》)。就管仲即將輔政的齊國而言,前任齊侯襄公對外窮兵黷武、四面樹敵,外部強盛掩蓋不住室如懸磬、"蜩唐沸羹"的内政危機。從周王室的角度看,周天子需要一位既能尊王又能攘夷的諸侯霸主;從地域方國發展的角度看,齊侯需要一位既能富國又能強兵的賢臣良相。經過商、當過兵,始終胸懷家國社稷的管仲,自覺地肩負起這一歷史重任。

管仲治理國家富有改革精神。他讓士、農、工、商四民分業定居,以此穩定社會組織結構,並提高其實際技能。他在"參其國伍其鄙"的階梯式行政管理基礎上,"作内政而寄軍令",把政權建設和軍隊建設暗相結合,組建了一支"世同居,少同遊"(《國語·齊語》),晝戰目以相識,夜戰聞以相親,既是鄰里又是戰友的軍民一體化隊伍。他改變周制"繁而曲"的軍旅編制,代以"簡而直",大大提高了軍隊戰鬥力,被蘇軾譽爲"以之決戰,則庶乎其不可敗,而有所必勝"的"軍旅什伍之數"(蘇軾《管仲論》)。爲了發展齊國的農、商業,他改變過去不分土地肥瘠同等賦税的做法,代之以"相地而衰徵"(《國語·齊語》);他積極發展對外貿易,主動與萊國進行魚鹽商業往來;他強調按時令開發山林湖澤,不在農忙時節亂政撓民,不侵奪人民的牲畜以爲犧牲。一系列"通貨積財"(《史記·管晏列傳》)的經濟政策,不但使人民"不移"、"不偷"、"不苟"(《國語·齊語》),生活安定富裕,齊國也因之"強於諸侯"(《史記·管晏列傳》)。管仲還對西周傳統的貴族世襲制進行改革,實行由下而上薦舉人才的"三選"制(《國語·齊語》)。他憑藉"生、殺、貧、富、貴、賤"(《國語·齊語》韋昭注)六柄,"勸之以賞賜,糾之以刑罰"(《國語·齊語》),實施亦"懷"亦"威"(《國語·晉語四》)的統治策略,成爲法家以法治國的先驅。

管仲爲政,齊國由之富強,下一步則要協助齊桓公稱霸諸侯,完成尊王攘夷的歷史重任。在這方面,管仲更多地繼承了周代的禮樂文化。據《左傳》記載,較典型的事例有以下幾個:一、魯閔公元年,狄人伐邢,管仲對齊桓公諫言:"戎狄豺狼,不可厭也。諸夏親昵,不可棄也。宴安鴆毒,不可懷也。《詩》云:'豈不懷歸,畏此簡書。'簡書,同惡相恤之謂也。請救邢以從簡書。"二、魯僖公元年,"齊桓公遷邢於夷儀。二年,封衛於楚丘。邢遷如歸,衛國忘亡"。三、魯僖公七年,諸侯盟於甯母。"管仲言於齊侯曰:'臣聞之,招攜以禮,懷遠以德,德禮不易,無人不懷。'齊侯修禮於諸侯,諸侯官受方物。"四、魯僖公十二年,"王以上卿之禮饗管仲,管仲辭曰:'臣,賤有司也,有天子之二守國、高在。若節春秋來承王命,何以禮焉? 陪臣敢辭。'……管仲受下卿之禮而還"。管仲的這些外交政策,奠定並維持了齊國在春秋初期長達三十餘年的諸侯霸主地位。

"内諸夏而外夷狄"(《春秋公羊傳》成公十五年),積極開展德、禮外交,顯示出與内政建設不同的思路。可以這樣説,管仲於外交看重傳統,於内政看重創新。他對外秉承周禮,借助西周文化餘威成就了齊桓公九合一匡的霸業;對内排除時弊,勇於改革,使齊國成爲春秋時期第一個國富兵強的國家。

三

《管子》一書,《漢書·藝文志》著録八十六篇,與現存《管子》篇數相同。《管子》分爲八個組别,即"内言"九篇、"外言"八篇、"内言"九篇、"短語"十八篇、"區言"五篇、"雜篇"十三篇、"管子解"五篇、"輕重"十九篇。多數學者認爲,這種分組源於劉向校書。

張守節《史記正義》在爲《管晏列傳》作注時稱:"《七略》云:《管子》十八篇。"此處"《七略》"是阮孝緒《七録》之誤,"十八篇"爲"十八卷"之誤。對此,前人已有論説。這裏需要説明的是,如果阮孝緒《七録》著録"《管子》十八卷",那麽由《漢書·藝文志》的"八十六篇"到《七録》的"十八卷",其間由篇爲卷的變化始於何時,又是何人所爲呢? 在漢代,除了漢成帝時劉向主持的那次大型圖書整理活動,見於記載的還有兩次。一次是東漢安帝時,"詔謁者劉珍及《五經》博士,校定東觀《五經》、諸子、傳記、百家藝術,整齊脱誤,是正文字"(《後漢書·孝安帝紀》)。另一次是東漢順帝時,"詔無忌與議郎黄景校定中書《五經》、諸子百家、藝術"(《後漢書·伏湛列傳》)。之後直到南朝梁阮孝緒,其間未見有圖書整理載於史册。依此,《管子》由八十六篇到十八卷的變化,或許源自東漢的那兩次校書。

阮孝緒《七録》著録"《管子》十八卷",《隋書·經籍志》卻著録"《管子》十九卷"。其中的一卷之差,並不表明前後有兩種不同的分卷方式,而是"十九卷"者將目錄一卷計算在內,"十八卷"者把目錄一卷排除在外的緣故。

司馬遷《史記·管晏列傳》載:"吾讀管氏《牧民》《山高》《乘馬》《輕重》《九府》,及《晏子春秋》,詳哉其言之也。"關於《九府》篇,劉向在《管子叙録》曾提到"《九府》書民間無有",這裏的"民間"是相對於官方而言,是民間無而官方有之意,並不是指司馬遷時尚存而劉向校書時已經亡佚。緣此,《九府》篇應在當時八十六篇《管子》之內。司馬貞《史記索隱》對司馬遷之言注曰:"皆管氏所著書篇名也。按:九府,蓋錢之府藏,其書論鑄錢之輕重,故云《輕重》《九府》。"説明在司馬貞時,《九府》篇依然見於《管子》一書,但現存《管子》没有《九府》篇。今本《管子》"輕重"一組,計有十九篇,分別爲《臣乘馬》《乘馬數》《問乘馬》《事語》《海王》《國蓄》《山國軌》《山權數》《山至數》《地數》《揆度》《國準》《輕重甲》《輕重乙》《輕重丙》《輕重丁》《輕重戊》《輕重己》《輕重庚》。司馬貞曰:"《管子》有理人輕重之法七篇,輕重謂錢也。又有捕魚、煮鹽法也。"(《史記·齊太公世家》注)他所言"理人輕重之法七篇"與《管子》"輕重"一組最後七篇《輕重甲》至《輕重庚》在數量上相符,估計二者具有同指的性質。又説"有捕魚、煮鹽法",這不僅在現存《管子》書的"輕重"一組没有對應的篇章,即便從其他組別來看,也是如此。從《九府》篇到"捕魚、煮鹽法",它們在司馬貞時尚存,而現在卻無從見到。以此審視現存的《管子》,恐非舊時原貌。

《管子》在唐代出現注本,且從十九卷增至三十卷。作爲十九卷白文本的《管子》在《舊唐書·經籍志》《崇文總目》《新唐書·藝文志》《通志》中先後有著録,此後便從目録書中消失。較早提到《管子》注本的是唐吴兢《吴氏西齋書目》。元代馬端臨《文獻通考》在對《管子》作考論時曾引用吴氏《書目》的相關著録:"《崇文總目》曰:唐國子博士尹知章注。按吴兢《書目》,凡書三十卷,自存十九卷,自《形勢解》篇而下十一卷已亡。"依此,尹知章作《管子注》三十卷。《舊唐書·尹知章傳》亦載:"所注《孝經》《老子》《莊子》《韓子》《管子》《鬼谷子》,頗行於時。"雖未明卷數,但尹注《管子》應没有疑問。不幸的是,尹注《管子》後不久,當同時代的吴兢見到《管子注》時,它已經亡佚後十一卷,成爲只有前十九卷的殘本了。一百年後,唐杜佑在《管氏指略序》中稱,《管子》"唐房玄齡注,……而注頗淺陋,恐非玄齡,或云尹知章也"(晁公武《郡齋讀書志》引)。依杜氏,他見到的《管子注》的作者署名爲"房玄齡",不是"尹知章"。那麽,房玄齡有没有爲《管子》作注呢?史書及當時的目録書均無此記載,而從杜佑質疑之口氣,《管子注》似也不出於房氏之手。由此推論,《管子》注本署名"房玄齡"名不符實,説明尹注《管子》不久,作者姓名即被後人篡改。此直爲《管子注》的又一不幸。杜佑《管氏指略》今已亡佚,其《序》中的這一信息多虧晁公武《郡齋讀書志》才得以保留下來。而另一個值得注意的事情是,晁公武引用這一信息是對"《管子》二十四卷",而不是對"《管子》十九卷"的書解。事實上,不獨晁公武,此後陳騤《中興館閣書目》、陳振孫《直齋書録解題》、馬端臨《文獻通考》對《管子》注本的著録均爲二十四卷本。與尹注十九卷殘本不同,這個二十四卷本是足本。

南宋鄭樵《通志》在提到《管子》注本時,將尹注與房注並列。他説:"《管子》……十九卷,唐尹知章注，舊有三十卷。又二十四卷，唐房玄齡撰。"這給人一種假象，似乎當時有尹注《管子》十九卷和房注《管子》二十四卷兩種不同的注本，其實不然。"《管子》十九卷，唐尹知章注，舊有三十卷"的著録文字，源自於鄭氏對他書的轉録，由於他本人並未見到實物，所以雖然著録尹注、房注兩個注本，而就當時的《管子》注本而言，只有署名"房玄齡"的一個注本。

尹注《管子》不久，就因亡佚成爲十九卷殘本，此後《管子》注本以署名"房玄齡"的房注本出現，且由十九卷變爲二十四卷。尹本亡佚的後十一卷，是《形勢解》以下的二十三篇，這在房注本二十四卷中相當於最後五卷。尹注的後十一卷既已亡佚，房本的後五卷及其注解又從何而來呢？當時，十九卷的《管子》白文本依然流傳，房本後五卷的《管子》正文當來源於白文本，其中的注文則是時人傳抄的尹注之舊。據《舊唐書》，尹知章所注《管子》，"頗行於時"（《尹知章傳》），作僞者采掇相關注文是完全可能的。

房本二十四卷《管子》的著録見於晁公武《郡齋讀書志》和鄭樵《通志》，説明由殘本的尹注十九卷變爲足本的房注二十四卷在此之前即已完成。文獻著録尹注十九卷殘本在署名上沒有變化，卻在二十四卷完本出現時發生變化，這大概不是一種巧合，是《管子》作僞者爲掩蓋其作僞痕迹、增飾其作僞可信度故意施展的一種改頭換面的伎倆。若此推論成立，杜佑在《管氏指略序》中提到的署名"房玄齡"的《管子》注本，很可能也已經是二十四卷本了。對於《管子》注本署名上的變化，四庫館臣做出一個較合理的解釋："殆後人以知章人微，玄齡名重，改題之以炫俗耳。"（《四庫全書總目》）

目前，我們所能見到的較早《管子》版本是房本二十四卷南宋刻本。該刻本前有北宋楊忱《管子序》，後有南宋張嵲《讀管子》，習慣上稱爲楊忱本。《漢書·藝文志》載《管子》八十六篇，此時的南宋刻本僅有七十六篇，十篇有目無辭。對此，四庫館臣解釋説：

> 考李善注陸機《猛虎行》曰："江邃《文釋》引《管子》云：'夫士懷耿介之心，不蔭惡木之枝，惡木尚能恥之，況與惡人同處。'今檢《管子》，近亡數篇，恐是亡篇之內而邃見之。"則唐初已非完本矣。

儘管南宋刻本是現存較早的刻本，但它並非《管子》的初刻本。《管子》的首次刊刻，在北宋仁宗慶曆四年（一〇四四年）（鞏曰國《宋本〈管子〉考説》）。由於這個本子訛誤太多，張嵲"用上下文義，及參以經史刑政，頗爲改正其訛謬"（張嵲《讀管子》），其後書坊據張氏校勘手稿對北宋本進行翻刻，成爲現在我們看到的楊忱本。該刻本經書家輾轉收藏，至清嘉慶年間流落於書肆。此時，第六卷已有抄補、僞刻之葉。黃丕烈花重金購得後，"命工用宋紙從影鈔本（注：指後面將要提到的墨寶堂本）重摹，輟鈔補僞刻之葉而重裝之"（《士禮居藏書題跋記》）。光緒年間，張瑛據之影印。之後，輯入《四部叢刊》。

與南宋楊忱刻本同時，又有蔡潛道墨寶堂本，它們均出於張嵲《管子》校勘手稿。黃丕烈見到這個本子時，第十三至十九卷已缺佚，遂以陸勅先校宋本將之補全。楊紹和《楹書隅録》描述此本:"每半葉十二行,行二十三字,注二十八字。卷一後有木記云'瞿源蔡潛道宅墨寶堂新雕印',又末卷後有木記云'蔡潛道宅板行紹興壬申孟春朔題',並巨山張嵲《讀管子》一則。……潛道所刊當即據張氏鈔藏之本,在今日爲最古矣。其中佳處,足正各本之謬者實多。"

南宋楊忱刻本與蔡潛道墨寶堂本,雖同出於張嵲校勘手稿,但在文字上仍有差異。如楊忱本《形勢》篇"久而不忘焉可以來矣",蔡潛道本作"久而不忘焉可以往矣";楊忱本《權修》篇"臣有殺其君,子有殺其父",蔡潛道本作"臣有弑其君,子有弑其父"。儘管文字上存有出入,但它們作爲《管子》研究難得的善本,其地位是毋庸置疑的。可惜的是,墨寶堂本在民國時期已去向不明,至今音訊全無。幸陳奂於道光九年(一八二九年)曾臨抄此本,可借之約略探其概貌。

明代重要的《管子》版本是劉績《管子補注》本。該本是在尹注《管子》基礎上,加以補充注釋而成。從其所用底本來看,與南宋刻本有很大不同。它不僅比南宋刻本多出二十餘條尹注,還有南宋刻本已脱而己未脱之句,在某些用字上也有明顯優於南宋刻本之處(郭麗《明刻劉績〈管子補注〉考述》)。劉績是弘治庚戌(一四九〇年)進士,其刊刻當在此後。冒廣生跋曰:"此書不及世傳兩宋本(注:指楊忱本和蔡潛道本),而在明諸刻爲最古。……第其刻工最爲草草,如……與作與,猶作尤等字,觸目皆是。又注文之末,任意增者、也、已、矣等字,殆當時通行坊本,未加校對。卷數、葉數尤爲凌亂。"不過,相較明代其他刻本,《管子補注》亦有優長。"明人刻書喜改古書,績則至爲矜慎。其所考訂,及所見別本異同,均加按語在原注後,較之趙文毅(指趙用賢)本遽改原文爲勝。"(冒廣生《跋〈管子〉劉績本》)

劉績本後,又有以其爲祖本的安正書堂《管子》無注本。此本前後無序跋,書後有"太歲癸巳孟春安正書堂重刊本"木牌墨記。安正書堂是明劉宗器書林之堂名,其刻書事業前後有一百多年。墨記中"癸巳"前面沒有年號,其刊刻或爲嘉靖十二年(一五三三年),或爲萬曆二十一年(一五九三年),不能確定。安正書堂既言"重刊",則之前已有刊刻。郭沫若《管子集校叙錄四》提到自己曾得一無注本,以之相校安正書堂本,二者幾同,"唯古本有奪字待刻未補而遺留墨印處,在安正書堂本則爲空白,示於刻板中已剷去其字位而無待刻之意,即此已可見板之先後"。安正書堂既以此無注古本爲底本重刊,"則此底本在當時必已視爲難得之古本"。郭氏的無注古本,今天難以見到。

明萬曆十年,趙用賢《管韓合刻》問世,其中《管子》二十四卷。趙氏在《管子凡例》中説,"近板數家,皆承訛襲謬,雜亂支離",他"按宋本(指楊忱本)更正比次,無下數千百餘處"。趙刊《管子》是明代劉績本之後較重要的本子,也是此後坊間最通行的刻本。

四

《管子》學史上,最早對管仲及其思想進行評説的史料,見於《論語》《孟子》《荀子》《呂氏春秋》等文獻典籍。戰國時期，《管子》的部分篇章開始在社會上流傳，《韓非子·難三》對《牧民》《權修》有關思想進行評判，成爲《管子》研究之濫觴。

西漢時期，朝廷實施黃老無爲之政，《管子》一書受到統治者重視。其豐富的禮法及軍事思想也成爲賈誼、晁錯等人上疏言治的重要借鑒。劉向整校羣籍，結束了《管子》單篇流傳的時代。他對其篇章内容的編排顯示出某種辨僞觀，引起後人對《管子》成書的種種猜測。由於《管子》"輕重"篇内含豐富的政府理財思想，其輕重學說自武帝時起，被歷代理財大臣用作增收國家財政、調劑社會供求的理論工具。歷朝歷代財經政策多有變化，卻無一不可在《管子》"輕重"篇找到各自的思想源頭。

三國時期，軍閥混戰，各國統治者對《管子》治道思想很感興趣。特別是偏居一隅的蜀國，其政權建設明顯從《管子》法治、軍事、人才及農業思想中借鑒了不少内容。兩晉南北朝，《管子》一書鮮見於士人的言談著述，西晉傅玄批評"輕重"篇"鄙俗"，梁劉勰評價《管子》文風"事核而言練"，是僅存的可專門提及的兩件事。

唐代以前的《管子》學，西漢是一個非常重要的時期。那時候，"學士諸生以是書爲教"，"其時固有師傳，而漢初學者講習尤著，賈誼、晁錯以爲經本。……篇目次第，最爲整比，乃漢世行書"（葉適《習學記言序目》）。自漢武帝獨尊儒術以至漢末，《管子》學略顯冷寂。魏晉玄風流熾，南北朝佛教大興，《管子》研究也隨之跌入低谷。

唐代文化昌盛，思想多元，《管子》重又争得一席之地。在史學繁榮的時代背景下，一部分政書，如《羣書治要》《意林》《通典》，或廣稽精要之語，或搜羅歷代沿革廢置及當時羣士之議論，將"經國禮法程制"（李翰《通典序》）以類相從，編纂成書以備聖覽。《管子》以其精言妙語、多備治道，成爲它們重要的取材對象。國子博士尹知章爲《管子》作注，頗行於世。後世對尹注雖有偏激之辭，卻沒有人否認他在《管子》注疏方面的"篳路藍縷"之功。柳宗元作《四維論》，認爲"禮義廉恥"的説法不符合聖人之道，其"四維者非管子之言"的結論，把傅玄辨僞的矛頭一下子從"輕重"轉向"經言"。這種大膽的質疑精神，似乎受到當時重釋經文的疑經之風影響。它預示着《管子》學上的辨僞研究開始波及整部著作。

宋代學術繁榮，涉足《管子》研究的人大爲增加。他們或爲《管子》作序，爲《管子》作校勘，對《管子》的軍旅編制、輕重思想進行闡釋；或討論《管子》的作者，在與他書的對比中進行辨僞研究；或評析尹注，避開唐代柳宗元純粹學理上的糾結，以四維論匡正時弊。《管子》學進入多維、立體的研究階段。在唐代，《管子》一書雖在科舉改革與完善的進程中被列爲應試者必讀書目之一，但終究沒有進入科舉應試的主流文化圈。時至宋代，《管子》才被列入科舉考試的采題範圍，成爲制科應試的内容之一。加之《管子》刻本出現與散播，終於迎來《管子》學含苞待放的時節。

明代諸子學研究的一個重要收穫，是對諸子散文文辭藝術的發現與挖掘。"明人嗜好《管子》，但大抵重視其文藻"（郭沫若《管子集校叙錄六》）。陳深《管子品節》、陸可教《管子玄言評苑》、焦竑《管子品彙釋評》、張榜《管子纂》、沈鼎新《管子評注》、歸有光《管子彙函》、陳仁錫《管子奇賞》等評點著作接踵而至,第一次把《管子》的辭章之美毫無保留地展示給世人。儘管明代《管子》學以評點爲主流,但弘治年間劉績的《管子補注》,"簡明貫穿,多所發明"(《四庫全書總目》)。從其取得的學術成就看,足以與這一時期的《管子》辭章研究相頡頏。此外,朱長春、凌登嘉、梅士享等人的《管子》學多具有綜合研究的傾向,在《管子》成書、内容真僞、治道思想、哲學義理、文學表現及管仲思想特徵的辨析、闡釋上,均有各自獨特而深入的理解。從社會經濟發展的角度看,此時出版事業興旺發達。萬曆十年,趙本《管子》問世,由於刊印精良,大小書坊競相翻刻。明代《管子》學"萬樹梨花開"的熱鬧場面,受此澤惠頗多。但明人刻書喜改頭換面,於版刻、著作任意篡改,所以對明代《管子》學作一番仔細甄辨的功夫極有必要。

清代的《管子》學,一言以蔽之,曰"《管子》考據學"。自嘉慶十七年(一八一二年)洪頤煊《管子義證》至宣統三年(一九一一年)劉師培於《國粹學報》上發表《管子斠補》,一百年間《管子》考據著作此起彼伏、間而未斷。經過王念孫、宋翔鳳、張文虎、俞樾、孫詒讓、郭嵩燾、章炳麟、于鬯、陶鴻慶等二十餘位學者的校勘、疏解,《管子》一書才真正易讀易解。鴉片戰爭後,清廷日益積貧積弱,西人入侵、割地苟延,一部分士人如張佩綸、何如璋、宋枏,把驅夷自強的目光轉向《管子》研究,他們闡發《管子》的富國強兵之術,借《管子》之言寄寓自己經世濟民的政見,期望以此影響時政、拯危除弊,真正恢復了《管子》一書期於用世的本色。

民國以降,除沿襲乾嘉考據之舊,以新式的學術方法重新解讀《管子》,對其作全面系統的研究,如梁啓超《管子傳》、俞寰澄《管子之統制經濟》以及期刊雜志上刊登的各類《管子》專題研究論文,成爲這一時期《管子》學的特色。民國三十餘年,結束了此前兩千多年傳統思維下的《管子》研究,並開新時代《管子》學之先河。

五

《子藏·法家部·管子卷》收録《管子》各版本及研究著作,總計一百二十八種。從最初的宋楊忱本到民國學者的研究著作,盡可能多方搜羅,以展示歷史上《管子》流傳及研究全貌。

《子藏·法家部·管子卷》注重名人批校題跋本的收集,主要是清人的批校題跋本,如國家圖書館藏陸貽典、黄丕烈校並跋明刊本《管子》,國家圖書館藏袁廷檮、顧廣圻校並跋又莫棠跋明趙用賢《管韓合刻》本二十四卷,上海圖書館藏戴望校跋並録清孫星衍、洪頤煊、王念孫、王引之、丁士涵、俞樾校明趙用賢《管韓合刻》本二十四卷,上海圖書館藏王念孫、王引之校又臧庸、宋琯、葉景葵跋明趙用賢《管韓合刻》本二十四卷等。除名人批校題跋本外,還收集了部分佚名批校本,如華東師範大學圖書館藏佚名批校萬曆四十年張維樞刊本《管子榷》二十四卷等。

《子藏·法家部·管子卷》注重抄本、稿本的收集。如上海圖書館藏明人《管子約鈔》本,國家圖書館藏明人抄《管子》劉績補注本,上海圖書館藏清張佩綸《鈔白帖引管子》,上海圖書館藏清王紹蘭《弟子職古本考注》,上海圖書館藏清丁士涵《管子案殘稿》,上海圖書館藏清何如璋《管子析疑》等。

《子藏·法家部·管子卷》還注重白文本的收集。如上海圖書館藏明劉氏安正書堂刊本《管子》二十四卷,復旦大學圖書館藏明萬曆間刊《二十子全書》本《管子》二十四卷。

此外,《子藏·法家部·管子卷》對海内外孤本也盡可能收集,如遼寧省圖書館藏明陸可教選、李廷機訂《新鐫諸子玄言評苑·管子》。對於民國時期的各種《管子》研究專著或專著中有關《管子》研究的部分,也從多個角度進行收集整理,以備讀者研究之用。

(作者單位:山西省社會科學院文學研究所)

《公孫龍子》前言

葉蓓卿

《子藏·名家部·公孫龍子卷》共收書六十六種,並附《惠子》相關文獻資料十一種,整合爲精裝十六開六册予以出版。本卷收録先秦至民國時期(原則上截止於一九四九年)目前所知有關《公孫龍子》白文本、注釋本、節選本、校勘本、批校本、稿抄本及各類研究著作等,集《公孫龍子》各種版本及研究文獻之大成。

一

公孫龍,字子秉,戰國時趙人。善析名實,爲堅白異同之辯,與燕昭王、趙惠文王、趙勝、魏牟、鄒衍同時。《漢書·藝文志》載《公孫龍子》十四篇,列於名家,並注"趙人"。司馬彪《莊子注》、陸德明《經典釋文》、成玄英《莊子注疏》等亦謂公孫龍趙人,此已爲通識。唯《吕氏春秋》高誘注稱"龍,魏人也",或因龍嘗適魏,然據此落實公孫龍爲魏人,則未可信從。

《史記》中記載了兩位不同的公孫龍,一爲孔子弟子公孫龍,字子石,少孔子五十三歲(見《仲尼弟子列傳》);一爲辯者公孫龍,趙人,善爲堅白異同之辯,嘗爲平原君門客(見《孟子荀卿列傳》《平原君虞卿列傳》)。司馬貞《索隱》謂辯者公孫龍即孔子弟子公孫龍,張守節《正義》亦引"莊子云堅白之談"表明孔子弟子公孫龍即《莊子》中提到的辯者公孫龍。實則以子石"少孔子五十三歲"推算,兩位公孫龍生年前後相去近二百年(胡適《先秦名學史》考證辯者公孫龍生於公元前三二五年至公元前三一五年之間,卒於公元前二五〇年左右),故僅姓名相同而絶非一人。《古今同姓名録》《漢藝文志考證》及《四庫全書總目》等皆已對此傳合混淆之説予以了必要的糾正。

《公孫龍子·迹府》云:"公孫龍,六國時辯士也。"(明正統《道藏》本,以下所引均出此本)公孫龍憑其卓犖辯才遊走列國,頗得時賢賞識。胡道静《公孫龍子考》即謂公孫龍早年適魏、暮年居趙。《列子·仲尼》載,中山公子魏牟"好與賢人遊,不恤國事,而悦趙人公孫龍",即使樂正子輿之徒針對公孫龍以善射之説欺罔孔穿一事,批評公孫龍爲學"行無師,學無友,佞給而不中,漫衍而無家,好怪而妄言",認爲其不顧常理,只知勝辯,"欲惑人之心,屈人之口",又列舉其"有意不心"、"有指不至"、"有物不盡"、"有影不移"、"髮引千鈞"、"白馬非馬"、"孤犢未嘗有母"諸説,譏諷公孫龍的學説"負類反倫",但魏牟依然將公孫龍之辯視爲"智者之言",並一一對應分析了公孫龍各個辯題的合理性。後人有以《列子》爲張湛僞作而疑之,但錢穆在《先秦諸子繫年·魏牟考》中指出"公子牟與公孫龍交好,而篤信其説",並嘉許魏牟的辯解"陳義精卓",進而肯定了這條材料的真實性。

據《吕氏春秋·應言》,公孫龍亦嘗適燕。此前,燕將樂毅率五國兵破齊,大燒齊國宫室宗廟。公孫龍入燕,即以偃兵説燕昭王。昭王假意讚同偃兵的提議,卻被公孫龍當面揭穿了"王之弗爲"。公孫龍指出,昭王所養之士,皆爲"欲破齊者"、"知齊之險阻要塞、君臣之際者",所獎勵的亦皆爲破齊有功的將士;相反,對於不欲破齊的士子,則"猶若弗養"。最終燕昭王面對公孫龍的犀利指責,只能"無以應"。公孫龍在趙國時,同樣也與趙惠文王討論了何謂"偃兵"(事見《吕氏春秋·審應覽》)。趙惠文王因偃兵十餘年而不成,向公孫龍質疑偃兵在亂世的實際可行性。公孫龍則指出,偃兵需要具有"兼愛天下之心",而且"兼愛天下,不可以虚名爲也,必有其實"。觀諸眼前的趙國,戰敗失城,王即縞素加身;攻占他國,轉而加膳置酒,喜形於色。長此以往,趙王即使口頭上主張偃兵,事實上卻没有"兼愛之心",偃兵又何以得成? 總體而言,由於公孫龍遊説諸國君王時多次表現出兼愛非攻的傾向,遂使後世研究者即便認可公孫龍主張的是"正名"學説,有時卻仍然認爲其"行動是一個'墨者'的行動"(譚業謙《公孫龍子譯注·公孫龍事迹及學術思想之記載》),在政治上"終是墨家一派"(胡適《中國哲學史大綱·别墨》)。

公孫龍在趙國時,遊於平原君趙勝家,頗受厚待。據《史記》《戰國策》等記載,公孫龍數次爲平原君及趙國化解危機。時秦來攻趙,邯鄲急,幸有平原君求得信陵君魏無忌襄助,秦兵乃罷。而後虞卿爲平原君向趙王請封,公孫龍聞之,夜駕見平原君,力阻受封,並結合智能、功勛、親戚、權術等錯綜複雜的各方形勢爲其分析了受封弊端。平原君信之而拒封,自此厚公孫龍而遠虞卿。直至後來有"談天衍"之稱的鄒衍來到趙國大談"至道",平原君"乃絀公孫龍"。又及秦趙盟會締約,居無幾何,秦攻魏而趙欲救魏,秦王不悦,以爲"非約",公孫龍卻通過平原君向趙王指出了秦王邏輯上的錯誤:若因秦攻魏而趙欲救魏,趙王的不助攻被視爲一種"非約";那麽趙欲救魏而秦不助趙,同樣也是一種"非約"。公孫龍藉此消解了秦王對於趙國背約的指斥。

公孫龍生平流傳最廣的事迹當屬其"持白馬之論以度關"(《初學記》卷七引劉向《七略》),《新論》與《吕氏春秋》高誘注對此皆有所載,《韓非子·外儲説左上》則將此事附於宋國辯者兒説:"兒説,宋人善辯者也,持'白馬非馬'也,服齊稷下之辯者。乘白馬而過關,則顧白馬之賦。"羅振玉《鳴沙石室古籍叢殘》輯録唐寫本類書也記有此事,謂公孫龍騎白馬度關,關司禁明令"馬不得過",公孫龍卻提出"馬白非馬",認爲"不得過"的"馬"與自己所騎的"白馬"是兩個不同的概念,最終得以順利過關。對此,信者以公孫龍憑白馬非馬之説而乘白馬度關爲其馳名一世之資,質疑者則認爲公孫龍是在繳付馬稅後才得以騎馬過關。推究原文,短小精悍,内容卻如杜撰傳聞,故僅備一説,未可全信。作爲戰國時期的著名"辯士",公孫龍的思想與學説還是更多地保留在今本《公孫龍子》及《莊子》《列子》《吕氏春秋》等相關典籍所記載的議題與論辯中。

二

揚雄《法言·吾子》稱公孫龍"詭辭數萬",《漢書·藝文志》名家類著録《公孫龍子》十四篇。《舊唐書·經籍志》《新唐書·藝文志》《郡齋讀書志》《直齋書録解題》等公私書目均著録《公孫龍子》三卷,《宋史·藝文志》《崇文總目》則著録一卷,均未言篇數。傳世本《公孫龍子》最早爲明正統《道藏》本,作三卷,其間雜有注文,後人題曰宋謝希深注。自明以下《公孫龍子》傳本,有三卷與一卷之别。三卷本多沿襲《道藏》本體例,明嘉靖三十年(一五五一)劉禋刊本(白文無注)、明弘治九年(一四九六)李瀚刊《新刊五子書》本、清嘉慶七年(一八〇二)嚴可均抄本《子書六種》、民國間中國書店依嚴可均校《道藏》本排印本等。一卷本最早傳本爲明萬曆四至五年(一五七六—一五七七)刊《子彙》本,含注;其後則有明萬曆三十年(一六〇二)縣眇閣刊《先秦諸子合編》本、明刊《且且庵初箋十六子》本、明刊《十二子》本(以上俱白文無注)、明刊《六子書》本、明刊《十子》本、清嘉慶十四年(一八〇九)刊《墨海金壺》本、清道光十三年(一八三三)王氏棠蔭館刊《二十二子全書》本等。

又,《隋書·經籍志》未著録《公孫龍子》,後人嘗有疑議。傳世本《公孫龍子》六篇,首篇《迹府》輯録公孫龍與孔穿論辯等生平事迹,前後文意有所重複;其餘五篇《白馬論》《指物論》《通變論》《堅白論》《名實論》,分别以主客問答或論文形式撰寫,反映了公孫龍的正名思想。吕思勉《先秦學術概論》指出,《漢書·藝文志》見載名家學派著作中,"今唯《公孫龍子》,尚存殘本,餘則非亡即僞矣",肯定了今本《公孫龍子》中保留了《漢書·藝文志》十四篇古本的部分内容,只是篇目有所佚失。但此前清人姚際恒《古今僞書考》則因《漢書·藝文志》有《公孫龍子》而《隋書·經籍志》無,指今本《公孫龍子》爲僞作。近人汪馥炎駁斥姚説,並引《隋書·經籍志》道家下列《守白論》一卷,謂《公孫龍子》原名《守白論》,至唐人做注始改今名。汪説頗有從者。考今本《公孫龍子》並無"守白"專論,而《迹府》篇首確有"公孫龍……爲守白之論……以守白辯"一語(《太平御覽》引桓譚《新論》則曰"公孫龍……爲堅白之論"),然參之《莊子》《淮南鴻烈》等先秦兩漢著作,凡論公孫龍之説,皆謂"離堅白",《史記》《論衡》稱"堅白之辯"、"堅白之論",獨《迹府》篇曰"守白"。"離""守"二義相去甚遠,以《公孫龍子·堅白論》所推崇的"離也者天下,故獨而正",結合本書其餘諸篇所論,自以"離堅白"之"離"較"守白"之"守"義更勝。且《迹府》篇本爲後人彙集公孫龍生平事迹而成,非龍自著,其"公孫龍……爲守白之論"一説,未必能夠確切概括公孫龍名學精義。再者,《隋書·經籍志》所列《守白論》本無作者標屬,又歸於道家,僅憑"守白"二字巧合,無從判定其與《公孫龍子》有所關聯。則幾可確證《隋書·經籍志》未嘗著録《公孫龍子》。

《隋志》雖未著録,晉唐時期卻未必無此書。《世説新語·文學》:"謝安年少時,請阮光禄道《白馬論》,爲論以示謝。於時謝不即解阮語,重相咨盡。阮乃歎曰:非但能言人不可得,正索解人亦不可得。"阮、謝所解《白馬論》顯出《公孫龍子》,可見在玄風大暢、清談名理盛行的東晉,公孫龍之説仍因其名辯特色而與時人精神有所契合。後《文苑英華》又載唐人撰《擬公孫龍子論》,提及隱士"王先生"所藏《公孫龍子》書,"凡六篇,勒成一卷",論列篇目亦與今本同,則《漢志》所載《公孫龍子》十四篇,最晚至唐初已亡佚八篇,而成今六篇本。《四庫全書總目提要》謂《公孫龍子》至宋時亡佚八篇,時間上多有推延,或即未見此條材料而致誤。

三

今言公孫龍,必稱"白馬論",《迹府》篇引公孫龍語,亦自道"龍之所以爲名者,乃以白馬之論爾"。確實,公孫龍善"假物取譬",以使人們更爲直觀地理解其學説,《白馬論》正是采用了這一論述方法,借剖析"馬"與"白馬"的概念外延差異與關聯,將艱澀的形名之辯化爲普世通解的"白馬論"。但合觀傳世本六篇,聲名煊赫的《白馬論》更像是公孫龍名學思想中較爲淺顯的入門之作,而其著述核心仍應在於名實之論。《堅白論》與《通變論》都是在《白馬論》基礎上發展而來,或者説,《白馬論》借用極爲形象易懂的具體事例,爲我們打開了整部《公孫龍子》深宏可觀的邏輯之門。《堅白論》中,公孫龍將多重客觀限定性("堅"、"白"、"石")與主體認知(目見、手知)雜糅在一起進行梳理辨析。歷代所稱公孫龍"離堅白"、"善爲堅白之辯",即源於此。《通變論》的着重點則在於同異問題,而其舉類之繁複、構思之嚴密、措辭之精煉,無形中也導致部分讀者望之卻步。《指物論》中,公孫龍深入辨析了物之指稱與物本身的關聯,並對"物莫非指而指非指"這一觀點進行了反復論證。莊子在《齊物論》中對此説亦有所回應。《名實論》論述了名實關係,名爲實之所謂,實爲名之本體。居亂世而正名實,使"物其所物"、"實其所實"、"位其所位",這也正是公孫龍子名學根本之所在。《崇文總目》曰:"名家者流,所以辨覈名實,流别等威,使上下之分不相踰也。"《四庫全書總目》更直指《公孫龍子》全書所論乃"冀時君有悟而正名實",此語當本自公孫龍子在《名實》篇末盛讚古之明王凡事皆能"審其名實,慎其所謂"一語。在《通變》篇中,公孫龍子甚至分析了"名實無當"的現實危害:"暴則君臣爭而兩明也。兩明者,昏不明,非正舉也。非正舉者,名實無當,驪色章焉。故曰兩明也。兩明而道喪,其無有以正焉。"意謂名實之不符,終將導致君臣相争、政局混亂、至道淪喪。即使在談論"白馬非馬"辯題時,公孫龍也明確表示了"欲推是辯,以正名實,而化天下焉"(《迹府》)的志向。此不可不察。

公孫龍之名學思想,除系統保存在今本《公孫龍子》的白馬論、指物論、通變論、堅白論、名實論,《列子·仲尼》"中山公子牟"一章亦提及公孫龍"有意不心"、"有指不至"、"有物不盡"、"有影不移"、"髮引千鈞"、"白馬非馬"、"孤犢未嘗有母"諸說。此外,《莊子·天下》記録的辯者二十一事:"卵有毛"、"雞三足"、"郢有天下"、"犬可以爲羊"、"馬有卵"、"丁子有尾"、"火不熱"、"山出口"、"輪不碾地"、"目不見"、"指不至,至不絶"、"龜長於蛇"、"矩不方,規不可以爲圓"、"鑿不圍枘"、"飛鳥之景未嘗動也"、"鏃矢之疾,而有不行不止之時"、"狗非犬"、"黃馬驪牛三"、"白狗黑"、"孤駒未嘗有母"、"一尺之捶,日取其半,萬世不竭",其中也包含了公孫龍所主張與參與的名學辯題。

據《莊子》《列子》《荀子》諸書記載,以公孫龍、惠施等爲代表的名家學派在戰國時足可與儒、墨、道等重要學派分庭抗禮。公孫龍生前亦自恃善辯,傲世負才,《淮南鴻烈·道應訓》即録其語曰:"人而無能者,龍不能與遊。"然其說雖盛極一時,譬如"指物論"、"白馬論"等辯題更是在《莊子》等先秦子書中獲得了相當深入的辨析與議論,卻還是屢屢被其餘諸子及後代學者斥爲詭辯,學脉傳承亦不及儒道悠久廣遠,因而終至凋零荒蕪。《莊子·天下》評論公孫龍等辯者之徒,稱其"飾人之心,易人之意,能勝人之口,不能服人之心"。唐人《擬公孫龍子論》也認爲:"公孫之論,非不中也,非不妙也,其辭逸,其理恠,其術空,其義怖,令人煩,非高賢不能知也,非明達不能究也。抑可以爲聖人之理,不足以爲聖人之教。"奈何歷代"高賢"、"明達",多半未必有此耐心來關注這門漸趨冷僻的學問。鄭樵《通志》記有《公孫龍子》陳嗣古注、賈士隱注各一卷,今俱已不存。現通行注本爲宋謝希深所撰,然謝於自序中亦謂"今閱所著書六篇,多虛誕不可解",注者尚疑,何況世人? 故近人王琯在《公孫龍子懸解自序》中乃有"千載榛莽"之歎,並惜其"駘蕩幼眇,蒙世詬病,遺簡殘編,旁皇異代",更斥"學統之箝人,固若斯其極耶"! 千百年來,對於《公孫龍子》,爲學者縱有翻覽,亦多盤旋奇辭華章,抑或嗤譏虛妄無稽,罕有誠解其深意者。陳振孫《直齋書録解題》甚至直接批評公孫龍之説"淺陋迂僻",質疑"不知何以惑當時之聽"。此語甚烈,《四庫全書總目》以爲"過矣",於是糾正陳説,謂《公孫龍子》"義雖恢誕,而文頗博辨",更讚其人"持論雄贍,實足以聳動天下",充分強調了公孫龍子在先秦時期的學術影響力。今人馮友蘭更是在《新理學》中指出:"晉人雖善談名理,而未能有偉大底哲學系統。在中國哲學史中,對於所謂真際或純真際,有充分底知識者,在先秦推公孫龍,在以後推程朱。"從而將公孫龍子名學的獨特價值與重要性完全凸顯於完整的學術史中。

四

惠施,戰國宋人,與魏惠王、莊子同時。以善辯著名,爲名家"合同異派"代表。正史無傳,其生平與學説散見於《戰國策》《莊子》《荀子》《韓非子》《吕氏春秋》《説苑》等書中。較早的相關評論見署名歸有光、文震孟輯《諸子彙函》,清馬國瀚《玉函山房輯佚書》始有輯本。近世西學東漸,惠子等名家學派思想也隨之受到重視,相關諸子學研究著作大多設有專章或專節論述。

惠施嘗仕魏爲相，雖蒙魏惠王倚重，但其仕途並非坦蕩無礙。馬陵之戰魏大敗於齊，齊虜魏太子申，魏惠王仇怨欲起兵，惠施教以"變服折節而朝齊"以激怒楚王，借楚毀齊，計果成。惠王以惠施賢，尊爲仲父，並欲效仿堯舜傳之以國，惠施辭。惠施爲魏惠王製法，其法成，得惠王與民間賞識，卻爲翟剪所忌，讒其包藏鄭衛之音，故其法終未實施。惠施謂莊子之言"大而無用，衆所同去"(《莊子·逍遙遊》)，但據《呂氏春秋》所記，白圭也曾在魏王面前詆毀惠施之言美而"無所可用"。惠施勸惠王偃兵，以"壽黔首之命，免民之死"，而爲匡章所難。及張儀入魏獻策，欲聯合秦魏而攻齊楚，惠施則仍以偃兵爲主，並力勸魏王，終至被逐而逃至楚國。馮郝進諫楚王，以爲收留惠施會得罪張儀，於是楚王只能推薦惠施去往宋國。惠施居宋，直至魏惠王卒，張儀歸秦，方復返魏國，後數度爲魏使出訪遊說楚、趙等國。終其一生，惠施都在"不可行"、"無可用"的詰難聲中堅持着自己"偃兵"、"去尊"(《呂氏春秋·愛類》)的政治主張。

惠施與莊子善，相爲辯友，兩人關於"無用"、"無情"、"濠梁魚樂"等辯論，機鋒閃爍，精彩絕倫，皆見《莊子》。莊子妻死，惠施悼之。惠施死，莊子乃有郢人之歎，以天下自此無可與言者。據《莊子·天下》，"惠施多方，其書五車"，可見其博學善辯，著述豐富。當南方奇人黃繚來問"天地所以不墜不陷，風雨雷霆之故"，惠施"不辭而應，不慮而對，遍爲萬物說"。而《漢書·藝文志》僅著録《惠子》一篇"，歸於名家。隋唐以下各《志》均未著録。則《莊子》書中提到的惠施著述，至漢代基本已亡佚，僅剩孤篇，此孤篇今亦不傳。惠施學説，唯賴《莊子·天下》輯録，得存"歷物之意"十題，分別爲："至大無外，謂之大一；至小無內，謂之小一。無厚不可積也，其大千里。天與地卑，山與澤平。日方中方睨，物方生方死。大同而與小同異，此之謂小同異；萬物畢同畢異，此之謂大同異。南方無窮而有窮。今日適越而昔來。連環可解也。我知天下之中央，燕之北、越之南是也。氾愛萬物，天地一體也。"此外，《莊子·德充符》篇末，莊子對惠子所說的"天選子之形，子以堅白鳴"，可以證明惠子對公孫龍子等名家辯士擅長的"堅白論"也有所涉及。又如《荀子·不苟》引"山淵平，天地比，齊秦襲，入乎耳，出乎口，鉤有須，卵有毛"數條辯題，而歸於惠施、鄧析名下。其中，"山淵平，天地比"應當就是《莊子·天下》所載録的"天與地卑，山與澤平"，其餘諸論則無法確定是否一定出自惠施。因此傳世文獻中可以完全確定爲惠施所作的應當就是《莊子·天下》中的"歷物之意"十條。

章太炎《莊子解故》云："歷物之意者，陳數萬物之大凡也。"但惠施所談論的"萬物"之意與我們日常經驗所接觸的"萬物"又頗有不同。司馬談《論六家要指》曾指出名家學派"苛察繳繞，使人不得反其意，專決於名而失人情"，前文公孫龍子正名實、離堅白，將物的性質一一分離，又將物之概念獨立於物之上，讓名與實互爲牽制，專決於抽象名稱，最終提煉出"白馬非馬"等與常識認知有所違逆但按其邏輯又完全解釋得通的結論。惠施的"歷物之意"更是有過之而無不及。譬如十條中所謂"至大"、"至小"、"無厚"等，本就不是在經驗世界中能實際觸碰與丈量的單位，而必須用抽象思維才能對其進行語言上的描述。又如"南方無窮而有窮"、"今日適越而昔來"兩條，只有主體不設立空間及時間上的固定坐標，並放下狹窄的自我中心，才能實現不斷推移的南方無窮與毫無隔閡的今昔互動。惠施之"合同異",並非同一性與差異性的簡單比對,也並非凝固不變的物類的分割與疊加,而是萬事萬物在流轉時空中,彼此會通,彼此融合。放諸之道,則萬物同爲其中一物;彼此相照,則每一物又顯現其獨特的光芒。惠施所謂"我知天下之中央,燕之北、越之南是也",也正是因爲立論者不再以自我所在爲中央,不再以經驗世界所標定的"中央"爲中央,如此才能實現燕之北、越之南,無所不在、飄逸而自由的"中央"。惠施名辯思想的意義正是在於突破固有的概念、固化的語言以及固定的立場,使人們不再被日常經驗所局限。不能做到這層突破,就不可能真正理解惠施的名學。舊論惠施,或惜其"逐萬物而不反"(《莊子·天下》),或諷其"好治怪說,玩琦辭"(《荀子·非十二子》)、"蔽於辭而不知實"(《荀子·解蔽》),或謂其雄辯"務在求勝"(章太炎《諸子學略說·原名》),殊不知反是解讀者被惠施運轉天地、飄移時空的駘蕩之才所惑,只聞其"大同異"與"小同異"之佶屈聱牙,而未見其"氾愛萬物,天地一體"之通透徹底。自古連環無解,《天下》篇所保留的這十條歷物之意,卻正如一串晶瑩璀璨的運智連環,在惠施的宛轉辯說中,終究完成了"連環可解"。

五

最早輯録歷代《公孫龍子》書目者,當推嚴靈峰《周秦漢魏諸子知見書目》,其所輯《公孫龍子》傳本及相關文獻資料甚爲完備,然其間多有源於文獻記載而未見傳本者。故《子藏·名家部·公孫龍子卷》(附惠子)廣搜博徵,輯得《公孫龍子》相關文獻資料六十六種,規模空前。綜合而言,《子藏·名家部·公孫龍子卷》(附惠子)收書特點主要體現如下:

(一) 注重不同傳本的收録,以期完整體現《公孫龍子》的流傳過程。白文本收明嘉靖三十年劉禋刊本、明萬曆三十年繇眇閣刊《先秦諸子合編》本、明刊《且且庵初箋十六子》本、明刊《十二子》本(方疑校)、明刊《十二子》本五種明刊本;署名宋謝希深注本收明正統《道藏》本、明弘治九年李瀚刊《新刊五子書》本、清嘉慶十四年刊《墨海金壺》本、清抄本、民國二十五年(一九三六)上海中華書局排印《四部備要》本、民國間抄本等十八種。這些傳本的收入,爲《公孫龍子》研究提供了更爲廣闊的空間。

(二) 關注名人批校本,如上海圖書館藏江藩校《公孫龍子》一卷,華東師範大學圖書館藏嚴可均跋、沈宗疇校《公孫龍子》三卷,中國國家圖書館藏傅增湘校並跋《公孫龍子》一卷,嚴可均跋《公孫龍子》一卷等,這些批校者均爲文獻大家,其校跋之文均有很高學術價值,今一併收入,以便學者取資。

(三) 努力搜尋海內外孤本,如中山圖書館藏《二十一家子書摘抄》所收《公孫龍子》等,本卷亦設法收入。

(四) 盡力搜集各種抄本,如上海圖書館藏明抄本《説郛》、華東師範大學圖書館藏清嘉慶七年嚴可均抄本《子書六種》等所收《公孫龍子》，今均予以收録。

（五）注重收録民國時各種專著中的有關論述，如高維昌《周秦諸子概論》、錢基博《名家四子校讀記》、陳柱《諸子概論》等，均論及《公孫龍子》，且成一家之説，今截取此類著作中相關章節，一併收録，以饗讀者。

（作者單位：華東師範大學先秦諸子研究中心）

《鄧析子》前言

許抗生

《子藏·名家部·鄧析子卷》共收書三十八種,整合爲精裝十六開本兩册予以出版。本卷收録先秦至民國時期(原則上截止於一九四九年)目前所知有關《鄧析子》白文本、節選本、抄本、批校本及各類研究著作等,集《鄧析子》各版本及研究文獻之大成。

一

鄧析,春秋末年鄭國人,與子産同時。子産鑄刑鼎,鄧析造《竹刑》,皆爲當時政壇影響較大之變革。《漢書·藝文志》著録《鄧析》二篇,並將鄧析列爲名家之首、學派先驅,早於後來的尹文、惠施、公孫龍等。《隋書·經籍志》著録《鄧析子》一卷,並謂鄧析嘗爲"鄭大夫"。

鄧析子好刑名,以精通律法、長於辯訟聞名當時,曾多次非難鄭國國相子産,因而與鄭國執政階層多有矛盾。《吕氏春秋·離謂》曰:"鄭國多相縣以書者,子産令無縣書,鄧析致之。子産令無致書,鄧析倚之。令無窮,則鄧析應之亦無窮矣。"又云:"子産治鄭,鄧析務難之,與民之有獄者約:大獄一衣,小獄襦袴。民之獻衣襦袴而學訟者不可勝數。"並記載了一樁與鄧析相關的具體案例:"洧水甚大,鄭之富人有溺者。人得其死者,富人請贖之,其人求金甚多。以告鄧析,鄧析曰:'安之,人必莫之賣矣。'得死者患之,以告鄧析,鄧析又答之曰:'安之,此必無所更買矣。'"鄧析之靈活善辯,隨機應變,由此略見一斑。然才可成其名,亦可誅其命,《離謂》篇同時也指出,鄧析這種"以非爲是,以是爲非,是非無度,而可與不可日變。所欲勝因勝,所欲罪因罪"的辯訟,已逐步導致了"鄭國大亂,民口讙譁"的後果,並嚴重威脅到了國相子産之治乃至鄭國政局的穩定,因而子産深以爲患,最終"殺鄧析而戮之",由是"民心乃服,是非乃定,法律乃行"。《荀子·宥坐》《説苑·指武》亦稱鄧析爲子産所殺。子産雖鑄刑鼎,將刑書公之於衆,但對於鄧析私造《竹刑》,衝擊舊制,以及積極從事民間法律訴訟的做法,卻仍是無法接受。《列子·力命》對這一歷史事件概括道:"鄧析操兩可之説,設無窮之辭。當子産執政,作《竹刑》。鄭國用之,數難子産之治。子産屈之。子産執而戮之,俄而誅之。"關於子産誅鄧析的説法,後世學者多提出否定意見,顔師古《漢志》注、黄震《黄氏日抄》、王應麟《漢藝文志考證》、錢穆《先秦諸子繫年·鄧析考》等,皆據《左傳》昭公二十年(前五二〇年)子産卒、定公九年(前五〇一年)"鄭駟歂殺鄧析,而用其《竹刑》"的記載,認爲子産與鄧析卒年"前後相去二十一年"(錢穆語),因而鄧析當爲鄭駟歂所殺,而非子産所殺。吕思勉在《先秦學術概論·名家》中,則對以上兩種説法予以糅合,認爲"二者未知孰是。要之鄧析爲鄭執政者所殺,則似事實也",可備一説。

鄧析本人雖殞於律法變革之争,他的《竹刑》卻最終取代了子産的《刑書》而爲鄭國執政者所采納,其遭際殆同秦待商君,殺其人而用其法。自有限史料觀照其生平,錢穆總結道:"今鄧析,其爲人賢否不可知,其《竹刑》之詳亦不可考。要之與鞅、起異行同趣,亦當時貴族平民勢力消長中一才士也。"(《先秦諸子繫年·鄧析考》)

二

《漢書·藝文志》著録《鄧析》二篇,歸於名家。劉向《鄧析子叙録》云:"中《鄧析書》四篇,臣《叙書》一篇,凡中外書五篇,以相校,除複重爲一篇,皆定殺而書可繕寫也。"《鄧析子》一書由是而校訂爲二篇本。然至《崇文總目》《直齋書録解題》,則以劉歆爲校訂《鄧析子》二篇者,非劉向也。《隋書·經籍志》《舊唐書·經籍志》《新唐書·藝文志》皆著録《鄧析子》一卷,歸爲名家。《宋史·藝文志》《崇文總目》《郡齋讀書志》《直齋書録解題》等,亦皆著録《鄧析子》二卷,歸於名家類。晁公武《郡齋讀書志》曰:"析之學,蓋兼名、法家也,今其大旨訐而刻,真其言也,無可疑者。而其間時勦取他書,頗駁雜不倫,豈後人附益之歟?"後《四庫全書總目》則沿襲此"駁雜不倫"、"後人附益"之説,稱《鄧析子》"其書《漢志》作二篇,今本仍分《無厚》《轉辭》二篇,而併爲一卷。然其文節次不相屬,似亦掇拾之本也",並比對了今本《鄧析子》與《莊子》之間如"聖人不死,大盜不止"等相同語句作爲《鄧析子》"篇章殘缺"、"掇拾之本"的例證。除此,四庫館臣還將《鄧析子》歸入子部法家類,並以今本《鄧析子》中"天於人無厚也,君於民無厚也,父於子無厚也,兄於弟無厚也"、"勢者君之輿,威者君之策"等近於法家申韓學派的言論來證明將鄧析子劃歸法家學派之合理性。至晚清章太炎《諸子學略説·原名》則云:"刑名有鄧析傳之。"仍以鄧析子爲名家。關於其書真僞,錢穆《先秦諸子繫年·鄧析考》認爲:"《鄧析》書乃戰國晚世桓團辯者之徒所僞托。鄧析實僅有《竹刑》,未嘗别自著書也。"吕思勉《先秦學術概論·名家》也認爲,今本《鄧析子》"辭指平近,不類先秦古書。蓋南北朝人所僞爲,故唐以來各書徵引多同也"。羅根澤《諸子考索·鄧析子探源》則歸併"掇拾"與"僞托"兩種説法,認爲"《鄧析》之書,散佚蓋久,今本二篇,出於晉人之手,半由捃拾群書,半由僞造附會"。然而我們也應當注意到,如李善注《文選》時曾十多次引用今本《鄧析子》的語句,以《鄧析子》篇幅之短,而引用頻次之高,可見唐人當時並未將《鄧析子》視爲僞作,直至後世辨僞盛行,才逐漸改變了今本《鄧析子》之風評。

總體而言,鄧析子生前確實參與了春秋末年鄭國的政治與法律變革,以至《淮南子·詮言訓》仍批評其"巧辯而亂法",後世如《四庫全書總目》等著作也偶爾出現過將其歸類爲法家學派的做法,或自宋代以來更時有將《鄧析子》其書視爲僞作者;但從鄧析子學說所體現的思想傾向出發,綜合《漢志》等絶大部分目録志書對其學術特點的概括,我們仍然認爲將鄧析子劃歸至名家學派應當是最爲合理的選擇。吕思勉在《先秦學術概論·名家》中嘗論"名法二者,蓋亦同源而異流",並謂"名、法二家,關係最密",一者求其正,一者求其別,至於極深處,"未有不覺其道通爲一者也"。在名家學說初始萌發的春秋末年,名家與法家乃至其他諸家學派之間的學術差異原本就未必需要割裂得如此判然分立、涇渭分明。

三

《鄧析子》其書,代有流傳著録,鄧析子的學說特點,自先秦以來亦多有學者論述。《荀子·非十二子》曰:"不法先王,不是禮義;而好治怪說,玩琦辭。甚察而不惠,辯而無用,多事而寡功,不可以爲治綱紀。然而其持之有故,其言之成理,足以欺惑愚衆。是惠施、鄧析也。"又《荀子·不苟》曰:"山淵平,天地比,齊、秦襲,入乎耳,出乎口,鉤有須,卵有毛,是説之難持者也,而惠施、鄧析能之。"兩段文字皆以惠施、鄧析爲同一學派,而其語帶譏諷的所謂"好治怪說,玩琦辭"、"辯而無用"等評語,不妨視爲荀子對於以惠施、鄧析爲代表的名家學派析名善辯學術特色的概括。而即使荀子站在反對的立場指摘名家學派"多事而寡功,不可以爲治綱紀",但他也不得不承認名家學派的辯辭確實"持之有故"、"言之成理"甚至"足以欺惑愚衆",這一效應在上文所引《吕氏春秋·離謂》載録的鄧析生平事迹中即已得到印證。後至《韓非子·問辯》,韓非承繼其師之説,亦批評名家學派"堅白、無厚之詞章,而憲令之法息",其所指斥的"堅白"之詞,應指公孫龍子離堅白之學說;而"無厚"之詞,則一者對應鄧析之"無厚"思想,一者對應惠施"歷物十事"所討論的命題之一"無厚不可積也"(《莊子·天下》)。今本《鄧析子》首篇即《無厚》篇。參同派惠施"無厚"之説,又及當時《墨經上》"厚,有所大也"、《經說上》"厚,唯無所大"等提法,則"無厚"本爲春秋戰國時期士人多所關注的一則命題,其旨以辨析事物名理爲主。然考今本《鄧析子·無厚》文字内容,圍繞天人、君民、父子、兄弟等人情厚薄者展開,而論名理上之"無厚"者幾無可索,故其本應與荀子、韓非所見者有較大出入。何況司馬談《論六家要指》曾批評名家學派"苛察繳繞,使人不得反其意,專決於名而失人情",即認爲其學說過多地專注於抽象概念與名稱的論證辨析,以致艱深瑣碎,甚至陷入有違常識的詭辯。班固《漢書·藝文志》在評論名家時同樣也針對名家支離概念、繁瑣論證的"苛鈎鈲辭"提出了批評。就此而言,作爲名家先驅的鄧析子,其學說理當具備這類"專決於名而失人情"的特點,又怎會局限於人情厚薄來論述"無厚"之説?羅根澤即質疑今本《無厚》篇"首論'無厚',

且以'無厚'名篇,惜於'無厚'之恉,茫然未察",並批評此篇"何得以恩情厚薄爲言"(《諸子考索·鄧析子探源》)。

按先秦子書及歷代志書所述,鄧析的思想具有名家"專決於名而失人情"的特點,他"設無窮之詞,操兩可之説"以辯論,靈活機變,可以"應之於無窮",在論辯時,能做到"以非爲是,以是爲非,是非無度,而可與不可日變",常勝於人,且好非難,因此不免失於"訐而刻"。然今本《鄧析子》,卻因後代編訂、掇拾、僞托層層竄入,而與最初的鄧析子思想多有出入。首篇《無厚》,題無厚、論無厚,卻非名家之無厚,反而多論君勢、君威以及無知無能之道,並言死生窮達天命之説,類同申韓法家思想與黄老學説的雜合體;篇中甚至有對"飾詞以相亂"等"虛言"、"辯説"的否定性批評,即使論及"循名責實",也意在闡述明王之道。同樣第二篇《轉辭》,題爲轉辭,卻全然未曾論及概念轉化等名家學派關心的問題,其中"聖人不死,大盜不止"、"心欲安静,慮欲深遠"等言論,亦多有老莊思想的影響。據劉向《鄧析子叙録》,《鄧析子》一書,"其論無厚者,言之異同,與公孫龍同類"。則《漢志》所收録的《鄧析子》二篇,雖難免間雜有戰國中晚期學者的論説,但主體上應當仍然保留了鄧析子名家學派思想特色;而在後世流傳散佚過程中,今本《鄧析子》與《漢志》中所記載的二篇已有較大差別,但不可否認其中例如"循名責實,實之極也;按實定名,名之極也。參以相平,轉而相成,故得之形名"(《鄧析子·轉辭》)等言論仍然可能留有鄧析子的思想痕迹。

四

《子藏·名家部·鄧析子卷》遵循《子藏》"求全且精"的收書總則,首先注重對不同時期刻本的收録,以期完整體現《鄧析子》一書的流傳過程。據現有文獻,自明本以下包括抄本在内,本卷收得《鄧析子》白文本十六種,基本體現出其傳承過程。尤其是清同治十一年劉履芬影宋刊本,在宋本失傳的情況下,可補文獻之缺失。

《子藏·名家部·鄧析子卷》還注重稿抄本的收録。如清影抄本、手抄本等,這些抄本亦體現出《鄧析子》流傳之廣,本卷皆予以收録。

《子藏·名家部·鄧析子卷》亦注重甄選名人批校本。批校本的價值除文獻意義外,還爲後人提供了更爲廣闊的研究思路。本卷所收王仁俊、譚儀、王國維等人批校本,均是傳世文獻中極爲珍貴的資料。

(作者單位:北京大學哲學系)

《論衡》前言

王葆玹

在子類書中，王充《論衡》是公認的奇書。此書兼有思想性、知識性及進步性，從成書到現在已近兩千年，此間吸引了衆多的詮釋者與研究者，形成了一種堪稱爲"《論衡》解釋學"的學問及其著作集群。歷代史志著録其書多入雜家，今亦入雜家部，編爲《論衡卷》，收書四十二種，包括《論衡》大量的白文本、校本、注本、評本、批校本、批注本、輯補本，以及近人的彙校本、集注本、彙評本等，可臻於《論衡》研究文獻之集大成。

一

《論衡》的作者王充，字仲任，東漢會稽上虞人，爲當時極具反抗性的思想家。他的生平事迹散見於許多史料，不無疑點。在這方面已有豐富的研究成果，彰顯出一些争論未決的問題。

王充的生年是清楚的，他在《論衡·自紀》篇中自稱生於東漢光武帝建武三年（二十七年）。而《自紀》不可能述其卒年，南朝宋代范曄撰《後漢書》，雖爲王充立傳，卻因時代相隔懸遠，史料缺乏，不能在本傳中將其卒年説得確切，僅含混地説王充病卒於漢和帝永元年間（八十九年——一〇四年）。《論衡·自紀》有一節文字與其卒年問題有關，今録如下："章和二年，罷州家居。年漸七十，時可懸輿。……貧無供養，志不娱快。曆數冉冉，庚辛域際，雖懼終徂，愚猶沛沛，乃作《養性》之書凡十六篇。"（宋乾道三年紹興府刊宋元明遞修本，以下所引均出此本）東漢章帝章和二年（八十八年），王充六十二歲，罷州還家。東漢和帝永元八年（九十六年），王充七十歲。此處所説的"年漸七十"，在章和二年至永元八年之間，究竟是哪一年？争議很大。一説"庚辛"即漢和帝永元十二年庚子和十三年辛丑，以爲王充的《養性》即撰於此時。鍾肇鵬先生在《王充年譜》中指出此説不能成立，《養性》只能撰於永元八年王充七十歲以前，不應在此之後，故推斷"庚辛"乃是漢和帝永元二年庚寅和三年辛卯，認爲這才是《養性》撰成之時。今檢"庚辛"又見於《論衡·訂鬼》篇中："假令甲乙之日病，則死見庚辛之神矣"，"以甲乙日病者，其死生之期，常在庚辛之日"。則《自紀》所謂"庚辛"有死期的意味。而《自紀》所謂"曆數冉冉,庚辛域際",指死期將至,而非已至,其"冉冉"的措辭就是證據。《自紀》提到撰《養性》之時,還"養氣自守","閉明塞聰","服藥引導",以冀"性命可延,斯須不老"。若死期將至,如此養生尚有何用? 若《養性》撰於永元二年,王充當時六十四歲,應稱"六十有餘",不應自稱"年近七十"。由此而論,可推測《自紀》篇中"庚辛"或指永元十二年庚子和十三年辛丑,爲將至而未至的死期。王充撰《養性》及從事服食導引都在"年近七十"之際,在永元八年之前不久。後養生失敗,知死不可免,又撰《自紀》,"垂書示後"。考慮到當時"養氣自守"及著書十六篇應有一過程,可推測王充死期及其《自紀》之撰成,都遠在"年近七十"之後,或在東漢和帝永元八年至十六年之間(九十六年——一〇四年)。

《後漢書》本傳提到王充的師承:"(王充)後到京師受業太學,師事扶風班彪,好博覽而不守章句。"徐復觀等學者曾質疑此說,以爲王充與班彪未曾會面,且班彪未曾擔任博士,不可能在太學教授弟子。周桂鈿、吳從祥等先生力駁此議,見周桂鈿《虛實之辨——王充哲學的宗旨》及吳從祥《王充經學思想研究》等書。今按周、吳舉證精詳,其結論可以成立。關於王充曾在洛陽求學這一點,證據很多,如范曄《後漢書》本傳提到王充"常遊洛陽市肆,閱所賣書";唐宋類書引謝承《後漢書》提到王充"到京師受業太學";范書本傳李賢注引袁山松《後漢書》稱"充幼聰明,詣太學,觀天子臨辟雍"。這些都是第一手史料,應是編撰王充年譜並考訂其生平事迹的依據,而圖謀推翻這些史料則是不切實際的。至於班彪未擔任過博士這一點,雖爲史實,卻不足成爲彪、充師生關係的反證。蓋王充之受業太學及師事班彪,本爲二事,班彪教授王充乃屬私學,與官方的太學原是無關的。東漢古文經學家如馬融、鄭玄等人大量授徒,多爲私學,班彪之授王充即屬此類。另外,范曄《後漢書》本傳稱充"受業太學",李注引袁山松《後漢書》卻只說他"詣太學",所謂"詣太學"似即《後漢書》所常說的"遊太學",指到太學交流或研討。王充之"受業太學"顯然只是一般的請教,而非正式的博士弟子或太學生。他"不守章句",這在當時官方的博士弟子當中恐是不被允許的,因爲五經的章句在當時已有很高的權威,幾爲辨別是非的準繩。

在中國史上,班彪以史學家著稱,其主要著作乃是《史記後傳》,又名《續太史公書》。那麼,身爲思想家的王充以一位史學家爲師,究竟有何意義呢? 面對這一問題,不能忘記當時的文化背景是遠未形成四部分類法及現代圖書分類法,當時的學術和圖書都沿用的西漢末期劉歆《七略》的分類法,亦即六分法,如班彪子班固著《漢書》,其中的《藝文志》即是删節《七略》而成,采用六分法。六分之中,竟無史學或史書一類,史書竟都歸入《六藝略》,綴於《春秋》類,其中《史記》、馮商《續太史公書》及《楚漢春秋》,都在《國語》《戰國策》等書之後,《國語》等書又附於董仲舒的《公羊》學著作之後。當時史學家亦不以史學自任,而是以經學家或思想家自居。如司馬談臨終時囑托其子司馬遷,要他繼承周公和孔子,"紹明世,正《易傳》,繼《春秋》,本《詩》《書》《禮》《樂》之際"。王充之評價班彪,大致屬於此類。他在《論衡》書中極力稱讚桓譚,而對桓譚的評價又低於班彪。先看《論衡》對桓譚的贊辭:"故仲舒之文可及,而君山之論難追也。……《新論》之義,與《春秋》會一也。"(《案書》)桓譚,字君山,東漢初人,撰有《新論》。王充聲稱《新論》可比《春秋》,不遜於董仲舒的著作,這評價已是很高了。《論衡·定賢》又稱桓譚爲"漢之賢人",稱"孔子不王,素王之業在於《春秋》。然則桓君山素丞相之跡存於《新論》者也"。這評價可説是極高了。而《論衡·對作》對班彪的評價卻更高:"五經之興,可謂作矣。《太史公書》、劉子政《序》、班叔皮《傳》,可謂述矣。桓君山《新論》、鄒伯奇《檢論》,可謂論矣。"文中評次五人,按年代先後排列:司馬遷爲太史公,《史記》只是《太史公記》或《太史公書》的簡稱。劉向字子政,其《新序》一書即此所謂《序》。班彪字叔皮,其《史記後傳》多被簡稱爲《後傳》,再簡稱即此所謂《傳》。在漢唐至明清這一漫長的時期,群書有一公認的尊卑等級,自高而下,依次爲經、傳、記、説、章句、箋注、義疏。東漢前期,注、疏兩種體裁尚未産生,章句又爲王充所鄙視,故充僅列"經傳論"三等,"論"的位次與"説"大致相當。與這等級相對,著書的活動也是尊卑有等,聖人作經,賢者述傳,這是明顯的等次。"述"之下的論、説、注、疏,都是兼爲動詞和名詞。著論的活動亦稱"論";加注的工作亦稱"注",即注經、注書之謂;撰疏的工作亦稱"疏",即所謂疏通、疏解。按這位次,班彪之述傳,顯然高於桓譚之著論。若是桓譚已是"素丞相",次於孔子之"素王",則班彪的地位似應臻於大賢或上賢了。《論衡·超奇》篇中稱讚班彪《後傳》爲甲而《史記》爲乙。《案書》篇中評次:"孔子生周,始其本;仲舒在漢,終其末。班叔皮續《太史公書》,蓋其義也。"這樣看來,王充之從學班彪絶非僅限於史學。《後漢書》本傳稱班固"及長,遂博貫載籍,九流百家之言,無不窮究",這當然是在其父班彪影響下的結果。《後漢書》本傳提到王充"博通衆流百家之言",這與班固相似,也應是從學班彪的結果。

若是相信王充師事班彪確爲史實,便必須解釋一個問題:《論衡·自紀》爲何未提這師承關係呢?這問題或與王充的家世有關。王充《自紀》言:"其先本魏郡元城,一姓孫。"《後漢書》本傳亦記載:"其先自魏郡元城徙焉。"意即王充族系竟是元城王氏,是西漢成帝時專擅朝政的王鳳以及後來篡漢的王莽的宗族。此族前身,乃是先秦時齊國的田氏,如齊威王、宣王、湣王,都被王莽奉爲先祖,勤加祭祀。田氏祖先陳書,曾被齊景公賜姓爲孫氏,這是王充家族"一姓孫"的緣由。新莽之後,元城王氏險些覆滅,《漢書·王莽傳》記載:"更始到長安,下詔大赦,非王莽子,他皆除其罪,故王氏宗族得全。"更始帝乃是緑林軍所奉的首領,緑林軍攻占長安,殺王莽諸子,宣佈"非王莽子"的元城王氏族人可以免罪。然而未過多久,赤眉軍擊敗緑林軍,攻占長安,燒殺掠擄,元城王氏恐又罹一劫。時至東漢,王莽已是法定的歷史罪人,王鳳也公認是負面人物。東漢初期元城王氏得封侯者僅王立、王丹一支,後亦無聞。唐代《元和姓纂》記王氏支系,依次有太原王氏、琅邪王氏及北海、陳留、東海、高平、京兆諸王氏,唯不見元城王氏。王充自稱"孤門細族",先人以農桑、賈販爲業,正顯示出元城王氏的衰落。出身如此低微,難有出路,王充爲何竟有名師呢?這是由於班彪家族與元城王氏關係密切。據《漢書·叙傳》,班彪父爲班穉,伯父爲班伯和班斿。班伯曾受王鳳提攜,並爲出於元城王氏的元后所信任。班斿與班穉同爲王莽之友,王莽早年曾"兄事斿而弟畜穉"。有趣的是,王莽的評價有一個下降的過程,東漢以後王莽被公認是一個純粹的亂臣賊子,一無是處。而在東漢早期,人們只是在政治上貶責王莽,在文化和學術上則有所保留,一些學者還記得他是頗具經學修養的人,在朝廷禮制上多有建樹,或多或少得到了東漢朝廷的沿襲。桓譚《新論》批評王莽不識大體,不如漢高祖,然尚尊稱王莽爲"王翁",評語頗有分寸,例如說:"王翁嘉慕前聖之治,而簡薄漢家法令,故多所變更,欲事事效古,美先聖制度,而不知己之不能行其事。"竟是有褒有貶,全無謾罵之辭。在這背景下,班彪考慮到先人曾受元城王氏厚恩,自然不會推拒前來投師的王充。這師承關係若是以家族關係爲基礎,王充當然會刻意隱瞞其師承班彪的經歷,這經歷若是曝露恐是危險的,可使班彪遭到猜疑和牽累。

另外,《論衡》全面抨擊東漢的制度、風俗及官方學術,遭到懲治和鎮壓的可能性很大,王充對這危險性不會不知,應有所防備,預防措施之一便是隱瞞其師承以免牽連師門。《自紀》述其父祖不肖,這在後儒看來或是辱其先人,而其實乃是故意淡化其與家族的聯繫,以免因其異端言行而牽連族人。

證實王充確曾師承班彪,并注意到王充與王莽同族,可使《論衡》的重要思想傾向得到解釋。王充在《論衡》中多次支持古文經學,這與王莽與班彪的古文經學立場正好是一致的。王充博通百家之言,不守章句,這也正是班彪治學的風格。

二

關於《論衡》的篇數,以及今本《論衡》是否摻入了王充的其他著作,都有爭議。

歷代史書記《論衡》篇數,以謝承爲最早。《藝文類聚》卷五十八引謝承《後漢書》言:"(王充)著論衡八十五篇。"謝承爲三國吳人,字偉平,爲吳主孫權謝夫人之弟,事見《三國志·吳書·妃嬪傳》及其裴注所引虞預《會稽典錄》。據此《嬪妃傳》,謝承爲會稽郡山陰縣人,竟與王充同郡!一位史學家記其同郡人的著作篇數,應是可靠的,則三國時期《論衡》的篇數應爲八十五篇。東晉葛洪《抱朴子·喻蔽篇》稱:"余雅謂王仲任作《論衡》八十餘篇,爲冠倫大才。"所說與謝承相合。南朝宋代范曄《後漢書》本傳稱王充"著《論衡》八十五篇",顯係抄自謝承《書》。南朝後,史志著録《論衡》僅言卷數,不提篇數。《隋志》著録爲二十九卷,兩《唐志》、《宋志》、晁公武《郡齋讀書志》、陳振孫《直齋書錄解題》《玉海·藝文目》《文獻通考·經籍考》《四庫全書總目》均著録爲三十卷,晁、陳、《玉海》及《四庫提要》都說此三十卷乃分八十五篇,今存諸善本之卷數、篇數皆與此同,可見《論衡》自三國至今,流傳不絶,罕有殘佚。容肇祖先生撰文說明《論衡》今本中無偽篇,這個結論是允恰的。

據《四庫提要》,《論衡》第四十四《招致》有録無書,僅存八十四篇。馬總《意林》卷三載《論衡》之摘録文字,其中一些是不見於今本《論衡》的佚文,周廣業《意林注》考訂這些佚文多源出於《招致篇》。周氏的這一論斷是很可疑的,蓋這些佚文當中並無"招致"字樣。再說《招致》的思想內容如何,本是懸而未決的問題,周氏亦無從證實這些佚文的內容是否與《招致》相合。今按《論衡·累害》篇中"污爲江河"句下大約有四百字,不見於黃丕烈所跋的南宋乾道三年刻元明遞修本,這四百字在此書中恰恰占一頁。而通行的明嘉靖年間通津草堂本和萬曆年間程榮刻《漢魏叢書》本因以南宋乾道本爲祖本,亦脱此四百字。唯日本宫内廳所藏南宋二十五卷殘本及明初坊刻十五卷本等未脱此頁。此四百字中有一節與招致有關:

> 聖賢不治名,害至不免辟,形章墨短,掩匿白長,不理身冤,不聃流言,受訛取毁,不求潔完,故惡見而善不彰,形缺而迹不顯。……或曰:"言有招患,行有召耻,所在常由小人。"夫小人性患恥者也,含邪而生,懷僞而遊,沐浴累害之中,何招召之有?故夫火生者不傷"燥"(濕),水居者無溺患。火不苦熱,水不痛寒,氣性自然,焉招之?君子也,以忠言招患,以高行招恥,何世不然!

可見《招致》之"招",即"招患"及"招恥",《招致》之"致",即所謂"害致"。此節顯爲《招致》一篇的佚文。因《招致》與《累害》的内容有相通之處,故被傳抄改編者移入《累害》篇中。

王充著作除《論衡》之外,還有《政務》《譏俗》《養性》等書。朱謙之曾撰《王充著作考》(《文史》第一輯,中華書局 1962 年版),文中提出許多創見,以爲王充三次撰集《論衡》,親手將《政務》《譏俗》《養性》諸書編入《論衡》,成一巨册。這一創見影響很大,得到許多學者的信從。然而《論衡·自紀》篇中提到:"充既疾俗情,作《譏俗》之書;又閔人君之政,徒慾治人,不得其宜,不曉其務,愁精苦思,不睹所趨,故作《政務》之書;又傷僞書俗文多不實誠,故爲《論衡》之書。……年漸七十,……乃作《養性》之書凡十六篇。"這説明在王充撰成《自紀》之時,《政務》《譏俗》《養性》諸書都是獨立的,並未與《論衡》混合。鍾肇鵬先生在《王充年譜》中力證《對作》乃是《論衡》後序,而《自紀》乃是王充全部著作的總序,是他最後的著作。這一論斷十分精準。今檢《自紀》篇首叙其籍貫及家世,篇末歎云:"命以不延,吁嘆悲哉!"則《自紀》乃撰於臨終之前,爲平生之自傳,劉盼遂稱之爲"仲任絶命之辭",此後乃絶筆。《自紀》成篇之後,王充再無任何的著作或編纂之類的活動,這就是説,在王充生前,《論衡》與《政務》《譏俗》《養性》等等都是分别獨立成書的。

當然,這只是就王充生前的情況而論。王充死後情形如何,另當别論。據其《自紀》所言,王充《譏俗》一書有十二篇,《養性》之書有十六篇,又據《對作》,王充乃以《論衡》與《政務》爲"二論",以與前人的"二論"相比擬,則《政務》的篇數當與《論衡》大致相當。在這情況下,便應斟酌一下王充有"百篇"之説。《論衡·自紀》云"按古太公望,近董仲舒,傳作書篇百有餘,吾書亦才出百,而云泰多",而《三國志·吴書·虞翻傳》裴注引虞預《會稽典録》引朱育述虞翻語,評王充"洪才淵懿,學究道源,著書垂藻,絡繹百篇"。對這"百篇"的説法,權威很高的《四庫全書總目提要》解釋説:"然則原書實百餘篇,此本目録八十五篇,已非其舊矣。"學者多從此解,以爲《論衡》原有百篇之數。余嘉錫《四庫提要辯證》則力排衆議,指出王充所謂"出百"不僅指《論衡》一書,虞翻稱王充"絡繹百篇"也是"舉其平生著述總計之,不專指一書也"。這本來已可成定論了,而劉盼遂《論衡版本卷帙考》又舉出反證,他注意到各本《論衡·佚文》有幾句話:"《論衡》篇以十數,亦一言也,曰疾虛妄。"遂臆改"十數"爲"百數",當作《論衡》原有百篇的唯一證據,但這顯然是難以成立的。《論衡》各本均作"十數",指兩位數,在版本衆多卻均無佚文的情況下,豈可臆改爲"百數"! 鍾肇鵬先生在《王充年譜》中力辯"十數"爲原文,"百數"則非,這結論完全是可以成立的。也即是説,王充去世以前的著作總數不過百篇有餘,或者説略超過一百篇。

上文已説過王充的《政務》篇數與《論衡》約略相當,《論衡》若是八十五篇,兩書合起來恐已有一百五十篇左右。再加上《譏俗》十二篇,《養性》十六篇,竟已接近二百篇! 而其總數尚不止此,近人劉盼遂撰《論衡篇數殘佚考》,考出佚篇有《覺佞》《能聖》《實聖》《盛褒》等,文載《古史辨》第四册。其證據乃見於《論衡》本文,書中《答佞》當有《覺佞》爲姐妹篇,與《實知》《知實》之爲姐妹篇相類似。書中《須頌》云:"斯蓋三《增》、九《虛》所以成也,《能聖》《實聖》所以興也。"則《能聖》《實聖》當爲佚篇之名。《對作》列舉其書篇名《齊世》及《宣漢》等,在這篇名的系列當中有《盛褒》顯然爲佚篇之名。加上這些佚篇,《論衡》及《養性》《政務》等書的總數定當接近二百篇了。但這顯然是不可能的,因爲上述王充著書共約百餘篇的結論與此不相容。那麼,解決問題的唯一出路,是將《論衡》原本爲八十五篇的結論推翻。

上文已説明現存的記述《論衡》有八十五篇的史料,是唐宋類書所引謝承《後漢書》的佚文,謝承爲三國吳主孫權時人,其史書之修撰,上距王充完成《論衡》的時間有一百餘年。歷時久遠,謝承所瞭解的八十五篇本《論衡》是否爲王充生前原樣,乃是無從實證的問題。换言之,我們今日僅知東漢以後的《論衡》傳本爲八十五篇,卻無從得知東漢期間的《論衡》爲多少篇。另一方面,上文已證實王充去世以前《論衡》與《政務》《譏俗》《養性》等乃是各自獨立,分别成書,而這些書在王充死後的百餘年間是否合編,仍是懸案。再加王充著作除《論衡》以外皆佚,據現存史料,王充以後無人見過獨立成書的《政務》《譏俗》及《養性》等等。那麼,我們便有理由作一推測,在王充死後、謝承以前的百餘年間,有人整理王充的著作,將《政務》《譏俗》《養性》等書,悉數編入《論衡》書中。試將《論衡》各篇内容與《自紀》對《政務》《譏俗》等篇的説明相對照,《言毒》《薄葬》《辨祟》《詰術》諸篇内容與《譏俗》主旨相合,《程材》《效力》《定賢》《治期》諸篇内容與《政務》主旨一致,《骨相》《初稟》《氣壽》《本性》諸篇内容與《養性》主旨相近,那麼從思想内容上看,推測《政務》《譏俗》《養性》的篇章混合在今本《論衡》八十四篇之中,也是合乎情理的。

自三國時期流行至今的《論衡》八十五篇竟是合編本,非其原本。王充所定的《論衡》原本遠没有現在這樣多,大概只有今本的"半數",也就是《佚文》篇中所説的"十數"。

三

關於《論衡》的思想,研究論著很多,大致上都以爲《論衡》是以駁難舊説爲主,而且所駁的範圍極其廣泛。例如,大家注意到《論衡》書中駁斥了帝王受命於天的古代通說,駁斥了災變譴告之類的說法,否認符瑞乃應德而至,否認聖人乃天生,懷疑祭祀的功效,非議卜筮的準確性,推翻了五行相害之説,抨擊五經内容失實,主張無鬼,譏斥各種禁忌。如此種種,竟出自兩千年前的著作,其中一些見解放在當代的背景下仍具進步性,稱之爲千古奇書絶不爲過。由於《論衡》書中這種批判性或顛覆性的學説過於豐富,甚至到極其繁雜的地步,於是大家又感到有加以歸納而使之簡化的必要,或歸結爲唯物論,或歸結爲無神論。而我以爲,《論衡》的主旨乃是全面駁斥東漢官方的今文經學及讖緯之學,支持當時新興而受壓制的古文經學。由於今文經學及讖緯之學的系統龐大,影響深遠,故而《論衡》的批判全面而激烈,深入到民俗領域。由於當時的古文經學系統尚未完備,亦未定型,故而《論衡》僅以駁議爲主,給人以破壞多而建樹少的印象。

　　《論衡》多言氣之清濁、聚散,由此解釋人之生理差别及各種自然現象。今人有見於此,遂將王充哲學歸結爲唯氣論或氣一元論,進而稱其爲唯物論。友人周桂鈿先生於1984年出版《王充哲學思想新探》一書,就此"氣一元論"的見解提出異議。他指出《論衡》學説體系中的宇宙本元不是氣或元氣,例如《論衡》書中提到"人稟元氣於天","元氣,天地之精微也",是以天爲本原,元氣爲天所派生。《論衡·超奇》言"天稟元氣,人受元精","稟"指給予。《論衡·自然》篇中説:"天之動行也,施氣也,體動氣乃出,物乃生矣。"則氣乃生自天之形體。周桂鈿的這些論斷,頗爲中肯。實際上,漢代今文經學家所講的天人感應,是指天人之間以氣相感。今文家所講的陰陽和五行,都是陰陽之氣和五行之氣的簡稱。氣論乃是天人感應學説的基礎,王充意欲摧毁天人感應學説,顯然不應當標榜氣或元氣,而應標榜古代天文學所講的天,或者説是不具神性的自然的天體。

　　《論衡》書中《論死》《死僞》《訂鬼》諸篇,反復駁難人死爲鬼的説法,可歸結爲無鬼論。由於現代漢語中"鬼神"爲一成詞,學人遂稱王充主張無神論。然而在這裏,有一點是必須澄清的,即鬼與神在秦以後的經學時代乃是不同的概念。古書中關於鬼與神的界定或異,但往往是分别而言,或以神爲天神,鬼爲人鬼;或稱人死之後升天爲神,入土爲鬼;或説神爲陽精,鬼爲陰精;或説神爲精神,鬼爲形魄。另外,神有正神、邪神;鬼則或有或無。《論衡》書中鬼神混言,其言無鬼,十分明確;而是否無神,則言之含混。《論衡》書中"神"的概念亦頗複雜,如《雷虚》篇中提到"鬼名曰神",乃是專指雷公之鬼而言,不是説所有的鬼都是神。《祀義》篇中説:"夫鬼者神也,神則先知……"此處的"神"可釋爲"神妙",不是説鬼神爲一體。或許王充由於承認祭祀的合理,故不便聲稱所祭之神乃絶對地無有。考察《論衡》書中關於祭祀的議論,大致上是反對淫祀,不反對祭祀天地正神,如《祭意》篇首列舉"法度之祀,禮之常制",主張"王者祭天地,諸侯祭山川,卿大夫祭五祀,士庶人祭其先。宗廟社稷之祀,自天子達於庶人",這與《禮記》關於祭祀的説法大致吻合。爲何要祭祀呢?《論衡·祀義》篇中批判了當時社會的動機:"世信祭祀,以爲祭祀者必有福,不祭祀者必有禍。"指出死者無知,祭祀不過是致祭者"自盡恩勤",受祭的鬼神未必享用。因而祭祀的動機不應是求福和免禍,而應當是"報功"和"修先"。王充關於祭祀的這種説法,與孔子"祭神如神在"的意思很接近,與早期古文經學的主張大體一致。馬王堆帛書《要》引孔子言:"君子德行,焉求福?故祭祀而寡也。"這也正是王充的主張。現今的宗教崇拜往往以求福或利益追求爲目的,顯然不如王充所説的"報功"、"修先"更爲虔誠。綜合這些情況,或可將王充的意見歸入懷疑論之類,而非徹底的無神論。

《論衡》書中《問孔》一篇,最爲後人詬病。清代乾隆帝斥責此篇"有犯非聖無法之誅",亦有學者見《論衡》各篇屢次稱讚孔子,與此篇内容似有不合,遂疑此篇非王充作品。今按此篇所問的内容,乃出自《論語》,這就涉及《論語》一書的評價問題。在兩漢時期,今文經學家與後來的古文經學家對孔子的評價本有差别,對《論語》的評價更爲懸殊。先看兩家對孔子的評價。今文經學以爲孔子爲五經作者,故將孔子升入聖王之列,稱爲素王,幾視之爲神。古文經學家則以爲五經爲三代官書,孔子只是五經的整理者,不是作者。古文經學家雖承認孔子爲素王,卻將後來發現的先秦制度典籍都看作是《禮經》或《禮記》,以補當時官方經書之殘缺。與今文家比較,古文家對孔子的態度顯然是不夠尊重的。至於《論語》,在漢代被公認爲傳,而不是經。《論語》所載孔子言論,其權威地位當遠在五經文字之下。而早期古文經學關於《論語》的估價相當低,如古文經學創始者劉歆撰《移讓太常博士書》,指出"及夫子没而微言絶,七十子終而大義乖",故而漢代的五經遠非"全經",而是"禮崩樂壞,書缺簡脱"之後的殘缺之經。其殘缺的程度相當嚴重,乃是"廢絶之闕","錯亂","離其真",故須用新發現的古文經來補充。按劉歆此説,漢代官方的今文經書當中絶不會有聖人的"微言"和"大義",低於今文經的《論語》更是如此。王充頗支持古文經學,定當信從劉歆這種見解,他對於《論語》所載不涵微言大義的孔子言論提出質疑或非議,按古文經學的標準來看顯然並無離經叛道之嫌。

《論衡》書中《刺孟》一篇之受貶責,更是不能成立。孟子其人其書倍獲尊崇,始於北宋。宋以前,除韓愈等少數學者倡言尊孟之外,衆家皆以孔、顔並舉,尊奉亞聖顔回,而非孟子。《唐會要》卷三十五引唐太宗貞觀二年房玄齡等奏議:"故晉、宋、梁、陳及隋大業故事,皆以孔子爲先聖,顔回爲先師。歷代所行,古人通允。伏請停祭周公,升夫子爲先聖,以顔回配享。"唐太宗聽從了這一建議,由此可見在兩晉南朝隋唐這一漫長的時期,祭孔都是顔回配享,孟子一直未升至亞聖的位置。在曹魏時期也是如此,如《三國志·魏書》本紀記載,魏少帝齊王芳正始二年"使太常以太牢祭孔子於辟雍,以顔淵配"。正始七年又舉行這一祭祀,也是"以顔淵配"。漢末三國時期名士議論聖賢,均以孔、顔對舉,罕言孔、孟。兩漢文獻言及聖賢,也都以孔、顔並稱,如揚雄《法言·學行》言:"孔子習周公者也,顔淵習孔子者也。"在這情況下,王充之刺孟顯爲平常之事,不足爲異。實際上,在王充之後九百餘年,宋儒司馬光還撰有《疑孟》,與王充的《刺孟》可前後呼應。李覯《常語》也駁斥《孟子》,稱孟子爲"五霸之罪人",與蘇秦、張儀同類,"其所以亂天下一也"。《常語》還作出論斷:"信《孟子》而不信經,是猶信他人而疑父母也。"又説:"孟子自以爲好仁,吾知其不仁甚矣!"另外,蘇軾也曾著文駁難《孟子》,但激烈程度不如前兩者。在宋學領域,司馬光、李覯及蘇軾的聲譽都很高,這三人都在尊孟之風初興的背景下,公然非難《孟子》,則王充在東漢時期撰《刺孟》之篇,絶無"非聖無法"之嫌。

進一步説,王充對孟子的評價遠高於同時代人,甚至高於魏晉隋唐時代多數儒者的説法。如《論衡》書中多以孔孟並稱,《命禄》提到"孔子聖人,孟子賢者,誨人安道,不失是非",《自紀》提到"孔子稱命,孟子言天",《累害》提到"求益反損,蓋孔子所以憂心,孟軻所以惆悵也",《逢遇》提到"或以賢聖之臣,遭欲爲治之君,而終有不遇,孔子、孟軻是也",這種説法與其孔顏並稱的背景相比較,明顯有創新的意味。分析至此,有必要回過頭來再斟酌一下王充《問孔》的文義。《問孔》約三分之一的内容,竟是質疑孔子與顏回有關的議論。例如《論語》載孔子問子貢:"汝與回也孰愈?"子貢答:"賜也,何敢望回?"王充就此詳加批駁,指出:"當此之時,子貢之名,凌顏淵之上,孔子恐子貢志驕意溢,故抑之也。"此語暗示顏回不如子貢,既不如子貢,當然更不及孟軻了。《論語》載孔子答哀公之問,稱"有顏回者,不遷怒,不貳過,不幸短命死矣",王充評論説:"人生皆當受天長命,今得短命,亦宜曰無命。如命有短長,則亦有善惡矣。"意謂人之高下善惡,與天命或天之稟賦應成正比,由此暗示顏回之短命,足證其人品低下。《論語》載孔子言:"死生有命,富貴在天。"王充由此引申:"顏淵蚤死,孔子謂之短命。由此知短命夭死之人,〔未〕必有邪行也。"文中"未"字原缺,據文義臆補。若應補"未"字,則顏淵之獲評僅"未必有邪行"而已。這評價實在不高,遠不能與孟軻相比。若不應補"未"或"非"字,則意謂顏回有邪行,可説是極低的評價了。《論語》記顏淵之死,孔子歎云:"天喪予!"或説:"此言人將起,天與之輔;人將廢,天奪其佑。"王充卻不以爲然,指出:"如短命不幸,不得不死,孔子雖王,猶不得生。……且孔子言'天喪予'者,以顏淵賢也。案賢者在世,未必爲輔也。夫賢者未必爲輔,猶聖人未必受命也。……由此言之,顏淵生未必爲輔,其死未必有喪,孔子云'天喪予',何據見哉?"此節有多層涵義,其中一義是否認顏回爲聖人之輔,或者説否認顏回爲亞聖。王充一方面否認顏回爲亞聖,另一方面以孔、孟並稱,稱讚孟子,當有劃時代的意義。韓愈倡言孔孟之道統,實是沿襲王充。宋人以《孟子》入《四書》,掀起尊孟思潮,實由王充開其先河。

《論衡》書中多有貶斥五經之語,如《齊世》篇稱"經有襃增之文,世有空加之言",《正説》篇稱"經之傳不可從,五經皆多失實之説"。《感類》篇駁"湯自責,天應而雨"之經文,稱:"《書》之言,未可信也。"所駁經義乃是與天人感應之説有關的議論,而且是出自當時官方的今文經書。爲何今文經書有誤呢? 王充的解釋竟與劉歆接近,如《論衡·書解》篇中指出:"今五經遭亡秦之奢侈,觸李斯之横議,燔燒禁防。"又説:"漢興,收五經,經書缺滅而不明,篇章棄散而不具。"這與劉歆之抨擊五經"殘缺"、"廢絶"何其相似!《書解》又建議,由於"經缺而不完",而"秦雖無道,不燔諸子,諸子尺書,文篇具在",可利用諸子書來糾正經書之誤,即所謂"知經誤者在諸子",其稱秦朝未焚諸子固然悖於史實,而主張以諸子糾正今文五經卻正與劉歆的主張相吻合,劉歆《移書讓太常博士》申説"禮失求之於野"的原則,《漢書·藝文志·諸子略序》亦稱"禮失而求諸野",主張在"修六藝之術"的同時參照諸子九家之言,《漢志》此説明顯是删取劉歆《七略》之文,並且是與王充"知經誤者在諸子"的説法相吻合的。

有趣的是,《論衡》多次明確支持古文經書。例如書中多引《古文尚書》之文,並數次提及張霸的"百兩篇"。《論衡·正説》篇中一方面承認百兩篇與西漢秘府所藏百篇《古文尚書》"皆不相應",另一方面又指出"傳見之人則謂《尚書》本有百兩篇矣",而《感類》篇中還正面引述百兩篇的文字,作論據使用。《論衡·正說》篇中指責今文《禮經》"不見六典",《謝短》篇中也説"今《禮》不見六典,無三百六十官,又不見天子"。所謂"不見天子",乃是重申劉歆關於今文《禮經》不講天子禮的非議。所謂"不見六典",乃是貶斥今文《禮經》未載周代的禮制,不如《周官》之備載六典。《論衡·正說》篇中有一節文字,在這方面講得更爲明白:"案《周官》之法,不與今《禮》相應,然則周禮六典是也。其不傳,猶古文《尚書》《春秋左氏》不興矣。"文中"周禮"二字,各點校本均加書名號,似誤。今《周官》一書,王莽以爲是《周禮》,劉歆在王莽爲安漢公以前撰《七略》,只承認其爲《周官經》,列於《禮記》百三十一篇等書之後,尚未承認其爲《周禮》。東漢光武帝以王莽爲敵,設置博士僅立今文經,排斥古文經,《周禮》遂復舊名爲《周官》,在東漢前期不得廣泛流傳。王充《正說》篇中此節之意,是説《周官》所講的法制雖不見於今文《禮經》,卻一定是周代的禮制六典。其以《周官》六典爲周制,意義很大,這意味着《周官》之制可能即是周公之禮,較之今文《禮經》僅記春秋時期士禮及卿大夫禮的情況,顯然重要多了,也高貴多了。其後馬融、鄭玄注釋《周官》,鄭玄改題《周官》爲《周禮》,升爲三《禮》之首,這些竟都可説是步王充後塵了!王充《正說》的上述引文還將《古文尚書》《左氏春秋》當做《周官》的同類,顯示出全面支持古文經的立場。

在文獻方面,王充思想之開放與寬容,不限於支持在漢以後得立學官的古文經書,而是廣泛支持一切新出現而未得當時官方認可的典籍,其中既有古文經書,亦有史書及子書。這也就是劉歆所代表的早期古文經學的立場。東漢以後,古文經學家的治學範圍漸漸狹隘,漸失劉歆、桓譚等人博學通達的風格,於是王充也逐漸有了異端和偏激的形象。

四

《論衡》一書的流傳歷史,大約始於東漢之末。《後漢書·王充傳》李注引袁山松《後漢書》說:"充所作《論衡》,中土未有傳者,蔡邕入吳始得之,恆秘玩以爲談助。其後王朗爲會稽太守,又得其書,及還許下,時人稱其才進。或曰:'不見異人,當得異書。'問之,果以《論衡》之益。由是遂見傳焉。"李注及《北堂書鈔》又引《抱朴子》佚文記述此事,與袁山松所記約略相同。袁山松爲東晉長合鄉侯,活動於東晉末期,曾任吳郡太守,死於孫恩之亂。所著《後漢書》有百篇,爲東漢歷史名著,其記蔡邕、王朗始傳《論衡》之事,當屬可靠。學界有人懷疑這項記載,以爲東漢時期書籍易於流行,《論衡》不應在東漢之末始得流傳。對於這一疑問,可由東漢社會之文化態勢加以解釋。

現在學者都知道東漢官方尊崇讖緯,但尊崇到什麽程度,卻是大可爭議的問題。我曾在經學論著中就此略作小考,說明東漢官方學術中讖與緯的地位有所不同,讖書的位次高於五經,緯書則與五經同等。如《隋書·經籍志·經部》有云:"漢時,又詔東平王蒼,正五經章句,皆命從讖。"意謂東漢官方的五經詮釋必須從讖,而對讖書的解釋卻不必從經。又據《後漢書·桓譚傳》,譚應對光武帝之問,"極言讖之非經",帝竟大怒:"桓譚非聖無法,將下斬之。"譚叩頭流血,方得免死。今按桓譚並非反對官定的讖記,只反對"增益圖書,矯稱讖記"。所謂圖書指當時官定的《河圖》與《洛書》,亦即官定的讖書。桓譚對這《河圖》與《洛書》仍保持尊重,只是反對加以"增益"。另外,他還試圖降低讖的位次,"極言讖之非經","非經"即言讖非經書。對於桓譚之反對"增益圖書",光武帝尚能容忍,只是"不悦"。而對於桓譚之主張讖非經書,光武帝則"大怒",要處以極刑。由此可見讖在東漢的至高無上的地位,是絶對不容撼動的。

在漢順帝時,張衡公然上疏抨擊圖讖,主張"收藏圖讖,一禁絶之"。然考察此疏的上文,其所主張禁絶的圖讖乃是"僞稱洞視玉版"之類,未必包括官定的《河圖》《洛書》等。據《後漢書》本傳,衡疏提到"且《河》《洛》、六藝,篇録已定,後人皮傳,無所容篡",他顯然無意冒犯官定《河圖》九篇、《洛書》六篇等讖書的權威,這大概也是他未遭到鎮壓的原因。

與桓譚、張衡等人比較,王充之反對讖緯極爲堅決而徹底。他對當時官方的經典及思想的批判,乃是全面的。《論衡》既貶斥了今文五經,亦駁斥了官方的讖緯。《論衡》既批判了官方的災異、譴告的學説,亦批判了帝王受命的學説。再考慮到王充的社會地位遠低於桓譚、張衡,又屬元城王氏,那麼可以設想,《論衡》的内容一旦爲朝廷所瞭解,當罹誅絶之罪責。《論衡》完成之時,王充已處晚年,時日無多。在他死後,他的子孫爲保家門,定將其書深藏,這就是《論衡》在東漢時期未能流行的緣由。據《後漢書》本傳,蔡邕"在吴"有十二年,後被司空董卓徵辟,距東漢末期的戰亂僅三年。王朗擔任會稽太守,是在董卓奉車駕遷都長安之後,在孫策全據江東之前,那正是戰亂之際,東漢的朝廷及其制度已是名存實亡了。蔡邕入吴而得《論衡》,王朗在會稽得《論衡》,都在東漢朝廷與制度崩潰之時,東漢官方的今文經學和讖緯之學一時衰落,王充子孫面臨的官方意識形態的壓力驟然化解,《論衡》在此時開始傳播,完全是合乎邏輯的,是十分適宜的。

《論衡》由於在東漢官方學術崩潰之後始得傳播,便影響了不久之後興起的玄學。在曹魏中期,名士阮籍撰《樂論》,提到"律吕協則陰陽和,音聲適而萬物類",以爲音律協調便可使"災害不生"。玄學開創者之一夏侯玄撰《辨樂論》,駁斥阮籍,指出:"堯遭九年之水,憂民阻饑;湯遭七年之旱,欲遷其社。豈律吕不和音聲不通哉?此乃天然之數,非人道所招也。"(見於《太平御覽》卷十六)

我曾注意到夏侯玄的意思乃是承襲《論衡》,今再掛酌,可知阮籍的意見也與《論衡》有關。《論衡·寒温》篇中言及音律及堯、湯水旱之事:"燕有寒谷,不生五穀,鄒衍吹律,寒谷可種,燕人種黍其中,號曰黍谷。如審有之,寒温之災,復以吹律之事,調和其氣。變政易行,何能滅除?是故寒温之疾,非藥不愈;黍谷之氣,非律不調。堯遭洪水,使禹治之。寒温與堯之洪水,同一實也。堯不變政易行,知夫洪水非政行所致。洪水非政行所致,亦知寒温非政治所招。"此節主旨,是説寒温等自然災害與政治並無感應的關係。"寒温之災"即所謂"天","政行"即所謂"人"。漢代的天人感應論者聲稱"寒温之災"是由人事政治引致,甚至説"人君喜則温,怒則寒"。王充則説"寒温之災"乃是天時之自然,例如堯遭洪水,必須靠治水來解決,而不必爲此"變政易行"。夏侯玄清醒地意識到音聲亦屬"人"的範疇,而堯湯水旱"乃天然之數,非人道所招",故而否認音律協或不協與水旱災害有任何的關聯。他的這種認識顯然是在繼承王充思想的基礎上略作發揮。而阮籍卻是酷愛音樂的人,他所關心的只是如何標榜音樂的重要性。出於這樣的動機,他便特别注意王充在《寒温》篇中所講的鄒衍吹律以調和氣候的情節,從而闡發出"律吕協則陰陽和"的命題。有趣的是,王充的確以爲鄒衍吹律有調和氣候的作用,他在《論衡·定賢》篇中説明聖賢治世有術,"得其術則功成",而鄒衍吹律即屬此類。這就是説,王充之反對天人感應説乃是有局限的,他只否認自然氣候與人事政治之間的感應,卻不否認人之音律與氣候的感應。這種有局限的進步思想,竟被阮籍全盤地吸收了。當然,比較之下,應承認夏侯玄的《辨樂論》更爲先進,不過也應注意到阮籍的《樂論》在當時絶非落後或陳腐的著作。實際上,通過考察兩人著作之遥繼王充的情況,可以看出兩者的共同思想基礎是反對那種主張自然氣候與政治相感的學説,同屬於玄學。

有一位參與開創玄學的人物同《論衡》的關係或更爲密切,這就是王弼。《論衡·道虚》中言及宇宙創生的問題:"天地不生,故不死;陰陽不生,故不死。死者生之效,生者死之驗也。夫有始者必有終,有終者必有始。唯無終始者,乃長生不死。"意謂天地或宇宙,都是不生不死或無始無終的。漢代的宇宙論以爲天地都有起源,宇宙有初始,堪爲宇宙起源論或宇宙創生論。王充關於"天地不生故不死"的學説,乃是對於中國古代宇宙創生論的否定,這顯然有重大的哲學意義。或因時代的局限,王充未能就此作進一步的發揮,從而給王弼留下了進行思想創新的很大的餘地。王弼注釋《老子》首章,只論"萬物之始",不言"天地之始"。其注《周易》乾坤兩卦,稱天可"永保無虧",地可"永保無疆",這在"不生故不死"的邏輯前提下顯然意味着天地無終始,或者説宇宙過程在過去未來兩方面都是無限的。由於宇宙無限,最根本的太極便不會是宇宙的起源,而應當是隱藏在宇宙現象背後並貫穿於全部宇宙過程的本體。這就是説,王弼構建其本體論,竟是以《論衡》的學説爲基礎的。

王充對王弼的影響尚不止此。《論衡·謝短》中議論古今,稱:"五經比於上古,猶爲今也。徒能説經,不曉上古,然則儒生,所謂盲聾者也。"指出儒生"能説一經"而不能兼通經史百家,或"知古不知今",或"知今不知古",都是"不通大道"。而《老子》十四章提到"能知古始,是謂道紀",王弼注云:"無形無名者,萬物之宗也。雖今古不同,時移俗易,故莫不由乎此以成其治者也。故可執古之道,以御今之有。上古雖遠,其道存焉,故雖在今,可以知古始也。"這種以上古之道貫通古今的説法,極似對《論衡》所提問題的一種解答。

據孔穎達《周易正義》卷首,王弼有一著名的創見,以爲"伏犧既畫八卦,即自重爲六十四卦",從而否定了極其盛行的"伏羲畫卦,文王重卦"之説。而王弼有此創見,乃是受了王充的啓發。《論衡·正説》中糾正了許多謬説,其一便是"説《易》者皆謂伏羲作八卦,文王演爲六十四"。《正説》援引《周禮·太卜》關於《連山》《歸藏》《周易》的舊文,而略加修正。《周禮》稱《連山》《歸藏》《周易》三者"其經卦皆八,其別皆六十有四",《論衡·正説》卻聲稱三《易》"其經卦皆六十四",未提別卦。這是不是傳寫錯了呢? 黃暉在《論衡校釋》中就指出《論衡》此句當與《周禮》文字相同,遂訂正爲"其經卦皆八,其別皆六十四",然而據《正説》篇中上下文,如此訂正是不合王充原意的。《正説》篇中下文有云:"世之傳説《易》者,言伏羲作八卦,不實其本,則謂伏羲真作八卦也。伏羲得八卦,非作之;文王得成六十四,非演之也。"意謂伏羲之前已有八卦,文王以前已有六十四卦,伏羲、文王的作爲乃是"得",不是"作之"或"演之"。王弼稱伏羲"既畫八卦,即自重爲六十四卦",與王充的説法雖有不同,然而在否定文王重卦這一點上,王弼的意見卻是與王充一致的。

漢代天人感應學説有一理論前提,即是神學的目的論。《論衡·自然》中提到了目的論的命題"或説以爲天生五穀以食人,生絲麻以衣人",《自然》一篇的主旨即是批駁這一命題,其題《自然》,即依從道家的天道自然論,説明"天之不故生五穀絲麻以衣食人"。王弼注釋《老子》,即采王充此説。如《老子》五章:"天地不仁,以萬物爲芻狗",所謂芻狗本指祭神之物,《莊子·天運》已講過芻狗乃是祭品,魏明帝時也有人提及芻狗的祭品之義,事見《三國志·魏書·周宣傳》。而王弼卻加以曲解:"天地不爲獸生芻而獸食芻,不爲人生狗而人食狗,無爲於萬物而萬物各適其所用,則莫不贍矣。"(《老子注》)王弼讀過《莊子》,對"芻狗"本義不會不知,他刻意曲解爲"獸食芻"、"人食狗",顯然意在説明天地"無爲於萬物而萬物各適其所用",其措辭與結論都與《論衡·自然》相仿,前後的承繼關係是很明顯的。

王弼受《論衡》影響,事非偶然。西晉張華《博物志》卷六《人名考》記載:"蔡邕有書萬卷,漢末載數車與王粲。粲亡後,相國掾魏諷謀反,粲子與焉。既被誅,邕所與粲書,悉入粲族子葉,字長緒,即正宗父,正宗即輔嗣兄也。"此處所稱王葉,即王弼之父王業。據《三國志·魏書·鍾會傳》裴注引《魏氏春秋》,王粲二子被曹丕所誅,後絶,丕遂以王業爲王粲後嗣,這就是蔡邕贈與王粲的數車書籍悉歸王業的原因。這數車書籍當爲王弼治學的資本,其中若是包括《論衡》,定爲王弼所讀,故而《論衡》的一些説法爲王弼所因襲並發揮。至於王朗將《論衡》帶到中原,意義也很大。王朗爲魏朝三公之一,在文帝時爲司空,在明帝時爲司徒,位高勢重。王朗本人是重要的經學家,其子王肅則是魏晉經學之首要人物,這父子二人均讀《論衡》,對《論衡》的傳播當有決定性的作用,袁山松《後漢書》指出,由於王朗的作用,《論衡》"遂見傳焉",這一記述定當合乎史實。大約在魏文帝時,《論衡》已在上層社會流傳。夏侯玄、何晏、王弼等人都是官宦子弟,玄、晏都有封爵,弼亦出身侯門,他們都有機會接觸《論衡》之書,至少有可能聽到他人轉述《論衡》的學説。

如此種種,都表明《論衡》的歷史作用之巨大。《論衡》之初傳,正值漢代今文經學及讖緯之學崩潰,及玄學之醖釀。在從漢學到玄學的演變歷史中,《論衡》正處於轉折點上,對這歷史劇變起了關鍵性的推動作用。《論衡》略有尊孟意向,這對後世道統論的形成,亦有影響。或者説,在從漢學到宋學的演變歷史中,《論衡》竟亦處於轉折點上,起了承前啓後的刺激作用。一部著作的歷史功效竟是如此之大,無怪乎要被稱爲異書、奇書了。

《論衡》一書在魏晉時期影響之大，如上所言，然後世對於《論衡》的接受情況也值得重視。《四庫全書總目提要》總結了《論衡》一書二千多年間的命運："攻之者衆，而好之者終不絕歟！"這一結論比較公允地反映了《論衡》在各個朝代的流傳接受情況。

魏晉南北朝時期，經學地位下降，代之而起的是以道家思想爲本體的玄學，士人之間清談蔚然成風，《論衡》的影響較之東漢進一步擴大。除以上談到的阮籍、夏侯玄、王弼外，葛洪亦受其影響，其《抱朴子·喻蔽》稱充爲"冠倫大才"、"學博才大"，肯定其《論衡》"猶鄧林枯枝，滄海流芥，未易貶者"。劉勰《文心雕龍·神思》將王充與司馬相如、揚雄、桓譚、張衡、左思等漢代大家置於一列，稱其文章爲"巨文"；《文心雕龍·養氣》篇首便言："昔王充著述，制《養氣》之篇，驗己而作，豈虛造哉！"謝承《後漢書》、范曄《後漢書》及虞翻《會稽典錄》皆言充之事迹，爲完善充之生平提供有力的材料，亦對後世研究充之思想形成有一定的幫助。

隋唐時期，文化多元，《論衡》因其内容的豐富性和思想的批判性亦得青睞。《北堂書鈔》《藝文類聚》《初學記》《白氏六帖》四大類書，及馬總《意林》等皆摘引《論衡》之語。釋家雖因王充倡導無鬼論而駁難《論衡》，然亦引述其說。古文大家韓愈爲王充、王符、仲長統三人作《後漢三賢傳》，其"性有三品"說便是對《論衡·本性》的繼承。劉知幾雖批評王充厚己薄祖，"實三千之罪人也"（《史通·序傳》），但又以史學家的眼光肯定了《論衡》一書的批判精神，《史通·自叙》云："儒者之書，博而寡要，得其糟粕，失其菁華。而流俗鄙夫，貴遠賤近，傳兹抵牾，自相欺惑，故王充《論衡》生焉。"

宋代，尤其是慶曆以後，程朱理學逐漸影響到人們生活的方方面面。社會風尚與思想的變化引起學人對於《論衡》的批評之聲迭起。一方面學人對於《論衡》文風產生諸多不滿，如吕南公《題王充〈論衡〉後》斥責《論衡》"飾小辯以驚俗"；高似孫《子略》認爲《論衡》"其文詳，詳則禮義莫能核而精，辭莫能肅而括，幾於蕪且雜矣"，由此得出"談助之言，可以了此書矣"的結論，值得注意的是，此時的"談助"已由魏晉時期的推崇變爲貶低。另一方面，"不孝"和"非聖"成爲宋人對王充口誅筆伐的主要原因。如黄震《黄氏日抄》爲了説明王充持論過激，其所舉的例子中便言及王充"不孝"、"非聖"；陳騤《文則》則十分嚴厲批判道："王充《問孔》之篇，而於此書多所指摘，亦未免桀犬吠堯之罪歟！"在王充"不孝"、"非聖"的問題上，王應麟雖未如他人嚴苛，但他在《困學紀聞》中引用劉知幾、葛文康批判王充之語，得出"即二説觀之，此書非小疵也"的觀點，便是表明態度。雖然《論衡》在宋代受到貶抑，但仍有學者認識到《論衡》的價值所在。楊文昌在《論衡序》中稱讚《論衡》："有如日星之麗天，順經躔而軌道；河海之紀地，自源委以安流。"並反駁他人貶低《論衡》的説法，"其文取譬連類，雄辯宏博，豈止爲'談助'、'才進'而已哉！"又因其内容的豐富性等原因，宋代類書如《太平御覽》《太平廣記》《册府元龜》《文苑英華》等對於《論衡》的輯録和語句的化用亦十分顯著。

到了明代，對於《論衡》，雖有批評之聲，但晚明以後，在"尚奇"之風作用下，《論衡》越來越多受到時人的熱捧。在這種風氣的影響下，官方、私人大量刊刻出版《論衡》。在《論衡》的傳播過程中，評點也頗爲時人所喜，歸有光、劉光斗、馬元、施莊、丁玄焕、黄澍、葉紹泰、何允中等文人均參與其中。傅巖在《論衡》天啓本序中道:"《論》曰:'衡,平也。'不倚時尚,不任意氣,覽之悠然,歸於偶然。孔子曰:'四十不惑。'仲任庶幾焉。"閻光表的《論衡》天啓本序亦高度肯定了《論衡》:"上而天文,下而地理,中而人數,旁至動植,幽至鬼神,莫不窮纖極微,抉奧剔隱。"此外,明代文人筆記亦或直接截取《論衡》中條目作例證,或化用語句,或參與評論。如何良俊在《四友齋叢説》中批評揚雄之文好爲艱深之詞,稱讚《論衡》:"不以道術名家,謂之曰'論',固自別於諸子矣。"有明一代,《論衡》大受歡迎,以致出現了一批仿效《論衡》的書籍,如陳絳《金罍子》。

有清一代,思想禁錮,對於王充"不孝"、"非圣"的批評之聲復燃,乾隆皇帝通讀《論衡》,痛斥王充非難聖人,離經叛道,以統治者的姿態爲王充貼上了"惑民"的標籤。然其初讀《論衡》,亦"喜其識博而言辯,頗具出俗之識"(《御制讀王充論衡》)。迫於統治者的壓力,手校群書的乾嘉學派很少涉及《論衡》,整個清代沒有出現一部比較完整的《論衡》校注本。雖如此,乾嘉學派仍認識到《論衡》"議論甚詳,頗資證據"的功能,並加以引用,俞樾《曲園雜纂》卷二三《讀〈論衡〉》:"是禮家止此二義,《論衡》所説,又成一義,亦必漢儒舊説也。"《論衡》的批判精神亦受到肯定,如熊伯龍的《無何集》除否定《問孔》《刺孟》爲後人僞作外,亦肯定《論衡》的批判精神,《無何集》便是割裂《論衡》而成。譚宗浚《〈論衡〉跋》言:"當其時,讖緯方盛,異説日興,而充獨能指駁偏謬,剖析源流,卓然不爲浮論所惑,其識見有過人者。"除肯定《論衡》一書的"疾虛妄"精神,譚宗浚亦稱充"人品則頗高","淡然榮利"。從文章角度,劉熙載在其《藝概》中稱讚:"王充、王符、仲長統三家文,皆東京之矯矯者。"亦肯定:"王充《論衡》獨抒己見,思力絕人,雖有時激而近僻者,然不掩其卓詣。"

近代東西文化交融,人們對於《論衡》則有了新的認識。章炳麟《檢論·學變》大力稱讚王充敢於批評世俗、敢於懷疑聖賢的精神,言:"作爲《論衡》,趣以正虛妄,審鄉背。懷疑之論,分析百耑。有所發摘,不避上聖。漢得一人焉,足以振恥。"梁啓超在《中國近三百年學術史》中,亦稱讚《論衡》一書的批判精神,評價《論衡》爲"漢代批評哲學第一奇書"。除了思想方面的肯定,在梁啓超的呼吁下,學人積極投入《論衡》校注工作中,出現了如劉盼遂《論衡集解》、黄暉《論衡校釋》、張宗祥《論衡校訂》、吴承仕《論衡校釋》、劉文典《論衡斠補》等衆多校注本。劉盼遂在其《論衡集解》中稱《論衡》"褒是抑非,實事忌妄",然惜《論衡》歷來無善本,通行之通津草堂本及程榮《漢魏叢書》本亦有亥豕帝虎之嫌,故彙集先正、時賢校録《論衡》之文而成,並附録充之事迹及《論衡》題跋。學界除了繼續從考據學角度研究《論衡》以外,開始以新的角度去探索《論衡》的價值。可以説,民國時期學者們對於《論衡》的整理,爲後來研究奠定了堅實的基礎。

五

本着"求全且精"的原則,《子藏·雜家部·論衡卷》注重不同版本的收録,以便完整反映

《論衡》流傳過程。《論衡》最早傳本爲宋刊本，其下有明刊本、清刊本、民國刊本，本卷均予以收録。

《子藏·雜家部·論衡卷》亦注重後世稿抄本的收録。如民國二十八年高魁光撰《論衡集解》抄本、劉盼遂手稿本《論衡校箋注》等，爲《論衡》的研究提供了豐富的一手資料，本卷均予以收録。

《子藏·雜家部·論衡卷》還特別關注名人批校本。如惠棟、盧文弨、梁玉繩、孫志祖、王振聲、高步瀛、羅振常等，他們均爲文獻大家，在古文獻收藏及研究方面有獨到之處，其校語亦彌足珍貴，本卷也同樣予以收録，以饗讀者。

（作者單位：中國社會科學院哲學研究所）

《吕氏春秋》前言

張雙棣

《子藏·雜家部·吕氏春秋卷》共收書一百種，整合成精裝十六開本三十六冊予以出版。本卷收録目前所知有關《吕氏春秋》白文本、注釋本、節選本、校勘本、批校本及相關研究著作，集《吕氏春秋》各種版本及研究文獻之大成。

一

吕不韋的生年，史籍闕如。《史記·吕不韋列傳》載："秦王恐其爲變，乃賜文信侯書曰：'君何功於秦？秦封君河南，食十萬户。君何親於秦？號稱仲父。其與家屬徙處蜀！'吕不韋自度稍侵，恐誅，乃飲酖而死。"吕不韋卒時尚未至老耄，否則始皇不必恐其變。又《秦始皇本紀》明載："秦始皇帝者，秦莊襄王子也。莊襄王爲秦質子於趙，見吕不韋姬，悦而取之，生始皇。以秦昭王四十八年正月生於邯鄲。"而《吕不韋列傳》載："乃遂獻其姬，姬自匿有身，至大期時，生子政。"則不韋獻姬，必在昭王四十七年（公元前260年），此時吕不韋爲陽翟大賈，積資甚富，其年至少應三十歲有餘。以此推算，吕不韋生年估計爲公元前290年前後。對於吕不韋的卒年，《史記·秦始皇本紀》明確記載，"十二年，文信侯不韋死，竊葬"。因此，吕不韋卒於秦始皇十二年（公元前235年）。

對於吕不韋的里籍，文獻記載有一些抵牾，《戰國策》説："濮陽人吕不韋，賈於邯鄲。"《史記》則説："吕不韋者，陽翟大賈人也。"高誘《吕氏春秋序》爲之調停説："吕不韋者，濮陽人也，爲陽翟之富賈。"三者所記分歧，所以後人有所異見。《史記·吕不韋列傳·索隱》云："《戰國策》以不韋爲濮陽人，又記其事迹亦多，與此傳不同。班固雖云太史公據《戰國策》，然爲此傳當別有所聞見，故不全依彼説。或者劉向定《戰國策》時，以己異聞改彼書，遂令不與《史記》合也。"今考濮陽，《漢書·地理志》云："東郡，秦置。……縣二十二：濮陽，衛成公自楚丘徙此。"又《滑縣志》（清同治六年修）載："滑爲冀兗之域，古顓頊高陽氏建都之墟，夏商爲豕韋國，春秋爲衛漕邑。秦爲東郡，漢始置白馬縣，屬東郡。魏爲白馬國，晉屬濮陽國。"今河南省滑縣東北有顓頊陵,則濮陽即今滑縣是也。再考陽翟,《漢書·地理志》云:"潁川郡,秦置。……縣二十:陽翟,夏禹國。周末,韓景侯自新鄭徙此。"又《禹州志》載:"夏禹所封,故謂之禹,意其有夏后氏之遺風。""始皇帝十七年,内史騰攻韓,得韓王安,盡納其地,以其地爲潁川郡。""秦楚之際,項羽使韓王成以故都都陽翟。"則陽翟即今河南禹州是也。綜之,知戰國之時,濮陽屬衛,陽翟屬韓,兩地相隔較遠,吕不韋究係何籍,似難斷定。然《戰國策》明言"濮陽人吕不韋",則吕不韋似爲濮陽人。《史記》稱吕不韋爲"陽翟大賈人也",王叔岷《史記·吕不韋列傳斠證》云:"《索隱》本出'大賈'二字,下無'人'字。《秦始皇本紀索隱》引此亦無'人'字,《通鑒·周紀五》同。下文《集解》引徐廣曰:'一本云,陽翟大賈也'。是舊本原無'人'字者。"王叔岷所考令人信服,"大賈"下他書所引皆無"人"字。《吕不韋列傳》謂吕不韋"往來販賤賣貴,家累千金",亦透露出吕不韋係往來販賤賣貴者,行迹不定也,司馬遷暗寓吕不韋爲陽翟之賈者,非謂其爲陽翟人也。綜上所述,我們得出以下結論:高誘之説可行,吕不韋原籍濮陽,後經商發迹於陽翟,且長居於陽翟而具聲名。

二

關於吕不韋的家世,史籍莫詳,難以稽考,我們只能作些間接的推測。《戰國策·秦策五》有一段記載:"吕不韋……賈於邯鄲,見秦質子異人。歸而謂其父曰:'耕田之利幾倍?'曰:'十倍。''珠玉之贏幾倍?'曰:'百倍。''立國家之主贏幾倍?'曰:'無數'。曰:'今力田疾作,不得暖衣餘食,今建國立君,澤可遺世,願往事之。'"據此推測,吕不韋應是出身於一個地主兼營商的家庭,且其家營商,非自不韋始,或其祖父及父,已始營商,且富有積蓄。不然吕不韋年壯之時,欲棄商謀國,絶非泛泛商旅輩能有此膽識。不韋既欲捐家謀國,睹天下之大局,故恃其膽識,以秦質子異人爲奇貨可居。公元前259年以前,他"賈於邯鄲",發現異人,認爲這是一宗"奇貨可居"的交易。於是,吕不韋説服異人,使得異人頓首曰:"必如君策,請得分秦國與君共之。"(《史記·吕不韋列傳》)吕不韋又以五百金買奇物好玩,奉而西遊秦,遊説華陽夫人。華陽夫人以爲然,遂求得安國君約以異人爲適嗣,並賜名子楚。秦昭王五十六年,太子安國君立爲王,即孝文王,子楚爲太子。孝文王旋即死去,子楚代立,是爲莊襄王。莊襄王元年,以吕不韋爲丞相,封文信侯,食河南洛陽十萬户。從公元前249年任相到前237年免相的十餘年中,吕不韋輔佐莊襄王、嬴政,主持國務,政績突出。

内政方面。《史記·秦本紀》載:"莊襄王元年,大赦罪人,修先王功臣,施德厚骨肉而布惠於民。東周君與諸侯謀秦,秦使相國吕不韋誅之,盡入其國。秦不絶其祀,以陽人地賜周君,奉其祭祀。"《秦始皇本紀》載:"吕不韋爲相,封十萬户,號曰文信侯。招致賓客游士,欲以并天下。李斯爲舍人。蒙驁、王齮、麃公等爲將軍。王年少,初即位,委國事大臣。……十月庚寅,蝗蟲從東方來,蔽天。天下疫。百姓内粟千石,拜爵一級。"秦王政元年,修鄭國渠,事見《史記·河渠書》:"秦以爲然,卒使就渠。渠就,用注填閼之水,溉澤鹵之地四萬餘頃,收皆畝一鍾。於是關中爲沃野,無凶年,秦以富彊,卒并諸侯,因命曰鄭國渠。"從以上史料可知,吕氏爲相,布德施惠於民。他廣納賢才,兼取文士武將。於周君不絶其祀,提高秦國聲譽。災年之際,行納粟,又興修大渠,使關中爲沃野。這與《吕氏春秋》中所倡導的民本思想一致,即"主之本在於宗廟,宗廟之本在於民"(《吕氏春秋·務本》元至正嘉興路儒學刊明補修本。以下所引,均出此本)。

外交方面。且不說吕不韋爲相之前,審析天下形勢,洞察秦國情形,以子楚爲奇貨可居,傾家以助子楚,最後高居相位,足見其外交才能。他爲相之後,面對魏公子率五國聯軍攻秦的緊張局面,厚賄魏人在魏王前詆毀魏公子:"秦數使反間,僞賀公子得立爲魏王未也。魏王日聞其毀,不能不信,後果使人代公子將。"(《史記·魏公子列傳》)又《戰國策·秦策五》載,"文信侯欲攻趙,以廣河間",先使蔡澤事燕、張唐相燕,再以甘羅之計,迫使趙王讓出三十六縣,秦國得以分到河間之地。在與諸國鬥争中,吕不韋充分展示了自己的外交才能。

軍事方面。據《史記·秦本紀》所載:"(莊襄王元年),東周君與諸侯謀秦,秦使相國吕不韋誅之,盡入其國。……使蒙驁伐韓,韓獻成皋、鞏。秦界至大梁,初置三川郡。二年,使蒙驁攻趙,定太原。三年,蒙驁攻魏高都、汲,拔之。攻趙榆次、新城、狼孟,取三十七城。四月日食。四年,王齕攻上黨。初置太原郡。"在吕不韋爲相之時,秦國不斷掠土占地,開拓邊疆。在這一系列戰争勝利的背後,固然是秦國精兵强將的功勞,但同時也離不開吕不韋的決策和指揮。在這些攻城掠地的戰争中,吕不韋的軍事才能得到充分展示,勝利的果實也爲日後秦統一六國打下基礎。

文化方面。吕不韋招賢納士,使賓客人人著所聞,以爲備天地萬物古今之事,而成《吕氏春秋》。這也體現出他政治家的敏感性,認爲"勝非其難者也,持之其難者也"(《吕氏春秋·慎大》)。

吕不韋爲相之時,招人才,徠英士,開疆拓土,興渠著書,號稱仲父而獨擅國政,非圖利之商輩所能爲,實有其雄才與志略也。

三

《吕氏春秋》是先秦典籍中唯一可以知道確切寫作年代的著作。本書《序意》篇明言:"維秦八年,歲在涒灘,秋甲子朔。朔之日,良人請問十二紀。"高誘認爲這裏的"八年"就是秦王政即位的第八年,即公元前239年。

司馬遷在《十二諸侯年表序》中以爲孔子之修《春秋》,左丘明之成《左氏春秋》,虞卿之爲《虞氏春秋》,及吕不韋之爲《吕氏春秋》,皆上采《春秋》,下觀近世,先後一轍也,此亦即高誘《吕氏春秋序》所謂"備天地萬物古今之事",故號曰《吕氏春秋》。

關於吕不韋召集賓客纂集《吕氏春秋》的目的,《史記·吕不韋列傳》載:"當是時,魏有信陵君，楚有春申君，趙有平原君，齊有孟嘗君，皆下士喜賓客以相傾。吕不韋以秦之彊，羞不如，亦招致士，厚遇之，至食客三千人。是時諸侯多辯士，如荀卿之徒，著書布天下。吕不韋乃使其客人人著所聞，集論以爲八覽、六論、十二紀，二十餘萬言，以爲備天地萬物古今之事，號曰《吕氏春秋》。"當然，這只是吕不韋纂集《吕氏春秋》目的的一方面。這裏還涉及《吕氏春秋》三部分編排順序問題。司馬遷在《吕不韋列傳》和《十二諸侯年表序》中都稱："八覽、六論、十二紀。"然高誘著《吕氏春秋序》云："十二紀、八覽、六論。"唐人馬總《意林》卷二："《吕氏春秋》二十六卷。"注云："吕不韋，始皇時相國，乃集儒士爲十二紀、八覽、六論。"與高誘序同。自此以後，《吕氏春秋》目次爲《十二紀》《八覽》《六論》，遂成定本。

《吕氏春秋》爲雜家之始祖，《漢書·藝文志》云："雜家者流，蓋出於議官，兼儒、墨，合名、法，知國體之有此，見王治之無不貫，此其所長也。"顔師古注曰："治國之體，亦當有此雜家之説。王者之治，於百家之道無不貫綜。"治國之道，經緯萬端，若拘泥於某一家某一派，則不能盡王治之道。興雜家之學而爲王政之書，所以兼儒墨，合名法，集諸家之長而爲施政之本。吕不韋召集賓客撰《吕氏春秋》，非僅與諸公子爭强，而意欲融衆家之長，而爲一代興王典禮者也。其《不二》篇云："老聃貴柔，孔子貴仁，墨翟貴廉，關尹貴清，子列子貴虛，陳駢貴齊，陽生貴己，孫臏貴勢，王廖貴先，兒良貴後。"故其書兼及百家，而以治國理政爲核心，提出了一整套的政治主張。它備天地萬物古今之事是要"紀治亂存亡也，知壽夭吉凶也"（《序意》）。它的政治主張的基礎是"法天地"，認爲只有順應天地自然的本性，才能無爲而行。《十二紀》爲國家之政治綱領，按照春生、夏長、秋收、冬藏的原則以行時政，故春令多言生，夏令多言教，秋令多言兵，冬令所言治道之術、臣道之分，皆是政治思想。由於治道萬端，《十二紀》所不能盡者，所以《八覽》《六論》詳細言説君道治術。

《吕氏春秋》政治思想的核心爲虛君實臣與民本德治。《吕氏春秋》主張君道虛，臣道實。它認爲人類應按照天地之間的關係來建立君臣之間的關係，只有擺正君臣之間的關係，君臣各行使其職責，互不干擾，國家才能昌盛，所謂"主執圜，臣處方，方圜不易，其國乃昌"（《圜道》）。《吕氏春秋》還認爲："昊天無形，而萬物以成；至精無象，而萬物以化。"（《君守》）因此，君主要處虛無爲。君主爲何要無爲而治呢？《吕氏春秋》從兩個方面加以論述。一方面，從認識論上分析，君主不可能全知全能，必然有所局限。克服這種局限，必然利用臣下之能，它説："古之王者，其所爲少，其所因多。因者，君術也；爲者，臣道也。"（《任數》）另一方面，《吕氏春秋》認爲，君主如果去做本該臣下做的事，會帶來很多弊端，因爲"人主好以己爲，則守職者舍職而阿主之爲矣。阿主之爲，有過則主無以責之，則人主日侵，而人臣日得"（《君守》）。所以説："君道無知無爲，而賢於有知有爲。"（《任數》）那麽，君主如何做到無爲而無不爲呢？《吕氏春秋》認爲，最根本的是君主要反諸己而治其身，所謂"主道約，君守近，太上反諸己，其次求諸人。"（《論人》）其次，君主做到無爲而無不爲在於求賢用賢，所謂："古之善爲君者，勞於論人而佚於官事，得其經也"（《當染》）。第三，君主要正名審分，設立百官，同時能控制百官。對於百官，君主應做到"按其實而審其名，以求其情；聽其言而察其類，無使放悖"（《審分》）。只有如此,君主才能够達到無爲而無不爲了。

除君道無爲外,《吕氏春秋》還提出了一整套以民本思想爲基礎、以仁政德治爲核心的治國方略。它認爲民衆是國家安危存亡的關鍵,即"主之本在於宗廟,宗廟之本在於民"(《務本》)。在這一民本思想的基礎上,《吕氏春秋》又提出了以德治爲主以賞罰爲輔的方針,一方面認爲"行德愛人,則民親其上,民親其上,則皆樂爲其君死矣"(《愛士》)。另一方面,在施行德政的前提下,賞罰可以作爲一種輔助手段,"凡用民,太上以義,其次以賞罰"(《用民》)。《吕氏春秋》認爲,德治的主要内容在於提倡忠孝禮樂,尤其重視孝的作用,認爲孝是修身治國平天下的根本。它説:"務本莫貴於孝。人主孝,則名章榮,下服聽,天下譽;人臣孝,則事君忠,處官廉,臨難死;士民孝,則耕芸疾,守戰固,不罷北。夫孝,三皇五帝之本務,而萬事之紀也。"《吕氏春秋》同時重視忠,認爲孝是忠的基礎。它要求人臣要忠於君主,它説:"爲人臣不忠貞,罪也。"(《權勛》)此外,《吕氏春秋》也十分重視教育和音樂,在三夏紀中集中闡述教育和音樂對於治國的重要作用。

從内容上而言,《吕氏春秋》的價值除了其政治思想,還在於保存了很多不見於其他先秦古籍的資料。如《吕氏春秋》保存了很多古代衛生醫學方面的知識,第一次全面記載了我國樂律計算法的三分損益法,對天文曆法方面的記載也較爲詳細,還保存了戰國時期重要的農業思想和農業技術理論。總之,很多毁於秦火的先秦古籍,其思想内容賴《吕氏春秋》得以保存。

四

《漢書·藝文志》雜家類著録:"《吕氏春秋》二十六篇。秦相吕不韋輯智略士作。"此後的史志目録皆將《吕氏春秋》歸入雜家。除南朝梁庾仲容《子鈔》、宋《崇文總目》、宋陳振孫《直齋書録解題》等將《吕氏春秋》著録爲三十六卷,諸家書目皆著録爲二十六卷,與現存《吕氏春秋》卷數相同。從《漢書·藝文志》到《新唐書·藝文志》,《吕氏春秋》一直被官私書志所著録,在同類書中並不多見。《吕氏春秋》分爲《十二紀》《八覽》《六論》三部分,《十二紀》每紀五篇,計六十篇;《八覽》除《有始覽》爲七篇外,每覽八篇,計六十三篇;《六論》每論六篇,計三十六篇,十二紀後有《序意》一篇,所以總計一百六十篇,約十一萬言。

《吕氏春秋》在東漢末年就有了注本。盧植曾著《吕氏春秋訓解》,惜已亡佚。目前流傳下來《吕氏春秋》最早注本爲東漢末高誘的《吕氏春秋注》二十六卷,高誘少從侍中盧植學,尋繹此書,以爲大出諸子之右,後"復依先師舊訓,輒乃爲之解焉"(《吕氏春秋序》)。高誘《吕氏春秋注》的著録見於《隋書·經籍志》《新唐書·藝文志》《宋史·藝文志》《通志》《郡齋讀書志》《直齋書録解題》等,説明高誘的《吕氏春秋注》廣爲流傳。高誘評價《吕氏春秋》説:"此書所尚,以道德爲標的,以無爲爲綱紀,以忠義爲品式,以公方爲檢格,與孟軻、孫卿、淮南、揚雄相表裏也。"又説《吕氏春秋》"大出諸子之右"等,這都成爲後世研究《吕氏春秋》價值的重要觀點。此後歷代文人既昧《吕氏春秋》雜家之義，又鄙薄吕不韋的人品，未曾給《吕氏春秋》作注。直至清代畢沅，采集群言，集盧文弨、謝墉、錢大昕、孫志祖、段玉裁等十二位博儒大家之說，成《吕氏春秋新校正》本。

目前，我們所能見到的最早《吕氏春秋》版本是元至正嘉興路儒學刊本，亦即畢沅所稱元人大字本。該刻本前有遂昌鄭元祐序，序稱此本爲劉節軒先生所手校，陳昌齊《吕氏春秋正誤》所稱《元刻劉節軒校本》亦此本也。鄭序後題"嘉興路儒學教授陳泰至正"（下有闕文），所闕之字，清吴壽暘《拜經樓藏書題跋》、王頌蔚《寫禮廎遺集》作"十"字，清葉德輝《書林清話》、繆荃孫《藝風樓藏書記》作"六"字，明弘治十一年李瀚本亦作"六"，或作"六"是也。總目後有《鏡湖遺老記》，"鏡湖遺老"即宋賀鑄。據《鏡湖遺老記》和鄭序可知，此本由鏡湖遺老校定後爲劉節軒所得，劉節軒校定之後傳至其子劉貞。劉貞至正中爲嘉興路總管，他請鄭元祐作序，於至正六年刊於嘉興路儒學。此本後成爲明代諸多刻本的底本。

明時刻者較多。主要有李瀚本、許宗魯本、張登雲本、姜璧本、宋邦乂本、宋啓明本、劉如寵本、汪一鸞本、淩稚隆朱墨套印本、朱夢龍本、黄之寀本、吴勉學本、李鳴春本等。明代《吕氏春秋》版本複雜，有官刻本、私刻本、翻刻本。其中許宗魯本、張登雲本、宋邦乂本較爲精善。

明代李瀚本、張登雲本皆從元至正本出。李瀚本仿元本重刊，與元本無太大差異，而有脱誤。此本刊後，多有書賈以此本充元本。清葉德輝《郎園讀書志》"子部"指明："李瀚有重刻元大字本者，刻於弘治十一年河南巡撫任内，二十六卷末有'弘治十一年秋河南開封府許州重刻'一行，版心刻大小字數，本依元本舊式。書賈往往割去重刻序及卷尾末葉，僞充元刻。"張登雲本乃明翻元本，此本前有"巡按直隸監察御史陳世寶訂正，河南按察司僉事朱東光參補，直隸鳳陽知府張登雲翻刻"，爲精校之善本。

稍晚於李瀚本，許宗魯本尤爲精善。此本前有嘉靖戊子許宗魯序、高誘序，總目之後有《鏡湖遺老記》，此本字多古體。畢沅《吕氏春秋新校正序》云："從宋賀鑄舊校本出，字多古體，嘉靖七年刻。"蔣維喬等認爲："畢氏校本雖僅稱引此本三條，但畢氏所校，實多從此本而出，且此本有鏡湖遺老記，而無鄭元祐序。蓋此徑據宋本而非轉從元本出也。"（蔣維喬等《吕氏春秋彙校》）然葉德輝認爲："許宗魯之多古體字，亦其所自造，而非出於宋元。"（《郎園讀書志》）雖然不能完全斷定此本出於宋元，但此本精審之處值得肯定。

許宗魯本後，又以明萬曆雲間宋邦乂刊本較爲精善。此本前有瑯琊王世貞序、方孝孺《讀〈吕氏春秋〉》、高誘序，每卷標題下刻有"雲間宋邦乂、張邦瑩、徐益孫、何玉畏校"。後宋邦乂子啓明重刻此本，削去其餘三人，獨留其父名，並加其名。蔣維喬等認爲，畢沅《序録》所稱宋啓明本實爲宋邦乂本，因爲參校者錢大昕"所讀爲宋邦乂本，即《四部叢刊》所影印者，書端有錢大昕印"（蔣維喬等《吕氏春秋彙校》）。又此本多同於李瀚本、許宗魯本，故此本從李、許諸本出也。《四部叢刊》本乃據涵芬樓藏明宋邦乂本影印。

清代《吕氏春秋》最具影響力的版本當屬畢沅《經訓堂叢書》本。此本初刊於乾隆五十四年靈巖山館，前有畢沅"吕氏春秋新校正序"、高誘"吕氏春秋序"、"新校吕氏春秋所據舊本"、

"書內審正參訂姓氏"、"呂氏春秋總目",書後載《呂氏春秋》附考、舊跋《鏡湖遺老記》。其所據舊本主要爲元人大字本、李瀚本、許宗魯本、宋啓明本、劉如寵本、汪一鸞本、朱夢龍本、陳仁錫奇賞彙編本。清汪中《述學補遺》有《呂氏春秋序》(原注:代畢尚書作),其文曰:"余向所藏,皆明時刻。循覽既久,輒有所是正。於時嘉善謝侍郎、仁和盧學士並好是書,及同學諸君各有校本,輯爲一編,而屬學士刻之。"畢沅自序云:"暇日取元人大字本以下,悉心校勘,同志如抱經前輩等又各有所訂正,遂據以付梓。"清錢保塘認爲:"疑畢氏本屬盧氏刻之,屬汪氏代爲之序,後盧氏不果刻,畢氏乃自刻之,別撰斯序,而汪氏自以其原稿載之集耳,非有兩本也。"(《清風室文鈔》)據此,則畢氏本實爲發揮衆長的彙校本。此本雖仍存在較多缺點,但集清時十二位博儒大家之成果,且重視版本的參校,爲享譽甚高、流傳最廣的精校本。後光緒元年浙江書局又據此校刻,收入《二十二子》。

五

《呂氏春秋》學史上,最早對呂不韋及其思想進行評説,見於《史記》《戰國策》等文獻典籍。司馬遷第一次給呂不韋作傳,對《呂氏春秋》評價很高,在《史記·呂不韋列傳》中稱"書成懸咸陽門,能'增損一字者,予千金'"。在《報任安書》中説"不韋遷蜀,世傳呂覽",將此書與《周易》《春秋》等聖賢著作相提並論。劉安主持編撰的《淮南子》受《呂氏春秋》的影響較爲明顯,漢代董仲舒受《呂氏春秋》的影響較爲深刻。班固的《漢書·藝文志》將《呂氏春秋》列入雜家,使《呂氏春秋》成爲諸子之一家,後世學者多采用此説。東漢末年,受注書風氣的影響,學者對《呂氏春秋》的關注由思想轉入對文本的校勘注釋。東漢盧植曾著《呂氏春秋訓解》,惜已亡佚。高誘在此基礎上,復依舊訓,爲《呂氏春秋》作注,並專門爲《呂氏春秋》作序,推崇此書"大出諸子之右",促進了其書的傳播,功不可没。此外,漢代對《呂氏春秋》的天文曆法、樂律理論、養生思想、農業技術等思想,從不同程度上加以吸收和闡釋。

魏晉時期,抽象深微的玄學理論成爲思想的潮流,學士更加關注向心靈深處探索"道"之本原,對構建具體社會理論的《呂氏春秋》失去興趣,加上名教和門閥觀念盛行,呂不韋商賈身份和投機取巧的行爲被魏晉名士所不齒,魏晉時期對《呂氏春秋》的研究滑向低谷。但仍能找到這一時期關注《呂氏春秋》的痕跡,劉勰在《文心雕龍》中稱"呂氏鑒遠而體周",對《呂氏春秋》評價較高。鮑敬言的"無君論"思想受《呂氏春秋》影響,雜家著作如《抱朴子》《金樓子》《傅子》對《呂氏春秋》都有吸納和接受,《齊民要術》對其農業思想多有吸收。

隋唐時期文化興盛,思想多元,《呂氏春秋》重又爭得一席之地。在史學繁榮的時代背景下,一部分政書,如《群書治要》《意林》《貞觀政要》《長短經》,或廣稽精要之語,或從史學角度融合其政論思想,或承襲轉化其內容,將有關治國理政的文字以類相從,編纂成書以備聖覽。《呂氏春秋》以其精言妙語,多備治道,成爲它們重要的取材對象。柳宗元作《時令論上》《時令論下》,認爲"凡政令之作,有俟時而行之者,有不俟時而行之者",對《吕氏春秋·十二月紀》的按月而行時政提出質疑,它預示着對《吕氏春秋》的研究更爲深入。

宋代學術繁榮,對《吕氏春秋》的研究進一步深入。賀鑄的《評吕氏春秋》是目前所見的最早評點本,其所作的《鏡湖遺老記》對宋代《吕氏春秋》版本流傳進行了概括,據此可知宋代至少存在五種《吕氏春秋》的版本,惜已亡佚。《吕氏春秋》的思想内容和編纂體例被宋人全方位地吸收,比如王應麟《困學紀聞》對《吕氏春秋》的稱引;沈括《夢溪筆談》對《吕氏春秋》科技思想的關注,王安石、蘇軾等人對《吕氏春秋》哲學、養生思想的涉及;《太平御覽》《册府元龜》《玉海》等類書對《吕氏春秋》編纂模式的吸收。此外,諸多名家對《吕氏春秋》作出直接評價,比如黄震於《黄氏日抄》中提到"其書最爲近古"。然而批評者也不乏其人,馬端臨認爲"不韋權位之盛,學者安能忤其意而有所更易乎?誘之言是也"。

元代對《吕氏春秋》的研究主要體現在出版方面。元至正嘉興路儒學刊本爲現存最早刻本,明代李瀚本、張登雲本都是據此本刊刻新版。元代對《吕氏春秋》的内容亦有研究。陳澔著《禮記集説》,站在儒家的立場,認爲《吕氏春秋》"將欲爲一代興王之典禮",然"又能仿佛古制,故記禮者有取焉"。鄧牧的《伯牙琴》可能受到《吕氏春秋》上古無君和"公天下"思想的啓發,以王禎《農書》爲代表的元代三部農書與《吕氏春秋》的農業思想亦有諸多暗合之處。

明代出現了一批重要的《吕氏春秋》刊本。比較重要的有弘治十一年李瀚刊本、嘉靖七年許宗魯刊本、萬曆年間張登雲校本、萬曆己卯姜璧重刊本、萬曆宋邦乂刊本、萬曆丙申劉如寵刊本、萬曆庚申凌稚隆套印本等。明朝評點風氣盛行,出現以焦竑的《吕氏春秋品彙釋評》、歸有光《吕子彙函》爲代表的彙評本,另有陳深《吕子品節》、陳仁錫《吕子奇賞》、史起欽《吕子纂要》等評點本。以方孝孺、王世貞、胡應麟爲代表的明代學士文人對《吕氏春秋》的評價較高,對其書的價值加以肯定。除直接評價外,明代部分學者對《吕氏春秋》思想加以承襲和轉化,比如莊元臣《叔苴子内外編》對《吕氏春秋》文本的承襲,唐甄《潛書》對《吕氏春秋》社會歷史觀的轉化,明末清初三大思想家顧炎武、黄宗羲、王夫之對《吕氏春秋》中"公天下"思想的回應。此外,明代對《吕氏春秋》的樂律、養生、農業等思想也有所關注。

清代注重對古籍的整理和考辨,對《吕氏春秋》的研究多體現在對其文字的校勘方面。畢沅的《吕氏春秋新校正》是繼東漢高誘之後第一次全面校正《吕氏春秋》的著作,畢沅聚集包括盧文弨、段玉裁、孫星衍等古文校勘專家,這些學者的校勘成果都被《吕氏春秋新校正》所吸收,其書成爲後世校勘《吕氏春秋》的底本。在乾嘉學派的影響下,對先秦古籍的考證興盛起來,以陳昌齊、王念孫、俞樾、孫詒讓等爲代表的清代學者,對《吕氏春秋》原文和舊注作了全方位的考釋。以吴汝綸爲代表的桐城派,也對《吕氏春秋》進行點勘和正誤,並表現出"以史解吕"的傾向。此外,王紹蘭的《吕氏春秋雜記》、李寶洤的《吕氏春秋高注補正》等也對《吕氏春秋》原文和舊注進行疏解。

民國時期,對《吕氏春秋》的研究較多。劉師培、陶鴻慶、劉咸炘、劉文典、范耕研、許維遹、王叔岷等一批學者從事《呂氏春秋》研究。他們的研究具有乾嘉風格,並不是系統研究,而是從版本、文字校勘角度,選取《呂氏春秋》某一部分或者某一方面進行研究。許維遹的《呂氏春秋集釋》是繼《呂氏春秋新校正》後又一部總結性集注著作。蔣維喬、楊寬、沈延國、趙善詒合著的《呂氏春秋彙校》,倡導了辨正《呂氏春秋》文字重在版本的風氣。受"西學東漸"風氣的影響,出現了一些擺脱傳統注疏形式的《呂氏春秋》研究著作。如胡適的《讀〈呂氏春秋〉》一文,以西方近代思想爲參照,系統分析《呂氏春秋》中政治思想的利弊。郭沫若著《呂不韋與秦王政的批判》,第一個對吕不韋作出極高的評價,認爲"呂不韋在中國歷史上應該是一位有數的大政治家",他對《呂氏春秋》政治、哲學的解讀,成爲後世研究《呂氏春秋》的新課題。

六

《子藏·雜家部·呂氏春秋卷》收錄歷史上不同的《呂氏春秋》版本及研究著作一百種,從最初的元嘉興路儒學刊本到民國學者的研究著作,盡可能多方搜羅,以期完整反映《呂氏春秋》流傳及研究全貌。綜合而言,本卷所收文獻有以下幾個特點:

注重名人批校、題跋本的收集。如國家圖書館藏畢沅、李芝綬校跋本,畢沅校、朱彬批校本;上海圖書館藏馮一梅、葉景葵校跋本,謝墉批校本,佚名校本等。這些名人批校本的收錄,不僅完善了《呂氏春秋》研究文獻,也使得我們更爲深入瞭解名人學術思想。

注重評點本的收集。如上海圖書館藏題名宋陸游評、明凌稚隆批的明萬曆四十八年凌毓枬朱墨套印本,中國科學院藏明李鳴春評《呂氏春秋》二十六卷,華東師範大學圖書館藏清吳汝綸點勘《呂氏春秋》二十六卷等。歷代《呂氏春秋》傳本評注、批點本甚少,這些文獻的收錄,無疑爲《呂氏春秋》研究提供了豐富的一手資料。

注重稿抄本的收錄。如國家圖書館藏明莊元臣《韓呂弋腴》、上海圖書館藏清王紹蘭《讀書雜記》、清于鬯手稿本《香草續校書》,華東師範大學藏清徐時棟《煙嶼樓讀書志》,國家圖書館藏清姚東升稿本《佚書拾存》等。這些稿抄本的收錄,對於《呂氏春秋》研究也具有重要意義。

此外,《子藏·雜家部·呂氏春秋卷》也搜集民國時期的各種《呂氏春秋》研究專著,或其他學術專著如于省吾《雙劍誃諸子新證》、郭沫若《十批判書》、金其源《讀書管見》等中有關《呂氏春秋》研究的相關部分,以饗讀者。

(作者單位:北京大學中文系)

《抱朴子》前言

卿希泰

《子藏·道家部·抱朴子卷》共收書四十六種，整合成精裝十六開本二十四册予以出版。本卷收録目前所知有關《抱朴子》白文本、節選本、稿抄本、批校本及相關研究著作，集《抱朴子》各種版本及研究文獻之大成。

一

葛洪字稚川，號抱朴子，江蘇句容人。關於葛洪的生年，並無明確文獻記載。但《太平御覽》卷三百二十八引《外篇》佚文云："晉太康（當爲太安）二年（三〇三年），京邑始亂，……余年二十一，見軍旅，不得已而就之。"據此可知葛洪生於西晉武帝太康四年（二八三年）。葛洪的卒年有兩種説法，一説爲六十一歲，《太平寰宇記》卷一百六十引袁宏《羅浮記》持此説；一説爲八十一歲，《藝文類聚》卷七十八引《晉中興書》、《仙苑編珠》卷上引馬樞《道學傳》、《晉書·葛洪傳》皆持此説。然而這些材料都記載了葛洪去世後廣州刺史鄧岳前往送别之事，據《晉書·鄧岳傳》，岳死後由其弟鄧逸全面接替其職務，[雍正]《廣東通志》卷二十六、[雍正]《廣西通志》卷五十皆載鄧逸建元間在廣州刺史任上，康帝建元僅兩年，則鄧逸至遲在建元二年（三四四年）任廣州刺史，鄧岳至遲亡於建元二年，而鄧岳曾爲葛洪送别，那麽葛洪卒年至遲至建元二年。結合袁宏《羅浮記》所載葛洪卒年歲數，且袁宏《羅浮記》產生時間最早可信度更高，故而葛洪六十一歲卒於建元元年（三四三年）之説較爲可信。

葛洪一生大致可以分爲四個階段，第一階段是太康四年至太安二年的青年求學期。葛氏生於仕宦之家，十三歲喪父，少而勤學，博覽群書，十六歲遍習《孝經》《論語》《詩》《易》等儒家經典，後又拜鄭隱爲師學金丹之道，並開始創作《抱朴子》。第二階段是太安二年至建興三年（三一五年）帶兵平石冰之亂立功及停居南土的遊學期。葛洪帶兵平石冰之亂，並以軍功加伏波將軍，但他不受軍功，詣洛陽尋書，因戰亂受阻，遂以嵇含參軍的身份前往廣州並停居南土多年。期間他與諸多道士交流頻繁，學識眼界大長，可能在此期間結識了南海太守鮑靚並一起切磋道術,且娶其女爲妻。第三階段是建興三年至咸和五年(三三〇年)的故里爲官、著書期。葛洪歸鄉之後出爲司馬睿掾,以軍功賜爵關内侯,王導召補州主簿,轉司徒掾,遷諮議參軍。與干寶相親友。在此期間葛洪除出任一些閑職,將大量時間花在著述上,據《抱朴子》所載,至東晉元帝建武元年(三一七年)葛洪已編定的著作大致有《抱朴子内篇》《抱朴子外篇》《神仙傳》《隱逸傳》《玉函方》《肘後救卒方》及其他一些書鈔雜纂,可謂著述豐贍。第四階段是咸和五年至建元元年南居羅浮的歸隱期。這段時間葛洪隱居羅浮著述煉丹,優遊閑養。另據《晉書·天文志》載,"成帝咸康中,會稽虞喜因宣夜之說作《安天論》,……葛洪聞而譏之",在批評《安天論》的基礎上,葛洪還進一步闡發了渾天之說,後人論述渾天說多引此材料爲據。此外,馬樞《道學傳》所載葛洪之著作還有《集異傳》《良吏傳》,不載於《自叙》篇,可能也出於此時。東晉康帝建元元年葛洪終老於羅浮,廣州刺史鄧岳受書往別而洪已卒,時年六十一歲。

二

葛洪在《抱朴子外篇·自叙》中說:"洪年二十餘,乃計作細碎小文妨棄功日,未若立一家之言,乃草創子書。會遇兵亂,流離播越,有所亡失,連在道路,不復投筆十餘年,至建武中乃定。"(據明正統《道藏》本)由此可知,葛洪作《抱朴子》主旨在"立一家之言"。此書大約草創於西晉惠帝太安二年,中間因戰亂停筆十餘年,前後歷時十四載餘,至東晉元帝建武元年基本編定,後來可能還有所修訂。《抱朴子外篇》成書時間早於《抱朴子内篇》,據《抱朴子内篇·黄白》:"余若欲以此奇事騁辭章於來世,則余所著《外篇》及雜文二百餘卷足以寄意於後代,不復須此。且此《内篇》皆直語耳,無藻飾也。"可見葛洪作《内篇》時《外篇》業已完成。

葛洪對《内篇》和《外篇》的思想主旨有明確定位。他稱:"《内篇》言神仙方藥鬼怪變化養生延年禳邪卻禍之事,屬道家。"(《抱朴子外篇·自叙》)綜合而言,《抱朴子内篇》主要闡述以金丹思想爲核心的衆術並修之修仙思想體系。葛洪修仙的基本原理在於"假求於外物以自堅固"(《抱朴子内篇·金丹》),比如黄金(Au)與丹砂(主要成份:HgS)"燒之愈久,變化愈妙。黄金入火百煉不消,埋之畢天不朽。服此二藥鍊人身體,故能令人不老不死"(《抱朴子内篇·金丹》)。人通過服食煉化後的金丹,可以獲得其不壞的性質以堅固人體,進而實現長生,此即成仙的充要條件。但金丹難成,故大藥未就之前還需一些其他的保身卻禍方法來保持肉體的健康,這包括寶精、行氣、餌服、守一、符籙、醫藥以及其他一些具體術法神通。此外,葛洪受儒學影響較深,他還認爲人欲修仙必德行高尚,"當以忠孝和順仁信爲本"(《抱朴子内篇·對俗》),多行善事乃得長生。通過對衆多修仙術法的梳理與排序,葛洪確立了金丹道的核心地位,形成了以金丹爲核心衆術並修的集大成式的修仙體系。作爲晉代有卓識遠見的道教學者,葛洪對道教的關注不只停留在術的層面,一方面他結合老、莊及王充等人的思想,試圖借助"道"、"玄"、"一"、"氣"等概念建立起道教的理論體系;另一方面他從道教與王權共存的角度出發,強調道教的自我整肅以及對王權的主動協調,對道教的發展具有長遠指導意義。

葛洪對《抱朴子外篇》亦有明確定位。他稱:"《外篇》言人間得失世事臧否,屬儒家。"(《抱朴子外篇·自叙》)從内容上講,《外篇》多與社會政治生活有關,具體包括明仁、君臣、用人、刑法等思想以及對社會風俗的批判等諸多方面,所論多針砭時弊,比如其對人才考核制度的建議就表現出他在政治方面的卓越見識。葛洪還對其個人修養思想作了闡述,主張一種不斷學習、自我砥礪的人生態度。此外,《外篇》還藴含了豐富的文論思想,强調文章與德行同等重要,文章形式與内容同等重要,尤其是他認爲文章今勝於古,主張一種進步的歷史觀,顯示出其思想的獨特性。需要注意的是,葛洪不只在理論層面提出其文論主張,還積極付諸實踐。他創作《外篇》本身就承載着其"騁辭章於來世"(《抱朴子内篇·黄白》)的價值追求,文章中特别注重論證的詳實細密、形式的工整和典故的運用,豐贍富麗,正是他重視文章形式的體現。葛洪雖然自言《抱朴子外篇》屬儒家,《晉書·葛洪傳》也稱其少時"以儒學知名",但此書内容博雜,思想不專尚一家,且未能形成融貫全書的核心觀點,故後來史書及目録學著作多將之歸入雜家,這一歸類應當説是允當的。

《内篇》和《外篇》思想主旨不一,原本各自單行。明以前的史志目録著作如《隋書·經籍志》《舊唐書·經籍志》《新唐書·藝文志》《崇文總目》《通志》《郡齋讀書志》《文獻通考》等皆將《内篇》歸入道家或道教,《外篇》歸入雜家(而非儒家),分屬不同部類。唯南宋尤袤《遂初堂書目》道家類下有《抱朴子内外篇》,《宋史》雜家類下有"《抱朴子内篇》二十卷、《抱朴子外篇》五十卷",兩書並稱,未知是否合刻。但南宋榮六郎家刻本《抱朴子内篇》僅《内篇》單行,説明當時可能仍以單行本爲主。明以後除極少數版本如《二十家子書》本僅收《外篇》,《抱朴子内篇》與《抱朴子外篇》大多合刻並行,史志目録著作除分類傾向不明顯者以外,《鄭堂讀書記補逸》《鐵琴銅劍樓藏書目録》《持静齋書目》《皕宋樓藏書志》《抱經樓藏書志》《四庫全書》等皆將之一併歸入道家類下,唯《四部備要提要》將之歸入雜家類下。基於《内篇》相較於《外篇》在我國思想文化史上更爲突出的影響,以及自明代以來兩書合刻並行歸入道家類的慣例,我們此處在尊重傳統的前提下綜合考量,亦將兩書一併歸入道家類下。

三

對《抱朴子》的接受在不同歷史時期呈現出不同特點。東晉南北朝時期對《抱朴子》的接受表現出明顯的道教化傾向。這一時期是道教發展的重要時期,人們多從道教層面關注《内篇》。袁宏《羅浮記》、何法盛《晉中興書》、馬樞《道學傳》都爲葛洪立傳並突出其道士身份,裴松之對《抱朴子内篇》的社會影響作了評述,范曄的《後漢書》也表現出受《抱朴子内篇》影響的痕迹,寇謙之、陸修静積極汲取了葛洪整肅道教道書的思想,陶弘景發展並改造了葛洪的金丹思想,首次爲《抱朴子》作注,而佛教信仰者往往對以葛洪爲代表的金丹思想大加詰難。相對來説，對《外篇》的關注極少，除劉勰《文心雕龍》、蕭繹《金樓子》、顔之推《顔氏家訓》略有提及外，本時期現存的其他文獻幾無涉及。

隋唐時期是《抱朴子》接受的興盛時期。因爲國家經歷分裂後再次出現了大一統的局面，經濟文化十分繁榮，唐代統治者又以老子後人自居，道教得到了長足的發展。隨着金丹道在唐代的大興以及金丹理論的進一步完善，這一時期《抱朴子》在社會上廣爲傳播，《北堂書鈔》《藝文類聚》《初學記》《白氏六帖事類集》對《抱朴子》多有徵引，魏徵《群書治要》、馬總《意林》對其多有輯録，《晉書》專爲葛洪立傳，肯定了葛氏的歷史地位，劉知幾《史通》則從史的角度對《抱朴子》進行解讀，而其他人詩賦文章中言及金丹者更比比皆是。需要注意的是，相對於上一階段，此一時期《抱朴子外篇》的社會關注度也大爲提升，《北堂書鈔》對《内篇》與《外篇》的徵引比例大致相當，《群書治要》更專引《外篇》，這是《抱朴子》接受在這一時期的新特點。

宋元時期是《抱朴子》接受的沉寂期。雖然這一時期《太平廣記》《太平御覽》《册府元龜》《文苑英華》《玉海》等類書對《抱朴子》除了引録原文外，還多有典故化用，表明《抱朴子》進一步融入社會文化，但因爲外丹的衰落與内丹的興起以及心性思潮的影響，以葛洪爲代表的外丹思想已逐漸淡出民衆視野，唯道教内部以及儒生仍對其有所繼承與批判。但是這一時期産生了一些新的道經如《太上感應篇》《抱朴子别旨》《抱朴子養生論》及道教題材畫《葛洪移居圖》，它們都與葛洪《抱朴子内篇》有一定關聯，卻背離葛洪原意而闡發新旨，可視爲《抱朴子》在宋元時期新的發展。

明代是《抱朴子》接受的復興期。明成祖時期編定的《永樂大典》中保存了大量《抱朴子》的相關内容，對於我們瞭解明初《抱朴子》的接受狀況有較大參考價值。明王室好道，多次編修道書，正統《道藏》收録《抱朴子内篇》(附《抱朴子别旨》一篇)與《抱朴子外篇》。此書校刻精良，流佈既廣，幾成爲後世定本，明以後《抱朴子》的版本絶大多數以《道藏》本爲底本(或其底本來源於《道藏》本)。出版業的興盛則進一步推動了《抱朴子》接受的發展，魯藩承訓書院本、吉藩崇德書院本兩個藩刻本和萬曆十二年(一五八四年)慎懋官刻本、盧舜治本成爲明代及以後《抱朴子》批點校跋的主要底本。明代文學上的評點之風也同樣影響到了《抱朴子》的接受形式，葉紹泰《抱朴子别解》可視爲這一接受形態的典型。值得注意的是，雖然明代道教盛行，大多數《抱朴子》的節選本卻是從諸子角度切入，尤其以宋濂《諸子辨》爲代表的諸家批評多帶有明顯的儒家立場，大部分只節選《外篇》，部分地回歸到了作者立一家之言的子書本旨，爲清代《抱朴子》接受的進一步深入打下了基礎。

清代及民國是《抱朴子》接受的深入時期。相較於明代以翻刻、節選、評點爲主的接受形式，清代及民國對《抱朴子》的接受則帶有一定研究性，這可能與清代以來注重考釋訓詁的乾嘉學風以及清末子學復興的思潮有關。清人在明本基礎上對《抱朴子》做了大量的批點校跋，這是清代《抱朴子》接受的重要形式。孫星衍、方維甸、顧廣圻等以多本共校，形成了清代最具代表性的《抱朴子》版本；而繼昌、朱記榮等對此本從校勘、輯佚、附篇等角度進行的增補，更使得《抱朴子》接受呈現出較强的研究性與體系化的特點。此外，還有一批脱離原書自成一體具有較强研究性的著作,如俞樾《抱朴子平議》、羅振玉《抱朴子殘卷校勘》、孫人和《抱朴子校補》等,在校勘基礎上見己意,都是在原書上生發出的新作。而這一時期王廣恕的《抱朴子外篇注》,則是現所知《外篇》的第一個完整注本。

四

《抱朴子》成書於兩晉交替之際,陶翊《華陽隱居先生本起録》載南朝陶弘景曾作"《抱朴子注》二十卷",這是文獻所載《抱朴子》的最早注本,惜其已佚。目前所知《抱朴子》存世的最早版本爲敦煌殘卷本,一般認爲是六朝古寫本,所存篇目爲《内篇》之《暢玄》《論仙》《對俗》,文獻價值極高,在《抱朴子》版本研究中有着不可替代的地位。此外,唐代魏徵《群書治要》、馬總《意林》節録了《抱朴子》的部分文字,可作爲唐代的兩種《抱朴子》版本,對瞭解《抱朴子》在唐代的接受狀況有一定參考價值。宋紹興二十二年(一一五二年)臨安府榮六郎家刻本《抱朴子内篇》二十卷是目前《内篇》所存的最早完本,此本每篇爲一卷,有簡略小字雙行校注。從版本源流上講,此本與《道藏》本及後世《抱朴子内篇》諸多版本有密切聯繫,在《抱朴子》的流傳、校勘上具有極其重要的地位。

明正統《道藏》本是《抱朴子》版本流傳上標志性的一環。此本《内篇》二十卷(篇爲一卷),末卷附入僞托葛洪之名的《抱朴子別旨》一篇;《外篇》五十卷(五十二篇),全書依例以千字文編碼。從篇目、内容,尤其是其中《對俗》篇的錯亂處與宋榮六郎家刻本換葉處的對應關係來看,此本之《内篇》當出於宋榮六郎家刻本。以《道藏》本爲分野,《抱朴子》的版本流傳狀態在明代前後有巨大差異。明以前,《抱朴子》篇目散佚衆多,卷數差異較大。據《抱朴子外篇·自叙》、王松年《仙苑編珠》引南朝馬樞《道學傳》以及《晉書·葛洪傳》所載,《抱朴子》原本《内篇》二十卷,《外篇》五十卷,總計一百一十六篇。而在千餘年的流傳過程中,依《隋書·經籍志》《舊唐書·經籍志》《新唐書·藝文志》《通志》《崇文總目》《郡齋讀書志》《宋史·藝文志》等史志目録所載,《内篇》除《隋書》所録有音一卷,《新唐書》所載爲十卷,其他均爲二十卷,卷數較爲穩定;《外篇》則有三十卷、五十一卷、五十卷、二十卷、十卷等不同卷數,差異較大。從《道學傳》《晉書》所載一百一十六篇到《道藏》本七十二篇,可以看出,《抱朴子》已散佚近百分之四十,而明以前《外篇》卷數的巨大差異,當是《抱朴子》散佚衆多,不同人據所存篇目不斷重新分卷的結果。《道藏》本《抱朴子》篇題下往往有"某同卷"小字雙行注,標明原來與之同卷的篇目,這直接說明《道藏》本或《道藏》來源本對《抱朴子》一書重新進行過分卷,而《外篇》僅卷四十九一卷包含三篇,正是此本重新分卷而篇卷數難以完全契合的明證。《抱朴子》的佚篇,據《外篇·應嘲》所載有《譏俗》《救生》《用兵》《戰守》等,《藝文類聚》所引有《軍術》篇,《太平御覽》所引有《練化》篇,其他篇目則已不可考。總體而言,明以前《抱朴子》的篇目卷數皆有巨大變化,但至《道藏》本產生並廣爲流傳之後,後來的《抱朴子》版本雖各自略有不同,但七十二篇的篇目數基本趨於穩定，七十卷的分卷方式也成爲最主要的分卷方式。

在《道藏》本基礎上，明代衍生出若干《抱朴子》的新版本。嘉靖四十四年（一五六五年）魯藩承訓書院刊《抱朴子內篇》二十卷、《外篇》五十卷，《內篇》附《抱朴子別旨》，篇目分卷與《道藏》本完全一致，當即出自《道藏》本。明萬曆十二年（一五八四年）慎懋官將《抱朴子》分爲《內篇》四卷、《外篇》四卷，並保留《內篇》後之附篇《抱朴子別旨》，且篇題下往往有與《道藏》本一致的"某同卷"雙行小字和千字文編號，亦當出自《道藏》本。但其中《知止》《窮達》《重言》皆單列一篇。盧舜治本則翻刻慎懋官本並在天頭加評校語。此本在清代流佈甚廣，孫星衍《新校正抱朴子內篇序》即稱："諸子多有宋元以來及近人校正刊本，唯《抱朴子》僅明盧舜治本行世。"

明代吉藩崇德書院《二十家子書》本是《抱朴子》一個比較獨特的版本。此本只收《外篇》，移《自叙》篇至卷首並刪去《弭訟》《百家》《文行》三篇，實際包括四十九篇，並以一至二十四篇爲上卷，餘者爲下卷。此本爲現今所知《抱朴子外篇》的第一個獨立完本，且版本形態獨特。這種獨特性的產生可能有其淵源所自，而此書編定者的意志也起了很大作用，《弭訟》篇題下即稱："文不雅馴，削之。"這種獨取《外篇》和重視文章的風氣，與明代其他《抱朴子》節選本及其評點的傾向基本一致。

清代《抱朴子》最具影響力的版本當屬《平津館叢書》本系統，其版本經不同時期不同人不斷發展、補充和修正。孫星衍、顧廣圻、方維甸首校《內篇》，刪除明《道藏》本以來經常附入的《抱朴子別旨》，並由繼昌於嘉慶十七年（一八一二年）付梓。孫星衍《叙錄》稱："今校刊《內篇》二十卷，不連《外篇》，以復葛氏之舊，兼正明人之誤。"自言獨校《內篇》之意。嘉慶二十二年繼昌校《外篇》，並將之與原《內篇》合刻，後附《抱朴子校勘記》一卷、《抱朴子內篇佚文》一卷、《抱朴子外篇佚文》一卷、《抱朴子養生論》《抱朴子神仙金汋經》《大丹問答》《抱朴子別旨》及嚴可均校跋。孫星衍《平津館叢書》後來收錄了繼昌本。該本《內篇》稱"癸酉年（一八一三年）七月校於金陵道署"，《外篇》稱"己卯年（一八一九年）五月校於冶城山館"，說明在《內篇》《外篇》刊刻後對其進行過再次校勘，而在收入《平津館叢書》時，又收錄者再次刪除附篇。光緒十一年（一八八五年），吳縣朱記榮翻刻《平津館叢書》本，值得注意的是，此本依繼昌本舊例再次收入附篇，並對《校勘記》和《佚文》部分進行了增補重刻，大致恢復了繼昌本原貌。

五

《子藏·道家部·抱朴子卷》集歷代《抱朴子》傳本、研究著作、批校本等之大成，在《子藏》"求全且精"編纂原則的指導下，注重從總體上反映《抱朴子》一書的流傳過程及接受狀況，本卷收書特點主要有以下幾點：

注重歷代不同版本的收錄。本卷所收《抱朴子》傳本，上自宋刊本，下至清刻本，其間有

《內篇》《外篇》合刻者,如明嘉靖四十四年魯藩承訓書院刊本、明萬曆十二年慎懋官刊本等;亦有《內篇》《外篇》單行本,如宋紹興二十二年(一一五二年)臨安府榮六郎家刊本、明萬曆六年吉藩崇德書院《二十家子書》本等。這些不同刻本完整體現了《抱朴子》一書的流傳過程,具有極高的文獻價值。

《子藏·道家部·抱朴子卷》還特別關注稿抄本的收錄,以明葉盛菉竹堂抄本、明抄本、清黃氏士禮居抄本爲代表。這些稿抄本的收錄,也從一個側面反映了《抱朴子》一書的流傳過程。

在選目過程中,《子藏·道家部·抱朴子卷》也特別注意名人批校本。如徐濟忠、盧文弨、沈炳垣、沈韻鏘、顧廣圻、孫星衍、楊沂孫、黃丕烈、顧曾壽等,均爲明清學界影響較大的文獻研究大家,其所校之文,文獻價值極高,《子藏·道家部·抱朴子卷》均設法予以收錄,爲學界提供了豐富的研究資料。

(作者單位:四川大學道教與宗教文化研究所)

"新子學"視閾下戰國諸子的共同政治命題研究[*]

王 丁

内容提要 與傳統子學不同,"新子學"更具包容性、平等性與開放性,它力圖打破現代學科分類的桎梏,推動多學科、多角度子學研究的發展,它不獨尊一家,而更強調把子學作爲一個整體作貫通的研究。從"新子學"的視閾考察戰國時期諸子百家爭鳴這一現象,會發現他們"殊途而同歸",都以"務爲治"作爲自己的目標,並在戰國中後期逐漸形成了包括君主至上、貴因無爲、尚賢使能、禮法兼用、以民爲本等在内的一些共同的政治命題與共用的政治話語。這些政治命題,經過秦漢時期的意識形態化、制度化與社會化,最終構成了獨特的中國傳統政治文化。

關鍵詞 "新子學" 戰國諸子 政治命題 無爲 民本

中圖分類號 B2

一、問題的提出

近代以來,隨着社會的變革與思想的變動,學術也不斷翻新,人們相繼提出"新史學"、"新文學"、"新經學"、"新儒學"、"新墨學"、"新法家"、"新道家"等諸多區隔傳統學術的新概念,力圖革新學術,更新傳統。諸種説法都有其目的與意義,然而或囿於現代學術分科,或蔽於一家之學,或多或少都有其局限。進入 21 世紀以來,方勇教授在主持編纂《子藏》工程項目中,提出"全面復興諸子學"的口號,後又明確提出"新子學",引起了國内外學界的廣泛關注和討論,不少報刊雜誌都曾設置專題刊發"新子學"的相關文章,以方勇教授爲首的華東師範大學先秦諸子研究中心,更是以《諸子學刊》爲陣地,集中刊發有關"新子學"的論

---

[*] 本文爲江西省社會科學規劃青年博士基金項目"基於思想體系的先秦儒家歷史觀研究"(項目號:17BJ34)的階段性成果。

文,並召集以"新子學"爲主題的國際學術討論會,編輯《"新子學"論集》①,成果十分豐碩,影響也頗爲廣泛②。

隨着討論的逐漸展開,學界關於"新子學"的内涵、理論與架構也更加清晰和深入,形成了自己獨特的話語。首先,"新子學"不同于傳統子學,正如方勇教授所言:"所謂子學之'子'並非傳統目録學'經、史、子、集'之'子',而應是思想史'諸子百家'之'子'。"③因此"新子學"比傳統子學更具包容性和開放性,而且把儒家中被放入經學的部分重新放入子學,使之"離經還子",也更具平等性。其次,"新子學"不同于新史學、新文學等,它要打破現代學科分類的桎梏,避免子學的研究陷入單一化,改變"子學主要是哲學史(思想史)的研究對象"④,推動多學科、多角度子學研究的發展。另外,"新子學"也不同於新儒家、新墨家、新道家、新法家等,它"不尚一統而貴多元共生"⑤,它不獨尊一家,而更强調把子學作爲一個整體作貫通的研究⑥,"從子學共通性的角度建構概念、問題和思想體系"⑦。

從"新子學"的視閾考察戰國時期諸子百家争鳴這一現象,我們會發現他們"殊途而同歸",都以"務爲治"作爲自己的目標,並在戰國中後期逐漸形成了包括君主至上、貴因無爲、尚賢使能、禮法兼用、以民爲本等在内的一些共用的政治話語。本文即嘗試將戰國諸子作爲一個整體,借鑒政治學的方法,對戰國中後期諸子的共同政治命題進行研究。

二、君 主 至 上

"君主"是戰國時期政治話語體系中的核心詞彙,多數思想家都一再强調君主的不可或缺,所謂"無賢不可以無君"(《慎子佚文》),"亂莫大于無天子"(《吕氏春秋·謹聽》)。他們認爲"天下不患無臣,患無君以使之"(《管子·牧民》),"國無君不可以爲治"(《韓非子·難一》),没有君主的存在,就會出現"逆順相攻"⑧的混亂。

在戰國諸子的理論中,君主是爲了通理、止争、利天下而産生的。他們設想了君主産生之

---

① 葉蓓卿《"新子學"論集》,學苑出版社 2014 年版。
② 據方勇教授統計,截止目前,涉及"新子學"的文章已達 190 多篇。
③ 方勇《"新子學"構想》,《光明日報》國學版 2012 年 10 月 22 日。
④ 方勇《"新子學"申論》,《探索與争鳴》2013 年第 7 期。
⑤ 方勇教授將此稱爲"子學精神",參看方勇《再論"新子學"》,《光明日報》國學版 2013 年 9 月 9 日。
⑥ 孫廣、周斌《從共同的問題意識探求子學的整體性——"新子學"芻議》,《集美大學學報(哲社版)》,2016 年第 3 期。
⑦ 王威威《"新子學"概念系統的建構》,《"新子學"論集》,第 66 頁。
⑧ 馬王堆漢墓帛書《經法·論約》,見於《馬王堆漢墓帛書(壹)》,文物出版社 1980 年版。下引馬王堆帛書均出自此書。

前,自然狀態下人類的生存狀況:

> 昔太古嘗無君矣,其民聚生群處,知母不知父,無親戚兄弟夫妻男女之别,無上下長幼之道,無進退揖讓之禮,無衣服履帶宫室蓄積之便,無器械舟車城郭險阻之備,此無君之患。(《吕氏春秋·恃君覽》)

不僅如此,在多數人看來,這種狀態下人們"獸處群居,以力相征","智者詐愚,强者淩弱"(《管子·君臣下》)①,人與人之間群居雜處而没有分别,更没有道德禮儀,人們陷入無休止的争鬥之中。

爲了解决這種混亂無秩序的狀態,在戰國諸子的理論中就產生了君主,所謂"聖人深見此患也,故爲天下長慮,莫如置天子也"(《吕氏春秋·恃君覽》)。君主於是成了解救萬民的大救星,"凡王也者,窮苦之救也"(《吕氏春秋·慎勢》),君主的產生也標誌着自然狀態的終結。依據戰國諸子的這種邏輯,很自然就產生了這樣的結論:在一個有秩序的社會中,不能没有君主,君主是整個社會秩序的守護者,因此也必將成爲這個社會至高無上的統治者②。

實際上,"君主"這一詞彙本身就藴含着尊貴至上的意義,《説文解字》解釋"君,尊也。從尹口。口以發號"。但君主的含義不止如此,戰國諸子賦予君主更多的意義,其客觀結果,甚至可以説主觀目的就是要確立君主至上的觀念。

首先,君主至尊無二。荀子説"天子無妻"(《荀子·君子》),至尊的君主是没有可以與之匹配的人的,所以古代君主自稱"余一人"、"寡人"、"孤"。而且戰國諸子普遍認爲,"兩貴不相事,兩賤不相使"(《慎子佚文》)③,"使天下兩天子,天下不可理也"(《管子·霸言》),因此"天子必執一"(《吕氏春秋·執一》)。韓非子更從道的角度説明"道無雙,故曰一。是故明君貴獨道之容"(《韓非子·揚權》)。

另外,君尊臣卑的觀念也爲當時的思想家共同認可,所以"君尊臣卑"、"主尊臣卑"、"上尊下卑"等詞彙在諸子的文獻中很常見。許多尊貴的詞語都被用來解釋君主,如"君者,善群也","君者,儀也","君者,民之原也","君者,國之隆也","上者,下之本也","帝也者,天下之適也;王也者,天下之往也"④,《莊子·天道》更將帝王與天地相配,"莫神於天,莫富於地,莫大

---

① 在《荀子》《韓非子》《吕氏春秋》等文獻中亦有類似的論述。
② 在政府權力的起源問題上,中西方有不同的認知模式,中西方雖然都認爲政府的出現是爲了解决自然狀態的不足與混亂,但是西方認爲政府是必要的惡,因此雖然不可或缺,但要加以限制;而中國古人卻認爲政府是必要的善,既不可或缺,也無需進行實質性的限制,恰恰相反,中國古人一再强調的是如何加强這個權力。
③ 這樣的論述不僅見於法家的著作,《荀子》《吕氏春秋》、馬王堆漢墓帛書《經法》等也有相似的語句。
④ 見於《荀子》《吕氏春秋》諸書。

於帝王。故曰：帝王之德配天地"。不僅如此，在空間概念之中，君主也要體現其尊貴，所以"王者必居天下之中"①，並且要南面而治，成爲天下之主。

其次，君主權勢獨操。君主自產生之初，就天然地與權、勢、威、位等聯繫在一起，所謂"主之所以尊者，權也"(《韓非子·心度》)，"王也者，勢也"(《吕氏春秋·慎勢》)，"人主，天下之有威者也"(《管子·形勢解》)。在這一點上，戰國諸子是没有分歧的，他們都明白，"凡人君之所以爲人君者，勢也"(《管子·法法》)，君主只有"勢位至尊"，才能"無敵於天下"(《荀子·正論》)。所以，他們一再強調君主一定要將權勢緊緊掌握在自己手裏，不能與他人分享，也就是"勢不兩立"，"威不貸錯，制不共門"②，《莊子·天運》也認爲"親權者，不能與人柄"。因爲他們都清楚權勢一旦失去，君主的至尊地位就難以保證，所謂"威失位危，社稷不守"(《韓非子·外儲説右上》)。

同時，君主還是爲政之本，是國家治亂安危的關鍵。可以説，君主是國家最重要也是最關鍵的政治主體，所以《莊子·天地》説"人卒雖衆，其主君也"。這個時候，人們已經對於君主在政治領域的關鍵地位有了廣泛的認同，所謂"一國之存亡在其主"(《管子·七臣七主》)，"安危榮辱之本在於主"(《吕氏春秋·務本》)。雖然人們還會在理論上將君主與國家、天下進行區分，但實際上，君主與國家已經成爲不可分割的命運共同體，成爲一個國家的標誌與象徵。

三、貴因無爲

君主雖然獨操權勢、至尊無二，但並非包攬一切事務，親力親爲，而是要貴因無爲。

因循思想在戰國中後期早已成爲思想家的共識，幾乎所有人都在強調因循的重要性。《慎子·因循》説"天道因則大，化則細"，《吕氏春秋·貴因》説的更明確："因者無敵。"那麽要因循什麽？又該如何因循？《吕氏春秋·貴因》裏的這段話比較有代表性：

> 三代所寶莫如因，因則無敵。禹通三江、五湖，決伊闕，溝迴陸，注之東海，因水之力也。舜一徙成邑，再徙成都，三徙成國，而堯授之禪位，因人之心也。湯、武以千乘制夏、商，因民之欲也。如秦者立而至，有車也；適越者坐而至，有舟也。秦、越，遠塗也，竫立安坐而至者，因其械也。

這段話比較清楚地説明了，應該因循什麽。首先，要因循天道自然。《慎子佚文》説"任自然者

---

① 《荀子·大略》。亦見於《吕氏春秋·慎勢》。實際上，時間與空間在中國古人那裏與其説是一種客觀存在，不如説是一種隱喻，是君權合法性的體現。
② 見於《韓非子·人主》與《韓非子·有度》兩篇，另外《管子·明法》亦有類似的説法。

久,得其常者濟",《管子·勢》也説"聖人因天",天道自然既是事物的本然狀態,也是事物的應然狀態,只有合乎自然的才能長久。所以不僅在對待自然事物的時候要因循,在處理政治社會事務的時候也要學會效仿,不然就會失敗。這一點也正是鯀堵塞治水失敗與大禹疏導治水成功所昭示的意義[1]。

其次,要因人之心。人心或者説人情是具有普遍性、先天性的,因此政策措施一定要合乎人心,所謂"凡治天下,必因人情"(《韓非子·八經》)。而違背人情的事情,古人認爲是不太可能成功的,因此首先要知人心,然後順人情而爲。

最後,還要因民之欲。也就是要因順民衆的基本欲望,畢竟只有得到民衆的支援才可能"貴爲天子,富有天下"(《荀子·王霸》)。

既然要因循,那麽君主就要少作爲,也就是"無爲"。戰國諸子認爲治理國家最好的狀態就是"垂衣裳而天下定"(《荀子·王霸》),他們幾乎都反對君主過度有爲,而把無爲放到一個非常高的地位,如"夫帝王之德,以天地爲宗,以道德爲主,以無爲爲常"(《莊子·天道》),"無爲者帝"(《管子·乘馬》),"虛静無爲,道之情也"(《韓非子·揚權》),"古之王者,其所爲少,其所因多"(《吕氏春秋·任數》)。

戰國諸子之所以一再强調無爲,一方面是看到了君主過度有爲給社會帶來的巨大災難,另一方面則是看到了君主本身的局限,而無爲恰恰能同時解決這兩個難題。因此《莊子·在宥》説"君子不得已而臨涖天下,莫若無爲",這樣一來就能達到"身佚而國治"(《荀子·王霸》)的效果。

當然,思想家强調無爲,並不是要君主完全不作爲,而是强調在君道的範圍内作爲,只有這樣才能保證君主在無爲的情況下仍能不失君位。這一點,韓非子看得最清楚,他説"事在四方,要在中央。聖人執要,四方來效"(《韓非子·揚權》)。

大體概括一下,思想家們所認爲的"要"主要就是正名、定分、治吏。三者又是緊密聯繫在一起的,正名是爲了定分,定分則是爲了更好地治吏。《荀子》與《吕氏春秋》都有《正名》篇,《管子·樞言》也强調"名正則治,名倚則亂,無名則死。故先王貴名",《韓非子·主道》也説"形名參同,君乃無事焉"。正名之後就是定分,明確各自的職責,然後君主就只需"脩名而督實,按實而定名"(《管子·九守》),這樣治吏的任務也就能够很好地完成。

强調君主無爲,也是爲了讓君主不要去做屬於臣下的事情,因爲這樣既干涉了臣下,也使自己陷入危險的境地。所謂"爲人君者,下及官中之事,則有司不任"(《管子·君臣上》)。那麽君主無爲,臣下是不是也要無爲? 諸子百家的答案都是否定的。《莊子·天道》中的這段話分析得最爲精到:

---

[1] 大禹採用疏導的方法治水成功,在這裏與其説是一種事實,不如説是一種隱喻,它昭示着因循作爲一種方法的可行性與重要性,同時它還隱含着君主要貴因無爲的政治意藴。

上無爲也，下亦無爲也，是下與上同德；下與上同德，則不臣。下有爲，上亦有爲，是上與下同道；上與下同道，則不主。上必無爲，而用天下；下必有爲，爲天下用。此不易之道也。

也就是慎子所說的"君臣之道，臣事事，而君無事，君逸樂而臣任勞，臣盡智力以善其事，而君無與焉"（《慎子·民雜》）。

四、尚賢使能

既然是君無爲而臣有爲，那麼君主雖然可以是無能之主，臣下卻不能是平庸之臣，不然國家的政治運作就會受到影響。特別是到了戰國中後期，大國的出現，戰爭的需要，龐大而複雜的國家機器的運作，都急需專業而賢能的人才。

不僅如此，人們在歷史與實踐中也認識到，君主一人雖然至爲關鍵，但僅僅依靠君主一人，即使是聖人，也難以完全勝任治國大任。所謂"人主不可以獨也。卿相輔佐，人主之基、杖也，不可不早具也"（《荀子·君道》）。

戰國諸子還普遍認識到，能否尚賢關係到國家的治亂強弱。"得賢人，國無不安，名無不榮"（《呂氏春秋·求人》），"夫賢人在而天下服，一人用而天下從"（《戰國策·秦策·蘇秦始將連橫》）；反之，"聞賢而不舉，殆"，"見能而不使，殆"（《管子·法法》），也就是《荀子·議兵》所說的"好士者強，不好士者弱"。而《呂氏春秋·求人》更將尚賢抬到本體的高度，說"賢者所聚，天地不壞，鬼神不害"。

就連一向被認爲不尚賢的道法兩家，到了戰國中後期，也都有尚賢的言論。莊子後學已經指出"行事尚賢"（《莊子·天道》）、"拔舉而不失其能"（《莊子·天地》）。至於法家，雖然一再強調"尚法不尚賢"，但實際上法家十分重視賢能的得失，如慎子就明確提出應該"使賢任職"（《慎子·知忠》）。這是因爲法家是在相對關係中考慮尚賢問題的，在強調法的重要性和客觀性的時候，就極力反對違反這種客觀性的尚賢行爲，也就是反對"過法立智"（《韓非子·飾邪》）。但他們也明白賢能的重要性，所以同時也重視人才的得失，只是他們所要求的賢能是能夠在法律範圍內活動的人，強調的不是人的道德層面而更多的是具體的才能智力，所謂"智盈天下，澤及其君；忠盈天下，害及其國"（《慎子·知忠》）。

既然賢能如此重要，那麼君主就一定要把尚賢使能作爲自己最緊迫的事務來辦，所謂"勞於求人，而佚於治事"（《呂氏春秋·士節》），"賢能不待次而舉，罷不能不待須而廢"（《荀子·王制》）。

那麼接下來的問題就是選擇什麼樣的人，也就是選賢的標準問題。各家的標準不盡相同，不過在一些原則上還是有相通之處。首先，要厚待賢能。在儒家就是強調要禮遇賢人，在法家就是主張厚爵禄以待之;其次,不能求全責備。《吕氏春秋·舉難》説"以全舉人固難,物之情也",人不必也不可能是全能,因此只需要"量能而授官"①;再次,重視賢能的實際能力,不能只會"紙上談兵"。所以"明主之擇賢人也,言勇者試之以軍,言智者試之以官"(《管子·明法解》),也就是要"論之於任,試之於事"(《韓非子·難三》),《吕氏春秋·論人》更提出了系統的知人論人的方法,也就是"内則用六戚四隱,外則用八觀六驗";最後,要有敢於直諫之臣。《荀子·臣道》説"事聖君者,有聽從,無諫争;事中君者,有諫争,無諂諛",而絶大多數的君主都是中君,因此"君雖尊,以白爲黑,臣不能聽"(《吕氏春秋·應同》),而是要敢於直言進諫。

五、禮法兼用

君主治國,既需要賢人輔助,也需要禮法的規範。禮與法雖是兩種不同的工具,爲不同的流派所提倡,但它們在結構上具有互補性,在功能上具有相似性,所以到了戰國中後期,禮法兼用,刑德並舉,成爲當時多數人的共識。

儒家向以重視德禮而聞名,孔子曾説"道之以政,齊之以刑,民免而無恥;道之以德,齊之以禮,有恥且格"(《論語·爲政》)。到了戰國中後期荀子這裏,已經變爲"隆禮至法"(《荀子·君道》),所以荀子一方面説"人無禮則不生,事無禮則不成,國家無禮則不寧"(《荀子·修身》),另一方面又强調"刑威者强,刑侮者弱"(《荀子·議兵》)。

法家無疑是重法的,但也並非完全排斥禮。齊法家的代表作《管子》,本就以禮法並用而著稱,《慎子·威德》則説"定賞分財必由法,行德制中必由禮",就連以嚴苛著稱的韓非子也指出"明主之所導制其臣者,二柄而已矣。二柄者,刑、德也"(《韓非子·二柄》)。

道家對於人和社會總是試圖以道觀之,因此對於禮法都持批評的態度,所謂"失道而後德,失德而後仁,失仁而後義,失義而後禮"(《老子》三十八章)。但其實細究這句話就會發現,雖然道家認爲社會一直在倒退,禮的社會並非他追求的理想社會,但他一定程度上承認了現實社會中禮的適用性和可行性。到了戰國中後期,莊子後學在《莊子·説劍》中説到天子之劍,就指出要"論以刑德",黄老色彩很濃厚的馬王堆漢墓帛書,更明確地提出:"天德皇皇,非刑不行;繆繆天刑,非德必傾。刑德相養,逆順若成。"②

禮與法可以兼用,部分原因在於它們功能上的相似性。首先,它們都是衡量人的行爲以及社會事務的客觀標準。"法度者,萬民之儀表也。禮義者,尊卑之儀表也"(《管子·形勢解》)。《荀子·王霸》説"禮之所以正國也,譬之猶衡之於輕重也,猶繩墨之於曲直也,猶規矩之於方圓也,既錯之而人莫之能誣也",《管子·七法》則説"尺寸也,繩墨也,規矩也,衡石也,斗

---

① 《荀子·君道》。《管子·君臣上》、《韓非子·八説》、馬王堆漢墓帛書《經法·道法》等都有類似的説法。
② 馬王堆漢墓帛書《十六經·姓争》。

斛也,角量也,謂之法",兩則文獻都用權衡、繩墨、規矩之類的標準來比喻禮或者法,可見禮與法充當的都是一個客觀標準。

另外,二者都有止爭、區分尊卑貴賤、穩定社會秩序的功能。《荀子·禮論》從禮的起源的角度指出,禮是爲了解决爭鬥引起的混亂而產生的。同樣,"夫法者所以興功懼暴也,律者所以定分止爭也"(《管子·七臣七主》),法也是爲了更好地穩定社會秩序而產生的。禮的主要功能就是區分尊卑貴賤,而依據在法的面前的能動性,也可以區分君、臣、民,所謂"以力役法者,百姓也;以死守法者,有司也;以道變法者,君長也"①。

當然,禮與法畢竟不同,這恰恰可以使它們共同爲君主所用,相輔相成,達到互補的效果。一方面,它們的適用對象不同,"由士以上則必以禮樂節之,衆庶百姓則必以法數制之"(《荀子·富國》),也就是我們熟知的"禮不下庶人,刑不上大夫"(《禮記·曲禮》),因此就要"以善至者待之以禮,以不善至者待之以刑"(《荀子·王制》),也就是説德、禮主要是勸人向善,而法、刑則主要是禁人爲非。另一方面,禮法的適用領域也略有不同,《慎子·威德》寫到"定賞分財必由法,行德制中必由禮",即是對二者適用領域的簡單劃分。

六、以民爲本

君主獨掌大權,並擁有多種治國理政的工具,但是戰國諸子普遍認爲,君主治國並非爲一己一身之私,謀一家一姓之利,而是要以民爲本,爲天下之公。

以民爲本是當時思想界的共識。儒家一直以强調富民教民而聞名,他們深知"下貧則上貧,下富則上富"(《荀子·富國》),"天下歸之之謂王,天下去之之謂亡"(《荀子·正論》)的道理,所以一再强調"王者富民"(《荀子·王制》)。《荀子·大略》進一步提出"天之生民,非爲君也;天之立君,以爲民也"這一典型的民本思想命題。墨家的資料比較少,但《墨子》中的思想基本上被後來的墨者沿襲,而《墨子》提出的尚賢、尚同、兼愛等各種觀點,都是要使民得到最大的利。道家更强調的是"順於民"②,也就是要因民之欲,順民之情,不做過多的干涉,這樣才能真正的聚民利民。法家雖然處處爲君主著想,但他們也認識到了民的重要作用,因爲"無地無民,堯舜不能以王,三代不能以强"(《韓非子·飾邪》),那麽有道之君,就應該"有德澤於人民"(《韓非子·解老》),《慎子·威德》甚至相當早地提出"立天子以爲天下,非立天下以爲天子也"③。

其實不止思想家清楚這一點,戰國時期的統治階級,也已經認識到民的重要性。《戰國

---

① 《慎子·佚文》。類似的説法亦見於《管子·任法》《吕氏春秋·察今》等文獻。
② 馬王堆漢墓帛書《十六經·前道》。
③ 類似的觀點,亦見於後來的《吕氏春秋·貴公》篇。

策·齊策》記述趙威后問齊使,先問歲與民,後問君,並説:"苟無民,何以有君?"《吕氏春秋·制樂》亦記述宋景公不將熒惑移於民時的話,"民死,寡人將誰爲君乎"。可見以民爲本在戰國時早已成爲一種社會普遍意識。

然而,以民爲本並不意味着民衆成爲政治的主體,這句話的隱含主語是君主,而民只是賓語,是政治的客體。這個客體既是目的,也是工具;既被尊崇,也被貶抑。

實際上,戰國諸子關於民的理論中存在着一個類似矛盾共同體的文化範式,也就是"重民——輕民"的組合結構。一方面,作爲整體的形而上意義的民,因其客觀上所藴含的巨大力量,而被尊崇,成爲國家之本;另一方面,作爲個體的政治倫理意義的民,則被看作是愚昧無知,不能自理,甚至可以説是毫無意義的。换言之,思想家們所尊崇的民並不是有血有肉、實際存在的具體個體,而只是符號化、象徵性的整體。甚至可以説,在思想家的理論中,整體之民也只是在和君的對應中才有意義,它是論證君主有必要存在的一個理由,也是警示君主自我節制的一個依據。

《莊子·在宥》的一句話道出了戰國諸子對民的這種矛盾心理,"卑而不可不因者,民也"。因此思想家更爲關注的是用民的問題,愛民利民,説到底都是爲了用民,所謂"予之爲取"(《管子·牧民》)。

另外,"重民——輕民"的組合結構,在具體政策上也有所體現。比如教民與愚民並存。一方面强調教化萬民,"如保赤子"①;另一方面又强調愚民,不可使民有智。教民歷來被認爲是儒家的政策,實際上法家也要教民,只是所謂的老師和教材不同,儒家是大儒和經書,而法家則是官吏和法律,所謂"以法爲教","以吏爲師"(《韓非子·五蠹》)。愚民一直被認爲是道法的標籤,實際上儒家也不例外,他們並不信任民衆,在他們看來民衆雖有聖人之性,但脱離了聖人教化,就難以將這種可能性轉化爲現實性。如果現實中民衆都有了智慧,聖人的存在就没有了意義,因此孔子説"民可使由之,不可使知之"(《論語·泰伯》)。

實際上,"民"這個字本身就不含有尊貴的意義,《説文解字》解釋"民,衆萌也",段玉裁注"萌猶懵懵無知皃也",因此如同一個無知兒無法成爲一家之主,在戰國諸子的理論中,民再怎麽被强調是國家之本,是基礎,也無法成爲國家政治的主體。

結　語

"新子學"不只是一個口號,一個概念,更是新時期的一種新的理念和方法,它與傳統子學擁有緊密的關係,但又有很大的不同,這種不同不僅在於我們要運用新的理論方法重新認知

---

① 《荀子》中多次提到這句話,這句話看似是對民的愛護,但有一個預設的前提,那就是民是没有理性、不能獨立的兒童,永遠只能在君主聖人的保護下才能生存。

諸子,更重要的是我們要避免傳統的經學思維和獨尊心態,重視開放性和包容性,強調整體性和貫通性,把諸子作爲一個整體來看待,既關注他們的區別與不同,也要關注他們的共同性。

由此出發,以"新子學"的方法與精神去觀照戰國諸子的政治命題,我們可以發現,戰國諸家擁有很多共同的政治話語,形成了包括君主至上、貴因無爲、尚賢使能、禮法兼用、以民爲本等在內的共同政治命題。這些命題相互聯繫、相互補充,其中,君主是政治主體,民衆是政治客體,賢能官吏是君主與民衆之間的中介,無爲是一種根本的政治統治方法,而禮法則是君主治國理政的規範,它們共同構成了戰國中後期的政治話語體系。

進入秦漢,這一政治話語體系得到進一步發展,經過思想家形上化分析與神聖化論證,開始意識形態化、制度化與社會化,逐漸成爲官方的意識形態,真正外化爲完整成套的制度,並最終成爲全社會的普遍意識。自此以後,以這一套共同政治命題爲基礎的政治理論、政治制度、政治社會就基本確立,共同構成了獨特的中國傳統政治文化。

[**作者簡介**] 王丁(1986—),男,河南人。歷史學博士,現爲南昌大學國學研究院講師,研究方向爲諸子學,曾發表《孔子敬事鬼神原因新探》《社會轉型背景下墨子鬼神觀念的再認識》《權力的魔咒——慎到的權力觀及其困境》等論文。

"新子學"視域下的"即生言性"與"即心言性"關係再探討

王小虎

内容提要 "新子學"之"新"首先應該體現在"舊子學"內部對已形成之觀念的再整理和再融合。此以"即生言性"與"即心言性"之關係爲例進行探討。先秦儒家"即心言性"之傳統的誕生是源自"即生言性"的,經歷郭店楚簡的過渡才發展成熟的。換句話說,現代新儒家認爲"即心言性"的傳統開始於孟子的說法是不準確的,忽略了思想史發展的連續性規律,即孟子人性論的產生應是受"孔孟之間"儒家學者的啓發而非突然而然。郭店楚簡《性自命出》人性論的兩面性證明了這一點:一方面堅持"即生言性"的傳統,一方面又表現出內化"仁、義、禮、智"之德性爲心性根本的思想傾向,爲孟子建構徹底的"性善"理論搭建了橋樑,也由此勾勒出先秦儒家人性論由發端——發展——成熟的思想史路綫。

關鍵詞 "新子學"　即生言性　即心言性　郭店楚簡　人性論　孟子　荀子　告子

中圖分類號 B2

自 2012 年方勇教授發表《"新子學"構想》一文以來,學術界掀起了一股熱議"新子學"的浪潮。客觀地說,學者多贊同方教授的觀點,只是在具體的理論細節上有所爭論,比如"新子學"之"新"的意涵,粗略說來便有三種不同意見:第一,體現在研究對象和範圍的不同,將"新子學"與"舊子學"對立起來,認爲"新子學"之所以"新"首先在於其研究範圍的拓展。如方勇教授指出"所謂子學之'子'並非傳統目錄學'經、史、子、集'之'子',而應是思想史'諸子百家'之'子'"①,也有學者將諸子劃分成"近現代諸子"和"傳統諸子",主張從古至今的所有思想家

---

① 方勇《"新子學"構想》,《光明日報》2012 年 19 月 22 日國學版。

都是"新子學"的研究對象①,更有學者認爲"當代具有獨立人格精神的知識分子"都是"新子學"的"子"②。第二,體現在研究方法和角度的不同,如劉韶軍教授認爲"新子學"是"新的學科體系背景下運用新的知識理念與方法研究'舊子學'存留内容的學術"③。第三,體現在研究觀念的不同,如歐明俊教授認爲"新子學"之"新"需要有與經學、史學、文學並舉的新觀念、中西結合的新方法,重視"反批評"與"原生態"評價的新視角等④。總而言之,學者對"新子學"之"新"進行了全面而深入的剖析,誠如曹礎基教授所言:"對諸子思想的重新解讀和揚棄,'詮釋舊子學元典',屬於新之子學。對傳統思想的重新尋找和再創造,'創造'新的子學元典,則屬於新子之學。"⑤事實上,討論遠不止以上諸家,且各言之鑿鑿,"持之有故",正順應了"子學時代"之百家争鳴、平等自由交流的盛況。

在筆者看來,"新子學"之"新"未必必須借助於新元素(如上文的新的研究對象、方法和觀念等)的加入才可稱之爲"新",通過對已有材料的重新整理同樣可以反思舊有的觀點從而得出新的結論,甚至構建出完備的哲學體系,如思孟學派的傳承譜系、先秦黄老學派的邏輯進路等。這首先要求學者不能延續經學的思維路徑或者囿於舊有的觀念思維之内,其次是在前文所論研究範圍、研究方法、研究觀念的創新之外選擇微言大義的義理路向,然後才可能打破舊有觀念的束縛,在充分整理諸子學資料的基礎上開展深入的文本研究工作,從而梳理出一條完整的諸子學演進鏈條。嚴格説來,這也是一種"新",只不過體現在研究材料的思想内容上,且這種體現是在拒絶外來的研究範圍、研究方法、研究觀念的創新之下完成的。但這並不是説"新子學"的研究必須拒絶拓寬研究範圍、創新研究方法以及更新研究觀念,而只是强調"新子學"基於"舊子學"發展出來,要想實現全面超越後者以及全面而深入地開展和推進,就必須先達成兩個共識:第一,"舊子學"内部對已然形成之觀點、思想的再整理和再融合本就是"新子學"之"新"的一部分;第二,"舊子學"内部之反思的整理、融合所做的創新已經達到了相對飽和的程度,則自然水到渠成地接受外來因素的影響,是所謂"窮則變,變則通,通則久"(《周易·繫辭下》)。若不如此,則"新子學"的發展很有可能在追尋創新的路上迷失方嚮。

一

先秦討論人性問題的學者不少,而以孟荀爲最,甚至一度讓學術界以爲關於人性論問

---

① 李桂生《子學精神與"新子學"建構芻議》,《諸子學刊》2016 年第 1 輯。
② 高華平《"新子學"之我見》,《江淮論壇》2014 年第 1 期。
③ 劉韶軍《論"新子學"的内涵、理念與架構》,《江淮論壇》2014 年第 1 期。
④ 歐明俊《"新子學"界説之我見》,《諸子學刊》2013 年第 2 輯。
⑤ 轉引自崔志博《"新子學"大觀:上海"'新子學'國際學術研討會"側記》,《光明日報》2013 年 5 月 13 日國學版。

題之超越性的道德一面的討論是突然從孟荀開始的,是孟荀私淑於孔子而自己發明的,這直接導致現代新儒家學者認爲先秦儒家談論人性問題有兩個傳統。如牟宗三先生認爲"自生而言性,是一個暗流,……是實在論態度的實然之性,是後來所謂氣性、才性、氣質之性,是儒家人性論之消極面,不是儒家所特有,如是儒家而又只如此言性,便是其非正宗處",又說"通過孔子後孟子、《中庸》《易傳》言性命天道,……是自理或德而言性,是超越之性,是理想主義的義理當然之性,是儒家人性論之積極面,亦是儒家所特有之人性論,亦是正宗儒家之所以爲正宗之本質的特徵"①。從牟先生提到孔子後直接到《中庸》、孟子便可得知,郭店儒簡的出土並沒有被牟先生提及,應是沒有來得及被重視,這直接導致"孔孟之間"一兩百年的儒學發展成爲空檔,造成人性論問題之兩個傳統、兩個源頭的假象,這是當時學術界研究不得不面對的共同的現實情況。故此徐復觀先生也認爲:"雖然由道德的人文精神之伸展,而將天地被投射爲道德法則之天地;但在長期的宗教傳統習性中,依然是倒轉來在天地的道德法則中,求道德的根源,而尚未落下來在人的自身求道德的根源。"②雖然沒有如牟先生一般直接將"即生言性"的傳統定義爲非儒家或非正宗,但也沒有闡述其與"自義理或德言超越之性"之間的承續關係,相反認爲其本屬兩個系統。雖然也有學者認爲兩者之間是相互承續的關係③,但因爲缺乏有力的證明而無法躋身學術界的主流。而今看來,時賢之論或有"不當",卻在"情理之中"。"不當"者,即關於道德義理的超越性質的人性論問題的探討,在戰國時期尤其是"孔孟之間"就已經涉及,只是由於年代久遠導致史料缺乏,後世學者不復得知先賢之論,這從出土的郭店楚簡儒家文獻即可看出,證明"即生言性"是儒家一貫的傳統,正是由此才有了孟子的"即道德義理言性"④,兩者是一個傳統的不同發展階段,雖有內外高低之分,卻都是儒家之言。"情理之中"者,因爲郭店儒簡的出土是在1993年,時賢尚未來得及關注。蓋學問的研究,大抵分爲"學理"和"事實"

---

① 牟宗三《心體與性體》,上海古籍出版社1999年版,第185頁。
② 徐復觀《中國人性論史·先秦卷》,三聯書店2001年版,第52頁。
③ 唐君毅先生認爲孟子性善論是"即心言性","心"爲德性心、性情心之義。他說:"仁義禮智之心與自然生命之欲,不特爲二類,一爲人之所獨,一爲人與禽獸之所同;而實唯前者乃能統攝後者",故此,"孟子之'即心言性'之說,乃能統攝告子及以前之'即生言性'之說。"(唐君毅《中國哲學原論·原性篇》,中國社會科學出版社2005年版,第13頁)可見唐君毅先生不但肯定了儒家的"即生言性"之傳統,更認爲孟子性善之論實在其基礎上發展而來,比之"更上一層次"。
④ 所謂"即道德義理言性",牟宗三、唐君毅、徐復觀、梁濤等先生皆稱之爲"即心言性","心"爲道德心、情性心,筆者贊同此議,只不過爲了更清楚準確地說明問題,才有"即道德義理言性"之說,在本文中,兩者實際上相同。蓋先秦心性論問題本自不分,即心性合一論才是先秦心性思想的主流和根本。當然也有學者認爲先秦心性合一論是經歷了心性分立再到合一之過程的,即心性論並非從一開始就是完備合一的,而是處於一個動態的發展過程中,如李友廣先生《從心、性分言到心性合一——先秦儒家性論思想演變模式簡探》(《文史哲》2012年第3期,第72—80頁),筆者從其議。

兩個維度,就"學理"言之,雖然事實上無有材料證明,但依據思想發展的内在邏輯和特性亦可推演出空缺歷史時期思想發展的大致脈絡,唐君毅先生的結論和宋儒之論道統可爲證①;就"事實"言之,只分析可信的已有的材料,不妄斷臆測,作爲實事求是的態度可也,牟宗三和徐復觀兩先生皆是,所不同的是徐復觀先生采取了更謹慎的態度。兩者各有優長,皆不可或缺,後者是前者的基礎,前者是後者的延續和升華,互相依存,互爲證明。當然,最終的證明必須是現實可信之歷史才行,在本文中,澄清這一問題的契機就是郭店楚簡儒家簡的出土。

郭店出土之《性自命出》《五行》等儒家簡雄辯地證明,先秦儒家談心性論並不是突然而然的,孟荀關於人性論問題的探討有着一貫的傳統,是在思孟學派的基礎上發展而來的,而思孟學派的心性論或性情論則是孔子後學在繼承和延續孔子思想的基礎上、綜合當時社會思想的演變邏輯而發展過來的,所以就源頭來看,所謂一貫的傳統就是從春秋時期甚至更久之前就已經流行之"即生言性"的傳統②,所不同的是,在思孟學派那裏,這個傳統雖然還在,但已經漸趨表現出内化爲"仁、義、禮、智、聖"等五行之德爲心性根本的思想傾向,是爲向孟子性善論過渡的中間階段③;到孟子時,人性就完全轉變成天賦於人内心的"四端",成爲道德義理的根本,内聖的根本之路也由此確立。荀子人性論雖與孟子有別,強調"生之謂性",但學者普遍認爲荀子的理解與告子不在同一層面,前者比後者更進一步④。

二

然則何爲"即生言性"? "生"與"性"又有何關聯?

我們先看"生"與"性"的關係。學術界一般認爲"生"與"性"是同源字,即古文字材料中只

---

① 宋儒在缺乏足夠材料證明的情況下認爲,孔子後學以曾子爲得孔門真傳,曾子傳給子思,子思傳給孟子,即孔、曾、思、孟是爲宋儒道統之説。
② 梁濤先生也認爲:"竹簡'性自命出,命自天降'乃是古代'生之謂性'傳統的延續,是對後者思想的進一步發展。"見梁濤《竹簡〈性自命出〉的人性論問題》,《管子學刊》2002年第1期,第65—69頁。
③ 見李存山《李覯的性情論及其與郭店楚簡性情論的比較》,《撫州師專學報》2002年第4期,第13—21頁。另可參《"郭店竹簡與思孟學派"覆議》,《儒家文化研究》第一輯,三聯書店2007年版,第61頁。
④ 如梁濤先生在《郭店竹簡與思孟學派》(中國人民大學出版社2008年版,第322頁)書中就有專門論述。此外徐復觀、黃彰健兩先生也分別在《中國人性論史·先秦卷》《孟子性論之研究》等著作中持此態度。

有"生"字而没有"性"字,"性"字是從"生"演化而來①。又從詞源學的角度看②,只有在"生"字有了"性"字之含義且"生"字無法表達清楚的情況下才會產生"性"字。所以,"性"字雖然來源於"生"字,甚至時常可以互代使用③,但"性"字已然不同於"生"字,已經獨立並有了新的意義,正如牟宗三先生所説"自生言性,性非即生"是也④。關於這點徐復觀先生説得很透徹,他説:"性字乃由生字孳乳而來,因之,性字較生字爲後出,與姓字皆由生字孳乳而來的情形無異。性字之含義,若與生字無密切之關聯,則性字不會以生字爲母字。但性字之含義若與生字没有區别,則生字亦不會孳乳出性字。並且必先有生字用作性字然後乃漸漸孳乳出性字。"⑤所以中國古代人性論先是經歷了"即生言性"的過程,在此過程中,"性"字之含義越來越明顯和獨立,並偶爾出現"非即生以言性"的思想,即在"即生言性"的基礎上更進一步或是思考其"所以然者",使得"性"和"心"出現"合一"的傾向,如《性自命出》的人性論。而到一定程度,隨着心性論思想的進一步發展成熟,即"道德義理言性"或"即心言性"的傳統就形成了,標誌就是"心"、"性"思想的完美合一,如孟子的人性論。所以筆者以爲在正式討論《性自命出》的人性論時,應先理清楚在此之前的"即生言性"之傳統。

"即生言性"的傳統出現很早,其基礎就是對"生"和"性"的理解,主要分爲兩個層次:一是直接將"性"理解爲"生",或在其基礎上延伸出相關的外在層面自然而有之意思,如欲望等,此時"生"和"性"常可以互代使用;二是"性"在"生"的基礎上延伸出之新意思(如欲望)再度發生變化,即欲望由先天之生而即有變得豐富而複雜,表現爲人們在後天習養過程中也能產生欲望和各種過度的欲求,此是由心而發之非基本的生理生活乃至道德欲求,所以必須以"仁、義、禮、智"的道德規範來約束,故而使人性之演變呈現出向内的超越性之道德的思想傾向,表現爲"心"、"性"合一的傾向,"性"由此獨立而不可爲"生"所替代。總的説來,在《性自命出》之前,後者較少而前者居多,因爲後者屬於新概念新思想的萌芽,在思想發展成熟以前,其往往只表現爲個别學者偶爾湧現出之新思想傾向,所起的作用便是上承"即生言性"、下啓"即心言

---

① 甲骨文金文中並没有"性"字。在郭店簡中,"性"字寫作"眚"字,等同於甲骨文中的"省"字,在金文中,則既寫作"省"字也寫作"生",可以互用。可見先有甲骨文的"省"字,到金文中可以與"生"字互用,再到"眚"字到"性"字,雖然字形不同,但原始意義一致。
② 具體而言,甲骨文"生"字,從 ↓ 從一,其狀如草生出於地面形,象從無到有之意。察之,"生"之本義乃爲草木的出生,地面之上是從無到有。"生"字在所出土的先秦竹簡中可見,用於對人之情性的表徵。顯然,"生"字由"草出地上"到對人之情性的叙説,無疑是其詞義的擴大與延伸。(參閲李友廣《從心、性分言到心性合一——先秦儒家性論思想演變模式簡探》,《文史哲》2012 年第 3 期,第 72—80 頁)而其擴大與延伸正是"性"字的含義和演化方向。
③ 徐灝《説文解字箋》説:"生,古性字,書傳往往互用。《周禮》大司徒'辨五土之物生',杜子春讀爲性。《左氏》昭八年傳:'民力雕盡,怨讟並作,莫保其性。'言莫保其生也。"
④ 牟宗三《心體與性體》,第 176 頁。
⑤ 徐復觀《中國人性論史·先秦卷》,第 5 頁。

性"(即道德義理言性),成爲兩者之間的過渡環節,而這一過程在《性自命出》中得以充分體現。

關於第一層含義,"性"可理解爲"生",即出生、生命、人生而即有之欲望、本能,或人生而有之自然而然的生長和變化發展的常態①,誠如唐君毅先生總結的:"一具體之生命在生長變化發展中,而其生長變化發展,必有所向。此所向之所在,即其生命之性之所在。此蓋即中國古代生字所以能涵具性之義,而進一步更有單獨之性字之原始。既有性字,而中國後之學者,乃多喜即生以言性。"②正是"性"字的這種含義,最後延伸出"生之謂性"和"性惡"的思想,成爲宋明"氣質之性"在先秦時期的源頭。需要說明的是,人生而即有的欲望、本能,並不能被簡單地否定爲壞的、惡的,相反這只是生命生長、發展過程中自然而然表現出來的本能,在某種程度上說,也是物之爲物、人之爲人的自然"天性",是其所能存在之自然常態,所以並沒有好壞善惡之分。如:

> 惟王淫戲用自絕。故天棄我,不有康食,不虞天性,不迪率典。(《尚書・商書・西伯戡黎》)

蔡沈注:"不虞天性,民失常心也。""不虞"即不顧,則所謂"天性",是指生命生長發展過程中自然而有之欲望本能及其常態。《左傳》昭公十九年"吾聞撫民者節用於內,而樹德於外,民樂其性,而無寇讎",襄公二十六年"夫小人之性,釁於勇、嗇於禍、以足其性而求名焉者",及《周禮》大司徒"辨五土之物生"等,皆是其證③。蓋先賢認爲,有德行的人,不能不顧生命之常態,因爲不顧常態則必然無法有序生活以致盲動亂行,"遭天所棄";但又不能一味順從,必須要有節制,節制源自於對人心所生之後天欲望的克制。如《詩經・大雅・卷阿》説:

> 伴奐爾遊矣,優遊爾休矣。豈弟君子,俾爾彌爾性,似先公酋矣。爾土宇昄章,亦孔之厚矣。豈弟君子,俾爾彌爾性,百神爾主矣。爾受命長矣,茀禄爾康矣。豈弟君子,俾爾彌爾性,純嘏爾常矣。

徐復觀先生認爲"俾爾彌爾性"的"性"同於金文所録"永令彌厥生"的"生",可以互用,但仍然

---

① 梁濤先生也認爲:"古人所言之性,不是抽象的本質、定義,不是'屬加種差',而是傾向、趨勢、活動、過程,是動態的,非靜止的。用今天的話説,性不是一事物之所以爲該事物的內在本質,而是一生命物之所以生長爲該生命物的內在傾向、趨勢、活動和規定。"參梁濤《郭店竹簡與思孟學派》,第323頁。
② 唐君毅《中國哲學原論・原性篇》,新亞研究所1974年版,第27—28頁。
③ "民樂其性",牟宗三先生解釋爲"民樂其生","生"、"性"互用,意義互通,意即人們樂於其生活之基本欲望得到相當的滿足;"物生"也即"物性"。

用的是"性"之含義,解作欲望,"彌"是滿的意思,則"俾爾彌爾性"解釋爲滿足你的欲望①。徐先生雖然没有特地强調指出"滿足你的欲望"是有一定限制的,即生而即有的自然欲望,並非人心後天所生之貪得無厭的欲求,但欲望有一定限制應是題中之義,因爲所滿足欲望者乃是君子,君子自然不能隨心所欲,故而筆者以爲此處的"性"指的是自然而生的欲望,是生命生長發展所必須滿足的欲望或本能,與人後天習養而成的欲望有根本區别。如果説這裏以"君子之性"來限定人之欲望的話,下文便從"君王之性"的角度來限制,如《左傳》襄公十四年説:

> 天生民而立之君,使司牧之,弗使失性。有君而爲之貳,使司保之,勿使過度。

君爲民之牧,君、民各有本分和界限,不能過度,即不能"失性"。人生而有之欲望在得到滿足之後,爲君者就應該"保之",而不能過度,也不能讓民衆在自己的範圍内過度,因爲一旦過度就會産生禍害,如《尚書·周書·召誥》説:

> 王先服殷御事,比介於我有周御事,節性,唯日其邁。王敬所作,不可不敬德。

"節性",必然是因爲"性"在得到滿足的同時,過度且造成禍患,有傷德行,因爲"節性"與"敬德"相連,所以必須要節制。蔡沈注"節性"爲"節其驕淫之性",筆者以爲此"節性"强調的應是一個過程,即節制其自然而有之欲望(即天性)過度之後的肆意氾濫,有荀子"性惡"之義的萌芽,而不應僅解作節制其自然而有之欲望②,若是則與前文所論之"俾爾彌爾性"等衝突。且"驕淫之性"非生而即有,而是後天習養生成,蓋人生而即有之欲望大都相同,但後天之習養習慣分殊各異,則其心所生之欲求也各不相同,孔子所謂"性相近,習相遠"是也。所以,人的欲望有兩種:一是生而即有之欲望本能;一是後天習養生成的欲望。而無論哪一種,若不及時加以克制而任由其釋放,則必然傷及德行,所以在一定程度上,"節性"的過程就是"成德"的過程,而"成德"的思想在先秦時期是經歷了由外到内的發展演變過程的,故此"性"字之意義演化過程也表現爲由外到内且與心相合的過程,在本文中實即第二義之産生及演變過程。

關於第二層含義,"性"可理解爲本性、常性,是就一般情況下人物所表現出之"情欲"(第一層含義)的來由和根據,從心從生,明顯地表現出"心"、"性"合一的傾向,即"性"由原先的外

---

① 徐復觀《中國人性論史·先秦卷》,第9—10頁。
② 牟宗三先生將"性"字解釋爲生命中自然有的欲望本能等,"節性"等同於"節生"(參牟宗三《心體與性體》,第169頁),筆者以爲稍欠妥當,首先"節性"强調的應是一個過程,其次"性"不應該只是自然生有之欲望,還應包括人後天習養生成之欲望,不然則與"俾爾彌爾性"的觀點相悖,因爲一邊强調應該順從保有人之自然欲望,一邊又説要節制,顯然有矛盾(找不出需要"節性"的理由),除非人之自然欲望過度氾濫或生出其他過度之欲望。

在於人"心"的自然而有之常態内在化爲人"心"中之所本然的傾向,已經半步踏入超越的層面,是對第一層意思的升華,最後延伸出孟子的性善思想,成爲宋明"天命之性"思想在先秦時期的源頭。先秦學者們在論證此條時,多采用比附的手法,即通過論證"天地之性"的超越道德傾向從而推出人性之超越道德傾向①,因爲人由天地所生,則人之性也必然秉承天地之性,"天生烝民,有物有則;民之秉彝,好是懿德"(《詩經·大雅·烝民》)。如《左傳》昭公二十五年説:

> 夫禮,天之經也,地之義也,民之行也。天地之經,而民實則之。則天之明,因地之性,生其六氣,用其五行。氣爲五味,發爲五色,章爲五聲,淫則昏亂,民失其性。是故爲禮以奉之,……民有好惡喜怒哀樂,……哀樂不失,乃能協於天地之性。

"天地之性"表現爲"天有六氣"而"地有五行",有序而相呼應,自然而然,如同有禮儀規定一般,是以"氣"所聚合演化的"五聲"、"五味"及"五色"的秩序應該與人性所自然呈現之喜怒哀樂與好惡一般對應穩定且不昏亂,換句話説,"天地之性"的自然而然也應該是人性的自然而然,人性若昏亂則必然"失其本性",所以人性只有保持喜怒哀樂及好惡的情感之所發與"天地之性"之自然而然和有序協調起來,才能長久。這就要求人性需要"依禮而發",正如"天地之性"之"依於禮"一般。事實上,"天地之性"作爲"禮"成爲規範人們行爲準則的思想在先秦並不少見,如《左傳》成公十三年説:

> 吾聞之,民受天地之中以生,所謂命也。是以有動作禮儀威儀之則,以定命也。能者養之以福,不能者敗以取禍。

"天地之中"即"天地之性",與上文"則天之明,因地之性"義同。古人常以"中"表示"禮",這與孔子所論禮之"中庸"一脈相承。如《禮記·仲尼燕居》説:"子貢越席而對曰:'敢問將何以爲此中者乎?'子曰:'禮乎禮!夫禮所以制中也。'"《荀子·儒效》也認爲:"曷謂中?曰禮義是也。"可見,人性源於"天地之性",而又同以禮爲根本。然則禮之所在畢竟屬外在約束,禮作爲人性之内容雖有超越性的道德意義,但依然是由外在的"天地之性"所賦予,仍是由外到内的思路。所以《左傳》襄公十四年又説:

---

① "推天道以明人事"的思路在先秦時期非常普遍,往往典籍中上半句是説天道,下半句便是人道,如《易傳》的"天行健,君子以自强不息;地勢坤,君子以厚德載物"便是明證。曹峰先生曾專門提到,參見杜維明、王中江、王博等《"出土文獻與古代思想記憶的新方位論壇"紀要》,《中國儒學》第七輯,中國社會科學出版社2012年版,第101—105頁。

>　　天之愛民甚矣。豈其使一人肆於民上,以從其欲,而棄天地之性? 必不然矣!

這裏的"天地之性"直接變成"愛民",則人性也不能不"愛民"。愛人者,其愛發自内心,"仁者愛人,有禮者敬人"(《孟子·離婁下》),"爲仁由己"(《論語·顔淵》),當其將人性歸結爲"愛"時,就已經表明了人性由原始之生而即有的自然欲望開始逐漸蜕變爲人心中内在的道德義理規定性,也就爲"性"字由外到内的演化歷程打開了思維道路,也就開始了先秦"心"、"性"合一論的思想歷程。换句話説,"性"字脱離"生"字而獨立演化的過程就是"心"、"性"合一的過程,"即生言性"的傳統便從這裏開始發生質變,衍生出"即道德義理言性"(即心言性)的傳統。

綜上可知,"即生言性"的傳統,實是中國古代哲學人性論的根本傳統。其作爲中國人性論的開端,在先秦時期,已然成爲儒家人性論的傳統,只是表達尚未成熟①,故呈現爲三種理論形態:一是強調"生之謂性",以人生而即有的自然欲望爲人性之根本,以告子和荀子爲主要代表,此爲後世學者所謂"氣質之性"的源頭之一;二是與"生之謂性"相對,強調人性之根本在於天賦於人心中的"仁、義、禮、智"等道德義理及其擴充顯現的全體,以孟子爲主要代表,此爲後世學者所謂"天命之性"的源頭;三是"孔孟之間"心性論發展之過程表現出的複雜現象,即一方面繼續主張"生之謂性",成爲荀子"性惡"思想的來源之一,一方面又表現出"仁、義、禮、智"等道德義理之強烈的内在化傾向,爲孟子"性善"思想鋪路②,以郭店楚簡的《性自命出》爲主要代表。宋儒雖未見這些早期材料,卻從孟、荀人性論得出相同的結論,可謂思之真切也。

---

① "即生言性"的傳統通常表現爲從生命物的出生、生長及其呈現來看待和理解"性",梁濤先生將其歸納爲三個方面:一是人有天生,性由天賦,是所謂生而即有之自然而然者,生之然者也;二是以氣言性,性指適宜生命生長發展的過程,因爲氣是萬物的始基且始終是變動不居的,所以氣所構成的人性也是動態的、活動的,這便是後天之習養也能放縱原始欲望甚至在心理產生新的欲望的原因;三是性需要後天的培養,養性説乃成。(詳參梁濤《郭店竹簡與思孟學派》,第140—141頁)可見,即生言性的傳統一方面衍生出"即心言性"的傳統,另一方面對後儒所謂"氣質之性"的討論也逐漸深入。

② 如郭齊勇先生説:"在以'喜怒哀悲之氣'和'好惡'來界定'性'的同時,申言此'性'是天命的,是内在的,實際預涵了此能好人的、能惡人的'好惡'之'情'即是'仁'與'義'的可能,'仁'、'義'是内在稟賦的内容。"又説:"並没有完全排拒'情氣'好惡中的'善端',這就爲後世的性善論埋下了伏筆。"(詳參郭齊勇《郭店儒家簡與孟子心性論》,《武漢大學學報》1999年第5期,第24—28頁)需要説明的是,筆者在這裏只是強調《性自命出》的人性論是先秦儒家人性論向孟子性善論過渡的中間階段,並不是承認其本身就已經是性善論的意思。實際上學術界對《性自命出》是否有性善論的看法並不一致,如吕紹剛先生就認爲《性自命出》没有性善論思想,他説:"《中庸》合性命爲一,天命善,故性必也善。《性自命出》分性命爲二,故言性善,顯得理論乏力。"詳參吕紹綱《性命説——由孔子到思孟》,《孔子研究》1999年第3期,第21—23頁。

三

　　事實上,三種理論形態並非完全相悖,而只是思想發展成熟過程的不同階段或者說不同進路。首先,"即生言性"是源頭,是最樸素最直接的人性論思想,告子即秉持這種意見。其次,人除了生而即有的本能欲望之性外,還有後天環境習染而成的欲念,如對衣、食、住、行的過分苛求,甚而衍生出對功名、利禄、名譽的過分渴求,以及爲達此目的而導致人性的扭曲等。這些不善之性理所當然地需要改變,其辦法大概有兩種:一是假設人性本善,如孟子所言人心中本有善端,之所以表現出惡是因爲後天習染對本性造成遮蔽,所以學者應寡欲修身、修心養性;另一種是認爲性惡是由於對先天之惡性不加節制的結果,即人性本就有流於惡之可能,所以應該隆禮重法、克己修身以達"化性起僞"之目的。兩者都强調修身養性,雖然理由不同,目的卻一致,都是要學爲君子、聖人。

　　如此便產生一個新問題:孟子、荀子雖然采取了不同的進路來完善自己的人性論,但從"即生言性"的傳統中並不能必然得出他們的結論。孟子、荀子又都尊崇孔子並主張自己之思想源於孔子,然孔子卻罕言"性與天道",根據思想史發展的連續性原則,説明孔子之後、孟荀之前,儒家應該有較豐富之關於人性論的思想資源作爲孟荀思想的前導,且應是與孔子密切相關之學者提出方才可能令孟、荀重視。郭店楚簡的出土證明了這一猜想的正確性,也在一定程度上理清了"孔孟之間"百餘年的學術脈絡。所以李學勤先生説:"先秦書面文獻的撰寫和傳播過程非常複雜,從遠古時代人們的口耳相傳,到書寫到竹帛之上,其中肯定會有某些走樣的地方。春秋戰國時期,諸子百家紛紛援引古史傳説,爲其政治主張尋找理論依據,爲此,人爲地改造古史的狀況在所難免。而秦始皇焚書坑儒,先秦古籍遭到巨大的人爲破壞,到漢魏以降,還有所謂'五厄'、'十厄'之説。因此,研究先秦歷史文化,僅僅采用書面文獻,顯然不足。"[①]

　　至此,我們可以理出先秦儒家人性論思想的發展脈絡:"即生言性"是源頭和起點,而郭店楚簡人性論則是向孟荀人性論的過渡階段,它一方面堅持"即生言性"的傳統,一方面又表現出"即道德義理言性"(即心言性)的傾向,其後孟子延續了"即心言性"的進路,提出"四端之心"的説法,而荀子則選擇進一步發揮"即生言性"的觀點,在回答"生之然者"的基礎上,進一步反思"生之所以然者"而成"性惡"之説,完成了先秦儒家人性論由發端——發展——成熟的演化過程。

[作者簡介] 王小虎(1986—　),男,漢族,安徽合肥人。哲學博士,現就職於南昌大學國學研究院,任講師,主要研究中國哲學史、先秦哲學。

---

① 李學勤《簡帛佚籍的發現與重寫中國古代學術史》,《河北學刊》2013年第1期,第1—6頁。

從孔老對"道"的同質性理解談"新子學"的精神

李星瑶

内容提要 中國文化的核心、追求的根本在於人與萬物動態的平衡,即天人問題,從其中抽繹出來的統一原理就是"道"。而儒、道異同,經、子尊卑,一直也是中國思想史上備受關注的重要命題。由此,本文意在從儒、道天人問題的同質性出發,通過對孔、老兩家學説共同本質的把握,論證以儒道互補的形式把中國的倫理學和宇宙論加以整合,把傳統文本與現代語境加以融匯的理論可能,並倡導追溯原點,重構典範,重新唤醒傳統資源的價值意義,實現"新子學"精神,即在多元化視角下的匯通和創新。

關鍵詞 孔老　天人問題　道　同質性　"新子學"精神

中圖分類號 B2

學術創新和人文傳承是現今社會的重大訴求,不僅是中國大陸的學者,還有海外致力於中國學術研究的學者,都在關注同一個課題,即如何積極發掘傳統文化中的元典精神,解決當代文化發展中的矛盾衝突。方勇先生提出的"新子學"理論應時代的呼籲而生,所關注和解決的,正是傳統文化研究如何創新、如何對治現代性的問題。可以説,"新子學"爲如何正確認識、評估中國文化的過去,掌握中國文化的現在,開拓中國文化的未來提供了重要的理論支撐和思想動力。

一

方勇先生在《三論"新子學"》一文中提出:"古人的智慧在前,如何融通開新,參與到世界範圍的討論中,這是今天的任務。'新子學'主張,在面對西方文化的背景下,深入把握早期經

典中的相通之處,熔鑄出新解,這當是學術創新的途徑。"① 筆者認爲這裏有兩層含義:

(一) 先秦時期百家爭鳴,其中湧現出的蓬勃的子學思潮,是中國思想文化史上的第一股思潮,并成爲了凝結中國幾千年文化發展的主要綫索,其重要性體現在其洞見古今,對文明發展過程中的基本問題進行了開創性闡述。先秦子學思潮對於問題的解決思路可能並不唯一,但卻最切近中國的文化民情,是思想文化史發展的基石。從文化的發展史來看,無論是先秦,還是兩漢、魏晉、隋唐、宋元明清,每一種新思想的出現,總是一種向原始出發點——即諸子學的復歸和還原。"然而,也許先賢的思想過於精深,加上歷代統治者的作用,使得具有原創性思想的時代不復再現⋯⋯詮釋遠遠大於原創"。② 文化具有繼承性,在諸子學接受過程中,後代人總是在繼承前代文化的基礎上作出新的詮釋。但這種繼承勢必具有選擇接受性,每一種新的思想都是根據變化了的社會現實的需要加以發揮,使得子學的面貌越來越模糊,爲人們偏解。所以,文化的發展必須立足於中國思想文化生命的源頭,重視諸子學,對諸子的文化典籍給予充滿真實和生機的生命,對其真實的思想內涵進行復歸。只有回到原始出發點,才能打破目前哲學及文化語境的框架,把握早期中國文化的主脈,尋找背後所隱藏的能量、生命,開拓出新的能夠對治現代性的文化。

(二) 方法論上,我們必須對思想文化本身有足夠的認知和涵養,能夠對思潮和觀念有全面深刻的反思。然後對其進行一種理性的處理,通過揚棄前代文化中的某些積累,突破可能已經形成定式的思維模式,并將其應用於實際,使之能夠對治現代性。無論是中國文化還是西方哲學,作爲一種生命之學,它們所面臨的問題,完全是由生活和生命體驗中而來的。這些問題,就是文化立足的根據,與人的存在同時俱存。這些問題本身並不需要時代性,但提出瞭解和處理問題的方式卻有時代性。因此,我們談論"新子學",談論中國文化的現代化,必須以問題爲中心,做一種會通的研究。要抓住核心觀念疏通古今,融入現代生活中加以討論,尋找現代的瞭解方式、表達方式,並與我們的體驗相結合。

本文意從"天人關係"這一觀念入題來進行討論,原因在於,天人關係的研究——即如何達到和維持人與天的和諧、人與萬物動態的平衡,在中國傳統文化範疇系統中是一個核心概念,它在中國文化的發展中貫穿始終,長期起着重要作用,一直是中國古代哲學研究必須面臨的一個基本問題。"天"本身只是一個對象,它是抽象的、無法言説的,中國的思想家對於"天",也很少作盲目的崇拜和無端的懷疑、探索,而是往往和人放在一起,即作天人關係的思考時,才凸顯得出其真正的意義。

金岳霖先生曾經指出,在世界的三個大文化區中,中國文化之所以不同於印度文化和希

---

① 方勇《三論"新子學"》,《光明日報》2016 年 3 月 28 日第 16 版。
② 方松華《現代多元學術思潮的衝突與融合》,尹繼佐、周山《相争與相融——中國學術思潮史的主動脈》,上海社會科學院出版社 2003 年版,第 417 頁。

臘文化的特色,關鍵在於它形成了一個以道爲最崇高的概念與最基本的原動力的中堅思想①。這裏的"道",就是從對天人整體的根本理解中,抽繹出來的統一原理、核心觀念。余敦康對此詮釋爲,中國人對道的思考,是以外在的宇宙整體爲對象的,除了求理智的瞭解之外,還求情感的滿足。由於這種思考的最終目標是追求行道、得道,即不僅通過個人踐履,把自己由特殊性提升到道的普遍性的層次,使自己的全身心滲透一種深沉的宇宙意識之外,還把自己對道的理解推行於天下,使之成就一番事業②。所以,國人對"道"的思考完全打破了主客對立、天人分離的思考方式,以一種天人整體的思想來"育萬物,和天下,澤及百姓"。"道"的外延無所不在,是一種囊括天人的十分宏闊的整體之學,其內涵則收縮而爲一,這個一即道一之一,天人合一之一。莊子有言:"知天之所爲,知人之所爲,至矣。"③《中庸》有言:"思知人,不可以不知天。"④邵雍言:"學不際天人,不足以謂之學。"(《觀物外篇》)戴震亦曰:"天人之道,經之大訓萃焉。"(《原善》卷上)凡此皆足反映出天人關係問題在中國傳統思想文化中獨特的理論意義。

另一方面,在諸子學中,方勇先生十分重視孔、老思想所具有的重要價值。他指出:"從文化內部來看,先秦諸家皆能開出思想的新路,光耀一時。如果站在世界文明的維度上,最受矚目的,則當屬以孔、老爲代表的原始儒家、道家。其中深藏的歷史洞見和思想基因,也是現代文明重新理解自身、創新時代的寶貴資源。由孔、老切入元典時代,自然會在諸子學之外,注意到早期經學的價值。"⑤較之於其他諸子,老子與孔子的思想交流應該是三百年子學思潮發軔之所在,具有非同尋常的意義。而在今天多元文明的語境下,我們認識到,孔、老之間的同質性是要大於差異性的。由此,本文在"新子學"所倡導的學術研究方法的指導下,分析孔、老關於中國哲學中的基本問題——天人關係的思考,以期把握其中的相通之處,並用這個相通之處來打破儒、道兩家的學術壁壘,將之融入現代生活加以討論。

二

縱觀先秦,先秦文化一開始就把"道"作爲維持人與萬物動態平衡的準則、作爲中國文化的中心範疇,這絕不是偶然爲之。從《周易》中看,真正的易道實際上是"溝通交流"之道,其所謂"易有三訓,一訓簡易,二訓變易,三訓不易",足可見一斑。"簡易"指的是世界上所有最複雜的事物,都可以用最簡單的符號,即陰陽二爻來概括,其實質無非是陰陽相交;"變易"是指

---

① 金岳霖《論道》,商務印書館 1985 年版,第 15 頁。
② 余敦康《中國哲學論集·〈周易〉的思想精髓與價值理想》,遼寧大學出版社 1998 年版,第 412 頁。
③ [清]郭慶藩《莊子集釋》,中華書局 2012 年版,第 229 頁。
④ [宋]朱熹《四書章句集注》,中華書局 1983 年版,第 28 頁。
⑤ 方勇《三論"新子學"》,《光明日報》2016 年 3 月 28 日第 16 版。

世間萬物的生存狀態雖隨時變化，但他們都是通過陰陽相交形式交錯生發出來的；"不易"是指萬事萬物的變化雖形式多樣，但始終以陰陽相交爲基礎，變出萬象的原理永恆不變。這些都可以概括爲"定其交而後求"（《繫辭下》）。彼此之間因交而"通"，故孫子曰："我可以往，彼可以來，曰通。"①章學誠曰："《說文》訓通爲達，自此之彼之謂也。通者，所以通天下之不通也。"②《吳汝綸全集》中也有相關論述："孔《疏》：'物得開通謂之道'，司馬溫公云：'反復變化，無所不通'，皆以通訓道。揚子《法言》'道也者，通也'，是其義也。"③由此唐君毅先生提出以"通"訓"道"的理論，認爲"道"作爲一種"交道"之"道"，是以關係性的溝通和交流，即以"對話"爲其根本宗旨和內容的④。

先秦儒家從倫理學取向上切入"道"的概念，而爲孔子隆重推出的"仁"的概念正是這種"道"的核心規定。在孔子的學說裏，"仁"被界定爲"仁者，愛人"。他的仁道原則集中表現在如何恰當地處理人我關係問題上：一方面，對自己道德修養的標準十分嚴苛，"苟志於仁矣，無惡也"⑤；另一方面，對待他人寬容有度，做到"己所不欲，勿施於人"⑥。這裏的"仁"，和"人"成爲一個整體裏面的兩個面，他用"仁"爲"人"的修養樹立標準，並用"人"來踐行"仁"。孔子認爲"人"與"仁"有相互作用的關係，即相互制約，相互影響。"人"不只能夠行"仁"，還有追求理性和其他美好品德的能力，而"仁"不只含"人"，還有超越"人"這個範圍的，能夠顯示全域和諧、秩序規範的意義。但"人"與"仁"互通，從而能相互充實，相互完成。仁，從字形上即能看出，是二人在一起，表示一個整體内涵的對話和互通，它是人與世界、人與人之間的一種溝通，既可以用來擴大"人"的存在範圍，也可以用來解決社會秩序問題。

因此我們可以發現，孔子的"仁"在主、客體之間相互整合、相互作用的實踐關係和過程中實現，在這個過程中，"仁"建立了個體與個體之間的相互溝通，實現了一個新的整體和諧秩序。正如譚嗣同"夫仁者，通人我之謂也"這一定義所表明的那樣，孔子的"人道"以自我中心意識的消解和人際關係中對話模式的建立爲其理論宗旨和使命。

先秦道家從宇宙論取向上切入"道"的概念。在"道"派生天地萬物的層面上，老子把"無"、"有"解釋爲"衆玄之門"，他說："無名，萬物之始也；有名，萬物之母也。故恆無欲也，以觀其眇；恆有欲也，以觀其所徼。兩者同出，異名同謂。玄之又玄，衆眇之門。"⑦這裏把"無"和

---

① 楊丙安《十一家注孫子校理》，中華書局 2012 年版，第 272 頁。
② ［清］章學誠著、葉瑛校注《文史通義校注》，中華書局 1985 年版，第 377 頁。
③ ［清］吳汝綸《吳汝綸全集》，黃山書社 2002 年版，第 200 頁。
④ 關於"道"與"通"的關係，可參看唐君毅所著《中國哲學原論·原道篇二》（中國社會科學出版社 2006 年版）一書。
⑤ ［宋］朱熹《四書章句集注》，中華書局 1983 年版，第 70 頁。
⑥ 同上，第 132 頁。
⑦ 高明《帛書老子校注》，中華書局 1996 年版，第 222—227 頁。

"有"看作從無形無名的領域向有形有名的領域轉變過程的兩個階段,把"無"看作形成現實性之前的可能性,把"有"看作一種實存的狀態。"有"和"無"的相連和溝通顯示了"道"產生天地萬物的過程,這是從宇宙發生論的意義上講"道"在關係上溝通的特點。

在體認"道"的層面上,老子認知宇宙萬物自然社會的角度十分獨特,他推崇在静觀默察中用整個身心去感受外物,溝通外物。老子用各種語言來描述這種心物相融對話的交點,例如他提出了"玄同"的概念:"知者弗言,言者弗知。塞其堄,閉其門;和其光,同其塵,挫其銳,解其紛,是謂玄同。故不可得而親,亦不可得而疏;不可得而利,亦不可得而害;不可得而貴,亦不可得而賤;故爲天下貴。"①"玄同"是指主體、客體處在玄妙齊同的地位,要獲得玄同的體驗,需要去掉與物對待的認識角度,融合到物的光輝之中,混同塵世。這時的素樸本性和萬物本性內外對話交融,我的素樸融於物,物的自然狀態也吸收於我,我與物往返交流、不分彼此。在這樣對"道"的認知中,主客一體的心境仿佛是相融的一個點,主體不僅按照萬物的自然狀態接受客體的契入,同時也把自己素樸恬淡的心境擴散開來,使客體感染主體的性質。客體也用本然狀態去感染主體,使主體遨遊於運化的客體之中,達到心物一體的境界。由此可見老子以體"道"過程中心、物對話交融的模式,爲其體認宗旨。

有學者認爲:"就基本思路而言,天人整體之學一方面援引天道來論證人道,另一方面又按照人道來塑造天道,實際上是一種循環論證。"②《莊子·大宗師》有言:"庸詎知吾所謂天之非人乎?所謂人之非天乎?"③"故其好之也一,其弗好之也一。其一也一,其不一也一。"④這就是説,由於天人本來就爲一體,所以不管研究者的主觀喜好以及所遵循的思路如何,其所謂天必然包含人的内容,其所謂人也必然包含天的内容,"天人合一"的關係是根本無法强行分開的。故而,在哲人們的眼中,天道與人道應該是一個"道",而不是兩個"道"。中國哲學家在處理思維與存在、人與世界的關係問題時,不大注意雙方的對立方面,而特別注意雙方的統一方面。正是由於這個原因,天人合一才成爲中國傳統哲學的基本思路。

總起來講,儘管老子的"天道"似乎與孔子的"人道"在觀念上對立,儘管老子以"毀仁棄義"爲思想旗幟,但就其在"道"中體現的對話主義實質而言,二者之間並無根本性差別。更進一步來説,即便儒家偏重倫理學層面的人道,試圖在生活實踐和社會秩序中消除人我矛盾而實現人我關係和諧,而道家偏重宇宙論層面的天道,試圖在更爲廣闊的宇宙領域中,消除種種實在的差異樣態而走向一種徹底的"齊物主義"。但究其實質,孔、老都是在哲學的不同層面上對"道"做出了理論詮釋和闡明。他們都以"天人合一"的整體作爲共同的研究對象,以"道"爲其皈依、以"道"爲其根本綱領。

---

① 高明《帛書老子校注》,中華書局 1996 年版,第 98、99 頁。
② 余敦康《中國哲學論集·〈周易〉的思想精髓與價值理想》,第 416 頁。
③ [清]郭慶藩《莊子集釋》,第 231 頁。
④ 同上,第 239 頁。

三

先秦時期諸子蜂起，百家爭鳴，《莊子·天下》對這個時期的思想作了總結，其言道："天下之治方術者多矣，皆以其有爲不可加矣。古之所謂道術者，果惡乎在？曰：無所不在。曰：神何由降？明何由出？聖有所生，王有所成，皆原於一。"①成玄英疏云："原，本也。一，道也。雖復降靈接物，混迹和光，應物不離真常，抱一而歸本者也。"②莊子又言："判天地之美，析萬物之理，察古人之全，寡能備於天地之美，稱神明之容。是故內聖外王之道，暗而不明，鬱而不發，天下之人各爲其所欲焉以自爲。"③釋性涵《南華發覆·天下》題解云："夫道術者，大而無外，小而無遺。今天下之治道術者，恃一察之明，各自以爲至，而不知是卷道術而爲方術，不該不遍，一曲之士也。是以莊子不得已，恐後世之學者不幸而不見天地之大全，故歷敘百家衆技之説，以曉明邪正路頭之差別，使學者知有大道之鄉，而不迂於曲學阿世、自私自利之途，以喪其身。"④由此可見，莊子認爲"道術"的最高層次是天人之學，它體現在各個方面，而"方術"只是時人能夠認知得到，關於"道術"的一個局部，只是一方之術。各家都以天人整體之學作爲共同的研究對象，都以爲自己的方術得到了"道"的全真，自己已經完全體悟了"道"的存在。事實上，他們窺見的只是"古之道術"的某一個局部。由於各家在建立自己的思想體系時割斷了"天人合一"在論證方式上的循環而偏於一端，加之後人對其的解釋又各執己見，往而不返，標榜自己的觀點才是完美純正的，這才造成了學術的分裂，才造成自先秦以降，中國文化思想分分合合的曲折過程。《荀子·解蔽》有云："凡人之患，蔽於一曲而暗於大理。"⑤此言得之。若是把某一家的文化作爲中國文化的絕對本質和基礎，並想要由此出發來統一整個中華文化的版圖，這種對文化的理解不僅是一種排他主義，而且還會致使中華文化變得越來越不寬容，造成和其他文化的衝突。

綜上，孔、老兩家學説在天人問題上的同質性給二者從對立走向統一——即把中國的倫理學與宇宙論加以匯通——提供了理論可能。但是，這種可能在長期以來儒家學説已被定爲一尊而日益政治意識形態化的特定歷史條件下，實際上卻完全是不可能的。因此，要把這種可能變成現實，有待於儒學中的政治意識形態特質的消解，有待於對原始儒家和原始道家的固有精神的重新復興。這與"新子學"所持的殊途同歸、一致百慮的包容原則相一致。這樣的

---

① [清]郭慶藩《莊子集釋》，第1060頁。
② 同上，第1061頁。
③ 同上，第1064頁。
④ 轉引自方勇、陸永品《莊子詮評·天下》，巴蜀書社1998年版，第924頁。
⑤ [清]王先謙《荀子集解》，中華書局1988年版，第386頁。

包容原則實際上是超越各家的,如果說它有一個立場,可以認爲,它是站在"古之道術"的立場、中國文化根本精神的立場對各家的文化創造進行了綜合總結。按照《莊子·天下》所說,"古之道術"皆原於一。這個一就是道一之一,天人合一之一。這種"一"既非指向事物間了無干係的絶對差異,也非指向事物間完全重叠、重合的絶對同一,而是以其兩兩交匯、交合,爲我們指向了事物間的異中之同,體現了一種彼此之間因交而通的"通"的真理。

正如李孺義先生所說:

> 聖有聖的價值,王有王的價值,智有智的價值,俗有俗的價值,雅有雅的價值,……還聖於聖,還王於王,還智於智,還俗於俗,還雅於雅。一種真正具有超越胸懷的價值論的形而上學當是生機勃勃的價值之林的"生態平衡",而不是用一種價值去"平衡"其他的"價值"。價值的超越性衡準乃是以各種價值的獨立的精神格局作爲它的支撐的。猶如萬物都以其獨立的格局融通着、體現着、承擔着日月之精華、天地之精神、宇宙之靈性,而正因爲這樣,萬物才是"平衡"的,在平衡中,它們是共生的。①

通觀原始儒家、道家,孔子講"和而不同",老子講"玄同",莊子講"莫若以明",都顯示了開闊而包容的文化態度,中華文明並不是一枝獨秀,中華文明也不低人一等,在差異中尋求共識,在合作中保存特質,這是諸子精神的當代意義。"新子學"不僅把儒道兩家的倫理學和宇宙論加以整合,用"道"這個命題概括了中國傳統文化中的基本問題,而且作爲一種精神,接上了中國文化古老的源頭。所以它的綜合總結具有更大的普遍性,其中所藴含的思想精髓與價值理想更能代表中國文化的根本精神。

此外,方勇先生指出,"新子學"提倡具有現實指向的價值重建,這樣能夠使傳統文明在國家制度、政策以及個人生活中真正落實其價值,對當代社會産生應有的貢獻。思想文化問題是沒有時代性的,它本身並不需要現代性,但提出瞭解和處理問題的方式卻有時代性。因此,要想使它對現今社會産生振衰起敝的作用,必須在尋求其原理和本質的基礎上,適應現代人的生活要求及思維方式,使中國文化的價值能夠在現代人的思想意識中清楚地呈現,同時也能對現代人行爲發生實際的影響。結合上文,若把中國的倫理學與宇宙論加以匯通,我們就會看到,爲了尋求科學之"道",在對外在於人的整體作一番客觀關照時,我們必須含有一種静妙理性的態度,但爲了避免陷入純粹的知識論領域,我們可以結合儒家闡發理論精神時所包含的熱烈人文理想,在尋求科學的過程中,用人文理想以安身立命。這樣客觀與人文內在融合,就能合天人、通物我,全面把握"道",對由天人所共同構成的整體有所言說。

終而復始,日月是也,天地始者,今日是也。中國傳統文化的發展都是傳統的經典與今天

---

① 李孺義《"無"的意義——樸心玄覽中的道體論形而上學》,人民文學出版社1999年版,第422頁。

的語境之間觀點交融、思想對話的產物。中國文化傳統在今天的發揚光大,不應體現在對儒、道亦或者其他理論的絕對守護上,而是應該體現在雙方相互融合的方式中。"新子學"提倡的這種開放的、融通的、創新的思想形態,對中國文化煥發其理論的青春並真正代表我們民族的時代精神有重要意義,非常值得時人爲之深思。

[**作者簡介**] 李星瑶(1992—　),女,河北廊坊人。華東師範大學思勉人文高等研究院碩士研究生,主要從事先秦諸子思想研究。

論"新子學"的整合研究及其拓新意義

——以《莊子》研究爲例

劉韶軍 張 婷

內容提要 "新子學"是在新的時代背景下對傳統諸子的著作及其思想進行學術研究,整合研究是爲了深化"新子學"研究不可忽視的研究方法與思維方式。整合研究,是把表面上看來似乎無關的思想資料聚合起來加以參照分析。其步驟是首先把每一子的全部著作及其思想關聯起來進行參照比較(如《莊子》的《逍遥遊》篇與内篇的其他篇以及外、雜篇等),這是整合研究的第一層次。然後再把某一家派的諸子的著作及其思想關聯起來進行參照比較(如道家的《老子》與《莊子》以及《列子》《管子》等),這是整合研究的第二層次。然後再把諸子的全部著作關聯起來加以參照比較和分析論證,這是整合研究的第三層次。最後要把諸子與先秦的其他各類著作關聯起來進行整合研究,這是整合研究的第四層次。整合研究的目的是防止研究者只就諸子的部分的或零散的話語進行分析研究,而忽略了諸子及其時代的内在關係。筆者相信,如果堅持這種整合研究,就能把"新子學"的研究推向深入,使之名符其實。

關鍵詞 "新子學" 諸子 整合 《莊子》

中圖分類號 B2

近幾年人們對"新子學"的關注度越來越高,這表示子學研究在新的時代背景下已經出現了超越傳統的子學研究的勢頭,更重要的是在其中呈現出嶄新的學術研究形態與思維方式,故被學者們稱爲"新子學"。現在人們提出了"新子學"的概念,說明學者們已有了使子學研究走向新階段的自覺性。但在面對"新子學"的到來時,很有必要認真思考"新子學"的研究怎樣才能走向深入,以取得應有的成績,完成時代賦予的任務。本文基於這一思考來探討"新子

---

* 本文是國家社科基金重大項目先秦諸子綜合研究(批准號:15ZDB007)的子課題先秦諸子著作文本研究的階段性成果。

學"研究中的整合方式及其所具有的拓新性。

一、"新子學"的整合研究

以往研究諸子,基本方式是以某一家或某一子爲研究對象,只就一家一子的思想主張或相關問題進行專門研究,如人們熟知的儒家研究、道家研究、法家研究、墨家研究等,以及孔子研究、孟子研究、荀子研究、老子研究、莊子研究、墨子研究等。不論是分家的研究還是各子的研究,都可以稱爲"分散的研究"或"個體的研究"。大家熟悉的各種中國哲學史、中國思想史一類著作,都是對於各家各派或各個思想家分別進行論述,都有專門的單獨的研究與分析,而沒有整合的分析與研究。這就是分散的研究或個體的研究的典型表現。

以往也有人對諸家諸子都加以研究,對各家各子的思想加以分析與論述,然後合併爲一個研究成果。這樣的研究,從表面上看,與前面那種只對一家或一子進行研究的方式有所不同,似乎對諸家諸子都做了研究,但本質上仍是對一家一子分別進行研究,再把這種分別的研究合併爲一個研究成果,所以仍然屬於分散的研究。分散研究的本質,就是把諸家諸子分別作爲獨立的研究對象加以研究,而不是把諸家諸子作爲整體研究對象加以研究,所以只能說是分散的研究或個體的研究。

筆者提出的整合研究,是對這種分散的研究或個體的研究做出的調整,目的是不再把諸子分成單獨孤立的一家一子進行研究,也不滿足於以這種單獨孤立研究爲基礎的合併論述,而是把先秦時期的諸子作爲一個時代的共同產物,從整體上把諸子各家聯繫起來加以研究。所謂把諸子各家聯繫起來,就是整合。這個意義上的整合,不是獨立的各家研究的集合,而是把諸子各家聯繫爲一個整體加以研究。

從這個意義上說,整合研究就是全面地綜合一個時代的不同思想(諸子各家)的全部内容進行完整的關聯研究。以往的諸子研究中也有不少以一家的思想學說爲主而與其他諸子的相關的思想進行比較的研究,但這種有所關聯的比較研究,只是個別的,局部的,還沒有整體研究的意識,也沒有對於全部諸子進行系統化研究,所以還不是筆者所說的整合研究。

整合研究要把先秦諸子看作整體來加以研究,就不再把諸子看作各自孤立的單獨個體,而是將其看作一個整體的不同部分。整體與部分當然還是有差別的,但它們既是一個整體,最重要的是這些有差別的部分在構成一個整體時就存在着相互不可分割的内在關係,因此在研究作爲一個整體的不同組成部分的局部時,就不能把它與整體分開。在研究部分時必須與它所在的整體聯繫起來加以分析,重視它們作爲一個整體時所存在的内在關係,由此來認識作爲局部的各個部分。所謂整合研究,就是以這種認識爲基礎的。

之所以要把諸子看作一個整體而進行整合的研究,首先是因爲先秦諸子是一個時代的共同產物,雖然諸子在時間上有先後出現的差別,在空間上有出現於不同地域的差別,但作爲先秦時代的共同產物，它們有着共同屬性，都是這個特定時代的產物，各自從不同的側面和角度反映了它們對時代產生的共同問題的不同思考與回答。從整體上說，它們就是對那些時代的社會發展變化過程中產生的共同問題的思考與回答。

這就好比一個時代向人們提出了共同問題，而人們給予了不同回答一樣，也像一個老師提出了一個問題，而衆多的學生分別按照自己的思考與學術背景和不同的立場等而做出了不同的回答一樣。因此從歷史的長時段的背景下來看先秦諸子，它們具有這樣的共同屬性，因此在後人研究它們時完全可以把它們看作一個共同的整體，看作一個共同的歷史產物，完全需要把它們作爲一個整體來做整合的研究。

《史記》在著名的《論六家之要指》中分析評價當時最重要的諸子學派時這樣說：

> 《易大傳》："天下一致而百慮，同歸而殊塗。夫陰陽、儒、墨、名、法、道德，此務爲治者也，直所從言之異路，有省不省耳。"①

這一論斷表明太史公認識到了產生於先秦時代的諸子百家的共同屬性，它們都是思考和回答"爲治"的這個時代的共同問題而形成的產物。所要思考和回答的問題是共同的，所以說是"一致"，但答案是不同的，所以說是"百慮"，共同的問題是它們"同歸"的目的地，思考與答案的不同是它們各自走過的"殊塗"，"所從言之異路"，是它們各自思考與回答的"殊塗"，"有省不省"是它們各自思考的內容與水準有所不同，但它們所要面對的問題只有一個，是共同的問題，即"務爲治"的問題。

因此可以說先秦諸子是思考與回答同一個時代的共同問題的產物，所說有不同，所思則相同。在此背景下，它們的思想內容就有着共同性，有這種共同性，就使後人研究它們時可以視之爲一個整體而做整合的研究。這是對先秦諸子進行整合研究的歷史原因，後來的時代也有一些被稱爲諸子的學者及著作出現（如漢魏諸子或宋明諸子），但都不能與先秦諸子的整體性相比，而後來諸子所思考的問題也與先秦時代的諸子百家要面臨和思考一個共同問題有很大不同。所以一個時代的若干個諸子可以作爲那個時代的整體來看待，但不能與其他時代的諸子共爲一個整體。因此可以把不同時代的若干個諸子分別看作不同的整體，來進行整合的研究，但不能把不同時代的諸子看作同一個整體。當然，可以從更長的歷史階段來看這些不同時代的諸子，它們具有一定的共同屬性，可以把它們視爲一個整體，但這樣的整體與分時段的諸子整體已有了較長時間的距離和較大程度上的差異，所以這不是本文筆者所要討論的問題，故在此不予論述。

第二，同一個時代的產物是多樣的，諸子只是同一個時代的諸多產物之一，不是這個時代的全部產物，而是全部產物中的一個獨特類別，因此就不能與這個時代的全部產物看作一個整體來加以研究，而要與同一個時代的其他產物分開來加以研究。先秦時代作爲中國歷史上

---

① 《史記·太史公自序》，中華書局1959年版，第3288—3289頁。

最重要的歷史階段,所產生的事物是多樣的,這是不言而喻的。學者可以按不同類的時代產物分別加以研究,而諸子是其中一個類別,因此可以作爲一個整體來加以研究,而不能與其他類別的時代產物混淆。這就是只能把先秦時代的諸子作爲一個同類的整體加以研究而不能與同時代的其他產物混作一團來加以研究的邏輯原因。

先秦時代的諸子雖然可以看作一個整體來進行整合的研究,但具體開始進行這種整合研究的時候,又需要一個切實可行的立足點作爲切入點,又不能不加分析地混爲一談地加以研究。

爲此需要思索整合研究的具體方法,找到這種方法的立足點和切入點。解決這個問題的辦法,要從研究諸子的目的來思考。

這個目的,簡單來説,就是徹底研究清楚整個先秦時代的共同產物之一類的諸子及其著作中所包涵的豐富的思想內容。而要達到這個目的,需要從對諸子的各家和各子的著作文本的分析與解讀入手,這是對先秦諸子進行整合研究的立足點和切入點。但要徹底充分地解讀諸子各家和各子的著作文本的內涵,就不能只對這些文本分別解讀和闡釋,而要充分關聯一家和一子著作的全部文本以及其他各家和各子著作的全部文本,由此及彼,由表及裏,從一家一子的著作文本的各句到各篇再到全部篇章解讀和分析,然後再從一家一子的解讀和分析擴展到全部諸子的著作文本的解讀和分析,最終完成從一家一子到諸家諸子的著作文本的解讀和分析,並且在比較鑒別的基礎上分別認識和闡釋各家各子的著作文本所包涵的各種涵意,從而構成對先秦諸子的整體的整合研究。

這種整合研究的步驟分爲五步,第一步是對一子(如《莊子》)的著作文本從具體字句到各個篇章的解讀與分析,第二步是對此子的著作文本的全部篇章的相關內容進行關聯、比較和鑒別,此二步可稱爲此子的內部的整合研究。

第三步是在此基礎上對此子所屬的家派(如《莊子》所屬的道家)的著作文本的思想內容進行整合分析與闡釋,第四步是將此子所屬的此家與諸子的另一家進行整合研究,如將《莊子》及其所屬的道家與儒家、法家、名家、墨家、陰陽家等進行整合研究。第五步是將對於此子的整合研究的範圍擴大到同一個時代的所有的文獻資料上去,如以《莊子》爲中心,整合先秦時代所有的文獻資料中的思想內容加以整合的研究。這三步,可稱爲此子的外部整合研究。

所謂的由此及彼,由表及裏,包括内部的整合與外部的整合兩個方面。內部與外部整合構成系統的整體性研究,在這個研究過程中,內部整合研究是第一步和基礎,外部整合研究是第二步和擴展。第一步把整個研究的基礎建好,使之堅實而無缺,這樣再來進行第二步的擴展研究,也就具備了充實的資料及其分析,使外部整合研究不致於流於空疏和有缺失。

內部的整合以一子的著作的全部文本爲限度,從字句到一篇一章再到全部篇章,這是容易把握與從事的。而外部的整合,則在不斷的分析中會不斷有所推進。即第一個階段是在純粹諸子的著作文本範圍內進行外部整合研究,在把全部諸子著作文本關聯解讀和分析研究之後,還不能算是結束,應該意識到先秦時代傳留下來的諸子著作以外的文獻之中仍然有着可與諸子的著作文本的解讀和分析有關聯的內容。

古人把著作分爲經、史、子、集四類，雖然這種分類定型於先秦之後，但能用這一分類體系把先秦傳留下來的各類文獻著作概括於其中。所以，在把屬於子部的著作及其文本解讀與分析完畢之後，還有必要把子部之外的經、史、集中的先秦著作納入外部整合研究的範圍之内。如先秦經部著作《尚書》《詩經》《易》經及傳、《春秋》及三《傳》、三《禮》，史部《國語》《戰國策》《史記》中與先秦有關的内容，集部《楚辭》，與諸子類的著作相比，它們在子部之外，但這些著作中包含着許多與諸子著作相關的内容，所以諸子學的外部整合研究中，先把諸子著作關聯起來，然後再把子部之外的其他類别的著作文獻關聯起來，這樣才能使諸子學的外部整合研究達到圓滿的程度，所謂的外部整合研究才算是没有遺漏和缺失了。

二、《莊子》的内部整合研究

《莊子》是先秦道家的代表著作①，研究先秦道家，要研究《莊子》和《老子》兩部著作②，在研究《莊子》時，一方面要把《莊子》内、外、雜篇關聯起來進行研究，這可以説是研究《莊子》的内部整合；另一方面，要把《莊子》與《老子》關聯起來進行研究，這是《莊子》研究的外部整合的第一階段，然後再把先秦道家其他諸子的著作與《莊子》關聯起來進行整合研究，這是《莊子》研究的外部整合的第二階段，之後是把道家之外的先秦諸子著作與《莊子》關聯起來進行整合研究，這是外部整合的第三階段。

以下就上述的内部整合與外部整合研究的不同階段具體加以説明。

内部整合研究，其實也要分成幾步來實施。第一步，是對《莊子》内篇七篇的整合研究，第二步，是對《莊子》内篇與外篇的整合研究，第三步，是對《莊子》内、外篇與雜篇的整合研究，第四步，《莊子》所有篇章文本思想内容的整合研究。

《莊子》原著文本中（包括内、外、雜篇）所包含的思想内容非常豐富，只用幾個概念是無法全部涵蓋的，但在整合研究時可以先從某些特别重要的概念入手來做整體的觀察與解讀。

就内篇七篇而言，最重要的是《逍遥遊》和《齊物論》二篇。《逍遥遊》的核心思想是逍遥，但在論述逍遥思想時，最後落脚具備這種思想的人是怎樣的人的問題上。《莊子》各篇所論，最後都要落實在人的問題上，這説明《莊子》的思想宗旨實際上是在闡明要做一種與衆不同的人。我們解讀和分析《莊子》，一定要把人的問題放在核心位置上，其他思想内容無不與人的問題相聯繫，不能把人的問題棄而不顧而談論《莊子》的思想。

---

① 本文以《莊子》研究爲討論對象，因爲《莊子》是莊周及其後學闡述思想的著作合成，裏面究竟哪是莊周本人的撰述，哪是莊子後學的撰作，已經無法截然分得清楚，所以把《莊子》作爲研究莊周及其學派的對象，以《莊子》一書的全部文本作爲道家《莊子》的研究基礎。
② 還有《列子》《文子》及《管子》某些篇章等也屬於先秦道家，這裏不全部納入討論的範圍。

從道家的角度看，《莊子》所推崇的人，與《老子》不同，從道家與其他諸子各家相比較的角度看，《莊子》所推崇的人與各家所推崇的人更不一樣。所以從人的角度入手來觀察和分析《莊子》的思想，是最基本的問題和入手處。

《莊子》所推崇的人是《逍遙遊》裏提出的至人、神人、聖人。仔細閱讀《逍遙遊》的前半部分，就必須承認此篇所論述的逍遙思想必須落實到人的身上，具備這種逍遙精神的人，就是此篇所提出的"至人、神人、聖人"，莊周是用此三種稱呼表示他所推崇的逍遙之人①，這只能是一種人，不能理解爲三種人。而此三名所指的人又與無己、無功、無名三種精神相聯繫，同樣不能理解爲三種不同的精神，而應理解爲同一種人的一種精神，這種精神包含無己、無功、無名三項義涵。

在解釋了《逍遙遊》裏提出的逍遙思想以及具備了逍遙精神的人的基本含義之後，就要把這一問題與《莊子》原著文本的全部相關內容關聯起來，進行《莊子》內部的整合研究。

首先看《逍遙遊》裏的相關論述：

> 堯讓天下於許由，曰："日月出矣，而爝火不息，其於光也不亦難乎？時雨降矣，而猶浸灌，其於澤也不亦勞乎？夫子立而天下治，而我猶尸之，吾自視缺然。請致天下。"許由曰："子治天下，天下既已治也，而我猶代子，吾將爲名乎？名者實之賓也，吾將爲賓乎？鷦鷯巢于深林，不過一枝，偃鼠飲河，不過滿腹。歸休乎君，予無所用天下爲。庖人雖不治庖，尸祝不越樽俎而代之矣。"

這一段緊接在至人無己、神人無功、聖人無名之後，可以理解爲是用具體事例來說明什麼是逍遙的至人、神人、聖人以及無己、無功、無名。我們在解讀前面的至人、神人、聖人以及無己、無功、無名時，不能只看前面直接說到至人、神人、聖人的文字，而不顧及後面這段堯與許由的對話。不然的話，就無法解釋爲什麼《逍遙遊》裏闡明了逍遙以及至人、神人、聖人以及無己、無功、無名之後還要說這樣一個故事。

堯與許由的對話之後，又有肩吾與連叔的對話，其用意與講述堯與許由的對話是一樣的，也是用具體事例說明什麼是逍遙的至人、神人、聖人以及這種人的無己、無功、無名。但這兩個具體事例所說明的至人、神人、聖人以及無己、無功、無名在內容上又有所不同。堯與許由的對話是說明無功、無名，可以解釋爲不求功、不求名。因爲當帝王來治天下，是功也是名，許由不想當帝王治天下，所以這就解釋了無功與無名就是不求功、不求名，而不是沒有功、沒有名。

而肩吾和連叔所說的逍遙之人的情況與此不同。肩吾說："藐姑射之山，有神人居焉，肌

---

① 對此三名所指，存在着兩種理解，一種理解認爲三名所指是三種人，一種理解認爲三名所指是同一種人。筆者認爲，三名所指是同一種人，即莊周推崇的逍遙之人。《逍遙遊》論述人要逍遙，這就是莊周推崇的人，只能是一種人，不可能是三種人。理解《逍遙遊》的文本，不能產生錯誤的解讀，要綜合《逍遙遊》的整個文意來理解。

膚若冰雪,淖約若處子,不食五穀,吸風飲露,乘雲氣,御飛龍,而遊乎四海之外,其神凝,使物不疵癘而年穀熟。"連叔説:"之人也,之德也,將旁礴萬物以爲一,世蘄乎亂,孰弊弊焉以天下爲事。之人也,物莫之傷,大浸稽天而不溺,大旱金石流、土山焦而不熱。是其塵垢粃穅,將猶陶鑄堯舜者也,孰肯以物爲事。"

肩吾所説,明確點出"神人",是更具體地説明"神人"的情況,也順便把"逍遥遊"的"遊"字作了解釋。這可以説是對上面堯與許由對話的補充。而連叔所説,則是對肩吾所説"神人"的進一步補充。我們要充分理解《逍遥遊》裏提出的至人、神人、聖人及其無己、無功、無名,就要把這三段整合起來加以解讀與分析。

這可以説是在《逍遥遊》篇中的整合研究,所要研究的對象是此篇提出的至人、神人、聖人以及無己、無功、無名的問題。

《逍遥遊》在此之下講的是這樣一種逍遥思想對於人有用無用的問題,這是此篇闡述的逍遥思想必須回答的一個疑問,也可以看作是由至人、神人、聖人以及無己、無功、無名問題的進一步闡述,也要與至人、神人、聖人以及無己、無功、無名問題整合起來進行分析。

以上是對《逍遥遊》篇提出的核心思想:逍遥及其人格在篇内的整合研究。屬於《莊子》研究的内部整合的第一階段。其第二階段的整合研究,是將《逍遥遊》中的逍遥思想及其理想人格問題的論述與内篇其他幾篇的文本内容整合起來進行分析研究。

《齊物論》是講齊物的問題以及與之相關的是非、差别問題,還包括如何認識、如何思考這一思想的問題。從字面上看,似乎已與逍遥思想以及至人、神人、聖人以及無己、無功、無名的問題分開了,其實,《齊物論》所論的問題都是《逍遥遊》的逍遥思想以及相關理想人格問題的進一步論述。如果没有《齊物論》的論述,《逍遥遊》的思想還是不能説得到了充分的論證。

將表面上千差萬别的不齊的事物及世界,從一個超越的境界上看過去,形成一種表面不齊而本質皆齊的思想,這是逍遥思想的基礎。没有齊物論,逍遥論就不能成立,逍遥的理想人格也會成爲空談。逍遥論是《莊子》思想的核心,齊物論是對這一核心思想的必不可少的補充性論證。如果説逍遥論是《莊子》思想大廈的主體,齊物論就是這座大廈主體的基石。逍遥論作爲思想大廈的主體,所以論説起來非常簡明扼要,齊物論作爲思想大廈主體的基石則要排除更多的障礙(即人們的疑惑和不解)。所以《齊物論》篇所涉及的問題要多於《逍遥遊》篇①。

---

① 《齊物論》中也有直接説明《逍遥遊》中至人、神人的文本内容,如王倪曰:"至人神矣!大澤焚而不能熱,河漢沍而不能寒,疾雷破山、飄風振海而不能驚。若然者,乘雲氣,騎日月,而遊乎四海之外,死生無變於己,而况利害之端乎?"這一段完全可以與《逍遥遊》裏關於神人的説法放在一起來看,這也是内篇内部的整合時不可忽視的地方。此處所説的是"至人",而《逍遥遊》裏説的是"神人",但據兩處的描述來看,完全是一種人。而且這裏所説的"至人"更偏重於"無己",也就補充了《逍遥遊》裏論説無功、無名較多,而説明無己較少的不足。《齊物論》最後説的"莊周夢爲蝴蝶",也可以與"至人無己"的説法整合起來加以解讀。這都是《莊子》内篇的内部整合。

從《莊子》的内部整合研究上看,《逍遥遊》與《齊物論》二篇必須從整體上來加以理解,這樣才能把《莊子》思想的核心宗旨與基本論證掌握得全面而深入。内篇其他諸篇,則是這座思想大廈的附屬物,地位雖然不能與《逍遥遊》和《齊物論》相提並論,但也缺少不得,所以,對《莊子》内篇的整合研究,還要把内篇其他各篇的文本與思想關聯起來進行整體研究。

以下限於篇幅,簡單説明内篇其他幾篇與《逍遥遊》篇的整合分析的要點。《養生主》的主題是"全生",方法是"依乎天理,因其固然",而"安時而處順",即是對"依乎天理、因其固然"的具體説明,"哀樂不能入",是對"全生"的具體説明。"全生"的問題,是在以"逍遥"爲核心的思想體系中的一個分支問題。在此,不能按照後世神仙家或長生家所理解的全生、長生、養生的思想理解《莊子》内篇的"全生"思想,必須把《莊子》内篇的全生問題與《逍遥遊》的思想關聯起來進行整合研究。逍遥的人無己、無功、無名,由此可以做到全生,但全生不是逍遥者無己、無功、無名的全部,甚至只能説是逍遥者無己、無功、無名的一個附屬產物而已。由此可以看出全生在《莊子》思想中所處的位置,亦可看出後世神仙家、長生家所追求的長生不老甚至成仙等思想,只能是對《莊子》思想的歧路引申,不是《莊子》思想的正宗。

這是將《逍遥遊》與《養生主》進行的整合研究簡要説明。

《人間世》主要説明逍遥之人如何處世的問題。逍遥之人可稱爲至人、神人、聖人以及無己、無功、無名,但畢竟不是神仙,不是可以脱離人間世而生存和生活的人,所以還有如何面對人間世的問題。有人説:"《養生主》提出養生要'緣督以爲經',本篇(指《人間世》)則闡明如何做到'緣督以爲經'。"①所謂的"緣督"就是"依乎天理",而處乎人間世的"緣督"或"依乎天理",也就是《養生主》所説的"因其固然","安時而處順",簡稱之就是"因順"。現實的人間世,並不合乎《莊子》的理想,不是合乎"天理"的,逍遥的人是"不得已"而處於其中的,只能安時處順,"知其不可奈何而安之若命","托不得已以養中"。處於這樣的人間世中,所"依"的"天理",只能降低到"安時而處順","不可奈何而安之若命"的地步。這實際上也正是無己、無功、無名的另一種形態。在能做帝王治天下的時候,無己、無功、無名,顯得無比高尚,而非常難得,在"不可奈何而安之若命"的時候,無己、無功、無名仍然能發揮作用,這就是"安時而處順",這仍然是"依乎天理",合乎逍遥之人的理想。

在《人間世》中,也説到了"至人":"古之至人,先存諸己而後存諸人。"又説:"德蕩乎名,知出乎爭,名也者,相軋也。知也者,爭之器也。二者兇器,非所以盡行也。"還提到關龍逢與王子比干的被殺,正是因爲他們是"好名者"。又説堯、禹攻他國,"是皆求名實者",而"名實者,聖人之所不能勝"。又説"自事其心者,哀樂不易施乎前",因此"知其不可奈何而安之若命"。又説:"乘物以遊心,托不得已以養中,至矣。"又説"心莫若和","彼且爲嬰兒,亦與之爲嬰兒。彼且爲無町畦,亦與之爲無町畦。彼且爲無崖,亦與之爲無崖。達之,入於無疵"。又説到以無用爲用,主張"神人以此不材","神人之所以爲大祥","支離其形,猶足以養其身,終其天年,

---

① 曹礎基《莊子淺注》(修訂本),中華書局2000年版,第47頁。

又況支離其德者乎"。這些説法,都需要與《逍遥遊》的無己、無功、無名以及《齊物論》的齊事物之不齊(包括是非之分辨與爭論)以及《養生主》的"依乎天理"、"安時而處順"等思想整合起來加以考察,從而加深對於逍遥之人及其無己、無功、無名思想的理解。

《德充符》是講人之得道而達到最高的德,這種人在此篇稱之爲"全德之人",這都是逍遥之人的無己、無功、無名的延伸,逍遥之人就是得道之人,具備了最高的"德"的"全德之人",其本質就是無己、無功、無名。如篇中説"死生亦大矣,而不得與之變,雖天地覆墜,亦將不與之遺,審乎無假而不與物遷,命物之化而守其宗","自其同者視之,萬物皆一也","若然者……遊心乎德之和,物視其所一而不見其所喪","彼且何肯以物爲事","知不可奈何而安之若命,唯有德者能之"。又説"德不形"是"内保之而外不蕩,德者,成和之修也,德不形者,物不能離也"。又提到"至人":"彼且蕲以諔詭幻怪之名聞,不知至人之以是爲己桎梏邪?"又説至人是要"使彼以死生爲一條,以可不可爲一貫者,解其桎梏"者。又提到"聖人",説"聖人不謀"。此篇所説的"全德之人"、"至人"、"聖人",都可與《逍遥遊》裏的"至人"、"神人"、"聖人"以及《齊物論》的思想整合起來加以解讀。

《大宗師》説到了"真人",是《逍遥遊》裏沒有用過的名稱,不能因爲文本的不同,就機械地認爲是另一種人。名稱不同,本質無異,所以《逍遥遊》的至人、神人、聖人與這裏的"真人",是同一種人。此篇關於"真人"的説法,都要與《逍遥遊》的至人、神人、聖人及其無己、無功、無名等整合起來加以解讀。同時,不要忘了與《齊物論》相關的説法,所謂的整合研究是對所有相關的内容都要視爲一個整體加以解讀與分析。

此篇提到真人的體道、修道、得道的問題,這是對《逍遥遊》的逍遥之人的補充。《逍遥遊》的逍遥之人,不是天生就有如此思想境界的,一定是通過自己的修道、體道而得道的,最後才成爲逍遥之人,成爲至人、神人、聖人以及真人。這種人所師的是道,道是萬物之宗,萬衆之師,可稱爲大宗師①,而得到這種道的人,同樣可以稱爲大宗師。又説"真人"體道、修道、得道後所掌握的是"真知",這又可與《齊物論》所論述的"知"的問題整合起來加以思考。而所謂的"真知",本質上就是《逍遥遊》裏的逍遥之人所掌握的思想。這樣將《大宗師》與《逍遥遊》整合起來加以分析,就可加深我們對於《逍遥遊》思想的理解。

另外此篇所説的"登高不慄,入水不濡,入火不熱,是知能登假於道者也若此",以及對於真人的種種描述(見"古之真人,不知説生"、"古之真人,其狀義而不朋"等段)和"相忘於江湖","兩忘而化其道","聖人之將遊於物之所不得遯而皆存",以及關於道的論述("夫道有情有信"一段)和其中提到的某人"得之"("得之"即得道),關於修道的論述("道可得學邪"至"參寥聞之疑始"一段),關於得道之人的描寫("芒然彷徨乎塵垢之外,逍遥乎無爲之業"、"相造乎道者,無事而生定"),關於道爲師的描寫("吾師乎,吾師乎"至"刻雕衆形而不爲巧"),關於"坐忘"的描述,等等,這些内容與《逍遥遊》所描寫的神人的情況以及其他篇中説到的道、知、真知

---

① 曹礎基《莊子淺注》(修訂本),第85頁。

等問題整合起來加以解讀，就可深化我們對於《逍遥遊》篇中的思想的理解，當然也可以同時加深對各篇相關説法的理解。

《應帝王》篇是説應如何爲帝王的問題，《逍遥遊》裏既然説不以帝王及其治天下爲事，要捨棄之而不爲，而此篇又説帝王應如何爲，似乎是有矛盾，其實不然。此篇所説的帝王不是世人理解的帝王，而是逍遥之人的另一種表現。如説"君人者以己出經式義度"以治天下，此篇就批評説那樣做是"欺德"，這樣的帝王治天下，"猶涉海鑿河而使蚊負山"。逍遥之人是絶對不會做這樣的帝王而治天下的。這裏説："予方將與造物者爲人，厭則又乘夫莽眇之鳥，以出六極之外，而遊無何有之鄉，以處壙埌之野。"又説："游心於淡，合氣於漠，順物自然而無容私焉，而天下治矣。"篇中還有其他内容，如"無爲名尸，無爲謀府，無爲事任，無爲知主"一段中的"遊無朕"、"用心若鏡，不將不迎，應而不藏，故能勝物而不傷"，以及篇末所説的儵與忽爲渾沌鑿七竅的寓言，都與《逍遥遊》的思想完全一致。也就是説，逍遥之人所理想的帝王，所應爲的帝王，就是這樣的人，他根本不當帝王，不"爲天下"，只做無己、無功、無名的事，這樣才能使"天下治"。所謂帝王應如何爲的問題，答案就是這樣。

此篇提到"聖人"、"明王"、"至人"，本質就是無己、無功、無名的逍遥之人。篇中相關的諸多内容，都要與《逍遥遊》的説法整合起來進行關聯的分析。

以上就内篇七篇的範圍，以《逍遥遊》爲中心做了整合研究的簡單説明。這是内部整合的第二階段，第三階段就要與外篇、繼而再與雜篇的文本内容進行整合，仍屬於《莊子》研究的内部整合。由於内容繁多，就不在此闡述了①。

對一子的文本及其思想内容進行内部整合研究，還有一個例子，即戴震的《孟子字義疏證》②。此書對理、天道、性、才、道、仁義禮智、誠、權分别作了專門的疏解，是對《孟子》思想的某些概念做出的内部整合研究。他又有《原善》，則是就儒家各子的著作文本進行的整合研究，不以一子爲中心，而以一家爲中心，但也是一種整合研究。在中華書局出版的這部集成本中，除了《孟子字義疏證》和《原善》，還有《讀易繫辭論性》《讀孟子論性》《與段若膺論理書》，也可與《孟子字義疏證》結合起來，看成他對儒家思想的某些重要概念的整合研究。就一子的研究而言，是内部的整合研究和外部整合研究，就一家的研究而言，是内部的整合研究。今人如欲研究戴震關於孟子或儒家的某些思想概念的研究，又可就此所提供的成果進行整體性的整合研究，就會在戴震研究的基礎上有所拓新。

---

① 雜篇的《天下》篇裏提到"天人"、"神人"、"至人"、"聖人"、"君子"、"百官"、"民"，其中的天人、神人、至人、聖人，可以與《逍遥遊》裏的至人、神人、聖人相比對，"君子"以下明顯不能與至人、神人、聖人相對比。顯然，這是與《逍遥遊》直接相關的内容，是《莊子》内部整合研究中的重要内容，本文限於篇幅，不予展開論述。《莊子》研究中的内部整合研究的例子，如錢穆《莊老通辨》中卷的《莊子書言長生》《莊子外雜篇言性、義》，可以參看。
② [清]戴震《孟子字義疏證》，中華書局1961年版。

三、《莊子》的外部整合研究

以上是論《莊子》研究的内部整合,以下簡要説明《莊子》的外部整合研究。

《莊子》研究的外部整合,要分幾個層次。首先是在道家諸子中進行整合研究。如錢穆《莊老通辨》中卷的《釋道家的精神義》《道家政治思想》《莊老的宇宙論》《莊老太極無限義》等篇①,都可看作在道家諸子的範圍内以《莊子》爲中心的整合研究。

就《釋道家的精神義》而言,錢穆首先根據《莊子》的原書文本分析了《莊子》内篇的"精"字義、"神"字義、外雜篇中"精"字"神"字及"精神"二字連用義,以此爲基礎,又分析了《老子》書的"精"字義和"神"字義,《管子》書《内業》《心術》所言"精"、"神"義,之後又把《吕氏春秋》、《淮南王書》、司馬談、劉向、《春秋繁露》、《白虎通》、《論衡》各書所言"精"、"神"義整合起來加以對比。至《管子》書的分析,都是在道家範圍内以《莊子》爲中心的外部整合性研究,而《吕氏春秋》至《論衡》則超出了道家的範圍,可以看做其外部整合性研究的範圍又有擴大,這就屬於外部整合研究的第二個層次。

現在看來,錢穆已在諸子學的研究中運用了外部整合的方法,只是他没有明確地把這一方法表述出來,也没有在諸子的研究中發展爲自覺的系統性研究。他的研究只是就《莊子》中的某些思想概念與相關的道家諸子的著作進行了關聯,可以説是局部的外部整合研究。正是由這種外部整合研究方式,形成了錢穆在《莊子》研究中的具有新意的成果;雖然筆者並不完全同意錢穆在這篇文章中對《莊子》及其他道家諸子著作文本中的"精"、"神"義的分析和他所得出的結論。這個問題超出了本文的題旨,這裏暫不討論。

本文前面提到《史記》中的《論六家要指》中關於道家思想的歸納與闡述,這一材料,可以用來説明《莊子》研究中的外部整合問題。在《論六家要指》中,太史公認爲道家與其他諸家的思想有一個共同主題,即都是討論君主如何治國的問題。如果從《莊子》研究上的外部整合方法來看,《莊子》内篇《逍遥遊》等篇所闡述的思想主旨是逍遥思想和做逍遥之人,這種思想及其實踐者的根本特點是無己、無功、無名,對於做帝王以治天下的事情,其態度非常明確而毫不含糊,即"予無所用天下爲","孰弊弊焉以天下爲事","孰肯以物爲事",以此來與《論六家要指》中關於道家以治國問題爲中心且比其他各家都高明而無弊的説法相比,就可看出其間存在着明顯的差異。《論六家要指》所説的"道家"及其"爲治"的思想,在《老子》書中有充分的表現,可以説是《老子》的思想,而不是《莊子》的思想。如果我們尊重歷史傳下來的文本,就不能不説:《莊子》在道家系統内是明顯的另類,它與《老子》有很大不同,絶不能隨便地混爲一談,西漢人所認爲的"道家"不能直接將《莊子》包括進去。如果我們承認這一事實並尊重這一情

---

① 錢穆《莊老通辨》,三聯書店 2002 年版。

況,在研究"道家"和《老子》及《莊子》時,就必須把這三者明確區分開來,而不能不加區別地籠統論之。

張舜徽先生有《周秦道論發微》一書,此書包括五個部分:《道論通説》《道論足徵記》《老子疏證》《管子四篇疏證》《太史公論六家要指述義》,從整體上看,此書的研究正是筆者所説的外部整合研究的第一層次,是在道家系統内的整合研究,此書正是利用這一方法揭示了周秦之際的人們對於道家思想的基本認識,即當時的人們普遍認爲道家所論,就是"君人南面之術",也正是《論六家要指》所説的諸子各家都不過是論述"務爲治"的問題。根據筆者以上所論,會從這一研究成果中發現一個重要的事實,即在闡述周秦之際的道家思想時,張舜徽先生没有把《莊子》内篇中最重要的《逍遥游》《齊物論》包括進去①。這就意味着《莊子》與周秦之際的所謂"道家"有根本的不同,所以在考究當時"道家"的思想主旨時無法把以主張逍遥及逍遥之人的《莊子》包括在"道家"的範疇之内。

當然,也不能説《莊子》不屬於道家,但《莊子》確實與《老子》有明顯的不同,這説明道家思想系統既有豐富的内容,又有不同的分支,也意味着我們不能簡單地把"道家"視爲同一種思想的共同體,必須承認道家思想系統中存在着極大的差異。

《周秦道論發微》中對《管子》中的道家四篇②進行了文本疏證,實際上也是在論證《管子》中的道家之論與《老子》所論無異。既然没有把《莊子》放在一起加以論述,也就説明《管子》中的道家之論和《老子》的思想都與《莊子》不同。筆者曾有一篇文章分析《心術》上篇的思想主旨,認爲《心術》上篇所論的主角就是要治國的君主,而這樣的君主之治國的根本方法就是君主要無爲而臣子要有爲,君臣要做不同的事。正如張舜徽先生所説:"此篇開端數語,所以明君無爲而臣有爲,君臣異事之理。"③而篇中其他諸語則都是對這一主旨的闡發。仔細閱讀《管子·心術》上篇所論,就會發現其思想與邏輯與《老子》完全一致,二者都符合《論六家要指》所説的"道家"的治國思想,而與《莊子》的思想完全不同。能夠得出這樣的結論,可以説正是利用以《莊子》爲中心的外部道家整合研究方法的必然結果。

第一層次是在道家範圍内的各子之間進行外部整合,第二層次就是擴展到道家之外的諸子範圍内的外部整合研究。這中間當然可以分爲《莊子》與儒家諸子、法家諸子、名家諸子的不同範圍的外部整合研究,但都包括在外部整合研究的第二層次中。

如前面提到的《史記·太史公自序》中的《論六家要指》對主要的先秦六家諸子的論述,就

---

① 只整合了《莊子》雜篇的《天下》篇中關於"内聖外王"的論述,而《天下》篇已明確對莊周的思想做了專門的評價,且與老聃分開來論,説明《天下》篇已非莊周本人所作,因此其中的思想就與《逍遥游》《齊物論》有所不同。所以筆者所説的《莊子》思想與《論六家要指》所説的道家即《老子》和《管子》"四篇"中的思想有根本差别,是完全可以成立的,而不是自相矛盾的。
② 即《心術》上篇、《心術》下篇、《白心》篇、《内業》篇。
③ 張舜徽《周秦道論發微》中的《管子四篇疏證》的《心術上篇疏證》,中華書局 1982 年版,第 204 頁。

是這種外部整合研究的一個例子。此外又如錢穆《莊老通辨》中卷的《比論孟、莊兩家論人生修養》《莊、老與易、庸》，張舜徽先生的《周秦道論發微》①，李澤厚《中國古代思想史論》中的《孫老韓合説》《荀易庸記要》《莊玄禪宗漫述》②，也都是這類研究成果，從一定意義上説，都可視爲一定程度的諸子學中的整合研究。

相比之下，張舜徽先生對外部整合研究的方法比較自覺，他在《周秦道論發微》中的《管子四篇疏證》中説："百家殊業，皆務爲治。故其立言，莫不有專篇以闡明南面之術。若荀卿書中有《君道》篇，《韓非》有《主道》篇，《吕覽》有《君守》篇，《淮南》有《主術》篇，……題無常準，而旨趣不殊，在學者之善得其會歸耳。"③所謂的"會歸"，就要通過筆者所説的外部整合研究的方法才能完成，也可以説是對外部整合研究方法的傳統説法。若只就一子之書研究一子的思想，就根本談不上"會歸"，也不會有《論六家要指》及《周秦道論發微》一類成果的問世。

但這些研究雖然在不同程度上運用了外部整合的研究方法，但都還沒有形成明確而系統的整合研究方法觀念，也沒有將這一方法運用於整個先秦諸子研究之中。比較起來，錢穆、張舜徽的這類研究，重視根據諸子原著及相關文獻的原始文本進行解讀和分析④，更能説明整合研究與文本分析是必須結合的重要途徑，也説明老一輩學者所受傳統學術方法的影響更深。

而李澤厚的研究更側重從思想中提煉出某些重要的問題加以分析論説，如他的《孫老韓合説》分爲"兵家辯證法特色"、"《老子》三層"、"所謂'益人神智'"三個問題，他的《荀易庸記要》，分爲"人的族類特徵"、"儒家世界觀的建立"、"天、道、人"三個問題，他的《莊玄禪學漫述》，分爲"莊子的哲學是美學"、"人格本體論"、"瞬刻永恆的最高境界"三個問題，這樣的研究方式，側重於分析問題，而不太重視從文本出發的解讀。

不管怎樣，這類研究成果都以實際的例子證明了在諸子學中運用外部整合研究的方法，是非常重要的思考角度，具有極爲重要的拓新價值，不可忽視。

能夠説明這種重要的拓新價值的實例還有陳鼓應先生的《易傳與道家思想》⑤。陳鼓應先

---

① 張舜徽《周秦道論發微》，中華書局 1982 年版。之所以説此書的研究是外部整合研究的第二層次，是因爲其中所論述的資料已超出了道家，如其中的《論六家要指述義》，是對史部文獻資料的利用，這是把道家所論與史家所論（如《史記》《漢書》的相關內容）關聯起來進行的外部整合研究，此外還整合了周秦諸子及西漢學者關於道論的認識與闡述，其中包括儒家的諸子學者與相關文獻，如《荀子》、僞《尚書》《禮記》等，甚至也包括孔子等人的思想。這説明此書研究道家之論時採取了外部整合的研究方法，而不再停留於一家一子的孤立研究上。限於篇幅，本文不能對這一問題進行詳細論述，有機會時再另行撰文予以闡明。
② 李澤厚《中國古代思想史論》。
③ 張舜徽《周秦道論發微》，第 203 頁。
④ 如張舜徽《周秦道論發微》分爲"叙録"、"道論通説"、"道論足徵記"、"老子疏證"、"管子四篇疏證"，主要是對相關文獻的文本進行搜集，再根據這些文獻的文本的內容分爲專題進行分析與論證。
⑤ 陳鼓應《易傳與道家思想》，三聯書店 1996 年版。

生在此書中提出了一個在諸子學研究中的嶄新觀點,即他在此書的《序》中所説的——"《易傳》的哲學思想,是屬於道家,而非儒家"。

他之所以能夠得出這樣的結論,筆者認爲正是由於作者運用了外部整合的研究方法。此書的研究就是把《易傳》的文本及其思想内涵與《老子》《莊子》的文本及其思想關聯起來加以分析研究。這種研究方法,就研究諸子中的某一子而言,就是外部整合研究,但不限於道家諸子的範圍内,而拓展到儒家文獻的範圍,所以説這是外部整合研究的第二個層次。

據此書的《序》説,他在研究這一問題的過程中曾寫出《繫辭所受莊子思想的影響》一文,強調《彖傳》中的諸多語詞概念,如"性命"、"太和"、"雲行雨施"、"品物流形"、"大明終始"、"乘龍御天"等,都與《莊子》相關。尤其《彖傳》中反復出現之特殊用語——"消息盈虛"、"終則有始"等,亦多見於《莊子》書中。這就是把《老子》《莊子》的文本及其思想與《易傳》的文本及其思想關聯起來進行整合研究的方法,最終形成了《易傳》的哲學思想屬於道家而非儒家的新觀點。

在此書的《序》中,陳鼓應先生無意間也説出了《莊子》與《老子》作爲道家兩個最重要的諸子學者在思想上的不同,他説:"老子創建了中國歷史上第一個哲學系統,……而莊學①將老子客觀之道内在化而爲人的一種心靈境界,其天人合一的境界哲學,其思想意境的高遠深邃,則老不如莊,而《易傳》的哲學成就,更難以望其項背。"對於《老子》的思想如何解釋是一個問題,但《老子》的思想與《莊子》的思想存在着差異,則是不可否認的。陳先生在這裏所闡述的就證明了《莊子》與《老子》之間存在着明顯的區別。

把《莊子》與《老子》關聯起來進行比較,是外部整合研究的第一個層次,由此可以發現二者在思想上的差異與關聯,即從莊周到他的後學就把《老子》的哲學"内在化"了,從而形成了與老子不一樣的道家思想分野。這一觀點可以證明筆者前面所説的《莊子》與周秦之際的"道家"不是可以簡單劃等號的。筆者所分析的《逍遥遊》的思想主旨爲逍遥及做逍遥之人,這是理解《莊子》思想的關鍵所在,是與《老子》完全不同的思想,屬於道家思想系統的與《老子》不同的另一分支。一些人在研究中往往認爲《莊子》是《老子》的注脚,對照陳鼓應先生所説,可知這是對《莊子》的誤讀,也是對《老子》的誤讀。

所以,在講到"道家"時,絶不能簡單地把"老莊"相提並論而不加區別,也不能簡單地把

---

① 注意,他在這裏使用的莊學,而不是《莊子》,也不是莊周。這是有意的區別,莊學包括莊周及其後學,現在的《莊子》都可視爲莊學所作,不可全都視爲莊周所作,只有《逍遥遊》《齊物論》等内篇被公認爲是莊周所作。嚴靈峰《道家四子新編》,更把内篇的文句作了分疏,認爲其中有些文句要與外、雜篇的某些篇章合爲一篇,而不屬於内篇。這都是基於莊周與莊學的不同,而把《莊子》之書的内容加以區分。見嚴氏此書的臺灣商務印書館1977年版。

《莊子》等同於"道家"①。

而陳鼓應又把老子、莊子與《易傳》關聯起來加以比較,也就到達了外部整合研究的第二個層次。

外部整合研究的第三個層次是在第二個層次上的進一步拓展,即不再局限於諸子學的範圍之内進行外部的整合研究,而是把產生諸子學的時代所產生和傳留下來的各類文獻資料全部整合起來加以考察和分析研究。

這裏所說的各類文獻資料,不僅包括那些思想性的文獻資料,如諸子們的著作、經書中具有思想性内容的文獻如《易傳》《禮記》中的《大學》《中庸》等篇,還包括表面上看來不是思想性的文獻資料,如經部的《尚書》、《易經》、《詩經》、《春秋》三《傳》(《左傳》《公羊傳》《穀梁傳》)、三禮(《周禮》《儀禮》《禮記》以及《大戴禮記》)②,史部的《史記》《國語》《戰國策》等,以及不斷出土的和新發現的簡帛文獻等。可以說,新諸子學對各家諸子的著作及其思想進行研究時,不能不將這些同時代③的各類文獻資料關聯起來進行更爲廣闊的外部整合研究,而這就是從諸子學角度所說的外部整合研究的第三個層次。

不管哪個層次的外部整合研究,其理由在於諸子各家的不同主張只有通過比較才能鑒別,才能看出各家的特點與獨到之處。《荀子》的《非十二子》,《莊子》的《天下》篇,之所以對當

---

① 在這個問題上,可以參考錢穆先生的研究,他的《莊老通辨》中對此有較多的論述,雖然他的目的是要說明莊子的時代在老子之前,這一觀點難以爲衆人接受,但他在論述這一觀點時分析了莊子與老子的諸多不同,則值得參考。如此書第24頁說:"《莊子》論道,從來皆認爲與《老子》相同,抑細考實亦不然,其真同於《老子》書者唯一節。"此指《大宗師》中所說:"道有情有信,無爲無形,可傳而不可受,可得而不可見,自本自根,未有天地,自古以固存,神鬼神帝,生天生地。"錢穆認爲:"《莊子·内篇》七篇言道先天地,亦唯此一節耳,而此節乃頗有晚出僞羼之嫌(證別詳)。……縱謂上引一節道生天地之說亦出莊子親筆,此亦僅可謂莊子雖有此意,而持之未堅,廓之未暢,在莊子思想中猶未成爲一確定之觀念,……《老子》書始就此義發揮光大,卓然成一系統。"這是說莊與老有相似之處,而實不相同。又說莊子與老子在政治思想方面也有根本不同之處,此書第118頁云:"莊周在政治上,實際是絶無辦法者。而莊周之意,亦不必要辦法。老子不然,彼之論政,必得有辦法,而且在彼之意,亦盡多辦法可使。"錢穆論莊與老不同,此書尚有多處,不一一具引。僅就莊子在政治思想上與老子不同一點而言,我們看《史記·論六家要指》時所說的"道家",仔細讀其文,考其意,就可知道這裏所說的"道家",只應該是老子,而不應是莊子。如《逍遙遊》中把"逍遙"歸結爲"至人無己,神人無功,聖人無名"後又說到堯讓天下于許由的事情,借許由的口說:我代子治天下,是爲名乎?名是實之賓,是不值得爲的(這就與"聖人無名"的說法呼應起來了,可以證明這一段所說正是前面"至人無己,神人無功,聖人無名"的進一步闡釋),爲賓乎,賓更不值得爲,所以他的結論是"予無所用天下爲",表示根本對治天下的帝王之事沒有絲毫興趣。這與《論六家要指》說的"道家"關心治國並爲如何治國提出一套獨到的思想方案,是完全不一樣的。所以可以說,《論六家要指》裏的"道家",不是指莊子,只能是指老子。這就爲錢穆說的莊子與老子的政治思想不同提供了一個證據。
② 經部的《論語》《孟子》,可以劃到諸子類的著作中。
③ 若細分可能時代有一定的時間差,但整體上都是先秦時代,這是沒有疑義的。

時諸家加以評說,其實就是一種整合性的觀察,不以廣闊的視野加以整合,就不能比較出諸子各家的差異與特點。所以整合研究方法就是強調通過比較而加以鑒別,只有多方比較,才能形成更爲深入而全面的認識。所以從内部整合到外部整合的不同層次,就是新子學研究中的一條拓新之路。

通過整合研究,不僅能看出各子或各部分的差異性,更因爲通過廣泛整合而對整體有了不同的認識。換言之,對部分的認識由於通過整體的整合觀察而加深,反過來,由於對部分的認識加深了,所以也就加深了對於由這些不同的部分所組成的整體所包含和代表的思想、歷史、文化等各方面的内容與意義的認識。所以整合研究方法,又是我們認識整個先秦時代的一條拓新之路。

本文説明了諸子學研究中學者們早就運用了整合研究的方法,並非獨出心裁地標新立異,在以往的學者研究成果中,不論是内部整合還是外部整合,都能找到不少實例。這説明這種方法本來就是學者們默然心會而行之有效的研究方法,只是人們還没有明確地把這種研究方法加以歸納和總結,形成自覺而系統的認識。所以還有必要對這種研究方法的步驟和過程以及它的學術價值集中而明確地加以闡述。本文主旨,大略如上所述,不當之處,尚祈學者指教。

[**作者簡介**] 劉韶軍(1954—　),男,山東掖縣人。現爲華中師範大學歷史文化學院歷史文獻研究所教授,主要從事古籍整理與研究及中國學術史、思想史研究。

張婷,女,湖北襄陽人,華中師範大學歷史文化學院博士研究生,歷史文獻學方向,今已畢業。

"新子學"的思想理路

孫 廣

內容提要 國學的復興是歷史的必然,在這個貞下起元之際,審視國學的過去,找到國學的未來,是"新子學"重要的歷史使命。傳統的國學注重"爲治",其思想理路講求的是一種"合目的性"。在此之下,經學的思想理路是一種"原教旨主義",而子學的思想理路則是即物言道。近代以來依附西方哲學建立的中國哲學,則基本采取了西方哲學"合依據性"的思想理路。在"新子學"看來,西方哲學"合依據性"的思想理路,有利於國學研究的原理化;而傳統國學"合目的性"的思想理路,則有利於喚醒國學在社會中的價值。因此,匯通中西,追求理論的原理化和學術的價值化,兼重國學研究的知識意義和價值意義,是未來國學的必然選擇。但是,"原教旨主義"的經學早已失去了承擔這一任務的能力,故而未來應當由子學來擔當國學主脈。在融匯西方思想方面,也須注意保障子學的主體地位,借鑒思路而不是套用理論,避免重蹈近代以來淪爲西學附庸的中國哲學之覆轍。

關鍵詞 經學　子學　西學　"新子學"　思想理路
中圖分類號 B2

清末之時,面臨"亡國滅種"的危機,我國經歷了從器物(洋務運動)到制度(戊戌變法)再到文化(新文化運動)的大變革。所謂"矯枉必過正",梁啓超、胡適、馮友蘭、王國維等學人,極力引進並推崇西方的哲學思想,對於當時解放思想、改革制度、發展科技,起到了非常重要的作用。然而,在多數的末流眼中,西方哲學成了"救世主",必須要"全盤西化"①才能取得進步,

---

① 一般的説法認爲,"全盤西化"的口號是由胡適提出的。但事實上,"全盤西化"這個詞雖然確實出自胡適的《文化的衝突》一文,但胡適又在《充分世界化與全盤西化》一文中作出了澄清,强調他所想要表達的意思是"充分世界化"而不是"全盤西化",是要"最有效地學習或吸取西方科學文化中的精華,實現中西文化的結合,最終達到'再造'我們中華文明的目的"。參見陳衛星等著《中學與西學——清末民初國學思潮的歷史考察》,世界圖書出版廣東有限公司2013年第2版,第97—100頁。

才能走出柏拉圖的黑暗洞穴。儘管如以鄧石爲代表的"國粹派"、以梅光迪和吳宓爲代表的"學衡派"等大聲疾呼,也仍然不過是在這股浪潮中激起的一朵小小的浪花。時至今日,我們似乎已經很少提及"國粹派"與"學衡派"了。建國後,在國家經濟建設取得一定成績之後,又遭遇了"文革"的劇痛,一大批知識分子乘着改革開放的春風,投入到了西方哲學的思想世界,掀起了近代以來的第二次西化浪潮。

總的來說,我國的思想文化在這段歷史進程中,大體處於一個封閉—西化—再封閉—再西化的過程,而我們的傳統國學,則基本上處於被忽視、被批判、被打壓的狀態。到90年代初,"國學熱"才逐漸興起,經過三十多年的發展,較以往而言已經是蔚爲壯觀,但仍然只能算是復甦,遠沒有全面興盛起來。一百多年來,我們的國學在動蕩與變革中飽經風霜,一直沒有能夠得到有力的傳承和弘揚,也只有近三十年左右是處於一個較爲健康的、平穩的、積極的發展狀態,爲未來長期的發展奠定了良好的基礎。"國學熱"的興起,其原因是多方面的。首先,最根本的原因是國學內在的生命力,"四大文明"只有中華文明綿延不絕,其生命力毋庸置疑;其次,直接原因是蘇聯解體對建國以來的"共產主義"信仰的衝擊;再次,重要因素是西方社會也正處於現代性問題之中,許多有識之士清醒地認識到了西方的學術思想並不是包治百病的靈丹妙藥。而最現實的因素,則是國家要堅持"馬克思主義中國化"、堅持"中國特色社會主義",就必須要搞清楚何謂"中國"、何謂"中國特色",而隨着中國的繁榮昌盛和偉大復興,建立強大的民族自信和文化自信的任務也更加迫切,這些都絕不能離開我們的傳統國學來談。國學的復興,可謂是歷史的必然!

但是,當下國學發展的現狀,卻實在是難以讓人感到滿意。一方面是舊的經學思維帶來的"原教旨主義"和復古主義傾向,搭乘"國學熱"的潮流沉渣泛起。另一方面是長期西化帶來的全面不適,例如在社會上的"現代性"問題,學術上的"失語症"問題等,國學也沒有發揮出應有的價值。如今,國學或淪爲玄談詐騙的天橋把式,或成爲歆享供奉的越裳大龜,完全無法對社會產生人們所期望的價值和有益影響。而我們的社會由於缺乏這些思想方面的滋養,也產生了不少令人痛心的社會問題。因此,重新審視國學的前世今生,找準國學在當下以及未來的定位,讓國學在今後發揮出應有的價值,推動國學的全面復興,正是我們"新子學"理念的基本任務。

一、經學與子學的思想理路

《易》曰:"天下同歸而殊塗,一致而百慮。"[①]司馬談云:"夫陰陽、儒、墨、名、法、道德,此務

---

① [清]阮元校刻《十三經注疏》,中華書局2009年版,第182頁。

爲治者也,直所從言之異路,有省不省耳。"①班固謂雜家:"兼儒墨,合名法,知國體之有此,見王治之無不貫。"②孫德謙云:"諸子百家,其學皆思以求治者也。"③這些概括,無不表明,我們的國學,注重的是一種"合目的性",這可以說是我們國學的基本思想理路。但是,在如何達成這一思想理路上,經學和子學走上了完全不同的道路。

經學的思想理路,是一種"原教旨主義"。孔子本是諸子之一,授徒講學,奄有儒家。康有爲云:"聖人但求有濟於天下,則言不必信,唯義所在。無徵不信,不信民不從,故一切制度托之三代先王以行之。若謂聖人行事不可依托,則是以硜硜之小人律神化之孔子矣。"④經現代學者考證,儒家的許多經典都是早期儒家學者"托之三代"的,這體現出早期儒家鮮明的子學特點。然而,當儒學成爲經學之後,不斷受到經學的異化,經學的特點日益突出,"錯誤地將自身固化,設置爲高度抽象、永恆之物的投射。於是所謂學術也就成爲對這個高度抽象不斷繼承、詮釋的東西而已"⑤。在後世的儒家學者看來,"六經"就是最高法典,也是最完善的法典,我們的國家和社會,應當根據"六經"來達成我們的"三代之治",建設最終的"大同社會"。宋明以降,有相當一部分儒者試圖恢復經典中所描繪的"三代",不止在理論上研討,更在家族、鄉村中進行實踐和試驗⑥。然而歷史是不斷變化的,試圖用一套價值體系或學術體系來框定歷史的發展,最終只能固步自封,陷自我於停滯和落後。

然而子學的思想理路完全不同。老子的"道"是"不可道"⑦的,孔子的"性與天道"是"不可得而聞"⑧的,莊子的"真宰"是"特不得其朕"⑨的,郭象的"自然"是"不知所以然"⑩的……在子學自身的語境中,他們提出的一個個類似於終極"本體"的概念,都處於一種不確定的、未完成的狀態。而之所以如此,並不是子學自身沒有思想性,而正是由於子學本所固有的嚴謹性。

---

① [漢]司馬遷《史記·太史公自序》,中華書局 1982 年版,第 3288、3289 頁。
② [漢]班固《漢書·藝文志》,中華書局 1962 年版,第 1742 頁。
③ 孫德謙《諸子通考》,嶽麓書社 2013 年版,第 77 頁。
④ 康有爲《孔子改制考》,中華書局 2012 年版,第 267 頁。
⑤ 玄華《"新子學"對國學的重構——以重新審視經、子、儒性質與關係切入》,《諸子學刊》第十三輯,上海古籍出版社 2016 年版,第 296 頁。
⑥ 如鄒元標《梁夫山傳》云:"(何心隱)爰謀諸族衆,捐貨千金,建學堂於聚和堂之傍,設率教、率養、輔教、輔養之人,延師禮賢,族之文學以興。計畝收租,會計度支,以輸國賦。凡冠婚喪祭,以迨孤獨鰥寡失所者,悉裁以義,彬彬然禮教信義之風,數年之間,幾一方之三代矣。"見容肇祖整理《何心隱集》,中華書局 1960 年版,第 120 頁。
⑦ 高明《帛書老子校注》,中華書局 1996 年版,第 221 頁。
⑧ [宋]朱熹《四書章句集注》,中華書局 1983 年版,第 79 頁。
⑨ [清]郭慶藩《莊子集釋》,中華書局 2012 年版,第 61 頁。
⑩ 同上,第 12 頁。

諸子深刻地認識到，"吾生也有涯，而知也無涯"①，個人的智慧，是極其有限的，是不可能全面地、正確地認識到最終的"本體"的。職此之故，他們僅僅是設立了一個遙遠而偉大的目標，一個模糊不清的"象徵符號"而已。有一種觀念曾經盛極一時，説子學的這些概念都是不清晰的，連"是什麽"都不追問，可見我國是一個没有思辨能力的國度。也有人對這種觀念大加撻伐，説子學的這些概念是確定的，説我國是一個没有思辨能力的國度是没有道理的。事實上，前者的批評固然不對，後者的回護也並不正確。回護子學者，在於爲反對而反對，否認了這些概念並不清晰的客觀事實。而批評子學者，則是没有認識到，這些概念的不清晰，正是經過嚴密的邏輯思辨，本着子學所固有的嚴謹態度而得出的，而絶不是没有"思辨能力"。在具體的研究進路上，子學注重踐履，注重"爲治"，注重"人如何應物"②，正如朱熹《近思録》所説："若是只格一物便通衆理，雖顏子亦不敢如此道。須是今日格一件，明日又格一件，積習既多，然後脱然自有貫通處。"③孔子説："我欲載之空言，不如見之於行事之深切著明也。"④這"見諸行事"不僅僅是孔子表達個人思想的途徑，更是孔子乃至整個子學的思想理路。

清人章學誠説："夫天下豈有離器言道，離形存影者哉？彼舍天下事物、人倫日用，而守六籍以言道，則固不可與言夫道矣。"⑤所謂"守六籍以言道"，批評的正是經學的"原教旨主義"。反過來説，即器言道者，也正是子學的思想理路。方勇先生所謂"從歷史中走來的子學，其靈活多樣的方式、鮮活的思想内容，總與豐富多彩的現實世界保持着交互相通的關係"⑥，正是對子學的精準概括。我們今天提倡"新子學"，就是要重新發揚子學的這種"格物"精神。

二、中國哲學的西方思想理路

對西方哲學的整體認識，目前存在兩種典型的觀點。一種是傳統的"存在"、"真理"説，如美國學者A·弗里曼特勒説："哲學所尋求的最重要的就是關於'存在'的知識。"⑦又説："哲學是有關各種自然要素，起因和規律的知識，因爲這些東西解釋各種事實和存在現實。"⑧另一種

---

① [清]郭慶藩《莊子集釋》，中華書局2012年版，第121頁。
② 方勇先生即將子學歸結爲"人如何應物"。詳見方勇《三論"新子學"》，《光明日報》2016年3月28日第16版。
③ [宋]朱熹《近思録》，中州古籍出版社2008年版，第142頁。
④ 聖祖仁皇帝御定《日講春秋解義》，《欽定四庫全書薈要》，吉林出版集團2005年版，第43—11頁。
⑤ [清]章學誠《文史通義》，上海書店1988年版，第37頁。
⑥ 方勇《"新子學"構想》，《光明日報》"國學版"2012年10月22日。
⑦ [美] A·弗里曼特勒編著、程志民等譯《信仰的時代——中世紀哲學家》，光明日報出版社1989年版，第7頁。
⑧ 同上，第7、8頁。

則是"真"、"是"說,王路先生在他的著作《"是"與"真"——形而上學的基石》中,通過對翻譯的考察,認爲"to be"和"truth"應該譯作"是"與"真"而不是"存在"與"真理"①。王太慶先生在翻譯笛卡爾的《談談方法》時,將傳統的"我思故我在"翻譯爲"我想,所以我是"②,與王路先生的論述也頗有相通之處。然而,不論是"存在"與"真理",還是"是"與"真",就整個西方哲學的發展狀況來看,他們始終圍繞着一個"確定性"的問題在探索③。在康德之前,由於純粹理性的"二律背反",形而上學"不是局限於經驗論,並由此走向懷疑論,就是執著於唯理論的獨斷論"④。在獨斷論者眼中,無論是"水"(泰勒斯)、"火"(赫拉克利特)、"數"(畢達哥拉斯),還是"理念"(柏拉圖)、"上帝"(基督教),總要有一個最最基本的確定不移的"本體"或法則,才能夠進一步探索這個未知的世界。在懷疑論者眼中,由於沒有一個確定不移的東西,所以沒有什麼是必然聯繫的,我們對這個世界的所知永遠僅限於我們的經驗。到了康德,他的"哥白尼式的革命"提出"不是知識依照對象,而是對象依照知識"的原理來重建整個認識論的形而上學,造成的結果正如美國學者H·D·阿金所說:"從康得開始,自亞里士多德以來就一直流行的哲學學科的觀念經歷了深刻顯著的變化,甚至連傳統哲學的基本概念如'形而上學'、'邏輯'等的定義最後也變得無法辨認。兩千年來沒有受到懷疑挑戰的問題、論點,現在覺得沒有什麼意義,並被至今尚未引起注意的其他問題所取代。"⑤但從"確定性"的角度來看,康德不過是將"確定性"從過去被視作外在於人的經驗或超經驗的對象,調整爲了內在於人的純粹理性本身(即理性所固有的先天的概念和範疇)而已。

如果有一個"確定性"的事物,我們就可以憑藉它獲取知識,從而認識這個世界,如果沒有則不能。這是西方哲學的基本思想理路。德國學者文德爾班在其《哲學史教程》中說:"'哲學'的職責總仍然是古代所規定的,即從科學的洞見中提供宇宙觀和人生觀的理論基礎。"⑥這里所說的"科學的洞見",就是指人們對於"確定性"的認識。換言之,人們的"宇宙觀"和"人生觀"都來源於我們對"確定性"的認識。因此,很多觸及到人們對"確定性"認識的發現或者發明,往往帶來的就是西方社會的全面變動,比如哥白尼的"日心說"、達爾文的進化論、愛因斯坦的相對論等等,他們的學說本身並沒有直接涉及到人們的"宇宙觀"和"人生觀",但其影響之所以是全方位的,就是源於這樣的思想理路。因此,我們不妨借用辜鴻銘在《中國人的精

---

① 王路《"是"與"真"——形而上學的基石》,人民出版社2003年版。
② [法]笛卡爾著、王太慶譯《談談方法》,商務印書館2000年版,第27頁注釋①。
③ 吾兄方達博士在2016年11月底廈門的"'新子學'深化"會議提交的論文《論"新子學"何以成立——中西兩種視域的交融》(此文後來發表在《人文雜誌》2017年第5期)中,全面梳理了西方哲學史的進程,論證了西方哲學探討的核心是"確定性"的問題,十分精審,本文即取其說。
④ 鄧曉芒《純粹理性批判句讀》,人民出版社2010年版,第2頁。
⑤ [美]H·D·阿金《思想體系的時代——十九世紀哲學家》,光明日報出版社1989年版,第2頁。
⑥ [德]文德爾班著、羅達仁譯《哲學史教程》,商務印書館1987年版,第10頁。

神》中使用的"暴民崇拜"①一詞來解讀西方社會的普遍心理——對舊時代來說,第一個站出來質疑舊有的"確定性"認識的人,他是在挑戰整個社會,自然就是"暴民",如死在火刑柱上的布魯諾之流;但對新時代來說,正是他們引領了社會和時代的進步,開啓了新的對"確定性"的認識,所以後世的人們無不崇拜他們。"啓蒙運動"之所以對西方社會影響深遠且至今爲世人所盛稱,即在於此。

晚清民國之時,受西方哲學的影響,章太炎分國學爲經學、哲學和文學,馮友蘭著《中國哲學史》,胡適著《中國哲學史大綱》,後世遂將國學中屬於思想文化的部分總稱爲"中國哲學"。經過兩次西化浪潮,此後的中國哲學研究,基本上抛棄了傳統國學"合目的性"的思想理路,轉而採用西方哲學"合依據性"的思想理路。尤其是改革開放過後,這一特點越發地凸顯了出來。如今,我們對"知識"的認識,較以往超出許多,正是由於這一思想理路引導我們不斷地追問那最終的"確定性"。

三、"新子學"的思想理路

國學的傳統思想理路基本上可分爲三種類型,一是經學,二是子學,三是近代以來的中國哲學。馮友蘭先生提出過"照着講"還是"接着講"的問題,最後他選擇的是"接着講"。所謂"照着講"就是傳統的經學,所謂"接着講"就是近代以來的中國哲學。如上文所述,經學的思想理路只會固步自封,已經無法適應快速發展的現代社會;而附從於西學的國學完全喪失了自身的主體地位,也不可視若無睹。因此,對當下及未來的國學來說,"照着講"與"接着講"都是不恰當的。方達博士提出融通中西視域,主張"對着講"②;程水金先生提出"涵化中西東"③,主張回到先秦元典"重新講"④。雖然説法不同,但其最終指向是一致的。正如方勇先生所説:"迷失在西學叢林裏難以自拔的自由主義既不可取,一味沉溺於'以中國解釋中國'的保守思維同樣不足爲訓。"⑤傳統國學較爲缺乏"認識論",而西方哲學更注重知識意義;中國哲學偏於哲學化,而傳統國學更注重價值意義。因此匯通中西,最主要的就是兼重學術的知識意義和價值意義,注重理論的原理化和學術的價值化。在《三論"新子學"》中,方勇先生指出,

---

① 參見辜鴻銘著、李静譯《中國人的精神》(*The spirit of Chinese people*),天津人民出版社 2016 年版。
② 方達、王寧寧《論"新子學"何以成立——中西兩種視域的交融》,《人文雜誌》2017 年第 5 期。
③ 程水金先生爲南昌大學國學研究院擬定的教育理念爲"融貫經史子,會通文史哲,涵化中西東,參究天地人"。
④ 這是程水金先生在給南昌大學國學班講授《國學通論》時提出的説法,目前似未公開發表過,或有而小子不知。
⑤ 方勇《"新子學"構想》,《光明日報》"國學版"2012 年 10 月 22 日。

子學研究模式的創新,其一是研究的原理化,其二是研究的社會科學化①。這其實已經爲我們指明了"新子學"的思想理路和問題意識。通過這樣的思想理路和問題意識,子學可以在今天焕發新生的力量,可以讓國學乃至西學成爲真正的"國人之學",可以讓國學乃至西學持續走向精密與完善。而在具體的做法上面,"新子學"有兩點基本的要求。

一是應當以子學爲國學的主脈。

在我們的傳統國學當中,經學一直占據了絶對的主導地位,是學術思想的絶對君王,不容挑戰。因此,現在有相當一部分學者認爲,國學的復興首先應當是經學的復興。首先,一個國家和民族必須要有自己的意識形態。經學本身是官學,是官方培養人才和灌輸國家意識形態的重要手段。尤其是意識形態灌輸,是經學最重要的職能。戰國時期,禮樂制度早已崩毁,但如齊宣王説自己"非能好先王之樂,直好世俗之樂耳"②,魏文侯説自己"端冕而聽古樂,則唯恐卧;聽鄭衛之音,則不知倦"③時,仍然表現出很局促、羞愧的情態,可見這種國家制度和意識形態灌輸之影響。秦代的"焚書坑儒"、漢代的"獨尊儒術",皆源於這一政治傳統,正如董仲舒所説,這樣的政治手段是維護國家"大一統"的重要組成部分④。其次,經學在中華民族的凝聚和文化成型上有最突出的顯著功績。傳統儒家經學以"聖君賢人"爲理想人格,以"仁義禮智"爲行爲準則,建立了共同的道德準則,塑造了整個華夏民族的精魂,所謂"有禮儀之大故稱夏,有服章之美謂之華"⑤者,實經學之力有與爲焉。作爲一個統一的多民族國家,中國一直没有强烈的種族區分和地域區分,所謂"諸侯用夷禮,則夷之;進於中國,則中國之"⑥,正是由於經學確立的文化自信和文化認同觀念。經學之於中華民族,正如"經"的原初意義一樣,是一種"主綫"式的存在,它保證了不論是政治上的變革(如朝代更替)還是文化上的更新(如佛教、基督教的傳入),都能維持中華民族固有之特色文化的主體地位。"四大文明"只有中華文化綿延不絶,經學之功,蓋亦深矣。再次,經學在歷史上的發展演變也證明了儒學和經學是具有自我更新的能力的,因此經過一定的調整,是可以符合我們當下的需求的。"周之制度典禮,乃道德之器械,而尊尊、親親、賢賢、男女有别四者之結體也。"⑦周代的"經學",正是"尊尊、親親、賢賢、男女有别"的禮樂文化;秦代"焚書坑儒",以法家爲經學主流;漢代以下,以儒家爲經學。

---

① 略引自方勇《三論"新子學"》,《光明日報》2016年3月28日16版。
② 朱熹《四書章句集注》,第213頁。
③ [清]阮元校刻《十三經注疏》,第3334頁。
④ 李斯提出焚書時説:"今皇帝並有天下,别白黑而定一尊。"(《史記·秦始皇本紀》)董仲舒議罷黜百家云:"《春秋》大一統者,天地之常經,古今之通誼也。今師異道,人異論,百家殊方,指意不同,是以上亡以持一統,法制數變,下不知所守。"(《漢書·董仲舒傳》)强調的都是國家意識形態的"一尊"和"一統"。
⑤ [清]阮元校刻《十三經注疏》,第4664頁。
⑥ [唐]韓愈撰、馬其昶校注《韓昌黎文集校注》,上海古籍出版社1986年版,第17頁。
⑦ 王國維著、傅傑編校《王國維論學集·殷周制度論》,雲南人民出版社2008年版,第15頁。

歷朝歷代,均有相應的經學與之匹配,並不是一成不變的。即便是儒家經學,也經歷了五經、七經、九經、十三經的發展演變,而且漢唐基本以五經爲核心,宋明清則基本以《四書》爲核心,也可以見其演變之迹。

主張經學復興者,大抵不出這三條理由。在我們看來,這些對經學的論述大致上確實是經學的歷史面貌,但這些理由卻無法在當下成立。首先,一個國家當然應該有自己的政治意識形態,但這一任務的主要責任人並不是學術,而是政治需要。隨着現代學科的分化和研究的精細化,學術和思想的研究日益專業化,也更加具有超越性,與現實政治需要的距離越來越大,在現在以及未來,學術和思想研究都只能爲現實政治提供批評或建設性意見,而無法給予全面的指導性意見。"上帝的歸上帝,凱撒的歸凱撒",學術與政治保持距離,乃是歷史的必然趨勢。其次,經學在過去確實在各方面都爲中華民族的形成作出了卓越的貢獻,但它也嚴重限制了中華民族的繁榮昌盛,對科技和商業的壓制和扼殺,造成近代以來落後挨打的局面,正是經學局限性的現實體現。最後,經學歷史上的變遷,實際上是經典範圍和詮釋方式的轉變,其"原教旨主義"的理路並未動搖,更在歷史發展中不斷得到強化。因此,通過重建經學來復興國學,在當下是不具備可行性的。由子學來擔當國學主脈,應當是可行的一條路徑。

二是在融匯西方上,應當注意保障子學的主體地位,借鑒思路而不套用理論。

對於清末以來的這種"西化",劉笑敢先生稱之爲"反向格義"。劉先生説:"傳統的格義借用本土的概念來解釋外來佛學的術語,近代的反向格義是以西方的哲學概念解釋中國本土的術語。傳統的格義是普及性、啓蒙性、工具性的,是權宜之計;而近代反向格義卻是研究性、專業性的,是主流的或正統的方法。"①最初的"格義"之法,是佛教進入中國後,爲了迅速傳播教義,擴大影響,發展教衆而采取的一種不得已的辦法。而且,這種"格義"的方法,"迂而乖本",對原本的要闡釋的内容有很大的隔膜和曲解②。在當下的傳統學術領域,我們常説的"失語症"等問題,就是因爲這種"反向格義"、"乖本"影響。馮友蘭先生著《中國哲學史》,説的是"可以西洋所謂哲學名之者"③;劉笑敢先生説"反向格義",也是側重於"狹義的反向格義",即"以西方哲學的某些具體的、現成的概念來對應、解釋中國哲學的思想、觀念或概念的做法"④。應該説,大多數人的認識都是和他們一致的,即認爲西學對國學的影響主要是概念的借用。但是,概念名詞的"反向格義"真的有那麽大的影響麽?明清之時,西方傳教士來華傳教,我們現在仍在沿用的"上帝"、"天主"等名詞,便是當時的傳教士們"格義"的産物,卻不見對基督教或

---

① 劉笑敢《"反向格義"與中國哲學研究的困境——以老子之道的詮釋爲例》,《南京大學學報》2006年第2期。
② 關於"格義"方法的局限性,劉笑敢先生在他的文章中論述頗詳,此處不贅餘。
③ 馮友蘭《中國哲學史》,中華書局1947年版,第1頁。
④ 劉笑敢《"反向格義"與中國哲學研究的困境——以老子之道的詮釋爲例》,《南京大學學報》2006年第2期。

天主教的思想有任何的遮蔽,這是爲何? 即便是有一定的遮蔽,那麽換回原有的概念名詞,是否就能避免這種遮蔽呢? 即就國學本身而言,儒家、道家的概念之間,如果進行概念和名詞的"格義",是否會彼此遮蔽呢?

事實上,"西化"對國學的影響,最主要的是概念名詞借用背後的話語體系和思想理路的移植。在這個體系和思想理路中,所有單個獨立的名詞與概念,相互聯結,渾然一體,不可分割。談及"本體論",就不得不有相應的"認識論"、"方法論"來與之配套;談及"宇宙觀",自然就有相適應的"人生觀"、"價值觀"等。我們對這種西方的哲學體系習以爲常,一旦某一環節與這種體系相矛盾,便自覺不洽,自覺不圓融,然後想方設法地去適應這一體系。我們對這種"思想體系"的"本土化",也一直都是參照西方哲學體系的模式,充其量只是將相應的概念、理論換成了"本土的"概念和理論而已。在這個過程中,中國傳統的學術和思想並沒有按照它本身的規律進一步發展,而是變成了論證西方哲學觀念和體系的材料來源,如梁啓超將明末清初論證爲中國的"啓蒙"時期、郭沫若將三代論證爲奴隸社會等等。正如方勇先生在《"新子學"構想》中所説:"結果是使子學漸漸失去理論自覺,淪爲西學理念或依其理念構建的思想史、哲學史的'附庸': 既缺乏明確的概念、範疇,又未能建立起自身的理論體系,也沒有發展成一門獨立的學科,唯其文本化爲思想史、哲學史的教學與寫作素材。"[1]這才是最重要,也是最嚴重的問題所在。因此,在融匯西方思想的同時,也必須要確保子學的主體地位。

[作者簡介] 孫廣(1992—),男,重慶大足人。華東師範大學中文系先秦文學博士研究生,研究方向爲諸子學。

---

[1] 方勇《"新子學"構想》,《光明日報》"國學版"2012年10月22日。

"新子學"擴論

陳志平

内容提要 "新子學"是對西學滲透日深的焦慮的產物,是在學界日益反思西學弊病、中華話語體系未能完成建立的當口而出現的新事物。其誕生之初,即承擔着文化再興的使命,因此它不僅是一種學術理念,更是一種文化號召。要以傳統子學爲資源,爲當下的文化難題提供借鑒,以建立具有中華話語特色、符合中華思維習慣的思想體系。"新子學"或爲一家學派之全新發展,或爲諸家學派精華之融合,其具體形態未定。

關鍵詞 "新子學" 根基 西學 形態

中圖分類號 B2

2016年10月臺灣舉辦了"新子學"國際學術研討會,這是大陸以外地區第一次舉辦"新子學"專題討論會,標誌着"新子學"開拓的深化和影響的擴大。筆者有幸參加了此次會議,聆聽了"新子學"倡議者方勇教授的演講和與會代表的高見。此次會議中,入會代表對"新子學"的提倡充滿了讚許,對其發展前途充滿期待;然也有代表對"新子學"新在何處,仍有疑惑。其實這個問題在"新子學"倡議之初,在大陸就有同樣的質疑,時至今日,似乎也還没有完全消除。

考鏡源流,辨章學術,筆者認爲要討論"新子學"的新,還是得從"新子學"産生的基礎論起,只有弄清楚"新子學"倡導的背景以及其所針對的現實對象,才能明白其新之所在。至於新的具體表現,乃是"新子學"的將來會呈現的形態問題,本文也略加揣測。而將"新子學"定位爲學術討論抑或是文化倡導,也與其本初倡導的基礎密切相關。

一、崛起在大一統時代的"新子學"

從莊子的精深研究,到"諸子學的全面復興"號召的提出,再到"新子學"的倡導,倡議者以自己的學術素養和宏大氣魄引領了子學研究的時代之風,也顯示了"新子學"發軔之初堅實的學術基礎,而絶非心血來潮的口號呼喊。然根據子學發展的歷史,諸子學之興起和復興均在亂世，何以在當下國家統一，經濟發展，社會小康之時重提"諸子學的全面復興"，以"新子學"相號召呢？

《漢書·藝文志·諸子略》云："諸子十家，其可觀者九家而已。皆起於王道既微，諸侯力政，時君世主，好惡殊方，是以九家之術蜂出並作，各引一端，崇其所善，以此馳說，取合諸侯。"此明確指出諸子之興起，與時代關係密切，乃在"王道既微，諸侯力政"之戰國動蕩之時。而據筆者觀察，後世諸子學之復興，亦均在社會板蕩之時。

子學的繁榮昌盛有四個時期，一是先秦時代，二是魏晉時代，三是清中期，四是民國時期。此四期又可以分爲兩種情况，一是亂世的子學，二是治世的子學。亂世的子學包括先秦時代、魏晉時代和民國時期。治世的子學則是清中期。

先秦時期諸子的興起，與戰國時"王室衰微，禮崩樂壞"的社會現實密切相關。王國維在《殷周制度論》中提到殷周之際的變革，云："欲觀周之所以定天下，必自其制度始矣。周人制度之大異於商者：一曰立子立嫡之制。由是而生宗法及喪服之制，並由是而有封建子弟之制、君天下臣諸侯之制。二曰廟數之制。三曰同姓不婚之制。此數者，皆周之所以綱紀天下，其旨則在納上下於道德，而合天子、諸侯、卿、大夫、士、庶民以成一道德之團體。"[1]春秋時期，周人尚能守此道德，然至戰國時期，天下"爭於氣力"（《韓非子·五蠹》），"貴詐力而賤仁義，先富有而後推讓"（《史記·平準書》）。舊道德、舊秩序解體，社會急需建立新道德、新秩序，於是諸子各以其才，展開對社會的批判和拯救，百家興起。劉向《戰國策書録》云："周室自文武始興，崇道德，隆禮義，……及春秋之後，衆賢輔國者既没而禮義衰矣，……仲尼既没之後，田氏取齊，六卿分晉，道德大廢，上下失序。至秦孝公，捐禮讓而貴戰爭，棄仁義而用詐譎，苟以取强而已矣。……晚世益甚，萬乘之國七，千乘之國五，敵侔爭權，蓋爲戰國，貪饕無恥，競進無厭，國異政教，各自制斷。上無天子，下無方伯，力功爭强，勝者爲右，兵革不休，詐僞並起。當此之時，雖有道德，不得施謀，有設之强，負阻而恃固，連與交質，重約結誓，以守其國，故孟子、孫卿儒術之士，棄捐於世，而遊説權謀之徒，見貴於俗。"戰國禮崩樂壞，諸子乃興，此爲學界所知之共識，在此就不再贅述了。

而東漢末年，社會亦動盪不安，朝廷有外戚宦官專權，民間有黄巾大起義，中央大一統集權的王朝逐漸土崩瓦解，維護其統治的天人神學也日漸崩潰，經學變得迷信和繁瑣。政治的動盪，造成了人們思想的無序和混亂，社會急需新的思想來解決現實政治問題。因此，不少學者和政治家就從古代的思想武庫中尋求法寶，諸子百家開始復興。漢末曹操崛起於北方，主要依靠的是法家思想。曹氏出身於非儒家的寒族，本就對儒家思想缺少尊崇。而曹操性灑脱，多權謀，治國治軍均以法家爲主，"攬申、商之法術，該韓、白之奇策，官方授材，各因其器"[2]。《文心雕龍·論説篇》云："魏之初霸，術兼名法。"建安二十五年（220），曹丕篡位，建立

---

[1] 傅傑《王國維論學集》，中國社會科學出版社1997年版，第2頁。
[2] 《三國志》卷一《武帝紀》史臣陳壽評語。

魏朝。爲了鞏固政權,拉攏人心,曹丕一改乃父曹操以法家權謀治國的策略,輕刑罰,薄賦稅,禁復仇,禁淫祀,頗有道家曠達無爲之氣。傅玄指出:"近者魏武好法術,而天下貴刑名;魏文慕通遠,而天下賤守節。"①此實則是統治者在依據時代變化不斷調整統治策略,嘗試選取不同的思想資源來爲己所用,亦足以證明此時思想界的無序。漢末至魏這一段時期,思想界在混亂中尋求治國的武器,先秦百家的學説成了現成的選擇,諸家處於競爭互補之中,活躍者爲法家、名家、儒家和道家。

清末民國時期,子學再次復興,"從前作經學附屬品的諸子學,到此時代,竟成專門學。一般普通學者,崇拜子書,也往往過於儒書,豈但是'附庸蔚爲大國',簡直是'婢作夫人'了"②。此一方面和西學東漸,國内西方思想、哲學研究的繁盛有關。此時諸子學更加系統條理化,可以説,諸子的現代之路是在西學的刺激下被動地做出的反應。"在哲學史或思想史的敘事框架内,諸子學興盛起來。可以毫不誇張地説,如果没有西方學術範疇及敘事框架,就不會呈現民國時期'諸子學'的輝煌成就。"③另一方面,諸子學的興盛也與時代政局有關。晚清以來,朝政腐敗,列强侵略,民不聊生,儒學破産,"促使愛國學人從先秦諸子那裏尋求可資救世的思想資源,試圖改變現狀"④。

從先秦、魏晉、晚清民國看,諸子學之興起均産生在社會動蕩不安之時。唯一的例外是清中葉子學整理的興盛。明末清初以來,古學復興,學者如楊慎、胡應麟、姚際恒等漸能跳出五經,博涉兼采諸家學説,這其中就包括諸子學,然他們"只是將子學研究作爲經學研究的附庸進行對待的"⑤,"子學並不是明末清初之際學術發展的主流,更多地是儒學的附庸"⑥。此風至清中葉漸成張大之勢,古代的諸子著作均被整理。如果説此時子學興盛發達,其更多的只是子書的整理和校勘的成績突出,其實子學依然是他種學術如考據學的附庸,"可以説,清儒對先秦子書的全面整理和校勘是緣於求證經、史的需要"⑦。諸子學之核心——思想——並未復興。

從子學發展的歷程看,當社會動蕩,主流思想瓦解崩潰,需要新的思想資源時,先秦諸子往往是可以借鑒挖掘的重要資源庫,而且是現成而又有效的,故此時子學興盛,諸如魏晉、民國均是如此。一旦社會穩固,就會形成日益統一的思想,百家爭鳴式的子學往往没落。而清中葉子學的興盛僅僅是文獻整理的繁盛,并不是子學思想的繁盛,我們可以説此時從學術的

---

① 《晉書》卷四七《傅玄傳》載玄上書。
② 胡適《中國古代哲學史》,安徽教育出版社 1999 年版,第 8、9 頁。
③ 宋紅兵《國學與近代諸子學的興起——民國諸子學的價值(代序)》,廣西師範大學出版社 2010 年版。
④ 同上。
⑤ 《清代諸子學研究》,中國人民大學出版社 2004 年版,第 95 頁。
⑥ 同上,第 98 頁。
⑦ 同上,第 144 頁。

角度看,子學復興,但從文化思想的角度看,子學依然是沉寂的。

以史爲鑒,今天倡導"新子學",適逢四海一統,社會安定,那麽提倡的背景根基是什麽? 是否突破了歷史規律?

筆者在此想指出的是,子學的繁榮昌盛的根本原因是其現實針對性。先秦、魏晉、民國子學發達,皆根源於此。雖然此三個時代均非治世,但並不能由此得出亂世子學就興盛的結論。子學興盛其實是舊傳統、舊思想的破滅,思想家奮其智能,爲建立一新的思想、新的秩序努力的結果。先秦時代,"上古競于道德,中世逐于智慧,當今争於氣力",是西周初年的道德解體,導致諸子百家的興起;東漢末年則是天人神學的崩潰,儒學的衰退給了百家復興的空間;民國則是封建舊傳統的垮臺,西學的進入,激活了諸子學。準確地説,並不是亂世出諸子學,而是文化出現裂痕甚至斷裂時,才有諸子學生存的空間。百家之所以争鳴,首先得有文化"縫隙"。而文化的斷裂又往往出現在亂世,尤其是王朝更替之時,故而給人以諸子學是亂世之學的印象。這也就能解釋清中葉的諸子學繁盛爲什麽不能是思想復興了,因爲那時思想界没有鬆動的迹象,無需諸子思想來爲其提供借鑒。

如此來反觀"新子學",其崛起的基礎是什麽,其現實針對性何在? 筆者認爲,當下處在一個全新的時代和環境,遇到了歷史上從來没有遭遇過的情形。"新子學"崛起的現實基礎是對西學流弊的清醒認識,是對西學滲透日深的焦慮的産物。

一百多來年,學界對西學經歷了恐懼、歡呼、吸收、反思的歷程。僅就諸子學而言,胡適《中國哲學史大綱》的命運最有參考價值。1918年胡適依傍西學系統寫成《中國哲學史大綱》,樹立了哲學史寫作的"典範"。"《中國哲學史大綱》所提供的並不是個别的觀點,而是一整套關於國故整理的信仰、價值和技術系統。换句話説,便是一個全新的'典範'。"[1]一夜之間,洛陽紙貴。然1920年代後期,對此書質疑批評之聲不斷。當年蔡元培序言認爲:"我們要變成系統,古人的著作没有可依傍的,不能不依傍西洋人的哲學史。"[2]此時卻成爲《中國哲學史大綱》的最大缺憾:"以現代自覺的統系比附古代斷片的思想,此乃近今治中國思想史者之通病。……以統系化之方法治古代思想,適足以愈治而愈棼耳。"[3]以致胡適寫作《中國中古思想史》"長編"時,亦覺使用哲學史不妥,而改用思想史稱之[4]。這也注定了民國諸子學在文獻整理、體系系統化方面成績斐然,但在思想創新無所建樹,其學術層面的成就遠大於文化層面。

時至今日,西學在中華大地的流弊日益凸顯,甚至于思想界處於"失語"的狀態,如果我們離開了西方哲學和思想的名詞術語、話語體系,似乎就無法言説我們祖先的思想了。然而清

---

[1] 余英時《中國哲學史大綱與史學革命》,收《重尋胡適歷程》,上海三聯書店2012年版,第230頁。
[2] 《中國哲學史大綱》蔡元培序,收姜義華《胡適學術文集·中國哲學史》,中華書局1991年版,第1頁。
[3] 張蔭麟《評馮友蘭〈儒家對於婚喪祭禮之理論〉》,《大公報·文學副刊》1929年7月9日。
[4] 此節參桑兵《晚清民國的學人與學術》第七章《横看成嶺側成峰:學術視差與胡適的學術地位》,中華書局2008年版。

醒的學者都知道，那只是削足適履，用西方的價值和標準來規範我們的古人罷了。具有中國特色和中國氣派的思想在哪裏呢？我們如何用自己的話語體系和術語來表達我們自己的見解呢？

故而筆者認爲，對西學的反思和批判，以古代諸子經典爲參照系，重建中華特色的話語體系，這是"新子學"得以倡導的最重要原因。"新子學"提出的時代背景，針對的就是西學的氾濫。

故而"新子學"自其誕生之初，即承擔着文化再興的使命，它是在學界日益反思批判西學弊病，中華話語體系未能完成建立的當口而出現的新事物。不言而喻，"新子學"不僅僅是一種學術理念，更重要的它是一種文化號召。即以傳統子學爲資源，爲當下的文化難題提供借鑒，以建立具有中華話語特色、符合中華思維習慣的思想體系。

另，或有以爲"新子學"另爲針對儒家。平心而論，今天這個時代，傳統儒學早已沒落，新儒學也日漸式微，處在社會邊緣苦苦掙扎，"新子學"大可發揮"費爾潑賴"精神，沒有必要對其進行碾壓。且從學術淵源來看，儒學和子學本是同根而生，儒學也是倡導"新子學"的思想來源之一。從這種意義上說，儒學是"新子學"的同路人，而當下"新儒家"發展的取徑和歷程可以給"新子學"頗多的借鑒。

二、聚合還是裂變："新子學"的形態

"新子學"將來以何種形態呈現出來，不同的學人可能有不同的理解和看法。筆者在此僅僅根據諸子學派的歷史形態，略作討論。

筆者覺得，根據歷史經驗，"新子學"呈現的形態不外乎兩種，一種是百家學派之新，即新百家，如新儒家、新墨家、新法家等；一種是融百家思想爲一，形成一種全新的子家。

在子學歷史發展中，屢有百家爭鳴，再鑄偉辭，諸家如鳳凰涅槃，學派煥然一新，後世學者重寫學術史時，多喜以"新"字標目，如歷史上就曾出現過新道家、新儒家、新法家之稱。熊鐵基在《秦漢新道家略論稿》中認爲："我們認爲秦漢之際的道家，應該被稱爲'新道家'，《吕氏春秋》和《淮南子》這兩部書是'新道家'的代表作。"①熊氏認爲它們首先應該屬於道家，因爲它們的指導思想和中心思想，是"自然無爲而無不爲"的道，具有道家的基本特色。而之所以冠以"新"字，是因爲"這種'道家'和老、莊那樣的'道家'，既有密切的聯繫，又有很大的區別，所以我們稱之曰'新道家'。"②相較於老、莊道家，"新道家"新在以下三個方面，一是由批判儒墨變成了"兼儒墨，合名法"；二是由逃世變成了入世；三是發展了老子天道自然無爲的思想，把它

---

① 熊鐵基《秦漢新道家略論稿》，上海人民出版社1984年版，第3頁。
② 同上。

創造性地運用到人生和政治上去了,這點是最主要的①。按照熊氏的邏輯,似乎凡是發展了舊學派、舊思想的,都可以冠以"新"字。爲該書寫序的蕭萐父就認爲:"秦漢之際,法家思想是否也有新發展?是否形成了新的法家?回答應該是肯定的。"②"至於秦漢之際的新儒家,雖然政治上長期被黜,而在理論上卻不斷地得以發展。"③漢文景之時,"思想領域則比較活躍,道、法、儒並存而互黜中,各自營造學術體系,思想上互相吸取,原則上各有重心,事實上形成了三種具有新的時代特徵的主要思潮,即新道家、新法家和新儒家。"④

而在民國時,則出現過"新法家"的倡導。如常燕生以爲:"中國的起死回生之道,就是法家思想的復興,就是一個新法家思想的出現。"⑤陳啓天則倡導法家思想的復興,將法家思想中適用的部分和近代的民主、法治等世界思想參合,形成新法家:

> 法家既因有點合於近代中國的時勢,而有復興的傾向,那麼又是如何的復興呢?這個問題可從兩方面略加説明。先從思想方面説,就是舊有法家思想的重新估價,與近於中國法家思想的外國學説之輸入。再就實際方面説,如英法聯軍至甲午戰役年間的自强運動,……民國以後若斷若續的學生愛國運動或救國運動,多稍許含有法家思想的傾向。……最後我們還須補説幾句的:便是近代法家復興的傾向,並不是要將舊法家的理論和方法完完全全再行適用於現代的中國,而是要將舊法家思想中之可以適用於現代中國的成分,酌量參合近代世界關於民主、法治、軍國、國家、經濟統制等類思想,並審合中國的内外情勢,以構成一種新法家的理論。這種新法家的理論成功之日,便是中國得救之時。有志救國的人們,努力建立新法家的理論,並且努力實行新法家的理論吧!⑥

可見,因思想的發展,而在學派前加"新"字以區別於舊有的思想,由來已久,在諸子學研究領域也較爲習見。"新子學"以"新"爲倡導,以區別於舊子學,亦屬新時代思想、學術的新發展,無可非議。然此子學之發展,是指子學的全面之新發展,還是指某一學派之新發展,似還可以討論。如果"新子學"僅是指某一學派的創新發展,則各學派前均可以加"新"字,一如秦漢之新道家、新儒家、新法家,而各家之蓬勃發展,即是"新子學"之新氣象。此或爲"新子學"發展途徑之一種。

---

① 熊鐵基《秦漢新道家略論稿》,第 6、7 頁。
② 蕭萐父《秦漢之際學術思潮簡論(代序)》,《秦漢新道家略論稿》,第 10 頁。
③ 同上,第 11 頁。
④ 同上,第 14 頁。
⑤ 常燕生《法家思想的復興與中國的起死回生之道》,1935 年《生物史觀研究》。
⑥ 陳啓天《法家的復興》,見《中國法家概論》第六章,中華書局 1936 年版。

陳啓天的思路是舊法家中也有好的、合用的成分,如能吸取和當下的時代思想結合,就能產生新的法家思想。如果順此思路繼續演推,則百家思想均有在當下看來合理的適用的成分。如民國時陳柱尊呼籲:"吾以爲今日欲復興中國,莫急於復興儒家之立誠主義,道家之知足主義,法家之法治主義,墨家之節用主義。此四者爲中國民族今日之最缺乏者。唯其缺乏此四者,故外患日深,内亂不息。長此不已,不獨有亡國之虞,且將有滅種之患。故提倡復興此四者,實爲今日對症發藥最急最要之國。"①1936年,張岱年在《中國哲學中之活的與死的》中認爲:"中國舊哲學雖是過去時代的,其内容則非完全過去。中國舊哲學中,有一些傾向,在現在看來,仍是可貴的、適當的。這可以説是中國哲學中之活的。"具體説,提倡人我和諧之道的人生理想論等六點是"活的",是"舊哲學中歷久常新的"。先秦哲學最主要學派是儒家、墨家、道家,"儒家不主出世,而又主張不沉溺於俗務,企圖在現實生活中表現理想;不主獨善以遺世,亦不講極端刻苦捨己爲人,而以内得於己外得於人爲至極。這些,是儒家的優長";"墨家的兼愛犧牲爲群忘己的精神,實爲現在中國所需要";"道家在宇宙論頗有貢獻"。文章還指出:

　　　　究竟真理之獲得,是累積的努力之結果;因而過去的學説内容中,亦必有非完全過去的成分存在。然而,假如舊學説中有一些觀念,在後來能復活之時,也必須有所變易,只能是表面上復返於初,不會是真實的復返於初。

　　張岱年所論頗爲辯證,然而問題是儒、道、法、墨等諸家學派之復興,是復興爲新儒家、新道家、新法家、新墨家,還是融四家爲一,即融合"儒家之立誠主義,道家之知足主義,法家之法治主義,墨家之節用主義",形成一全新的子家呢? 卻無人給出答案。而後者,抑或爲"新子學"發展的另一種途徑——熔鑄百家,綜合諸家思想爲一。
　　取百家之所長,融爲一體,形成一種全新的子家。從理論和歷史看,這種情況是完全存在的。如西漢初年,"因陰陽之大順,采儒墨之善,撮名法之要",從而形成了一種新的思想,這種思想,當時人司馬談稱爲道家(即上引熊鐵基所謂的"新道家")。東漢以來稱之爲雜家的諸子學派也是"兼儒、墨,合名、法"。雖然後世對此道家和雜家多有争議,但可以肯定,諸家確實可以總而爲一。如以一家爲基質而兼融百家,則往往可以形成諸如新道家、新儒家之類的學派。如兼涉百家,並無軒輊之分,則可能形成雜家。
　　今人提倡子學,多以爲子學諸家思想中有部分思想在今天仍有借鑒意義,具有時代價值,可以爲當下所用,此誠然不錯。然擷出諸家精華,是繼續在該學派内部的邏輯理路和思想體系中發展,一如上文所論之"新道家"——從本質上講,其還是屬於九流之一家? 還是融合百家思想爲一,即如雜家之"兼儒、墨,合名、法",形成新的雜家,或者形成全新的子家?

---

① 陳柱尊《中國復興與諸子學説》,《復興月刊》第一卷第十期。

"新子學"的發展,目前形態未定,其究竟是獨立於九家之外的一種全新的子學思想或流派,還是融百家思想爲一,抑或以一種思想爲基質,吸收其他諸家思想,其尚如腹中的胎兒,將來會長成什麼模樣,還很難判定。

當年胡適因研究墨學,而間接和章太炎發生了爭議。章太炎致信章士釗,指責胡適"未知説諸子之法與説經異",而胡適則回應以爲"經與子同爲古書,治之之法只有一塗,即是用校勘學與訓詁學的方法,以求本子的訂正與古意的考定"。現在看來,胡適確實模糊了諸子學與其他學問的區别。諸子之學,自有其獨特的研究範疇和研究方法,"真治諸子學者,視治經史爲尤難"①。今天,如能挖掘子學之思想,建立起中華特色的諸子學體系,此自當是"新子學"題中之意。然由此繼續前行,將諸子百家思想繼續發揚光大,倡導者實現從諸子學史研究專家向思想家、新子家的跨越,甚至建立中華特色的思想學術話語體系,則是"新子學"更大的願景。

[作者簡介] 陳志平(1965—),男,湖北黄岡人。文學博士,現爲湖北省黄岡師範學院文學院教授,從事魏晉南北朝諸子學研究,主要著作有《金樓子疏證校注》《金樓子研究》《劉子研究》等,已發表學術論文40餘篇。

---

① 湯志鈞《章太炎年譜長編》,中華書局1979年版,第661頁。

"新子學"與傳統文化創新性發展的理論思考

郝 雨

內容提要 我國傳統文化的創造性轉型和創新性發展已成爲整個國家治國理政的重大戰略。優秀傳統文化包含中華民族"最深沉的精神追求"。但是,在討論復興傳統文化時,我們的理論界和人們的思想認識上一直有一個重大誤區,就是把傳統文化完全等同於儒家文化——也就認爲,復興傳統文化,就是復興儒學,甚至偏頗地認爲就是恢復儒家獨尊。那麽,到底什麽是傳統文化?如何從理論上理解傳統文化與現代性的關係?如何實現傳統文化與現代對接?又最終如何實現習總書記提出的"創造性轉化和創新性發展"?這些重大問題必須從各個層面作出深入科學的理論解答和戰略研究。而關於這些問題的學術與理論的回答,"新子學"研究提供了十分重要的理路和途徑。本文通過這種獨特視角和路徑,初步闡述了"新子學"强調的子學精神在復興傳統文化和創新性發展中的重要價值和作用。

關鍵詞 "新子學" 傳統文化 創新性發展

中圖分類號 B2

近年來,我國傳統文化的創造性轉型和創新性發展已成爲整個國家治國理政的重大戰略。習近平總書記多次强調,優秀傳統文化包含中華民族"最深沉的精神追求"、"最深厚的文化軟實力"①,可以凝聚和打造強大的中國精神和中國力量。他還將中華優秀傳統文化視作解決人類共同難題的思想庫,並進一步提出傳統文化創造性轉化和創新性發展的戰略方向。2017年1月25日,中共中央辦公廳和國務院辦公廳前所未有地以紅頭文件的形式,印發《關於實施中華優秀傳統文化傳承發展工程的意見》,並在"重點任務"部分首先强調:"加強中華

---

① 《習近平在全國宣傳思想工作會議上强調:胸懷大局把握大勢著眼大事,努力把宣傳思想工作做得更好》,人民網,2013年8月21日。

文化研究闡釋工作,深入研究闡釋中華文化的歷史淵源、發展脈絡、基本走向……著力構建有中國底蘊、中國特色的思想體系、學術體系和話語體系。"①遵照這樣的精神,更有必要全面深入闡發傳統文化精髓和建構學術體系,重點研究與現代文化對接融合,推進現代文化創新發展和中國特色社會主義實踐,爲實現中華民族偉大復興奠定理論基礎。

但是,在復興傳統文化及轉型發展的重大問題上,目前人們認識上有許多差異、分歧,甚至對立。這其中包括最基本的概念和基礎性問題:(1)到底什麽是傳統文化?當人人都在講"傳統文化"時,是否清楚其真正所指?它包含哪些結構性要素和怎樣的體系構成?(2)復興傳統文化,首先是因爲我們曾經失去,而作爲中國現代文化起始的以反傳統爲旗幟的新文化運動,被認爲第一次斷裂傳統,到底該如何認識和評價?(3)復興傳統文化歸根結底要謀求現代化發展,那麽,如何從理論上理解傳統文化與現代性的關係?如何實現傳統文化與現代對接,如何實現有機融合?又最終如何實現習總書記提出的"創造性轉化和創新性發展"?這些重大問題必須從各個層面作出深入科學的理論解答和戰略研究。而關於這些問題的學術與理論的回答,不能不密切聯繫當下漸成熱點的"新子學"研究和對子學精神的深度解讀。

一、復興傳統文化與"新子學"研究國內外趨熱

對於傳統文化復興的宏觀研究,以及文化的斷裂與傳承、闡釋與建構等具體問題的研究,"在這種時代境遇中變得更加複雜和深刻"②。在已有成果中,系統而宏觀的研究大致可分爲對傳統文化復興的價值描述、意義分析和路徑探索等幾類。

華軍(2008)在對傳統文化復興的實用傾向反思中,認識到傳統文化興起與衰落往往隨社會形勢的變遷而受到實用傾向左右的情況,強調確立傳統文化內在本體對傳統文化復興的重要性③。而傳統文化復興也面臨一些現實問題,如魯迅思想和傳統文化復興間的調和。張松(2016)強調了魯迅思想在傳統文化復興時代的積極意義④。鄧立光(2006)通過"文化三層論"

---

① 新華社《中共中央辦公廳、國務院辦公廳印發〈關於實施中華優秀傳統文化傳承發展工程的意見〉》,新華網,2017年1月25日。
② 張再林、張慧敏《傳統與現代的對話:中國傳統文化發展的必由之徑》,《西安交通大學學報(社會科學版)》2016年第5期,第66—68頁。
③ 華軍《復興之路——傳統文化復興中的實用傾向及反思》,《長白學刊》2008年第5期,第14—19頁。
④ 張松《國民性批判與儒家傳統之復興——魯迅思想在傳統文化復興時代的積極意義》,《東嶽論叢》2016年第11期,第142—154頁。

的文化思想模型,對確立復興中國文化的理論基礎做了研究①。温小勇(2012)通過對傳統文化資源的價值内省、西方現代文化的外觀分析,形成了在"傳統和現代的互補"基礎上實現傳統文化轉化和提升的認識②。

　　進入21世紀以來,面對全球化以及新媒體泡沫化傳播現象的巨大衝擊,積極發掘傳統文化中的元典精神,解決當代文化發展中的矛盾衝突,越來越成爲社會關注的焦點。而"新子學"的現代發現、倡導與構建,無疑是中國文化史上的一件大事。2012年10月,方勇教授在《光明日報》發表《"新子學"構想》,全面論述了對當代諸子學發展的全新觀點。2013年9月,又通過《再論"新子學"》集中探討了"子學精神"。2016年3月,又發表《三論"新子學"》,進一步認爲,從"新子學"角度觀照傳統文化創新,具有其獨特的可行性與挑戰性,並關聯到當代中國學術發展的一系列重要問題③。於是,近五年以來,《光明日報》《文匯報》《中國社會科學報》等各大媒體連發專版,連刊專文,大力倡導"新子學"的研究以及"子學精神"的構建,上海等地陸續召開大型學術研討會,"新子學"概念及相關學說得到各路專家充分肯定和積極回應。在此基礎上,《諸子學刊》《探索與争鳴》《河北學刊》《江淮論壇》《中州學刊》等學術雜誌也開闢專欄,發表了許多更加具有學術深度的論文,積極推動"新子學"的學術進展。這樣的一場頗具聲勢的學術思潮,又在現代媒體的傳播與推波助瀾之下,越來越廣爲人知,越來越深入人心。有學者認爲,這將引發21世紀中國的新一輪文藝復興。這樣的研究主要認定傳統文化的真正源頭在諸子百家,復興傳統文化應立足百家之學。

　　近年來,習近平總書記對傳統文化復興尤其重視,對總書記關於優秀傳統文化的論述,不少學者進行了深度研究。這包括習總書記關於歷史經典的引述和使用、弘揚和發展傳統文化的方式,以及對傳統文化價值、現實意義和對治國理政的借鑒意義闡釋等。如葉自成(2014)對十八大以來習總書記關於歷史經典和傳統文化的表述作了梳理,展現了總書記通過傳統文化表達其治党和治國的理念④。黄曉丹等(2016)在研究中指出總書記遞進式地提出了傳統文化當代價值"肯定—調適—融合—主體"的實現途徑⑤。在傳統文化發展方面,楊瑞森(2014)⑥、李翔海

---

① 鄧立光《復興中國傳統文化的理論模型——"文化三層論"》,《孔子研究》2006年第3期,第26—31頁。
② 温小勇《民族復興語境下傳統文化的轉換和提升》,《雲南社會科學》2012年第5期,第43—46頁。
③ 方勇《三論"新子學"》,《光明日報》2016年3月28日。
④ 葉自成《"原點"之思:歷史、典籍中的執政思想源泉——傳統文化精華與習近平治國理念》,《人民論壇·學術前沿》2014年第1期,第48—58頁。
⑤ 黄曉丹、孫代堯《傳統文化當代價值實現路徑探析——學習習近平關於中國傳統文化的重要論述》,《中國特色社會主義研究》2016年第1期,第73—77頁。
⑥ 楊瑞森《弘揚中華優秀傳統文化四題——學習習近平同志關於弘揚中華優秀傳統文化重要論述的幾點體會》,《思想理論教育導刊》2014年第12期,第47—53、136頁。

(2015)①等人論證了總書記弘揚傳統文化的論述是與馬克思主義的深度結合,推進了馬克思主義中國化。劉偉(2016)通過對總書記傳統文化觀的形成和實踐的研究,分析了其關於國家治理和傳統文化價值之間的關係②。陶傳銘(2016)對中國傳統文化與中華民族的文明史、中國共產黨、民族復興以及中國特色社會主義等十個方面的問題作了細緻闡釋,分析習近平治國理政方略與中國傳統文化的關係③。

國外及海外專家對於"新子學"的研究,較多集中在韓國和新加坡等亞洲國家。臺灣及香港等地學者也多有參與,陳鼓應先生更是連續發表文章和講演,大力支持"新子學"研究。歐美國家近年來也逐漸有專家開始關注和涉獵。國外專家對於中國傳統文化的研究,多以孔、孟、老、莊和孔子學院等個案爲主,而較少從傳統文化復興角度的研究。宏觀方面,薩義德有爭議的《東方學》,以伊斯蘭爲中心分析歐洲東方學,視爲一種根據東方在歐洲經驗中的位置而處理、協調東方的方式,東方成爲歐洲物質文明和文化的内在組成部分,是歐洲自我得以建立的它者。美國夏威夷大學梅維恆主編《中國傳統文化的夏威夷閲讀》,收録多種從青銅時代到20世紀初的重要文化史料,涉及中國傳統文化各方面,對認識前現代中國文化提供豐富文獻。意大利聖安傑洛·保羅的《對中國傳統文化之情感和身體感覺的認知》,從心理學、醫學和文化等不同角度,對身體感覺、意識狀態與早期中國詩歌與倫理學進行研究。理查·史密斯的《清朝與傳統的中國文化》,將清朝文化置於歷史與全球化語境,指出中國如何看待世界、中國人視角如何在其價值體系、物質文化和習俗中得以體現等。麥克·威利斯的《將舊東西踢出局——傳統的中國文化信仰於今日中國之相關性評價》,認爲傳統價值觀在家庭和社會中仍起重要作用,但在商業領域有可能更多地被西化的、新鋭的價值觀取代。

二、急需解决的幾個宏觀層面的重大理論問題

(一)"新子學"與傳統文化要素、體系及整體構成

首先,傳統文化在當今社會,已經成了知曉度最高的文化名片,流行於各種媒體上和場合裏。但是,當人們在口口聲聲説着傳統文化的時候,傳統文化概念的實際所指和内容上究竟真正包含什麽,其實往往是懸疑的。如果讓我們每個人都想一想,或者都作一個回答,大概很少有人能够説得清楚。

---

① 李翔海《從延續民族文化血脈中開拓前進——論習近平中國傳統文化觀的時代意義》,《中共中央黨校學報》2015年第6期,第22—28頁。
② 劉偉《論習近平傳統文化觀的形成根據與實踐要求》,《理論與改革》2016年第5期,第43—49頁。
③ 陶傳銘《習近平治國理政方略與中國傳統文化十論(上)》,《南京政治學院學報》2016年第5期,第14—19頁。

最近,關於傳統文化內涵及實際意義,習近平總書記舉出15種優秀古代思想:道法自然、天人合一;天下爲公、大同世界;自強不息、厚德載物;以民爲本、安民富民樂民;爲政以德、政者正也;苟日新日日新又日新、革故鼎新、與時俱進;脚踏實地、實事求是;經世致用、知行合一、躬行實踐;集思廣益、博施衆利、群策群力;仁者愛人、以德立人;以誠待人、講信修睦;清廉從政、勤勉奉公;儉約自守、力戒奢華;中和、泰和、求同存異、和而不同、和諧相處;安不忘危、存不忘亡、治不忘亂、居安思危①。這樣的概括,實在是我們全面理解傳統文化總體構成的基本路綫和依據。毫無疑問,這十五種要素,基本涉及我國傳統文化源頭的各個學派和思想,具有真正的包容百家的意識。對於總書記的這些概括進行細化解讀和分類闡釋,真正把傳統文化内涵與結構體系化,並進一步深入研究中華文化的歷史淵源、發展脈絡、基本走向,從而深刻闡明中華優秀傳統文化是發展中國現代文化的豐厚滋養。而對於中國傳統文化的内涵理解,顯然不能不涉及儒家文化與其他諸子百家文化的關係。最近有專家發表文章指出:

> 儒家文化是中國傳統文化主要組成部分,但不是全部。近年來,社會思想文化領域對儒家文化的宣傳和推廣作了很多貢獻和成績,這對於傳統文化的延續和復興當然是好事。但是,儒家文化不能代表全部中國傳統文化,我們還要特别注意中國古代思想世界的豐富性和多樣性。中國哲學和思想的軸心突破以來,出現了百家爭鳴的盛况,諸子蜂起,各競風流,對當時的社會生活提出了不同的解釋、提供了不同的發展思路、設計了不同的理想狀態。從根本上説,諸子思想雖百慮一致、殊途同歸,但是諸子思想中對人性的不同審視、對社會的不同判斷以及各自獨特的致思路徑,是儒家一派所不能全然代表的。……就此而言,今天人們回頭看傳統文化,就不能僅僅看到儒家文化,而是要看到中國傳統文化的豐富多樣性。豐富多樣性保證了中國傳統文化中各家各派在競爭中不斷實現自我更新、自我變化,以此促進生命力的旺盛發展。弘揚傳統文化,應該正視這種豐富多樣性,以一種公共性的情懷看待傳統文化,而不是用一家一派的立場去過分強調判教、站隊,甚至給人們造成中國思想史、文化史只是儒家一家獨大的刻板印象。②

但是,我們今天在討論復興傳統文化時,我們的理論界和人們的思想認識上,一直有一個重大誤區,就是把傳統文化完全等同於儒家文化。因爲儒家文化在中國延續了幾千年,就誤認爲是當然傳統。也就認爲,復興傳統文化,就是復興儒學,甚至偏頗地認爲就是恢復儒家獨尊。尤其是在2016年,大陸新儒學的主要人物們,在新加坡出版了一本號稱是"重拳出擊"著

---

① 崔小粟《一年内三次親近儒家 習近平爲何如此強調重拾傳統文化?》[EB/OL].(2014-09-25)[2017-07-08].http://cpc.people.com.cn/n/2014/0925/c164113-25731729.html.
② 朱承《面對傳統要有公共情懷》,《光明日報》第11版,2017年7月8日。

作的《中國必須再儒化——"大陸新儒家"新主張》,全面提出當下大陸新儒學的政治訴求與文化理念,不僅試圖給執政黨重新建立合法性,而且提出關於未來中國的"通盤構想",據稱這是"儒家自'文革'後第一次集體發聲,吹響了復興儒學,回歸道統,儒化中國的集結號"①。自古以來,儒家都希望在廟堂裏爲"帝王師",在政壇上"以經術緣飾吏事",至少也要在祭禮中"端章甫爲小相"。只是近百年來,隨着新儒家漸漸融入現代社會,接受多元理念和現代制度,不再提"罷黜百家",也無法直接操控政治或者制度。可近些年來,大陸新儒家高調宣佈,要從心性儒學走向政治儒學,要從文化建設轉入政治參與。比如,他們提出大陸現政權要有合法性。又比如,他們認爲現代國家體制不合理,應當建立通儒院、庶民院和國體院。又比如,要改變來自西方的政治意識形態,代之以儒家的"王官學"。這些從口號、觀念到制度的論述和設想,改變了現代以來新儒家——1949年以後是海外新儒家——的基本理念和追求方向,力圖成爲政治制度設計中的重要參與者②。

　　針對這樣的狀況,我們必須從理論上釐清:第一,按照習總書記總結的15種傳統文化要素,我們真正全面豐富的傳統文化,顯然不是儒學一家。必須按照總書記指出的方向和思路,更加全方位多層面地進入我國文化的歷史源頭,找到我國文化最原始的根。第二,基本路徑就是要回到文化軸心時代,也就是我國文化最繁榮時期,找到傳統文化的全部根源和最核心構成,其思想理論的發源和結構性誕生,這就是諸子百家之學。今天我們之所以倡導"新子學",就是要把我們真正傳統的精華發揚光大。當然,作爲傳統文化源頭,無疑也包括習總書記圈定在内的《易》文化時代的相關内容和智慧。而從習近平總書記對傳統文化要素列舉中,完全可以看出,傳統文化的主體構成,就是諸子百家思想,任何把傳統文化歸爲某單一學派一統壟斷或者唯一獨尊的說法,顯然都是不正確的。

　　我們的專業學術研究,必須著力把這些内容體系化,結構化,全面闡釋我國傳統文化總體面貌和真實内涵。當然,在傳統文化整體性體系的構成中,儒學的確也具有特殊的地位和作用,我們在整體文化體系建構中也要對此有足夠闡發,但又絕不能重蹈儒家獨尊的老路。這樣的學術主張,也正是"新子學"倡導和研究的基本動因和要旨。

(二) 傳統文化源頭的斷裂:"新子學"重建與對接

　　復興傳統文化,一個根本前提是傳統文化曾不止一次發生斷裂,或者在推進現代化的進程中不斷有所丟棄和削弱。今天要轉型發展,就首先需要對接,需要融合。

　　但是,以往比較流行的觀點是,中國傳統文化衰落,根於兩次大的斷裂。第一次是"五四"新文化運動,第二次是"文革"。這同樣是誤把傳統文化等同於獨尊儒術之後的儒家文化。按

---

① 王正《這樣的"重拳出擊"只能落空——評〈中國必須再儒化:"大陸新儒家"新主張〉》,《博覽群書》2016年第12期,第125—128頁。
② 葛兆光《異想天開——近年來大陸新儒學的政治訴求》,《思想》2016年第33期,第241—284頁。

照這樣的觀點,首先是我國"五四"新文化運動的價值意義就會被完全否定。作爲中國現代文化發生發展的起點,也就無法得到認可,甚至魯迅作爲旗手的一代文化先驅的革命貢獻都要被徹底顛覆。而關於傳統文化斷裂,我本人曾經提出:中國文化實際上應該是經歷了三次斷裂。第一次大斷裂是在秦焚書坑儒和漢罷黜百家,國家通過政治手段和權力控制推行一種思想,繁榮的百家文化遭到全面壓制,這是對傳統文化第一次嚴重毀壞①。

由此可見,我們的真正意義上的傳統文化,並不能等同於儒家文化,而儒家文化之所以延續兩千多年,是由於當時的統治者們罷黜百家政策的強行推動,又恰好是非常符合專制主義的思想和精神統治,所以又被歷代帝王不斷加以強化,導致了其本身就成了專制主義的一部分。這種已經僵化和腐朽的專制文化,完全不能代表我們的傳統文化。這樣的傳統經過幾千年的單一發展,僵化板結,"理"大於人,所謂"存天理,滅人欲",終於造成了魯迅所揭露的"吃人"悲劇的殘酷現實。所以,新文化運動的"反傳統",反的只是這樣的"傳統",而我們今天的對接,則要對接罷黜百家之前的真正優秀的傳統文化。

如今,我們要復興傳統文化,要在傳統基礎上轉型發展,必須真正回到傳統文化的源頭。只有找準歷史的斷裂點,才能真正發現對接點。如果可以認定"罷黜百家"才是傳統文化的第一次全面斷裂,那麼,對接諸子百家的經典思想和文化精髓,才能振興真正意義的傳統文化。所以,我們必須從文化源頭的諸子百家找到與現代文化的一一對接點,進一步實現習近平總書記謀劃的創新性發展。那麼,"新子學"的倡導和深入研究,就正是找到了建設和推動傳統文化現代化發展的科學路徑。

在現代文化與傳統文化的對接點問題上,應該是有多個角度多種層面的。比如作爲現代文化的核心精神,即世界普遍認可和所要倡導發揚的人文精神,就是一個最根本的對接點。因爲他實際上正是植根於中國傳統文化中的,有着極其深厚文化土壤培育的文化精神。然而,中國傳統文化的結構之中到底要着怎樣的"人文精神"内涵? 其"人文精神"的真實意義和現代的以及西方的人文精神有着怎樣的異同? 尤其是,這樣的人文精神對於當下中國的文化發展和思想建設有着怎樣的價值和意義? 只有解決了這樣的問題,才能實現真正的對接。而對於這些問題的解決,又必須采用"新子學"的研究思路和途徑。

首先,肯定人在世間的最高價值,肯定人在世界上的主體的、主動的以及能動的地位,當然是人文精神的核心構成。在中國漫長的文化發展歷史中,很早就有表現"人"是天地萬物中最靈、最貴者的思想。如《尚書·泰誓》中說:"惟天地,萬物之母;惟人,萬物之靈。"②到荀子時,更是提出了人最爲天下貴的觀點,他說:"水火有氣而無生,草木有生而無知,禽獸有知而無義,人有氣有生有知,亦且有義,故最爲天下貴也。"③荀子用比較的方法,層層遞進地說明了

---

① 郝雨《中國傳統文化的二次大斷裂》,《名作欣賞:鑒賞版(上旬)》2017年第3期,第15頁。
② [唐]孔穎達疏《尚書正義·泰誓上》卷十一,《十三經注疏》上册,中華書局1980年影印版,第180頁。
③ [清]王先謙《荀子·王制》,《諸子集成》第二册,中華書局1999年版,第104頁。

爲什麽天地萬物中人最爲貴的道理。從荀子、《中庸》和董仲舒等的論述中,應當說都蘊涵着這樣一層意思,即在天地人三者中,也就是在整個自然萬物之中,人是處於一種能夠掌管萬物而作爲世界主控者的地位的,是具有主體性和操有主動權的。就這方面說,人在天地萬物之中可說是處於一種核心的地位。這樣的思想與西方文藝復興時期呼喊出的"人是世界之花,萬物的靈長"本質上應該是相通的。

其次,從深層次上來看,我國曾經大一統的儒家文化與西方文明之間的確有着極大的差異,然而,卻又並不是在所有問題上都是絶然對立、不可調和的,有人就曾經發現兩者之間其實具有一個交集的價值空間,就在於對"人"的問題的關注。衆所周知,18 世紀歐洲的啓蒙運動,高揚人本主義,衝破中世紀神本文化的牢籠,然而誠如當時那些主要思想家所言,他們倡導的人本主義,正是從中國儒、道哲學的人文精神中得到了極大的啓發和鼓舞①。西方社會自文藝復興之後對人本主義的追求毋需多言,我們需要在此强調的是儒家文化對於人的思考。在傳統解讀中,儒家文化似乎站在個人的對立面而崇尚集體主義的思維模式。對於儒家文化作這樣的解讀,其所得出的結論自然無法與自西方而來的現代化理念並行不悖。然而孔子之所謂"修身齊家治國平天下"的理念恰恰說明,孔子對於社會問題的探討是從個體的人開始的。個體的人作爲構成社會的最基本單位,不單構成了社會本身,也構成了社會的諸種問題。因此,社會問題的解決最終也必須倚賴人的問題的解決,必須關注人的複雜與多樣而非將"人"視作一種生物意義上的抽象個體。"身心合一"(内外)將會爲調節自我身心内外的矛盾提供某些有意義的思想資源。

20 世紀以來,許多學者在比較中西文化的差異時,認爲西方人重視個體,而我們中國傳統思想則强調群體。但是,如果把眼光回溯到源頭,看看儒家在開始時是怎麽說的,就會發現問題並沒有那麽簡單。以人們最熟悉的一段孔子的說法來看:"吾十有五而志於學,三十而立,四十而不惑,五十而知天命,六十而耳順,七十而從心所欲不逾矩。"②以往人們對這段話的理解,主要是認爲講了他七十以後的精神境界。是他在晚年回顧他一生的精神生活的過程,概括了他認爲是這個過程的幾個主要階段。其實,細讀起來,這些話的字裏行間,不是滲透着强烈的自我肯定的意識嗎?而且"不惑"、"知天命"、"耳順",尤其是"從心所欲"這樣的一些表述,不都是充滿着對於個體自由的嚮往和追求嗎③?

當然,人文精神强調"人"的精神,其實歸根結底就集中在幾個關鍵詞,即:生命、自由、尊嚴。中國傳統文化中最重要的"天人合一"思想,内涵極其複雜,而其中一個很重要的意義,就是强調人要順應自然,以得更加圓滿的自然生命。尤其在莊子的思想當中,"尊生"、"養生",更是其全部哲學思想的重要構成。這樣的思想在他的許多篇章中都有論述,如:"陰陽和静,

---

① 詳見朱謙之《中國哲學對歐洲的影響》,福建人民出版社 1985 年版,第二章。
② 張燕嬰譯著《論語·爲政》,中華書局 2006 年 9 月版,第 13 頁。
③ 傅佩榮《國學給我們的啓示》,原載於傅佩榮新浪博客,2011 年 12 月 4 日。

鬼神不擾,四時得節,萬物不傷,群生不夭,……莫之爲而常自然。"①他珍愛一切鮮活的生命,認爲都是造物者的偉大創造,其内篇《養生主》,更是人人熟知的養生之道。

其實,對於生命和身體的看重,在《老子》中就有非常深刻的闡發:《道德經》四十四章説道:

> 名與身孰親?身與貨孰多?
> 得與亡孰病?甚愛必大費,多藏必厚亡。
> 故知足不辱,知止不殆,可以長久。②

這裏,顯然是把人的身體看得最爲重要的。在與名利和物質的對比中,大大肯定了身體的價值,並提出一旦顛倒了這種關係,就可能帶來慘重的損失和危險。

至於莊子的自由觀,則以《逍遥遊》爲代表,有人說,莊子的哲學本質上是人生哲學,拯救人生是其哲學的出發點和歸宿。這突出地表現在莊子對於人生困境的追溯,對人的自由境界——"逍遥"狀態的刻畫。而莊子的所謂自由就是與"道"合一,"與宇宙精神往來"。自由境界是莊子哲學最高的價值追求。也有人認爲,中國的天人合一是有分的合一,所以主體性和自由本來就是天人合一的内在尺度。天人之際的問題本身就默認了天人之間存在着差別和對立。相信人本身的力量,相信主體能夠把握客體,是中國哲學的固有精神。

從以上的考察可以看出,人文精神可以説是傳統與現代最重要最根本的對接點。我們當然還要進一步深入研究傳統文化的各種可以發揚的精華内涵,尋找各個層面的對接點。而這也正是"新子學"的使命和宿命。"新子學"之新及其真正價值意義,也就由此顯得更加明晰和舉足輕重!

三、"新子學"與未來文化秩序的建構及整體創新發展

傳統文化和現代文化當然存在巨大分野。在文化歷史轉型過程,甚至是你死我活的對立鬥爭關係。但在文化發展和建設的正常運行階段,一個民族的文化精神,就需要整體聯通和貫穿,就需要把傳統與現代進行科學理性地融合對接,才能創新發展。

首先,現代性問題是 21 世紀的一個時代問題。近年來,運用馬克思主義唯物史觀,我國學術界深刻揭示了現代性的中國内涵與時代表達,進一步對馬克思主義哲學藴含的豐富現代

---

① 孫通海譯著《莊子·繕性》,中華書局 2006 年 9 月版,第 235 頁。
② 饒尚寬譯著《老子》,中華書局 2006 年 9 月版,第 109 頁。

性思想進行探討，圍繞馬克思唯物史觀視域中的現代性思想的具體表徵、價值意義及發展路徑等問題展開，推動了中國現代性問題的探索及理論構建①。這對於我們當今的復興傳統文化和創新性發展的研究提供了重要的基礎理論。

那麽，把傳統文化的精華和糟粕加以釐清，把傳統文化與現代文化的矛盾分歧辨證分析，從而摒棄和排除傳統中腐朽落後之部分，並找到二者之間得以達到契合相融的精神對接點。這正如習近平所説："傳統文化在其形成和發展過程中，不可避免會受到當時人們的認識水準、時代條件、社會制度的局限性的制約和影響，因而也不可避免會存在陳舊過時或已成爲糟粕性的東西。這就要求人們在學習、研究、應用傳統文化時堅持古爲今用、推陳出新，結合新的實踐和時代要求進行正確取捨。"②這就是創造性轉化和創新性發展重點解决的根本性問題。而現代文化的核心精神就是人文精神，就是以人爲本。通過對我國傳統文化經典的全面考察，人文精神在我國最本真的傳統文化中有着深厚的歷史淵源。只是在漢代提出"罷黜百家"之後，在封建專制主義統治下，逐漸出現重大變異，以至漸漸形成魯迅所揭露的"吃人"現象。既然人文精神在傳統與現代之間都有着共同本質的相通，只是曾經被專制主義所毁，所以把這些從歷史的視角分辨清楚，傳統與現代的融合發展就找到了最本質的契合點，以此統領傳統與現代的全面對接融合及文化體系構建。

黨的十八大以來，習總書記一再指出，弘揚中華優秀傳統文化，"要處理好繼承和創造性發展的關係，重點做好創造性轉化和創新性發展"。這就要按照時代特點和要求，對那些仍有借鑒價值的内涵和形式加以改造，賦予其新的時代内涵和現代表達，"使中華民族最基本的文化基因與當代文化相適應、與現代社會相協調"③。

關於創新性發展，當今而言，最緊要而且也最容易落實的，就應該是各個領域和學科理論的中國體系的原創性建設。而中國理論和中國體系的建設，歸根結底是要立足中國傳統文化的豐厚土壤。那麽，如何完整把握中國傳統文化的最基本構成，"新子學"研究具有方向性意義。

譬如，20世紀80年代以來，我國傳播學領域一直在呼籲和尋求傳播學的中國化建設，但是，三十多年過去，傳播學的中國化卻也一直停留在紙上談兵。幾年前我通過研究發現，傳播學的中國化之所以進展緩慢，根本在於我們缺乏一種原創意識。隨着習近平總書記多次講話中指出，我們要增强理論自信和中國體系的原創意識，我又進一步發現，傳播學中國體系的原創建設，一定要建立在中國傳統文化的基礎上。而自從接觸到"新子學"之後，我更加清楚了中國傳統文化的基本構成在哪裏！於是，把學術視野比較集中地放在諸子百家核心的經典文

---

① 學術月刊編輯部、光明日報理論部、中國人民大學書報資料中心《2016年度中國十大學術熱點》，《學術月刊》2017年第1期。
② 《習近平：在紀念孔子誕辰2565周年國際學術研討會上的講話》，新華網，2014年9月24日。
③ 國務院新聞辦公室會同中央文獻研究室、中國外文局《習近平談治國理政》，外文出版社2014年版。

本上,從而發現了可以支撐中國媒介批評學體系的三大理論支柱:一是中國媒介批評的理論之魂——諸子百家一直主張的人文精神;二是蘊含於以諸子之學爲核心的傳統文化中的中國智慧;三是諸子百家開闢的中國傳統批評方法。到 2015 年,我完成了《中國媒介批評學》的體系建構,是對傳統文化創新性發展的一種比較具體的嘗試和探索。許多專家學者在《光明日報》《新聞記者》《傳媒》等多家報刊對《中國媒介批評學》發表評論,認爲其立足中國的文化土壤和新聞傳播現實,以習近平總書記關於對傳統文化創造性轉型、創新性發展的思想爲指導,堅持以人爲本,特別提倡中國作風和中國氣派,從經典文化中尋找媒介批評的思想方法和思維邏輯,借鑒我國傳統文藝批評理論中基本概念和表現方式,並進行一定的現代化改造和融合,積極探索並構建一套符合中國傳播現實的原創性批評學體系,以推動中國化媒介批評教育及媒介批評實踐的深入發展。

在以上研究的基礎上,對於那些重大理論問題上存在的模糊認識和錯誤理解給出正確闡述,形成完備完善的結構性理論體系,並按照習總書記的講話精神,具體實現創造性轉化和創新性發展,即"對歷史文化特別是先人傳承下來的價值理念和道德規範,要堅持古爲今用、推陳出新,有鑒別地加以對待,有揚棄地予以繼承,努力用中華民族創造的一切精神財富來以文化人、以文育人"①,從而服務中國特色社會主義建設實踐,解決人類共同難題,促進世界文明的共同發展。

這其中,我們雖然不認爲儒家文化是民族文化的唯一傳統,但是,在整個傳統文化體系結構當中,儒家文化又確實有其獨特地位,那麽這各個學派和思想精神又如何構成龐大的民族文化系統,其結構性關係如何分佈,各自與現代文化的融通與交集點在哪裏,都有待通過"新子學"的科學方法和途徑在研究中取得答案。通過這樣的系統整體研究,中國文化未來全新秩序的建構就有充分的理論依據和戰略方向,中華文化偉大復興就可以路途通暢,偉大的中國夢必將早日實現。

[作者簡介] 郝雨(1957—),原名郝一民,男,河北昌黎人。上海大學新聞傳播學院教授、博士生導師,上海大學文化傳播研究中心主任,中國趙樹理研究會副會長。主要研究方向爲文化傳播,曾在《文學評論》《現代傳播》《文史哲》《21 世紀》等國内外雜誌發表論文數百篇,被《新華文摘》等轉載近 100 篇,已出版《中國現代文化的發生與傳播》《中國媒介批評學》《當代傳媒與人文精神》等專著 20 多部。

---

① 國務院新聞辦公室會同中央文獻研究室、中國外文局《習近平談治國理政》。

時代召喚與"新子學"的歷史擔當

林其錟

内容提要 人類正處於大發展、大變革、大調整時代,中國和世界正站在過去與未來的交匯點上,面臨的是百年未有的大變局。以美歐爲核心的西方,經濟衰落又引發了政治文化危機,"'美國夢'已死"、"山巔之城"、"世界燈塔"的神話破產了。與其相對的是:以中國爲代表的東方正在崛起,中國正逐步走向世界中心;但也面臨嚴重的挑戰,特別是"話語權陷阱"。中國崛起,中華民族復興,不但需要經濟、軍事硬實力作基礎,更需要文化軟實力通民心,才能夯實民意基礎、筑牢社會根基。"子(含經)學"是中華民族生生不息生存經驗的理性積澱和智慧結晶,是取之不盡、用之不竭的寶庫。"新子學"建設是時代需要、歷史要求,發掘思想精神資源,探索文化基因,實現古今轉化、中外溝通,爲實現"中國夢"貢獻力量,這是應有的歷史擔當。

關鍵詞 西方衰落　中國崛起　文化復興　歷史擔當　"新子學"建設

中圖分類號 B2

自方勇教授在 2012 年 10 月 22 日《光明日報》發表《"新子學"構想》始,"新子學"命題很快便成了學術界的關注焦點。五年多來,《諸子學刊》和全國許多報刊以及各種會議,圍繞"新子學"提出的意義、内涵、定位、任務、建構,及其同經學、西學、馬學的關係與如何繼承傳統和面向世界等一系列問題,展開了熱烈的討論,並在許多方面都基本達成了共識。現在緊迫的問題是如何把理念轉化爲行動,把設想轉化爲實際,把"新子學"的學科建設落在實處,並一步一個腳印地將它向前推進。對"新子學"學科建設我們要有緊迫感,因爲構建"新子學"是時代的需要、歷史的要求,是子學研究者應有的擔當。

習近平同志在 2017 年 5 月 14 日出席"一帶一路"國際合作高峰論壇開幕式發表主旨演講中指出,"從歷史維度看,人類社會正處在一個大發展、大變革、大調整時代";"從現實維度看,我們正處在一個挑戰頻發的世界"。中國在崛起,中華民族要實現復興夢。東方在崛起,西方相對在衰落,發展與守成、"全球化"與"逆全球化"在博弈,"和平赤字、發展赤字、治理赤字,是擺在全人類面前的嚴峻挑戰"。所以,中國和世界正站在過去與未來的交匯點上,面臨的是百年未有的大變局。這就是建構"新子學"的大環境,也是所以有"緊迫感"的原因。

一、西方經濟的相對衰落與文化危機

　　西方世界是以美歐爲核心的,兩三百年來,憑藉强大的經濟、軍事實力,通過殖民推行資本主義全球化,取得了主宰全球的地位,在文化上,也形成了歐洲中心地位。但是,這種局面現在已走到了由盛到衰的轉折點。

　　以美國爲例。美國在二戰後確立了在西方世界的霸主地位,經濟一枝獨秀,GDP比重曾經占世界50％,通過"布雷頓森林體系"確立了"美元—黄金本位制"。1971年後又把美元與黄金兑换脱鈎,確立了"美元本位制",還通過與歐佩克(石油輸出國組織)達成用美元爲石油定價協議,取得了以一國貨幣爲世界貨幣體系基礎的金融霸權地位。但是,到了20世紀六七十年代,隨着歐洲、日本經濟的崛起,其GDP所占世界比重下降至35％左右。20世紀90年代到21世紀初,蘇聯解體,冷戰結束,由於信息産業、互聯網繁榮,進入所謂的"泡沫十年",其GDP所占世界比重又從1990年的25.99％上升到2001年的32.5％。"瘋狂的消費和數字的浮誇",消費主義和物質主義像脱韁野馬式地漫延,引爆了2008年的金融危機,接着又引發了20世紀30年代以來最嚴重的經濟危機。美國GDP所占世界比重也從2001年的32.5％下降到2010年的20％左右;國内工資增長率20年裏從3.5％下降到2％,從2000年以來,家庭實際收入中位數下降了12％;國債從1980年的1萬億美元上升到2000年的6萬億美元,如今已達到20萬億美元——這還只是賬面負債,而實際負債還遠不止此。

　　歐洲也不例外。過去10年,歐盟在全球的經濟份額快速下降,從2000年的21.29％降到2016年的16.7％,25％的歐洲人面臨貧困或被社會邊緣化。受美國金融、經濟危機影響而爆發的"歐債危機",重創了歐洲許多國家的經濟,至今尚未得到真正的恢復。

　　美歐的經濟相對衰落,也引發了西方世界的政治、文化危機。以往,以美歐爲核心的西方世界,憑藉强大的經濟、軍事實力和科技競争力的支撐,把自己的政治制度、經濟制度、發展模式説成至善永不衰落的"山巔之城"、"世界燈塔"、"各國楷模",他們"用把世界概念化的形而上學的抽象方法得到孤立的人類個體的'普世價值',作爲源於'天理'的'人類本性',凌駕於一切社會和一切人之上的'普世法則'",宣稱他們主導世界是世界的福音,他們有責任通過各種手段,甚至包括軍事手段,向全世界推行他們的經濟、政治制度和價值觀。他們在各個領域掌控了話語權,通過教育、傳媒、文藝、廣告進行推銷、滲透,進行洗腦,又利用霸權地位,掌控世界治理,製訂各種符合他們利益和價值觀的標準、規約。由於長期被殖民化和自殖民化,"歐洲中心論"在文化領域影響深刻。蘇聯解體,冷戰結束,美國霸權地位達到了頂峰,西方世界處在一片勝利歡呼之中。美籍日裔學者弗朗西斯·福山在1984年宣告:"我們或許在目睹,人類意識形態演變的終點和西方自由民主制度作爲人類政府形式的普遍化。"這就是所謂的"歷史終結論"。美國更是躊躇滿志地策劃推動所謂"天鵝絨革命"、"顏色革命",甚至不惜捏造"理由"發動後殖民伊拉克戰爭,"發明""邪惡軸心",祭起"反恐"大纛,用武力推行所謂"全球社會學工程"。但是,隨着美歐經濟衰落,金融、經濟危機和歐債危機爆發,2012年底,西方社會便轉向民主自由危機的討論,自由民主政治機制至善的神話破產了。討論中,許多人公開表明對民主自由制度失去了信心,認爲這種政治機制不能阻止社會不公平問題的惡化,也無法確保社會正義和統治精英決策的合法。有人指出:"自由民主制的危機以及無法爲後工業社會提供經濟穩定和社會公平,導致許多非西方國家對西方模式的醒悟。"西班牙《起義報》還發表了《"美國夢"已死》的報導。有人還指出,西方資本主義的衰落源於它內在難以克服的矛盾:"一方面對追求利潤最大化的股東、對追求物質欲滿足的消費者以及追求激勵技術創新與生產力增長的社會而言,它可能是最有效率的制度。但是同時,對加速破壞地球環境、掠奪第三世界資源以及剥削經濟弱勢團體而言,也是最有效率的制度。"如果從文化深層次考察,其根柢還在於西方文化以個體本位、自我中心、自由至高、以利爲先的核心價值觀的消極作用。正如英國著名歷史學家湯因比所言:"只要把無節制的競爭心作爲支配人類行爲的原理並堅持下去,少數富人和多數窮人之間的物質財富上的鴻溝和文化福利上的鴻溝也就繼續擴大下去。"這種價值觀從個人擴大到國家,也必然出現"美國優先"、"法國優先"之類把一國利益置於世界之上。因此,湯因比得出結論:"西方對政治上的影響是使世界分裂。"西方核心價值觀指導下的國家決策,是同人類和平發展"全球化"趨勢背道而馳的,當今"逆全球化"、"民粹主義"的出現就是明證。習近平說:"世界潮流浩浩蕩蕩,順之則昌,逆之則亡。"逆世界發展潮流而動,必然導致自己的失敗和衰落。2017年7月在德國召開的二十國集團(G20)漢堡峰會19:1(19個國家對美國)凸顯美國孤立,正是一個例證。

二、東方中國的崛起與面臨的挑戰

與西方衰落成鮮明對比的是以中國爲代表的東方迅速崛起。近百年,中華民族飽受災難和屈辱,曾經"到了最危險的時候",但是經過浴血奮戰,終於在1949年贏得轉機,"站起來了"。經過近70年的艱苦建設,經濟總量GDP從40年前的世界第10位,躍居到第2位,成了世界第二大經濟體。20年前中國在世界工業生產中的份額不超3%,而現在已占20%,成了世界第一製造大國,並且還是唯一擁有聯合國產業分類中所有工業門類的國家和出口大國。1948年中國在全球貨物貿易出口所占的份額僅有0.9%,2015年上升到14.2%。對比中美兩國經濟總量:1980年美國GDP(現價)是同年中國GDP現價的9.4倍,實際GDP占全球實際GDP的21.9%;到2016年,美國GDP(現價)只比中國GDP現價高63%,實際GDP占全球總量份額下降到15.9%,只相當同年中國所占份額(17.86%)的87%。中國經濟增長對世界經濟增長的年均貢獻率從"十五"和"十一五"期間的14.2%上升到"十三五"期間的

30.5％,2016年更是達到41.3％,而同年美國則爲16.3％,日本爲1.4％。1997年,中國經濟總量還不如意大利,但2017年中國GDP是意大利的5倍。20世紀70年代,中國有1/4人口處於極端貧困狀態,而今天則不超2％。

中國從"天下一家""世界大同"的傳統理念出發,順應世界發展潮流,提出"一帶一路"("絲綢之路經濟帶"、"海上絲綢之路")建設戰略和構建"人類命運共同體"的方案。五年來,發揚以和平合作、開放包容、互學互鑒、互利共贏爲核心的絲路精神,得到各國的熱烈響應。現在已有100多個國家和國際組織積極支持和參與"一帶一路"建設,聯合國大會、聯合國安理會重要決議也將"一帶一路"倡議和構建"人類命運共同體"理念載入其中,充分體現了國際社會的共識,也彰顯了中國方案對全球治理的重要貢獻。"一帶一路"建設逐漸從理念轉爲行動,從願景轉變爲現實,成果豐碩:政策溝通不斷深化,中國已同40多個國家和國際組織簽署合作協議,同30多個國家開展機制化産能合作,同60多個國家和國際組織共同推進"一帶一路"貿易暢通協議;設施聯通不斷加強,以鐵路、港口、管網等重大工程爲依托,一個復合型的基礎設施網絡正在形成;貿易暢通不斷提升,2014年至2016年中國同"一帶一路"沿綫國家貿易總額超過了3萬億元;資金融通不斷擴大,由中國發起的"亞投行"已爲"一帶一路"建設參與國的9個項目提供17億美元貸款,"絲路基金"投資達40億美元,"一帶一路"金融合作已初具規模;民心相通不斷促進,各類絲綢之路文化年、旅遊年、藝術節、影視橋、研討會、智庫對話等人文合作項目百花紛呈,人員往來頻繁,在交流中拉近了心與心的距離。2017年5月,中國成功舉辦了"一帶一路"國際合作高峰論壇,有來自130多個國家、70多個國際組織、29位外國元首和政府首腦、1 500多位代表參加,有來自全球逾千名記者采訪報導,這是一個由中國首倡舉辦的"一帶一路"建設框架內層級最高、規模最大的國際會議。正如一位西方前政要所説:"這是二戰以來除聯合國會議之外最大規模全球峰會,對世界格局變化的影響是深遠的。"這個峰會反映了中國日益崛起的軟實力,更折射了中國在全球與日俱增的吸引力、號召力。"一帶一路"使中國第一次在對外政策與全球治理理念上實現了知識與思想的全球輸出,全世界主要國家都來北京站臺、背書,所以有人説:2017年正是中華民族偉大復興的重大節點年。

但是也應該清醒看到:西方也只是相對衰落,我們還面臨種種挑戰。有人説我們正面臨三個陷阱:一是國際關係上的"修昔底德陷阱",即守成大國與新興大國矛盾的陷阱;二是"中等收入陷阱",即以"三低"(低工資、低福利、低效率)和"三高"(高消耗、高污染、高事故)爲代價高速發展模式轉型中,可能出現經濟發展潛力損失,發展速度放緩,引起社會政治危機;三是"話語權陷阱",即面對西方國際資本擁有話語霸權的嚴重挑戰。西方國際資本經過二百多年的侵略擴張,以其核心價值、"普世價值"、"普世法則"灌輸、滲透、影響全世界,占據了所謂"人類道德制高點",通過對弱小民族的被殖民化和自殖民化,解構弱小民族的文化體系,使之失掉了自己的話語權,成爲他們的附庸。百年來,中華傳統文化體系就因爲過分依傍西方文化體系而被解構,日益流失,而失去話語權。因此,在今天已然崛起,並逐步走向世界中心之際,如果不加分析,不提高警惕,盲目與既定的"普世價值"、"普世法則"進行世界接軌,那就會不自覺地落入"話語權陷阱"。也無須諱言的是：我們在改革開放前期,由於盲目片面批判傳統的"義利觀"等,全盤接受西方市場發展理念,結果帶來兩極分化、環境嚴重污染等社會問題。這不能不說是個深刻教訓。所以當急之務,就是要擺脫對西方文化體系的過分依傍,加強對中華傳統文化的挖掘和闡發,加快構建充分反映中國特色、民族特性、時代特徵的價值體系,梳理和重建中華文化體系,拿回民族話語權,參加世界治理,與世界各民族進行文明對話,促進"一帶一路"建設和推進構建"人類命運共同體"。

三、"新子學"在實現中華民族復興夢中的歷史擔當

經濟是民族生存、發展的基礎,文化才是民族的靈魂。世界上 2000 多個大大小小的民族,中華民族是唯一的在文化上獨立自創綿延發展而不曾中斷過的民族。其中的奧秘何在?《易·象》曰:"天行健,君子以自強不息。"又曰:"地勢坤,君子以厚德載物。"習近平說:"自強不息、厚德載物的思想,支撐着中華民族生生不息、薪火相傳,今天依然是我們推進改革開放和社會主義現代化建設的强大精神力量。"(《習近平談治國理政》第 158 頁。)勤勞勇敢,奮發圖强,容載萬物,協和萬邦的强大精神支撐,就是中華民族能夠綿延數千年屹立於世界民族之林的奧秘,世界睿智之士對此也早已洞察并有預見。

英國哲學家、數學家羅素,於 1920 年到中國生活了 11 個月,1922 年寫了《中國問題》一書。書中説:"中國人摸索出的生活方式已經沿襲數千年,若能被全世界采納,地球上肯定有更多的歡樂祥和。"1922 年中國正處在積貧積弱、軍閥混戰之時,他以哲學家的犀利眼光通過現象看到了本質,並且預見中國的前途,説幾百年後世界"只剩下那些愛好和平的國家,儘管它們貧窮而又弱小。中國人能自由地追求人道的目標,而不是追求白種民族都迷戀的戰爭、掠奪和毀滅"。他還看到中華文化的包容力、融化力和生命力:"(中國人被征服之後)中國文明未經變化地保存下來,幾代人之後,征服者比中國人還中國人。"美國"中國學"的創始人、著名學者費正清也説:"不管文明的什麼組成部分——民族或文化特徵——只要一進入中國,它們就都併入具有中國特色的生活方式,受其大地和大地利用方式的補充、制約與限制。"

英國著名的歷史學家阿諾爾德·J·湯因比在中國還處於"十年内亂",經濟幾近崩潰的 1972 年 3 月和 1973 年 5 月,他同日本著名社會活動家、世界創價學會會長池田大作,以展望 21 世紀爲中心,就世界的方方面面作了長篇對話,後來根據録音整理成書,題爲《展望二十一世紀——湯因比與池田大作對話録》分別用英、日兩種文字出版(中譯本於 1985 年出版)。在對話中,湯因比預言:"如果我的推測没有錯誤,估計世界的統一將在和平中實現。""我所預見的和平統一,一定是以地理和文化主軸爲中心,不斷結晶擴大起來的。我預感到這個主軸不在美國、歐洲和蘇聯,而是在東亞。""就中國人來説,幾千年來,比世界任何民族都成功地把幾

億民衆,從政治文化上團結起來。他們顯示出這種在政治、文化上統一的本領,具有無與倫比的成功經驗。這樣的統一正是今天世界的絶對要求,中國人和東亞各民族合作,在被人們認爲是不可缺少和不可避免的人類統一過程中,可能要發揮主導作用,其理由就在這裏。"現在各民族中具有最充分準備的,是兩千年來培育了獨特思維方法的中華民族。"湯因比還總結了"可以使其成爲全世界統一的地理和文化的主軸"的東亞歷史遺産八個方面,其中六個方面是中國的:(1)中華民族的經驗:始終保持邁向全世界;(2)在漫長中國歷史長河中,中華民族逐步培育起來的世界精神;(3)儒教世界觀中存在的人道主義;(4)儒教和佛教所具有的合理主義;(5)道教帶來的最寶貴的直感:認爲人要想支配世界就要遭到挫敗;(6)中國哲學共有的信念:人的目的不是狂妄地支配自己以外的自然,而是一種必須與自然保持協調而生存。至於第七日本將科學應用於技術的競争戰勝西方,第八日本和越南敢於向西方挑戰的勇氣,其實這兩方面中國實際證明也不遜色。湯因比結論是:"將來統一世界的大概不是西歐國家,也不是西歐化的國家,而是中國。並且正因爲中國有擔任這樣未來政治任務的徵兆,所以今天中國在世界上才有令人驚歎的威望。"說實在,當我在三十年前初讀中譯本《二十一世紀的展望》的時候,我對湯因比的預言是充滿懷疑的。今天重温他的預言,驗之30年中國的發展歷史和現在已露端倪的實際,不能不深佩他的睿智和對中華文化洞察的深刻。

諸子學説乃是"博明萬事"、"入道見志"、"述道言志"、"拯世救俗"之學,是中華民族數千年生存發展經驗和智慧的理性積澱與升華,也就是方勇教授在《"新子學"構想》中所説的,"代表了中華民族文化最具創造力部分","是對宇宙、社會、人生深邃思考和睿智回答,是在哲學、美學、政治、經濟、軍事、教育、技術等諸多領域多維度、多層次的深入展開"。因此,子學是取之不盡、用之不竭的文化寶庫。中國崛起,中華民族復興,不僅需要强大的經濟、軍事硬實力,也需要强大對話話語——富有創造力、感召力、公信力的文化軟實力。在這歷史節點上,"新子學"應該發揚先秦諸子"述道言治"、"拯世救俗"的優良傳統和精神,在時代大變局中找準自己的位置,勇於擔當,爲兩大歷史任務提供思想資源和理論支持:(一)爲建設具有中國特色的社會主義提高治國理政能力,以便有效整合社會意識,使社會得以正常運轉,社會秩序得以有效維護,讓社會穩定長治久安;(二)爲"一帶一路"建設和推進構建"人類命運共同體"打造融通中外的新概念、新範疇、新表述,和創造跨越時空、跨越國度、富有永恆魅力、具有當代價值的中國文化創新成果,以便用中國的話語同世界各民族進行文明對話,促進民心相通,夯實民意基礎,築牢社會根基。

"新子學"的本分是學術,學術獨立、思想自由必須保持,"新子學"應該用自己獨立研究得到的成果爲上面兩大歷史任務服務,無需越俎代庖,也絶無可能去包攬非自己所能爲的任務。但是"新子學"不能遊離於時代、歷史提出的重大命題之外。正如著名學者、已故的當代思想家王元化所説,"思想家或作家參與意識及時代的使命感和責任感並不意味着喪失獨立人格和獨立見解,更不等於放棄或沖淡藝術性",因而"不能讚賞那種心如古井、超越塵寰、不食人間烟火的隱逸高潔"。爲此,當務之急,就是盡快落實"新子學"學科建設,在舊子學基礎上,一方面繼續文獻整理、研究；另一方面從時代提出的新使命出發，打破學科、學派的人爲區隔，進行整體、綜合、系統研究，發掘資源，提煉與當代文化相適應、與現代社會相協調的民族基本文化基因，爲内外決策提供文化歷史資源和思想理論支持。

[**作者簡介**] 林其錟(1935—)，男，福建閩侯人。現爲上海社會科學院研究員、五緣文化研究所所長、中國文心雕龍學會顧問。長期從事《文心雕龍》《劉子》和中國經濟思想史研究，是以親緣、地緣、神緣、業緣和物緣爲内涵的"五緣文化"學説的創立者。出版有《劉子集校》(附作者考辨)《敦煌遺書劉子殘卷集録》《劉子集校合編》《敦煌遺書文心雕龍殘卷集録》《元至正本文心雕龍匯校》《唐宋元文心雕龍集校合編》《增訂文心雕龍集校合編》《五緣文化概論》《中國古代大同思想研究》等 30 餘種；公開發表論文 200 餘篇，文章 300 多篇。

《諸子學刊》第十一至十五輯總目

第十一輯目錄

先秦儒家政治哲學之政治本體論研究 …………………………… 肖俏波
《孟子》"與鑽穴隙之類也"歧解芻議 …………………………… 王永超
論《老子》的"聲"、"音"、"樂" ………………………………… 錢　浩
《老子指歸》《老子道德經河上公章句》《老子想爾注》的氣論 …… （臺灣）王俊彦
論莊子的法治思想 ………………………………………………… 黄震雲
《莊子》養生功法試論 …………………………………………… 陳廣忠
《莊子》外篇莊老學派時空詩學研究
　　——無爲、采真之遊與神仙 ……………………………… （臺灣）許端容
《莊子》若干處淺釋 ……………………………………………… 劉洪生
《大宗師》"真人三解"以下三節文字爲他篇羼入辨 …………… 王鍾陵
現存宋金元版《莊子》系統考 …………………………………… 劉　濤
陳景元《南華真經闕誤》疑謬辯正 ……………………………… 蔣門馬
陳治安《南華真經本義》對《養生主》的開展及其現代意義 …… （臺灣）蘇韋菱
《吕氏春秋》引用《莊子》新論
　　——以《讓王》等四篇爲例 ……………………………… 李　偉
試論《世説新語》中的莊子及其影響 …………………………… 周　鵬
明代制義風格與《莊子》考 ……………………………………… 劉海濤
漢初諸子復興思潮與思想整合 …………………………………… 韓　星
論《史記》對《吕氏春秋》的稱引與接受 ……………………… 延娟芹
《文心雕龍》與《劉子》論心性、思維的異中之同 …………… 涂光社
"昭德塞違，勸善懲惡"
　　——論《群書治要》所引先秦諸子與治國之道 …………（香港）潘銘基
朱熹在清代的馬來亞 ……………………………………………［馬來西亞］王琛發

論"甬上四先生"對象山心學的修潤 ………………………………… 范立舟
唐文治先生《陽明學術發微》探要 ………………………… （澳門）鄧國光
章太炎論經子關係 ……………………………………………… 黃燕强
梁啟超墨家"功利主義"思想研究 ……………………………… 孟繁璞
西方學術與子學概念詮釋的方法
　　——以老子的"無爲"爲例 ………………………………… 王威威
諸子學與世界意識
　　——從蕭萐父先生的子學思想談起 ……………………… 吴根友

《子藏》工程動態

中華元典精神
　　——評《子藏》第二批成果發佈 ………………………… 卿希泰
網羅子學珍稀文獻　傳承中華元典精神
　　——"《子藏》第二批成果新聞發佈會"發言（摘登） ……… 曹文澤　李　琪
　　　　　　　　　　　徐中玉　張志清　黄顯功　許抗生　方　勇　賈貴榮
《諸子學刊》第六至十輯總目 ……………………… 《諸子學刊》編委會

第十二輯目録

先秦"名"的觀念新探
　　——從"象"的角度理解"名" ……………………………… 苟東鋒
古代王權政治與儒家的批判傳統 ……………………………… 韓　星
儒家人倫觀論析 ………………………………………………… 徐儒宗
孟子與韓非的"伊尹悖論" ……………………………………… 宋洪兵
"無君子則天地不理"
　　——荀子思想中作爲政治之理想人格的君子 …………… 東方朔
《讀論語孟子法》發微 …………………………………………… 宋　健
朱熹《四書章句集注》中的"湖湘學脈"考察 ………………（臺灣）陳逢源
朱熹《中庸章句》的生態觀 ……………………………………… 樂愛國
儒學復興與思想巨人的出現 …………………………………… 劉毓慶
尋索後"後現代"的儒家哲學方向 ……………………………[加拿大]梁燕城
范蠡入齊與老子學説的北傳 …………………………………… 白　奚
戰國後期楚國的道家思想
　　——鶡冠子其人其書及其思想新論 ……………………… 高華平

關於黃老道家的一些新認識 ································ 曹　峰
莊子雜篇述莊學派時空詩學研究
　　——內篇逍遥時空的承續 ····················· （臺灣）許端容
《莊子》論孔子與儒家思想 ································ 黄震雲
由道而大：莊子對老子之道的創造性回應 ················ 林光華
《莊子》文本鏈狀否定結構綜論 ·························· 賈學鴻
涉獵子學引發的思考
　　——從研讀《莊子》《劉子》的體會説起 ············ 涂光社
莊子的魚與耶穌的魚
　　——基於跨文化視角的比較 ·························· 包兆會
郭象的"自生"、"獨化"觀念
　　——從哲學史角度出發的考察 ······················· 李翠琴
《文選》李注所引《莊子》及《莊子》注研究 ··············· 劉　濤
論宋人對《莊子》"庖丁解牛"工夫層次的詮釋 ······（臺灣）簡光明
論宋濂對莊子思想及文風的體認 ·························· 劉海濤
錢鍾書《〈老子〉王弼注》《〈列子〉張湛注》評議 ········· 陸永品
略論王念孫《〈管子〉雜誌》 ······························· 耿振東
學術與政論
　　——論梁啓超的墨學研究 ····························· 張永春

書　評

中國哲學登場："接着講"的"接着講"
　　——讀陳來《仁學本體論》 ··························· 陳衛平
老莊研究的開拓之作
　　——評陸永品先生《老莊新論》 ················ 李　波　方　勇
稿　約 ····································· 《諸子學刊》編委會

第十三輯目録

"新子學"理念提出的前後脈絡 ···························· 方　勇
論"子學思維"與"子學精神" ······························ 歐明俊
子學精神與"新子學"建構芻議 ···························· 李桂生
探索前期中國的精神和觀念
　　——"新子學"芻議 ·································· 劉　兵

關於"新子學"的幾點淺見 ……………………………………………… 郭　丹
先秦諸子思想中邏輯"中心點"存在的可能性
　　——"新子學"探索的内在路徑 …………………………………… 方　達
先秦諸子的本源地位與"新子學"的意義 ………………………………… 蔡志棟
"新子學"文化源流及其價值訴求 ………………………………………… 景國勁
對於當代"新子學"意義的思考 …………………………………………… 張　涅
諸子學的揚棄與開新 ……………………………………………………… 徐儒宗
論諸子學的範疇、智慧及現代條件下的轉化 …………………………… 劉韶軍
諸子學轉型的理由追問 …………………………………………………… 許建良
漫談總結時代的諸子學 …………………………………………………… 強中華
傳統子學精神與"新子學"的責任和使命 ………………………………… 唐旭東
"新子學"承載回應時代問題的神聖使命
　　——以老子"天下觀"意蘊與普世價值爲例 ………………………… 謝清果
再論"新子學"與中華文化之重構 ………………………………………… 湯漳平
新諸子學與中華文化復興 ……………………………………〔新加坡〕嚴壽澂
實現中華民族偉大復興的"新子學"之"關注現實"的思考 ……………… 耿振東
"新子學"的本體建構及其對華夏文化焦慮的對治 ……………………… 適　南
重建我們的信仰體系，子學何爲？ ……………………………………… 宋洪兵
"新子學"理論支持社會主義核心價值觀芻議 …………………………… 楊林水
構建"新子學"時代新的女性話語體系 …………………………………… 張勇耀
"新子學"理論建構的現狀與反思 ………………………………………… 曾建華
後現代語境中的知識建構
　　——試論"新子學"的境遇與未來 …………………………………… 莊三莫
現代學術視野下"新子學"的困境與出路 ………………………………… 何浙丹
"新子學"與跨學科多學科學術研究 ……………………………………… 孫以昭
"新子學"與跨學科學術研究鳥瞰 ……………………………〔韓國〕凌　然
"新子學"學科定位與雜家精神 …………………………………………… 林其錟
"新子學"與雜家 …………………………………………………………… 張雙棣
熔經鑄子："新子學"的根與魂 …………………………………………… 李若暉
"新子學"對國學的重構
　　——以重新審視經、子、儒性質與關係切入 ……………………… 玄　華
"新子學"的儒家 …………………………………………………………… 陳成吒
儒家式與道家式："新子學"政治自由論的兩種構建路向
　　——以康有爲、嚴復爲中心 ………………………………………… 莊　沙

固本培元　革故鼎新
　　——儒道學說與"新子學"的發展 …………………………………… 張洪興
"新子學"與"狂"的現代意義 ………………………………………〔韓國〕曹玟焕
從"爲學"與"爲道"來試談21世紀新東道西器論 ………………〔韓國〕金白鉉
在韓國如何推廣"新子學" …………………………………………〔韓國〕姜聲調
"新子學"研究的當代指向與方法尋繹
　　——兼論劉笑敢《老子古今》的"人文自然"概念 ……………… 賈學鴻
子學到"新子學"的内在理路轉换過程研究
　　——以明清莊子學爲例 …………………………………… （臺灣）錢奕華
關於"新子學"構建的芹獻芻議
　　——《〈莊子〉結構藝術研究》讀後漫筆 …………………………… 李炳海
淺談"新子學"建設的歷史脈絡
　　——從傅山到章太炎 …………………………………………… 周　鵬　賈泉林
告别路徑依賴　構建大乘墨學
　　——"新子學"視野下的墨學發展進路 …………………… （香港）黄蕉風
"子商"再思考 …………………………………………………………… 鄭伯康

"新子學"動態

"新子學"推動文化復興
　　——《子藏》第二批成果發佈會暨諸子學現代轉型高端研討會舉行 …… 潘　圳
"新子學"穩步推進
　　——"諸子學現代轉型高端研討會"紀實 …………………… 方　達　崔志博
新子學：幾種可能的路向
　　——國内外學者暢談"新子學"發展 ………………………… 劉思禾　整理
新媒體時代民族文化探源與經典傳播
　　——"子學精神"傳承與傳播研討會綜述 …………………… 毛冬冬　劉　凱
發掘諸子治國理念
　　——第二届"新子學"國際學術研討會綜述 ………………………… 劉思禾
編後語 ………………………………………………………… 《諸子學刊》編委會

第十四輯目録

古代子學綜論管窺
　　——儒、道互補的理論基石　務"雜"求"新"的拓展途徑 …………… 涂光社

人之發現與類之自覺：晚周諸子"人禽之辨"勘會 ………………………… 李智福
先秦諸子"齊物論"思想比較 ……………………………………………… 葉蓓卿
儒家的心性修養與人格構建 ………………………………………………… 韓　星
《老子》一章義證
　　——"名"之兩面意義的展現 ……………………………………… 施陽九
《逍遥遊》"姑射山"源流意藴考説 ………………………………………… 賈學鴻
《養生主》篇末句解 ………………………………………………………… 王鍾陵
從孫武、孫臏戰争倫理觀之比較看春秋戰國戰争倫理的演進
　　——基於現代戰争倫理視閾的考察 ………………………………… 李桂生
荀子賦文本生成的多源性考論 ……………………………………………… 李炳海
從韓非的臣道論君權穩定 …………………………………………（臺灣）詹　康
論賈誼"用六"思想之淵源
　　——兼論《六術》《道德説》之成篇年代 ……………………（香港）潘銘基
論董仲舒對孟子思想的批判性繼承 …………………………… 高正偉　戰葆紅
論宋代儒學本體論的重建對道家形上學的融攝 …………………………… 朱曉鵬
莊學義海　如何纂微
　　——褚伯秀注解《莊子》對"新子學"的啓示 ………………（臺灣）簡光明
歷久而彌新
　　——略論宋代《抱朴子内篇》接受中的背離性傾向 ………………… 袁　朗
乾嘉諸子學研究之諸面向及其新特點 ……………………………………… 黄燕强
試論俞樾《〈管子〉平議》 …………………………………………………… 耿振東
今古文經學與戴望、孫詒讓的諸子學路向 ………………………………… 蘭秋陽
讀子以致用
　　——孫德謙對於諸子學的闡釋 ……………………………………… 王　鋭
劉鳳苞《南華雪心編》的氣論 …………………………………（臺灣）王俊彦
咸錫憲之老莊觀 …………………………………………………［韓國］金炯錫
論梁啓雄《荀子簡釋》與楊樹達之關係 ………………………（香港）伍亭因
民國時期白壽彝的朱子學研究 ……………………………………………… 樂愛國
20世紀以來中外學術界先秦諸子研究的現狀及未來走向 ………………… 高華平
新諸子學視域下的傳統"襲常"美德考 …………………………………… 許建良
政治倫理抑或國家倫理
　　——儒家倫理現代轉型的一個理論探索 …………………………… 劉思禾
論中華文化的主要特徵及其現代價值（附：讀《莊》吟草） ……………… 孫以昭

講演與書評

歷代莊子闡釋的儒學化傾向
　　——2015 年 11 月 22 日在華僑大學的講演 ······················· 方　勇
評董英哲《先秦名家四子研究》
　　——以"惠施與辯者"部分爲主 ····································· 楊俊光

第十五輯目録

論先秦諸子散文"文中訓釋"現象 ·· 侯文華
"子罕言利與命與仁"章新解 ···································· 白建忠　潘　玥
儒家的民本思想與民主意識 ··· 徐儒宗
孔子與中國早期傳播秩序的建構 ································ 郝　雨　田　棟
由《老子》的"常""復"到《亙先》的"恆""復" ·············· （臺灣）陳麗桂
關於《老子》"大器晚成"命題研討的判評 ································ 李炳海
老子的和諧思想論 ·· 强　昱
白玉蟾《道德寶章》義理思想研究 ···································· （臺灣）林裕學
道教經典之養生趨尚
　　——從老莊到後世道教之核心訴求 ···························· （臺灣）楊濟襄
"德合一君而徵一國""而"字義辨析 ··· 楊　曦
《莊子》解疏證誤 ··· 劉洪生
論莊子的"無情"觀 ·· 周　耿
語氣詞兮、乎對楚文學語體的建構作用
　　——《老子》《莊子》《九歌》兮、乎內置句式的對比分析 ·········· 賈學鴻
《莊子》與魏晉般若學
　　——以僧肇爲中心 ··· 傅齊紈
荀子樂論 ·· 丁成際
《荀子·成相》篇名考釋 ·· 翟新明
日藏狩谷望之過録宋台州本《荀子》考述 ······································ 閆　寧
柳宗元"斥墨識墨"芻議 ·· 金　鑫
學術史上的"道""術"之分
　　——以《漢書·藝文志》爲例 ··· 田旭東
山西"子學"源流述略及成因探析 ·· 張勇耀
三教會通中的選擇性問題 ·· （臺灣）杜保瑞
從三教要旨談中國哲學的精神會通 ·· 李振綱

20世紀道教重玄學研究之學術檢討 ………………………………………… 黄海德

《子藏》書目提要選刊

《莊子》提要 ………………………………………………………………… 方　勇
《列子》提要 ………………………………………………………………… 劉佩德
《韓非子》提要 ……………………………………………………………… 張　覺

"新子學"論壇

"新子學"的角色定位和言説方式 ………………………………………… 周　鵬
"新子學"呼唤先秦諸子主體思維的回歸
　　——從《論語·子罕》"子在川上曰"章義説起 ………………… 揣松森
關於"新子學"的思考
　　——以莊子學爲例 ………………………………………………… 徐志嘯
論作爲"新子學"核心資源的莊學理念 …………………………………… 歐明俊
平等多元：從"我們的經典"到"新子學" ………………………………… 劉　濤
"治"：中國傳統思想"共同域場"的反思與重新勘定 …………………… 方　達
"新子學"與文化自信 ……………………………………………………… 張洪興
論"新子學"對現代學術的意義
　　——以"人學合一"的"子學精神"對專家學術的啓發爲例 …… 張　耀
"新子學"與人類共同價值的建構 ………………………………………… 馬明高
稿　約 ……………………………………………………………… 《諸子學刊》編委會

(《諸子學刊》編委會編)

圖書在版編目(CIP)數據

諸子學刊. 第十六輯 /《諸子學刊》編委會編；方勇主編. —上海：上海古籍出版社，2018.7
ISBN 978-7-5325-8849-7

Ⅰ. ①諸… Ⅱ. ①諸… ②方… Ⅲ. ①先秦哲學—研究—叢刊 Ⅳ. ①B220.5-55

中國版本圖書館 CIP 數據核字(2018)第 108664 號

諸子學刊(第十六輯)
《諸子學刊》編委會 編
方 勇 主編
華東師範大學先秦諸子研究中心 主辦
上海古籍出版社出版、發行
(上海瑞金二路 272 號 郵政編碼 200020)
　(1) 網址：www.guji.com.cn
　(2) E-mail：guji1@guji.com.cn
　(3) 易文網網址：www.ewen.co
啓東市人民印刷有限公司印刷
開本 787×1092　1/16　印張 26　插頁 2　字數 557,000
2018 年 7 月第 1 版　2018 年 7 月第 1 次印刷
ISBN 978-7-5325-8849-7
B·1057　定價：118.00 元
如有質量問題，請與承印公司聯繫